Politische Vierteljahresschrift   Sonderheft 35/2005

Deutsche Vereinigung für Politische Wissenschaft

Dimensionen politischer Korruption

Beiträge zum Stand der internationalen Forschung

Herausgegeben von
Ulrich von Alemann

VS VERLAG FÜR SOZIALWISSENSCHAFTEN

Bibliografische Information Der Deutschen Bibliothek
Die Deutsche Bibliothek verzeichnet diese Publikation in der Deutschen Nationalbibliografie;
detaillierte bibliografische Daten sind im Internet über <http://dnb.ddb.de> abrufbar.

1. Auflage September 2005

Alle Rechte vorbehalten
© VS Verlag für Sozialwissenschaften/GWV Fachverlage GmbH, Wiesbaden 2005

Lektorat: Frank Schindler

Der VS Verlag für Sozialwissenschaften ist ein Unternehmen von Springer Science+Business Media..
www.vs-verlag.de

Das Werk einschließlich aller seiner Teile ist urheberrechtlich geschützt. Jede Verwertung außerhalb der engen Grenzen des Urheberrechtsgesetzes ist ohne Zustimmung des Verlags unzulässig und strafbar. Das gilt insbesondere für Vervielfältigungen, Übersetzungen, Mikroverfilmungen und die Einspeicherung und Verarbeitung in elektronischen Systemen.

Die Wiedergabe von Gebrauchsnamen, Handelsnamen, Warenbezeichnungen usw. in diesem Werk berechtigt auch ohne besondere Kennzeichnung nicht zu der Annahme, dass solche Namen im Sinne der Warenzeichen- und Markenschutz-Gesetzgebung als frei zu betrachten wären und daher von jedermann benutzt werden dürften.

Gedruckt auf säurefreiem und chlorfrei gebleichtem Papier

ISBN-13: 978-3-531-14141-1   e-ISBN-13: 978-3-322-80518-8
DOI: 10.1007/978-3-322-80518-8

Inhaltsverzeichnis

Vorwort des Herausgebers 9

I. Systematische und historische Einleitung

Ulrich von Alemann
Politische Korruption: Ein Wegweiser zum Stand der Forschung 13

Wolfgang Schuller
Korruption in der Antike 50

II. Theoretische Grundlagen der Korruption

Michael Johnston
Keeping the Answers, Changing the Questions:
Corruption Definitions Revisited 61

Ruth Zimmerling
Politische Korruption: begrifflich-theoretische Einordnung 77

Mark Philp
Modelling Political Corruption in Transition 91

Donatella della Porta / Alberto Vannucci
The Moral (and Immoral) Costs of Corruption 109

Martin Morlok
Politische Korruption als Entdifferenzierungsphänomen 135

III. Ethisch-moralische Aspekte

Ernesto Garzón Valdés
Zur moralischen Bewertung von Korruption: ein Vorschlag 155

Michael Baurmann
Korruption, Recht und Moral 164

Reinhard Zintl
Soziale Normen und politische Korruption 183

Susan Rose-Ackerman
Groß angelegte Korruption und Ethik in der globalen Wirtschaft 195

IV. Methodik und Empirie der Korruptionsforschung

Johann Graf Lambsdorff
Wieso schadet Korruption? 233

Philip Manow
Politische Korruption und politischer Wettbewerb:
Probleme der quantitativen Analyse 249

Florian Eckert
Lobbyismus – zwischen legitimem politischem Einfluss und Korruption 267

Frank Marcinkowski / Barbara Pfetsch
Die Öffentlichkeit der Korruption – Zur Rolle der Massenmedien
zwischen Wächteramt, Skandalisierung und Instrumentalisierbarkeit 287

V. Korruption in aller Welt: Fallstudien

Dirk Berg-Schlosser
Korruption und Entwicklungsforschung 311

Thomas Heberer
Korruption in China 328

David Nelken
Politische Korruption in der Europäischen Union und der Fall Italien 350

Sabine Ruß
Analytische Schattenspiele: Konturen der Korruption in Frankreich 365

Andrea Römmele
Partei- und Wahlkampfspenden – Erfahrungen aus der BRD und den USA 384

VI. Strategien der Korruptionsbekämpfung

Michael Wiehen
Nationale Strategien zur Bekämpfung der politischen Korruption 397

Mark Deiters
Die UN-Konvention gegen Korruption – Wegweiser für eine Revision
der deutschen Strafvorschriften? 424

Holger Moroff
Internationalisierung von Anti-Korruptionsregimen 444

Zusammenfassungen 478

Abstracts 489

Verzeichnis der Autorinnen und Autoren 499

Vorwort

Der Vorstand der Deutschen Vereinigung für politische Wissenschaft (DVPW) hat den Herausgeber beauftragt, das jährliche Sonderheft für 2004 zum Thema „Politische Korruption" herauszugeben. Das Ergebnis liegt hier – leider mit einiger Verspätung – vor, die durch manche Schwierigkeiten bei der nationalen und internationalen Edition der Beiträge verursacht wurde.

Je tiefer in Korruptionsnetzwerke eingedrungen wird, desto deutlicher werden die Wissensdefizite. Je breiter die Korruptionsliteratur erfasst wird, desto klarer treten ebenso die Wissenslücken, aber auch die Dissense über zentrale Kategorien hervor: Angefangen bei der Definition von Korruption über Typologien, Ursachen und Folgen, bis zu den Bekämpfungsstrategien.

Dieser Band soll einen kleinen Beitrag dazu leisten, Schneisen und Pfade in dieses Dickicht zu bahnen, eine Zwischenbilanz zur gegenwärtigen Korruptionstheorie, -forschung und -praxis zu ziehen.

Die Arbeit an dem Band hat sich in mehreren Schritten vollzogen. Im August 2002 fand an der Heinrich-Heine-Universität Düsseldorf ein vorbereitender Workshop zur Grobplanung der Inhalte und Autoren des Bandes statt, Karsten Fischer, Martin Morlok, Holger Moroff, Andrea Römmele und Christian K. Schmidt halfen mir, das erste Fundament zu legen. Im März 2004 wurde im Schloss Mickeln der Düsseldorfer Universität eine Autorenkonferenz abgehalten, auf der etwa die Hälfte der bis dahin eingegangenen Papiere ausführlich und konstruktiv diskutiert wurde. Die Tagung wurde finanziell großzügig gefördert durch das *Kulturwissenschaftliche Institut, Essen, Wissenschaftszentrum Nordrhein-Westfalen* sowie die *Gesellschaft von Freunden und Förderern der Heinrich-Heine-Universität Düsseldorf e. V.* Auch ihnen gebührt Dank. Schließlich wurden auf einer dritten Tagung, dem „Roland-Seminar" in Bonn-Bad Godesberg, im gastfreundlichen Hause von Ernesto Garzón Valdés, im Juli 2004, die philosophischen und konzeptionellen Aspekte des Korruptionsbegriffs weiter diskutiert. Danach gingen die meisten Beiträge bis Ende 2004 bei der Redaktion ein und wurden eingehend bearbeitet.

Das *Institut für deutsches und europäisches Parteienrecht und Parteienforschung (PRuF)* der Universität Düsseldorf, das der Herausgeber gemeinsam mit Martin Morlok leitet, hat bei der Koordinierung geholfen und ist seitdem mit in die Korruptionsforschung eingestiegen. Dies hat sich in einem vergleichenden europäischen Korruptionsprojekt, finanziert durch die EU-Kommission, niedergeschlagen, das demnächst publiziert wird.

Am Gelingen dieses Vorhabens haben viele mitgewirkt, denen ich Dank sagen möchte. Natürlich dem Vorstand der DVPW und der Redaktion der PVS sowie dem Verlag, die viel Geduld mit mir hatten. Die Redaktionsarbeit lag im Wesentlichen in den Händen von Christian K. Schmidt, der sich um die Edition des Bandes hohe Verdienste erworben hat. Wichtige Mithilfe bei der Redaktion und der kritischen Durchsicht der Beiträge leisteten auch Claudia Schumacher und Fabian K. Wilhelm sowie

Florian Eckert und Klaudia Köhn. Mirko Wittwar ist für die Übersetzung einiger Beiträge ins Deutsche und der Abstracts ins Englische zu danken, Anne Fuchs für die Erstellung des Drucksatzes. Ein Kernkurs der Universität Düsseldorf „Vergleichende Korruptionsforschung" hat ebenfalls manche neuen Erkenntnisse gebracht.

Natürlich bleibt die Schlussverantwortung für verbleibende Mängel beim Herausgeber hängen. Dieser hofft, dass es nicht zu viele sein mögen. Aber mehr noch hofft er, dass der Band der internationalen Korruptionsforschung dienen und den Erkenntnisfortschritt in diesem „Dunkelfeld" erleuchten möge.

Düsseldorf im Juni 2005 *Ulrich von Alemann*

I.
Systematische und historische Einleitung

Politische Korruption: Ein Wegweiser zum Stand der Forschung

Ulrich von Alemann

1. Einstieg

Noch Mitte der 1980er Jahre war Korruption ein „blinder Fleck" in der deutschen Politikwissenschaft, Soziologie und Rechtswissenschaft (von Alemann 1989a). Kein Fachlexikon kannte das Stichwort. Erst 1985 waren mit Paul Noacks „Korruption: Die andere Seite der Macht" und mit Fleck/Kuzmics „Korruption: Zur Soziologie nicht immer abweichenden Verhaltens" die ersten zwei jüngeren seriösen Bücher zum Thema in Deutschland erschienen.

Sicher, Theodor Eschenburg, der Nestor der deutschen Politikwissenschaft, hatte in seinen „Kritischen Betrachtungen", die seit 1956 in Form von drei Bänden „Zur politischen Praxis in der Bundesrepublik" fußend auf Glossen in der ZEIT erschienen waren, immer wieder den Finger in kleine und größere Wunden gelegt. Aber an die seit langem in Amerika oder sogar im Nachbarland Österreich geführte Debatte[1] reichte das deutsche Interesse nicht heran. Dies gilt auch für das 18. und 19. Jahrhundert, wenn man die Enzyklopädieeinträge zwischen Frankreich, Großbritannien, USA und Deutschland vergleicht (siehe Moroff 2004: 84–89).

Immerhin waren es zwei Deutsch-Amerikaner, die die US-amerikanische aber auch die internationale Diskussion wesentlich prägten: Carl J. Friedrich „Pathologie der Politik. Die Funktion der Missstände: Gewalt, Verrat, Korruption, Geheimhaltung" (1973). Mehr aber noch trieb der unermüdliche, leider kurz nach Publikation der dritten Ausgabe 2002 seines Standardwerkes „Political Corruption" verstorbene Arnold J. Heidenheimer die Debatte voran (vgl. Heidenheimer 1970; Heidenheimer/Johnston/LeVine 1989; Heidenheimer/Johnston 2002).

Wie erklärt sich der eklatante und notorische „time-lag" der deutschen Rezeption des Korruptionsthemas? Sicher durch Illusionen über das deutsche Beamtenethos, das nur wenige schwarze Schafe beobachten, wollte in einer ansonsten braven und integren Herde unermüdlicher Staatsdiener. Eine Illusion, der selbst ein so kritischer Beobachter wie Theodor Eschenburg noch erlag, wenn er in seinem Standardwerk „Staat und Gesellschaft in Deutschland" urteilte:

„Dank der guten Tradition des deutschen Beamtentums, die auch heute noch wirksam ist, ist die Bestechung, die Realkorruption in der deutschen Bürokratie eine verhältnismäßig seltene Erscheinung" (Eschenburg 1956: 699).

So schrieb Eschenburg auch noch in der ersten Ausgabe von Heidenheimers Handbuch:

---

[1] Zum Beispiel Brünner (1981), ein umfangreiches Werk von über 700 Seiten.

"The Germans spoilt by extremely honest public administration for more than a century and a half are sensitive to charges of corruption even today" (Eschenburg 1970: 259).

Noch 1990 konnte ich mit Ralf Kleinfeld eine fast vollständige Bibliografie deutschsprachiger Korruptionsliteratur als schmales Heft publizieren (von Alemann/Kleinfeld 1990), das um die 600 Eintragungen enthielt. Und dann explodierte die Debatte seit circa 1995 bis heute. Die Internetsuchmaschine Google listet mit Stand vom 13. März 2005 728.000 Fundstellen für „Korruption"; für „corruption" gar 12.400.000. Bei google scholar, der Google-Suchmaschine speziell für wissenschaftliche Texte, sind es für „Korruption" 1720 und für „corruption" 113.000 Einträge.[2]

Aber Korruption erlebte in den 1990er Jahren nicht nur einen Literaturboom, sondern auch eine politische und eine mediale Hausse. Hatten manche schon die Achtziger vorschnell als Jahrzehnt der Skandale ausgerufen – mit „Flick-Affäre, neue Heimat, Berliner Sumpf, Barschels Fall, Alkem-Nukem-Affäre, niedersächsischer Spielbankenskandal" (von Alemann 1989: 918), so stehen die nächsten anderthalb Jahrzehnte dem nicht nach: Elf-Aquitaine, Parteispendenaffäre der CDU, Müllaffäre der Kölner SPD, Möllemann-Affären der FDP. Ob allerdings empirisch die Anzahl der Skandale von Jahrzehnt zu Jahrzehnt kontinuierlich und für das Gemeinwesen durchaus bedrohlich angewachsen ist, was Boulevard-Journalisten, Kulturkritiker und eine blühende Skandalliteratur unterstellen,[3] das ist eine völlig offene Frage.

Denn Korruption ist ein Wahrnehmungsdelikt. Abhängig nicht nur davon, wie viel von der tatsächlichen Korruption entdeckt und wahrgenommen wird, sondern auch davon, was überhaupt als Korruption angesehen wird und was nicht. Wenn über Korruption im Staate A mehr als im Staate B oder in der Epoche T1 mehr als in der Ära T2 geredet und geschrieben wird, zeigt dies nur, dass sie in jeweils Ersterem mehr beachtet und bearbeitet wird. Möglicherweise kann sogar die Formel gelten, dass je mehr Korruption thematisiert wird, desto weniger ist sie virulent und vice versa. Zwei gesellschaftliche Folgen sind denkbar: Katharsis, d.h. eine Delegitimierung (Normverstärkung durch begrenzte aber erfolgreiche, bestrafende Skandalisierung), oder eine Normunterminierung durch massenhafte erfolglose Skandalisierung. Entscheidendes Charakteristikum der Korruption ist das Dunkelfeld. Doch dazu später mehr. Festzuhalten bleibt an dieser Stelle, dass Korruption in der modernen Mediendemokratie (von Alemann/Marschall 2002) ein ganz anderer Diskussionsgegenstand ist als in einem autoritären Staat, wo es gefährlich sein kann, über Korruption zu räsonnieren.

Nicht nur Wissenschaft und Öffentlichkeit haben sich in Deutschland seit den 1990ern verstärkt um Korruption bemüht, sondern auch die Politik selbst hat gehandelt. Die Kommunen haben – unterstützt vom deutschen Städtetag – Antikorruptionsmaßnahmen eingeleitet.[4] Die Länder haben die Aufarbeitung durch „Lagebilder" ihrer Landeskriminalämter initiiert und vielfältige Maßnahmen eingesetzt (zum Beispiel Landeskriminalamt Nordrhein-Westfalen 2003). Der Bund hat ebenfalls das Bundeskrimi-

---

2 Vgl. zur quantitativen und qualitativen Entwicklung des Gebrauchs von Begriffen des semantischen Feldes Korruption/Bestechung Moroff/Blechinger (2002).
3 Vgl. Hafner/Jacoby (1990), Berg (1997), W. Raith (1996) sowie diverse Werke von v. Arnim.
4 Auf kommunaler Ebene – in Frankfurt am Main – ereigneten sich die Skandale, die der bekannte Staatsanwalt Wolfgang Schaupensteiner in der ersten großen Welle der Thematisierung von Korruption untersuchte; vgl. Bannenberg/Schaupensteiner (2004).

nalamt eingeschaltet und publiziert seither jährliche Lagebilder (zum Beispiel Bundeskriminalamt 2004). Als Gesetzgeber hat der Bund die Abgeordnetenbestechung wieder als Straftatbestand eingeführt (§ 108 e; vgl. Deiters in diesem Band), die Bestechungsparagrafen des Strafgesetzbuches verschärft (StGB § 332), die Bestechung als Tatbestand in die Privatwirtschaft aufgenommen (StGB § 299), die steuerliche Absetzbarkeit von im Ausland durch deutsche Firmen gezahlte Schmiergelder verboten (StGB § 5) und Kontroll- und Offenlegung der Parteifinanzierung verbessert, indem unter anderem erstmals hier ein Straftatbestand eingeführt wurde (von Alemann 2002: 113).

Der Gesetzgeber wurde sicherlich durch die Skandale und die Mediendebatte motiviert aktiv zu werden. Aber es kam auch Druck durch neue NGOs hinzu, wie insbesondere Transparency International (TI), durch Peter Eigen 1993 in Berlin gegründet, die seitdem eine allseits akzeptierte Führungsrolle in der internationalen Korruptionsbekämpfung übernommen hat. Und eine wesentliche Rolle spielte auch internationaler Druck aus den USA, wo 1977 der „Foreign Corrupt Practices Act" erlassen wurde, sowie von internationalen Organisationen, wie der OECD, der Weltbank/IWF, der UN und der EU (vgl. Moroff in diesem Band).

Die 1990er Jahre kann man deshalb sicherlich zum Jahrzehnt des Take-off der Korruptionsbekämpfung erklären. Zu Beginn des neuen Jahrzehnts im neuen Jahrtausend entstand im Vorstand der Deutschen Vereinigung für Politische Wissenschaft (DVPW) deshalb der Wunsch, eine Ortsbestimmung der internationalen Korruptionsforschung als Sonderheft der Politischen Vierteljahresschrift (PVS) zu publizieren. Das Ergebnis liegt hier vor.

An dieser Stelle können nicht alle 24 Einzelbeiträge dieses Bandes separat gewürdigt werden. Dies ist im Schlussbeitrag von Christian K. Schmidt vorgesehen. Vielmehr nur ein paar Worte zur Gesamtanlage des Bandes. In den ersten drei Kapiteln wird versucht, die theoretischen, konzeptionellen und ethisch-moralischen Debatten zu entfalten. Es folgen zwei stärker empirisch und methodisch orientierte Kapitel, die auch Fallstudien zu China und der Dritten Welt, zu Frankreich, Italien, der EU oder dem Vergleich USA/Bundesrepublik bieten. Schließlich wird das abschließende sechste Kapitel Strategien der Korruptionsbekämpfung aufgreifen und präsentieren – von der nationalen deutschen bis zur internationalen Perspektive. Eine Zusammenfassung aller Beiträge in Form von Abstracts in deutsch und englisch rundet den Band ab.

Dieser Einleitungsbeitrag versucht, einen systematischen Überblick zu der gesamten Problempalette der Korruption zu liefern. Das beginnt mit der Geschichte der Korruption, verweilt bei der hoch kontroversen Frage der Definition, zeigt die Beiträge unterschiedlicher Wissenschaftsdisziplinen auf und erörtert die methodischen Probleme, spricht die Theorien über Korruption an und skizziert die Typologien, geht den Ursachen und Folgen von Korruption nach, um schließlich die Strategien zur Korruptionsbekämpfung aufzuzeigen.

Natürlich lässt sich eine solche enzyklopädische Betrachtung von Korruption nicht umfassend und erschöpfend darstellen. Das würde das Gesamtvolumen des ganzen Bandes verlangen. Es geht daher um eine Risszeichnung, eine Bauskizze der Statik des Korruptionsgebäudes, das so verschachtelt und mit verborgenen unterirdischen Komplexen versehen ist, dass ein Einzelner bei der Ausführung überfordert wäre. Deshalb kann ich mich glücklich schätzen, so viele hervorragende Mitautoren für das Gesamtbauwerk gewonnen zu haben.

2. Geschichte der Korruption

Korruption ist so alt und so vielfältig wie die Menschheit. Das Wort kommt aus dem Lateinischen von corruptio bzw. corrumpere und wird in der Regel mit Verderben übersetzt. Man kann die aktive Bedeutung von Verführung und Bestechung von der passiven Bedeutung als Sittenverfall, Verwahrlosung oder Bestechlichkeit unterscheiden (Joisten 2003: 19). Wenn man auf die Wurzel des Verbs „rumpere" zurückgreift, so kommt die Bedeutung „brechen, zerreißen, stürzen" zum Vorschein, also auch zusammenbrechen, zusammenstürzen, zerbrechen einer Ordnung.

Die traditionelle Bedeutung von Korruption von der Antike bis in die Neuzeit stellt eher auf einen Prozess oder Zustand eines Gemeinwesens ab, ein Verderben oder Verderbtsein, Zusammenbrechen oder Untergang von Werten und (Staats-)Strukturen, statt auf die (korrupte) Handlung von einzelnen Individuen (vgl. Joisten 2003: 19ff.).

Aber Korruption ist noch viel älter als die klassische Antike. Im alten Testament folgt wenig später auf die „Billigungsformel" der Schöpfung („Und Gott sah alles, was er gemacht hatte, und siehe, es war sehr gut") das Verderben („Aber die Erde war korrumpiert in den Augen Gottes, und voll war die Erde von Korruption. Da sah Gott auf die Erde, und siehe, sie war verderbt, denn alles Fleisch hatte seinen Wandel verderbt auf Erden." Erstes Buch Mose 1, 31 und Erstes Buch Mose 6, 11–12, zit. nach Rennstich 1990: 148).

Durch das ganze Alte Testament zieht sich die Unterscheidung des Guten, Gerechten, am Gemeinwohl Orientierten gegen das Böse, Verderbte, den Frevel, die Habgier, und eben das ist die Korruption: „Korruption ist Sünde" (Rennstich 1990: 174). So hat die Bibel bereits den Kampf gegen die Korruption aufgenommen: Es heißt im Buch Exodus 23,6: „Du sollst dich nicht bestechen lassen; denn Bestechung macht Sehende blind und verkehrt die Sache derer, die im Recht sind."

Auch im Neuen Testament spielt der Kampf Jesu gegen die Korruption eine große Rolle. „Der Götze Mammon ist der Inbegriff der Korruption; er ist das Symbol der irdischen Macht und des Besitzes" (Rennstich 1990: 194). Frühchristliche Gemeinden orientierten sich deshalb am kommunitären Gemeinbesitz und Gemeinwohl, um die Basis für den Kreislauf von Besitz, Gier, Neid und Korruption zu zerbrechen.

Korruption ist aber keinesfalls als ein typisches Phänomen des griechisch-römischen oder christlich-jüdischen Abendlandes anzusehen. Im alten China sollte nach der Lehre von Konfuzius der Herrscher als Vaterfigur Vorbild sittlicher Vollkommenheit sein, der Staat auf moralischen Prinzipien beruhen und die Beamten diese Vorbildfunktion nach unten weitertragen (Heberer 1991: 55f.). Korruption wurde verurteilt, nicht so sehr, weil sie dem Volk materiellen Schaden verursache, sondern weil sie die Moral schädige und damit das Ansehen des Herrschers beinträchtige: „Der gerechte, unbestechliche Beamte war in China stets ein Idealbild" (Heberer 1991: 56).

Aber weil Fehlverhalten nur zu oft auftrat, wurden schon früh Gegenmaßnahmen entwickelt, etwa das Kontrollinstrument des Zensorrates, zu dessen Aufgaben die Überwachung der Beamten und die Untersuchung von Missständen zählte. Der Zensorrat entstand bereits in der Zhou-Dynastie (11. Jahrhundert bis 256 v. Chr.). Thomas Heberer zeigt mit seinem Beitrag in diesem Band, dass die Kontinuität der Korruptionsgeschichte in China bis in die heutige Zeit nicht abgerissen ist.

In der griechisch-römischen Antike stand Korruption ebenfalls für Niedergang von Sitte und Moral – zugunsten des Eigeninteresses. Schon Thukydides sah den Untergang des attischen Seebundes darin, dass Fraktionen ihre eigensüchtigen Interessen über das Ganze stellten, auswärtige Mächte einschalteten und damit den eigenen Staat zugrunde richteten (vgl. Noack 1985: 31). Platon wollte unbestechliche Philosophen herrschen sehen, die reine Idealisten seien. Bei der Ämterauswahl wurden im klassischen Hellas Vorrichtungen gegen Simonie, Nepotismus und Wählerbestechung dadurch getroffen, dass Ämter durch Losentscheid (Ostrakismus) vergeben wurden, um jeglicher Günstlingswirtschaft und Patronage einen Riegel vorzuschieben. Aristoteles sah einen Niedergang des Gemeinwesens zwar in der materiellen Ungleichheit, deren Umverteilung aber nichts ausrichte, wenn nicht die altruistische Einstellung zum Gemeinwesen Platz greife. In der polis partizipierten nur freie, also materiell gänzlich unabhängige Bürger mit eigenem oikos, die kein Gehalt für Staatsämter bezogen. So auch in der Römischen Republik, wo sie gegebenenfalls nach der Amtszeit mit einer einträglichen Provinzverwaltung „entlohnt" wurden.

In der Römischen Republik entstand eine ausgefeilte und oft verschärfte Gesetzgebung gegen die Wählerbestechung, das heißt den „ambitus". Es fanden spektakuläre Prozesse statt (Schuller 2000: 185ff.; Schuller 1985 und ders. in diesem Band). Neben der Wählerbestechung grassierte die Richterbestechung und natürlich die gemeine Beamtenbestechung. Im spätrömischen Staat muss die Verrohung der Sitten ein sprichwörtliches Ausmaß angenommen haben, sodass Kaiser Konstantin ein Gesetz erließ, das einem „wilden Zornesschrei" glich (Seeck 1921: 102ff.):

„Hört jetzt einmal auf, ihr raubsüchtigen Hände der Officialen, hört auf, sage ich! Denn wenn sie nach dieser Ermahnung nicht aufhören, wird das Schwert sie abhaun. Nicht sei käuflich die Tür des Richters, nicht der Eintritt bezahlt, nicht berüchtigt durch Versteigerung an den Meistbietenden das Gerichtszimmer, nicht sogar der Anblick des Statthalters nur für Geld zu haben. Die Ohren des Rechtsprechenden sollen ebenso den Ärmsten wie den Reichen offenstehn. Fern sei von der Einführung des Klagenden die Plünderei dessen, welchen man den Princeps des Officium nennt. Keine Erpressungen sollen die Gehilfen derselben Principes gegen die Parteien ausüben; man unterdrücke die unerträglichen Überfälle der Centurionen und der anderen Officialen, die Großes und Kleines fordern, und mäßige die unstillbare Geldgier derer, welche den Streitenden die Akten aushändigen.

Immer soll der Eifer des Statthalters darüber wachen, daß keiner der genannten Menschenart von der Prozeßpartei etwas nehme. Denn wenn sie sich im zivilen Rechtsstreit etwas zu fordern erlauben, so wird die bewaffnete Rüge bei der Hand sein, um Kopf und Hals der Schändlichen abzuhauen, und jeder, an dem Erpressung geübt ist, soll das Recht haben, den Statthalter darüber zu unterrichten. Wenn aber dieser ein Auge zudrückt, so eröffnen wir Allen die Klage bei sämtlichen Comites in den Provinzen oder bei der Praefecti Praetorio, wenn sie näher zu erreichen sind, damit wir, durch ihren Vortrag belehrt, wegen solcher Räubereien die Todesstrafe verhängen" (zit. bei Schuller 1985: 79).

Im Mittelalter grassierte sicherlich reichlich Klientelismus, Patronage, Nepotismus und Simonie, aber es ist fraglich, ob dies als Korruption zu bezeichnen ist. Denn die Wahlbestechung bei der Wahl des Kaisers durch die deutschen Kurfürsten war eine anerkannte und übliche Praxis. Das war deshalb kaum Korruption: „Denn hier verkauften de facto souveräne Monarchen dem ihre Stimme, den sie für den Nützlichsten hielten" (Noack 1985: 36). Im Frankreich des Ancien Regime grassierte die persönliche Bereicherung bei Hofe derart, dass König Ludwig XV. zum Herzog von Choiseul resigniert bemerkte:

„Mein lieber Freund, die Stehlereien in meinem Hause sind enorm. (...) Alle Minister, die ich gehabt habe, haben versucht, dem Einhalt zu gebieten, aber erschreckt von der Schwierigkeit der Ausführung, haben sie das Projekt stets fallen gelassen. (...) Also beruhigen Sie sich und lassen Sie ein unheilbares Laster weiter währen" (Noack 1985: 39; vgl. auch van Klaveren 1985).

Mit dem in England aufkommenden Parlamentarismus des 17. Jahrhunderts war es kaum weniger arg als im absolutistischen Frankreich: Parlamentssitze wurden gekauft. Es war die Ära des „corrupt parliament", wo die Abgeordneten sich von ein paar Dutzend oder im günstigsten Fall überhaupt keinen Wahlmännern aufstellen und „wählen" lassen konnten. Beklagt wurde nicht die Tatsache des Stimmenkaufs an sich, sondern die horrend steigenden Preise (Noack 1985: 46). Weil, wie oft in der Geschichte der Korruption, kein Unrechtsbewusstsein herrschte, sollte man eher von „Proto-Korruption" sprechen. Erst das Jahr 1883 brachte mit dem „Corrupt and Illegal Practices Act" ein endgültiges Ende des „Korruptionsparlamentarismus" in Großbritannien. Allerdings sei durch die parlamentarische Korruption der Parlamentarismus insgesamt gegen die Prädominanz der Krone durchgesetzt worden. „Die Korruption bekam somit eine positive Funktion" (von Beyme 1999: 72).

Auch in den USA in der Wende vom 18. zum 19. Jahrhundert blühte die politische Korruption in Form von Stimmenkauf ganz ähnlich dem „ambitus" im alten Rom (Scott: 1972). Gerade hier besteht für die Wirtschaftsgeschichte ein völlig unbearbeitetes Forschungsfeld: Warum fand die Industrialisierung in diesen Ländern und damit das größte Wirtschaftswachstum in der Geschichte zu einer Zeit statt, in der nach heutigen TI-Maßstäben die Korruption blühte? „Parteimaschinen" machten sich dieses klientelistische Verfahren zunutze. Senatoren und Abgeordnete führten über lokale Parteiorganisationen und -apparate, Gefolgschaften, um die Ämtervergabe zu kontrollieren. Hier wurden insbesondere auch unterprivilegierte Einwanderermassen aus Polen, Italien, Irland oder Deutschland instrumentalisiert – allerdings erhielten diese damit auch eine Aufstiegs- und Partizipationschance, denn der Patron machte sich natürlich auch abhängig von seinen Wählern (Scott 1972: 108). Nicht minder korrupt wie die Parteien waren im Übrigen die amerikanischen Gewerkschaften bis weit in die Mitte des 20. Jahrhunderts. Erst John F. Kennedy und sein Justizminister Robert Kennedy zerschlugen die teilweise kriminellen Machenschaften der Transportarbeitergewerkschaft „Teamsters".

Auch wenn in Deutschland der Mythos des unbestechlichen Beamten seit dem aufgeklärten Absolutismus genährt wurde, insbesondere in Preußen, so existierte nicht nur Beamtenbestechung, sondern auch politische Korruption im großen Stil. Kaum etwas anderes war die großzügige Bezahlung des bayerischen Königs für seine Zustimmung zur Kaiserkrönung des preußischen Königs 1871, eingefädelt durch Bismarck und finanziert aus dubiosen Quellen (Noack 1985: 116). Er konnte hier auf alte Traditionen bei der Kürung des deutschen Kaisers zurückgreifen.

Natürlich hat sich der Nationalsozialismus[5] dem Kampf gegen die Korruption verschrieben, wie noch jedes autoritäre Regime, das die Macht erobert. Selbst bei der Machtergreifung spielte die Skandalisierung von Korruption durch die Nazis eine ganz entscheidende Rolle. Danach wurde der Kampf gegen Korruption als Vorwand zu inneren Säuberungsaktionen genutzt. Aber ebenso natürlich gab es Korruption im großen Stil nicht nur bei der Ausbeutung der jüdischen Bevölkerung und auch bei seiner Ausrottung, sondern auf allen Ebenen bis in die Spitze beim Parteiparvenü Hermann Göring. Aber es gab auch eine andere Seite: Im Kampf gegen den Nationalsozialismus wurden Nazis bestochen, geschmiert und bezahlt, wie es eben ging. Oskar Schindler ist für seine Korruption von Nazifunktionären, um seine jüdischen Arbeiter zu retten, in die Filmgeschichte eingegangen. Gibt es also auch „gute" Korruption?

Diese Frage soll an dieser Stelle offen bleiben. Beenden wir den Streifzug durch die Geschichte der Korruption. Wir konnten lernen, dass sie ubiquitär ist – zu allen Zeiten, in allen Regimen. Und sie ist vielgestaltig – kleine Beamte und große Staatsmänner, Regierungen, Parlamente, Parteien, Gewerkschaften und Kirchen können korrupt sein. Korruption kann eine Aufstiegsleiter bedeuten und sogar als Notwehr gegen ein unmenschliches Regime eingesetzt werden. Korruption ist überall.

3. Begriff, Definition und Konzeption der Korruption

Um eine allseits akzeptierte Definition von Korruption hat sich die Wissenschaft bisher vergeblich bemüht. Die extrem weite klassische Konzeption von Korruption als Verderben des Staates, der Sitten und Moral diffundiert zu breit in die Gefilde von Untergangsphilosophien, als dass sie heute noch ernsthaft erwogen würde.[6] Die engen Tatbestandsmerkmale des Strafgesetzbuches für Bestechung und Bestechlichkeit einerseits, wenn ein Amtsträger Geld oder geldwerte Leistungen für eine pflichtwidrige Dienstleistung annimmt, oder Vorteilsgewährung und Vorteilsnahme andererseits, wenn ein Amtsträger für eine Diensthandlung Geld oder geldwerte Leistungen annimmt, jeweils als aktive und passive Variante, erfassen zwar den harten Kern von Korruption. Aber die Schale um diesen Kern klaren illegalen Verhaltens schließt auch illegitimes Handeln mit ein, das in Deutschland strafrechtlich nicht verfolgt werden kann. Beispiele dafür bilden einige notorische Fälle von deutschen Politikern, die sich zu „Traumreisen" oder Festen von „Amigos" einladen ließen, was sie jeweils ihr Amt kostete (dazu zählen die Ministerpräsidenten Lothar Späth von Baden-Württemberg, Max Streibl von Bayern und Wolfgang Glogowski von Niedersachsen).

Eine enge juridisch-normative Definition von Korruption ist natürlich auch deshalb nicht weiterführend, weil sie auf den deutschen Rechtsraum beschränkt bliebe. Nicht nur in den rechtsstaatlichen Staaten variieren die Rechtsnormen zur Korruption be-

---

5 Zur Korruption zur Zeit des Nationalsozialismus vgl. z.B. Bajohr (2001) sowie Angermund (2002).
6 Ausnahmen bilden zum Beispiel Horst-Eberhard Richter (1989) oder Hans Herbert von Arnim, aber auch die eher populistische Publizistik.

trächtlich. Erst recht in autoritären Staaten oder „defekten Demokratien". Hier hilft eine Definition nicht weiter, die auf deutschen Rechtsnormen beruht.

Die Literatur zur Definition von Korruption ist umfangreich und unübersichtlich. Allein in den drei Ausgaben des internationalen Handbuches „Political Corruption" von Arnold J. Heidenheimer u.a. (1970, 1989, 2002) findet sich eine Fülle von definitorischen Problematisierungen. Auch in diesem vorliegenden Band setzen sich die Bemühungen fort, fast jeder der über 20 Autoren beginnt zunächst mit definitorischen Reflexionen. Als Herausgeber dieses Bandes bin ich nicht so kühn, der unendlichen Definitionsgeschichte weder ex cathedra noch als deus ex machina ein finales Happyend zu verordnen. Ich begrenze deshalb die Problematisierung der Definition auf wenige Aspekte.

Korruption ist das Gesamtphänomen, politische Korruption die Teilmenge, die sich auf Korruption in der Politik bezieht. Das erscheint einfach, ist aber in der Literatur durchaus ein Problem. Denn in der Wissenschaft ist man sich leider nicht darüber einig, was Politik ist (vgl. von Alemann 2000). Seit die Frauenbewegung den Spruch geprägt hat „Das Private ist politisch" existiert ein allumfassender Politikbegriff, der für eine Differenzierung zwischen allgemeiner Korruption und politischer Korruption nichts hergibt. Da die Bestechung von Entscheidungsträgern in Verwaltung, Politik oder Wirtschaft immer auch gesamtgesellschaftliche Auswirkungen haben kann, hat sie auch immer politische Auswirkungen. In der Literatur werden in den Handbüchern von Arnold J. Heidenheimer Argumente präsentiert, die eher für eine sehr weite Definition von politischer Korruption sprechen. Insofern ist auch die einfache Beamtenbestechung politisch. TI allerdings verwendet eine engere Definition von politischer Korruption, da sie damit insbesondere politische und wirtschaftliche Eliten und ihre Aktivitäten thematisieren wollen. Auch die Autoren dieses Bandes benutzen eine manchmal etwas engere und häufig eine eher weitere Konzeption von politischer Korruption. Um keinen der Ansätze auszuschließen, verwende ich in dieser Einführung ebenfalls einen eher weiten Begriff. Auch viele Autoren dieses Bandes sprechen oft abgekürzt von Korruption, obwohl sie politische Korruption meinen.

Schon 1931 hat Joseph J. Senturia eine noch heute klassische Definition von Korruption vorgeschlagen: „Korruption ist der Missbrauch öffentlicher Macht zu privatem Nutzen" („the misuse of public power for private profit", Senturia 1931: 448ff.). Faszinierend an dieser immer wieder zitierten Definition ist ihre lakonische Eleganz, denn Korruption wird dann als gegeben betrachtet, wenn sich einfach nur drei Begriffe kreuzen: öffentliche Macht, privater Nutzen und Missbrauch (von Alemann 2003). Alle drei Begriffe sind starkem Wandel ausgesetzt (siehe Einträge in der 20-bändigen Enzyklopädie „Geschichtliche Grundbegriffe" von Brunner/Conze/Koselleck 1972). Senturias Definition scheint somit universell auf Korruption anwendbar. Allerdings hat sie durchaus Nachteile, denn die Konzentration auf öffentliche Macht und Amtsträger bzw. Beamte erschwert die Einbeziehung von wirtschaftlicher Macht, da nach heutigen modernen Auffassungen in großen Wirtschaftsunternehmen ebenfalls Korruptionsbeziehungen existieren (vgl. Moroff 2004: 89–92). Der private Nutzen wird umfassend einbezogen, nicht nur als monetärer Vorteil, sondern auch in Form geldwerter Leistungen, was sicherlich sinnvoll ist. Andererseits müsste wohl ein Schwellenwert eingebaut werden, um geringfügigen Nutzen auszuschließen, wenn zum Beispiel ein Beamter sich zu einer Tasse Kaffee einladen lässt. Schließlich ist auch der Missbrauch schwer zu definieren, insbesondere dann, wenn ein Amtsträger ohne jegliches Unrechtsbewusstsein bestimmte Vorteile seines Amtes wahrnimmt. Die Definition von Senturia setzt also voraus, dass ein konkretes, formales und informales, allseits akzeptiertes Rechts- und Normensystem existiert. Dies ist aber nicht unbedingt der Fall, weder innerhalb von noch zwischen Gesellschaften.

Eine weitere einflussreiche Definition von Joseph S. Nye konzentriert sich dagegen auf formal-legale Normen. Nye definiert Korruption als

„behaviour which deviates from the formal duties of the public role because of private regarding (close family, personal, private clique) pecuniary or status gaines; or why that rules against the exercise of certain types of private-regarding influence" (Nye 1967: 284).

Auch Nye erklärt damit Korruption als ein abweichendes Verhalten. Diese „behaviour classifying definitions" beschreiben nach Michael Johnston Korruption als „abuse of public office, power or resources for private benefit" (Johnston 1996: 281). Solche Definitionen seien allerdings nicht präzise genug, da immer schwer zu entscheiden sei, was öffentlich oder privat sei und was Missbrauch wirklich bedeutet. Deshalb seien solche Definitionen für die breitere Anwendung des Korruptionsbegriffes nicht hilfreich.

Heidenheimer hat deshalb drei Gruppen von Korruptionsdefinitionen unterschieden, nämlich „public office-centered, market-centered and public interest-centered" (Heidenheimer 1989: 145–146). Für die operativen Zwecke von TI als der international bedeutendsten NGO zur Korruptionsbekämpfung verknüpft diese die verschiedenen Dimensionen der Korruption, wenn sie „Korruption als de(n) heimliche(n) Missbrauch von öffentlicher oder privatwirtschaftlich anberaumter Stellung oder Macht zum privaten Nutzen oder Vorteil" (Transparency International 2005a) definiert.

Die Mehrdimensionalität von Korruption versucht auch Höffling in seinem Buch „Korruption als soziale Beziehung" einzubeziehen, wenn er drei Klassen einer Konzeption von Korruption unterscheidet: Korruption als symbolische Verdichtung des Unmoralischen, Korruption als qualifizierter Normverstoß und Korruption als Kriminalität (Höffling 2002: 14ff.). In dieselbe Richtung zielt der erst posthum veröffentlichte Aufsatz von Arnold Heidenheimer, wenn er über seine frühere Unterscheidung von white corruption, grey corruption und black corruption hinausgeht und einen „polychromatischen" Begriff von Korruption fordert (Moroff 2004: 83ff. sowie Heidenheimer 2004: 99ff.). Aber ob hier der Durchbruch wirklich erzielt wird, bleibt abzuwarten. Der Skepsis von Michael Johnston ist deshalb zuzustimmen:

„Perhaps the safest generalization is that in studying corruption we should remember why it is important to begin with, and be aware that our definitions may vary according to the questions we wish to ask and the setting" (Johnston 2001: 28).

4. Disziplinen der Korruptionsforschung

Korruption ist ubiquitär im historischen Längsschnitt und global im aktuellen Querschnitt. Deshalb ist sie auch nur interdisziplinär zu erfassen.

Die *Philosophie* befasst sich seit der Antike, ja, wie wir im historischen Abschnitt dieses Kapitels gesehen haben, weit über die griechisch-römische Antike hinaus, seit der jüdischen Genesis mit der Ethik moralischen Verhaltens für den Bürger sowie für den Beamten und auch den Staatslenker. Dies ist durch die ganze Geschichte der Philosophie immer wieder diskutiert worden. Jüngst sind in dem Band von Verena van Nell u.a. (2003) auch einige Beiträge von Philosophen versammelt (Reiter 2003; Joisten 2003; van Nell 2003). Auch in dem vorliegenden Band sind philosophische Reflexionen enthalten, wie die von Ernesto Garzón Valdéz, die der Rechtsphilosophie verpflichtet sind.

Auch die *Theologie* ist natürlich gefragt, wenn es um Fragen der Ethik und Moral geht. Versteht man Korruption als Sünde, dann überrascht nicht, dass sich auch diese Disziplin damit befasst. Karl Rennstich (1990) hat eine umfassende Würdigung der Korruption aus Sicht der Theologie vorgelegt.

Die *Geschichtswissenschaft* ist prädestiniert für eine langfristige Längsschnittbetrachtung von Korruption. Trotzdem gibt es im deutschen Sprachraum wenig übergreifende Literatur (Sturminger 1982). Für die Antike hat sich Schuller mit zahlreichen Beiträgen, so auch in diesem Band, hoch verdient gemacht (vgl. hierzu auch Münkler/Fischer/Bluhm 2002). Dasselbe gilt für die Analysen der historischen Dimension von Korruption durch Jakob van Klaveren (zum Beispiel 2002). Aber auch die Beiträge von Maryvonne Génaux (2002) zur frühen englischen und französischen Korruptionsgeschichte sowie von James C. Scott (2002) zur vergleichenden Korruptionsentwicklung sind weiterführend. In unserem Band hier zeigt neben Schuller auch Heberer interessante Aspekte der historischen Dimension von Korruption in China auf. Der Politikwissenschaftler Paul Noack hat in seinem Band die historische Entwicklung der Korruption gut skizziert (Noack 1985: 36ff.).

Breit wird das Thema selbstverständlich in der *Rechtswissenschaft* debattiert, obwohl im deutschen Sprachraum lange der generalisierende Begriff der Korruption gemieden und das spezifische Straf(rechts)problem der Bestechung thematisiert wurde. Das änderte sich rapide, seit in den 1990er Jahren Korruption in Politik und Gesellschaft immer mehr Aufmerksamkeit auf sich zog. Mit dem Beitrag von Morlok haben wir in diesem Band eine mehr rechtstheoretische Reflexion und mit dem von Deiters eine am internationalen Strafrecht orientierte Problematisierung aufnehmen können. Die Praxis der strafrechtlichen Bekämpfung wird regelmäßig aus kriminologischer Sicht in der Zeitschrift „Kriminalistik" aufgearbeitet. Das Bundeskriminalamt hat mit einer großen Studie die Debatte vorangetrieben (Vahlenkamp/Knauß 1995). Britta Bannenberg hat mit ihrer Habilitationsschrift (2002) eine bahnbrechende Arbeit zur Korruption vorgelegt. Und sie selbst hat mit Wolfgang Schaupensteiner, dem bekannten Frontkämpfer gegen Korruption als Oberstaatsanwalt in Frankfurt, eine gut lesbare, populäre Studie zu „Korruption in Deutschland. Porträt einer Wachstumsbranche" vorgelegt (2004).

In der *Ökonomie* wurde Korruption zunächst kaum als Problem rezipiert. Neoliberale Ökonomien mit ihrer Fixierung auf den Staat und die Bürokratie als Hauptstörfaktoren für das freie Marktgeschehen begrüßten sogar, wenn Staatsbürokratien wie die sowjetische Nomenklatura endlich durch materielle Leistungen umgangen werden konnten oder obsolet wurden (vgl. Di Franceisco/Gitelmann 2002). Susan Rose-Ackerman, die renommierteste Erforscherin der politischen Ökonomie von Korruption, hat mit diesen Rechtfertigungen Schluss gemacht und weist auch in ihrem Beitrag in diesem Band nach, dass Korruption ökonomisch negative Folgen hat. Viele Einzelanalysen sind ihr darin gefolgt (vgl. für viele Lambsdorff 2005). Insbesondere haben diese Studien die Weltbank, den Internationalen Währungsfonds und auch die OECD mit veranlasst, aktiv gegen die internationale Korruption vorzugehen. Auf Theorieansätze der Ökonomie, die für die Korruptionsforschung fruchtbar gemacht werden können – Rational-Choice-Theorie, Principal-Agent-Ansatz, Rent-Seeking-Theorie oder Transaktionskostenanalyse – komme ich später zurück. Die scheinbare Eindeutigkeit von Korrelationen[7] dient als Handlungslegitimation der politischen Akteure, deshalb sind sie so willkommen, auch gerade weil die Ökonomie als Leitwissenschaft für die Staatseliten fungiert. Aber es handelt sich hier nicht um im wissenschaftlichen Sinne „Bewiesenes", sondern nur um einen Bewertungswandel bzw. Paradigmenwechsel. Wenn Korruption ein Wahrnehmungsphänomen ist, dann sind die Folgen der Korruption nicht zuletzt auch abhängig von den Wahrnehmungs- und Deutungsperspektiven derer, die sie untersuchen (vgl. Moroff in diesem Band).

Die *Soziologie* hat ihren Verdienst darin, dass sie unaufgeregt und analytisch Korruption nicht als Untergang des Abendlandes, sondern einfach als abweichendes Verhalten analysiert hat. Freilich mit der Einschränkung, dass es sich um „nicht immer abweichendes Verhalten" handelt, wie der Untertitel des schönen und wegweisenden Buches von Fleck/Kuzmics (1985) lautet. Denn es analysiert nicht nur Begriff und Formen, sondern liefert auch literarische Skizzen von Balzac, Gorki, Chandler bis zu Heinrich Böll, arbeitet die Sozialgeschichte auf, wirft einen Blick auf den Gesellschaftsvergleich und versucht sich erst am Schluss mit einigen Beiträgen an einer Theorie der Korruption. Leider ist in der deutschen Soziologie nicht mehr viel auf diesen bemerkenswerten Aufschlag gefolgt, obwohl große Soziologen wie Robert K. Merton (1967) Gunnar Myrdal (1968) oder Amitai Etzioni (1984) den Weg gewiesen haben.

Die *Politikwissenschaft* war nicht weniger zögerlich als die Soziologie, sich dieses Themas zu bemächtigen. Ein Pionier ist sicherlich Carl J. Friedrich mit seiner „Pathologie der Politik" (1974), kongenial höchstens von Theodor Eschenburg (1970) vertieft. Ansonsten breitete sich bis Mitte der Achtziger Jahre politikwissenschaftliches Schweigen über diese Abgründe aus. Paul Noack kommt das Verdienst zu, mit seinem Buch von 1985 das Schweigekartell durchbrochen zu haben, wenn er auch eine sehr historisch-diffuse Konzeption von Korruption präferiert. Die jüngere politikwissenschaftliche deutsche Literatur ist oben bereits genannt worden. International muss auch hier noch einmal auf das monumentale Werk von Arnold J. Heidenheimer verwiesen werden, der mit seinen drei Ausgaben von „Political Corruption" (1970, 1989 und 2002) Standards gesetzt hat.

Natürlich ist mit diesem Streifzug durch die Interdisziplinarität von Korruption die Reihe nicht erschöpft. Auch die *Psychologie* kann sich mit den Motiven der Bestech-

---

7 Vgl. Lambsdorff (in diesem Band) sowie kritisch Berg-Schlosser (in diesem Band) und Johnston (2002).

lichkeit beschäftigen (Richter 1989), zumal die *Pädagogik* mit Bildungsmaßnahmen gegen Korruption oder die *Medienwissenschaft* mit den Mechanismen der Skandalisierung, wie Marcinkowski und Pfetsch in diesem Band zeigen. Im Übrigen kann aber die Wissenschaft selber, genau wie andere gesellschaftliche Kräfte, die gemeinhin eher der Korruptionsbekämpfung zuzurechnen sind, wie Justiz und Journalismus, von Korruption selbst betroffen sein (vgl. dazu Leyendecker 2003: 151ff.).

5. Methoden der Korruptionsforschung

Ein resignierter Korruptionsforscher hat einmal gesagt, bei der Erforschung von Korruption müsse man mit drei fast unüberwindlichen Hürden rechnen: *Erstens* wird Korruption immer verborgen sein und entzieht sich damit dem Auge des Forschers; *zweitens* darf man eine Quelle, die man dennoch auftut, dann wegen Vertraulichkeit nicht zitieren; und *drittens,* wenn man sie trotzdem zitiert, glaubt es keiner. Deshalb mögen Journalisten und Staatsanwälte, da sie Quellenschutz gewähren können, erfolgreicher fallbezogen über Korruption recherchieren können als generalisierende Wissenschaftler. Trotz dieser Hürden lässt sich Korruption selbstverständlich erforschen wie andere, nicht manifeste und zuweilen bewusst verborgene Phänomene auch, wie Geheimdiplomatie, Machtstrategien oder vertrauliche Seilschaften.

Als Datenquellen für die empirische Korruptionsforschung kann man unterscheiden in prozessproduzierte und wissenschaftsgenerierte. Die prozess- oder auch fremdproduzierten Daten sind Quellen, die nicht für Forschungszwecke erhoben worden sind, sondern als offizielle Statistiken oder auch als Akten oder sonstige schriftliche Quellen ausgewertet werden können. Hierzu zählen die Daten der Kriminalstatistik, insbesondere Zahlen über Verurteilte, und des polizeilichen Meldedienstes, also Zahlen über aufgenommene Delikte. Von besonderem Nutzen sind die vom Bundeskriminalamt seit 1994 jährlich erstellten Lagebilder zur Korruption, die zum Teil auch von den Landeskriminalämtern seit dieser Zeit erhoben werden (vgl. Mischkowitz 2000: 63). In Deutschland werden zum Teil für die Beamten separate Disziplinarstatistiken geführt, die aber nicht jedermann zur Verfügung stehen.

Das große Problem bei all diesen prozessproduzierten Daten besteht darin, dass nur tatsächlich angezeigte oder aufgedeckte Delikte auftauchen, nicht aber unaufgedeckte Tatbestände reportiert werden. Da es sich bei der Korruption in der Regel um ein Täter-Täter-Delikt handelt, in dem Opfer, zum Beispiel die Öffentliche Hand oder das Allgemeinwohl, nur schwer zu identifizieren sind, kommt es auch nur selten zur Anzeige durch manifest Geschädigte. Ganz anders bei einem Diebstahl oder Körperverletzung, wo es in der Regel eine Täter-Opfer-Beziehung gibt. Auch deshalb ist das Dunkelfeld bei der Kriminalstatistik sehr hoch und schwer einzuschätzen. Intensive Strafaktenanalysen können einen wichtigen Aufschluss erbringen, weil sie über die statistische Erfassung hinaus ermöglichen, die Umstände der einzelnen Delikte, die Beteiligten, die Schadenssummen usw. zugänglich zu machen. Es hat in Deutschland einige solcher Untersuchungen gegeben (z.B. Liebl 1992). Die ambitionierteste und jüngste hat Britta Bannenberg vorgelegt, die 101 Strafverfahren aus 14 Bundesländern mit 436 Beschuldigten minutiös ausgewertet hat. Aber auch hier lag wiederum nur das Hellfeld von

Korruptionsdelikten im Fokus der Forschung (Bannenberg 2002; Zusammenfassung der Ergebnisse Bannenberg 2003).

Auch Methoden der Zeitgeschichte wie Aktenanalysen oder die Auswertung von Medienberichten über Korruptionsfälle bieten sich als Methoden an. Hier können Instrumente der Inhaltsanalyse eingesetzt werden. Leo Huberts hat zum Beispiel eine Inhaltsanalyse von Parteiprogrammen aus Westeuropa vorgenommen, inwiefern hier die Korruptionsproblematik wahrgenommen wird (Huberts 1995: 7–20).

Eine quantitative oder auch qualitative Inhaltsanalyse der Medienberichterstattung (vgl. z.B. Moroff/Blechinger 2002: 885–905) oder auch von politischen Programmen findet sich bereits auf der Grenze zwischen den prozessorientierten und den wissenschaftsgenerierten Daten, denn nach der Vercodung von einzelnen Items mittels Inhaltsanalyse erhält man durchaus ein selbst generiertes Datenkonstrukt. Es kann durchaus sinnvoll sein, repräsentative Bevölkerungsumfragen in die Korruptionsforschung einzubeziehen, wenn Ziel der Untersuchung die Einstellung der Bevölkerung zur und die Akzeptanz von Korruption sein soll. Aber auch das subjektiv eingeschätzte Auftreten von Korruption kann abgefragt werden. Umfrageforschung kann sich aber nicht nur auf repräsentative Stichproben der Bevölkerung, sondern auch auf bestimmte Zielgruppen stützen, zum Beispiel die Beamten einer Behörde oder die Angestellten von Unternehmen. In Untersuchungen von amerikanischer Polizeikorruption haben McCormack und Fishman eine Skala entwickelt, die versucht, den Grad der Korruption in Polizeieinheiten zu messen. Den befragten Polizeibeamten wurde eine Liste von acht Verhaltensweisen vorgelegt, die vom einfachsten Fall, dem Annehmen einer Tasse Kaffee von einem Gastwirt seines Bezirkes, ausgeht bis zum schwerwiegendsten Fall, nämlich dem Empfang regelmäßiger Geldsummen, um Delikte nicht anzuzeigen (Fishman 1978, zit. bei Mischkowitz et al. 2000: 65ff.). Auch in deutschen Kommunen sind ähnliche Umfragen unter den öffentlich Bediensteten veranstaltet worden, die allerdings nicht der Illusion unterlagen, damit absolut verlässliche Informationen über die Anfälligkeit der Bediensteten zu erhalten, sondern die damit das Problembewusstsein der Angestellten überhaupt wecken und schärfen und hierdurch einen Beitrag zur Korruptionsprävention leisten sollten.

Die erste größere umfassende Analyse des Bundeskriminalamtes listet folgende Methoden für das Untersuchungsprojekt auf:
– Literaturanalyse: Auswertung der einschlägigen Literatur zur Vorbereitung des Forschungsprojektes,
– mündliche Expertenbefragungen,
– Tiefeninterviews mit Vertretern der gewerblichen Wirtschaft und der Strafverfolgungsbehörden,
– schriftliche Befragungen in der Kommunalpolitik und der öffentlichen Verwaltung, angereichert mit einzelnen Tiefeninterviews,
– Expertenrunde (Workshop) zur Vorbereitung in Befragungsrunden mit Vertretern der öffentlichen Verwaltung (Vahlenkamp/Knauß 1997: 30).

Einen Meilenstein in den Forschungsmethoden ist der von Transparency International entwickelte *Corruption Perceptions Index* (CPI), der seit 1995 jährlich veröffentlicht wird. Der Schöpfer dieses Indexes ist Johann Graf Lambsdorff, der auch zur Methodik zahlreiche Beiträge veröffentlicht hat, zuletzt im jüngsten „Global Corruption Report"

(Transparency International 2005: 233ff.). Für den CPI werden zurzeit 18 verschiedene Datenquellen von unterschiedlichen Institutionen gesammelt, zum Beispiel Daten über Risikoanalysen des World Economic Forum, des Economist Intellegence Unit, nationale Umfragen von Gallup International, Daten der Weltbank oder die Statistiken von Freedom House über die Demokratisierung weltweit. Es werden nur Länder aufgelistet, für die mindestens drei verschiedene Quellen von Rankings existieren.

Da allerdings die Datenquellen sehr unterschiedlich sind, von Jahr zu Jahr wechseln, in den CPI 2004 gehen z.B. Daten aus 18 Quellen von zwölf Institutionen ein, ist eine Zeitreihenanalyse der Skala nur bedingt zuverlässig.[8] Dennoch handelt es sich um ein hervorragendes Mittel, wissenschaftliche Analyse mit politischer Arbeit zu verknüpfen. Der Index ruft eine Fülle von Folgeuntersuchungen hervor, die das Ranking auf dem Korruptionsindex mit anderen verfügbaren Daten korrelieren, zum Beispiel wirtschaftlicher Erfolg, Alphabetisierungsgrad, Demokratisierungsgrad usw. Der jeweilige Global Corruption Report von TI listet eine Fülle von solchen Korrelationsanalysen auf, zum Beispiel von Johann Graf Lambsdorff selbst unter dem Titel „How Corruption affects Economic Development" (2004a).

Daneben hat TI noch ein „Global Corruption Barometer" entwickelt, wo Einstellungen, Erfahrungen und Wahrnehmungen von Korruption in zahlreichen Ländern, im jüngsten Fall sind es 47 Länder, durch Umfrageforschung ermittelt werden. Dabei ergibt sich zum Beispiel, dass weltweit die Einstellung vorherrscht, dass politische Parteien besonders anfällig sind für Korruption (29,7 Prozent), danach folgen Gerichte (13,7 Prozent) und die Polizei (11,5 Prozent). Auch Philip Manow benutzt für seine Analyse von „Politische Korruption und politischer Wettbewerb" (in diesem Band) die Daten des CPI.

Neben quantitativen Methoden sind durchaus auch qualitative Forschungsmethoden und Fallstudien denkbar. Damit kann an die alte Tradition der „muck rackers" angeknüpft werden, die ab 1900 in amerikanischen Großstädten die frühe sozial engagierte Soziologie geprägt haben. Denkbar wäre durchaus, dass man sich als Wissenschaftler in die Rolle des teilnehmenden Beobachters einer Kommunalverwaltung begibt und recherchiert. Solche Formen der verdeckten Beobachtung würden aber möglicherweise an forschungsethische Grenzen stoßen.

Statt sich wie der Ethnologe direkt in das Feld zu begeben, ist auch die gegenteilige Strategie denkbar, nämlich Quasi-Experimente im Labor durchzuführen. Hartmut Lüdtke und Hartmut Schweitzer haben einen solchen Versuch gemacht, die Korruptionsneigung in unterschiedlichen Handlungssituationen in einer Laborsituation zu testen (Lüdtke/Schweitzer 1993). Verdeckte Methoden qualitativer Recherche entsprechen allerdings eher dem Arbeitsethos des investigativen Journalismus als der empirischen Sozialforschung. Es ist erfreulich, dass sich in Deutschland eine Initiative gegründet hat, die diesen investigativen Journalismus pflegen und weiterentwickeln will (Netzwerk Recherche, http://www.netzwerkrecherche.de; vgl. auch Leif 2003 und 2003a). Journalisten wie Hans Leyendecker haben sicher mehr zur Aufklärung von Korruption in Deutschland beigetragen (vgl. Leyendecker 2003) als manche wissenschaftlichen Bemühungen.

---

8 Vgl. zur Methodologie Lambsdorff (2004); kritisch vor allem Johnston (2002).

6. Theorien der Korruption

Wie virulent in einer Gesellschaft Korruption auftritt oder gar internalisiert ist, lässt sich schwer entscheiden, denn sie ist zu einem gewissen Grad unausweichlich. Entscheidend für den Zustand einer Gesellschaft oder eines Staates ist nicht allein, wie umfangreich sie ist, wie allgegenwärtig, sondern insbesondere, wie mit ihr umgegangen wird. Misstrauen ist besonders in solchen Gesellschaften angebracht, wo Korruption tabuisiert wird, wie in den meisten autoritären und erst recht in totalitären Regimen. Es wird öffentlich nicht über Korruption gesprochen, also existiert sie nicht. In Demokratien dagegen, in denen viel über Korruption geredet und in den Medien diskutiert wird, muss sie durchaus nicht gesellschaftsbedrohend sein. Denn eine Grundvoraussetzung, um Korruption zu bekämpfen, ist, sie zu erkennen und zu thematisieren, statt sie zu dämonisieren. Die verschiedenen Theorien der Korruption, die die Debatte in einer Gesellschaft dominieren, sagen deshalb auch einiges darüber aus, wie es um die Diskursfähigkeit der Gesellschaft bestellt ist.

Die theoretische Literatur zur Korruption ist komplex. Jüngst ist mit einem Sammelband von Karsten Fischer und Harald Bluhm im Jahre 2002 ein beachtenswerter aber nicht umfassender Sammelband zu Theorien politischer Korruption erschienen. Denn die Theorien der Korruption sind so zahlreich, vielgestaltig und kaum vollständig zu erfassen wie der Gegenstand selbst. Ich werde versuchen, in das Dickicht ein paar Schneisen zu schlagen.

6.1 Genetische Theorien der Korruption

Es ist schon häufiger angesprochen worden, dass Korruption in der Antike bis weit in die Neuzeit als ein gesellschaftlicher Niedergang und Verfall begriffen wurde. So ist es beispielsweise auch bei Machiavelli, der die Tugend des Herrschers und eines Staates durch das Verderben von Ethik und Moral bedroht sah. In der Wissenschaft wird heute an dieser Verfallstheorie nur noch selten festgehalten, so beispielsweise von Horst-Eberhard Richter (1989), aber auch in den stark populistisch geprägten Schriften von Hans-Herbert von Arnim.[9]

Alle Auffassungen von Korruption als Verfall bzw. Verderben sind entwicklungsgeschichtlich, also genetisch konzipiert. Diese Konzeptionen gehen von einem goldenen Zeitalter aus, das in der Vergangenheit liegt, in dem die Normen der Väter noch Bestand hatten. Diese Normen verderben, verfallen in der Gegenwart und verschwinden schließlich in der Zukunft. Korruption wird zu einer Verfallserscheinung – ein Menetekel des Untergangs eines Gemeinwesens.[10]

Eine weitere genetische Konzeption sieht Korruption als ein Transformationsphänomen. Es tritt in den losen, lockeren, größtenteils informalen Entstehungsphasen von Staaten und Gesellschaften sowie nach Regimewechseln auf. Die alten Autoritäten sind desavouiert, die neuen Autoritäten und Normen haben noch nicht Fuß gefasst, greifen

---

[9] So typisch zum Beispiel einige Buchtitel von ihm wie „Der Staat als Beute" (1993) oder „Fetter Bauch regiert nicht gern" (1999); seriös dagegen der Sammelband von v. Arnim (2003).
[10] Vgl. zu diesem ganzen Abschnitt auch von Alemann (2003).

nicht und können sich gegen die informalen Autoritäten nicht durchsetzen. Ein Beispiel dazu ist die deutsche Nachkriegszeit zwischen 1945 und 1949: Das ökonomische Leben war geprägt von Schwarzmarkt, Bestechung füllte das politische Vakuum. Auch die Prozesse der Transition von kommunistischen Staaten in postkommunistische Gesellschaften können als Beispiel gelten. Die komplizierte Transformation von gesellschaftlichen Regeln und Werten gelingt nur mühsam. Das ist besonders dann der Fall, wenn in vorhergehenden autoritären Regimen das Unterlaufen staatlicher Regelungen geradezu als Akt des Widerstandes gerechtfertigt werden konnte.

Auch in den Entwicklungsprozessen der Dritten Welt kann Korruption als ein Modernisierungsphänomen auftreten. Ob sie allerdings notwendige Begleiterscheinungen des Postprozesses der Modernisierung sind, ist in der Wissenschaft umstritten.[11]

6.2 Korruption als abweichendes Verhalten oder Defekt

Die genetischen Konzeptionen von Korruption als Verfall oder als Modernisierungsproblem waren immer von einer historischen Perspektive bestimmt. Demgegenüber betrachten eine ganze Reihe von soziologischen Autoren Korruption als abweichendes Verhalten oder eben auch als „nicht immer abweichendes Verhalten" (Fleck/Kuzmics 1985). Nicht der Aufstieg und Verfall von Nationen, sondern die soziale Beziehung steht bei der Soziologie der Korruption im Mittelpunkt. So basieren die Überlegungen von Christian Höffling (2002) auf systemtheoretischen Ansätzen von Niklas Luhmann. Jener definiert Korruption folgendermaßen:

„(...) eine *soziale Beziehung* zwischen individuellen Akteuren in den *Rollen von Amtswalter und Klient*, die unter Missachtung der auf das Rollenhandeln gerichteten universalistischen Erwartungen um die partikularistische Komponente eines *persönlichen Austauschsverhältnisses* erweitert wird" (Höffling 2002: 25, Hervorhebungen im Original).

Wir werden auf diese Vorstellung eines Austauschverhältnisses später noch zurückkommen.

Korruption als abweichendes Verhalten verweist auf eine Störung der sozialen Beziehungen in einem politischen System. Schon Carl J. Friedrich war von der Pathologie der Politik ausgegangen (1973). Der Selbsterhalt von Subsystemen pervertiert nach einer solchen soziologischen Auffassung von Korruption zum Selbstzweck, sodass die integrativen Aspekte in den Hintergrund treten. Solche Subsysteme ignorieren den Selbsterhalt des Gesamtsystems und etablieren ein eigenes Parallelsystem, das sich von einem kleinen System der Bereicherung bis zu einer systemischen Netzstruktur eines Staates im Staate entwickeln kann wie bei der italienischen Mafia.

Korruption würde damit zur gesellschaftlichen Krankheit, zur Pathologie des Systems, die bis zu Krise und Kollaps führen kann. Das „Krebsgeschwür der Korruption" (Martiny 2001) muss radikal bekämpft und ausgemerzt werden. Eine solche organologische Auffassung von Korruption als Krankheit ist allerdings heikel, wie jede organo-

---

[11] Autoren, die so argumentieren, sind z.B. Huntington (2002) und Leff (2002); des Weiteren allgemein zu Korruption und Transformation vgl. u.a. Trang (1994), Voslensky (1985), Stykow (2004) und Pritzl (1998).

logische Metapher der Gesellschaft als lebender Körper. Denn es kann dazu verleiten, radikale Bekämpfungsstrategien zu favorisieren, um befallene Regionen der Gesellschaft ganz zu amputieren.

In jüngerer Zeit gibt es einen Ansatz, fehlschlagende Formen der Demokratisierung von Gesellschaften als „defekte Demokratien" (Merkel 1999) zu bezeichnen. In diesen tritt neben anderen Problemen regelmäßig auch ein hoher Grad von systemischer Korruption auf, weil es an politischer Kultur, an der Akzeptanz rechtsstaatlicher Institutionen und Regeln, an Vertrauen in Vertragstreue und in gesellschaftliche Stabilität mangelt.

6.3 Korruption als Problem der politischen Ökonomie

Bei der Korruption handelt es sich immer um eine Nutzenmaximierung, die zwischen zwei Seiten verabredet wird: dem Nachfrager (zum Beispiel nach einer Baugenehmigung, einem Auftrag und einer Lizenz) und dem Anbieter (als Lizenzvergeber, Baugenehmigungserteiler oder Auftragsvergeber in einer Firma). Deshalb ist es nur zu nahe liegend, dass sich auch die moderne politische Ökonomie und die Rational-Choice-Theorie mit Korruption beschäftigt. Wenn sich der Bestechende und der Bestochene einigen, so nutzt es im Idealfall beiden beträchtlich, ohne dass der Schaden für Dritte leicht erkennbar wird, weil dieser in Unübersichtlichkeiten des Staatshaushaltes, der Subventionsregeln oder in den verschachtelten Rechtsformen eines Wirtschaftskonzerns verschwindet.[12] Korruption bietet also die Chance einer Win-Win-Situation, ohne dass ein spezifischer Nachteil klar identifizierbar wird.

Obwohl oft der Schaden durch Korruption schwer erkennbar ist, kostet Bestechung natürlich Geld – und zwar viel Geld. Die Kosten von korrupten Kooperationen weltweit zu schätzen wie im neuesten Global Corruption Report[13] ist allerdings eine ziemlich vergebliche Mühe, denn das Dunkelfeld gerade „erfolgreicher" Korruption ist sicherlich zu hoch. Korruptionsaufwand, Schmiergelder, Bestechungskosten, Bestechungsmittel gehören insgesamt zu den *Transaktionskosten*, die bei wirtschaftlichem Handeln in Rechnung gestellt werden müssen. Zu den Transaktionskosten gehören auch die infrastrukturellen und die politisch-administrativen Voraussetzungen von vertraglichen Vereinbarungen in der Wirtschaft. Insofern sind die Kosten und der Nutzen von öffentlich/politischen Arrangements für wirtschaftliche Transaktionen von größter Bedeutung. Politische Institutionen können insofern die Funktion haben, Transaktionskosten zu mindern oder auch zu vergrößern (vgl. Schmidt 1995: 963).

Auch die Theorie des *rent-seeking* lässt sich auf Korruption anwenden. Handelt es sich hierbei doch um Versuche, im Marktbereich Einkommenserzielungschancen mit Hilfe politisch erwirkter Privilegien zu erschließen, zu sichern und zu verbessern. Gerade in autoritären Regimen nutzen die Bürokratien viele solcher Möglichkeiten. Deshalb ist die sowjetische Nomenklatura auch vielfach als ein Problem des Profiterzielens mittels *rent-seeking* analysiert worden. Allerdings muss man sich davor hüten, das Kind

---

[12] Auch weil diese Dritten nicht gut organisiert sind (Collective-Action-Problem großer, diffuser Gruppen, z.B. die der Steuerzahler).
[13] Vgl. Jha (2005), Collier/Hoeffler (2005), Bosshard (2005), Transparency International (2005).

mit dem Bade auszuschütten. In manchen neoliberalen Theorien steht jegliche staatliche Bürokratie unter dem Verdacht, gemeinsam mit Interessengruppen *rent-seeking* zu fördern. Dass staatliche Bürokratien gemeinsam mit dem Justizsystem Vertragssicherheit und Vertragstreue zu garantieren haben, um gerade Auswüchse wie Korruption zu bekämpfen, wird dabei zu wenig in Rechnung gestellt.

Die *Principal-Agent-Theorie*, die im Grunde ein Unterfall der Transaktionskostentheorie ist, kann ebenfalls für die Korruptionsproblematik fruchtbar gemacht werden, wie auch mehrere Aufsätze in diesem Band zeigen (insbesondere Zintl). Die Prinzipal-Agent-Theorie geht davon aus, dass zwei Personen, der Prinzipal (d.h. zum Beispiel der Vorgesetzte) und der Agent (d.h. zum Beispiel der ausführende Beamte oder Abteilungsleiter), gemeinsam am unsicheren Erfolg einer Aktion beteiligt sind. Der Agent (zum Beispiel der Geschäftsführer) entscheidet dabei über die konkrete Handlungsoption und kann damit den Nutzen seines Eigenanteils am Erfolg maximieren. Im Interesse des Prinzipals muss es nun liegen, auf die Entscheidung des Agenten Einfluss zu nehmen, sodass auch seine übergreifenden Interessen gewahrt sind. In Korruptionsbeziehungen sind es – außer in den Fällen, dass ein Behördenchef, Staatschef oder Konzernchef persönlich bestechlich ist – in der Regel Beauftragte, also Agenten innerhalb einer Großorganisation, die auf ihre eigene Rechnung sich korrumpieren lassen. Insofern handelt es sich um den klassischen Fall einer Principal-Agent-Situation.[14]

Allerdings sollte man das Modell auch nicht überstrapazieren. Wenn man in einer Demokratie als Souverän das Volk zum Prinzipal bestimmt und das Parlament als Agent, so wird die Beziehung sicherlich übergeneralisiert. Das kann auch der Fall sein, wenn man das Parlament als Prinzipal und die Regierung als Agenten versteht, denn die Beziehungen sind hier doch ganz andere als in der Wirtschaft zum Beispiel zwischen Hauptversammlung, Aufsichtsrat oder Vorstand eines Unternehmens.

Im Übrigen wird es jeden Rational-Choice-Aficionado entzücken, dass man auch das klassische *Prisoners-Dilemma* auf die Korruption übertragen kann, denn „Korruption ist Vertrauenssache" (von Alemann 1993). Beide, der Bestechende und der Bestochene verfügen über unsichere Informationen wie hoch der jeweilige Einsatz ist und wieweit sie gehen können; und der Erfolg ist nicht garantiert.

Korruption ist immer ein Austauschprozess zwischen zwei oder mehr Personen (oder Gruppen, die sich in zwei oder mehrere Parteien gliedern): Der Korrumpierende verfügt über knappe ökonomische Güter bzw. Ressourcen und der Korrumpierte, dem von einer definierten Organisation im weitesten Sinne Entscheidungskompetenz übertragen wurde, die er nach festgelegten Regeln dieser Organisation anwenden soll. Der Korrumpierende wird einen Auftrag oder eine Konzession erhalten und dabei selbstverständlich Strafe vermeiden. Er besticht dafür den Korrumpierten, der über die Entscheidungsmittel verfügt, um den Auftrag, die Konzession zu erteilen oder eine andere Entscheidung zu treffen. Die Initiative kann aber auch umgekehrt vom Korrumpierten ausgehen, der an den Korrumpierenden Forderungen stellt.

---

14 Zum Principal-Agent-Modell bes. in diesem Zusammenhang vgl. z.B. Stykow (2002: 87–113), Lambsdorff (2002) und Pritzl (1998).

Zur Austauschlogik gehören demnach sieben Komponenten (von Alemann 2003):

1. Der Nachfrager (der Korrumpierende) will
2. ein knappes Gut (Auftrag, Konzession, Lizenz, Position),
3. das der Anbieter, der Entscheidungsträger in einer Organisation oder Behörde, also der Korrumpierte, vergeben kann.
4. Er erhält einen persönlichen verdeckten Zusatzanreiz (Geld oder geldwerte Leistung) für die Vergabe über den normalen Preis hinaus und
5. verstößt damit gegen öffentlich akzeptierte Normen und
6. schadet damit Dritten, Konkurrenten und/oder dem Gemeinwohl.
7. Deshalb findet Korruption versteckt, im Verborgenen statt.

Wenn alle sieben Komponenten gegeben sind, dann handelt es sich um Korruption. Im deutschen Strafrecht wurde über diese Straftatbestände hinaus noch verlangt, dass Korrumpierender und Korrumpierter eine „Unrechtsvereinbarung"[15] geschlossen haben müssten; erst dann sei die Bestechung vollendet. So wurde gegen den früheren Finanzminister der FDP, Otto Graf Lambsdorff, die Anklage wegen Bestechung fallen gelassen. Er hatte Parteispenden für die FDP vom Flick-Konzern angenommen. Obwohl dies illegal war, habe er dieses, so das Gericht, für legitim gehalten und somit gäbe es keine Unrechtsvereinbarung (von Alemann 1985).

Dennoch sollte eine solche Bedingung keinesfalls den genannten sieben Komponenten zugefügt werden. Problematisch an der Argumentation für die Einbeziehung der Unrechtsvereinbarung ist, dass das Unrechtsbewusstsein bei den Tätern oft notorisch gering entwickelt ist. Viele in Korruptionsfälle Verwickelte halten ihr Tun in einem höheren Sinne, in einem dem Rechtssystem übergeordneten Wertesystem, für gerechtfertigt. Denn es beschleunige Verfahren, baue unnütze bürokratische Hürden ab, kompensiere ungerechtfertigte Benachteiligungen der Beamten und diene damit einem höheren Ziel.

Oft handeln die Korrumpierenden und Korrumpierten deshalb nach einer doppelten Moral: Die Betroffenen wissen genau, dass die Öffentlichkeit ihr Handeln nicht billigt. Deshalb erfolgt es verdeckt und versteckt. Doch sie reklamieren für sich eine Sondermoral, da sie doch in einem höheren Sinne der Sache dienen. Gerade bei Parteispendenskandalen konnte man diese Doppelmoral besonders häufig beobachten. So betonte der deutsche Ex-Bundeskanzler Helmut Kohl immer wieder, er habe „sein Ehrenwort" gegeben, wenn er die Spender im CDU-Parteispendenskandal hartnäckig verschwieg. Solche Art Ehre sollte nicht vor Strafe schützen, geschweige denn in höheren Wertesphären als über unseren profanen Rechtsthemen stehend, zu verorten sein (vgl. von Alemann 2000, 2003). Dann ist es nicht weit zum „Ehrenkodex" der Mafia.

---

15 Ein Äquivalent hierfür findet sich in der amerikanischen Regel, dass es einen „corrupt intent" gegeben haben muss. Weil dieser so schwierig zu beweisen ist, hat die Senatsethikkommission das Konstrukt des „appearance of corruption" eingeführt. Es soll also jedes Handeln vermieden werden, das als korrupt erscheinen könnte (siehe Moroff 2002: 687–710). Zum *appearance standard* siehe auch Dennis F. Thomson (1995).

7. Typologien der Korruption

Die „Grand Theory" oder auch die „General Theory", also die endgültige Theorie über Korruption, ist noch nicht in Sicht. Vielleicht kann – und soll? – es sie auch gar nicht geben, weil das Phänomen zu chamäleonhaft seine Farben je nach Umgebung wechselt, zu diffus vielgestaltige Formen adaptiert und zu hartnäckig sich der Ausrottung widersetzt. Da eine reine Deskription der Korruption auch nicht befriedigt, hat Klaus von Beyme in Bezug auf die Parteientheoriebildung auf den gängigen Ausweg verwiesen: „Der gängigste Kompromiss zwischen Theorie und Deskription ist immer noch die vorsichtige Verallgemeinerung auf der Grundlage von Typologien" (von Beyme 1984: 20).

Das Angebot an Typologien im Bereich der Korruptionsforschung ist reichhaltig. Am gängigsten sind die Dichotomien. Sie unterscheiden *petty* und *grand corruption*.[16] Diese Unterscheidung kann man natürlich auch als kleine oder große Korruption bezeichnen, *low level corruption* oder *top level corruption* oder auch, wie in der kriminologischen Literatur gängig, als *situative* und *strukturelle* Korruption (Höffling 2002: 32).

Petty, low level oder *situative* Korruption sind aus der Alltagssituation entstehende Fälle, also als „spontane Bestechungsversuche" zu verstehen. Diese Formen dominieren auch bei der administrativen oder Beamtenkorruption (*bureaucratic corruption*), welche als Missbrauch des öffentlichen Amtes für eigene Interessen angesehen werden kann. Diese Fälle haben eigentlich keinen andauernden Charakter und sind insofern meistens Fälle von „Gelegenheitskorruption". Nach Bannenberg handelt es sich damit

„um Einzelfälle oder wenige Fälle mit Bagatellcharakter. Die Fälle werden bei Gelegenheit, das heißt aus der Situation heraus, begangen und sind nicht auf Wiederholung angelegt. Geber und Nehmer sind sich in der Regel fremd, das Geschehen beschränkt sich in der Regel auf zwei oder wenige Personen" (Bannenberg 2003: 206f.).

Ein typisches Beispiel für *petty corruption* ist die Bestechung von Verkehrspolizisten, wenn zum Beispiel ein alkoholisierter Autofahrer dem kontrollierenden Beamten Geld zusteckt oder anbietet, um eine Strafe zu vermeiden oder im Besitz seines Führerscheins zu bleiben. Die *petty corruption* tritt im alltäglichen Leben auf und stellt, wenn sie endemisch ist, durchaus in vielen Ländern ein großes Problem dar. In den etablierten westlichen Demokratien wird sie in der Regel nicht als Großproblem angesehen, auch wenn es hier gewisse Ausnahmen gibt, insbesondere in den europäischen romanischen Mittelmeerländern.

Unter *grand corruption* sind dagegen solche Fälle zu verstehen, bei denen das Zusammenwirken der beteiligten Geber und Nehmer planmäßig und auf unbestimmte Zeit angelegt ist (vgl. Höffling 2002: 32). Die *grand corruption* kann man auch als strukturelle, systemische oder organisierte Korruption bezeichnen. Während sich die situative Korruption nur auf kurzlebige Transaktionen beschränkt, entfaltet sich strukturelle Korruption „über einen beträchtlichen Zeitraum hinweg als aktiv gestaltetes stabiles System von Beziehungen zwischen einer mehr oder weniger umfangreichen Zahl involvierter Akteure" (Höffling 2002: 32).

---

16 Vgl. unter vielen z.B. United Nations (2004).

Damit zeigt diese Form der Korruption ein völlig anderes Gesicht als die einfache, kleine mit strafrechtlichen Mitteln leicht zu beschreibende und zu verfolgenden Korruption. *Grand corruption* ist in der Regel auf hoher politischer und gesellschaftlicher Ebene bei den führenden Eliten eines Landes anzutreffen. Sie ist langfristig angelegt und bewusst geplant und schadet damit immens dem Vertrauen in die Glaubwürdigkeit der Institutionen und in *good governance* und damit in die wirtschaftliche und politische Stabilität eines Landes. Sie untergräbt das Vertrauen in rechtsstaatliche Maßstäbe[17] (Rose-Ackerman 2002: 353ff.).

Dabei benutzen politische Entscheidungsträger ihre Macht, um sich zu bereichern und/oder an der Macht zu bleiben. *Grand corruption* oder auch insgesamt politische Korruption wurde nach Umfrageergebnissen weltweit von 57 Prozent der Befragten als sehr gravierendes Problem angesehen, wie Transparency International ermittelte (TI-Korruptionsbarometer Transparency International 2004). Transparency International äußert sich unmissverständlich gegenüber *grand corruption*:

„Politische Korruption ist eine verachtenswerte Straftat, die sowohl eine Angebots- als auch eine Nachfragekomponente hat. Die internationale *business community* und die Politiker müssen Verantwortung übernehmen für die weltweit geäußerte erhebliche Besorgnis über den Umfang von *grand corruption* und den Schaden, den sie anrichtet" (Transparency International 2004: 3, Hervorhebungen im Original).

Allerdings impliziert die Unterscheidung von *petty* und *grand corruption* nicht, dass die kleine Korruption auf die leichte Schulter zu nehmen ist. Auch die Auswirkungen von *petty corruption* können erheblich sein, vor allem dann, wenn sie das alltägliche Leben im Bereich Bildung, Gesundheitswesen, Polizei, Melderecht penetriert. Gerade für die ärmeren Bevölkerungsteile kann die Bedeutung von kleiner Korruption sehr groß sein und das Verhältnis von Bürgern zum Staat erheblich negativ beeinflussen. Insofern kann *petty corruption* auch systemisch sein und damit von erheblichem Einfluss auf die gesamte politische Kultur eines Landes.

Jenseits der einfachen Dichotomie kleiner und großer Korruption gibt es zahlreiche komplexere Typologien. Britta Bannenberg (2003: 208f.) unterscheidet zum Beispiel drei Formen:

1. Bagatell- oder Gelegenheitskorruption,
2. gewachsene korruptive Beziehungen und
3. Netzwerke der Korruption.

Auch Arnold J. Heidenheimer hat ursprünglich drei Kategorien von Korruption je nach ihrer gesellschaftlichen Perzeption unterschieden:

1. *White Corruption:* Hier ist das korruptive Verhalten sehr tolerant kodiert. Dies ist üblich in den durch Familien geprägten Themen, genauso wie in Patron-Client-Strukturen.

---

17 Ob sie das wirklich tut, ist aber eine Frage der Skandalisierung und der Selbstwahrnehmung der Gesellschaft. In Japan, wo strukturelle Korruption medial meist als situative Einzelfallkorruption dargestellt wird, hat sie daher weniger delegitimierende Wirkung (siehe Moroff/Blechinger 2002).

2. *Grey Corruption:* Diese Art von Korruption wird schon in deutlich höherem Maße getadelt. Korruption ist nach den geltenden moralischen Standards verwerflich, aber den betroffenen Personen fehlt es doch weitgehend an Unrechtsbewusstsein. Dies ist typisch im modernen Verfassungsstaat sowie in Staaten, die sich in der Transformation zu der demokratisch geprägten politischen Kultur befinden.
3. *Black Corruption:* Korruption wird hier generell verachtet und geahndet als grobe Verletzung von Moral und Recht. Dies ist charakteristisch in von modernen Medien geprägten Gesellschaften.

Heidenheimer hat diese „achromatische" Sichtweise modifiziert und eine „polychromatische" vorgeschlagen (Heidenheimer 2004), die die Vielheit der Wahrnehmung von Korruption und der zugrunde liegenden Rahmenbedingungen berücksichtigt. Er beschreibt die Mehrdeutigkeit des Korruptionsbegriffes folgendermaßen:

„It became massively applied in more multi-faceted and polarized ways, so as to overwhelm the metaphorical capacity of a black-grey-white dimension to reflect its variants" (Heidenheimer 2004: 99–100).

Korruption kann eben sehr verschieden wahrgenommen werden, dafür sind soziale und politische Bedingungen eines Landes sowie die akzeptierte Norm einer Gesellschaft verantwortlich (vgl. Moroff 2004).

8. Ursachen der Korruption

Eine bekannte Formulierung des englischen Lord John P. Acton 1887 lautet: „Macht hat die Tendenz zu korrumpieren, und absolute Macht korrumpiert absolut" (zit. bei Rennstich 1990: 39). Ist das die Ur-Ursache politischer Korruption? Macht? Sicher gehört zur Korruption immer ein Stück Macht, nämlich die Entscheidungsmacht, über die Vergabe geldwerter Vorteile zu verfügen. Aber der Machtbegriff selbst ist viel zu diffus, um Korruption hinreichend konkret erklären zu können. Gunnar Myrdal hat deshalb die Makroebene Macht mit der Mikroebene Gier verknüpft, wenn er als Ursache der Korruption festhält, die „unangemessene und selbstsüchtige Ausübung von Macht und Einfluss, die mit einem öffentlichen Amt oder einer besonderen Position im öffentlichen Leben verbunden ist" (Myrdal 1968: 137).

Aber die „Gier" ist wie der „Neid" eine psychologische Kategorie, eine so problematische, normüberlastete, moralische Zuschreibung, dass es schwer fällt, sie als Ursache von Korruption differenziert zu erfassen (anders Rennstich 1990: 26).

Auch in diesem Band werden in zahlreichen Beiträgen und an vielfältigen Zusammenhängen Ursachen von Korruption identifiziert und diskutiert. Besonders ausführlich geht die empirische Analyse von Philip Manow darauf ein, der den Zusammenhang von politischer Korruption und von politischem Wettbewerb analysiert. In der Literatur und in der Öffentlichkeit ist die Auffassung verbreitet, dass Parteiorganisationen viel anfälliger für Korruption sind als politische Persönlichkeiten. Also müsste ein Verhältniswahlsystem mit starken Parteien notwendig zu mehr Korruption führen als ein Mehrheitswahlrecht mit der Wahl von Einzelkandidaten. Manow (in diesem Band) findet in seinen Analysen dies allerdings nicht bestätigt, sondern eher umgekehrt: Nicht wo Parteien stark seien, sondern dort wo sie nur schwache Kontrolle über ihre Kandidaten ausüben könnten, blühe die politische Korruption. Er erklärt dies damit, dass Parteien eine kontinuierliche und stabile Vertrauensbeziehung zu ihren Wählern aufbauen müssten, und dadurch einen Hebel gewinnen, korruptionsanfällige Einzelpolitiker zu kontrollieren. Dagegen seien Einzelpersönlichkeiten anfälliger gegen Versuchungen der Korruption.

Johann Graf Lambsdorff, der sich in diesem Band eher mit den Folgen von Korruption beschäftigt, hat in einem jüngsten, größeren Beitrag die Ursachen von Korruption in der internationalen, empirischen Forschung ausführlich dokumentiert und kritisch kommentiert. Seine intensive Auswertung der internationalen Literatur ist beeindruckend und soll hier als kurze Skizze wiedergegeben werden; für eine ausführliche Erörterung der Literatur fehlt der Raum (Lambsdorff 2005).

8.1 Institutionelle Determinanten von Korruption

Es ist vielfach untersucht worden, ob die Größe des Regierungsapparates mit Korruption positiv korreliert. Eine Reihe von Studien scheint dies zu bestätigen (LaPalombara 1994: 338), andere kommen zu entgegengesetzten Ergebnissen (Elliott 1997: 182–183). Wahrscheinlich intervenieren hier kulturelle Variablen, nämlich ob eine Regierung sich auf größere Akzeptanz und Autorität in der Bevölkerung stützen kann (Husted 1999: 342ff.). Einige Studien haben einen negativen Zusammenhang zwischen der Größe eines Landes und dem Ausmaß an Korruption aufgedeckt (Root 1999; Fisman/Gatti 2002; Treisman 1999). Kleinere Länder seien besser in der Lage, Korruption zu bekämpfen. Dies hat gleichzeitig viel mit der Frage von Dezentralisierung und Zentralisierung zu tun. Ein dezentralisiertes Steuersystem sei besser in der Lage Korruption einzudämmen. Gleichzeitig allerdings gibt es widersprüchliche Ergebnisse. Denn föderalistische Staaten seien korrupter als zentralistische (Treisman 1999). Die meisten dieser Ergebnisse sind in der Tat widersprüchlich.

Mehr als bestimmte institutionelle Eigenschaften sei die Qualität der Institutionen ausschlaggebend. Auch hier gibt es widersprüchliche Ergebnisse. So existieren einerseits Studien, die einen positiven Einfluss von Staatsinterventionismus auf die Wirtschaft mit höherer Korruption verknüpfen (Treisman 2000), andererseits aber zeigen Analysen, dass Korruption insbesondere mit dem Grad von vagen und laxen staatlichen Regulierungen verknüpft ist. Je unklarer die Regulierungen, desto mehr Rechtsanwälte werden benötigt, um sich durch den Dschungel eine Schneise zu bahnen. So hat eine Studie herausgefunden, dass in korruptionsanfälligen Ländern relativ mehr Studenten der Rechtswissenschaft als der Ingenieurwissenschaften eingeschrieben sind (Tanzi/Davoodi 2001). Korrupte Gesellschaften, so das Ergebnis, brauchen mehr Anwälte.

Ein demokratisches politisches System ist nicht per se korruptionsresistenter als eine Autokratie. Philip Manow (2005) hat gezeigt, dass in schwachen und wackeligen demokratischen Regimen die Korruption eher noch höher ist als in autoritären Ländern.[18] Wenn aber eine Schwelle zu einer reifen und andauernden demokratischen Tra-

---

18 Eine Ausnahme bildet z.B. Singapur.

dition überschritten ist, dann sind diese Demokratien eindeutig weniger anfällig für Korruption.

Parlamentarismus scheint mit weniger Korruption verbunden zu sein als präsidentielle Systeme (Gerring/Thacker 2004; Kunicova/Rose-Ackerman 2005). Auch ist generell eine aktive demokratische Kultur, zum Beispiel durch hohe Wahlbeteiligung messbar, mit weniger Korruption verknüpft. Insgesamt reduziert also Demokratie die Korruption, allerdings nicht schwache Demokratie, was gerade auch mögliche Transformationsgesellschaften im Übergang von autoritären Regimen zur Demokratie belastet. Im Übrigen ist überraschenderweise kein eindeutiger Zusammenhang zwischen kolonialistischen Traditionen und Korruption festgestellt worden.

8.2 Kulturelle Determinanten von Korruption

Eine ganz wichtige Eigenschaft von Ländern, in denen Korruption niedrig ist, bildet die Kategorie des Vertrauens. Vertrauen ist das entscheidende „Sozialkapital", das einen signifikanten negativen Einfluss auf das Aufkommen von Korruption hat. Obwohl Vertrauen durchaus auch eine changierende doppelte Bedeutung hat. Weil korrupte Vereinbarungen nicht legal eingeklagt werden können, bedarf es des Vertrauens zwischen Partnern in einer Korruptionsbeziehung. Denn Vertrauen ist auch unter „Ehrenmännern" notwendig, um den Austausch von korrupten Beziehungen zu regeln.

Religion ist eine weitere kulturelle Determinante, die immer wieder herangezogen wird.[19] Es ist nur allzu auffällig, dass im Korruptionsindex von Transparency International die Staaten, die den Index der Korruptionsresistenten anführen, fast durchweg protestantisch sind – mit Ausnahme des katholischen Irlands. In der Forschung ist argumentiert worden, dass hierarchische Religionen, wie insbesondere die katholische, die orthodoxe und die muslimische, anfälliger sind für Korruption als andere. Obwohl hier auch einige Gegenbeispiele existieren, kann man doch festhalten, dass reformistische, christliche Konfessionen – wie protestantische und anglikanische – resistenter gegen Korruption sind. Ganz allgemein hat die Forschung nachgewiesen, dass hierarchische Gesellschaften der Korruption stärkere Möglichkeiten eröffnen. Dies verbindet sich gerade mit traditionalen Kulturen gegenüber säkularen und rationalen Autoritätsverhältnissen. Traditionale Kulturen sind in der Regel anfälliger für Korruption als säkular-rationale. Das gilt auch für traditionelle sozialistische Gesellschaften, die Korruption eher erleichtern. Gesellschaften, die klientelorientiert sind und auf Familienwerten basieren, sind regelmäßig stärker für Korruption offen als moderne Gesellschaften.

Schließlich ist auch der Einfluss des Geschlechts auf Korruption erforscht worden (vgl. Swamy/Knack/Lee et al. 2001; Dollar/Fisman/Gatti 2001). In vergleichenden Studien wurde herausgefunden, dass der höhere Prozentsatz von Frauen auf dem Arbeitsmarkt und im Parlament mit einem niedrigeren Korruptionsgrad verknüpft ist. Aber auch hier ist die Forschungslage zwiespältig. Denn es ist unklar, was nun wen beeinflusst. Generell kann gesagt werden, dass Rechtsstaatlichkeit, Pressefreiheit und Demokratie stärkere Variablen sind als etwa das Geschlecht (vgl. Sung 2003).

---

19 Vgl. z.B. Gerring/Thacker (2005), Lipset/Lenz (2000), Treismann (2000) sowie kritisch Sandholtz und Gray (2003).

Pressefreiheit ist generell ein wichtiger Punkt, der mit Korruption negativ korreliert. So haben Studien gezeigt, dass die Anzahl von Zeitungen, die eine Person konsumiert, negativ verbunden ist mit dem Vorkommen von Korruption (Adsera/Boix/Payne 2000). Das gilt selbstverständlich auch für die Unabhängigkeit des Rechtssystems. Je unabhängiger die Judikative, desto weniger tritt Korruption auf (World Bank 1997: 104, 168; Ades/Di Tella 1996).

Schließlich ist in dem Überblick von Johann Graf Lambsdorff (2005) zu den Ursachen der Korruption auch noch auf die Rekrutierung der Beamten und die Einkommen hingewiesen worden. Wenn Beamte formal durch höhere Ausbildung und Eingangsprüfungen rekrutiert werden, so sei dieses negativ verknüpft mit dem Auftreten von Korruption. Es wurde häufig argumentiert, dass schlecht bezahlte Beamte anfälliger seien für Korruption. Dagegen existieren einige Studien, die behaupten, dass die Verdopplung von Einkommen von Beamten die Korruption nicht etwa vermindere, sondern sogar verdoppele. Auch hier ist aber wieder höchst zweifelhaft, in welcher Richtung die Korrelation kausal wirkt. Denn es gibt durchaus korrupte Länder, in denen der Eindruck vorherrscht, dass die Beamten ausreichend durch Korruption verdienen, sodass die Einkommen getrost niedrig belassen können. Deshalb ist generell der Zusammenhang höchst zweifelhaft.

Soweit die Skizze des Zusammenhangs von Korruption und Gesellschaft in internationalen empirischen Studien, wie sie Johann Graf Lambsdorff (2005) zusammengefasst hat.

8.3 Korruptionsursachen in der Kriminologie

Eine große Studie des Bundeskriminalamtes und der Polizei- und Führungsakademie (Mischkowitz/Bruhn/Desch et al. 2000) fasst Ursachen der Korruption in einem Überblick höchst differenziert zusammen. Es wurden hier drei Ebenen unterschieden: erstens die Ebene des Individuums, zweitens Ursachen auf der Ebene der Institutionen, der Kontroll- und Strafverfolgungsbehörden und schließlich drittens Ursachen auf gesamtgesellschaftlicher Ebene. Die zusammenfassende Literaturanalyse der Autoren ergibt folgendes Bild (vgl. Abbildung 1).

Dies ist eine relativ beeindruckende Liste, die kaum etwas auslässt im persönlichen Verhalten von Beamten und öffentlichen Bediensteten. Sie ist zugleich redundant und widersprüchlich. Denn sowohl die Unteridentifikation mit der Behörde als auch die Überidentifikation können zu Korruptionsanfälligkeit führen. Deshalb ist generell zu betonen, dass Korruptionsanfälligkeit, obwohl Korruption an sich ubiquitär ist, keine Determinante menschlichen Verhaltens ist. Denn wenn sie dies wäre, dann ließen sich die eklatanten Unterschiede in der Korruptionsanfälligkeit weltweit nicht erklären; und nicht nur weltweit, sondern insbesondere in vergleichbaren Kulturkreisen, wie insbesondere auch in den westlichen demokratischen politischen Systemen. Denn die Streuung zwischen Finnland und Griechenland oder zwischen Irland und Italien oder auch Singapur und Indonesien ist so auffällig, dass jede monokausale Erklärung unzureichend ist.

Abbildung 1: Ursachen der Korruption

1. Ebene des Individuums:

- persönliche Probleme (z.B. Sucht, Schulden, Partnerschaft);
- berufliche Frustration, Unzufriedenheit mit dem Dienstherrn;
- fehlende Identifikation mit der Behörde, „Jobdenken";
- Überidentifikation mit der Behörde;
- subjektiv empfundene Unterbezahlung („relative Deprivation");
- dienstliche Überforderung;
- übersteigertes Geltungsbedürfnis und Prestigedenken;
- übersteigerter Ehrgeiz;
- Nebentätigkeiten aller Art;
- private Kontakte zum Milieu;
- private Kontakte zur gewerblichen Wirtschaft und zu Lobbyisten;
- „falsch" verstandene Loyalitäten;
- berufliche Langeweile.

2. Ebene der Institutionen der Kontroll- und Strafverfolgungsbehörden:

- mangelnde Dienst- und Fachaufsicht;
- fehlende Kontrolle;
- Führungsschwäche bzw. inkompetentes Führungsverhalten;
- zu große Ermessensspielräume und Entscheidungskompetenzen;
- fehlende Transparenz bei Entscheidungsvorgängen und beim beruflichen Handeln;
- fehlende positive Vorbilder;
- Aufgabenkonzentration auf eine Person;
- fehlende Sensibilisierung;
- fehlendes Wir-Gefühl und fehlende „Corporate Identity";
- unzureichende materielle und immaterielle Belohnung der öffentlich Bediensteten;
- negatives Berufsbild in der Öffentlichkeit;
- fehlendes Leitbild („ethische Standards");
- falsch verstandene Loyalität und Kameraderie;
- defizitäre Rekrutierungsmechanismen.

3. Gesamtgesellschaftliche Ebene:

- Werteverfall in der Gesellschaft;
- Verrechtlichung und „Normenflut" und damit einhergehend eine Überregulierung von Abläufen;
- fehlende Bestimmtheit und Klarheit von Normen;
- kulturelle Spaltung innerhalb einer Gesellschaft;
- Unregelmäßigkeiten des sozialen Wandels, die zu tatsächlichen und wahrgenommenen Inkonsistenzen bei der Verteilung verschiedener sozialer Belohnungen führen;
- unzureichende Ächtung der Korruption;
- Legitimationskrisen des politischen Systems und mangelnde Loyalität der Bürger;
- zu starkes Übergewicht des öffentlichen Sektors und „Verbürokratisierung".

Quelle: Mischkowitz/Bruhn/Desch et al. (2000: 205f.).

9. Folgen von Korruption

Auf den ersten Blick scheint alles ganz einfach: Korruption bewirkt Verderben der Alltagsmoral im Kleinen bei der *petty corruption* und Staatsverfall im Großen bei der *grand corruption*. Korruption schadet dem kleinen Antragsteller für eine Baugenehmigung und dem Rüstungskonzern, der Potentaten mit Millionen schmiert. Die Folgen von Korruption sind also desaströs – ob an der Basis oder an der Spitze, ob betriebs- oder volkswirtschaftlich, ob ethisch oder moralisch, ob geschichtlich oder gegenwärtig: Und verboten ist sie ja sowieso.

Aber sind die Folgen von Korruption so evident? Ist die Alltagskorruption nicht ein nützliches, notwendiges Schmiermittel, um die Maschinerie von Wirtschaft und Gesellschaft am Laufen zu halten? Ist nicht „der Ehrliche immer der Dumme" (Wickert 1994). Ist es nicht richtig, wie Huntington schrieb: „A traditional society maybe improved – but at least modernized – by a little corruption?" (Huntington 1997: 321). Allerdings fährt Huntington fort: „It is also true, that a society in which corruption is already pervasive, however is unlikely to be improved by more corruption." Das ist immerhin tröstlich. Aber Korruption ist generell bei vielen Soziologen und Ökonomen als durchaus funktional angesehen. Denn Korruption dient der Modernisierung und Mobilität in einer Gesellschaft. So sagte auch schon der große amerikanische Soziologe Robert K. Merton. „In a city like Chicago some corruption is inevietable." Denn nur so hätten die Einwanderermassen von Italienern, Iren, Polen oder Deutschen die korrupten Parteimaschinen der Demokraten aufrollen können.

In der Dritten Welt sei Korruption immerhin ein Mittel, um die traditionalen tribalistischen Strukturen mit dem modernen Kommunikationsmittel Geld aufzubrechen. Und liberale Ökonomen schätzen erst recht alles, was staatlichen Bürokratien Paroli bieten könnte. Die sowjetische Nomenklatura sei ein Paradebeispiel, wie verkrustete Bürokratien durch Korruption unterminiert werden könnten. Natürlich bleibe Korruption nur ein Übergangsphänomen. Aber zur Bekämpfung von rent-seeking für petrifizierte Bürokratien in der Zweiten und der Dritten Welt sei doch fast jedes Mittel recht.

Susan Rose-Ackerman hat mit all diesen ökonomischen Mythen gründlich aufgeräumt. Nicht nur in ihrem Beitrag in diesem Band, sondern durch vielfältige Publikationen hat sie die Folgen von Korruption, Ineffizienz und Ungerechtigkeit bei der Verteilung öffentlicher Güter aufgedeckt und angeprangert (vgl. Rose-Ackerman 1999). Dies gilt für die so genannten „Entwicklungsländer" genauso wie für die Industriestaaten. Korruption fördert die Bildung von Kartell- und Monopolbildungen, führt zu einer Verzerrung des Wettbewerbs und behindert dadurch Entwicklung und Wohlstand der Bevölkerung. Zahlreiche weitere Studien, so von Donatella della Porta und Vannucci (in diesem Band) haben diesen Zusammenhang erhärtet. Robert Klitgaard hat bereits (1988) auf die gesellschaftlichen Kosten von Korruption verwiesen (vgl. Abbildung 2).

Abbildung 2: Die Kosten der Korruption

The Cost of Corruption	
Efficiency	• Wastes resources
	• Creates "public bads"
	• Distorts policy
Distribution	• Reallocates resources to the rich and powered, those with military or police power, or those with monopoly power
Incentives	• Distorts energies of officials and citizens toward the socially unproductive seeking of corrupt rents
	• Create risks, induces unproductive preventive measures, distorts investments away from areas with high corruption
Politics	• Breeds popular alienation and cynicism
	• Creates regime instability

Quelle: Klitgaard (1988: 46).

Die Beiträge dieses Bandes bestätigen die These, dass Korruption kurz-, mittel- und langfristig für jede Wirtschaft und Gesellschaft desaströs ist. Johann Graf Lambsdorff (2005) hat in seiner jüngsten Studie die Ergebnisse internationaler Studien zusammengefasst und kommt zu demselben Urteil. Die allgemeine Investitionsrate wird durch Korruption negativ beeinflusst. Dies gilt nicht nur für nationale Investoren, aber mehr noch für internationale Investitionen. Sie werden durch einen hohen Korruptionsgrad deutlich abgeschreckt. Man könnte argumentieren, dass gerade Schwellenländer von Großinvestitionen profitieren, auch wenn damit Korruption einhergeht. Auch hier gibt es jüngere empirische Nachweise, dass dieser Zusammenhang nicht existiert. Vielfach wird vermutet, dass gesellschaftliche und wirtschaftliche Ungleichheit in einem Lande einhergeht mit hoher Korruption. Hier ist allerdings die große Frage, was wen beeinflusst. Eine endgültige Antwort auf diese Frage steht aus.

Ebenfalls umstritten ist die Frage, ob Korruption eine Gesellschaft „schmiert" oder Sand in das Getriebe streut. Jüngere Studien weisen deutlich darauf hin, dass hohe Korruptionsgrade verknüpft sind mit ineffizienten staatlichen Leistungen und geringem sozialstaatlichem Niveau. Korruption verringert eher die Wahrscheinlichkeit, dass Regierungen mehr für die Bildung ausgeben, dafür aber mehr für Rüstung.

Die Frage, ob nun die Folgen von Korruption funktional oder dysfunktional sind, ist eigentlich entschieden. Die Auffassung, Korruption sei ein notwendiges Schmiermittel schwergängiger bürokratischer Ökonomien, die Korruption könne eine positive Rolle bei der Ermutigung privater Unternehmen spielen, sie könne Elemente des Wettbewerbs in monopolistische Ökonomien hineintragen und sie könne damit Investitionsmittel generieren, die den Privatisierungsprozess unterstützen, insbesondere in Transitionsgesellschaften der Zweiten (früher sozialistischen) und der Dritten (früher Entwicklungs-) Welt, ist im Rückzug begriffen.

Langfristig schädigt Korruption die Produktivität, die Investitionsbereitschaft, die Gewinnerwartung und damit die langfristige ökonomische Entwicklung von Unternehmen, Konzernen und Staaten. Die Auswirkungen auf die politische Kultur, die Moral und die Werte einer Gesellschaft sind dabei noch gar nicht in Rechnung gestellt. Diese sind aber entscheidend, da zu einer gesellschaftichen Stabilitität auch Vertrauen in Vertragstreue, Rechtsstaatlichkeit und nachhaltige Wirtschaftlichkeit gehören. Das neoliberale Konzept des Absterben des Staates, in eigenartiger Koinzidenz mit altkommunistischen Vorstellungen, wird auch so illusorisch. Ohne einen verlässlichen Rechtsstaat, der Vertragstreue zur Not auch mit dem Gewaltmonopol des Staates garantiert, ist nachhaltiges Wirtschaften nicht rational zu rechtfertigen.

10. Strategien gegen Korruption

Weil Korruption ubiquitär ist in Geschichte und Gegenwart, kann es keinen Königsweg der Bekämpfung von Korruption geben. Aber genauso wenig Resignation. Die Haltung des Hände-über-dem-Kopf-Zusammenschlagens, dass Korruption überhand nehme und auch die Bundesrepublik Deutschland zu einer Bananenrepublik degradiere, ist alarmistisch und kontraproduktiv. Denn wenn man die Hände über dem Kopf zusammenschlägt, dann fehlen sie an der richtigen Stelle, um anzupacken, damit die

Korruption bekämpft werden kann. Auch Mord, Totschlag und Diebstahl kommen seit Kain und Abel in jeder Gesellschaft vor und sind kein Grund zu resignieren. Im Gegenteil: Sie sind Anlass, immer neu und kreativ und präventiv darüber zu forschen, wie neue Bekämpfungsstrategien aussehen können.

Es existiert eine ganze Reihe von Katalogen, wie Korruption zu bekämpfen ist: aus dem Journalismus (Leyendecker 2003: 274ff.), aus der Gewerkschaft der Polizei (Freiberg 1995) aus der Wissenschaft (Klitgaard, 1988: 165ff.) oder aus der Politik (Vahlenkamp 1995: 52ff.). Auch in diesem Band (insbesondere Wiehen, Deiters und Moroff) sind zahlreiche Vorschläge dokumentiert. Transparency International widmet sich intensiv, global und international der Bekämpfung von Korruption (2005). Aus all den Katalogen von Maßnahmen und Empfehlungen erscheint mir immer noch als recht umfassender, wenn auch stark auf die Innenpolitik konzentriert, der Katalog, der von einer Tagung der Friedrich Ebert Stiftung 1995 zusammengestellt wurde (Friedrich Ebert Stiftung 1995: 14f.).

Dieser Katalog von Korruptionsbekämpfungsmaßnahmen ist beeindruckend und umfassend. Seitdem ist in den letzten zehn Jahren in Deutschland und international einiges passiert. Das Strafrecht ist verschärft worden, die Abgeordnetenbestechung wurde wieder eingeführt, Nebentätigkeitsbestimmungen von Abgeordneten und Diätenregelungen wurden in Deutschland verschärft, die OECD-Konvention zur Korruptionsbekämpfung wurde in vielen Ländern implementiert. Aber sicherlich bleibt viel zu tun, denn Korruption ist, soviel wissen wir jetzt, ubiquitär.

11. Fazit

Es wäre falsch, Korruption zu dämonisieren. Korruption ist in jeder Gesellschaft allgegenwärtig – mehr oder weniger. Es gilt sie nüchtern und zielstrebig ins Auge zu fassen und dabei zu unterstellen, dass in jedem Großunternehmen, in jeder Verwaltung Korruption auftreten kann. Sie ist zielstrebig und kreativ zu bekämpfen wie Diebstahl und Steuerhinterziehung.

Alle reden über Korruption, aber keiner weiß Bescheid. Die Beiträge dieses Bandes sollen versuchen, diesem Defizit entgegenzusteuern. Auch wenn in der Wissenschaft weiterhin unklar und umstritten ist, was Korruption wirklich ist, so lassen sich doch ihre Erscheinungsformen strafrechtlich und politisch identifizieren und bekämpfen. Korruption ist eine gesellschaftliche Krankheit. Wir können uns mit der Medizin als Wissenschaft trösten, dass nahezu alle Krankheiten multikausal sind und vordergründige Therapien nur ein Symptom auf der Oberfläche wahrnehmen. Vielmehr kommt es darauf an, eine gründliche Anamnese vorzunehmen und eine breit gefächerte Diagnose zu erstellen, die dann zu einer vielfältigen Therapie führen kann. Aber das soll nicht zur Resignation verleiten. Im Gegenteil: Korruptionsbekämpfung sollte noch stärker national und international auf der Agenda nach vorne rücken.

Auch wenn die Entstehungsursachen von Korruption umstritten sind, so wie die Theorien zur Korruption differieren, so lässt sich doch Einigkeit über ihre destruktive Wirkung erzielen. Auch das Messen von Korruption ist weiterhin umstritten. Gerade

Abbildung 3: Empfehlungen an die Politik zur Korruptionsbekämpfung

1. Präventiv wirkende Maßnahmen innerhalb der öffentlichen Verwaltung

- Erhöhung des Entdeckungsrisikos durch verstärkte Kontrollen und durch Ausweitung der Innenrevision in der Verwaltung
- Absolutes Verbot der Annahme von Geschenken
- Strenge Prüfung von Nebentätigkeiten (Einbruchstelle für Korruption und Umwegfinanzierung)
- Regelmäßige Fortbildungsveranstaltungen für alle Mitarbeiter in „korruptionsanfälligen" Bereichen zur Förderung der Sensibilität gegenüber korruptiven Machenschaften
- Schaffung von zentralen Anlaufstellen, an die sich Mitarbeiter vertraulich wenden können, wenn sie Korruptionsverdacht haben
- in besonders gefährdeten Bereichen Benennung von „Beauftragten für Korruptionsbekämpfung" bzw. Einrichtung einer „mobilen Prüfgruppe" in den Behörden und Körperschaften
- Abbau von Gelegenheiten zur Bestechung durch Ausbau von Transparenzvorschriften und durch klare Regelungen von Verfahren, vor allem bei der Vergabe öffentlicher Aufträge
- Schaffung von mehr Transparenz in der Verwaltung und Ausweitung des Informationsrechts der Bürger
- Verschärfung der Strafandrohung; Einführung der Strafbarmachung der Annahme eines Vorteils auch ohne Nachweis der Gegenleistung; Einstufung der Bestechung und der Bestechlichkeit als Verbrechen; Entlassung aus dem Dienst bei Verurteilung

2. Präventiv wirkende Maßnahmen bei der Auftragsvergabe

- möglichst weitgehende Trennung von Planung und Ausführung im Vergabebereich und möglichst exakte Festlegung der Verantwortlichkeiten auf der Vergabeseite
- unbedingte Einhaltung des Grundsatzes der öffentlichen Ausschreibung; beschränkte Ausschreibung als Ausnahme und nur überörtlich
- Abbau von Erbhöfen für ausgewählte Firmen, Streuung von Planungsaufträgen, kritische Prüfung von Planungskompetenz der Ingenieurbüros, namentliche Erfassung projektbefasster Mitarbeiter auf der Auftragnehmerseite
- Erhöhung der Vertragsstrafe (insbesondere bei Fällen von Wettbewerbsabsprachen, Korruption, Betrug, Schwarzarbeit, Beschäftigung stiller Subunternehmen) für alle Auftragsvergaben auf mindestens zehn Prozent der Auftragssumme
- Forderung des Nachweises von den am Wettbewerb beteiligten Unternehmen, dass keine Kartellverfahren oder andere einschlägige Verfahren gegen sie anhängig sind
- Prüfung von Ausschreibungsunterlagen durch den jeweils zuständigen Rechnungshof und Aufnahme von Ermittlungen der Staatsanwaltschaft bei Vorliegen eines Anfangsverdachts
- Einrichtung zentraler Beschaffungsstellen
- Schaffung der Voraussetzungen, um Nachweise über eine effiziente, unternehmensinterne Kontrollorganisation, die (auch) der Verhinderung von Absprachen und Korruption dienen, anfordern zu können
- Bildung von Vergabeausschüssen für bestimmte Bereiche (z.B. Kreiskrankenhäuser), die sich aus leitenden Verwaltungsbeamten, Fachpersonal (z.B. Ärzten), Mitgliedern von Gemeindevorstand/Kreisausschuss und Gemeindevertretung/Kreistag zusammensetzen
- Anlegen EDV-gestützter Auftrags- und Auftragnehmer-Karteien, um einen Überblick über die relative Häufigkeit der Auftragsvergabe und über die Zusammensetzung der Bieterkreise (Hinweise auf Kartelle) sowie eine Übersicht über die wirtschaftlichen und personellen Verflechtungen der Unternehmen einschließlich der Ingenieurbüros zu erhalten
- EDV-gestützte Ermittlung der durchschnittlichen Kosten für Bau- und andere Leistungen in dem jeweiligen Wirtschaftsraum
- Abschreckung durch Gewinnabschöpfung, Steuernachforderungen sowie Einführung von Auftragssperren für korrumpierende Unternehmen

Fortsetzung *Abbildung 3:*

3. Verbesserung der staatlichen Ermittlungs- und Bekämpfungsstrategien	
• Prüfung, ob strafprozessuale Voraussetzungen zu schaffen sind, um Telefonüberwachung bei Verdacht auf Bestechung und Bestechlichkeit zu ermöglichen • Prüfung von Vorschlägen zur Reform des Straftatbestands der Korruption • Auseinanderdividieren der Beteiligten durch Einführung der Selbstanzeige als Möglichkeit eine Kriminalstrafe abzuwehren sowie durch Einführung des Prinzips der Wiedergutmachung und durch Gewährung eines Strafnachlasses bei Zusammenarbeit mit den Ermittlungsbehörden • Überlegungen zum Einsatz eines Lockspitzels und der „kontrollierten Bestechung" weiterführen • Einrichtung unabhängiger Koordinierungsstellen zu Korruptionsbekämpfung mit Vertretern des Rechnungshofes, des Kartellamts, der Ermittlungsbehörden, der Steuerfahndung und der Innenverwaltung	• EDV-gestützt landesweit Informationen über Korruptionsstrukturen, Manipulationstechniken, Kartellbildungen, beteiligte Personen und Firmen sammeln; Auswertung der Erkenntnisse und Vermittlung in Fortbildungsseminaren; Ausarbeitung von Empfehlungen für die Verwaltung zur Bekämpfung von Korruption • Effektivierung der Prüfungsstrategien des Rechnungshofes, zum Beispiel durch Ausarbeitung signifikanter Indikatoren für Verdachtsfälle • Spezialisierung von Staatsanwälten und Polizisten • Anpassung des Straftatbestands zur Erfassung der Korruptionspraktiken wie Bestrafung der Beteiligung an wettbewerbsausschließenden Maßnahmen und Strafandrohung für die Annahme eines Vorteils • Verbesserung der Möglichkeiten zur Abschöpfung von Korruptionsgewinnen
4. Verbesserung der politischen Rahmenbedingungen im Kampf gegen die Korruption	
• Schaffung einer EG-weiten einheitlichen Definition von Korruption und Sanktionsempfehlungen für die Mitgliedsländer; Schaffung internationaler Vereinbarungen und • Abkommen gegen Korruption • Schaffung von „Inseln der Integrität" im internationalen Raum durch Verabredung aller Wettbewerber auf einem begrenzten Markt, dort auf Korruption vollständig zu verzichten • intensive Information der Öffentlichkeit über Schäden durch Korruption	• Aufhebung der Weisungsmöglichkeiten des Ministeriums an die Staatsanwälte als politisches Zeichen für die Bereitschaft, gegen Korruption vorzugehen • Ausweitung des Tatbestands der Abgeordneten-Bestechung auf das Vorfeld parlamentarischer Abstimmung • Abschaffung der steuerlichen Abzugsfähigkeit von Bestechungsgeldern, um ein politisches Signal gegen den Verfall von Werten zu setzen

Quelle: Friedrich-Ebert-Stiftung (1995: 14f.).

in Deutschland ist unklar, ob sie nun steigt oder fällt. Aber das muss davon nicht ablenken, sie durch immer neue Maßnahmen einzudämmen zu versuchen.

Immerhin ist die Auffassung im Rückzug, dass Korruption weltweit der Modernisierung und der Marktwirtschaft diene. Sie schadet ausländischen und inländischen Investoren, sie schadet den Regierungen und sie schadet insbesondere der Bevölkerung und dem allgemeinen Wohl. Korruption ist kein gesellschaftlicher Untergang, sondern sie ist ein Übel, das effektiv bekämpft werden kann und muss. Packen wir es an.

Literatur

Ades, A./Di Tella, R., 1996: The Causes and Consequences of Corruption: A Review of Recent Empirical Contributions. Brighton.
Adsera, A./Boix, C./Payne, M. 2000: Are You Being Served? Political Accountability and Quality of Government. Inter-American Development Bank Research Department Working Paper 438. Chicago.
Alemann, Ulrich von, 1985: Politische Moral und politische Kultur in der Bundesrepublik. Vergiften oder reinigen Skandale die Politik?, in: Gewerkschaftliche Monatshefte: Zeitschrift für soziale Theorie und Praxis 36(5), 258–269.
Alemann, Ulrich von, 1989: Bureaucratic and Political Corruption Controls. Reassessing The German Record, in: *Heidenheimer, Arnold J./Johnston, Michael/LeVine, Victor T.* (Hrsg.), Political Corruption. New Brunswick, 855–869.
Alemann, Ulrich von, 1989a: Korruption – ein blinder Fleck in der Politikwissenschaft, in: Die neue Gesellschaft – Frankfurter Hefte 36, 918–921.
Alemann, Ulrich von, 1993: Korruption ist Vertrauenssache, in: Capital, Nr. 4.
Alemann, Ulrich von, 2000: Das Politische an der Politik – Oder: Wider das Verschwinden des Politischen, in: *Hinrichs, Karl/Kitschelt, Herbert/Wiesenthal, Helmut* (Hrsg.), Kontingenz und Krise. Institutionenpolitik in kapitalistischen und postsozialistischen Gesellschaften. Claus Offe zu seinem 60. Geburtstag, 103–115.
Alemann, Ulrich von, 2002: Party Finance, Party Donations and Corruption: The German Case, in: *Della Porta, Donatella/Rose-Ackerman, Susan* (Hrsg.), Corrupt Exchanges: Empirical Themes in the Politics and Political Economy Corruption. Baden-Banden, 102–117.
Alemann, Ulrich von, 2003: Abgründe politischer Theorie. Gründe für eine mehrdimensionale Konzeption der Korruption, in: *Fricke, Dietmar/Meyer, Jörg* (Hrsg.), Sicherheit in einer neuen Weltära. Festschrift für Erhard Forndran zum 65. Geburtstag. Frankfurt a.M., 273–283.
Alemann, Ulrich von/Kleinfeld, Ralf, 1990: Begriff und Bedeutung der politischen Korruption aus politikwissenschaftlicher Sicht. Hagen.
Alemann, Ulrich von/Kleinfeld, Ralf, 1992: Begriff und Bedeutung der politischen Korruption aus politikwissenschaftlicher Sicht, in: *Benz, Arthur/Seibel, Wolfgang* (Hrsg.), Zwischen Kooperation und Korruption. Abweichendes Verhalten in der Verwaltung. Baden-Baden, 259–282.
Alemann, Ulrich von/Marschall, Stefan, 2002: Parteien in der Mediendemokratie. Wiesbaden.
Angermund, Ralph, 2002: Corruption under German National Socialism, in: *Heidenheimer, Arnold J./Michael Johnston* (Hrsg.), Political Corruption. Concepts and Contexts. New Brunswick, N.J.
Arnim, Hans Herbert von, 1993: Der Staat als Beute: Wie Politiker in eigener Sache Gesetze machen. München.
Arnim, Hans Herbert von, 1999: Fetter Bauch regiert nicht gern: Die politische Klasse – selbstbezogen und abgehoben. München.
Arnim, Hans Herbert von (Hrsg.), 2003: Korruption. Netzwerke in Politik, Ämtern und Wirtschaft. München.
Bajohr, Frank, 2001: Parvenüs und Profiteure: Korruption in der NS-Zeit. Frankfurt a.M.
Bannenberg, Britta, 1999: Korruption und strafrechtliche Kontrolle, in: Neue Kriminalpolitik 3, 21–25.
Bannenberg, Britta, 2002: Korruption in Deutschland und ihre strafrechtliche Kontrolle. Eine kriminologisch-strafrechtliche Analyse. Neuwied.
Bannenberg, Britta, 2003: Korruption in Deutschland – Ergebnisse einer kriminologisch-strafrechtlichen Untersuchung, in: *Arnim, Hans Herbert von* (Hrsg.), Korruption. Netzwerke in Politik, Ämtern und Wirtschaft. München, 204–234.
Bannenberg, Britta/Schaupensteiner, Wolfgang, 2004: Korruption in Deutschland. Portrait einer Wachstumsbranche. München.
Berg, Wolfhart, 1997: Bananenrepublik Deutschland. Korruption, der ganz alltägliche Skandal. Landsberg am Lech.
Beyme, Klaus von, 1984: Parteien in westlichen Demokratien. 2. überarb. Aufl. München.

Beyme, Klaus von, 1999: Die parlamentarische Demokratie. Entstehung und Funktionsweise 1789–1999. 3. völlig neu bearb. Aufl. Opladen/Wiesbaden.
Bluhm, Harald/Fischer, Karsten, 2002: Sichtbarkeit und Unsichtbarkeit der Macht. Theorien politischer Korruption. Baden-Baden.
Bosshard, Peter, 2005: The Environment at Risk from Monuments of Corruption, in: *Transparency International* (Hrsg.), Global Corruption Report 2005. Berlin, 19–23.
Brünner, Christian (Hrsg.), 1981: Korruption und Kontrolle. Wien/Köln/Graz.
Brunner, Otto/ Conze, Werner/ Koselleck, Reinhart, 1972: Geschichtliche Grundbegriffe. Historisches Lexikon zur politisch-sozialen Sprache in Deutschland. Mehrere Bände. Stuttgart.
Bundeskriminalamt, 2004: Lagebild Korruption Bundesrepublik Deutschland 2003. Wiesbaden.
Bundesministerium der Justiz, 2005: Strafgesetzbuch. Stand: Neugefasst durch Bek. v. 13.11.1998 I 3322, zuletzt geändert durch Art. 2 G v. 24. 3.2005 I 969.
Collier, Paul/Hoeffler, Anke, 2005: The Economic Costs of Corruption in Infrastructure, in: *Transparency International* (Hrsg.), Global Corruption Report 2005. Berlin, 12–19.
Della Porta, Donatella/ Rose-Ackerman, Susan (Hrsg.), 2002: Corrupt Exchanges: Empirical Themes in the Politics and Political Economy Corruption. Baden-Banden.
Di Franceisco, Wayne/ Gitelman, Zvi, 2002: Soviet Political Culture and Modes of Covert Influence, in: *Heidenheimer, Arnold J./Michael Johnston* (Hrsg.), Political Corruption. Concepts and Contexts. New Brunswick, N.J., 539–558.
Dollar, D./Fisman, R./Gatti, R., 2001: Are Women Really the 'Fairer' Sex? Corruption and Women in Government, in: Journal of Economic Behavior and Organization 46(4), 423–429.
Eigen, Peter, 2003: Das Netz der Korruption. Wie eine weltweite Bewegung gegen Bestechung kämpft. Frankfurt a.M.
Elliott, K. A., 1997: Corruption as an International Political Problem: Overview and Recommendations, in: *Elliott, Kimberly Ann* (Hrsg.), Corruption and the Global Economy. Washington, 175–233.
Eschenburg, Theodor, 1956: Staat und Gesellschaft in Deutschland. Stuttgart.
Eschenburg, Theodor, 1966: Zur politischen Praxis in der Bundesrepublik Band II: Kritische Betrachtungen 1961–1965. München.
Eschenburg, Theodor, 1967: Zur politischen Praxis in der Bundesrepublik Band I: Kritische Betrachtungen 1957–1961. 2. neubearb. Aufl. München.
Eschenburg, Theodor, 1970: The Decline of Bureaucratic Ethos in the Federal Republic, in: *Heidenheimer, Arnold J.* (Hrsg.), Political Corruption. Readings in Comparative Analysis. New York/Chicago/San Francisco u.a., 259–265.
Eschenburg, Theodor, 1972: Zur politischen Praxis in der Bundesrepublik Band III: Kritische Betrachtungen 1965–1970. München.
Etzioni, Amitai, 1984: Capital Corruption. The New Attack on American Democracy. San Diego.
Fishman, Janet E., 1978: Measuring Police Corruption. New York.
Fisman, Raymond/ Gatti, Roberta, 2002: Decentralization and Corruption: Evidence across Countries, in: Journal of Public Economics 83(3), 235–345.
Fleck, Christian/ Kuzmics, Helmut (Hrsg.), 1985: Korruption. Zur Soziologie nicht immer abweichenden Verhaltens. Königstein.
Freiberg, Konrad, 1995: Die Bekämpfung der Korruption muss einen höheren Stellenwert erhalten, in: *Friedrich-Ebert-Stifung* (Hrsg.), Korruption in Deutschland. Ursachen, Erscheinungsformen, Bekämpfungsstrategien. Berlin.
Friedrich, Carl J., 1973: Pathologie der Politik. Die Funktion der Mißstände: Gewalt, Verrat, Korruption, Geheimhaltung. Frankfurt a.M./New York.
Friedrich, Carl J., 1974: Political Pathology, in: Political Quarterly 37, 70–85.
Friedrich-Ebert-Stiftung (Hrsg.), 1995: Korruption in Deutschland. Ursachen, Erscheinungsformen, Bekämpfungsstrategien. Berlin.
Génaux, Maryvonne, 2002: Early Modern Corruption in English and French Fields of Vision, in: *Heidenheimer, Arnold J./Michael Johnston* (Hrsg.), Political Corruption. Concepts and Contexts. New Brunswick, N.J., 107–121.

Gerring, John/Thacker, Strom C., 2004: Political Institutions and Governance: Pluralism versus Centralism, in: British Journal of Political Sciences 34(2), 295–303.
Gerring, John/Thacker, Strom C., 2005: Do Neoliberal Policies Deter Political Corruption?, in: International Organization 59, 233–254.
Hafner, Georg/Jacoby, Edmund (Hrsg.), 1990: Die Skandale der Republik. Zürich.
Heberer, Thomas, 1991: Korruption in China. Opladen.
Heidenheimer, Arnold J. (Hrsg.), 1970: Political Corruption. Readings in Comparative Analysis. New York/Chicago/San Francisco u.a.
Heidenheimer, Arnold J./Johnston, Michael/LeVine, Victor T. (Hrsg.), 1989: Political Corruption. New Brunswick.
Heidenheimer, Arnold J./Michael Johnston (Hrsg.), 2002: Political Corruption. Concepts and Contexts. New Brunswick, N.J.
Heidenheimer, Arnold J., 2004: Disjunctions between Corruption and Democracy? A Qualitative Exploration, in: Crime, Law & Social Change 42, 99–109.
Heidenheimer, Arnold J./Johnston, Michael/LeVine, Victor T., 1989: Social Perceptions: An Introduction, in: *Heidenheimer, Arnold J./Johnston, Michael/LeVine, Victor T.* (Hrsg.), Political Corruption. New Brunswick, 145–148.
Höffling, Christian, 2002: Korruption als soziale Beziehung. Opladen.
Huberts, Leo, 1995: Western Europe and Public Corruption. Expert Views on Attention, Extent and Strategies, in: European Journal on Criminal Policy and Research 3(2), 7–20.
Huntington, Samuel P., 1997: Modernization and Development, in: *Monday, U. Ekpo* (Hrsg.), Bureaucratic Corruption. Washington, D.C., 321.
Huntington, Samuel P., 2002: Modernization and Corruption, in: *Heidenheimer, Arnold J./Michael Johnston* (Hrsg.), Political Corruption. Concepts and Contexts. New Brunswick, N.J., 253–263.
Husted, Bryan, 1999: Wealth, Culture, and Corruption, in: Journal of International Business Studies 30(2), 339–360.
Jha, Raj Kamal, 2005: Blowing the Whistle on Corruption: One Man's Fatal Struggle, in: *Transparency International* (Hrsg.), Global Corruption Report 2005. Berlin, 9–12.
Johnston, Michael, 1996: The Search for Definitions: The Vitality of Politics and the Issue of Corruption, in: International Social Science Journal 149, 321–336.
Johnston, Michael, 2001: The Definitions Debate. Old Conflicts in New Guises, in: *Jain, Arvind K.* (Hrsg.), The Political Economy of Corruption. London u.a., 11–31.
Johnston, Michael, 2002: The New Corruption Rankings: Implications for Analysis and Reform. New York.
Joisten, Karen, 2003: Vom Zerreißen und Stürzen. Ein Versuch zur corruption humana, in: *Nell, Verena von/Schwitzgebel Gottfried/Vollet, Matthias* (Hrsg.), Korruption. Interdisziplinäre Zugänge zu einem komplexen Phänomen. Wiesbaden, 19–30.
Klaveren, Jacob van, 1985: Korruption im Ancien Régime, in: *Fleck, Christian/Kuzmics, Helmut* (Hrsg.), Korruption. Zur Soziologie nicht immer abweichenden Verhaltens. Königstein, 92–104.
Kunikova, Jana/Rose-Ackerman, Susan, 2005: Electoral Rules and Constitutional Structures as Constraints on Corruption, in: British Journal of Political Sciences (im Erscheinen).
Lambsdorff, Johann Graf, 2002: Corruption and Rent-Seeking, in: Public Choice 113, 97–125.
Lambsdorff, Johann Graf, 2004: Background Paper to the 2004 Corruption Perceptions Index. Framework Document 2004. Berlin. <http://www.icgg.org/downloads/FD_CPI_2004.pdf>; 11.07.2005.
Lambsdorff, Johann Graf, 2004a: How Corruption Affects Economic Development, in: *Transparency International* (Hrsg.), Global Corruption Report 2004. London, 310–312.
Lambsdorff, Johann Graf, 2005: Consequences and Causes of Corruption – What do We Know from a Cross-Section of Countries? Passau.
Landeskriminalamt Nordrhein-Westfalen, 2003: Korruptionskriminalität NRW. Lagebild 2003. Düsseldorf.

LaPalombara, Joseph, 1994: The Structural Aspects of Corruption, in: *Trang, Duc V.* (Hrsg.), Corruption and Democracy. Political Institutions, Processes and Corruption in Transition States in East-Central Europe and in the former Soviet Union. Budapest, 33–36.
LaPalombara, Joseph, 1994: Structural and Institutional Aspects of Corruption, in: Social Research 61, 325–350.
Leff, Nathaniel H., 2002: Economic Development Through Bureaucratic Corruption, in: *Heidenheimer, Arnold J./Michael Johnston* (Hrsg.), Political Corruption. Concepts and Contexts. New Brunswick, N.J., 307–320.
Leif, Thomas (Hrsg.), 2003: Die stille Macht. Lobbyismus in Deutschland. Wiesbaden.
Leif, Thomas, 2003a: Handbuch Recherche. Skandal-Geschichten und Enthüllungsberichte. Ein Handbuch zu Recherche und Informationsbeschaffung. Wiesbaden.
Leyendecker, Hans, 2003: Die Korruptionsfalle. Wie unser Land im Filz versinkt. Hamburg.
Liebl, Karlhans, 1992: Das Ausmaß der Korruption in der öffentlichen Verwaltung. Ergebnisse einer empirischen Befragung, in: *Benz, Arthur/Seibel, Wolfgang* (Hrsg.), Zwischen Kooperation und Korruption. Abweichendes Verhalten in der Verwaltung. Baden-Baden, 283–294.
Lipset, Seymour Martin/ Lenz, Gabriel Salman, 2000: Corruption, Culture, and Markets, in: *Harrison, Lawrence E./Huntington, Samuel P.* (Hrsg.), Culture Matters. How Values Shape Human Progress. New York, 112–124.
Lüdtke, Hartmut/ Schweitzer, Hartmut, 1993: Korruptionsneigung bei unterschiedlichen Erwartungskonstellationen in der Handlungssituation, in: Kölner Zeitschrift für Soziologie und Sozialpsychologie 45(3), 465–483.
Martiny, Anke, 2001: Korruption – wuchernder Krebsschaden in der Gesellschaft, in: Aus Politik und Zeitgeschichte, B 32–33, 3–5.
Merkel, Wolfgang, 1999: Defekte Demokratien, in: *Merkel, Wolfgang/Busch, Andreas* (Hrsg.), Demokratie in Ost und West. Für Klaus von Beyme. Frankfurt a.M., 361–381.
Merton, Robert King, 1967: On Theoretical Sociology: Five Essays, Old and New. Including part I of Social Theory and Social Structure. New York.
Mischkowitz, Robert/ Bruhn, Heike/ Desch, Roland (Hrsg.), 2000: Einschätzungen zu Korruption in Polizei, Justiz und Zoll. Ein gemeinsames Forschungsprojekt des Bundeskriminalamtes und der Polizeiführungsakademie Wiesbaden.
Moroff, Holger, 2002: American and German Fund Raising. Fiascoes and their Aftermath, in: *Heidenheimer, Arnold J./Michael Johnston* (Hrsg.), Political Corruption. Concepts and Contexts. New Brunswick, N.J., 687–710.
Moroff, Holger, 2004: A Polychromatic Turn in Corruption Research?, in: Crime, Law & Social Change 42, 83–97.
Moroff, Holger/ Blechinger, Verena, 2002: Corruption Terms in the World Press: How Languages Differ, in: *Heidenheimer, Arnold J./Michael Johnston* (Hrsg.), Political Corruption. Concepts and Contexts. New Brunswick, N.J., 885–905.
Münkler, Herfried/ Fischer, Karsten/ Bluhm, Harald, 2000: Das Ende einer semantischen Karriere? Zur Gegenbegrifflichkeit von Gemeinwohl und politischer Korruption, in: *Berlin-Brandenburgische Akademie der Wissenschaften* (Hrsg.), Berichte und Abhandlungen. Bd. 8. Berlin, 425–440.
Myrdal, Gunnar, 1968: Asian Drama. Vol. II. New York.
Myrdal, Gunnar, 2002: Corruption as a Hindrance to Modernization in South Asia, in: *Heidenheimer, Arnold J./Michael Johnston* (Hrsg.), Political Corruption. Concepts and Contexts. New Brunswick, N.J., 265–279.
Nell, Verena von/Schwitzgebel, Gottfried/Vollet, Matthias (Hrsg.), 2003: Korruption. Interdisziplinäre Zugänge zu einem komplexen Phänomen. Wiesbaden.
Noack, Paul, 1985: Korruption – die andere Seite der Macht. München.
Noonan, John T., Jr., 1984: Bribes. New York.
Nye, Joseph S., 1967: Corruption and Political Development. A Cost-Benefit Analysis, in: *Heidenheimer, Arnold J./Michael Johnston* (Hrsg.), Political Corruption. Concepts and Contexts. New Brunswick, N.J., 417–427.

Pritzl, Rupert F. J., 1998: Korruption, Rent-Seeking und organisiertes Verbrechen in Rußland, in: List Forum für Wirtschafts- und Finanzpolitik 24(2), 198–218.

Raith, Werner, 1996: Die Republik der Schein-Heiligen. Wieviel Korruption braucht die Demokratie? Eine Streitschrift. Zürich.

Reiter, Josef, 2003: „Soll man den Menschen sagen, wie schlecht sie sind?": Korruption als „Zwischen"-Fall des Menschlichen, in: *Nell, Verena von/Schwitzgebel Gottfried/Vollet, Matthias* (Hrsg.), Korruption. Interdisziplinäre Zugänge zu einem komplexen Phänomen. Wiesbaden, 1–18.

Rennstich, Karl, 1990: Korruption. Eine Herausforderung für Gesellschaft und Kirche. Stuttgart.

Richter, Horst-Eberhard, 1989: Die hohe Kunst der Korruption. Erkenntnisse eines Politik-Beraters. Hamburg.

Root, H., 1999: The Importance of Being Small. University of Southern California.

Rose-Ackerman, Susan, 1999: Corruption and Government. Causes, Consequences, and Reform. Cambridge.

Rose-Ackerman, Susan, 2002: When is Corruption Harmful?, in: *Heidenheimer, Arnold J./Michael Johnston* (Hrsg.), Political Corruption. Concepts and Contexts. New Brunswick, N.J., 353–371.

Sandholtz, Wayne/Gray, Mark, 2003: International Integration and National Corruption, in: International Organization 57(4), 761–800.

Schmidt, Manfred G., 1995: Wörterbuch zur Politik. Stuttgart.

Schmidt, Manfred G., 1997: Demokratietheorien. Opladen.

Seeck, Otto G., 1921: Geschichte des Untergangs der antiken Welt. Unveränd. Nachdr. 1966. Darmstadt.

Schuller, Wolfgang, 1985: Korruption und Staatspolizei im spätrömischen Staat, in: *Fleck, Christian/Kuzmics, Helmut* (Hrsg.), Korruption. Zur Soziologie nicht immer abweichenden Verhaltens. Königstein, 72–91.

Schuller, Wolfgang, 2000: Ambitus in der späten römischen Republik: Wahlbestechung oder Entscheidungshilfe?, in: *Borchert, Jens/Leitner, Sigrid/Stolz, Klaus* (Hrsg.), Politische Korruption. Opladen, 185–197.

Scott, James C., 2002: Handling Historical Comparisons Cross-Nationally, in: *Heidenheimer, Arnold J./Michael Johnston* (Hrsg.), Political Corruption. Concepts and Contexts. New Brunswick, N.J., 123–136.

Senturia, Joseph J., 1931: Corruption, Political, in: *Seligman, Edwin R. A.* (Hrsg.), Encyclopedia of the Social Sciences. New York, 448–452.

Sturminger, Alfred, 1982: Die Korruption in der Weltgeschichte. München.

Stykow, Petra, 2002: Mésalliance à trois: Politische Korruption als Beziehungsphänomen, in: *Bluhm, Harald/Fischer, Karsten* (Hrsg.), Sichtbarkeit und Unsichtbarkeit der Macht. Theorien politischer Korruption. Baden-Baden, 87–113.

Stykow, Petra, 2004: Der Fall Russland – Korruption als Kollateralschaden der Transformation?, in: Vierteljahreshefte zur Wirtschaftsforschung 73(2), 247–263.

Sung, Hung-En, 2003: Fairer Sex or Fairer System? Gender and Corruption Revisited, in: Social Forces 82(2), 703–723.

Swamy, Anand/Knack, Stephen/Lee, Young/Azfar, Omar, 2001: Gender and Corruption, in: Journal of Development Economics 64, 25–55.

Tanzi, Vito/Davoodi, Hamid, 2002: Corruption, Growth, and Public Finances, in: *Jain, Arvind K.* (Hrsg.), The Political Economy of Corruption. London u.a., 89–110.

Thompson, Dennis F., 1995: Ethics in Congress: From Individual to Institutional Corruption. Washington.

Trang, Duc V. (Hrsg.), 1994: Corruption and Democracy. Political Institutions, Processes and Corruption in Transition States in East-Central Europe and in the Former Soviet Union. Budapest.

Transparency International, 2004: Corruption Perceptions Index (CPI) 2004 (TI-Korruptionsindex). <http://www.transparency.org/cpi/2004/dnld/media_pack_german.pdf>, eingesehen 11.07.2005, Berlin.

Transparency International, 2004: Pressemitteilung: TI-Korruptionsbarometer 2004: Parteien weltweit korrupteste Institutionen.
Transparency International (Hrsg.), 2004: Global Corruption Report 2004. Berlin.
Transparency International (Hrsg.), 2005: Global Corruption Report 2005. Berlin.
Transparency International, 2005a: Was ist Korruption? Berlin.
Treisman, Daniel, 1999: Decentralization and Corruption: Why are Federal States Perceived to be More Corrupt. Los Angeles.
Treisman, Daniel, 2000: The Causes of Corruption: A Cross-National Study, in: Journal of Public Economics 76, 399–457.
United Nations, 2004: The Global Programme against Corruption. UN Anti-Corruption Toolkit. Wien.
Vahlenkamp, Werner/ Knauß, Ina, 1995: Korruption – Hinnehmen oder Handeln? Wiesbaden.
Voslensky, Michael S., 1995: Sowjetunion: Die korrupte Nomenklatura, in: *Fleck, Christian/Kuzmics, Helmut* (Hrsg.), Korruption: Zur Soziologie nicht immer abweichenden Verhaltens. Wiesbaden.
Wickert, Ulrich, 1994: Der Ehrliche ist der Dumme. Hamburg.
World Bank, 1997: World Development Report 1997. Washington.

Korruption in der Antike

Wolfgang Schuller

1. Einleitung

Der erste Teil des Beitrages gibt, in annähernd chronologischer Anordnung, eine Übersicht über Fälle und Sachverhalte, die nach einem eher umgangssprachlichen Korruptionsbegriff ausgewählt sind – wenngleich natürlich schon mit Blick auf das, was auch wissenschaftlich unter Korruption verstanden werden kann –, während der zweite Teil allgemeinere Schlüsse daraus zu ziehen versucht.

2. Empirie

2.1 Archaisches Griechenland

Die erste Erwähnung korrupten Verhaltens erfolgt bereits in der archaischen Zeit (8./7. Jahrhundert v. Chr.) durch den Dichter Hesiod. Er spricht in seinem in Hexametern verfassten Buch „Werke und Tage", in welchem er das bäuerliche Leben schildert, von „gabenschluckenden Herren", die als Richter gegen Bezahlung parteiische Urteile fällen (Verse 37–39, Übersetzung Hallof). Damit ist bereits ein zentraler Korruptionstatbestand benannt, der doch wohl die ganze Menschheitsgeschichte hindurch immer wieder erscheint, nämlich der bestechliche Richter. Ebenfalls in die archaische Zeit gehören die Berichte über – ausgerechnet, möchte man sagen – bestechliche spartanische Könige (mehr dazu Noethlichs 1987), wobei zu beachten ist, dass es in Sparta wegen dessen „spartanischer" Staatsordnung kein Geld gab.

2.2 Klassische Zeit

Reichlich fließen die Quellen natürlich in Bezug auf das klassische Athen des 5. und 4. vorchristlichen Jahrhunderts. Die Korruption von demokratisch bestellten Ehrenbeamten ist ein ständig wiederkehrender Vorwurf, der sowohl die Richterbestechlichkeit betrifft als auch die Bereicherung von Amtsinhabern im Zusammenhang mit ihrer Amtsführung. Dabei ist es schwierig, Wahrheit und Topos zu unterscheiden, zumal viele dieser Vorwürfe in der Komödie und in Gerichtsreden erscheinen, die natürlich übertreiben oder ungerechtfertigt anschuldigen; immerhin ist die Tatsache, dass es diese Vorwürfe überhaupt gibt, bezeichnend genug (Wankel 1982; Kulesza 1995). Einen nüchterneren Eindruck gibt die Tatsache, dass es Vorkehrungen gegen Korruption gab. Zunächst ist da das komplizierte Verfahren zu erwähnen, mit dem die Richter der Volksgerichte ausgelost wurden. Dieses sollte natürlich einmal verhindern, dass die immer ad hoc zusammengestellten Gerichte mit guten Freunden einer Partei besetzt wurden, war aber auch geeignet, materielle Bestechung zu verhindern (vgl. Schuller 1987: 532–533; Hansen 1995: 189).

Weiter zählt Aristoteles in seinem „Staat der Athener" verschiedene gegen Korruption gerichtete Regelungen auf (Zitate alle in der Übersetzung von Dreher): Die Behörde der Logistai untersucht regelmäßig die Amtsführung von Amtsinhabern, „und wenn sie jemanden der Unterschlagung überführen, verurteilen ihn die Richter", ebenso „wenn sie jemanden der passiven Bestechung überführen" (Kap. 54, 2); die Kandidaten für das Archontenamt „schwören, keine Geschenke aufgrund ihres Amtes anzunehmen" (55, 5); die sechs Thesmotheten sind zuständig für Fälle, „wenn jemand in einem Prozess wegen Anmaßung des Bürgerrechts durch Bestechung einen Freispruch erzielt hat" (59, 3). Und schließlich: „Die erlosten Amtsträger wurden früher (...) durch das Los auf die Phylen verteilt. Seitdem aber die Demen (die Gemeinden, W. Sch.) die Ämter zu verkaufen pflegten, erlosen sie auch diese Amtsträger aus der ganzen Phyle" (62, 1). Hier haben wir fast schon alle Formen der Korruption beispielhaft zusammen: Unterschlagung aus öffentlichen Kassen, passive Bestechung von Ämterträgern und Richtern, Ämterkauf.

Dass der Ämterkauf in der athenischen Demokratie verhindert wurde oder werden sollte, ist besonders interessant. Historiker der europäischen frühen Neuzeit wissen, dass der Verkauf von Ämtern durch den Staat nicht nur gang und gäbe, sondern vielerorts sogar ein nicht nur nicht anrüchiges, sondern systemimmanentes Strukturprinzip war. Dasselbe können wir auch im klassischen und hellenistischen Griechenland feststellen, nur nicht im weltlichen Bereich. Da die griechische Religion keine Buchreligion war und keine Dogmen kannte, sondern da es nur auf die sachgerechte Vollführung der Riten ankam, waren Priester Ehrenbeamte wie andere auch und wurden öffentlich bestellt. Das geschah häufig dadurch, dass Priesterstellen verkauft wurden und dass der Erlös dem Tempel zugute kam. Dieser Vorgang, sozusagen die Ausschreibung, wurde in zahlreichen steinernen Inschriften festgehalten, geschah also so öffentlich, wie es überhaupt nur denkbar ist (Sokolowski 1955: Nrn. 1–5, 25, 27, 38, 47–49, 52, 56, 63, 71, 73; 1962: Nrn. 47, 71, 77, 78; 1969, Nrn. 87, 162, 167). Die so bestellten Priester hatten aus dem Grunde ein Interesse an dem Amt, weil sie daraus Einkünfte für den Vollzug ihrer rituellen Handlungen bezogen, und die Vermutung liegt nahe, dass diejenigen Athener, denen die Demen die kleinen örtlichen Ämter verkauften, aus diesen Ämtern ebenfalls Einkünfte ziehen wollten; welche das genau waren, ist mir unklar (auch Rhodes 1993: 689–691 schweigt).

2.3 Hellenistisches Ägypten

Über das hellenistische Ägypten zur Ptolemäerzeit sind wir vorzüglich informiert, weil das Schreibmaterial der Papyri durch den trockenen Wüstensand konserviert worden ist und wir daher Nachrichten über alle Lebensbereiche haben. Durch auf diese Weise erhaltene Regelungen und Eingaben wissen wir also, dass die zwar von den herrschenden Griechen eingerichtete, aber auf pharaonischem Vorbild beruhende Verwaltung, die großenteils Wirtschafts- und Steuerverwaltung war, äußerst intensiv war und an zahlreichen Amtsmissbräuchen litt; die chronologische Entwicklung lasse ich hier beiseite (vgl. Peremans 1982). Diese Verwaltung war hierarchisch gegliedert und reichte von der Spitze in Alexandria bis ins letzte Dorf und bestand aus einem ausgedehnten Berufsbeamtentum. Missbräuche waren beispielsweise das Sichbestechenlassen beziehungsweise, eine verschärfte Form, das Fordern von Geschenken oder anderen materiellen Vorteilen, sonstige Erpressungen, willkürliche Verhaftungen, doppelte Einforderung der Steuerschuld, Verwendung gefälschter Maße und Gewichte und vieles andere. Es gab eine Vielzahl von Kontrollen, auch gegenseitige wie Gegenzeichnung oder private und kollektive Haftung.

2.4 Römische Republik

Aus der römischen Republik sind vor allem drei Verhaltensweisen zu berichten, die als Korruption zu bezeichnen sind: die Erpressungen durch die Provinzstatthalter, Richterbestechung, Wahlbestechung.

2.5 Repetundendelikte

Im Jahre 149 v. Chr., also etwa hundert Jahre vor dem Zusammenbruch der Republik durch Caesars Bürgerkrieg, wurde durch eine lex Calpurnia gesetzlich bestimmt, dass die bisher nur von Fall zu Fall eingesetzten Untersuchungskommissionen des Senats mit richterlichen Befugnissen – quaestiones –, die Repetundendelikte zu untersuchen hatten, als erstes Kollegialgericht in der römischen Geschichte zu einer ständigen Einrichtung werden sollten (vgl. Eder 1969). Dieses Delikt war so häufig geworden, dass der Senat keine andere Möglichkeit der Eindämmung sah. Repetere heißt zurückfordern, Repetunden sind zurückzufordernde Sachen, und diese Bezeichnung rührt daher, dass diese nunmehr ständig tagenden Gerichte sich mit folgendem Sachverhalt zu befassen hatten: Im Zuge der römischen Eroberung des Mittelmeergebietes, die zunächst nicht zielgerichtet geschah, riss es im Laufe der Zeit immer mehr ein, dass römische Kommandeure und die Statthalter der allmählich eingerichteten Provinzen ihre Machtposition dazu missbrauchten, von den unterworfenen oder auch verbündeten griechischen Städten und von Privatpersonen Geldzahlungen oder die Überlassung von Kunst- und sonstigen Wertgegenständen zu fordern. Immer offener wurde einfach geraubt. Die betroffenen Städte schickten Gesandtschaften nach Rom, um vor dem Senat die Rückgabe dieser Gegenstände zu fordern – daher der Name des Delikts. Und da die vorgebrachten Beschuldigungen im Falle ihres Zutreffens auf schärfste Missbilligung des Senats stießen, wurden Untersuchungskommissionen mit Strafgewalt gebildet – daher der Name des seit 149 dauerhaft gebildeten Gerichts.

Das Quellenmaterial erlaubt keine vollständigen Statistiken über den Erfolg aller dieser Prozesse. Gewiss hat es Verurteilungen gegeben, aber einfache Tatsache ist, dass Erpressungen und das Aussaugen der römischen Provinzen erst in der Kaiserzeit allmählich abnahmen (vgl. Brunt 1961/1990). Missbilligt wurde dieses Verhalten offiziell und sozusagen institutionell scharf, Cicero beispielsweise ist als Statthalter sauber geblieben, aber das Reichwerden römischer Statthalter in den Provinzen war allzu oft ein regelmäßiger Tatbestand. Eine auf der Hand liegende vordergründige Ursache war die, dass die etwa 300 Angehörigen der Senatsaristokratie, die im Lauf von etwa zwei Jahrhunderten die römische Herrschaft fast über das gesamte Mittelmeergebiet ausdehnten, mit dieser Aufgabe auch hinsichtlich ihrer individuellen Lebensführung überfordert waren. In Rom selbst bestand das Kollegialitätsprinzip, das vorsah, dass jeder Beamte mindestens einen Kollegen neben sich hatte; draußen waren die Statthalter allein und erlagen je länger je mehr den Versuchungen, die eine absolute und unumschränkte Macht in zum Teil sehr weit entfernten Gegenden bot. Der bekannteste Fall aus dem Ende der Epoche ist der des Provinzstatthalters Verres in Sizilien, den Cicero wegen horrender Amtsmissbräuche erfolgreich angeklagt hatte, über die man deshalb so gut Bescheid weiß, weil Ciceros Anklagereden erhalten sind.

2.6 Richterbestechung

Richterbestechung wurde immer häufiger, je weiter die Republik auf ihr Ende zueilte. Natürlich gab es sie bei den Repetundenprozessen, aber auch bei sonstigen Strafprozessen vor Kollegialgerichten, und wissen tun wir von ihnen durch die, die gleichzeitig politische Fälle waren. Eine besonders spektakuläre und folgenreiche Bestechung war die, in der es um die Verurteilung eines jungen Clodius wegen Religionsfrevels ging. Cicero hatte als Zeuge gegen den Angeklagten ausgesagt, der von gerade so viel Richtern freigesprochen wurde, wie es nötig war, und auch das nur wegen ihrer Bestechung. Auch hier muss man freilich sagen, dass man nur die schlimmen Fälle kennt; die Tatsache, dass überhaupt Prozesse stattfanden, dass es auf Zeugenaussagen ankam und dass die Abstimmungen nicht vorhersehbar waren, zeigt, dass man nicht so leichtherzig von einer völligen Verrottung sprechen kann. Das ist anders bei der Wahlbestechung.

2.7 Ambitus

Ambitus heißt wörtlich Herumgehen (amb-ire), und gemeint ist das Umherziehen, um für sich bei Wahlen um Sympathie und Anhänger zu werben; etwas Ähnliches ist die ambitio, woraus in späteren europäischen Sprachen Ambition und ambition geworden ist. Ambitio, Ehrgeiz, war ein akzeptiertes Verhalten, während ambitus die negative Bedeutung von verbotener Wahlwerbung hatte (zuletzt Schuller 2000 mit weiterer Literatur). Es gab eine große Anzahl von gegen ambitus gerichteten Gesetzen, insbesondere aus dem 1. vorchristlichen Jahrhundert, die sich dadurch auszeichneten, dass sie in ihren Strafandrohungen immer schärfer wurden, bis hin zum Exil, zur Aberkennung der Wählbarkeit oder sogar von stattgefundener Wahl, ja zum lebenslangen Ausschluss aus der Politik überhaupt und zur Todesstrafe; das letzte Gesetz der freien Republik vom Jahre 52 hatte mit seinen Verschärfungen sogar rückwirkende Kraft. Seltsamerweise sind es vor allem diese Strafvorschriften, die in den Quellen recht deutlich überliefert sind, während die Tatbestände selbst undeutlich bleiben. Auf jeden Fall aber handelte es sich darum, organisierte Geldzahlungen, Massenspeisungen und die gegen Geld vorgenommene Organisierung einer Anhängerschaft zu verhindern, die ihrerseits Wähler heranschaffen sollte. Gerne wird gesagt, die Aufeinanderfolge immer schärferer Gesetze zeige, dass der Kampf gegen den ambitus aussichtslos und eigentlich auch wohl nicht ernst gemeint gewesen sei; letzteres liege daran, dass die unter Strafe gestellten Verhaltensweisen eigentlich doch nur eine Variante der üblichen und von der Oberschicht erwarteten Wohltätigkeit (Euergetismus) gewesen seien.

Die Aussichtslosigkeit mag, ex eventu betrachtet, stimmen, aber anders steht es mit der Ernsthaftigkeit. Zum einen hat es wirklich Prozesse wegen ambitus gegeben, bei denen sich der Verteidiger sehr ins Zeug legen musste, um einen Freispruch zu erreichen; so musste immerhin ein so bedeutender Verteidiger wie Cicero aufgeboten werden, um im Jahre 63 dem schon zum Consul gewählten Murena zu seinem Amt zu verhelfen. Und es hat Verurteilungen gegeben. So sind immerhin im Jahr 66 die beiden für das Jahr 65 ebenfalls bereits gewählten Kandidaten P. Autronius Paetus und P. Cornelius Sulla zur Aberkennung des Amtes verurteilt worden. Gewiss dürfte es – auch durch Richterbestechung – ungerechte Freisprüche gegeben haben, aber die Gesetzeslage und die Tatsache der konkreten Prozesse sprechen doch dafür, dass der römische republikanische Staat im Ganzen die illegitim organisierte und mit Geld und Sachwerten vorgenommene Wahlwerbung wirklich scharf verurteilte.

2.8 Kaiserzeit und Spätantike

Obwohl es in Verwaltung und Rechtsprechung der Kaiserzeit nach wie vor Irregularitäten gegeben hat, lässt sich alles in allem doch sagen, dass sie deutlich zurückgingen (siehe oben) und dass beides generell in für die frühere Republik üblicher und bewundernswert strenger Sachlichkeit praktiziert wurde. Natürlich gab es Vergehen aller Art, die aber in ihrem Ausmaß sozusagen nur individuelle Kriminalität darstellten und keine größere gesellschaftliche Bedeutung hatten. Mit dem 3. Jahrhundert n. Chr. freilich begannen sich Dekompositionserscheinungen zu zeigen, und mit der Soldatenkaiserzeit regierte sogar das Chaos. Erst am Ende des Jahrhunderts gelang es durch Diokletian, den Staat wieder zu stabilisieren, und das geschah unter anderem durch die Installierung einer rigiden inneren Verwaltung, die der nun folgenden Spätantike die Bezeichnung „Zwangsstaat" eingebracht hat. Diese Verwaltung erfolgte mit Hilfe eines für die römische Antike ganz neuen Phänomens, eines Korps von Berufsbeamten, und damit trat gleichzeitig eine Fülle von Korruptionstatbeständen auf. Wir kennen sie in geringem Maße aus Berichten der zeitgenössischen Literatur, vornehmlich jedoch aus den dagegen gerichteten Bestimmungen, die in den großen Gesetzessammlungen des Codex Theodosianus und Codex Iustinianus enthalten sind.

2.9 Tatbestände

Die Tatbestände, die sich aus den gesetzlichen Bestimmungen ergeben, hat Karl Leo Noethlichs in einer Monographie zusammengestellt (1981), deren Inhaltsverzeichnis sich wie ein Pitaval korrupten Verhaltens überhaupt und völliger Verrottetheit liest. Allerdings orientiert sich Noethlichs an einem etwas einfachen Verständnis vom neuzeitlichen Berufsbeamtentum und sogar am deutschen Strafgesetzbuch, wodurch die Perspektive schon von vornherein einen Akzent bekommt, der dem Verständnis der Sachverhalte nicht angemessen ist (vgl. Schuller 1983). Gleichwohl seien als charakteristische Gegenstände hervorgehoben natürlich die passive Bestechung, dann das Bestochen-werden-wollen, d.h. die Weigerung, ohne die Zahlung eines Betrages tätig zu werden oder etwa den Zutritt zu Ämtern oder zum Gericht zu gewähren, weiter zahlreiche Betrügereien beim Einziehen von Steuern und Abgaben (etwa überhöhte Forderungen, Verweigerung der Quittung, daraus resultierend Doppelforderungen), schließlich – besonders wichtig und verbreitet – die Zahlung eines Betrages für die Erlangung eines Amtes oder die Beförderung innerhalb der Karriere, also der Ämterkauf. Die meisten zahlreichen weiteren Fehlhandlungen bewegen sich nach Art und vor allem Ausmaß im Rahmen der individuellen Vergehen, die großenteils transkulturell auftreten, aber nicht von spezifischer gesellschaftlicher Bedeutung sind oder die einfaches Fehlverhalten darstellen, das – wie etwa das Fernbleiben vom Dienst – nicht mehr in den Bereich der Korruption fällt.

Die Maßnahmen, mittels deren korruptives Verhalten bekämpft werden sollte, waren außer Kanalisierungsmaßnahmen (siehe gleich im Text) gegenseitige Kontrollen durch eigene Kontrollorgane, agentes in rebus (die freilich ihrerseits anfällig waren), rechtliche Regelungen (vgl. Schuller 1994), gegenseitige Kontrollen durch Kollektivhaftung, vor allem aber Strafen androhende Gesetze.

Zwei Tatbestände verdienen besonderes Interesse. Das eine sind die Einkünfte aus dem Amt, die deshalb zunächst nicht vorgesehen waren, weil die Beamten – was für die Antike ungewöhnlich war – ein festes Gehalt bezogen. Gleichwohl war das Fordern zusätzlichen Geldes anscheinend so verbreitet, dass die Maßnahmen dagegen nichts fruchteten und die Kaiser dazu übergingen, diesen Missstand dadurch zu kanalisieren, dass sie diese Einkünfte legalisierten, indem sie wenigstens feste Tarife, sportulae, Sporteln, für bestimmte Amtshandlungen festsetzten (etwa Codex Iustinianus 1, 3, 32, 5). Das müsste noch genauer erforscht werden, denn auf der anderen Seite sieht es so aus, als habe der Staat bei der Festsetzung der Gehälter ohnehin damit gerechnet, dass die Beamten auch Gebühren erheben konnten, die in ihre eigene Tasche flossen; das war ja auch in der Neuzeit so, wie etwa die früheren Hörergelder der Professoren.

Damit zusammen hängt der Ämterkauf. Zahlreiche Gesetze versuchten, ihn einzudämmen, und zwar sowohl den Kauf der Erlangung des Amtes als auch den der Beförderung; beides hieß suffragium venale. Erstrebenswert war der Kauf unter anderem daher, weil das Innehaben eines solchen Amtes neben anderen Vorteilen Bereicherungsmöglichkeiten bot, die zunächst dadurch genutzt wurden, um gelegentliche Schulden aus dem Kaufakt zu begleichen. Eine bestimmte Erscheinungsform des Ämterkaufs wurde besonders schwer missbilligt, nämlich der Kauf einer christlichen Priesterstelle, die Simonie, und auch hier waren es die Einkünfte, die das Amt reizvoll machten: Das Spenden der Sakramente gegen Geld war weit verbreitet, wurde aber intensiv bekämpft. Dass die Simonie auf Dauer nicht auszurotten war, zeigt die Tatsache, dass sie das ganze Mittelalter hindurch der Gegenstand immer wieder erneuerter kirchlicher Gesetzgebung war (vgl. Schieffer 1995).

3. Theorie

Vielleicht kann man aufgrund dessen, was hier knapp vorgeführt wurde, über das Umgangssprachliche hinaus zu einer beschreibenden Definition der Korruption kommen. Wenn die vorgestellten Fälle als Korruption zu bezeichnen sind, dann ist ihnen Folgendes gemeinsam: Alle betreffen sie öffentliches Handeln – der unterschiedlichsten Art –, und alle stellen sie ein Abweichen von den meist unausgesprochenen Regeln dar, die dieses öffentliche Handeln erfordert. Der Kern dieser Regeln ist, dass das öffentliche Handeln Neutralität in Bezug auf die Gemeinschaft im weitesten Sinne erfordert: Der Richter aller Epochen hat unparteiisch zu sein, der spartanische König darf seine Entschlüsse nicht von Geldzahlungen abhängig machen, der Inhaber eines Amtes – in der griechischen Polis, in der römischen Republik, im römischen Kaiserreich – hat das Amt im Interesse des Gesamtstaates nur nach sachlichen Gesichtspunkten auszuüben, ein Wahlkämpfer darf nicht durch Geldzahlungen die Wählermeinung und das Gleichgewicht innerhalb der Adelsgesellschaft verfälschen, ein Beamter hat – unabhängig von den Konnotationen, die dieses Wort in der Neuzeit bekommen hat – auch schon im Altertum nach den Kriterien zu fungieren, die seiner jeweiligen Aufgabe innewohnen.

Korruption ist nun nicht schon jede Verletzung dieser Pflicht zur Sachlichkeit, sie muss vielmehr daraus herrühren, dass sie im persönlichen, privaten Interesse des öffentlich Handelnden geschieht. Demgemäß würde die Definition so lauten, dass Korruption ein öffentliches Handeln ist, dessen jeweilige sachgerechte, rationale Ausübung durch private Interessen verfälscht wird. Nun besteht natürlich die Gefahr, dass mit diesen Kategorien anachronistische Maßstäbe an die Sachverhalte gelegt werden. Dass sie aber jedenfalls partiell angemessen sind, folgt daraus, dass in den Quellen durchaus auch auf derartiges Bezug genommen wird. Als Beispiel zitiere ich zum einen den athenischen Richtereid, in dem es unter anderem heißt, „ich werde unparteiisch sowohl die Kläger wie die Beklagten anhören" (Demosthenes, Gegen Timokrates 149–151, siehe Hansen 1995: 188). Zum anderen sei darauf hingewiesen, dass als Ziel für das öffentliche Handeln in der Spätantike die utilitas und die salus publica genannt werden, und dass für die Beförderung von Beamten die – gewiss auslegungsbedürftigen – Eigenschaften labor (Arbeit) und merita (Verdienst) gefordert wurden (etwa: Codex Theodosianus 1, 9, 1 oder 6, 29, 4 sowie 6, 29, 4 oder 6, 27, 4, 1).

Nun ist es so, dass sich insbesondere beim spätantiken Beamtenwesen zeigt, dass sich diese Prinzipien des, modern gesprochen, persönlich uninteressierten, nur am Gemeinnutz und an der Pflichterfüllung orientierten, öffentlichen Handelns nicht durchgesetzt haben. Es ist schon erstaunlich, wie oft in Kaisergesetzen versucht werden musste, das zu erreichen, und mit welcher Selbstverständlichkeit immer wieder gegen diese Prinzipien verstoßen wurde. Das Nehmen von Geld über das Gehalt hinaus musste, wie schon gezeigt, wenigstens kanalisiert werden, und auch der Ämterkauf wurde, obwohl generell streng verboten, doch im Ergebnis zugelassen, und nur die schlimmsten Auswüchse versuchte man einzudämmen. Man fragt sich, wie das möglich war. Einen Hinweis gibt das Beispiel der Simonie. Da es im nichtchristlichen Altertum selbstverständlich war, dass Priesterstellen verkauft wurden und die Priester für das Ausüben von Riten Geld oder Sachwerte annahmen, war es offenbar nicht jedem klar, dass der christliche Glaube ganz anderer Natur war als der heidnische Kult. Sehr viele scheinen es für ebenso selbstverständlich gehalten zu haben, dass man sich für die Wohltat des Spendens eines Sakraments bezahlen ließ und demzufolge eine Priesterstelle ge- und verkauft werden konnte.

Ähnlich liegt es im weltlichen Bereich. Es erstaunt ja doch, dass etwa permanent gegen das Verbot des ambitus verstoßen wurde, der von vielen möglicherweise als ein nicht illegitimes Verhalten angesehen wurde, obwohl die staatliche Gesetzgebung mit immer schärferen Gesetzen und Maßnahmen dagegen vorging – hatte man etwa gemeint, diese Wahlwerbung stünde einem doch zu? Die Maßnahmen dagegen waren sehr ernst gemeint und zeugen also von einem direkt entgegengesetzten Verständnis öffentlichen Verhaltens. Blickt man auf das spätantike Beamtenwesen, so ist dasselbe festzustellen. Die Permanenz des Verstoßes gegen nun wirklich energische Vorschriften, das öffentliche Verhalten an Sachlichkeit zu orientieren, fordert eine Erklärung. Man kann sie dadurch erreichen, dass man auf die Herkunft dieses Beamtenwesens blickt. Es entstand aus ursprünglich privaten Genossenschaften, die für Schreibarbeiten und Aktenführung natürlich Geld nahmen und in die man sich einkaufen konnte; der Dichter Horaz hatte das getan, und in früheren römischen Rechtsquellen ist unbefangen von Kauf und Vererbung von solchen Stellen die Rede. Die Orientierung an sachlicher Pflichterfüllung war dann etwas Neues, das man aber nicht durchgängig akzeptierte. Das Amt wurde auf weite Strecken als persönlicher Besitz aufgefasst.

So scheint eine Quelle für die Erscheinung der Korruption – jedenfalls in der Antike – darin zu liegen, dass Personalismus und rationales öffentliches Verhalten in einem unaufgelösten Widerspruch zueinander standen. Erst in der europäischen Neuzeit scheint sich der Gedanke dieses Verhaltens durchgesetzt zu haben. Warum das so war, muss an dieser Stelle offen bleiben.

*Literatur**

Brunt, Peter A., 1961/1990: Charges of Provincial Maladministration under the Early Principate, in: *Brunt, Peter A.*, Roman Imperial Themes. Oxford, 53–95 (zuerst 1961).
Eder, Walter, 1969: Das vorsullanischen Repetundenverfahren. Diss. FU Berlin.
Hansen, Mogens H., 1995: Die athenische Demokratie im Zeitalter des Demosthenes. Berlin.
Kulesza, Ryszard, 1995: Die Bestechung im politischen Leben Athens im 5. und 4. Jahrhundert v. Chr. Konstanz.
Noethlichs, Karl L., 1981: Beamtentum und Dienstvergehen, Zur Staatsverwaltung in der Spätantike. Wiesbaden.
Noethlichs, Karl L., 1987: Bestechlichkeit und die Rolle des Geldes in der spartanischen Innen- und Außenpolitik vom 7. – 2. Jh. v. Chr., in: Historia 26, 129–170.
Noethlichs, Karl L., 2000: Bestechung, in: Reallexikon für Antike und Christentum, Supplementband 1, 1042–1088.
Peremans, Willy, 1982: Die Amtsmißbräuche im ptolemäischen Ägypten, in: *Rhodes, Peter J.*, 1993, A Commentary on the Aristotelian Athenaion Politeia. Oxford.
Rhodes, P. J., 1993: A Commentary on the Aristotelian Athenaion Politeia. Oxford.
Schieffer, Rudolf, 1995: Simonie, in: Lexikon des Mittelalters 7, 1922–1925.

---

* Die verhältnismäßige Häufigkeit meiner eigenen Arbeiten liegt weniger an meiner allzugroßen Selbstgefälligkeit, sondern eher daran, dass die Literatur über die antike Korruption in der Tat wenig zahlreich ist.

Schuller, Wolfgang, 1975: Grenzen des spätrömischen Staates: Staatspolizei und Korruption, in: Zeitschrift für Papyrologie und Epigraphik 16, 1–21 (wieder abgedruckt unter dem Titel Korruption und Staatspolizei im spätrömischen Staat, in: *Kuzmics, Helmut/Reck, Christian* (Hrsg.), Korruption, Zur Soziologie nicht immer abweichenden Verhaltens. Königstein/Taunus, 72–91).

Schuller, Wolfgang, 1977: Probleme historischer Korruptionsforschung, in: Der Staat 16, 373–392.

Schuller, Wolfgang (Hrsg.), 1979: Korruption im Altertum, Konstanzer Symposion Oktober. München, 103–117, Diskussion 118–133.

Schuller, Wolfgang, 1980: Ämterkauf im Römischen Reich, in: Der Staat 19, 57–71.

Schuller, Wolfgang (Hrsg.), 1982: Korruption im Altertum. Konstanzer Symposium Oktober 1979. München.

Schuller, Wolfgang, 1983: Ämterkauf in Griechenland und Rom, in: *Oliva, Pavel/Frolíková, Alena* (Hrsg.), Concilium Eirene Bd. 16, 1. Prague, 149–154.

Schuller, Wolfgang, 1983: Besprechung von Karl Leo Noethlichs, Beamtentum und Dienstvergehen, Wiesbaden 1983, in: Die Verwaltung 16, 164–167.

Schuller, Wolfgang, 1987: Neue Prinzipien der athenischen Demokratie, in: Der Staat 26, 527–538.

Schuller, Wolfgang, 1988: Geschichte und Sozialwissenschaft, Zur historischen und vergleichenden Korruptionsforschung, in: *Mäding, Heinrich* (Hrsg.), Grenzen der Sozialwissenschaften. Konstanz, 74–87.

Schuller, Wolfgang, 1989: Frevel, Raub, Bestechung – Volksversammlung und Senat. Skandale und Öffentlichkeit in der griechischen und römischen Welt, in: *Ebbinghausen, Rolf/Neckel, Sighard* (Hrsg.), Anatomie des politischen Skandals. Frankfurt am Main, 83–103.

Schuller, Wolfgang, 1989: Zwischen Klientel und Korruption. Zum römischen Beamtenwesen, in: *Dahlheim, Werner/Schuller, Wolfgang/Ungern-Sternberg, Jürgen von* (Hrsg.), Festschrift Robert Werner zu seinem 65. Geburtstag dargebracht von Freunden, Kollegen und Schülern. Konstanz, 259–268.

Schuller, Wolfgang, 1991: Korruption, Allgemeine Problematik, in: Lexikon des Mittelalters 5, 1448–1450.

Schuller, Wolfgang, 1994: Kaiser Julian und der Ämterkauf, in: *Günther, Rosmarie/Rebenich, Stefan* (Hrsg.), E fontibus haurire. Beiträge zur römischen Geschichte und ihren Hilfswissenschaften. Heinrich Chantraine zum 65. Geburtstag. Paderborn u.a., 197–201.

Schuller, Wolfgang, 2000: Ambitus: Einige neue Gesichtspunkte, in: Hyperboreus 6, 349–361.

Sokolowski, Franciszek, 1955: Lois sacrées de l'Asie mineure. Paris.

Sokolowski, Franciszek, 1962: Lois sacrées des cités grecques. Supplément. Paris.

Sokolowski, Franciszek, 1969: Lois sacrées des cités grecques. Paris.

Wankel, Hermann, 1982: Die Korruption in der rednerischen Topik und in der Realität des klassischen Athen, in: *Schuller, Wolfgang* (Hrsg.), Korruption im Altertum. Konstanzer Symposium Oktober 1979. München/Wien, 29–47, Diskussion 48–53.

II.

Theoretische Grundlagen der Korruption

Keeping the Answers, Changing the Questions: Corruption Definitions Revisited

Michael Johnston

1. Introduction

Everyone knows what corruption is. If that were not true the term would not be such a powerful political epithet, and the past decade's arguments that corruption has undermined democratic and market development around the world would not resonate in so many quarters.

But the very attributes that make corruption such a useful, even "hot", concept become problems when it comes to analysis – particularly for those of us concerned with comparisons among and within changing societies. We all may have a rough-and-ready understanding of corruption, but those notions differ from one person to another. The concept is fundamentally political: Even if we resist the temptation to tie it to government offices, the basic idea is the abuse of power and trust, the breakdown of accountability, or unacceptable efforts to influence those who hold power. What we see as corrupt is thus linked to our view on what power is, where it comes from, and what should be done with it – usually, in the context of government. Those issues will never be settled once and for all. Words like "should" point to another fundamental complexity: corruption is a normative concept, and cannot be otherwise. When we deploy the term we are saying that some sort of standard has been broken – standards, historically drawn and re-drawn in the course of political contention (Johnston 1993; see also Rustow 1970) and refracted through everyday experience (Johnston 1991), that can be matters of considerable disagreement. And when it comes to understanding the *significance* of corruption – not the same thing as defining it, but essential to understanding it in context and to using the concept to explain anything else – diverse and subjective views inevitably come into play.

The definitions debate has been long, elaborate, and inconclusive (Philp 2002, 1997, 1987; Lancaster and Montinola 2001; Williams 1999; Johnston 2001, 1996; Thompson 1993, 1995; Scott 1972; Heidenheimer 1970; Nye 1967). In recent years it has seemingly become less central to corruption research, although as Williams (1999) points out that is often because a focus on explaining apparent variations in corruption has produced definitions that are explanations in disguise, and other arguments that bypass definitions altogether. Clearly our concepts should aid, not impede, analysis, and just as clearly endless debates moving around ever-decreasing circles serve no one's interest. Still, after a decade during which corruption has experienced a dramatic revival as a focus for policy and analytical debate, we are often hard put to say just what the word means.

In this paper I will not settle the matter – far from it – nor will I offer any radically new definitions. Rather, I will argue that the political origins and normative nature of the concept mean that any definition aimed solely at classifying behavior as "corrupt" will be fundamentally unsatisfying. This will be the more true to the extent that we seek definitions that are somehow "neutral" or inclusive of all possible views, for the laudable notions of impartiality that inform such attempts are themselves political and normative by nature. I propose instead to reconceptualize corruption – in effect, to keep many of the old answers to the definitions debate but to use them to ask different questions. Instead of asking "what is a corrupt act", I suggest we ask systemic questions: what boundaries and distinctions – if any – exist between public and private domains, and between acceptable and unacceptable uses and connections between wealth and power, in various societies? The conflicts we will find in some places, and the ambiguities and more gradual changes that arise in others, will tell us a great deal about deeper processes of development and change. Those, I argue, are the reasons why corruption is worth studying to begin with.

The idea is to treat corruption as a systemic problem – a "problem" in an analytical sense as well as in the sense of a difficulty to be addressed – common to all societies. Its basic elements are contested and changed by the same sorts of political and social forces that gave rise to the idea of corruption to begin with. Boundaries between the public and private, for example, and the standards that apply to the uses of wealth and power in various situations, can be drawn and redrawn in a variety of ways. The *problems they represent*, however, remain comparable across a range of contexts, and are far from solved anywhere. Looked at that way the concept of corruption offers a set of comparative tools useful in understanding both historical changes and the contemporary forces that continue to alter the way we talk about corruption.

2. The Political Origins of Corruption

Notions of corruption once focused on the moral vitality of whole societies, with leadership, loyalty, and a society's fundamental claims to virtue as central concerns (Dobel 1978; Shumer 1979; Euben 1978). *Corruption* had as much to do with the ultimate ends and justifications of political power as with the ways it was used and pursued, and when it arose in a society it was seen as a collective state of being. In today's larger, diverse, and secularized states there would seem to be no way, and even less of a reason, to apply the term *corrupt* to a whole society. Still, variations on classical themes remain with us today: Many critics of campaign finance in the United States, for example, regard the process as comprehensively corrupting public life even though few donations and expenditures break any laws.

As politics opened up to more groups, interests, and viewpoints, however, such all-encompassing ideas have given way to modern definitions based on the classification of specific actions (Johnston 1996). Process issues – the fairness and openness of competition and legal procedure, how decisions are made and power is used, who should participate and have access to information – have come to the fore. Ultimate goals and justifications have faded to the background or been redefined in process-oriented terms – in effect, the state as referee in a competitive social arena. Ironically, as participation in politics has broadened our conceptions of corruption have become more narrow. *Corruption* is today most often seen as an attribute of specific actions by those holding public office or, by some definitions, those who seek to influence them (Williams 1999).

2.1 Contention and Corruption

Debates over political propriety once began and ended with "The ancient rule that 'the King can do no wrong'" (Friedrich 1974: 102). The state was not impersonal or "public" in any sense but rather "personal property", and it was governed as such (Theobald 1990: 19–20). Corruption in the modern sense of violating the limits defining official public roles did not arise as an issue, for outside of times of crisis sovereigns were answerable to no interests beyond their own.

As other groups possessing significant resources emerged, however, that state of affairs began to change. City merchants and traders, clerics, bureaucrats, and military leaders had interests that only partially aligned with those of the sovereign, and as they asserted themselves considerable conflict could ensue. The process was disorderly and driven by self interest; grand ideas about good government had little to do with such conflicts, though at times they emerged as one faction cast about for justifications for restraining the power of others. But in that contention lay the origins of notions of accountability and official roles with limited power. Years ago, Rustow (1970: 341–350; see also Anderson 1999) argued that democracy grew out of "prolonged and inconclusive political struggle (...). [T]he protagonists must represent well-entrenched forces (...) and the issues must have profound meaning to them" (Rustow 1970: 352). In those struggles, "democracy was not the original or primary aim; it was sought as a means to some other end or it came as a fortuitous byproduct of the struggle" (Rustow 1970: 353). Rustow noted, on that basis, that the factors that *sustain* democracy where it is strong – literacy, affluence, multi-party politics, a middle class – are not necessarily the same as those that brought it into being *to begin with*. An analogous argument can be made with respect to the modern conception of corruption: The basic ideas of accountable public offices, the values they are expected to uphold, and the rules that define and restrain them *came from somewhere* – broadly, from political contention among people and groups seeking to defend themselves from the power of others.

Van Klaveren (1989: 78–81) called these emerging interests "intermediary groups" – those with political resources or social standing that allowed them to confront those who rule. When such groups are active, the sovereign must at least take others' power into account, and might eventually be made "responsible" in a rudimentary sense (Friedrich 1974: 13). Without them – indeed, without the diffusion of political resources that created distinctions between wealth and power in the first place, and that energized demands for accountability, such basic notions as the distinction between the public and the private, rules circumscribing power and political influence, or personal versus official powers and benefits meant little.

Drawing boundaries between state power and private concerns – creating a legitimate sense of a *public* domain and of the obligations and limits it entailed – was at first a matter of political clout, not of reform. Early intermediary groups were hardly moral innovators, or even advocates of any interests beyond their own; van Klaveren

(1989) points out that they were often involved in corruption on their own behalf. New limits upon power and procedures for accountability – parts of Rustow's process of democratization – were more likely settlements among contesting claims and grievances than positive principles of good government. With this came the task of devising explicit *rules* and standards, a process that was improvisational, incremental, and often far from peaceful. Linda Levy Peck, in her analysis of corruption in Stuart England, argues that behind the controversies, impeachments, and civil wars of that era an old system based on a mix of reciprocity and royal prerogative was being challenged by new conceptions of duty and justice. Allegations of corruption were in many respects vehicles for a range of other, more specific grievances, but still the era was marked by fundamental conflict between "two systems of organizing obligation"; in the process, "the language of corruption became a discourse of conflict capable of undermining governmental legitimacy, especially when it became tied to other critical issues" (Peck 1990: 170, 163).

Standards of conduct can thus be shaped and reshaped through political contention, and conflicts over corruption then and now are often fights over more immediate concerns. On its face conflict would seem to be an odd place to search for the sources of agreed standards of public office, but when people feel threatened by a particular use of official power, or by other groups' efforts to wield influence, important interests are likely at stake. Once a settlement is reached, by however pragmatic a process, the interests that created the conflict can sustain the new roles and rules that have been created. Indeed, it may be *especially* in the course of conflict that contending parties will invoke higher justifications for their causes, and as reasons to restrain others. These processes do not come to any neat conclusion, however: new groups and interests, new roles for the state (or revisions of old ones), and episodes of scandal can touch off renewed contention. In a concluding section I will return to that point, and will suggest ways in which conceptions of corruption will continue to change. For now, however, let us consider the specific kinds of modern definitions that have emerged out of the processes that created and shaped contemporary public roles.

3. Modern Definitions: Many Approaches, One Basic Idea

Defining corruption has become a matter of classifying behavior (Moodie 1980: 209) rather than whole societies, a process one based ultimately on the idea of the abuse of public roles invested with power that is impersonal, limited, and held in trust. These definitions have taken a number of forms, as we shall see, but as Williams (1999) points out, even those who wish to refrain from giving preference to "western" or legalistic conceptions of office still define corruption with reference to some underlying conception of office. The temptation – reinforced by the need, in the modern/liberal state, to lay down rules in universalistic terms rather than in terms of the issues and grievances that often lay behind them – is to regard those conceptions of office, and the standards they project, as somehow "natural". But as the preceding section points out, the fact that such offices and powers are usually laid out and justified in impersonal language does not mean they are non-political or normatively neutral. The concept of corruption remains open to considerable dispute and is often difficult to apply.

3.1 Many Alternatives

While most behavior-classifying definitions fall into Heidenheimer's enduring categories of "public–office–centered", "market–centered", and "public–interest–centered" (Heidenheimer 1989: 8–11), Williams (1999) correctly points out that all three approaches ultimately rest upon a conception of public office. Nye provides the best – known example public-office definition:

"[Corruption is] behavior which deviates from the formal duties of a public role because of private–regarding (close family, personal, private clique) pecuniary or status gains; or violates rules against the exercise of certain types of private–regarding influence" (Nye 1967: 417).

Here the standards defining abuse are the law, or regulations that have the force of law. Advocates of this approach point out that the law is in most societies more precise and stable than public opinion or conceptions of the public interest. That will not always be the case, obviously, and Nye acknowledges the difficulties of applying legal standards in many settings. Heidenheimer (1989b: 9) offers Van Klaveren as an example of the market–centered approach:

"A corrupt civil servant regards his public office as a business, the income of which he will ... seek to maximize. The office then becomes a 'maximizing unit.' The size of his income depends (...) upon the market situation and his talents for finding the point of maximal gain on the public's demand curve."

The mingling of market forces with other modes of allocation and decisionmaking is clearly a piece of the corruption question. But the statement above is less a definition than a description of the stakes and calculations that can shape corrupt conduct. It overlooks not only the intangible benefits (prestige, promises of political support) that can flow from the abuse of authority, but also varieties that are not *quid pro quo* exchanges, such as embezzlement. Too often, particularly during an era in which economic liberalization dominates discussions of government and the economy, *corruption* is treated as a synonym for *bribery* – in effect, as a particular kind of *quid pro quo* set apart by its illegitimate nature but otherwise open to analysis as just another process of exchange. Bribery, particularly when viewed broadly enough to include extortion (where an official demands payment), probably is the most common form of corruption; it is certainly the easiest kind to model. But nepotism, official theft and fraud, and conflict-of-interest problems, for example, are not simple exchanges. Where "markets" for official favors *do* exist they can be complex, even distorted: Demand for official services may be inelastic, highly individualized (as in cases of cronyism), and far in excess of supply. In patronage dealings considerable time may elapse between receiving the *quid* and repaying the *quo*, and the exchange may be conditioned by many factors other than immediate gain (Johnston 1979); in practice, *quid* and *quo* may be difficult to link and compare. Or, consider Klitgaard's (1988: 75) well-known "equation" holding that corruption equals *monopoly* plus *discretion*, minus *accountability*. Monopolies are fundamentally different from the market dealings described by van Klaveren, as is collusion: Consider a team of bureaucrats performing identical services who agree to charge the same under-the-table fees. Were these conditions not the case, many kinds of corruption would be much less common.

Finally, public–interest–centered definitions address both the nature of the phenomenon and its consequences. Consider Friedrich:

"The pattern of corruption can be said to exist whenever a powerholder who is charged with doing certain things, i.e., who is a responsible functionary or officeholder, is by monetary or other rewards not legally provided for, induced to take actions which favor whoever provides the rewards and thereby does damage to the public and its interests" (Friedrich 1966: 74).

To his credit, Friedrich seeks to retain an important moral aspect of corruption–harm to the public. But even if "the public interest" had a reasonably precise meaning, let alone one comparable from time to time and place to place, the *definition* of corruption, and its *consequences*, are different issues. And in fact, consequences might be complex. Harm may be tangible or intangible, short- or long-term, concentrated or widely distributed; given such contrasts and their possible underlying causes, it is doubtful that we gain anything analytically by attempting to resolve questions of consequences by definition. A given kind of corruption could do harm on balance but still be preferable to the real alternatives – such as violence or state failure – which will not always include sound, accountable government (see, for this sort of discussion, Leys 2002). Corruption could integrate elites on a more stable basis, and thus encourage short- to medium-term economic growth, while preempting democratizing forces and creating accumulated economic imbalances over the longer term. Such complex combinations of consequences, in various configurations, have marked the corruption experiences of countries such as Korea, Botswana, and Italy (Johnston, forthcoming), and they resist any simple generalization about "harm to the public". If we take the point about consequences away from Friedrich's definition we are left with the essence of Nye's.

3.2 Values and Perceptions

Social values and cultural perceptions are a definite part of corruption as societies experience it, and understanding them is important if we want a full picture of the consequences and significance of a syndrome or specific case. But actual "subjective" or explicitly cultural definitions are relatively uncommon. The argument from social standards more often appears as a critique of legalistic definitions. Moreover, the best of those arguments recognize – indeed, emphasize – that public opinion and cultural standards can be unclear or contradictory, and do vary among segments of society and change over time. Senturia (1935: 449) proposed that "Where the best opinion and morality of the time, examining the intent and setting of an act, judge it to represent a sacrifice of public for private benefit, then it must be held to be corrupt". Peters and Welch (1978) conducted a survey of American state legislators, deriving intriguing categories and distinctions from their judgments. Gorta and Forell's ambitious survey of civil servants in New South Wales (1995) probed the sorts of considerations these officials might take into account in deciding whether or not to report instances of corruption. Gibbons's surveys of university students (1989) similarly illustrated the subtleties of perceived corruption, while Dolan, McKeown and Carlson (1988) conducted a sophisticated Q-method analysis.

Heidenheimer (2002) took this approach a step further, outlining "shades" of corruption, ranging from white through gray to black, delineated by similar or contrasting elite and mass opinion, in several kinds of societies. The white-gray-black imagery was so tempting that many have misinterpreted it as an argument that all is relative and that corruption is purely in the eye of the beholder. In fact Heidenheimer's black, gray, and white categories were grounded in regime types, which he interpreted in terms of relationships between leaders and followers and dominant conceptions of power, its justifications and limits. In differing regimes, he argued, they applied to particular kinds of situations in distinctive ways. It was, in essence, a more subtle and contextualized version of the public-office-based conception. Heidenheimer later argued that recent controversies and scandals, the emergence of new interests and viewpoints, and changing conceptions of democracy – just the sorts of forces that have influenced our conceptions of corruption historically – had rendered the old typology obsolete. In his last paper on corruption, in September of 2001 (Heidenheimer 2004), he argued for a more complex polychromatic view. The new metaphors suggested not that an already-relativistic concept had become more so, but rather that the concept was becoming more complex in ways that reflected systemic changes in politics and society.

Finally, another approach is to specify qualified concepts – to identify a particular variety of corruption in a class of situations, or to pull out an attribute of the more general concept for emphasis. Thus, Thompson (1993, 1995) has examined what he first termed "mediated corruption" and later "institutional corruption". He uses those ideas in very effective ways to examine dealings such as constituent service in which corruption works through the routine functions of office, rather than through transgression of norms, and in which the most important effects are seen not so much in the stakes that are exchanged as in damage to open, deliberative, democratic politics. Werlin (2002) posits a category of "secondary corruption". Defining the basic phenomenon as "the subversion of statesmanship by partisanship (...) [or] (...) of governance by greed", he goes on to distinguish between primary corruption ("excessive partisanship or greed") and secondary corruption, which is "a governmental inability to control or mitigate this situation" (Werlin 2002: 346–347). The argument mirrors earlier distinctions between corruption that is incidental or systematic, on the one hand, and that which has become systemic. That the latter situation differs from the former in more than just degree is a plausible idea, and one worth further study; whether such differences are illuminated by denoting a separate category of corruption, rather than by focusing upon the causes and consequences of such a contrast, is less clear. Similarly, Hellman, Jones, and Kaufmann (2000) have subdivided corruption into the separate phenomena of influence, administrative corruption, and state capture. At the level of technique, and of assessing the seriousness of cases and of systemic pathologies, that typology has clear advantages. Still, we are likely to want to know what such problems might have in common and how they are related to ethics, corruption, and political issues. Moreover, more general questions about the origins, roles, and justifications of government, and of the acceptable scope of private interest in political systems based on notions of limited and accountable power, remain important even in a data-driven age. For those reasons the more general concept of corruption will be with us for a long time to come; for those reasons too a full exploration of related concepts other than corruption, such as rent-seeking (Montante 2003; see also Williams 1999), lies beyond the scope of this discussion.

4. What is Wrong with Behavior-Classifying Definitions?

Modern definitions are thus more specific than classical verdicts on whole societies, and they are often set forth in universalistic language. But they have by no means settled the matter. Not only are the basic ideas of the modern definition matters of dispute; in other ways they seem incomplete, or even irrelevant to many episodes that spark public outcry. Corruption as analysts usually define it is unlikely to include corporate fraud and the misconduct of Roman Catholic priests, for example, but the public is likely to see matters otherwise. Is that another example of why we should not rely on public opinion for our definitions, or a symptom of deeper shifts in conceptions of authority and accountability?

A public sense of scandal is not synonyms with corruption (Moodie 1980), and analytical definitions do not require public acceptance. Nor need they serve the cause of reform. But even where legal and social conceptions of corruption are relatively settled and congruent, most definitions omit a wide range of activities and situations that raise issues of justice, accountability, and the acceptable connections between wealth and power – issues much like those that drove the emergence of the modern conception of corruption in the first place. In fact, a brief examination shows that virtually every element of the modern, behavior-classification approach to definitions is open to dispute.

4.1 Abuse: What Standards to Apply?

Behavior-focused definitions generally hold that corruption is the abuse of public office, powers, or resources for private benefit. But what constitutes *abuse*? One school of thought contends that definitions based on laws and other formal rules are best by virtue of their relative precision, stability and broad application (Nye 1967; Scott 1972). The potential advantage of using a formal-legal standard (see Nye's definition below) is one of relative precision. But laws can be vague, contradictory, or lacking in legitimacy. Laws change, not just incrementally or to cover the actions of venal politicians but also in larger ways over longer periods as societies themselves are transformed. What is legitimate conduct for one generation may be controversial for the next and widely regarded as corrupt by the generation after that. Scott (1972: 7–8) deals with the latter problem by proposing the idea of *proto-corruption* – actions acceptable at one time, but later defined as corrupt. That is a tempting solution but ultimately one that only frames the question of how a given action comes to be officially labeled corrupt.

In practice legal standards may be anything but precise. In the United States, for example, the Supreme Court upheld limits on campaign contributions created by 1970s legislation – subsequently amended on several occasions, but still the core of American policy in this area – on grounds of the state's compelling interest in checking corruption (*Buckley v. Valeo*, 424 US 1, 1976). But the Court did not set forth a clear conception of what corruption means in practice. While it ruled out a few notions, such as the idea that corruption violated some presumed right to equal participation and influence, it fell back upon a very general view that large individual contributions might be a way of purchasing "undue influence" (Burke 2002). Subsequent courts have found it hard to apply even that notion. In *Russell v. Burris* the Eighth Circuit Court of Appeals, invalidating a lower court ruling upholding Arkansas state limits on a variety of campaign contributions, applied a kind of public-opinion test, ruling that a state

"(...) may abridge political speech in the form of campaign contributions only to address the reality *or perception* of undue influence or corruption attributable to large contributions ... [N]o defendant provided any credible evidence to the trial court of actual undue influence or corruption stemming from large contributions. We are left, then, to determine whether the defendants proved that *a reasonable person could perceive, on the basis of the evidence presented at trial, that such contributions make for undue influence or spawn corruption*" (*Russell v. Burris*, 978 F. Supp. 1997, appeals ruling 146 F. 3d. 1998, p. 563, as cited and discussed in Schultz, 1999: 107–108; *italics added*).

In effect U. S. federal campaign finance law *as applied* boils down to a kind of public-interest argument – "undue influence" – mediated through cultural norms or public opinion in the form of the views of the legendary "reasonable person".

Critics of the formal-legal approach often note that in many societies the law enjoys little legitimacy (or may even be rewritten by corrupt officials seeking to protect their own deals), and that such definitions of corruption do not address the question of its social significance. That significance can extend well beyond, and at times contradict, the letter of the law: Rose-Ackerman (1978: 9), while not arguing for a public-opinion or cultural standard, has observed that "one does not condemn a Jew for bribing his way out of a concentration camp". Public opinion or cultural standards are thus promoted as one way to retain a focus upon whether and how a corrupt act matters in a given context.

Relying upon social judgments standards alone, however, may so relativize the concept, or impose so many distinctions and subcategories upon it, that its core meaning and any hope of useful comparisons are lost. Still others (Dobel 1978; Euben 1978; Moodie 1980; Philp 1997, 1987; Thompson 1993) contend that both legal and public-opinion definitions ignore fundamental issues of morality and justice in society at large, and neglect important political values such as leadership, citizenship, representation, deliberation and accountability. Alternatives might be based on classical republican values (Philp 1987, 1997; see also Montante 2003) or the statements about harm to the public as noted above. Both of those approaches, however, may apply standards and render judgments that are too general – and in the case of the public interest, vague and contested – to be of use in analyzing liberal societies and emerging, highlycomplex varieties of corrupt activity. Not surprisingly, no universally applicable standard of *abuse* has been found.

4.2 The Public-Private Boundary: How Clear?

The boundaries between public and private interests, roles, and domains – seemingly clear and consistent in many societies – also pose serious definition problems. In many places where corruption concerns us most those boundaries may be all but nonexistent (Wedel 2001; Jowitt 1983). The problem arises not only in states mired in difficult market and political transitions, but also to varying degrees as a result of the economic liberalization, privatization, reduced roles for the state, and regional and global integration of economic power that have marked the past generation. Such developments have shifted (or obliterated) public-private boundaries, reduced public scrutiny of private business, and heightened apprehensions about the sources and uses of wealth, in the process raising analytical questions about the relationship between corruption and such related concepts as rent-seeking (Montante 2003). Concentrations of private wealth can have broad public consequences, the more so as economic regimes liberalize; moreover, private interests increasingly exercise power and control assets that were once clearly seen as public. I will suggest below that those sorts of developments may change the terms of the corruption debate in fundamental ways in years to come.

4.3 Who Benefits, and How?

The final element of behavior-classifying definitions has to do with benefits, and while it is less ambiguous than terms such as *abuse* or the public-private distinction, here too confusion can arise in practice. The benefits of a corrupt activity may be intangible, long-term, or widely dispersed. In other cases, such as services performed by parliamentarians for citizens who may also be campaign contributors, illicit benefits can be difficult to distinguish from the routine operation of the political system (Thompson 1993, 1995). A legislator may help a citizen contact a bureaucrat, for example; in one instance that might be a wholly blameless kind of constituent service, while in another the legislator might be doing favors in hopes of a future contribution to a political party, and in a third case the legislator's help could be a *quid pro quo* facilitating a past contributor's search for unfair advantage. The difference may be a matter of intentions, awareness, and state of mind – issues that can never be resolved by a corruption definition. Benefits may also accrue to officials who take no action at all: Particularly where the problem is severe, expectations of corrupt payments can be so ingrained into a system that no demand need be made, or payments and contributions may be made in hope of future favors or of avoiding real or imagined punishments. Particularly if such payments are routed through a third individual, a political party, or a foundation or pseudo-charity (the latter constitutes a kind of growth industry at the moment in American politics), it will be very difficult in practice to say whether a corrupt benefit has accrued to anyone. Like the court cases briefly discussed above, application of a behavior standard may in practice come down to a matter of perceptions.

4.4 What Do We Want to Know?

Where do these complications leave us? Classifications of behavior will always be contested, will always draw upon shifting, politicized distinctions, and will never apply to all societies. Worse yet, they may miss the point: particularly when we are comparing societies, and when we are studying those in the midst of basic change, whether or not a particular action, person, or group is corrupt may not be relatively unimportant. If we have a hard time saying whether a role or various powers are public or private, or whether a given action is abusive or acceptable, or whether a benefit has accrued to someone as a result of another deed, is that a flaw in our definitions or an indicator of more fundamental (and far more important) systemic stresses and change? We might be more interested in the ways ideas about corruption arise and change. How they are deployed in the course of political contention, and whose interests do they reflect? What contradictions and ambiguities exist? Who gets to decide what is and is not a legitimate use of power, and what distinctions are employed? What happens to conceptions of corruption as societies (settled or otherwise) continue to change?

5. Keep the Answers, but Change the Questions

There is a reason why the recurring elements of most definitions of corruption – the abuse of public roles or resources for private benefit – arise so frequently in our definitions, even if they are unsatisfying when used to classify behavior. They arise because they are indeed the core of what we mean by corruption. The problem, I suggest, is that we have been applying those answers to the wrong question. The real issue, I suggest, is not what constitutes a corrupt action. Instead, it is what the concept of corruption tells us about a political system and its continuing development. Even in relatively settled societies – and even more clearly, in transitional or developing ones – interactions and boundaries between state and society, and the powers, expectations, and restrictions that attach to state roles and powers, continue to evolve. Deeper patterns of political and economic contention and development reshape both the working meanings of corruption *and societies themselves.*

Thus, it makes sense to ask what a definition of corruption should do for us. What questions should it help us answer? If the question is only what constitutes a corrupt act we will repeat the long-term definitions debate for years to come. I suggest we use the concept of corruption to ask questions about state, society, and political change – in effect, to examine boundaries and distinctions between public and private, and acceptable versus unacceptable uses of wealth and power, at the level of systemic development rather than that of specific actions. At that level, the fact that such boundaries and distinctions may be ambiguous, changing, or conflicted is not a problem of definition but rather a part of the phenomena we seek to understand. Instead of seeking to resolve such conflicts and ambiguities through nominal definitions, we can make them key analytical issues and search for the forces and interests that are creating and redefining ideas such as *abuse, public, private,* and even *benefit.* Instead of classifying behavior, we might ask whether the state is a well-defined entity, where it ends and society begins, what relationships exist between officials and private interests, and – above all – what conflicts or consensus at those boundaries might tell us about legitimacy, the origins of rules and roles, and the ways wealth and power intersect.

We might ask, in short, about the very sorts of fundamental conflicts and contention that Rustow (1970) identified as critical to political change. By no means do I presume that all societies are democratizing. Rather, I suggest that all societies are changing politically – some more than others – in ways that make the classification of behavior a secondary concern. Even where public-private boundaries, and distinctions between acceptable and unacceptable uses of wealth and power, are more settled, a systemic focus reminds us of the political origins of those boundaries and distinctions, and of the fact that corruption is a political and normative concept rather than a kind of "natural" category of unacceptable action.

5.1 A Definition (At Long Last!)

My working definition has two major elements. First, I conceptualize corruption not as an attribute of a particular action or individual, but rather as a systemic problem having to do with the sources, uses, limits, and accountability of wealth and power. Second, and in light of the foregoing, I treat corruption as the abuse of public roles or resources for private benefit – emphasizing that terms such as abuse, public, private, and even benefit are matters of considerable ambiguity or dispute in many societies. Clearly, the terms of this definition are nothing new, but the purposes are different. In effect I seek to keep some of the old answers regarding definitions of corruption, but to change the questions that we ask.

Rather than ending the confusion over what constitutes a corrupt act, this approach puts conflicts over standards and ambiguities about the public-private distinction at center stage. Notions of corruption, and the meaning of terms like public, private, and abuse, may be relatively settled in some cases and may thus point to a set of actions widely regarded as corrupt; but they need not do so. In other settings contention over the basic outlines of corruption may be the most important facts to understand, and indeed conflicting conceptions of corruption may be both key weapons in those conflicts and useful diagnostic tools for making sense of political and social change.

If our goal were to categorize specific actions as corrupt or non-corrupt, such ambiguities would be a serious difficulty; indeed they go a long way toward explaining the inconclusive nature of the definitions debate. But at a systemic level, and in the study of actual cases in countries where the problem is severe, disputes over the meaning of such basic ideas are substantive issues worth careful study in their own right. Ambiguous or disputed boundaries between the public and the private, for example, can reflect significant legitimacy problems for the state, change or conflict regarding its role and functions, or weak mechanisms of accountability – all of which may be critical to understanding corruption in a particular society. Similarly, a lack of consensus as to what constitutes abuse can signal basic disagreement over the role of the state, the acceptable sources and uses of wealth, and so forth. Those are important systemic problems, not issues to be resolved or avoided in advance through a nominal definition of corruption.

5.2 Broader Changes and Developments

Change within societies is only one part of the problem, however. As suggested above international and regional trends, many of them pointing toward reduced or altered roles for state power and the freer use of wealth, are affecting all aspects of corruption. The nation-state's dominance is under stress from above and below – so much so that in some countries its claims to special status are not convincing. Even in more settled societies, for a generation now we have delegated major questions of justice, accountability, and reform to markets, or have tried to reduce politics and government to market-like processes. Social and state institutional frameworks essential both to sustaining democracy and markets, and to checking their excesses, have been de-emphasized or defined as problems to be solved by further liberalization. Meanwhile, developing societies are expected to attain levels of transparency and probity that advanced societies took many decades to reach, and to do so while competing in world markets and undergoing transformative political change – changes that again direct our concerns about corruption away from defining categories of behavior and toward questions about the strength and development of political systems, and of the vitality of the political contention needed to energize, reform, and earn legitimacy for them.

Those trends and developments are variations on the forces that have been defining and redefining corruption for centuries. Where they may take us, in terms of both our conceptions of corruption and the more basic concerns of justice and accountability that make it worth worrying about in the first place, is the topic of a brief concluding discussion.

6. Conclusion: Corruption as a Moving Target

Big changes may be coming in the ways we think about corruption, and as with the historical processes sketched out above the major changes will have more to do with political contention than with analysts' efforts to perfect definitions. The legitimate domain and means of exercising public power are being redefined and in most cases significantly pruned back. By political mandates in many established democracies, and through the "structural adjustment" policies (and more recent variations) of international development agencies, smaller government and market-oriented development strategies have become dominant trends. Privatization takes on many forms – formal, in the sense of selling off public assets to private parties, and a more pervasive if informal privatization that takes place as families and individuals turn to the private sector to police their neighborhoods, educate their children, obtain health care, and finance their retirements. Indeed, in many societies we are seeing the evolution of a kind of gray zone that is neither public nor private, and where the rules are very much in flux: newly-deregulated industries, or the privatization of public utilities and pension plans, are examples.

Globalization is a parallel, and if anything even more powerful, influence. Both informally, via the integration of global markets and technologies, and formally – through trade pacts such as NAFTA or MERCOSUR, and through organizations such as the European Union, World Trade Organization, and the Organization for Economic Cooperation and Development – to name just a few – states are becoming parts of economic and political systems much larger than themselves. Moreover, they are becoming entrepreneurial entities in important ways, full partners in highly competitive processes of attracting and channeling private investment. While globalization has many policy dimensions it is primarily driven by the *wealth* side of the wealth-and-power relationship that has long stood at the core of the corruption question. As a result, the range of acceptable connections between wealth and power is once again very much open to debate and contention. With that is coming renewed debate over the sources, and the abuse, of power: Even though most protestors have little to offer by way of analysis, the issues of equity and justice they raise are not only real – they are essentially the same issues ones that motivate our concerns with corruption.

Two things make those issues particularly pressing. First is that we lack, or to be more optimistic, we have yet to build new boundaries and distinctions between public and private, and new limits upon power and mechanisms of accountability, on a scale commensurate with the global forces now at play. Indeed, those we have relied upon – those of the nation-state – are being cut back, while those that typically replace them – markets – by definition place little value upon the public good. Indeed, proposals for any sort of accountability for the holders and uses of private wealth are now looked upon as efforts to hobble the market. Second, while corruption has become a major concern for the businesses and international organizations building the new world economy, those groups tend overwhelmingly to equate *corruption* with bribery. This is not only an issue of definitions, though it definitely is that; the more basic danger is that by treating corruption as a kind of transaction that is illicit because it takes place within, and under the more demanding standards of, the public sector, it becomes tempting to argue that by privatizing those transactions – conducting them under the more permissive standards of the private sector – we have somehow "solved" the corruption problem. In the very narrow sense of what constitutes a corrupt act, such privatization does indeed do away with corruption. But at the systemic level questions of justice and democratic accountability remain, and in fact become more urgent than ever.

The point of this discussion is not to introduce yet another brief against globalization. Globalization is a *fait accompli*, it is so complex that it resists any simple verdict of "good" or "bad", and in fact it is nothing new. That last point is critical: Understanding the political origins of the concept of corruption in an historical sense helps us comprehend both the difficulties in applying a narrow behavior-classifying definition to diverse cases and to get a grip on the ways, and reasons why, the concept continues to evolve today. It may be that sooner rather than later our discussions of corruption will have to include business fraud and abuses of authority in bodies as diverse as the church, private sporting events, and corporate decision making. It is also possible that *abuse* will refer to a range of activities acceptable today, and that others now roundly condemned will become acceptable. Retaining a systemic focus, and making an issue of the ambiguities in terms like *abuse*, *public*, and *private*, will enable us keep sight of elements of the corruption issue that remain important, and open to comparative analysis, even as their day-to-day meanings remain matters of contention and change.

Literatur

Anderson, Lisa, 1999: Transitions to Democracy. New York.
Burke, Thomas, 2002: Corruption Concepts and Federal Campaign Finance Law, in: *Heidenheimer, Arnold J./Johnston, Michael* (Hrsg.), Political Corruption: Concepts and Contexts. New Brunswick, NJ., Ch. 34, 645–664.
Dobel, J. Patrick, 1978: The Corruption of a State, in: American Political Science Review 72(3), 958–973.
Dolan, Kathleen/McKeown, Bruce/Carlson, James M., 1988: Popular Conceptions of Political Corruption: Implications for the Empirical Study of Political Ethics, in: Corruption and Reform 3, 3–24.
Euben, J. Peter, 1978: On Political Corruption, in: The Antioch Review 36(1), 103–118.
Friedrich, Carl J., 1966: Political Pathology, in: The Political Quarterly 37, 70–85.
Friedrich, Carl J., 1974: Limited Government: A Comparison. Englewood Cliffs, N. J.
Gibbons, Kenneth. M., 1989: Toward an Attitudinal Definition of Corruption, in: *Heidenheimer, Arnold/Johnston, Michael/LeVine, Victor T.* (Hrsg.), Political Corruption: A Handbook. New Brunswick, NJ., 165–171.
Gorta, Angela/Forell, Susie, 1995: Layers of Decision: Linking Social Definitions of Corruption and Willingness to Take Action, in: Crime, Law, and Social Change 23, 315–343.
Heidenheimer, Arnold J., 1970: The Context of Analysis, in: *Heidenheimer, Arnold J.* (Hrsg.), Political Corruption: Readings in Comparative Analysis. New Brunswick, NJ., 3–28.
Heidenheimer, Arnold J., 1989: Terms, Concepts, and Definitions: An Introduction, in: *Heidenheimer, Arnold J./Johnston, Michael/LeVine, Victor T.* (Hrsg.), Political Corruption: A Handbook. New Brunswick, NJ.
Heidenheimer, Arnold J., 2002: Perspectives on the Perception of Corruption, in: *Heidenheimer, Arnold J./Johnston, Michael* (Hrsg.), Political Corruption: Concepts and Contexts. New Brunswick, NJ., Ch. 9, 141–154.
Heidenheimer, Arnold J., 2004: Disjunctions between Corruption and Democracy? A Qualitative Exploration, in: Crime, Law, and Social Change 66(5).
Hellman, Joel S./Jones, Geraint/Kaufmann, Daniel, 2000: Seize the State, Seize the Day: An Empirical Analysis of State Capture and Corruption in Transition. Draft of paper prepared for the Annual Bank Conference on Development Economics, Washington, D.C.; <http://www.worldbank.org/wbi/governance/working_papers.htm> (22.12.2004).
Johnston, Michael, 1979: Patrons and Clients, Jobs and Machines: A Case Study of the Uses of Patronage, in: American Political Science Review 73(2), 385–398.
Johnston, Michael, 1991: Right and Wrong in British Politics: "Fits of Morality", in: Comparative Perspective, Polity XXIV(1), 1–25.
Johnston, Michael, 1993: Political Corruption: Historical Conflict and the Rise of Standards, in: *Diamond, Larry/Plattner, Marc F.* (Hrsg.), The Global Resurgence of Democracy. Baltimore, Ch. 18, 193–205.
Johnston, Michael, 1996: The Search for Definitions: The Vitality of Politics and the Issue of Corruption, in: International Social Science Journal 149, 321–335.

Johnston, Michael, 2001: Measuring Corruption: Numbers versus Knowledge versus Understanding, in: *Jain, Arvind K.* (Hrsg.), The Political Economy of Corruption. London/New York, Ch. 8, 157–179.
Johnston, Michael, Forthcoming: Syndromes of Corruption: Wealth, Power, and Democracy.
Jowitt, Ken, 1983: Soviet Neotraditionalism: The Political Corruption of a Leninist Regime, in: Soviet Studies 35(3), 275–297.
Klitgaard, Robert, 1988: Controlling Corruption. Berkeley.
Lancaster, Thomas D./Montinola, Gabriella R., 2001: Comparative Political Corruption: Issues of Operationalization and Measurement, in: Studies in Comparative International Development 36(3), 3–28.
Leys, Colin, 2002: What is the Problem about Corruption?, in: *Heidenheimer, Arnold J./Johnston, Michael* (Hrsg.), Political Corruption: Concepts and Contexts. New Brunswick, NJ., Ch. 4, 59–73.
Montante, James A., 2003: On Rent Thinking and the Corruption of Republican Government, in: Independent Review 7(4), 519–535.
Moodie, Graeme C., 1980: On Political Scandals and Corruption, in: Government and Opposition 15, 208–222.
Nye, Joseph, 1967: Corruption and Political Development: A Cost-Benefit Analysis, in: American Political Science Review 61, 417–27.
Peck, Linda L., 1990: Court Patronage and Corruption in Early Stuart England. Boston.
Peters, John G./Welch, Susan, 1978: Political Corruption in America: A Search for Definitions and a Theory, in: American Political Science Review 72(3), 974–984.
Philp, Mark, 1987: Defining Corruption: An Analysis of the Republican Tradition. Paper presented to the International Political Science Association research roundtable on political finance and political corruption. Bellagio, Italy.
Philp, Mark, 1997: Defining Political Corruption, in: *Heywood, Paul* (Hrsg.), Political Corruption. Oxford, 20–46.
Philp, Mark, 2002: Conceptualizing Political Corruption, in: *Heidenheimer, Arnold J./Johnston, Michael* (Hrsg.), Political Corruption: Concepts and Contexts. New Brunswick, NJ., Ch. 3, 41–58.
Rose–Ackerman, Susan, 1978: Corruption: A Study in Political Economy. New York.
Rustow, Dankwart A., 1970: Transitions to Democracy: Toward a Dynamic Model, in: Comparative Politics 2(3), 337–363.
Schulz, David, 1999: Proving Political Corruption: Documenting the Evidence Required to Sustain Campaign Finance Reform Laws, in: The Review of Litigation 18(1), 85–133.
Scott, James C., 1972: Comparative Political Corruption. Englewood Cliffs, NJ.
Senturia, Joseph A., 1935: Corruption, Political, in: Encyclopedia of the Social Sciences, Vol. IV. New York.
Shumer, S. M., 1979: Machiavelli: Republican Politics and Its Corruption, in: Political Theory 7, 5–34.
Theobald, Robin, 1990: Corruption, Development and Underdevelopment. Durham, North Carolina.
Thompson, Dennis F., 1993: Mediated Corruption: The Case of the Keating Five, in: American Political Science Review 87(2), 369–381.
Thompson, Dennis F., 1995: Ethics in Congress: From Individual to Institutional Corruption. Washington, D.C.
Van Klaveren, Jacob, 2002: Corruption as a Historical Phenomenon, in: *Heidenheimer, Arnold J./Johnston, Michael* (Hrsg.), Political Corruption: Concepts and Contexts. New Brunswick, NJ., Ch. 5, 83–94.
Wedel, Janine R., 2001: Corruption and Organized Crime in Post-Communist States: New Ways of Manifesting Old Patterns, in: Trends in Organized Crime 7(1), 3–61.
Werlin, Herbert H., 2002: Secondary Corruption: The Concept of Political Illness, in: Journal of Social, Political, and Economic Studies 27(3), 341–362.
Williams, Robert, 1999: New Concepts for Old?, in: Third World Quarterly 20(3), 503–513.

Politische Korruption: begrifflich-theoretische Einordnung

Ruth Zimmerling

1. Als Fälle von „Korruption" bezeichnen wir heutzutage[1] eine besondere Klasse von Normverletzungen. Welche Merkmale genau diese Klasse definieren, ist nicht ganz einfach zu bestimmen und wird kontrovers diskutiert. Die begrifflichen Intuitionen dazu gehen recht weit auseinander.

Immerhin scheint es einen breiten Konsens dahingehend zu geben, dass ein Akt der Korruption nur von einem Akteur begangen werden kann, der ein „Amt" oder eine amtsähnliche Position innerhalb eines normativ geregelten sozialen Kontextes inne hat, wobei aus der Übernahme dieser Position ihrem Träger besondere Pflichten und Kompetenzen erwachsen. Da es viele verschiedene normativ geregelte soziale Kontexte gibt, in denen solche speziellen Funktionen oder Ämter institutionalisiert sind, gibt es demnach auch viele verschiedene denkbare Arten von Korruption. Ich werde meine Überlegungen im Folgenden ausschließlich auf den staatlich-politischen Kontext beschränken (wenngleich vieles von dem, was folgt, wohl für Korruption ganz allgemein gilt).[2]

2. In einer ersten Annäherung kann man vielleicht sagen, dass ein korrupter Akt eines Amtsinhabers – aus einer beliebigen der drei Gewalten, einschließlich der öffentlichen Verwaltung als einem Teil der Exekutive – immer darin besteht, dass eine Amtshandlung[3] *aus falschen Gründen* vollzogen wird.

---

[1] Im Laufe der letzten Jahrhunderte hat der Ausdruck „Korruption" einen erheblichen Bedeutungswandel erfahren; vgl. dazu etwa Hirschman 1987: 48–49, Anm. p: „‚Corruption' ist semantisch einen ähnlichen Weg gegangen [wie ‚Interesse']. In den Schriften Machiavellis, der den Begriff von Polybius übernahm, bezeichnet ‚corruzione' den Verfall einer Regierung, aus welchen Gründen auch immer dieser eingetreten sein mochte. In dieser umfassenden Bedeutung taucht dieser Begriff noch im 18. Jahrhundert in England auf, wurde jedoch gleichzeitig schon bedeutungsgleich mit Bestechung verwendet. Schließlich verdrängte letztere Bedeutung die erste völlig." Die letzte Bemerkung ist zwar sicherlich richtig bezüglich des Gebrauchs des Fremdwortes „Korruption" im Deutschen; aber zumindest was das Englische betrifft, ist Hirschmans Darstellung nicht ganz korrekt, denn im Englischen kann man auch heute noch von *corrupt morals*, der *corruption of minors* oder einer *corrupt society* in der früheren Bedeutung des Wortes als moralischem Niedergang ganz allgemein sprechen; vgl. z.B. Schneewind (1998: passim).

[2] Für eine ausführlichere Behandlung einiger im Folgenden nur angerissener Punkte vgl. Zimmerling (2002).

[3] D.h. ein Akt, den ein Amtsträger nur in seiner Eigenschaft als solcher, nicht als „Privatperson" ausführen kann. – In Deutschland ist, ebenso wie in den Vereinigten Staaten, die Annahme von „Vorteilen" durch Staatsdiener (insbes. Beamte) nur dann *rechtlich* strafbar, wenn sie mit einer *konkreten* Amtshandlung in Verbindung gebracht werden kann (Whitaker 1992: 1618). Staatsanwälte können keine Strafverfolgung betreiben, wenn ein Staatsdiener einen Vorteil nur „passiv" angenommen hat – etwa eine Wahlkampfspende oder eine Reihe von „Geschenken" über einen längeren Zeitraum, die *anscheinend* nicht mit irgendeinem konkreten offiziellen Akt in Beziehung stehen.

Nun mögen Staatsdiener ganz verschieden geartete „falsche Gründe" für ihre Amtshandlungen haben, und die meisten dieser Gründe führen nicht dazu, dass der entsprechende Akt als korrupt angesehen wird. Wenn wir von Korruption sprechen, denken wir an eine ganz *besondere* Art von falschen Gründen. Was genau ist aber das Besondere daran?

3. Definitionen von Korruption versuchen in der Regel, das Spezifikum der falschen Gründe dadurch zu fassen, dass sie von „persönlichen Vorteilen" für den Amtsträger (mit diesen oder ähnlichen Worten) sprechen. Korruption liegt nach dieser Sichtweise dann und nur dann vor, wenn ein Amtsträger die Kompetenzen und Prärogativen seines Amtes dazu verwendet, sich selbst Vorteile – insbesondere: materielle Vorteile – zu verschaffen.[4] Solche Definitionen sind meines Erachtens jedoch zu eng gefasst, da sie *per definitionem* relevante Arten von Phänomenen aus der Betrachtung ausschließen, die sich – im Hinblick auf ihre Erklärung oder Rechtfertigung – von den Phänomenen, die innerhalb der so definierten begrifflichen Grenzen von Korruption liegen, nicht wesentlich unterscheiden.[5] Andererseits sind derartige Konzeptionen zugleich auch oft insofern zu weit gefasst, als sie es unterlassen, zwischen persönlichen Vorteilen, die für korruptionsrelevant gehalten werden, und solchen, die mit einem Amt und seiner Ausübung einhergehen können ohne korruptionsrelevant zu sein (wie etwa das

---

4 Ein klassisches Beispiel für eine derartige, auf materielle Vorteile für den Amtsträger beschränkte Konzeption von Korruption findet sich schon bei Tocqueville (1835/1840), der daraus gleichwohl ziemlich komplexe Schlussfolgerungen zu ziehen wusste: „Dans les gouvernements aristocratiques, les hommes qui arrivent aux affaires sont des gens riches qui ne désirent que du pouvoir. Dans les démocraties, les hommes d'Etat sont pauvres et ont leur fortune à faire. Il s'ensuit que, dans les Etats aristocratiques, les gouvernants sont peu accessibles à la corruption et n'ont qu'un goût très modéré pour l'argent, tandis que le contraire arrive chez les peuples démocratiques (...) Si donc les hommes qui dirigent les aristocraties cherchent quelquefois à corrompre, les chefs des démocraties se montrent eux-mêmes corrompus. Dans les unes on attaque directement la moralité du peuple; on exerce dans les autres, sur la conscience publique, une action indirecte qu'il faut plus redouter encore (...) Le peuple (...) découvrira toujours avec paine la bassesse qui se cache sous l'élégance des manières, la recherche des goûts et les graces du langage. Mais voler le trésor public, ou vendre à prix d'argent les faveurs de l'Etat, le premier misérable comprend cela et peut se flatter d'en faire autant à son tour" (331ff.) – Zum Begriff der Korruption vgl. im Übrigen u.a.: von Alemann/Kleinfeld (1992), Dobel (1978), Garzón Valdés (1997, 2002), zahlreiche Beiträge in Heidenheimer/Jonston/LeVine (1989), Lowenstein (1989), Noonan (1984), Philp (2002), Pritzl (1995), Rose-Ackerman (1975).

5 Zum Beispiel hat Thompson (1993) ausdrücklich an die Existenz „mittelbarer" *(mediated)* Korruption erinnert, bei der – wie er argumentiert – kein „persönlicher Vorteil" für den korrupten Staatsdiener im Spiel ist, sondern ein Vorteil an anderer Stelle entsteht, aber alle anderen Merkmale dessen, was man üblicherweise als „Korruption" bezeichnen würde, vorliegen. Und im deutschen Strafrecht (§§ 331–332 StGB) sind unterschiedslos „Vorteile für sich oder einen Dritten" inkriminiert, wenn nur die anderen Bedingungen vorliegen, die die Tatbestände der Vorteilsannahme bzw. Bestechlichkeit konstituieren (einen knappen, aber instruktiven Überblick über die rechtlichen und dienstrechtlichen Regelungen im Zusammenhang mit der Korruptionsbekämpfung bieten die entsprechenden Instruktionen, die in Deutschland allen im öffentlichen Dienst beschäftigten Personen bei Dienstantritt ausgehändigt werden; vgl. etwa für die aktuelle einschlägige Verwaltungsvorschrift des Landes Rheinland-Pfalz *Bekämpfung der Korruption ...*, hier vor allem S. 86, Nr. 2.1 und 2.2). Zur rechtlichen Behandlung von Korruption in verschiedenen Systemen vgl. Überhofen (1997, 1999).

persönliche Prestige, das eine von bestimmten Kreisen als positiv eingeschätzte Amtsführung dem Amtsträger einbringen und das sich nach seinem Ausscheiden aus dem Amt oft in materielle Vorteile „ummünzen" lassen kann), zu unterscheiden.

4. Es gibt jedoch, wie mir scheint, einen einfachen und zweckdienlichen Weg, um die sich aus solchen Konzeptionen zwangsläufig ergebende Debatte über die Bedeutung und Relevanz von „persönlichen Vorteilen" und die Angemessenheit der Aufnahme dieses Merkmals in die Definition von Korruption zu vermeiden. Denn der Kern dessen, was wir in der Alltagssprache gewöhnlich ohne langes Nachdenken als „Korruption" zu identifizieren bereit sind, liegt offenbar schlicht und einfach darin, dass es um die Herstellung einer *Tauschbeziehung* geht, die zwei besondere Merkmale hat:

(1) eine Seite des Tauschs ist eine Amtshandlung, und
(2) der Amtsträger ist zur Herstellung dieser Tauschbeziehung *nach den zugrunde liegenden Regeln des betreffenden normativen Systems nicht autorisiert.*[6]

Alle weiteren Aspekte, die in Definitionen von Korruption sonst zu finden sind – insbesondere, wer davon profitiert und ob die betreffende Amtshandlung als solche für irgendwen oder irgendetwas schädlich ist –, sind lediglich kontingente Zusatzmerkmale, die in konkreten Einzelfällen von Korruption mehr oder weniger häufig vorliegen mögen oder auch nicht.

5. Diese Definition *impliziert*, ohne dass man dazu irgendwelche weiteren Einzelheiten analysieren oder Einschränkungen vornehmen müsste, ein zentrales Merkmal von Korruption, das in anderen Definitionen häufig *explizit* auftaucht: An einer Tauschbeziehung sind schließlich immer (mindestens) zwei Seiten beteiligt. Die Vorstellung von Korruption als Tauschbeziehung beinhaltet also notwendigerweise den Gedanken, dass ein Amtsträger einen korrupten Akt überhaupt nur dann vollziehen kann, wenn es ein Gegenüber, eine Gegenseite in Gestalt eines anderen (individuellen oder kollektiven) Akteurs gibt. Das mag begrifflich trivial klingen, ist für praktische Zwecke jedoch keineswegs irrelevant, denn es bedeutet u.a., dass sich, wo ein solches Gegenüber nicht ausfindig gemacht werden kann, folglich auch ein Korruptionsvorwurf nicht plausibel erheben lässt. Damit wird, mit anderen Worten, eine Klasse von Verfehlungen im Amt, die einen bestimmten „sozialen" Aspekt haben, von allen anderen unterschieden – z.B. von solchen, in denen sich ein Staatsdiener durch Veruntreuung öffentlicher Mittel im

---

6 Zur Korruption als Tausch vgl. etwa Della Porta/Vanucci (1998). – Die zweite, einschränkende Bedingung ist erforderlich, weil es gelegentlich durchaus zur Kompetenz (Autorisierung *de jure*) eines Staatsdieners gehören mag, bestimmte Tauschbeziehungen mit bestimmten Klienten einzugehen. Im Folgenden werde ich, sofern nichts anderes gesagt ist, mit „Tauschbeziehung" immer eine solche regelwidrige Tauschbeziehung meinen. Durch diese zweite Definitionsbedingung wird im Übrigen Korruption offenkundig *relativ* zum jeweils geltenden normativen System (vgl. dazu vor allem Garzón Valdés 2002 und in diesem Band). Zur speziellen Problematik von Korruption in demokratischen Systemen vgl. statt vieler von Alemann (1995), Braun (1996), Etzioni (1987), Philp (2000); zur Korruption unter den besonderen Bedingungen prekärer Demokratie in Entwicklungsländern z.B. Morris (1991), Theobald (1990), Weyland (1998)

Amt bereichert: Korruption kann, muss aber nicht der Bereicherung des korrupten Amtsträgers dienen; und umgekehrt ist keineswegs jeder Fall von Bereicherung im Amt ein Fall von Korruption.

6. Allerdings macht diese Sichtweise nur dann Sinn und ist nur dann in der Lage, unsere alltagssprachlichen Intuitionen vom Wesen dessen, was wir gewöhnlich „Korruption" nennen, begrifflich konsequent zu verarbeiten, wenn der Tauschgedanke sozusagen an der richtigen Stelle in das Korruptionsschema eingepasst wird.

Stimmt man zu, dass die Normverletzung, die mit einem korrupten Akt immer verbunden ist, nichts damit zu tun hat, dass eine „falsche" Amtshandlung vollzogen würde,[7] sondern dass sie sich vielmehr darauf bezieht, dass eine Amtshandlung – und zwar möglicherweise genau diejenige, die im konkreten Fall sach- und regelgerecht ist – aus falschen Gründen vorgenommen wird, dann hat man auch keinen Anlass zu meinen, dass bei einem korrupten Akt immer ein Tausch *tatsächlich* stattfinden muss. Dafür, dass die einschlägigen „falschen Gründe" vorliegen, reicht es schließlich völlig aus, dass der betreffende Amtsträger die Amtshandlung als Teil einer Tauschbeziehung *betrachtet*, sie also *bewusst* und *absichtlich* als Teil einer vermeintlich gegebenen Tauschbeziehung vollzieht.[8]

Neben eindeutigen Fällen, in denen einem Amtsträger ausdrücklich ein Tauschgeschäft (etwa eine „Provision") angeboten wird – wobei der Amtsträger dann vor der aktiven Wahl steht, das Knüpfen einer solchen Tauschbeziehung anzunehmen oder abzulehnen –, lassen sich auch verschiedene Klassen von weniger eindeutigen oder Grenzfällen vorstellen. Zur Illustration seien hier einige Beispielfälle unterschieden:

– Angenommen, einem Amtsträger wird ein Geschenk von einem Geber gemacht, der dies ehrlich und aufrichtig als nichts anderes intendiert. Nimmt der Amtsträger dieses Geschenk mit dem stillschweigenden – und in diesem Fall ganz und gar einseitigen – Verständnis an, dass damit eine Tauschbeziehung hergestellt wird, geht er also

---

[7] Damit ist selbstverständlich nicht gesagt, dass korrupte Akte nicht oft mit solchen „falschen" Amtshandlungen einhergehen. Aber das ist dann ein „Folgefehler", nicht ein untrennbarer Bestandteil der Korruption. Anders ausgedrückt: dass es sich um einen korrupten Akt handelt, hängt nicht davon ab, ob die damit verbundene Amtshandlung eine „falsche" (z.B. nicht sachgerechte) ist. Dem trägt beispielsweise sowohl das deutsche Strafrecht als auch das öffentliche Dienstrecht Rechnung: Das Strafrecht kennt auch korrupte Akte, mit denen eine „an sich nicht pflichtwidrige Handlung" einhergeht, bestraft diese aber deutlich milder als solche mit „Verletzung der Dienstpflichten" und betont den Unterschied zwischen den beiden Falltypen sogar durch unterschiedliche Bezeichnungen (ersteres als „Vorteilsannahme" nach § 331 StGB, letzteres als „Bestechlichkeit" nach § 332 StGB); das Dienstrecht kennt darüber hinaus als „Dienstpflichtverletzungen" auch noch solche „durch das Strafrecht nicht erfassten Verhaltensweisen, welche sich als eine pflichtwidrige Fehlsteuerung des Verwaltungshandelns aus Eigennutz darstellen" (*Bekämpfung der Korruption ...*, S. 86, Nr. 2.1 und 2.2).

[8] Entscheidend ist also die *Vorstellung* auf Seiten eines Amtsträgers, dass es sich um eine *Quid-pro-quo*-Beziehung handelt, und „a quid pro quo occurs when an official allows her official decision to be influenced by the receipt of a payment ... proof of a quid pro quo does not necessarily require proof of an explicit agreement. The payment merely must motivate an official act" (Whitaker 1992: 1621, mit dem Zusatz ebd., Anm. 26: „the language of most bribery statutes requires only that the official be influenced by the payment, not that the official provide what the briber wished"). Auf die Schwierigkeit des Nachweises von Motiven geht Whitaker nicht ein.

mit der Annahme des „Geschenks" (nun in Anführungszeichen!) bewusst und willentlich eine – von seinem Gegenüber gar nicht erwartete – Verpflichtung ein, sich mit einer künftigen Amtshandlung zu „revanchieren", von der er meint, sie vornehmen zu sollen, *weil* sie Teil des Tauschs ist, und nicht etwa, weil sie sich aus den Amtspflichten ergibt, dann ist dieser Amtsträger offenbar *korrupt*.[9] Auch in diesem Extremfall gibt es zwar in einem gewissen Sinne eine beteiligte Gegenseite – die ist schließlich erforderlich, um überhaupt von Korruption als Tausch, und sei es auch nur in der Perzeption einer der beteiligten Parteien, sprechen zu können –, aber es gibt doch *keinen Korrumpierer*, dem man irgendein Fehlverhalten vorwerfen könnte.[10] In unserem hypothetischen Fall zumindest ist es in der Tat lediglich die *Wahrnehmung* des Amtsträgers, die im Hinblick auf die eigenen Amtshandlungen ein aufrichtig gemachtes Geschenk zu einem „Geschenk" macht.

– Am entgegengesetzten Ende der Skala der Korruption können wir uns einen Amtsträger vorstellen, der einen unmittelbar ihm selbst gebotenen Vorteil, der vom Geber tatsächlich als „Schmiergeld" zur Induzierung einer bestimmten Amtshandlung intendiert ist, schlicht und einfach als ein echtes Geschenk annimmt, den erhaltenen Nutzen also *nicht* als Teil einer Tauschbeziehung auffasst, die ihn verpflichten würde, sich für die Aufmerksamkeit zu revanchieren – jedenfalls nicht *im Rahmen der Ausübung seines Amtes*.[11] Dies wäre also der Grenzfall eines ehrlichen Amtsträgers und eines *Korrumpierers*, dessen Korruptionsversuch fehlschlägt.

---

9 Er ist korrupt zumindest in dem Sinne, dass er sich bereiterklärt hat, *einen* korrupten Akt zu vollziehen; korrupt in einem stärkeren Sinne wäre er, wenn diese Bereitschaft nur ein Symptom seiner generellen Disposition wäre, solche (vermeintlichen) Tauschgeschäfte einzugehen.

10 Allenfalls ein unintendiertes, sofern schon die Vergabe von Geschenken im strengen Sinne an Personen, die ein öffentliches Amt innehaben, als verwerflich anzusehen sein sollte. Rechtlich werden jedenfalls in der Regel Geschenke und Zuwendungen nur dann als ungebührlich behandelt, wenn ein Tauschgedanke im Hinblick auf Amtshandlungen damit verbunden ist. Vgl. in diesem Sinne, bezogen auf die Bundesgesetzgebung der USA, Whitaker (1992: 1622–1623): „The characterization of an improper payment depends on the intent of both the payor and the recipient and the availability of evidence indicating the effect, if any, of the payment", und bezüglich des deutschen Rechts etwa das Landesbeamtengesetz von Rheinland-Pfalz, wonach Beamte, Angestellte und Auszubildende des Landes „keine Belohnungen oder Geschenke in Bezug auf das Amt" bzw. „in Bezug auf ihre dienstlichen Tätigkeiten" annehmen dürfen, wobei dieser Bezug wiederum in Abhängigkeit von den Intentionen des Gebers definiert ist: er liegt dann und nur dann vor, „wenn die zuwendende Person sich davon leiten lässt", dass die andere Seite ein öffentliches Amt bekleidet, und wenn „Erwartungen in Bezug auf die dienstliche Tätigkeit (... mit der Zuwendung) verknüpft sind" (*Bekämpfung der Korruption ...*, S. 87, Nr. 3.1 und 3.4). Darüber hinaus kennt aber z.B. die US-Bundesgesetzgebung (18 U. S. C. § 201 (1988)) auch unerlaubte Zuwendungen, bei denen die genannten Bedingungen nicht vorliegen, sondern durch die Amtsträger lediglich möglicherweise *in Versuchung geführt* werden könnten, eine Tauschbeziehung einzugehen (solche illegalen Zuwendungen sind in einem eigenen Abschnitt (c) des genannten Gesetzes geregelt, in Anschluss an, aber getrennt von Abschnitt (b) zur Bestechung im engeren Sinne korrupter Tauschbeziehungen); wie es bei dem schon zitierten Whitaker (1992: 1622) vage heißt: „unauthorized gratuities or payments" – wobei „a gratuity is not the moving force behind any official act, and there is no overt exchange" – „are considered corrupt because of the perceived impropriety and their potential to affect the public official's loyalties, but this transition of loyalties has not yet occurred".

11 Der Amtsträger ist in diesem Fall nicht notwendigerweise naiv. Schließlich ist es denkbar, dass er das Geschenk beispielsweise als „private" Geste missversteht, die also nicht an ihn *qua* Amts-

– Noch komplexer wird diese letzte Konstellation, wenn derselbe Amtsträger wenig später, und ohne dass in der Zwischenzeit erkennbar neue Umstände eingetreten wären, in einem Fall, der den Geber betrifft, zu entscheiden hat und nach gebührender Deliberation und nach bestem Wissen und Gewissen in Anbetracht seiner positionalen Pflichten und des gegebenen Sachverhalts genau den Akt vollzieht, den der „Möchtegern-Korrumpierer" durch den intendierten Tausch von ihm erreichen wollte. Der Geber wird dann wohl vermuten, dass sein Bestechungsversuch zum Erfolg geführt, dass der Amtsträger die betreffende Handlung also vollzogen hat *wegen* des erhaltenen Vorteils. Denn schließlich: welchen Grund hätte er haben können, den Bestechungsversuch zu unternehmen, wenn er erwartet hätte, dass der Amtsträger den gewünschten Akt ohnehin vollziehen wird?[12] Und welches andere Handlungsmotiv sollte er folglich – *ceteris paribus* – dem Amtsträger für diese unerwartete Handlung unterstellen als den, dass es das gebotene Schmiergeld war, was den entscheidenden motivationalen Unterschied gemacht hat? Nun stelle man sich weiter vor, ein solcher Fall wird öffentlich oder kommt vor Gericht. Die bloßen Tatsachen allein – der Vorteil, den der Amtsträger erhalten hat, und die völlig angemessene, aber auch dem Interesse des Vorteilsgebers entsprechende Amtshandlung, die er vollzogen hat – werden für die Einschätzung des Vorgefallenen durch Dritte als entweder den Amtspflichten entsprechend oder aber korrupt keineswegs ausreichen. Die Interpretation kann dann bestenfalls von der Plausibilität dessen abhängig gemacht werden, was die Beteiligten auf Befragen an Indizien für die vermeintlichen Handlungsmotive des Amtsträgers vorzubringen haben. Die Bewertungsgrundlage bleibt aber jedenfalls in solchen Fällen grundsätzlich prekär und erlaubt im Extremfall dem externen Betrachter überhaupt keine intersubjektiv begründbare Entscheidung zugunsten des einen oder des anderen, sondern wird letztlich möglicherweise allein auf der Grundlage des entweder Amtsträgern im allgemeinen oder dem betroffenen Amtsträger im besonderen generell entgegengebrachten subjektiven Vertrauens gefällt.

7. Diese Schwierigkeit der Interpretation liegt nicht – oder jedenfalls in sehr viel geringerem Maße – vor im Fall der Erpressung, wenn also ein Amtsträger einem Klienten (mehr oder weniger explizit) zu verstehen gibt, dass er eine bestimmte gebotene Amtshandlung nur im Rahmen eines Tauschs auszuführen bereit ist, den zu verlangen er nicht autorisiert ist.[13] Deswegen ist die Bestechungsvariante der Korruption zumindest begrifflich interessanter als die Erpressungsvariante.

---

träger, sondern *qua* Person gerichtet ist. In diesem Fall würde er sich, jedenfalls aus seiner Sicht, ggfs. auch nur privat und nicht durch eine Amtshandlung dafür revanchieren können. – Zur Problematik der Verknüpfung eines öffentlichen Amtes mit dem Recht auf ein Privatleben Schauer (2000); zur Problematik der Unterstellung einer generellen Motivation zur Bereicherung Frey (1997).

12 Jedenfalls vorausgesetzt, der Geber ist rational. Die Rationalität der beteiligten Akteure ist eine der stillschweigenden Annahmen, die wir in der Regel machen, wenn wir mögliche Fälle von Korruption rekonstruieren.

13 Manche öffentlichen Dienstleistungen werden bekanntlich generell nur gegen Gebühr oder gegen Auflagen gewährt, und Amtsträger mögen sogar einen gewissen Ermessensspielraum hinsichtlich des zu erhebenden Betrags bzw. der zu verlangenden Voraussetzungen haben, also au-

8. Nun könnte jemand einwenden, dass die angeführten Fälle, in denen der Amtsträger die Situation anders auffasst als die Gegenseite und entweder ein Geschenk als Bestechungsangebot oder ein Bestechungsangebot als Geschenk fehlinterpretiert, höchst selten vorkommen und deswegen jedenfalls in praktischer Hinsicht nicht sehr viel über Phänomene der Korruption aussagen. Das ist jedoch kein stichhaltiger Einwand: Die Fälle mögen zwar in der Praxis nicht sehr häufig sein; aber das impliziert selbstverständlich keineswegs, dass sie nicht instruktiv sein können. Es handelt sich um die *Extremfälle* eines korrupten Amtsträgers einerseits und eines gescheiterten Bestechungsversuchs andererseits, und als solche lenken sie die Aufmerksamkeit auf verschiedene Aspekte, die auch im *Normalfall* vorliegen, dort aber weniger hervorstechen:

– Erstens zeigen sie mit großer Deutlichkeit die entscheidende Bedeutung des äußeren Anscheins – und damit von subjektiven Wahrnehmungen und Interpretationen – für die Beantwortung der Frage „Korrupt oder nicht korrupt?" sowie die Folgen, die das hat und die vor allem darin bestehen, dass Amtsträger in der Regel damit rechnen und es hinnehmen müssen, nach eben diesem äußeren Anschein beurteilt zu werden, denn

„the reasons on which public officials may be assumed to act should be accessible to citizens. (...) Because appearances are often the only window that citizens have on official conduct, rejecting the appearance standard is tantamount to denying democratic accountability" (Thompson 1993: 375).

– Folglich zeigen die Extremfälle auch, warum Geschenke, so harmlos und ohne Hintergedanken sie vom Geber im Einzelfall auch gemeint sein mögen, *immer* problematisch sind, wenn die Empfänger Akteure sind, die als Amtsträger irgendeines normativen Systems an abstrakte Normen gebunden sind, jedoch hinsichtlich konkreter Entscheidungen und Handlungen einen gewissen Ermessensspielraum haben.[14]

---

torisiert sein, die konkreten *terms of trade* für den Tausch „Dienstleistung gegen Gebühr/Auflagen" je nach Fall festzusetzen. Deswegen ist der letzte Halbsatz relevant. Eine Erpressung beginnt selbstverständlich erst da, wo solche regelgerechten Tauschbeziehungen enden (ganz unabhängig von der Frage, in wessen Taschen erhobene „Gebühren" fließen oder wer Vorteile aus der Einhaltung bestimmter Auflagen hat).

14 Vgl. Philips (1984); Hauptzweck von Philips' Aufsatz ist die Unterscheidung von „bribes from an assortment of related practices" (621); er argumentiert, dass immer dann ein Geschenk und kein Bestechungsversuch vorliegt, wenn es zwischen Geber und Empfänger keine (auch keine implizite, stillschweigende) Übereinkunft gibt (632–633); diese Auffassung ist offenbar kompatibel mit meinem Definitionsvorschlag. – Für eine illustrative Problematisierung der herrschenden „Geschenkkultur" in einem nicht-politischen Kontext vgl. die Überlegungen von Horton (2004) zur Korruption durch die Vergabe und Annahme von „Geschenken" in der Wissenschaft am Beispiel der Medizin und der dort gängigen Praxis, Fachkongresse und Fachpublikationen von einschlägig interessierten Firmen finanzieren zu lassen. Horton sieht darin einen von Geldgier getriebenen „corrupt covenant" (8–9): „An extraordinary culture of gift giving now exists within scientific research (...) Take virtually any major medical conference (... and note) the scandalous bargain that has been made between professional societies and industry – namely that, in order for science to be reported and discussed among a professional society's membership, sponsors will be given free rein to market their products to attending physicians." Für die Ergebnisse und die Glaubwürdigkeit von Wissenschaft sei dies fatal und auch durch Transparenzregeln und Deckelungen nicht zu heilen, denn: „A gift of any kind may introduce unrecognized bias that cannot be ameliorated by either disclosure or limiting the size

– Und schließlich lenken sie den Blick auf die möglichen Reaktionen von Amtsträgern, denen eine *Zuwendung* angeboten wird, denn anhand des Kriteriums der Wahrnehmung bzw. Nichtwahrnehmung einer Tauschbeziehung in Verbindung mit dem Kriterium des äußeren Anscheins lassen sich unschwer vier Falltypen unterscheiden:

(a) entweder kommen Amtsträger gar nicht auf den Gedanken, dass es um das Angebot einer Tauschbeziehung gehen könnte: sie sind dann mit der gebotenen Zuwendung als (vermeintliches) *Geschenk* einverstanden, ohne sich möglicher negativer Folgen für ihren Ruf auch nur bewusst zu sein, oder zumindest, ohne sie als Ablehnungsgründe in Betracht zu ziehen; dies wäre allerdings in der Tat häufig entweder naiv oder unklug, so dass zu vermuten ist, dass solche Fälle zumindest in politischen Kontexten, in denen man von einem hohen Rationalitätsdruck ausgehen kann, unwahrscheinlich sind;

(b) oder sie interpretieren zwar selbst die Situation (zurecht oder irrtümlich) *nicht* als eine, in der es um einen Tausch geht, sind sich aber der Tatsache bewusst, dass der äußere Anschein entscheidend ist: sie lehnen folglich entweder die Realisierung der Zuwendung ab oder ergreifen vorsorgliche Maßnahmen gegen die mögliche Fehlinterpretation der Annahme eines Geschenks als Teil einer korrupten Tauschbeziehung seitens der Öffentlichkeit, etwa durch das penible Einhalten von Offenlegungsregeln;

(c) oder sie fassen im Gegenteil die Zuwendung tatsächlich als einen Versuch auf, eine Tauschsituation herzustellen (d.h. als Bestechungsversuch), und sind *korrupterweise* geneigt, sie anzunehmen, also die Verpflichtung zu einer bestimmten oder ggf. zu einem späteren Zeitpunkt noch zu bestimmenden Amtshandlung als Gegenleistung für die gewährte Zuwendung einzugehen,[15] wobei sie sich – in Abhängigkeit von der „Korruptionstoleranz" und Vertrauensbereitschaft ihres jeweiligen Umfelds: mehr oder weniger stark – genötigt fühlen werden, durch Heimlichkeit und Heuchelei den gebotenen äußeren Anschein zu wahren;

(d) oder aber sie lehnen schließlich die angebotene Zuwendung genau deswegen ab, *weil* sie sie als Bestechungsversuch interpretieren; in diesem Fall werden sie das Angebot zudem wahrscheinlich als *Beleidigung* auffassen, da sie dann auch davon ausgehen müssen, dass der Anbieter ihnen Korruptheit bzw. Korrumpierbarkeit unterstellt, und sie werden folglich einen doppelten Anreiz haben, den Anbieter mit möglichst großer öffentlicher Anteilnahme (rechtlich oder politisch) einem Sanktionierungsprozess zu unterziehen, weil dies nicht nur ihr Rechtsempfinden und ihre etwaigen Rachegefühle befriedigen, sondern nebenbei auch für die Zukunft das öffentliche Vertrauen in ihre Unbestechlichkeit stärken kann.

---

of the gift" (Krimsky, zitiert nach Horton 2004: 9). Letzteres gilt ganz sicher nicht nur im wissenschaftlichen Kontext. – Generell zur Schwierigkeit der Unterscheidung zwischen Geschenken im eigentlichen Sinne und Bestechungsversuchen vgl. Rose-Ackerman (1998), Zelizer (1998).

15 Wobei diese Neigung nicht notwendigerweise zur tatsächlichen Annahme des Angebots führt, denn es mag trotz der Grundbereitschaft zur Korruption abgelehnt werden, weil es etwa in Art oder Umfang nicht der „Nachfrage" entspricht, weil die konkreten Umstände als ungünstig (allzu risikoreich) eingeschätzt werden, oder Ähnliches.

Die vier Falltypen – die Annahme oder Ablehnung eines Geschenks, je nach wahrgenommener Relevanz des Kriteriums des äußeren Anscheins bzw. die Annahme oder Ablehnung eines wahrgenommenen Bestechungsversuchs unter Berücksichtigung des erwünschten äußeren Anscheins – sind bzgl. der hier betrachteten Merkmale logisch erschöpfend.

9. Man beachte aber, dass ich bei dieser Fallunterscheidung sehr allgemein von einer „Zuwendung" und ihrer Annahme oder Ablehnung gesprochen habe, ohne dass es notwendig gewesen wäre, irgend etwas darüber zu sagen, wem die Zuwendung zugute kommen mag. Hierin zeigt sich der weiter oben angedeutete wesentliche Vorteil der Auffassung von Korruption als regelwidrigem Tausch. Es kann demnach nämlich völlig offen bleiben, wohin die als Gegenleistung für eine gewisse Amtshandlung gebotenen Vorteile fließen, wer also von ihnen profitiert – für die Einschätzung eines Tauschs als korrupt ist diese Information ganz und gar unerheblich.

Analog gibt es auch keinen guten Grund, für die andere Seite des korrupten Tauschs *per definitionem* festzulegen, dass der Nutznießer der betreffenden Amtshandlung derselbe Akteur sein muss, der den Tauschhandel anbietet und abwickelt.[16]

10. Das Universum möglicher Korruptionsfälle ist nach dieser Konzeption folglich erheblich größer, und die denkbaren Akteurskonstellationen sind potenziell weitaus komplexer, als es gängige Standarddefinitionen nahezulegen pflegen. Zur Erleichterung der Analyse konkreter Fälle bietet es sich an, zunächst einmal die entsprechenden Basiselemente und grundlegenden Falltypen herauszuarbeiten, was der Kürze und besseren Übersicht halber hier schematisch geschieht *(Abbildung 1)*.

Aus den Kombinationsmöglichkeiten, die sich aus den in *Abbildung 1* aufgeführten Grundbausteinen hinsichtlich der Anzahl der an einer korrupten Beziehung beteiligten Seiten und ihrer Beziehungen zueinander ergeben, lassen sich dann direkt vier paradigmatische Grundkonstellationen ableiten *(Abbildung 2)*.[17]

11. Je schwächer und je entfernter die Beziehungen r_1 and r_2 in solchen Mehreckkonstellationen sind, desto schwieriger wird es in der Regel für einen Beobachter sein, einen begründeten Verdacht, dass eine korrupte Tauschbeziehung vorliegen könnte, auch nur zu entwickeln – ganz zu schweigen davon, einen solchen Verdacht nachvollziehbar zu belegen.

Umgekehrt kann die Stärke der Neigung eines Beobachters, auch schon bei nur lockeren oder entfernten Beziehungen r_1 and r_2 den Verdacht zu entwickeln, dass die Gewährung irgendwelcher Zuwendungen von B an C oder der Vollzug irgendwelcher

---

16 Die schon mehrfach zitierte Verwaltungsvorschrift von Rheinland-Pfalz etwa greift deswegen zu kurz, wenn sie lediglich den möglichen Fall erwähnt (und für die Einschätzung des Grundtatbestands als unerheblich bezeichnet), dass sich ein Vorteilsgeber für die Abwicklung der Angelegenheit eines Agenten bedienen mag.

17 Weitere Falltypen lassen sich darüber hinaus danach differenzieren, ob z.B. die Akteure B-D individuelle oder kollektive Akteure sind, oder auch in Abhängigkeit von den situativen Wahrnehmungen der beteiligten Akteure im oben erläuterten Sinne. Es scheint mir jedoch nicht erforderlich, das hier weiter auszuführen.

Abbildung 1: Grundelemente und -fälle von Korruption

Grundelemente:

- ein Amtsträger (AT)
- (bis zu) drei weitere Akteure (B, C, D)
- zwei Nutzenwerte (b_1, b_2)
- zwei Beziehungen (r_1, r_2)

mit

b_1: Nutzen, den C von B erhält (wobei C ein beliebiger Akteur einschließlich AT sein kann, außer B oder D)

b_2: Nutzen, den D infolge einer amtlichen Entscheidung oder Handlung von AT erhält (wobei D ein beliebiger Akteur einschließlich B sein kann, außer AT oder C)

und

r_1: Beziehung zwischen AT und C (ggfs. auch die Identitätsbeziehung), die bewirkt, dass b_1 „m Interesse von" AT ist

r_2: Beziehung zwischen B und D (ggfs. auch die Identitätsbeziehung), die bewirkt, dass b_2 „m Interesse von" B ist

Grundfälle:

+ AT *handelt korrupt,* wenn er/sie in der Annahme und mit der Absicht handelt, dass seine/ihre Amtshandlung eine wesentliche Teilleistung im Vollzug eines *Tauschs* von b_1 gegen b_2 ist, dessen Hervorbringung nicht zu den Kompetenzen des Amtes von AT gehört.

+ B *betreibt Korrumpierung* von AT, wenn B (auf welche Weise auch immer) versucht, AT einen solchen Tausch zwischen einem b_1 and einem b_2 nahezulegen.

---

für D vorteilhaften Amtshandlungen durch AT Teil einer korrupten Tauschbeziehung ist, unter Umständen als ein Maß für das Vertrauen des betreffenden Beobachters in den jeweiligen Amtsträger oder auch in Amtspersonen eines bestimmten Typs im allgemeinen dienen. Zu den Umständen, die erforderlich sind, um das zu erlauben, gehört allerdings zumindest, dass es möglich sein muss, tatsächlich die Neigung zu messen, einen solchen Verdacht zu entwickeln – im Unterschied zu der Neigung, einen (angeblichen) Verdacht lediglich öffentlich zu äußern, da letztere nicht notwendigerweise mit dem Vertrauen in Amtsträger zusammenhängen muss, sondern eventuell sehr viel mehr mit politischer Strategie zu tun hat.[18]

---

18 Zum politischen Missbrauch der Sakndalisierungsneigung in Teilen der Medien vgl. etwa Ginsberg/Shefter (1999), Nick/Philp/Pinto-Duschinsky 1989). Vgl. Castells (1997: 334ff.) für eine Einschätzung, die offenbar die „*scandal politics*" des strategischen Verbreitens von Korruptionsverdächtigungen und des öffentlichen Einforderns penibler Aufklärung für weitaus schädlicher für demokratische Systeme hält als die Verbreitung von Korruption selbst, die seiner Einschätzung zufolge schlicht als Teil der „menschlichen Natur" und daher wohl unvermeidbar angesehen werden muss und folglich mit Nachsicht behandelt werden sollte. – Die Weltfremdheit eines allzu großen Vertrauens in die Unbestechlichkeit von Staatsdienern in England stellt Chesterton mit feiner Ironie in seiner Autobiographie bloß: „the Victorian Age (...) rested solidly on some convictions, that were not only conventions. One of them was the belief that English politics were not only free from political corruption, but almost entirely free from personal motives about money (...) Frenchmen might have discovered the negotiable value of coins of the realm; Italians and Austrians might think it well worth while to double their income; the statesmen of Bulgaria or Bolivia might have some notion of the meaning of money; but English politicians passed their lives in an absent-minded trance, (...) kept their eyes fixed on the

Abbildung 2: Grundkonstellationen korrupter Tauschbeziehungen

(i) das *korrupte Paar:* einfachster Fall, mit nur zwei verschiedenen Akteuren; AT wird motiviert durch das, was er/sie als direkten Tausch des AT von B gebotenen Nutzens b_1 gegen den B von AT gebotenen Nutzen b_2 ansieht (sowohl r_1 als auch r_2 sind hier die Identitätsbeziehung und als solche nicht abgebildet);

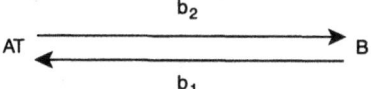

(ii) das *korrupte Dreieck erster Art* oder: der Fall des „*altruistisch-korrupten*" *Amtsträgers:* AT wird motiviert, B b_2 zu gewähren, *weil* er/sie dies als Teil eines Tauschs auffasst, bei dem im Gegenzug C von B b_1 erhält (r_1 ist eine beliebige, nicht-identitäre Beziehung der Art „hat Interesse an"; r_2 ist die Identitätsbeziehung, ohne Abbildung)

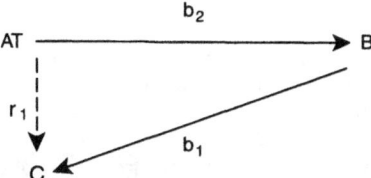

(iii) das *korrupte Dreieck zweiter Art,* oder: der Fall des „*altruistischen Verführers*": AT wird motiviert, D b_2 zu gewähren, *weil* er/sie dies als Teil eines Tauschs auffasst, bei dem im Gegenzug AT von B b_1 erhält (r_2 ist eine beliebige, nicht-identitäre Beziehung der Art „hat Interesse an"; r_1 ist die Identitätsbeziehung, ohne Abbildung)

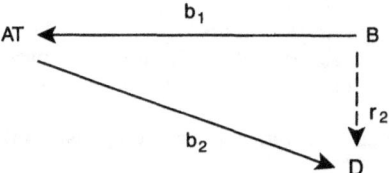

(iv) das *korrupte Viereck:* komplexester Fall, mit vier verschiedenen beteiligten Akteuren; AT wird motiviert, D b_2 zu gewähren, *weil* er/sie dies als Teil eines Tauschs auffasst, bei dem im Gegenzug C von B b_1 erhält (sowohl r_1 als auch r_2 sind beliebige nicht-identitäre Beziehungen der Art „hat Interesse an")

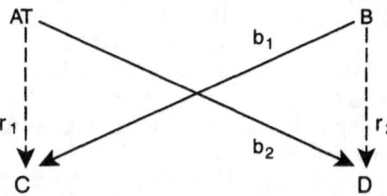

fixed stars, never enquired whether politics had made them richer or poorer; and received their salaries with a start of surprise (...) the political scandal (of the Marconi case) was treated like all other political scandals. A Parliamentary Commission was appointed and reported that everything was very nice; a Minority Report was issued which reported that some things were

12. Die Einfachheit und Knappheit der vorgeschlagenen Definition von Korruption als Situationen, in denen ein Amtsträger Amtshandlungen als Teil einer wahrgenommenen Tauschbeziehung vollzieht, zu deren Herstellung er nicht autorisiert ist, steht, wie man schon diesen wenigen Überlegungen entnehmen kann, der Analyse beliebig komplexer Korruptionsphänomene nicht im Weg – eher das Gegenteil ist der Fall. Darüber hinaus macht diese Definition, wie wir gesehen haben, unfruchtbare Debatten darüber überflüssig, was genau im Hinblick auf Korruption unter „persönlichem Vorteil" zu verstehen und wie folglich die Formulierung der Definition zu präzisieren ist, um passgenau die „richtigen" Fälle von persönlicher Vorteilsnahme ein- und die „falschen" auszuschließen. Mir scheint, das sind gewichtige Vorteile, die für die Annahme meines Definitionsvorschlags sprechen.

Literatur

Alemann, Ulrich von, 1995: Corruption in Germany. The Debate in Politics and Political Science. Vortrag gehalten bei den IX Jornadas de Filosofía Práctica, Tossa de Mar, Spanien, 25.–26. Mai (unveröff. Manuskript).
Alemann, Ulrich von/Kleinfeld, Ralf, 1992: Begriff und Bedeutung der politischen Korruption aus politikwissenschaftlicher Sicht, in: *Benz, Arthur/Seibel, Wolfgang* (Hrsg.), Zwischen Kooperation und Korruption. Abweichendes Verhalten in der Verwaltung. Baden-Baden, 259–282.
Bekämpfung der Korruption in der öffentlichen Verwaltung. Verwaltungsvorschrift der Landesregierung vom 7. November 2000 (FM – P 1059 A – 412), Ministerialblatt der Landesregierung von Rheinland-Pfalz vom 9. Februar 2001, Nr. 3, 86–92.
Braun, Stefan, 1996, Korruption im demokratischen Rechtsstaat, in: Neue Justiz 50(9), 450–454.
Castells, Manuel, 1997: The Information Age: Economy, Society and Culture. 3 vols., vol. II: The Power of Identity. Oxford.
Chesterton, G. K., 2002: Autobiography. Thursk.
Della Porta, Donatella/Vannucci, Alberto, 1998: Corrupt Exchanges, in: ECPR News 9(2), 6–7.
Dobel, J. Patrick, 1978: The Corruption of a State, in: American Political Science Review 72, 958–973.
Etzioni, Amitai, 1987: Capital Corruption. The New Attack on American Democracy. New Brunswick, N.J./Oxford.
Frey, Bruno S., 1997: Not Just for the Money: An Economic Theory of Personal Motivation. Cheltenham.
Garzón Valdés, Ernesto, 1997: Acerca del concepto de corrupción, in: *Laporta, F./Alvarez, S.* (Hrsg.), La Corrupción Política. Madrid, 39–69.
Garzón Valdés, Ernesto, 2000: Korruption – Zur systemischen Relativität eines universalen Phänomens, in: *Bluhm, Harald/Fischer, Karsten* (Hrsg.), Sichtbarkeit und Unsichtbarkeit der Macht. Theorien politischer Korruption. Baden-Baden, 115–138.
Ginsberg, Benjamin/Shefter, Martin, 1999: Politics by Other Means: Politicians, Prosecutors, and the Press from Watergate to Whitewater. Revised ed., New York.
Goodin, Robert E., 2000: Trusting Individuals Versus Trusting Institutions. Generalizing the Case of Contract, in: Rationality and Society 12(4), 381–395.
Heidenheimer, Arnold J./Johnston, Michael/LeVine, Victor T. (Hrsg.), 1989: Political Corruption. A Handbook. New Brunswick, N.J./London.

---

not quite so nice; and political life (if you can call it life) went on as before" (Chesterton 2001: 130–131, Kap. IX: „The Case Against Corruption"). – Für eine Analyse des Vertrauensbegriffs und praktische Folgerungen daraus vgl. vor allem Lahno (2002); zur Unterscheidung von Vertrauen in Individuen und in Institutionen auch Goodin (2000)..

Hirschman, Albert O., 1987: Leidenschaften und Interessen. Frankfurt a.M.
Horton, Richard, 2004: The Dawn of McScience. The New York Review of Books, Vol. LI, No. 4 (March 11, 2004), 7–9 [Rezension von: *Sheldon Krimsky,* Science in the Private Interest: Has the Lure of Profits Corrupted Biomedical Research? New York].
Kirchgässner, Gebhard, 1997: Auf der Suche nach dem Gespenst des Ökonomismus. Einige Bemerkungen über Tausch, Märkte und die Ökonomisierung der Lebensverhältnisse, in: Analyse & Kritik 19(2), 127–152.
Lahno, Bernd, 2002: Der Begriff des Vertrauens. Paderborn.
Lowenstein, Daniel H., 1989: Legal Efforts to Define Political Bribery, in: *Heidenheimer, Arnold J./Johnston, Michael/LeVine, Victor T.* (Hrsg.), Political Corruption. A Handbook. New Brunswick, N.J./London, 29–38 (zuerst in: *ders.,* Political Bribery and the Intermediate Theory of Politics, in: UCLA Law Review 32 (1985), 705–806).
Margalit, Avishai, 2000: The Odds Against Barak, in: The New York Review of Books XLVII(14), 6–10.
Morris, Stephen D., 1991: Corruption and Politics in Contemporary Mexico. Tuscaloosa/London.
Noonan, John, 1984: Bribes. Berkeley/Los Angeles.
Nick, Rainer/Philp, Mark/Pinto-Duschinsky, Michael (Hrsg.), Political Corruption and Scandals. Case Studies from East and West. Wien.
Philips, Michael, 1984: Bribery, in: Ethics 94(4), 621–636.
Philp, Mark, 2000: Access, Accountability and Authority: Corruption and the Democratic Process. Paper for the Political Science Association-UK 50th Annual Conference, 10–13 April 2000. London (Manuskript).
Philp, Mark, 2002: Korruption, Kontrolle and Konvergenz: Die Grenzen der Globalisierung, in: *Bluhm, Harald/Fischer, Karsten* (Hrsg.), Sichtbarkeit und Unsichtbarkeit der Macht. Theorien politischer Korruption. Baden-Baden, 23–40.
Pritzl, Rupert F. J., 1995: La corrupción pública: una forma dinámica e ilegal de rentismo o rent-seeking en la lucha distributiva de los grupos de interés organizados, in: Contribuciones (Buenos Aires) 4, 127–162.
Rose-Ackerman, Susan, 1975: The Economics of Corruption, in: Journal of Public Economics 4, 187–203.
Rose-Ackerman, Susan, 1998: Bribes and Gifts, in: *Ben-Ner, A./Putterman, L.* (Hrsg.), Economics, Values, and Organization. Cambridge, 296–328.
Schauer, Frederick, 1991: Playing by the Rules. A Philosophical Examination of Rule-Based Decision-Making in Law and in Life. Oxford.
Schauer, Frederick, 2000: Can Public Figures Have Private Lifes?, in: Social Philosophy and Policy 17(2), 293–309.
Schneewind, J. B., 1998: The Invention of Autonomy. A History of Modern Moral Philosophy. Cambridge.
Theobald, Robin, 1990: Corruption, Development and Underdevelopment. Durham, N.C.
Thompson, Dennis F., 1993: Mediated Corruption: The Case of the Keating Five, in: APSR 87(2), 369–381.
Tocqueville, Alexis de, 1835/1840: De la démocratie en Amérique. 2 vols., Paris2001, vol. 1, Deuxième Partie, ch. V, De la corruption et des vices des gouvernants dans la démocratie; des effets qui en résultent sur la moralité publique.
Transparency International, 2000ff.: Corruption Perception Index (jährlich), <http://www.transparency.org/cpi>.
Überhofen, Michael, 1997: La corrupción en el derecho comparado. Buenos Aires.
Überhofen, Michael, 1999: Korruption und Bestechlichkeit im staatlichen Recht. Ein Rechtsvergleich und Reformüberlegungen zum deutschen Recht. Freiburg i.Br.
Weyland, Kurt, 1998: The Politics of Corruption in Latin America, in: Journal of Democracy 9(2), 108–121.
Whitaker, Charles N., 1992: Federal Prosecution of State and Local Bribery: Inappropriate Tools and the Need for a Structured Approach, in: Virginia Law Review 78(7), 1617–1654.

Zelizer, Viviana, 1998: How Do We Know whether a Monetary Transaction is a Gift, an Entitlement, or Compensation?, in: *Ben-Ner, A./Putterman, L.* (Hrsg.), Economics, Values, and Organization. Cambridge, 329–333.

Zimmerling, Ruth, 2002: Politische Korruption und demokratischer Einfluss: „separate spheres" oder „Spiel ohne Grenzen"?, in: *Bluhm, Harald/Fischer, Karsten* (Hrsg.), Sichtbarkeit und Unsichtbarkeit der Macht. Theorien politischer Korruption. Baden-Baden, 139–166.

Modelling Political Corruption in Transition

Mark Philp

I.

Corruption is not a field that generates a high level of agreement. There is controversy over the definition of corruption, about how one measures it, how to explain it, whether and in what ways it is important, and how to control it. This paper does not attempt to resolve these disagreements, although it does hope to shed light on some of them. Its primary aim is to sketch two basic models of politics and to contrast their understandings of the nature of corruption and their proposals for anti-corruption activities. This involves considerable over-schematisation, but the relatively stark contrast between what I shall refer to as a classical understanding of politics, as against a modern, helps us identify a number of crucial differences with substantive implications for explaining corruption and for designing policies against corruption. That said, this paper does not simply make an argument for one model rather than the other. On the contrary, while the modern model is deeply flawed with respect to its understanding of the state and the nature of public office, the classical model conflates descriptive and normative judgements in a way that the modern account rightly avoids. By sketching the relative strengths and shortcomings of the two basic models I hope both to illuminate some of the forces underlying controversies concerning corruption and to suggest ways in which analysis can achieve a greater degree of convergence.

The identification and discussion of these models is linked to an account of the analysis of political corruption that has taken place in the last ten years with respect to the political and economic transition of countries in Central and Eastern Europe (CEE). CEE states have been at the heart of a major resurgence of interest in the analysis of political corruption and have been central to the development of anti-corruption programmes that have in turn been generalised to and applied in other states. At the end of the 1990s the World Bank formally declared a change in policy towards political corruption, for the first time recognising it as something whose economic consequences were such as to warrant intervention by the Bank. Prior to this, the Bank had treated political corruption as off-limits because intervention was seen as contradicting the Bank's founding injunction against interference with the political regimes of countries with which it is involved. While it would be exaggerated to say that the experience of the CEE states were the sole cause in the change of policy there is no doubt that the CEE experience – and the Bank's own involvement in and research on CEE states – was a major contributing factor in the change. And the change has been profound – the Bank now lists corruption as the number one barrier to development on its website.

Alongside that change, a range of other international organisations were increasingly targeting political corruption, and were doing so often expressly in relation to CEE states. The European Commission, as it looked forward to CEE accession to the

EU, voiced concerns about corruption in these states and introduced a range of requirements and guidelines for the measures they expected CEE states to implement to ensure greater control of corruption. The Council of Europe's GRECO Programme secured the early cooperation of CEE states. The World Bank began for the first time to provide states with advice on corruption control mechanisms (in Latvia), produced a number of seminal country-based reports addressing problems of corruption, and developed a programme of advice on measures to improve the quality of governance. Partly following the US lead, the OECD introduced a convention on bribery by foreign nationals, but in both cases some of the most pressing concerns behind the legislation arose from the experience of CEE states, and the activities of mafia organisations in Russia. And a range of surveys and studies attempting to quantify corruption and to rank countries on comparative scales were developed – again, with CEE states as a major focus, since information on them was often relatively easy to collect, at least in comparison to less developed states.

It is not surprising that CEE states should be so central to corruption concerns. The joint processes of political and economic transition, after nearly fifty years of communist rule, were seen by many as providing a compelling experiment in rapid economic, political and social change – albeit the general expectation was that such change would result in, effectively, the westernisation of these states and their integration into the global capitalist economy and the coalition of constitutional liberal-democratic states.

Yet Central and Eastern European states by right have a further claim on our attention associated with the dramatic character of their transformation and the nature of political corruption. Political corruption concerns a distortion in the exercise of public office so that private interests that are formally excluded by the rules and norms governing those offices, are able to secure decisions, policies and distributions to which they are not entitled. More formally, we can define political corruption (as long as we recognise the need for numerous caveats) as follows:

Political corruption involves: a public officer or official (A) who, acting for personal gain in violation of the norms of public office, harms the interests of the public (B), to the benefit of a third party (C) who rewards A for access to goods or services that C would not otherwise obtain.[1]

One reason why CEE transition is so fascinating an arena for political corruption is that the very process of transition is one in which political and economic institutions, social norms and public expectations are all subject to rapid and dramatic change. To identify political corruption, on most accounts, requires that we have some shared standards and norms for the exercise of public office, and yet transition seems by its very nature to involve jettisoning one set of norms and a process of feeling forward in the establishment of new norms and requirements. Moreover, economic transition simultaneously provides a situation where politicians and state officials are in a position to transfer huge assets into the private sector, without being in a position to price

---

1 See also my "Defining Political Corruption", in: Heywood (1997), and "Corruption Definition and Measurement", in: Galtung/Round/Sampford (2005), in particular the latter for the definitional caveats and the former for why they are needed.

them properly, without, for the most part, clear injunctions against making substantial private gain in the process (hardly surprising since both problems dogged aspects of privatisation under the Thatcher governments in the UK, despite the substantially more stable political system), and without an enforced or enforceable legal framework to govern the privatisation process. On both counts, then, the norms, rules and institutions within which such a definition of political corruption makes clear and cogent sense largely disappear in transition, or their status and standing become compromised and uncertain. Even if this exaggerates somewhat, the normative and institutional changes are dramatic and the direction of the changes is also uncertain, making it still more difficult to establish the criteria of legitimacy in advance for the order that will emerge. In these circumstances we need something deeper to inform our judgments about corruption – not least because we need a sense, not of what has been prohibited in the past, but of what kind of order we should legislate and proselytise for so as to establish a system that will command legitimacy.

At the root of conceptions of corruption (in whatever sphere) is a sense of the decay of the nature of a thing. In transitions of the form experienced in CEE states, the nature of "the thing" is unclear. In one sense it is the decay of the old communist system, but that does not provide us with a standard against which to attempt the construction of a new order. What is needed, then, is a model of politics that can underpin the expectations, norms, regulations and institutions that we identify as desirable and needing to be institutionalised. Clearly, this is not done from scratch and there is often a high level of path-dependency, but to have a sense of what is at stake, of what issues are of concern, and of what kinds of standards of public office and public behaviour we should strive to attain, we need some sense of the order we want to emerge.

In the CEE case, with respect to the desired order, there was both initial optimism and short-sightedness. In the immediate aftermath of 1989, Western advisors (most notably in Russia) encouraged the rapid privatisation of state assets and the establishment of markets and saw the transition to western-style market capitalist economies as relatively straightforward. Problems that arose became "problems-in-transition", with the joint assumption that they were themselves a function of local difficulties and that they would be swiftly resolved by market forces and mechanisms. Irregularities in the privatisation process were largely seen as teething problems arising from the legacies of the communist past that were symptomatic of the need for stricter controls. Although there were concerns about persistent corruption these did not become prominent until the mid-late 1990s.[2] And it was only gradually (not unconnected to the collapse of the Soviet Union and the partial collapse of its successor state) that major international institutions became seriously concerned about the problem. Indeed, it was in many respects the work of the World Bank and the EBRD, coupled with growing concern in the European Union as the demands for accession grew, and with the proselytising work of Transparency International, that prompted the re-evaluation of the situation.

---

2 See, for example, Q. Reed's early "Transition, Dysfunctionality and Change in the Czech and Slovak Republics" (1995: 323–337), and Reed's D.Phil thesis, "Political Corruption, Privatisation and Control in the Czech Republic: A Case Study of Problems in Multiple Transition" (1996); Schwartz (1997: 3–4).

One symptom of this was the collection of data through surveys in the region specifically focusing on the issue of corruption.[3] Again, the World Bank was prominent in this work, cooperating with the EBRD to undertake the Business Environment and Enterprise Performance Survey (repeated from 2000 and now available on the Bank's web-site), asking enterprise managers in former Communist states about their experience of administrative corruption and about the extent to which they believed that firms like theirs were required to make payments to secure policies and decisions favourable to them.[4]

The evidence they collected provided empirical support for the suggestions that political decisions at a number of different levels were being bought and sold in such states and that the competitive advantages of firms (both local and international) were being hugely enhanced or harmed by such decisions. In some cases this seemed to be because of the power of state officials and entrenched political interests, in others it seemed to stem from the financial and coercive power wielded by a new class of oligarchs (see, for example, Klebnikov 2000). Moreover, the survey evidence gathered from citizens of these states, although still limited, shows that there is a widespread perception that the political process, and a number of other public institutions, such as the judiciary, the police, the health service, and so on, are liable to solicit and/or extort payments from citizens for the services they deliver. Interestingly, the evidence also suggests that members of the public perceive the incidence of corruption to be higher than their own experience justifies, and that people are more likely to associate high corruption with institutions with which they are least familiar.[5] This is not an unknown phenomenon in the West. People's reported levels of trust in politicians and political institutions can be appallingly low, and yet their behaviour suggests that, in fact, they have reasonably high confidence that the institutions are working effectively. Such findings raise serious questions about the value of perception-based surveys that do not also attempt to establish the extent to which those questioned have themselves paid or been solicited for corrupt incentives, or that do not try to assess the extent to which people's behaviour conforms to their declared expectations. They also raise serious worries about the extent to which institutional legitimacy can become hostage to false perceptions.

The last ten years of transition has also been largely coterminous with an explosion of interest in corruption and its control throughout the world and the associated creation of a major public ethics industry on a global scale. Anti-corruption is big business, and Central and Eastern Europe have been a major focus for increasingly sophisticated analyses of corruption and for the development of anti-corruption initiatives. In reaction, there have been a number of increasingly sceptical contributions to debates in the literature about the extent and seriousness of corruption in these states, about its

---

3 In addition to the EBRD/World Bank BEEPs Survey, see the US Office of Research study, cited in *Smeltz, A./Sweeney, A.*, 1999: On the Take: Central and Eastern European Attitudes toward Corruption (Washington D.C.). A partial review of this and other literature can be found in the Open Society Institute publication (2002).
4 See European Bank for Reconstruction and Development (1999: chap. 6)
5 See Miller/Grodeland/Koshechkina (2001: 91). See also the think piece by Krastev (2001), who argues that spiralling perceptions of corruption are a function of dissatisfaction with marketisation and transition – and, indeed, with the end of informal exchange mechanisms.

impact on these societies and their economies, about the value of certain anti-corruption initiatives, and about the underlying assumptions made about the direction these states are taking. One of the most striking developments in the literature, again heralded by the World Bank, and by Stiglitz's 1999 address in particular, is that, after a long period in which privatisation was understood largely in terms of taking the state out of the economy, there has been a recognition that in some ways the state must be brought back in (Stiglitz 1999). The Bank's work on state capture has not always been clear about whether the state is being captured by groups and interests outside the state, or whether those groups and interests are being colonised by state forces, or whether there is a process of bargaining and negotiation that has resulted in different mixed outcomes for different states (not uninfluenced by their transition past and "path") (World Bank Report 2000). Indeed, the term *state capture* is somewhat unfortunate in that it implies a one way process and the existence of a distinct entity that can be "captured". But, for all the ambiguities, the concept itself signals an increasing recognition that anti-corruption strategies cannot succeed without political will and the effective functioning of state institutions, even if this recognition then poses something of a conundrum. If extensive corruption calls for powerful anti-corruption measures and these require strong state institutions with integrity, which are by definition absent where corruption is rife, how then can anti-corruption programmes take root?

The situation is further exacerbated by two additional factors. Firstly, the more widespread the perception that public institutions are corrupt, the more difficult they will find it to secure compliance and public confidence, the higher will be their transactions costs, and the less the public will trust any anti-corruption initiatives the state introduces. Secondly, the more corruption has become identified as a problem, the more attractive it has become as a means of political attack for opposition parties and for factions within parties. In the focus on corruption in CEE states, which the West has done much to sponsor in recent years, a lexicon has been legitimated for the expression of political and personal grievances that may well have had an accelerating effect on perceptions of corruption, and these, in turn, may have exacerbated the obstacles to changing the situation for the better.

II.

There is a long tradition of thinking about the causes of political corruption. In ancient political thought explanations are manifold – power corrupts, wealth corrupts, inequality corrupts, political factions corrupt, foreign moeurs corrupt, and so on (see, for example, Dobel 1978: 958–973). There is also an increasing amount of modern literature on the causes of corruption: poverty corrupts, partially democratised states are more susceptible to corruption, monopoly conditions produce corruption, and so on. Interestingly, the more classical literature is, on the whole, more daring theoretically, in that it generally has some implicit model of how objective conditions, political organisation and human motivation interact to produce corruption. This is because the ancient Greeks, and those following their lead, had a very clear sense of what political corruption involved because they had a very clear sense of what politics and political office involved. They thought of corruption as the decay or degeneration of something from its natural state, but they thought of the natural state of politics in normative and teleological terms – as an order in which citizens lived the most fully human life, achieving a degree of self-ruling through and within community. The polis was conceived of as organising power and exercising authority through a set of institutions that shaped and ordered the preferences of the population. As a result, faction, conflict, crime, disorder and cases of bribery or theft were evidence of a deeper failure on the part of the polis to sustain this sense of collective purpose. The polis becomes corrupt, and individuals act corruptly, because the systemic and institutional conditions for integrating individuals within the political and social order begin to break down.

Modern writing on political corruption is considerably more cautious in its commitments. There is a resistance to running together normative and empirical issues in claims about the "nature" of the political system. There is also a tendency to think of corruption in more individualist terms as a dereliction of formal duties by self-interested agents, arising from a mixture of self-interest and the presence of certain opportunities, rather than postulating any more general idea of the corruption of politics. Causal features correlated with corruption are basically accounts of the incentives and/or opportunities open to individuals, and corruption is explained as rule and norm violation for self-interested reasons. The model is also, in principle, neutral with respect to whether corruption is to be condemned: any individual case of corruption has to be assessed in terms of its costs and benefits (hence debates about the potential contribution to economic growth, and the need felt by many contemporary writers to demonstrate that corruption has broader costs).[6] In this approach there is no sense that politics or the public domain can itself become corrupt.

Because most modern accounts lack a sense of systemic forces underlying political order and a vision of the *telos* of politics, they assume that corruption can be solved largely by increasing the efficacy of scrutiny and compliance mechanisms – so as to change opportunities and incentives. This involves reducing opportunities and incentives for corrupt action and restricting as far as possible a number of identified "pathologies" in government, such as principal-agent problems and rent-seeking.[7] The result is that corruption is seen as an institutional design problem: how to ensure that public office holders always have incentives to comply with the rules of the system. We can illustrate the difficulties with conceiving of the issue in this way – which I will refer to as the modern account – by looking in more detail at one of the best-known contemporary works on political corruption.

Robert Klitgaard has suggested a formula for understanding the conditions under which we should expect corruption to develop (Klitgaard 1988: 73–75):

---

[6] See the classic contributions of Nye and Leff in Heidenheimer/Johnson (2002: 281–321 and previous editions).

[7] Although some writers have suggested that there may be an optimum point at which the costs of ensuring compliance outweigh the benefits, others have pointed to the difficulty of sustaining a system which tolerates corruption at any level – crudely, if level n is tolerated, then it will tend to generate a higher level than n because the tolerance for n will be taken as implying a tolerance for n+1... See Elster, Cement of Society.

Illicit behaviour flourishes when agents have monopoly power over clients, when agents have great discretion, and when accountability of agents to the principal is weak. A stylised equation holds:

CORRUPTION = MONOPOLY + DISCRETION − ACCOUNTABILITY'

Klitgaard's model is linked to his account of the triadic relationship between Principal-Agent-Client in the distribution of public goods and services.[8] It is corruption because of the fiduciary relationship A has with P, the distributive and decision-making role A is assigned, and because A is disposing of public resources and services.

On Klitgaard's analysis, P entrusts A to deliver a public service. A has a degree of discretion over that service, and A's behaviour is not transparent to P. Consequently A may make gains that are not contracted for (that is, that are illicit) by his "pricing" of the service to C. In doing so, P's interests are harmed (and C's may be). So we get corruption when A has a monopoly over the goods C wants; when A has discretion (i.e., is not directly controlled by P); and when A's accountability to P (either directly, or through C) is poor. And the strategies that P has to control corruption include introducing competition between agents, cutting back discretion, rotating agents, empowering clients, and so on. These strategies diminish the extent of A's autonomy, and the scope of the P-A problem. In short, to explain corruption you cite monopolistic practices and the existence of official discretion. To reduce it, you attack monopoly and reduce discretion while increasing accountability. If the state is corrupt, roll back the state.

Klitgaard's account is widely cited and is influential in many anti-corruption programmes, even among some who otherwise seem to pay lip-service to the need for strong states. Yet it is deeply flawed. The formula is probabilistic, not causal – not every opportunity to exploit power without accountability results in corruption. Similarly, not every relatively unaccountable institution with monopoly and discretion is corrupt – the US Supreme Court offers one example. Moreover, just as monopoly is not an unalloyed evil, accountability is not an unalloyed good. Greater accountability can weaken institutions, tying them up in red-tape and increasing the incentives to by-pass official channels (cf. Anechiarico/Jacobs 1996). Accountability can also become highly politicised, so public officials become hostage to particular constituencies of interest that undercut the independence of public office; and it can encourage "passing" – that is, appearing to meet standards without accepting the legitimacy and relevance of the standards. Discretion is also a central part of any administrative system: It is simply not possible to lay down in advance how to treat each and every case. And a system that allows no discretion tends to encourage rule breaking for efficiency sake. Finally, while monopoly can create problems (it is better to have lots of offices where you can get a trading licence than just one office), it is difficult to see how to eradicate

---

8 This restriction of scope (to *public* goods) is essential for the transactions concerned to become corrupt. When A's monopoly of x is private, A is free to dispose of x as he sees fit. And when P's monopoly is private and his relationship with A is private, it would be unusual to refer to A's profiting from monopoly and discretion in terms of corruption. However, this does raise further problems for the idea of economic corruption – and *x-corruption* more generally, where *x* involves non-public goods.

it completely from the political system. Weber, after all, defined the state in terms of its monopoly of the means of violence.

Klitgaard's account is deeply rooted in an economic model that treats markets as natural equilibrium systems that the State disrupts, but it is clear that many of the problems of CEE states have arisen from their weaknesses rather than from their strength. Further to increase accountability when it would be highly politicised, and further to eliminate discretion and monopoly in systems that are weighed down by bureaucratic red tape, would be to paralyse the political system and the economy.

Furthermore, Klitgaard's own account of anti-corruption measures faces Juvenal's conundrum – who guards the guardians – in that it is difficult to see how to impose anti-corruption initiatives except by claiming monopoly and discretion and reduced accountability. If monopoly, discretion and weak accountability are essential components in his account of initiatives against corruption then, far from offering a causal account of corruption, the proposed equation becomes neutral: whether or not monopoly, discretion and an absence of accountability produce corruption will depend on other factors. Indeed, rather than the integrity/corruption of a system (and the people in it) being a function of the absence of monopoly and discretion, the account demonstrates that the integrity/corruption of a system should be measured by how well it copes with monopoly and discretion.

These disagreements with Klitgaard are symptomatic of more fundamental differences in the way that political order is understood. In contrast to those demanding the rolling back of the State, we need to recognise that a central part of politics is concerned with the exercise of power, the establishing of rules, and the imposition of order and regulation on populations that are divided by interests and identity. This power is central to politics, and central to its rule-setting character. This power cannot be eradicated and, in so far as it is made accountable, this cannot be achieved in ways that make it subservient to the groups and interests in the state that it must order and regulate. Those influenced by more classical thinking are concerned with the corruption of politics and public office because they are concerned precisely with how to sustain the capacity of the State to order and regulate conflicts and interests within society in ways that do not become beholden to those interests. While I have no desire to defend the classical model in full (and will shortly turn to a criticism of it), in this one important sense it offers a basis for constructing an alternative model of the public domain that has instructive implications for our understanding of political corruption and the development of anti-corruption efforts.

As part of its concern with sustaining the authority of politics this model is concerned with the ability of the State to secure compliance with its rules, policies and procedures. There are a variety of ways of describing this problem. Hart discusses the issue with respect to "rules of recognition" (Hart 1961: 113–114). Or we can refer to Rawls' procedural justification, where our disagreement with outcomes is outweighed by a recognition of the fairness or justice of the procedures (Rawls 1972: section 14). Or we can follow Claus Offe in thinking of the relationship as one of "vertical consolidation": Vertical consolidation concerns the extent to which "every actor's decision making is constrained by higher-order decision-making rules, i.e., rules that are not at the disposition of the actor himself, but to which the actor can refer as a license for or legitimation of his own decision making" (Elster/Offe/Preuss 1998: 30). In each case, though, the issue is the same: the rules and procedures of the state have to carry some weight independently from the value we attribute to their actual outcomes. If compliance with rules and procedures is always conditional on such compliance maximising the returns to the individual, they have no independent weight and will command our compliance only when the outcome of compliance is optimal for us. The result will be corruption and more widespread political collapse. For those who recognise this problem, public office is seen to require a basic autonomy in the exercise of its responsibilities. This can be characterised negatively as a lack of dependence, or positively as public office having a high level of authority. We can also represent the lack of dependence in terms of those in public office (or in broader terms, the State) having the capacity to make and implement policy without being hostage to other political, social or economic forces or interests outside (or within) the state. The more positive claim is that it does this in ways that commands the compliance and support of those subject to it.

Of course, the activities of autonomous democratic states are far from unbounded. They need to secure public recognition of their right to determine policy and to secure the compliance of their citizens. They are also bounded by the need to provide access, participation, and representation to groups and individuals within the political process. Indeed, one problem for democratic states is that the greater the authority of public officials, the more likely they are to be the focus of lobbying and political pressure. Since the state faces a relatively autonomous realm of civil society in which groups have every interest in seeking to direct the state's activities to serve their own interests, state autonomy will inevitably be a matter of degree – or of directional tendency (cf. Przeworski 1990). That directional tendency will essentially be a function of the degree to which the institutions and procedures of the state command legitimacy independently of whether their outputs benefit a particular group or groups. Legitimacy of rules, procedures and institutions is essential for public office to sustain its independence and authority. At the same time, the need for legitimacy also imposes constraints on what the state can do: The price of authority is that power is constrained. Where, in contrast, there are low levels of consolidation, and self-interest maximising strategies in relation to rules and procedures on the part of those dealing with the political process, authority will be destabilised, as will the ability of those holding public office to command compliance. This model of "anti-corruption", rather than seeking to eliminate monopoly and discretion and increase accountability, is interested in finding ways of increasing the degree of vertical consolidation, both for citizens, and for the office-holders themselves – and involves a clear commitment to ensuring at least some degree of autonomy for the functioning of public office.

Diagrammatically, the process can be set out as follows:

Figure 1

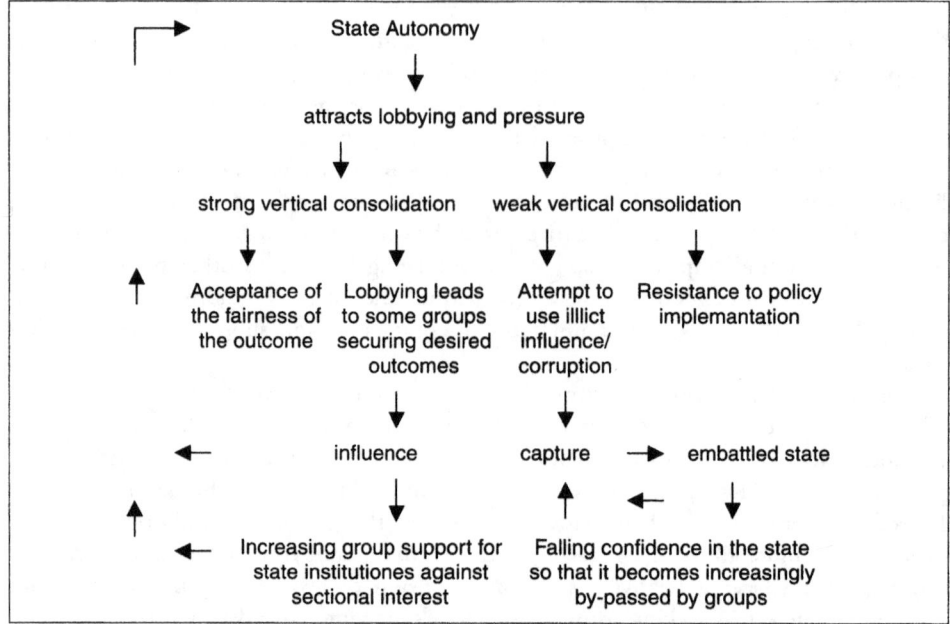

In contrast, then, to the formula proposed by Klitgaard, this analysis suggests that monopoly and discretion are features of political systems that we want, in important respects, to preserve. Whether doing so results in corruption depends on other factors. One major such factor is the question of the strength or weakness of vertical consolidation within the system. Where vertical consolidation is weak, the state will become increasingly incapable of securing compliance with policy, except in so far as it is dictated by groups and factions within the society. The bottom right hand corner signals a vicious cycle in which the state's capacity becomes effectively privatised.[9] Where few people have any interest in complying with the official rules and procedures of the system, we have a stable, but radically sub-optimal equilibrium position. Moreover, anti-corruption strategies will also tend to be subverted and exploited. The issue, then, becomes one of how to shore up vertical consolidation where it is weak. The following list makes a gesture towards proposing conditions for successful vertical consolidation.[10]

---

9 Ideally the diagram would present strong and weak as end points of a continuum, rather than as either/or states. Although that's difficult to do diagrammatically, the discussion which follows is concerned precisely with how one moves along such a continuum, in the right direction.

10 Offe also has a criterion of horizontal integration – the degree of insulation of institutional spheres from each other and the limited convertibility of status attributes from one sphere to the other (cf. Elster/Offe/Preuss 1998: 31) I place less emphasis on this criterion on the grounds that isolation of institutional spheres and limited convertibility of status does seem to

1. Vertical consolidation will be weaker the more intense and exclusive are horizontal group relations. Where familial, tribal, patrimonial, or ethnic ties are very strong, the likelihood is that attitudes to the procedures and rules of the political process will be conditional – a *modus vivendi* – to be adopted where they suit one's interests or where they cannot be avoided, but not otherwise (see Rawls 1993: lecture IV, section 3). A basic issue for CEE states is the extent to which their populations are marked by strong group relations and interests, rather than sharing the more pluralist and cross-cutting character of many western states. Where there are strong patrimonial and ethnic ties, democratic consolidation will usually require complex forms of institutional design, in part to ensure that those ties are recognised in certain ways by the political system, so that they work with the system rather than against it.

2. Vertical consolidation will be weak where conflict over the legitimacy of the political system is deep-seated and widespread – as where class cleavages are deeply entrenched, or where other forms of cleavage leave open to question the legitimacy of the state. Clearly, the legacy of the communist era in CEE states does much to depress the legitimacy of political and administrative systems, as do widespread accusations of corruption and incompetence. We can expect some progress on this front, as a result of generational change, but only if people develop some sense of the effectiveness of their political systems. Whether they do this depends in part on the ability of such states to develop and sustain economic growth – something that it only marginally under their control, although success or failure in this sphere is almost inevitably going to be attributed wholly to them. A sense of effectiveness may also be associated with successful EU accession and a sense of being recognised as independent players in Europe. However, there is a growing concern in some states arising from the split between old communist and vehemently anti-communist parties in the state. Under such circumstances there is a basic tendency for anti-system activity – and that activity can encompass between a third and a half of the electorate – much as it did in the 4th republic between 1946 and 1954. Moreover, there are often considerable numbers of sympathisers in the rest of the electorate, so that the number of centrist-independents is low. Also, the new right-wing parties usually lack the considerable resources their post communist antagonists inherited, and may consequently be drawn into close alliances with economic interests that will preclude high levels of vertical consolidation. While generational change may have an impact, such secular decline is not inevitable: Political leadership plays a major part in partisan identification, and strong anti-communist leadership may simply reproduce the cleavage across new generations.[11]

3. Vertical consolidation will be weak where the pay-off for compliance is low relative to the pay-off for non-compliance, and where the future is uncertain (which multiplies the pay-offs, since the discount rate for future years is steep). This is, in contrast to the two previous conditions, a matter of incentives and opportunities. If x is a very high-risk strategy, future uncertainty and short time horizons will reduce its cost, high levels

---

be significantly dependent on institutional norms and rules and on actors' willingness to accept institutional divisions and convertibility constraints.

11 My thanks to Elizabeth Barrett, author of the Hungary section of the OSI Accession Report on Corruption, for her comments on this.

of certainty and long-time horizons will increase them. The forces that determine short or long horizons are often structural, and partly cultural. Again, in CEE states, it seems plausible to argue that the short-termism of the immediate post-communist period will gradually be displaced by a more medium and longer term perspective, both amongst the general populations of these countries and amongst their political leaders and public servants, and that they will increase just because every new year on the current path reduces the risk of returning to the past.

4. It will be weak where people risk falling below what they regard as acceptable thresholds of welfare, and personal or economic security. Justice, as Hume might have put it, is a game played only past a certain point. This applies both to those who lobby the state or seek to influence outcomes, and for those employed by the state. This too is a point about incentives: basically suggesting that the shape of the curve for compliance is irregular. But, again, CEE states have an increasing sense of material prosperity, and the kind of poverty that makes the rules of public office an irrelevance is increasingly rare – although less so in former CIS states. At the same time, poverty is partly relative and a sense of spiralling and unjustified inequalities can undermine people's willingness to play by the rules. Moreover, there's a problem about the development of stable equilibria that are sub-optimal. Poor conditions produce weak consolidation, but an improvement in those conditions does not necessarily change the incentive patterns sufficiently for the individuals involved; and weak consolidation militates against the conditions improving.

5. It will be weak for those in office where those with power can cash in their power and exit from the state with their spoils – it is stronger where exit and transfer of political to economic capital is more difficult, and where political status cannot easily be cashed in. Again, this is partly an incentives and uncertainty issue. The possibility of exit allows those in power in the state to act as roving, rather than stationary bandits (cf. Olson 2000). The impact of international organisations and their conventions and other initiatives on money laundering and the international transfer of funds is likely to make it increasingly difficult for CEE politicians to decamp, increasing the extent to which they frame their expectations in terms of the norms of their own political systems and those of the West. But exit is also partly a function of political culture and the differential abilities of cultures to generate greater or lesser degrees of integrity in their politicians. Such integrity cannot be reduced to incentives – not least because what we mean when we say someone has integrity is that s/he does not act wholly in pursuit of maximising outcomes. Integrity not only constrains income-maximising, it also acts *a priori* to frame the relevance or non-relevance of different incentives. Economists tend to take preferences as given; whereas a concern with integrity is a concern with a feature of character that forms and shapes preferences.

6. Vertical consolidation will tend to be stronger in the political system when it is strong in the economic order and in civil society more generally. Where markets are heavily freighted with informal elements of exchange, then they are less likely to function as general procedures with wide compliance. There is always a danger that one domain of exchange will come to set the norms for other domains, but the relation-

ship is likely to be positive in so far as market exchanges are not simply one-off maximising transactions but increasingly rely on investment in reputations for fair dealing, good practice, etc. Those more general norms are likely to have positive effects on the political system (although the relationship is hardly unidirectional). One feature that should be emphasised is that markets are rule and norm bound systems, rather than natural or default equilibrium systems, and that vertical consolidation matters in markets too – since monetary exchange can become dominated by violence or coercion. Much neo-classical economic analysis of corruption ignores this – as did much of the enthusiasm for dismantling the states of CEE countries while privatising.

7. It will be weak, when the State faces competition from groups and interests outside it, including those outside the country. States that are hugely dependent on foreign powers, or particular lobbies, both lose their capacity to impose rules on these interests, and thereby dramatically weaken both their ability to impose rules on others and the incentives for others to comply with their rules. In this sense, the State must be an institution with monopoly and discretion relative to other domains of exchange if it is to function as a State. In this sense, the position of CEE states has dramatically improved from the communist era, when they were hugely dependent on an outside power and, while the British tend to regard the EU in this way, it is simply implausible to press the analogy, not least since many EU activities are likely to strengthen rather than weaken these states.

8. Vertical consolidation is weaker for those in office in so far as the criteria for success or failure in politics are independent of the norms governing the conduct of political office – for example the Presidentialism of Yeltsin (and Putin) tends to put a premium on outcomes over procedures. Popularity independent of rule compliance – as in the Reagan Presidency – is another way in which consolidation is weakened. Plausibly, Klaus in the Czech Republic, has cut a similar figure.

9. It is especially weak during double transitions (economic and political) – irrespective of the direction – because the authority of all procedures is weak and untested, and because people face a problem of making do when uncertainty and economic hardship increase dramatically. Indeed, recent work on the concept of social capital in Central and Eastern Europe suggests that social capital is highest where political and economic satisfaction are lowest – contrary to Putnam's more optimistic claims about Italy – but this is so because people are forced to rely on other, horizontal types of relations in the face of such insecurity. Again, the experience of stability over time, and the gradual bedding down of procedures can subsequently serve to bolster vertical consolidation.

10. Finally, it will be weak when the political culture of the state is fragmented, or cynical, or self-serving, so that professional integrity has no premium. This may arise from the factors discussed above but classical authors would also want to talk about more problematic issues such as leadership, virtue and a commitment to the common good – things without which it is difficult to see how politics can play a productive role. Here the political experience of the different CEE states differs considerably, as does their willingness to seek areas of consensus on rules and procedures.

Note that in these brief suggestions I have dwelt equally on the sources of weakness for vertical consolidation among the public, the administration and those who hold political office. There is a tendency for those studying corruption to concern themselves most with élite political corruption, and with the need to provide incentives and constraints for the élite – but I am suggesting that rather than understanding corruption as a matter of individual weakness in a context of opportunity, we need to recognise that opportunity is an ineradicable element in political systems, and that what we need to focus on are the more systemic factors that militate for and against vertical consolidation among members of the public, their officials, and their politicians.

III.

I do not pretend to have made the case for a classical model of corruption. What I hope to have shown is that, in broad terms, we need a better sense of the place and importance of the political process in understanding corruption than can be had from models, like Klitgaard's, that think of politics wholly or largely in terms of principal-agent problems and rent-seeking. In the interests of even-handedness I want to conclude by pointing to a flaw in the more classical account of corruption that modern accounts largely avoid. I raise the issue because it is additionally instructive, not just in relation to conceptualising and modelling political corruption, but also in respect of reflecting on how we might take forward the corruption agenda in CEE states.

The classical model of corruption fuses normative and descriptive components. For most analysts the term "corruption" generally has a negative connotation – it is a descriptive term combined with a negative normative judgement. In classical thinking to call something corrupt is to say that there is something wrong with it. This follows from three commitments: one concerning the identification of a "nature" to things which is partly teleological; a second following from the importance ascribed to politics, so that political decay or disorder was identified as directly threatening the possibility of a uniquely human order; and a third, flowing from the extent to which every element of social, economic and cultural life in the classical world was considered relevant to the political order. The case for abandoning the classical view is that the second and third of these commitments are no longer tenable, and the first is not wholly convincing. I want to take this as read and wish to focus on the issue of how far we can, nonetheless, retain some component of the first commitment.

For all that the appeal to a "nature" to politics seems to invoke something about which there is interminable disagreement, the rational core to such a proposal is the idea that political conduct and activity performs certain functions within the state and that its ability to perform those functions is facilitated or harmed depending on the way it is structured and regulated. If we think that it is concerned with, for example, the ordering of conflict, we will hold that political systems permitting the domination of one group by another are less functional than systems that allows a politics of accommodation to develop. This is not to claim this as the basic end of politics – that is something we should be content to see contested. It is just to suggest that competing theories of politics are engaged in part in a discussion about the ends that political activity should ultimately serve, and it is from this conception of the ends that the normative weight attaches to the practice of politics and to the condemnation of activities that corrupt the capacity of the state to pursue these ends. The classical tendency is to think that those ends include a unique capacity to secure the optimal set of human purposes and potential. That claim might now seem overstated! But it is less implausible to think that politics is to be valued in so far as it produces order, resolves conflict, arbitrates disputes and is able to legitimate its activities to those subject to it so as to produce an order that is, to some minimal degree and to the greatest possible extent, able to command and sustain a consensus. (An order relying wholly on coercion may not be better than its absence – hence the minimal requirement – but there may be a limit to how far consensus can be mobilised and sustained to support an order, forcing it to rely on a degree of coercion, and yet this state of affairs may be considerably better than internal war). And, accordingly, it is equally plausible to think that activities that corrupt this process are to be dis-valued or condemned. But it matters greatly, on this account, that the activities that we call "corrupt" are so because they have this sort of effect, and have it to a greater extent than the feasible alternatives.

This means that we should use political corruption as a precise term of art, not as a blanket description to capture any aspect of a system of which we do not approve. For example, indices of corruption, and many empirical studies often focus on only one feature of corrupt activity, namely bribery, and they do not always ensure that the focus is squarely on bribery of public officials holding political or administrative offices. The justification for the focus on bribery is entirely pragmatic rather than conceptual, since corruption is widely recognised as involving more than bribery.[12] But bribery spills over into other types or forms of corruption and malfeasance that are not necessarily political. One result of this "spilling over" of the definition is that surveys and indices attribute costs and distortions of markets to the political system when they are not in fact the result of public office or political corruption. If we are to understand the dynamics of *political* corruption, we need care in what we attribute to the conduct of public officers or officials, and we need a clear model of public office that allows us to recognise the strains and tensions to which it is subject that may result in corrupt activity.

Similarly, we need to distinguish types of corruption in terms of their seriousness and impact on the functioning of the political system as a whole. Not all cases of corruption are equally bad (additionally, corruption is far from being the only bad thing, nor is it always the worst of the bad things that there are). Recent work on "state capture" by the World Bank has raised a series of relevant distinctions between types of corruption and suggests different measures of seriousness. Having distinguished between administrative corruption (where officials misuse office) and state capture (where the very laws and procedures of the state are the result of corrupt influence) it encourages us to distinguish between the types of institutions that can be captured: the executive, legislature, judiciary, or independent regulatory agencies; the agents who undertake the capture: private firms, interest groups, political leaders; and the type of bene-

---

12 Bribery is also often a legally defined category of offence and thus clearly recognisable. However, if laws can be bought and sold there are reasons for not taking legally defined offences as exhaustively describing political corruption.

fits provided to public officials in the process of capture: bribes, equity stakes, informal control rights. The last two of these categories can be further expanded: capture can occur across state boundaries, by foreign firms and investors, or by the activities of foreign governments. We should also recognise the extent to which corrupt transactions and capture can be effected or sustained through the use or threat of violence and the marketing of "protection". "Throffers", for example, – a combination of threat and offer ("do x and you'll get y, fail to do x and we'll impose sanction z") – are a powerful and often highly efficient incentive for groups working in areas where they either control the law or its enforcement, or where this is in disarray. Two further distinctions concern the depth of the penetration by corruption of the institutional structure of the state, and its duration. Buying a Member of Parliament's vote on a single issue is less corrosive than being able to design and have passed a law (depth). And always being able to buy a vote or have a law passed is more corrosive than if one can only do so only exceptionally (duration). These distinctions might be characterised as between deep and shallow, entrenched and occasional capture. These distinctions will be associated with the others we have drawn. For example, where capture is deep and entrenched – so that an office and its regulatory or law making powers become wholly subordinate to the private interests of some individual, group or organisation – it is less likely to rely on substantial direct payments to officials, and more likely that it will be a part of a network of relationships and exchanges in which monetary exchange plays a lesser role.

The attempt to increase the sophistication of the vocabulary of corruption, so as to acknowledge these different dimensions of corruption and to capture issues of depth, entrenchment, symmetry vs. asymmetry and to identify the various currencies of corrupt transactions – monetary, favours, violence and protection – is essential if we are to deepen our understanding of the "reach" of corrupt practices within a state and to appreciate their costs, without further fuelling the existing tendency to inflate public perceptions of corruption. The tendency to treat corruption as a single currency whose quantity can be measured without reference to qualitative differences in its impact on the functioning of public office has helped produce some extremely misleading accounts of corruption rates throughout the world (and some correspondingly distorted accounts that try to explain variation in rates).

Even where we are right to use the term corruption, it is also not always the worst thing that can happen. Having to pay grease money to obtain official documents may be relatively trivial in its costs (especially if it helps sustain a civil service with an income above the poverty line, and if the payments are routine and not extortionate). Colossal inefficiency that prevents anyone getting the documents they need (by whatever means) may be worse. So too would a system that manipulated the issuing of documents to map ethnic cleansing projects. Poverty, systematic misery and starvation are also worse. In some cases, "corrupt" transactions may be the lesser of evils. Moreover, just because corruption may exacerbate a problem (like poverty), this does not mean that one solves the problem best by addressing corruption. Corruption can be a reasonable response to certain contexts, and even if the net outcome of falling back on corruption is worse, it does not make it any less reasonable to rely on it as a strategy. If, for example, a foreign aid programme results in scarce resources being rationed in ways that reflect family and ethnic loyalties and give them greater weight than fairness and equity, this is regrettable but not incomprehensible. And if there simply are not enough people on the ground who could operate the distribution without fear or favour, then we have to find a way of seeking to mitigate these effects, without supposing that we can eliminate them.

The reign of procedures, rules, and due process, is a complex achievement. Like great literature or art, it requires a whole range of conditions that are not universally present, that cannot be invented overnight, and that take substantial amounts of time to bed down in contexts that must also assimilate rapid social and economic change. Part of this bedding down is achieved through the creation of expectations about how people have a right to be treated by those whose function it is to serve them, and partly it is achieved by those in such offices identifying with their office and the ends it serves and being able to take pride in the kind of work they do and the service they provide. It is fair to say that this is something that few states have achieved securely (and in some states where it was achieved it has been undermined by civil service management reforms aimed at ensuring greater political responsiveness or greater responsiveness to the public). It is also something that cannot be expected to blossom overnight in states that have been the objects of distrust and contempt for the best part of the communist era. Moreover, it is something that the proliferation of accusations and counter-accusations of corruption continues to undermine.

Where the classical model has something to say to us is in distrusting solutions that seek to roll back the state to solve the problem of political corruption, and in encouraging us to recognise that the language of corruption can become part of the problem, and that where it does we can make progress only by insisting on care and precision, both with respect to what we identify as politically corrupt, and in identifying what forms of corruption really matter.

References

Anechiarico, Frank/Jacobs, James B., 1996: The Pursuit of Absolute Integrity. Chicago.
Dobel, J. Patrick, 1978: The Corruption of a State, in: APSR 72(3), 958–973.
Elster, Jon/Offe, Claus/Preuss, Ulrich K., 1998: Institutional Design in Post Communist Societies: Rebuilding the Ship at Sea. Cambridge.
European Bank for Reconstruction and Development, 1999: Ten Years of Transition, chap. 6, <www.worldbank.org/wbi/governance/datainteractive.html>; 27.02.2004.
Galtung, Fredrik/Round, Tom/Sampford, Charles (eds.), 2005: Measuring Corruption. Kent.
Hart, Herbert L., 1961: The Concept of Law. Oxford.
Heidenheimer, Arnold J. (eds.), 1970: Political Corruption. New Brunswick.
Heidenheimer, Arnold J./Johnston, Michael/Levine, Victor T. (eds.), 1989: Political Corruption. New Brunswick.
Heidenheimer, Arnold J./Johnston, Michael (eds.), 2002: Political Corruption. New Brunswick.
Heywood, Paul (ed.), 1997: Political Corruption. Oxford.
Klebnikov, Paul, 2000: Godfather of the Kremlin: Boris Berezovsky and the Looting of Russia Harcourt Inc. New York.
Klitgaard, Robert, 1988: Controlling Corruption. Los Angeles.
Krastev, Ivan, 2001: A Moral Economy of Anti-corruption Sentiments in Transition. Centre for Liberal Strategies, Sofia.

Leff, Nathaniel H., 2002: Economic Development Through Bureaucratic Corruption, in: *Heidenheimer, Arnold J./Johnston, Michael* (eds.), Political Corruption. New Brunswick, 307–338.

Miller, William L./Grodeland, Ase B./Koshechkina, Tatyana Y., 2001: A Culture of Corruption? Coping with Government in Post-communist Europe. Budapest/New York, 91.

Nye, Joseph S., 2002: Corruption and Political Development: A Cost-Benefit Analysis, in: *Heidenheimer, Arnold J./Johnston, Michael* (eds.), Political Corruption. New Brunswick, 281–300.

Olson, Mancur, 2000: Power and Prosperity: Outgrowing Capitalist and Communist Dictatorships. New York.

Open Society Institute, 2002: Monitoring the EU Accession Process: Corruption and Anti-Corruption Policy. Budapest/New York.

Philp, Mark, 1997: Defining Political Corruption, in: *Heywood, Paul* (ed.), Political Corruption. Oxford.

Philp, Mark, 2005: Corruption Definition and Measurement, in: *Galtung, Fredrik/Round, Tom/Sampford, Charles* (eds.), Measuring Corruption. Kent.

Przeworski, Adam, 1990: The State and the Economy under Capitalism. New York.

Rawls, John, 1972: A Theory of Justice. Oxford.

Rawls, John, 1993: Political Liberalism. Columbia, Lecture IV, Section 3.

Reed, Quentin, 1995: Transition, Dysfunctionality and Change in the Czech and Slovak Republics, in: Crime, Law and Social Change 22, pp. 323–337.

Reed, Quentin, 1996: Political Corruption, Privatisation and Control in the Czech Republic: A Case Study of Problems in Multiple Transition. Oxford.

Schwartz, Andrew H., 1997: Market Failure and Corruption in the Czech Republic, in: Transition 8(6), 3–4.

Stiglitz, Joseph, 1999: Whither Reform? Ten years of transition. World Bank Paper.

US Office of Research, 1999, cited in: *Smeltz, Dina/Sweeney, Anna*, On the Take: Central and Eastern European Attitudes toward Corruption. Washington D.C.

World Bank Report, 2000: Anti-Corruption in Transition. Washington D.C.

The Moral (and Immoral) Costs of Corruption

Donatella della Porta / Alberto Vannucci

The *moral cost* is the utility that is lost because of the illegality of an action; it therefore increases with the development of a value system that supports the respect for the laws. Moral costs reflect internalized beliefs, as the *esprit de corps*, "public spiritedness" of officials, political culture, public attitude towards illegality. For an individual, "the moral cost is *the* lower the more ephemeral those circles of moral recognition *appear to him* which offer positive criteria for the respect of the law" (Pizzorno 1992: 46). Individuals are going to suffer higher costs when both in their own and their peers' perspectives corrupt behavior involves a violation of values – as *in* the *the case of* "public service" – which are deeply internalized. In this chapter, we will discuss how *moral costs* are managed in the political economy approach, where they are considered as negative incentives (part 1), and in comparative politics of corruption which look at national cultures (part 2). We will then focus on the *moral costs* of corruption within specific *professional cultures* (part 3), as well as the self-enforcing mechanisms of neutralization of the moral costs of corruption, often focused upon within a symbolic constructivist perspective (part 4), and the enforcing of alternative norms through the construction of specific governance structures of corrupt transactions (part 5).

1. The economic approach to moral costs

In economic terms, we may distinguish between two concepts of moral cost. In a *macro-analytic* perspective, moral costs are one of the dimensions along which the negative effects of corruption within a certain society can be measured. Besides *economic* and *political* costs (the waste of economic resources in rent-seeking activities, the adverse selection of public agents and firms operating in the public sector, the inefficiency of the public action, the de-legitimisation of political institutions, etc.), the widespread practice and the perception of high levels of corruption tend in fact to produce *moral* costs, undermining the *moral values* and ethical codes which sustain cooperative and public-interest inspired strategies within public and private organisations.[1]

From a *micro-analytic* perspective, instead, the notion of moral costs has been used to describe not the *effects*, but one of the factors which can induce individual actors to engage in corrupt activities.[2] According to economic models, an individual chooses

---

[1] See for instance Pasuk and Piriyarangsan (1998), who identify a *moral cost* of corruption in its unequal distributive effects, making a few individuals very wealthy.

[2] These two notions of moral costs – as negative effect and as a factor affecting corruption choices – are obviously interwoven: "The definition of bribes and gifts is a cultural matter, but 'culture' is dynamic and constantly changing. (...) If, however, these practices are imposing hidden or indirect costs on the populace, analysts can clarify and document these costs. Defini-

corruption when the institutional system of incentives and opportunities makes this activity subjectively *rational*:

"A person commits an offense if the expected utility to him exceeds the utility he could get by using his time and other resources at other activities. Some persons become 'criminals', therefore, not because their basic motivation differs from that of other persons, but because their benefits and costs differ" (Becker 1968: 172).

As with other behaviors involving deviation from laws and/or other norms, the individual decisions to participate in corrupt exchanges depends upon the probability of being discovered and punished and the severity of the potential punishment (i.e. the *expected* cost), as well as the expected rewards as compared with the available alternatives:

"In a study of corruption, one can make substantial progress with models that take tastes and values as given and perceive individuals as rational beings attempting to further their self-interest in a world of scarce resources. Information may be imperfect; risks may abound; but individuals are assumed to do the best they can within the constraints imposed by a finite world" (Rose-Ackerman 1978: 5).[3]

Moral costs therefore structure the preferences which affects corruption choices: they are the loss of utility which derives from "engaging in an illegal action" (Rose-Ackerman 1978: 113). Actors still have *given* preferences – they want to have *more* rather than *less* (utility or money) – but their calculus includes also this "moral" component.[4] The higher the *moral cost* for a given agent, the stronger will be his preference for law-fulfillment (that is, the kind of *psychological suffering* associated with the violation of legal norms), influenced by his personal preference as well as by values and informal codes prevailing in the organization where he has been socialized, and the lower will be

---

tions of acceptable behavior may change once people are informed of the costs of tolerating payoffs to politicians and public servants" (Rose-Ackerman 1999: 110).

3 Political economists have singled out some factors that influence the individual calculus to participate to political corruption. What come into play are those institutional forces determining the costs of political mediation; the ease with which new actors or groups can enter the system and the probability of electoral defeat; the overall level of state intervention in the economic and social fields; the degree of discretionality involved in public acts; the relative efficiency of the various administrative and political controls; the forms of political competition; the types of markets where corrupt exchanges develop. At the individual level, the most a politician needs money in order to obtain political power and the most an entrepreneur needs political protection, the highest would be the marginal utility expected from an additional act of corruption. Furthermore, the lower the probability of being denounced or buying a "lemon" from the partner, of being discovered and sanctioned by the judiciary power, and the lower the penalties for corruption, the less would be the expected costs of getting involved in illegal exchanges. Goel and Rich (1989) demonstrate the importance of these "economic" variables to explain changes in the observed levels of corruption.

4 The problematic coexistence between these two distinct sets of motivation is vividly described by a corrupt Christian Democrat local administrator, Luigi Martinelli, who as a catholic frequently silenced his sense of guilt with a confession to (and related absolution of) his spiritual father: "In me there was a dual attitude: a vocation to honesty, but also the desire to have a career. And collecting bribes for the party is a way to jump into an higher level, to conquer leaders' trust" (*Panorama*, 12/7/1992: 54).

the expected monetary gain of bribery. So conceived, moral costs are expressed in monetary terms and considered a positive function of the bribe.[5] Not surprising, economic models demonstrate an inverse correlation between levels of moral costs and corruption: Since moral costs reduce the total expected benefit of corruption, they also restrict the set of acceptable bribes for a public agent (Rose-Ackerman 1978: 122). Since individuals have different values, their choices will vary even when they are subject to the same (or to similar) institutional constraints.

Given that moral costs influence individual choices of violating the law, their distribution in the population influences the overall level of corruption. The assumption that moral costs have a *given* structure within a certain society reflects the attempt of economic models to "sterilize" the influence of cultural factors and social values in the explanation of corruption practices, concentrating on the effects of variation in institutional constraints. As Gambetta puts it, since "the distribution of probabilities of acting illegally within a certain population has a normal form", we will find in every society very few incorruptible or unconditionally corrupt agents, while most of them will decide if and when to be corrupt, according to expected benefits and costs (Gambetta 1988: 240).[6] But assuming the distribution as having a given bell-form is not sufficient to exclude "moral" and other informal constraints from the explanation of corruption. It is not the relative but the *absolute level* of such costs, reflecting internalized beliefs (as the *esprit de corps*, the *public spiritedness* of public officials, political culture, the public attitude towards illegality in different societies and over time), which influences the diffusion of corrupt practices (Pizzorno 1992: 43). The substantial variations in the perception of corruption which are observable across states having similar legal systems and formal institutions[7] – that is, comparable monetary incentives and opportunities for corruption – can in fact be explained by differences in the level of moral costs (*and in the characteristics of their distribution*).

The practice of corruption in a given country will therefore be affected by the combination of these two sets of variables: the expected economic benefit of corruption for individual actors (as well as the characteristics of their interrelated strategic choices) and the distribution of moral costs in the society. Several mechanisms can induce variations of moral costs not only among different individuals, but also across

---

5 The underling hypothesis is that moral costs are either constant, as a sort of "fixed cost" of corruption, or increasing as the size of the bribe increases (Rose-Ackerman 1978: 121). Johnson (1975) and Alam (1990) employ an analogous concept of "aversion to corruption", defined as the value of the marginal revenue of corrupt relative to that of legal activities. Qizilbash (1994) presents a model of "moral character", using a formal definition of temptation to describe agents which can be continent or incontinent, so influencing their corruption choices.

6 Aidt, for instance, presents a model according to which "some tax collectors are more honest than others, possibly because of internalised moral costs. To capture this heterogeneity, I assume that a fraction (c) of all potential tax collectors are honest, while the rest (1 – c) are willing – if it is in their personal interest – to misinform the government in return for a bribe" (Aidt 2003: 636).

7 See for instance the Transparency International Corruption Perception Index, which shows a wide range of values – varying from the 9,7 of Finland to the 4,3 of Greece – for western democracies with similar levels of state intervention in the economic and social system (Transparency International 2003).

groups, social contexts, states and historical periods. In the following we will analyze some of these psychological and institutional mechanisms.

2. Moral costs and/in comparative politics: God, family and social capital

The different propensity to corruption observed in different countries has been explained, in comparative politics, among other variables, by specific national values – them being crystallized in religion, family orientation, or confidence in the state. From such a perspective, as Pareto notices,

"the differences [between countries] are to be found in the substance, that is in the sentiment of the people; where they are more (or less) honest, there we find a more (or less) honest government" (Pareto 1916: 625).

Elster, too, emphasizes the relevance of moral costs:

"Although it is hard to prove, I believe that the variation in corruption across countries is explained largely by the degree of public-spiritedness of their officials, not by the cleverness of institutional design" (Elster 1989c: 158).

And Mény observes that

"Corruption is thus more likely to spread in cases where the 'immune defence systems' of the group tend to weaken and the 'moral cost' drops; as will occur when public behaviour is less prized than private, when producing results comes to matter more than observing standards, monetary values more than ethical or symbolic values" (Mény 2000: 213).

Especially in cross-national comparison, the general issue of values (in particular, but not only, political values), which favour the spreading of corruption, has been discussed. Variations in the moral costs can therefore explain the different individual responses to similar opportunities for corruption: "People in a given society face the same institutions but may have different values" (Elster 1989a: 39).

Looking for cultural traditions, norms and values which inform activities and choices of individuals belonging to different societies and organizations, a first observation, fueled initially by comparison between European countries, points out to *religion*. In particular, case studies seemed to indicate that Protestant countries tend to have higher ethical standards, while corruption seems more widespread in Catholic countries, in particular in Southern Europe. From case studies and small-N comparisons, the analysis of the relationship between religion and corruption has expanded to *macro-comparison*, using different measures of corruption as dependent variable (often TI – Transparency International-index) and correlating them with statistical or survey data on religiosity. In a research on 33 countries, La Porta et al. (1997: 337) found a positive correlation between hierarchical forms of religion (Catholic, Eastern Orthodox and Muslim) and corruption – although in another research on 114 countries this correlation weakens significantly if controlled for GDP per head (La Porta et al. 1999: 251–252). Similar results are obtained in a macro-comparison where levels of corruption emerge as negatively correlated with the percentage of Protestants in the total population (Treisman 2000: 428). Also according to another research (Paldam 1999), corruption is lower in countries with a large fraction of Reform Christianity and Tribal religion, and higher instead in countries with a large influence of Pre-Reform Christianity, Islam, Buddhism and Hinduism – with a particularly significant impact of Reform Protestants and Anglicans.

Catholicism has been mentioned as facilitating hierarchical relationships (because of the role the clergy acquires as a mediator between human beings and God) but also for the possibility, via confession, to be absolved of guilt and guilty feelings. While the Protestant, Weberian "spirit of capitalism" develops individual responsibility, the Catholic religion socializes towards the possibility of buying pardon, via formal act of contrition, including even material payments. In both Italy and Spain, intertwining of spiritual and material powers has a long tradition in the functioning of the clergy, often as brokers also within a clientelistic machine where sponsorship of the local priest helped finding not only absolution but also material rewards, such as job or housing (Allum 1995). In Italy, this link between corruption and religious behaviour is epitomized in the action of the Neapolitan politician and former Minister Cirino Pomicino who, in order to thank the good God for the success of his surgery, asked the entrepreneur Francesco Zecchina, with whom he was in illicit business, to give money to a Catholic charity:

"He asked me a contribution of 100 million lira – 10 millions at Christmas and 10 at Easter, for 5 years – to the priest Salvatore D'Angelo for the 'Village of the Child' in Maddaloni. He made this request when he came back from Houston where he had had an heart surgery operation in 1984–5, specifying that he had made the vow of helping those boys. (...) I objected that it seemed strange to me I had to pay for his votive offering, but he replied that *I* had to pay" (CD, n.344, 6/5/1993: 4).

Research on Mafia bosses – often part of the corrupt business – has also stressed the particular role of religion, not only for a long time in terms of legitimating their power, but also in the development of their self-images, as "fair men", deferent to God and family. Personal responsibility for sin in the Protestant culture contrasts with institutional forgiveness of the Catholic church: "Protestant cultures are less understanding towards lapses from grace and press more urgently to institutionalize virtue and cast out the wicked" (Treisman 2000: 427). Moreover, Protestant societies tend to have more pronounced separation between state and church, and a more vivacious civil society, as well as more tolerance for challenges to authority and individual dissent than Catholicism or Islam (Treisman 2000: 427–428).

Linking more or less explicitly religious beliefs and political values, also research about *civic culture* reflected upon the country-specific impact of values on the diffusion of corruption. Already Edward Banfield (1956), in his research on "amoral familism" in the Southern Italian village of Montegrano, observed that some values and norms affect the political capacity of a community to pursue public goods. According to him, widespread poverty was linked with amoral familism, that is the lack of capacity to act in the name of a collective good that goes beyond the immediate, material interest of the core family (Banfield 1956: 10). Amoral familism interacts with political behaviour in so far as it is expected that nobody will pursue the interest of the community (ibidem, 83–4), and moreover the citizens will believe that all those in power are self-interested and corrupt (ibidem: 99). In a sort of self-fulfilling prophecy, the amoral familist in a public administration will accept bribes if he does not fear punishment, and all the members of the society will assume that he is corrupt anyhow (ibidem: 92).

Family ties emerged indeed in investigation on corruption – often providing the strong bound of solidarity needed for risky activities. For instance, concerning Sicily Michele Pantaleoni has noted that

"it is significant that of 18 entrepreneurs in public works (...) two are the direct relations of parliamentarians (...), three married to the children of national-level party leaders, one the son of the director of a regional assessorate, another the son of the president of a public body" (Pantaleoni 1984: 184).

Very often, corrupt deals have been justified by the necessity to find support for an elderly mother or several growing children. Relatives offer a cover, in terms of material affairs, but also psychological support, as well as a justification of "minor offences" in the name of a superior value. A functionary, for example, justified his attempt to collect bribes – selling information on questions in a television quiz-show – by his mother's needs: "I did it because I wanted, but I also didn't want ... My mother suffers from heart disease, and her monthly pension is only 600.000 lira" (*La Repubblica* 17/4/1997: 21).

Research on different countries indicated a strong link between political corruption and *patrimonialism*. In the studies dealing with corruption in Third World countries, corruption has been related with their patrimonial character defined as

"not simply to the persistence in social relationships generally of personalist principles of kinship, clanship and clientship, but, more crucially, to their inevitable invocation in dealing with the state" (Theobald 1996: 13).[8]

In Spain, where political corruption became in the nineties "the single most salient issue in Spanish politics" (Heywood 1995: 726; see also Pérez-Diaz 1996), commentators explained its development with the traditional emphasis on *amiguismo*, involving the use of brokers in the relationships with the public administration (Heywood 1997: 70–71). Studies on corruption in Portugal recalled the long-lasting presence of caciques, "influential local bosses such as priests, lawyers and others who were able to offer to the government in power a bundle of votes from their local community" (Magone 1996: 9), and a *neo-patrimonial* structure and culture, inherited by the democratic state, emerged in 1975. Many political scandals emerged in Greece, under the so-called *patrimonial socialism* led by Andreas Papandreou (ibid.). As for Japan, another country in which corruption appears to be quite widespread, a persistent weakness of the con-

---

8 The survival of corruption even after democratization has been explained with the presence of a "soft state", i.e. "a state that fails to supersede personal, family, ethnic and tribal loyalties. Many elected president or democratically appointed officers do not perceive the boundaries between state and private finances (...) This 'soft state' is perpetuated in new democracies because political institutions are usually very weak" (Pinheiro 1994: 38).

cept of public interest, which only late and imperfectly was distinguished from that of the private interest of those in power (Bouissou 1997) has often been quoted. Corruption in the former French colonies in Africa was facilitated by the development of personalized relationships between the African leaders and their counter-parts in France (Médard 1997). In Italy, the power of the former national secretary of the Socialist Party, Bettino Craxi, was considered as an example of caciquism (Sapelli 1994).

More in general, the hypotheses about uncivic culture, with low costs of corruption, developed within classical comparative research on political culture which stated that democratic quality depends upon *people's attitudes vis-a-vis the political process* (Almond/Verba 1963; Pye/Verba 1965). In this research, the Italian political culture emerges indeed as alienated, fragmented and particularistic, with low trust in politics and public administration (Almond/Verba 1963). More recently, Robert Putnam (1993) developed similar hypotheses in order to explain institutional output. According to his influential research, if civic values are widespread, politics is perceived as orientated towards public interest, and politicians and citizens behave accordingly. In civic regions, citizens trust their politicians to be honest and politicians meet higher moral standards; vice versa, in uncivic regions citizens as well as politicians consider corruption as the rule (ibidem: 135). Macro-comparison indicated that trust (as measured by the World Value Survey) has a significantly negative impact on corruption, even controlling for GDP per head (La Porta et al. 1997: 336). Similarly, Husted (1999) discovered that acceptance of inequalities is correlated with corruption.

Public mindedness is also linked with respect for the law – that is, the internalization of the conception of a *Rechtstaat*. Alessandro Pizzorno (1992: 66–68) focused on the development of public ethics, distinguishing between political ethics (sense of politics) and state ethics (sense of the state). The privileges of political ethics produce loyalties to collectives which do not coincide with the state territory (classes, ethnic or religious groups etc.). Those who have a "sense of the state" instead, perceive institutions as *being* oriented towards the public interest of the community defined within state borders. In Italy, loyalty to the two large communities – the socialist one and the catholic one – prevailed over loyalty to the state, jeopardizing the development of a sense of respect for the Rechtsstaat. Since the Seventies, also the "sense of politics" diminished, thus weakening the moral constraints against corruption. As Michael Johnston observed, the very notion of corruption is related to

"the rise of a *'system of public order'*: a relatively durable framework of social and legal standards defining practical limits of behavior by holders of government roles, and by those who seek to influence them" (Johnston 1994: 11).

If this system is not internalized, corruption tends to develop. In fact, corruption spreads if corrupt behavior is not stigmatized by the elite and/or public opinion, becoming "white" or "gray" corruption (Heidenheimer 1970).

As many cultural explanations, also the explanation of corruption in terms of values has been accused of describing more than accounting for. As Paul Heywood (1997: 70) mentioned, "one of the most familiar, yet also one of the most easily dismissed, explanations of political corruption in Spain is one which relies on some notion of 'national character' (...). Just as Germans are supposedly efficient, and the French stylish, so Spaniards are lazy and corrupt". An open question is, first of all, why should an immoral society produce a corrupt political class? The response that the political class is usually selected from the population is not fully satisfactory since, as it is well known, specific positions/professions involve specific paths of socialization. A parallel explanation could be that, in an amoral society, politicians do not have to fear stigmatization (and electoral withdrawal) if they are caught corrupting. Here as well, however, Italian as well as Spanish history (but also the vicissitudes of many regime crisis in Southern countries) indicate that scandals do emerge and produce strong emotional (and concrete) effects also in societies characterized by a weak sense of public interest. In fact, as Banfield already observed, in a society of amoral familists, law-and-order sentiments are widespread (1956: 93). Looking more deeply at the interaction of corruption dynamics and widespread values, it was indeed observed that lack of trust tends to interact with the spread of corruption especially since in such societies citizens (and entrepreneurs) are pushed to "buy" the public services they do not think they could obtain otherwise. At its turn, corruption confirms the appropriateness of this mistrust, fueling it even more.

3. Public class, entrepreneurs and socialization to corruption

Research on moral costs also focused on the specific characteristics of the actors involved in corruption: the political class, the bureaucrats, and the entrepreneurs. White collar crime has been explained with reference to *work-related subcultures*[9] which

"tend to isolate their members from the mainstream of social life and its construction of reality (...) Because of this isolation, work-related subcultures are often able to maintain a definition of certain criminal activities as acceptable or even required behavior, when they are clearly condemned by society as a whole" (Coleman 1987: 422–423).

Typically, the internalization of norms depends on so-called *pride in position*, such as in the prestige of public service: The more public roles are socially rewarded, the less desirable the violation of group norms. In the Italian case, the diffusion of corruption in the bureaucracy may have been facilitated by the traditionally low status of public bureaucracy.[10] In fact, compared with the German, British or French public administrations, which have traditionally shown a strong *esprit de corps*, the Italian public bureaucracy is characterized by a generalized lack of the sense of the state, related to the importance of political protection (or, in the best of cases, seniority) in career development. Similarly, in the Russian transition to democracy a major risk has been singled out in the extreme weakness of the public bureaucracy, interested more in private enrichment than in providing services to the citizens, incompetent and anti-democratic,

---

9 Work related subculture are "epistemic communities that provide the locus for specialized reality construction in society on the basis of work concerns or ideological commitments" (Holzner 1972: 95).
10 A low social status is often sanctioned by low wages. Van Rijckeghem and Weder (1997) show how the empirical evidence points to a negative relationship between corruption and wages across developing countries.

capable of protecting friends but unable to take responsibility for the public interest (Mendras 1997: 126–128).

The classical studies on local power in the United States identified the preconditions for a reduction in the moral quality of the political class in the accession to power of particular *emerging groups*. In his famous study on New Haven, Robert Dahl (1961) singled out, on the basis of the social origins of those occupying positions of institutional power, some distinct stages in the passage from oligarchy to pluralism, from the concentration to the dispersal of the most relevant political resources. In particular, Dahl related corruption with the domain of *ex-plebs* who had neither wealth nor instruction but were able to build a following among the new immigrants. The entry of the ex-plebs brought about a transformation of the political ethos:

"Political leaders and their followings combined to use the political system in order to eliminate the handicaps associated with ethnic identity rather than to reduce disadvantages stemming from the distribution of resources by the existing socio-economic order itself" (ibid.: 33).

It was in this phase that corruption developed since the new political leaders, often themselves coming from discriminated ethnic groups, began to offer protection in return for electoral support:

"Since political leaders hoped to expand their own influence with the votes of ethnic groups, they helped the immigrant overcome his initial political powerlessness by engaging him in politics. Whatever else the ethnics lacked, they had numbers. Hence politicians took the initiative; they made it easy for immigrants to become citizens, encouraging ethnics to register, put them on the party rolls, and aided them in meeting the innumerable specific problems resulting from their poverty, strangeness, and lowly position. To obtain and hold the votes, the political leaders rewarded them with city jobs" (Dahl 1961: 34).

According to Dahl, however, the integration of these ethnic groups into the community reduced the power of the ex-plebs.

Other students of local power explicitly linked the lowering of the moral quality of the political class to its social origins, describing a kind of *class ethos*. According to such hypotheses, while the middle class sees local politics as a service to the community, emphasizing the public virtues of honesty, efficiency and impartiality, the lower classes prefer political clientelism and corruption, from which they receive the particularistic protection they need. Edward Banfield and James Q. Wilson in particular have argued that:

"(...) the middle class ideal sees local politics as a cooperative search for the concrete implications of a more or less objective public interest, and interest of the community 'as a whole'. The logic of the middle-class ideal requires that authority be exercised by those who are 'best qualified', that is, technical experts and statesmen, not 'politicians'. The logic of the middle-class ideal implies (...) particular regard for the public virtues of honesty, efficiency, and impartiality; and a disposition to encourage the consumption of 'public goods' like schools, parks, museums, libraries, and by extension, urban renewal (...). The old-style politics of the boss and machine is, and no doubt will remain, highly congenial to the lower class" (Banfield/Wilson 1967: 330).

Contrary to what emerged in the mentioned studies of the American political machines, in our research on the Italian case (della Porta/Vannucci 1999) the spread of corruption is not related to the rise of "ex-plebs" who supplant the middle classes. Rather, it develops when politics begin to attract chiefly those individuals who are able and willing to derive personal benefits from the control of public resources. We noticed in fact that the crisis of the Italian Socialist party developed when the working class membership had abandoned the party, and a new middle class had entered it, occupying power positions. This new political class was characterized by a "business" approach to politics, in the sense of political involvement being considered as a way to enrich oneself. A similar conception has been noted also in other times and countries. As Raymond Wolfinger had observed in his research on New Haven, "Patronage inevitably creates a cadre of activists for whom politics is a way to make money, not a means of striving for the good, true, and beautiful" (Wolfinger 1973: 95). As Wolfinger noticed about the American political machine,

"there is no reason why the advantages of political influence appeal only to the poor. Where the political culture supports expectations that official discretion will be exercised in accordance with political consideration, the constituency for machine politics extends across the socioeconomic spectrums. (...) Certain kinds of business and professional men are more likely to have interests requiring repeated and complicated relations with public agencies, and thus are potentially a stronger constituency than the working classes" (Wolfinger 1973: 112).

Our business politicians can, however, be described as "homines novi", whose entry into politics, from the Roman Republic onward, is considered as having raised the tolerance threshold of deviation from the established norms. According to Banfield's and Wilson's analysis of American cities, for instance, the greater propensity of *newcomers* to involvement in political corruption can be explained by the need of new entrepreneurs and political bosses to break into a world which tends towards their exclusion. Once they have "arrived", these same social groups become defenders of the new order. In part taking up these hypotheses, Alessandro Pizzorno (1992: 45) has suggested that the "homines novi" are more susceptible to participation in corruption because the detachment from prior reference groups entailed by entry into politics lowers the moral cost of behaving illegally. According to Pizzorno,

"entering politics, the 'new men' tend to break with what still binds them to their roots or, leaving aside metaphors, to detach themselves from the reference groups in which they were socialized. Politicians who belong to the socially dominant classes and have therefore been socialized in reference groups whose morality is the same as that of legal authority, on the other hand, continue to view their actions as being judged and rewarded according to the criteria of those groups and therefore conform to their norms" (Pizzorno 1952: XX).

Monetary rewards gained through corruption, in fact, can be enjoyed in a socially satisfying manner only if this does not lead to stigmatization by an individual's reference group. The careers of many of the Italian corrupt politicians reveal common tendencies, summed up by many of the interviewees with the colourful neologism *rampantismo* – an Italian neologism which can be translated as being "on the make". In the first place, our business politicians generally entered politics *without pre-political re-*

didn't say anything and as far as I was concerned, from then on, he was 'done', compromised, prepared to come in on the game" (*L'Espresso* 18/11/1984: 45).

Also for entrepreneurs, the decision to pay or not a bribe depends on the entrepreneur's "moral propensity" to illegal behaviour. The condition of illegality may cause in fact a kind of "emotional suffering" which can influence that choice, even considering it as the result of rational calculation. To explain his final rebellion, an entrepreneur from Bari who had paid bribes for fifteen years declared: "(...) I couldn't look at myself in the mirror any more. I felt completely shitty. It seemed wrong, humiliating" (*L'Espresso* 18/11/1984: 34). And also in this case, paying bribes is often "neutralized" as a normal behavior – as Italian entrepreneurs declared: "My colleagues also told me that that was the way things worked, that everyone did it and at bottom there was nothing strange about it" (*L'Espresso* 18/11/1984: 41); "It was a sort of custom (...). Since that was the system, more or less, I preferred to be part of the system" (*Panorama* 14/2/1993: 61). Moreover, mechanisms exist inside firms for a progressive and "painless" inclusion in the "rituals" and institutional obligations of corruption. Enso Papi recalled that, when he was nominated manager of the Cogefar, a company controlled by FIAT, he was given

"a booklet where all the 'obligations' and payment dates of the company were recorded. A list of names and sums; an inheritance which had to be respected to the letter. *Illegality was so regularised that I didn't feel I was perpetrating a criminal act*" (*Panorama* 16/4/1994: 86, emphasis added).

Thus each manager ends up considering their individual contribution to the complex operation underlying an act of corruption – establishing contacts with politicians, negotiating the sums to be paid, creating hidden funds from which the money can be drawn and effecting payment – as part of a decision-making process which lies outside their personal responsibility. Similarly, skills and knowledge in corruption practices are passed on, in numerous family-run businesses, directly from father to son: "I paid my first bribe in 1966, when I inherited this enterprise from my daddy. We paid for 45 years, since when the Republican Army was founded" stated an entrepreneur who has been arrested in relations with supplies to the army (*La Repubblica* 25/10/1995: 9).

Corruption is also often justified in the name of a superior goal. A number of politicians involved in recent corruption investigations also stressed their *"efficient"* image of a public administrator, a self-representation which also offers a "moral" justification of corruption. The description given of an eminent colleague by a Calabrian administrator makes the point nicely:

"He really is convinced that he always pursued the general interest with abnegation and public spirit. (...) Securing investment, even through corruption, served the interests of the population and contributed to the prosperity of the city. Paris was worth a mass, and public works were worth a bit of bribery even if by doing so the system was perpetuated. He said: 'That's the way it is. Otherwise we have no public works, no employment and no help for the less well-off'" (Licandro/Varano 1993: 71).

Similarly, for entrepreneurs the moral costs of breaking the law are attenuated by what one of them defines as the "ethic of responsibility an entrepreneur has towards his firm and employees" (*L'Espresso* 21/6/1992: 31) and another as "the interests of the thousands of employees and shareholders to whom I felt I owed paramount responsibility" (*La Repubblica* 18/5/1993: 5) or the responsibility "for keeping a firm with a thousand employees going" (PRIM: 15). In fact, like other "white-collar crimes", corruption is an illegal act closely connected to activities which are both legal and considered socially positive (Solivetti 1987: 71).[14] This is all the more true when the firms involved in corruption – as it often happened in the Italian case – were specialised in satisfying public demand, thus reducing their opportunities of working in the private sector. The particular location of their plant, the specific skills they had developed in a learning-by-doing fashion, or the discrete investments that are made at the behest of the public customer rendered them particularly susceptible to bribery demands (Williamson 1989: 143). One of the Pio Albergo Trivulzio's contractors stated:

"Giving these people money wasn't a result of free choice. Having equipped the firm with sophisticated and expensive machinery and taken on a large number of highly specialised employees, the firm's survival depends on getting contracts" (TM: 30).

5. Moral (and immoral) costs of corruption as informal institutional constraints

According to North, institutions are the "rules of the game in a society or, more formally, as the humanly devised constraints that shape human interaction" (1990: 3). Institutions can be divided into three categories: *formal* rules (constitutional rules, statutory laws, regulation, contracts, etc.), *informal* constrains (social norms, customs, conventions, etc.) and their respective *enforcement* mechanisms. Rules are institutionalized when

"actions taken by the players of the game based on their subjective game models become mutually consistent over periods (i.e., equilibrated), then their subjective game models can be confirmed by their observed reality jointly created by their action choices and reproduced as a guide for their further action choices" (Aoki 2001: 3).

In this perspective, moral costs, which are the expression of internalized beliefs attributing positive value to respecting laws, can be conceptualized as an *informal* institutional structure of compliance with legal norms regulating the conduct of public and private agents. They are, in other words, a shared "governance mechanism" (Williamson 1996) which can reduce transaction costs in the relationship between public agents and their principal, the organizations on whose behalf they act.[15]

---

14 According to Sutherland (1983), the ideal businessman, as the professional thief, often engage in crimes and violations which are not stigmatized in his peer group. Differently from the professional thief, however, the businessman define himself as an "honest man". On those aspects of firm organisation favouring law-breaking on the part of businessmen and other "white-collars" crimes, see Leonard and Weber (1978).
15 In fact, we can define political or bureaucratic corruption as: (i) a hidden (due to its illegality) violation of a contract that, implicitly or explicitly, state a delegation of responsibility and the exercise of some discretionary power; (ii) by a public *agent* (the bribee) who, against the interests or preferences of the *principal* (its public organization) (iii) acts in favor of a *third party* (the briber) from which he receives a rewards (the bribe) (della Porta/Vannucci 1999: 16–17).

High moral costs make anti-corruption laws "self-enforcing", independently from expected sanctions and risks of legal prosecutions, sustaining and guaranteeing honest conduct of public and private agents. Moral costs, as other informal sanctioning mechanisms based on cultural codes and ethical values, rely on two mechanisms. We can observe *first-party control* when legal norms have been internalized to such extent that their violation produces feelings of guilt and psychological discomfort (Panther 2000). This presupposes the attribution of a positive value to the respect of anti-corruption law in itself, due to existence of ideological and cultural values homogeneous to those embodied in the rules of a state.

To understand the process of socialization to the informal norms that sustain moral costs, we have to consider also the interplay of internalized principles of behavior with *second-party* enforcement mechanisms. In this case, social sanctions are *informally* administered by other agents against those who violate laws. An agent is going to suffer a higher moral cost if both in his own and in his peers' perspectives corrupt behavior involves a violation of values – as the "public service", the reputation of honesty, the *esprit de corps, etc.* – which are deeply internalized and socially recognized.[16] As mentioned, Pizzorno emphasizes the crucial importance of the relationships with one's primary "moral recognition circles" in the formation of moral costs. For a given individual, in fact, the moral cost of entering into corrupt transactions will be higher:

The acknowledgment of *moral cost* in the violation of the law implies the attribution of a positive ethical value to its respect. But when there are *strong* alternative loyalty sources or conflicting sub-cultures (as those largely diffused in Italy), on the contrary, public procedures and laws can be subordinated to the pursuing of these private organizations' ends: Corruption functional to such aims can ironically assume a positive moral value (Pizzorno 1992: 19). A paradoxical "sense of justice" then accomplishes the practice of corruption considered useful in the superior interest of one's party, faction, clan, family. When in the clash between two conflicting systems of values such interests prevail on the "public" one, the *moral cost* of corruption is strongly reduced, or can be even reversed into a *moral benefit*. In this case, a political agent can proudly claim the right to use bribery in order to support the organization's purposes he is strongly identified in, obtaining both social legitimization in his relevant recognition circle and psychological relief from the perception of acting illegally. Where corruption becomes, through a process of informal institutionalization, a regulated system,

---

The "contract" that public agents stipulate with the state – and therefore with the citizens the state represents – imposes the respect of rules restricting the discretionary power of the agent, universally adopted for limiting the potential conflict between the private interests of the agent and those of the principal (i.e. the public). There is a corrupt transaction if the public agent does not respect these rules because of the intervention of a third party, the corrupter, who induces him to sell resources related with his role (decisional power, reserved information, protection) in order to obtain – or increasing the probability of obtaining – property rights upon a political rent. In exchange for these resources, the third party offers to the public agent a quote of the value of such political rent, typically in the form of a bribe. Corruption then involves a violation, in favor of the corrupter, of *formal* rules whose respect should foster the principals' interest.

16 In an interactionist perspective, motivations are a social construction, determined by the expectations of significant others and generalized expectations of the society as a whole (Coleman 1987).

moral cost are profoundly undermined. Shared beliefs about the tacit rules which govern their corrupt interaction with other players reinforce such informal (due to its illegality) institutional framework:

"For example, even if the government prohibits the importation of some goods by a statutory law, but if people believe it effective to bribe customs officers to circumvent the law and make it a prevailing practice, then it seems appropriate to regard the practice rather than the ineffective statutory law as an institution" (Aoki 2001: 13).

Hidden markets for corrupt exchanges are in fact characterized by different structures of *informal* institutions and their enforcement mechanisms, which include self-sustaining illegal conventions, moral codes, self-enforcing contracts, norms of reciprocity, reputation, third-party sanctioning, as well as several organizational architectures (limited in their scope or more elaborate and wide ranging), whose resources are used in order to protect illegal dealings and informal property rights. The significant discrepancies in the levels of corruption, even among countries with similar institutional arrangements, economic development and cultural values, may be explained by the path-dependent progressive affirmation of more or less efficient governance mechanisms of illegal agreements. The neo-institutional approach emphasizes the dynamic aspect of the institutional interdependencies between the opportunities of corruption and the internalized values of actors, which can give rise to multiple, sub-optimal arrangements (della Porta/Vannucci 2005).[17]

In spite of the high transaction costs barriers, more or less complex networks of corrupt exchanges can develop parallel to governance mechanisms which help to meet the "demands" of protection of fragile and uncertain property rights at stake in the corruption domain.[18] Some structures become self-enforcing, sustaining "honest" trade relationships among different corrupted actors and generating stable expectations which constrain their actions by imposing the fulfillment of the illegal contracts. Various and interrelated socialization and sanctioning systems may sustain the enforcement of corrupt agreements and reduce its moral costs, which would otherwise increase the

---

17 Path dependency is grounded on the presence of increasing returns or positive feedback from specific activities (as, for instance, corruption): A step in a particular direction increases the probabilities of further steps along the same path, since the relative benefits of that activity, compared with other possible options, increases over time, together with costs of "exit" (Pierson 2000: 252). Among the characteristics of increasing returns processes, according to Arthur, are *unpredictability, inflexibility* and *potential inefficiency* (Arthur 1994: 112–113). Since early events have significant impacts and are often casual, many unpredictable outcomes are possible from the same set of initial conditions. Moreover, the farther a process has developed, the more costly the shift from one path to another, until it eventually lock in one solution, which in the long run may produce less efficient results than a possible alternative. This model can be applied to explain the development of pervasive systems of regulated corruption (della Porta/Vannucci 2005).

18 As Turvani notices: "Prohibition cancels the possibility of referring to a higher, more formal level of institutional orders and sanctions (no court will defend property rights and enforce a contract); it does not cancel transactions. Transactions will take place, but they are now pushed back to another, more primitive institutional environment. A prohibited market is a black market: but the black market is not simply an illegal market, it is a market with a lower degree of institutionalization protecting agents and their transactions" (Turvani 1997: 143).

risks of being denounced. When partners share similar internalized norms, the probability of a successful conclusion of corrupt exchanges increases. As we have seen, a basis for corruption activities is the involvement of relatively homogeneous agents, sharing customs, social norms, ideological and cultural values (opposed, or at least autonomous, from those embodied in the respect of *a* state's norms), which can produce expectations of reciprocal implementation of corrupt dealings. The corresponding endogenous rules of the "corruption game" relies on the negative feelings associated with the betrayal of commonly internalized codes of behavior prescribing "reliability" of corrupt transactions.[19] In this case, then, there is no longer any moral cost in corruption, but a mirror-like *immoral cost* – so to say – can emerge associated with the fulfillment of the terms of the hidden corruption contract. The higher his immoral cost, the less inclined an agent will be to cheat or denounce partners in corrupt exchanges, since the respect of the "norms of corruption" has assumed an "ethical" value in itself.

As an instance, we can consider the role of Italian *party cashiers*, who were chosen precisely for their reputation of trustworthiness and "integrity" in illegal dealings. They gathered and managed the flux of bribes addressed to the party and could easily conceal part of the illegal revenues to their party colleagues, being the only ones who possessed detailed knowledge of the mechanisms governing its allocation (della Porta/Vannucci 1999: 97–99). Party cashiers acquired a favourable reputation and were consequently empowered by leaders, thanks to their observance of a peculiar norms of honesty, implying a respect towards the obligations assumed in illegal transactions, i. e. due to their high *immoral cost* of corruption. The importance of their "honesty in illegal deals" emerges, for example, in the following description of the national administrative secretary of the Italian Socialist Party, made by his assistant:

"He was a man of honour who personally saw to his obligations and therefore, for reasons of uprightness and personal prestige, consigned in person the [bribe] money due to the local branches" (CD, n.202-bis, 23/2/1993: 12).[20]

In this perspective, *the stronger, more lasting and institutionalized the governance structures are which guarantee the "private-order" norms regulating corrupt dealings, the lower the moral costs of corruption will be*. Two distinct mechanisms tend to undermine the moral barriers against pervasive corruption: (a) a generalized weakening of the "sense of

---

19 Any kind of exchange can be facilitated when counterparts are emedded in a social structure (as for instance kinship, etnic, cultural or religious links, etc.), which reduces its transaction costs (Granovetter 1992; Aoki 2001: 208–209). As Lambsdorff observes, corruption does not make an exception: "Corrupt relationships can be setup with partners with whom some kind of organizational link already exists. (...) Pre-existing relationships can lay the foundation for economic exchange by providing the required safeguard against opportunism" (2002: 233).
20 The middleman Adriano Zampini describes how *immoral costs* are shaped in conformity with the rule of a "good corrupter": "If you want to build a good relationship with a person to whom you presented a project, you just need a small sign of agreement after you have been the first to do something concrete for him. Favors, reciprocity and coherence with that first engagement would permit a future development of that relationship (...). Being coherent means relying upon rational bases and this build up trust and security. Never think, not even joking, to manipulate the others; the possible exposure would end up in loosing your relationship" (Zampini 1993: 113).

the state", the civil virtues and the public interest in the society, due to their substitution with alternative values more homogeneous with the prevailing norms of conduct which encourage or justify corruption; (b) a process of adverse selection, which induces the exit from crucial areas of the political, administrative and economic system of individuals having higher moral resistance against corruption, at the same time attracting less honest ones.

In the Italian context, several norms ensured that, given the prevailing beliefs and expectations concerning what others will do, bribers and corrupt officials choose the most advantageous course of action for them. The resulting situation is an institutional equilibrium with high density of corruption which, confirming these beliefs, also sanctions the behavior underlying it. When the "rule" of corruption becomes an invisible guide of behavior, the relations between the corrupt actors appear to follow a prepared script, reducing to a minimum uncertainty and tension. The Socialist politician Mario Chiesa described the tranquil and unembarrassed atmosphere in which bribes circulated, even on the *first occasion* he consigned money to Carlo Tognoli, his political patron:

"I handed him the envelope of money, casually, like offering a friend a coffee. He thanked me without asking anything. He knew there was money in the envelope but did not ask where it came from, which tender produced it or the percentage of the payoff. Bribery has its etiquette. You accept and say thank you without displaying curiosity" (Andreoli 1993: 61–62).

There are no negotiations or demands; no suspicions or worries arise. To conclude successfully the transaction with the minimum of risk it is sufficient to follow the *etiquette* of corruption.

The emergence of the rules of the "corruption game" is in some cases described by agents involved as a process of progressive and reproduced adhesion to prevailing models of behavior. To borrow an expression from Hayek, this can be considered an example of the "spontaneous evolution of rules of behaviour". By obeying the illegal conventions, the corrupting and the corrupted obtain a desirable but not intentionally sought result: the *ordered* functioning of the market.[21] As one entrepreneur described it, the evolution of the rules is the fruit of the *actions* but not the *intentions* of those involved in the corruption market: "We found ourselves in a perverse situation, overrun by events; the situation became insupportable. How did it start? It is not that one day someone said 'Well, now we should ...' Things evolved a little at a time and ended up in a situation like the one that has exploded (...). There has been an enormous evolution in the last ten years, I would say" (recording from *Un giorno in Pretura*, RAI 3,

---

21 "The formation of spontaneous orders is the result of their elements following certain rules in their responses to their immediate environment (...) Society can thus exist only if by a process of selection rules have evolved which lead individuals to behave in a manner which makes social life possible" (Hayek 1979: 43–44). This principle applies on a smaller scale to the "social life" of the market for corruption. Francesco Saverio Borrelli, Milanese Chief Prosecutor, suggested that "(the system of corruption) is something that has grown spontaneously over time. Once it was recognised that the interests of those governing and the interests of those who wanted to do business could easily be married in this way, that a bargain could be struck and opposition silenced, the phenomenon grew on its own, gaining momentum day after day" (PM: 48–49).

22 February 1993). According to politicians involved in episodes of corruption, the illegal financing of the political parties expands with their occupation of non-elected offices in the public administration. As stressed by the socialist bribes cashier in Milan, Radaelli:

"This parallel system of party financing was not invented by me or by Prada (his colleague from the DC). Quite simply we conformed to a system that had existed since the 1950s and when members of the parties were placed on the boards of the various public companies they had the task of continuing and perpetuating the system, asking for and receiving money from the enterprises (...) Everyone knew how things stood and everyone played his role" (*L'Espresso* 21/6/1992: 27).

According to Radaelli's Christian-Democrat counterpart, Maurizio Prada, the system

"grew by itself (...) There was never any 'mastermind'. The development, growth and rationalization of this system of financing came at the moment the traditional ideological confrontation between the parties declined" (PM: 25);

in other words, when its norms extended to opposition parties and the prospect of impunity were thus reinforced.

The existence of informal norms eases the potentially dangerous entry of new actors into the market. In most cases, non-compliance is too costly, efforts at persuasion or intimidation thus being unnecessary. Spontaneous adaptation to the rules in force also allows to reduce the costs of gathering information (Ullmann-Margalitt 1977: 86; Good 1989: 51). The cashier of the Liberal Party in Milan, Giacomo Properzj, describes this process:

"I became President of the AEM in May 1987 and remained such until autumn 1990. As soon as I took on the position I was approached by Fiorentino Enrico who told me that there was a group of firms (...) who normally contributed sums of money for the party system. I say this to make clear that the system of cash payments preceded my taking the post and I confined myself to the acceptance of what, according to Fiorentino, was an established practice" (CD, n. 231, 22/3/1993: 5).

When corruption is systemic, the moral and transaction costs of bribery are further reduced by the widespread belief – intentionally propagated by those seeking corruption rents – that it is *unavoidable*. A small enterprise was contacted by a Christian Democrat councillor after being awarded a 250 million lire order for the Fatebenefratelli hospital of Milan:

"He approached me in a perfectly normal way and asked for a 'contribution for the organisation', giving me the impression that it was an obligation and the usual practice. I considered it and decided to comply" (TM: 83).

In recent years, according to Mario Chiesa, "the tacit rule was that bribery extended to everything, from the biggest public works to the smallest provision of supplies. Bribery wasn't even brought up anymore" (*Panorama* 13/12/1992: 45).[22] As Elster observes, of-

---

22 This is confirmed by Maurizio Prada: "The mechanism of enterprises giving us money was so

ten informal norms "are individually useful in that they help people to economize on decision costs. A simple mechanical decision rule may, on the whole and in the long run, have better consequences for the individual than the fine-tuned search for optimal decision" (1989b: 106). If corruption is considered pervasive, it is no longer worth engaging in the (embarrassing and dangerous) activity of finding out whether in that specific case it is also necessary to pay. The progressive exit or marginalization, in public and private organization, of agents with higher moral costs further increase the expected compliance with the rule of systemic corruption.

In conclusion, when governance mechanisms emerge in the market of corrupt exchanges, the latter tends to reproduce itself along with a system of norms and principles which, while opposite from the legal order (whose supporting values are weakened), far from being *anomie*, can assume an 'ethical' significance on its own. In this way, corruption can seep down from above, as the diffused perception of the involvement of political leaders in corruption reduce loyalty towards the state and undermines the moral costs of followers and the public; but also from below, since

"once the incentives for petty corruption have been created, it tends to extend up the way through interest in complicity. This in its turn, by way of impunity, creates favorable conditions for the growth of corruption" (Cadot 1987: 239).

The diffusion of corruption in fact diminishes its costs, reducing both the sense of guilt and the risks of losing face, while increasing, on the other hand, the possibilities of finding dependable partners for corrupt transactions. The middleman Adriano Zampini, condemned for corruption crimes in Turin, clearly explained that his unscrupulousness derived from a long process of socialization into the practice of corruption. Day-to-day experience reinforced a value system which could be seen to work:

"Having chosen a path you follow it through to the end, right or wrong. On mine I found people willing to be corrupted. Indeed it quickly taught me that if you did not learn how to corrupt others you would never be anybody, you would never be able to do business. One day when I have to explain to my son why his father went to jail that's exactly what I'll tell him, and I'll also explain that 90 per cent of the people he will find in front of him during any negotiation can be bribed" (*L'Espresso*, 18/11/1984: 38).

6. Concluding summary

Different approaches to corruption have looked at moral costs. According to the political economy approach, moral costs are mainly negative incentives that enter in the rational calculation of individual actors who have to decide if to engage in corrupt exchanges. They are, however, considered as fix. In comparative politics, instead, the moral costs of engaging in corruption has been related to cultural values, such as religion, clientelism, public mindedness and the "sense of the state". But the type of link-

---

well consolidated that it was no longer necessary to ask. It was well known that the award of a contract required this and it was automatic, once a contract was gained, to quantify the sum to be given to the parties" (MPM: 148).

ages between widespread values and individual choices remained unspecified. Taking as illustration our own research on political corruption in Italy, we looked instead at the interactions between moral costs and corruption. First of all, we looked at the specific values which characterised the "professional cultures" of public administrators as well as entrepreneurs. Moreover, in a constructivist perspective, we singled out mechanisms of neutralization of the moral costs of illegal behavior which often end up producing *immoral costs* which discourage honest behaviour. Within a neo-institutional frame, we also singled out the institutionalisation of alternative norms which favour corruption. We singled out the development of a "negative equilibrium": If some professional cultures reduce the barriers for illegal behaviour, the spread of corruption then facilitates the diffusion of norms and institutions which support alternative rules of the game, increasing the *immoral costs* of corruption. The most widespread corruption is, the lower are its moral costs since a growing number of politicians and businessmen internalize new codes of behaviour according to which corruption is the supported norm. Political parties and business associations tend, therefore, to work as institutionalized mechanisms of socialization into corruption.

References

Aidt, Toke S., 2003: Economic Analysis of Corruption: A Survey, in: Economic Journal 113 (November), F632–F652.
Alam, M. Shahid, 1990: Some Economic Costs of Corruption in LDCs, in: The Journal of Development Studies 27, 85–97.
Allum, Percy, 1995: Le double visages de la Démocratie Chrétienne italienne, in: Politix 30, 24–44.
Almond, Gabriel/Verba, Sidney, 1963: The Civic Culture: Political Attitudes and Democracy in Five Nations. Princeton.
Andreoli, Marcella, 1993: Andavamo in Piazza Duomo. Milano.
Andvig, Jens C., 1996: Corruption and Softening of Government: The International Dimension. Paper presented at the International Conference on Corruption in Contemporary Politics, University of Salford, November.
Andvig, Jens C./Moene, Kalle O., 1990: How Corruption May Corrupt, in: Journal of Economic Behaviour and Organization XIII, 63–76.
Aoki, Masahiko, 2001: Toward a Comparative Institutional Analysis. Cambridge, Mass./London.
Arthur, W. Brian, 1994: Increasing Returns and Path Dependence in the Economy. Ann Arbor.
Banfield, Edward C., 1958: The Moral Basis of Backward Society. New York.
Banfield, Edward C./Wilson, James Q., 1967: City Politics. Cambridge.
Barbacetto, Gianno/Veltri, Elio, 1991: Milano degli scandali. Bari.
Becker, Gary S., 1968: Crime and Punishment. An Economic Approach, in: Journal of Political Economy 76, 169–217.
Barzel, Yoram, 2002: A Theory of the State,Economic Rights, Legal Rights, and the Scope of the State. Cambridge.
Bocca, G., 1983: La banda di Teardo che inquina la Liguria, in: La Repubblica, September 7.
Bouissou, Jean-Marie, 1997: Gifts, Networks and Clienteles: Corruption in Japan as a redistributive System, in: *Della Porta, Donatella/Mény, Yves* (eds.), Democracy and Corruption in Europe. London, 132–147.
Cadot, Olivier, 1987: Corruption as a Gamble, in: Journal of Public Economics 33, 223–244.
Chibnall, Steven/Saunders, Peter, 1977: Worlds Apart: Notes on the Social Reality of Corruption, in: British Journal of Sociology 28, 138–154.

Chiesi, Antonio M., 1995: I meccanismi di allocazione nello scambio corrotto, in: Stato e mercato 43, 127–162.
Coisson, Fabrizio, 1983: Avanti Savona, in: L'Espresso, 26 giugno.
Coleman, James W., 1987: Toward an Integrated Theory of white Collar Crime, in: American Journal of Sociology 93, 406–439.
Dahl, Robert, 1961: Who Governs? Democracy and Power in an American City. New Haven.
Della Porta, Donatella, 1992: Lo scambio occulto. Casi di corruzione politica in Italia. Bologna.
Della Porta, Donatella/Vannucci, Alberto, 1999: Corrupt Exchanges. New York.
Della Porta, Donatella/Vannucci, Alberto, 2005: The governance mechanisms of corrupt transactions, in: *Graf Lambsdorff, Johann/Taube, Markus* (eds.), Corrupt Transactions. London.
Di Pietro, Antonio, 1991: La corruzione post-moderna, ovvero la dazione ambientale e i nuovi camaleonti, relazione presentata al convegno delle Forze di Polizia. Milano.
Elster, Jon, 1989a: Nuts and Bolts for the Social Sciences. Cambridge.
Elster, Jon, 1989b: Social Norms and Economic Theory, in: Journal of Economic Perspectives 3, 97–117.
Elster, Jon, 1989c: The Cement of Society. Cambridge.
Gambetta, Diego, 1988: Anatomia della tangente, in: Meridiana 4, 237–247.
Giglioli, Pier P., 1997: Processi di delegittimazione e cerimonie di degradazione, in: *Giglioli, Pier P./Cavicchioli, Sandra/Fele, Giolo*, Rituali di degradazione, Anatomia del processo Cusani. Bologna, 15–74.
Goel, Rajeev K./Rich, Daniel P., 1989: On the Economic Incentives for Taking Bribes, in: Public Choice 61, 269–275.
Goffman, Erving, 1975: Frame Analysis. New York.
Granovetter, Mark, 1992: Economic Action and Social Structure: The Problem of Embeddedness, in: *Granovetter, Mark/Swedberg, Richard* (eds.), The Sociology of Economic Life. Boulder, 53–81.
Good, David, 1989: Individui, relazioni interpersonali e fiducia, in: *Gambetta, Diego*, (a cura di) Le strategie della fiducia. Torino.
Hayek, Friedrich A., 1979: Law, Legislation and Liberty. London.
Heywood, Paul, 1995: Sleaze in Spain, in: Parliamentary Affairs 48, 4.
Heywood, Paul, 1997: From Dictatorship to Democracy: the Changing Forms of Corruption in Spain, in: *Della Porta, Donatella/Mény, Yves* (eds.), Democracy and Corruption in Europe. London, 65–84.
Holzner, Burkhart, 1972: Reality Construction in Society. Cambridge, Mass.
Hirschman, Albert, 1982: Shifting Involvements. Princeton.
Husted, Bryan, 1999: Wealth, Culture, and Corruption, in: Journal of International Business Studies 30 (2), 339–360.
Johnson, Omotunde E. G., 1975: An Economic Analysis of Corrupt Government with Special Application to LDC's, in: Kyklos 28, 47–61.
Johnston, Michael, 1994: Comparing Corruption. Paper presented at the XVI World Congress of the International Political Science Association. Berlin, August.
Lambsdorff, Johann Graf, 2002: Making Corrupt Deals: Contracting in the Shadow of the Law, in: Journal of Economic Behavior & Organization 48, 221–241.
La Porta, Rafael/Lopez-de-Silanes, Florencio/Shleifer, Andrei/Vishny, Robert W., 1997: Trust in Large Organizations, in: American Economic Association Papers and Proceedings 87 (2), 333–338.
La Porta, Rafael/Lopez-de-Silanes, Florencio/Shleifer, Andrei/Vishny, Robert W., 1999: The Quality of Government, in: Journal of Law, Economics and Organization 15, 222–279.
Leonard, William N./Weber, Marvin G., 1978: Automakers and Dealers: A Study of Criminogenic Market Forces, in: *Geis, Gilbert/Meier, Robert F.* (eds.), White Collars Crime. New York.
Leone, R., 1988: Tra risanamento e normalizzazione, Inchiesta sulla situazione della Dc a Catania, in: La Sicilia, 6-8-10-11 novembre.
Lerner, Gad, 1983: Il metodo Teardo, in: L'Espresso, 16 ottobre.
Licandro, Agatino/Varano, Aldo, 1993: La città dolente, Confessioni di un sindaco corrotto. Torino.

Magone, Jose M., 1996: Political Corruption and Sustainable Democracy in Small Countries: The Portuguise Case in Comparative European Perspective. Paper presented at the International Conference on Corruption in Contemporary Politics, University of Salford, November.
Médard, Jean F., 1997: France-Afrique: Within the Family, in: *Della Porta, Donatella/Mény, Yves* (eds.), Democracy and Corruption in Europe. London, 22–35.
Mény, Yves, 2000: The End of the Republic Ethic?, in: *Williams, Robert/Moran, Jonathan/Flanary, Rachel* (eds.), Corruption in the Developed world. Chelthenam, 202–217.
Murphy, Kevin M./Shleifer, Andrei/Vishny Robert W., 1993: Why is Rent-Seeking so Costly to Growth?, in: American Economic Review Papers and Proceedings 83, 409–414.
Paldam, Martin, 1999: Corruption and Religion, Adding to the Economic Model. Unpublished manuscript, Aarhus University, Denmark, September.
North, Douglass C., 1994: Institutions, Institutional Change and Economic Performance. Cambridge.
Pareto, Vilfredo, 1916: Trattato di sociologia generale, edited by G. Barbera.
Pasuk, Phongpaichit/Piriyarangsan, Sungsidh, 1998: Corruption and Democracy in Thailand. Chiang Mai.
Pantaleone, Michele, 1984: L'industria del potere. Bologna.
Panther, Stephan, 2000: Non-legal Sanctions, in: *Bouckaert, Boudewijn/De Geest, Gerrit* (eds.), Encyclopedia of Laws and Economics. Vol. I. Cheltenham.
Pérez-Diaz, Victor, 1996: Espana puesta a prueba, 1976–1996. Madrid.
Pierson, Paul, 2000: Increasing Returns, Path Dependence, and the Study of Politics, in: American Political Science Review 94 (2), 251–267.
Pinheiro, Paulo S., 1994: Corruption in Brasil, in: *Trang, Duc V.* (ed.), Corruption & Democracy, Institute for Constitutional & Legislative Policy, 37–40.
Pizzorno, Allessandro, 1992: La corruzione nel sistema politico, in: *Della Porta, Donatella*, Lo scambio occulto. Bologna.
Putnam, Robert D., 1993: La tradizione civica nelle regioni italiane. Milano.
Qizilbash, Mozaffar, 1994: Corruption, Temptation and Guilt: Moral Character in Economic Theory. Discussion Papers in Economics and Econometrics, University of Southampton, n. 94-19.
Rose-Ackerman, Susan, 1978: Corruption. A Study in Political Economy. New York.
Rose-Ackerman, Susan, 1999: Corruption and Government. Causes, Consequences and Reform. Cambridge.
Solivetti, Luigi, 1987: La criminalità d'impresa: alcuni commenti sul problema delle cause, in: Sociologia del diritto 1, 41–77.
Sutherland, Edwin H., 1983: White Collar Crime. New Haven.
Sutherland, Edwin H./Cressey, Donald R., 1974: Criminology. Ninth edition, Chicago.
Theobald, Robert, 1996: Can Debt be Used as a Weapon in the War Against Corruption (The Uganda Plan)?, Paper presented at the International Conference on Corruption in Contemporary Politics, University of Salford, November.
Transparency International, 2003: Corruption Perception Index 2003, <http://www.transparency.org/cpi/2003/cpi2003.en.html>; 15.12.2004.
Treisman, Daniel, 2000: The Causes of Corruption: A Cross-National Study, in: Journal of Public Economics 76, 399–457.
Turvani, Margherita, 1997: Illegal Markets and the New Institutional Economics, in: *Menard, Claude* (ed.), Transaction Costs Economics. Cheltenham, 127–148.
Ullmann-Margalit, Edna, 1977: The Emergence of Norms. Oxford.
Van Rijckeghem, Caroline/Weder, Beatrice, 1997: Corruption and the Rate of Temptation: Do Low Wages in the Civil Service Cause Corruption?, International Monetary Fund. Discussion paper, n.97/73.
Verba, Sydney/Nie, Norman H., 1972: Participation in America. New York.
Williams, Robert, 1996: Watergate to Whitewater: Corruption in American Politics. Paper presented at the International Conference on Corruption in Contemporary Politics, University of Salford, November.

Williamson, Oliver E., 1989: Transaction Cost Economics, in: *Schmalensee, Richard/Willig, Robert D.* (eds.), Handbook of Industrial Organization, 136–182.
Williamson, Oliver E., 1996: The Mechanisms of Governance. New York.
Wolfinger, Raymond E., 1973: The Politics of Progress. Englewood Cliffs.
Zampini, Adriano, 1993: *Io corruttore*. Napoli.

Sources:

CD	Camera dei deputati. XI legislatura. Domanda d'autorizzazione a procedere, doc. VI.
CDEM	Public Prosecutor at the Court of Milan, Domanda di autorizzazione a procedere, 8/10/1993, in: Avvenimenti 42, November 3, 1993.
Interview	SV Interview conducted in Savona, 1988
MPM	E. Nascimbeni, A. Pamparana, *Le mani pulite*, A. Mondadori, 1992.
PM	*Mani Pulite*, supplement to "Panorama", October 1992.
PRIM	Public Prosecutor at the Court of Milan, PP C in JP n.990/83 against Rodi Luciano +29.
QGF	Court of Florence, SC against Falugi +4, 28/2/1986, excerpts in "Questione Giustizia", n.2, 1987, pp. 337–355.
TAM	Tribunale di Milano, sentence n.1891/91, 15/5/1991.
TM	A. Carlucci, *Tangentomani*, Baldini & Castoldi, 1992.
TNM	*Tangentopoli. Le carte che scottano*, supplemento a *Panorama*, febbraio 1993.

Politische Korruption als Entdifferenzierungsphänomen

Martin Morlok

1. Begriffliche Schärfung

1.1 Der Begriff politischer Korruption

Die wissenschaftlichen Bemühungen um die Erforschung der Korruption arbeiten sich an dem notorischen Problem der begrifflichen Bestimmung ihres Gegenstandes ab.[1] Auch ich will und muss diese Anstrengung des Begriffs leisten. Dabei geht es nicht nur um eine für den eigenen Forschungsgegenstand zweckmäßige begriffliche Fixierung dessen, was unter „Korruption" verstanden werden soll, sondern darüber hinausgehend auch um eine *konzeptionelle* Entscheidung, mit welchem theoretischen Rüstzeug man sich des Phänomens der Korruption bemächtigen möchte. Begrifffestlegungen sind im guten Falle mehr als nur Definitionen, sondern Theorieangebote.

In einer ersten Annäherung mag Korruption mit einem weithin geteilten Verständnis verstanden werden als Missbrauch der Entscheidungsmacht von Amtsträgern zur Erlangung eigener Vorteile (Alemann 2004). Dieser Begriff von Korruption ist in verschiedenen Hinsichten zu erweitern und zu präzisieren, auch um ihn zuzuschneiden auf die Besonderheiten des Phänomens parteipolitischer Korruption, besonders zu Zwecken der Parteienfinanzierung. Kern dieses Korruptionsbegriffs ist die Verletzung eines formalen Entscheidungsprogramms durch die Entscheidungsträger zur Erlangung von Vorteilen für sich oder andere. Diese Vorteile können materieller oder immaterieller Natur sein. Sie müssen nicht für diese Entscheidungsträger selber anfallen, korrumpiertes Handeln kann auch darauf abzielen, Vorteile bei Dritten anwachsen zu lassen.[2] Hierunter fallen etwa die klassischen Fälle des Nepotismus als Familienbegünstigung oder des politischen Klientelismus, aber etwa auch der Ämterpatronage in beruflichen Positionen aus parteipolitischen Gründen. Diese Vergünstigungen können bereits zugewendet worden sein oder aber durch hinreichend präzise Hinweise in Aussicht gestellt worden sein. Der Fall der sogenannten „Danke-Schön-Spenden" an eine politische Partei mag dies illustrieren.[3]

---

[1] Charakteristischerweise beginnt das klassische Handbuch hierzu mit Anstrengungen zu Begriff und Konzeption von „Korruption" (Heidenheimer/Johnston/LeVine 1999: 3ff.). Siehe auch Rose-Ackerman (1999: 91), Johnston (2001: 11ff.).

[2] Der deutsche Strafgesetzgeber hat in diesem Sinne die einschlägigen Strafvorschriften in den §§ 331f. StGB durch das Gesetz zur Bekämpfung der Korruption vom 13. August 1997 (BGBl. I, S. 2038) verschärft. Vgl. dazu Deiters (2005).

[3] Auf tatsächliche Vorkommnisse hat auch hier der Gesetzgeber reagiert: Nach § 25 Abs. 2 Nr. 7 PartG darf eine Partei jetzt auch keine Spenden annehmen, die ihr erkennbar „als Gegenleistung" für einen bereits erlangten Vorteil zugewandt, nicht nur im Vorhinein „in Erwartung" gegeben werden.

Der Kern dieses Korruptionsbegriffs besteht in der Missachtung eines bestehenden offiziellen Entscheidungsprogramms. Im Hinblick auf den gewährten oder erwarteten Vorteil wird die Menge der bei der Entscheidung zu beachtenden Entscheidungsprämissen de facto um weitere ergänzt, welche die offiziellen Entscheidungsgrundlagen mindestens relativieren.

Dieser Begriff von Korruption ist im Ansatz moralfrei und nicht normativ aufgeladen. Die Feststellung korrupten Handelns ist also insoweit nicht mit einer moralischen Verurteilung verbunden. Es geht – beim bis zu dieser Stelle entwickelten Stand der Entwicklung des Korruptionskonzepts – nur um eine theoretisch angeleitete Deskription eines bestimmten Typus von Handlungen.

Korruptes Handeln dieser Art ist nicht beschränkt auf staatliche Entscheidungspositionen. Es kann überall dort auftauchen, wo bestimmte Normen das Verhalten anleiten sollen. Korruption in diesem Verständnis kann also auch in der Wirtschaft vorkommen, wenn etwa ein Auftrag an ein Unternehmen eines Freundes oder eines Familienmitglieds vergeben wird, oder auch im Sport, man denke etwa an den Fall jenes italienischen Leichtathletikschiedsrichters, der einen längeren Weitsprung bei seinem Landsmann bei den Leichtathletikweltmeisterschaften maß, als jener tatsächlich getan hatte. Für dieses Verständnis maßgeblich ist die Verletzung des für eine Entscheidung bestehenden offiziellen Normprogramms.

Um diesen Begriff für die politische Korruption im weiteren Sinne, insbesondere unter Einschluss von Handlungen von Parteivertretern brauchbar werden zu lassen, die selbst kein mit staatlicher Entscheidungsmacht ausgestattetes Amt innehaben, ist der Begriff der *Entscheidung* weit zu verstehen: Er soll alle Handlungssteuerungen umfassen, die auch anders ausfallen könnten; das heißt nichts anderes, als dass alle Handlungen, für die Alternativen bestehen, darunter fallen. Das Wesentliche korrumpierten Verhaltens liegt also in der Verletzung eines offiziellen normativen Handlungsprogramms.

1.2 Struktureller Ansatz des Korruptionsbegriffs

Dieses Konzept setzt *strukturell* an. Konstitutiv dafür ist die Existenz einer Menge spezifischer Normen, die das Handeln im jeweiligen Feld regulieren – und zwar in einer spezifischen Weise, die sich unterscheidet von Normen in anderen Handlungsfeldern. Der Akzent dieses Korruptionsbegriffs liegt damit nicht auf der – illegitimen – Erlangung von Vorteilen, sondern auf der Verletzung eines offiziellen Normprogramms. Im Zentrum steht auch nicht das Bewirken konkreter politischer Vorteile. Dies schon allein deswegen nicht, weil politische Entscheidungen regelmäßig multifaktoriell bedingt sind und eine Zuschreibung zu einer oder wenigen überschaubaren Ursachen – eine darunter die Korruption – häufig nicht möglich sein wird. Will man von politischer Korruption sprechen, darf man nicht zu konkret ansetzen.

In systemtheoretischer Ausdrucksweise formuliert, zielt Korruption auf die Verletzung eines spezifischen Handlungsprogramms, welches für die Mitglieder eines ausdifferenzierten gesellschaftlichen Teilsystems besteht. In historisch-evolutionärer Perspektive kann von Korruption in diesem Sinne erst gesprochen werden, wenn die Systemdifferenzierung so weit fortgeschritten ist, dass es für unterschiedliche gesellschaftliche Bereiche eigene Logiken, eigene Handlungskriterien und eben spezifische Handlungsprogramme gibt. So betrachtet kann das Aufkommen von Vorwürfen der Korruption als Index der Systemausdifferenzierung verstanden werden: Ein solcher Vorwurf kann erst dann artikuliert werden, wenn die Vorstellung spezifischer Handlungsmaßstäbe eines sozialen Feldes sich hinreichend verfestigt hat und die gesellschaftlichen Teilsphären sich über unterschiedliche Kriterien voneinander abheben. Hierzu kann man sich ein historisch-sozialwissenschaftliches Forschungsprogramm der Korruptionsforschung vorstellen.

Als Henri IV von Frankreich sagte: „Paris vaut bien une messe" und auch danach handelte, also die Religion um des französischen Thrones willen wechselte, so lässt sich das nicht als Korrumpierung seines religiösen Glaubens verstehen, weil zu jener Zeit Religion und Politik, Familie und auch Wirtschaft noch viel zu wenig geschieden waren und Hochzeiten aus machtpolitisch-dynastischen Gründen ebenso an der Tagesordnung waren wie die Rücksicht auf die ökonomischen Verhältnisse. Religion war jedenfalls nicht nur eine Privatangelegenheit, sondern auch eine Sache der staatlichen Politik, wie der Satz: „Cuius regio, eius religio" zeigt. Ein Vorwurf wie der, der „Staat" werde „als Beute" (Arnim 1993) genommen, ist zu einer Zeit unangemessen, in welcher die Staatskasse von der Privatschatulle des Monarchen noch nicht getrennt war. Damit soll nicht in Abrede gestellt werden, dass es eine Gemeinwohlrhetorik mit einer lange zurück reichenden Tradition gab, welche eine Kritik am Verhalten von Herrschern aus eigensüchtigen Motiven bereits zu einer Zeit formuliert hat, als die Systemdifferenzierung wenig vorangeschritten war.[4] Eine Geschiedenheit von öffentlichen und privaten Interessen reicht im Ansatz in der Tat bis in die Antike zurück, die historischen Kontinuitäten sollten aber nicht überzogen werden und über die strukturelle Neuartigkeit von ausdifferenzierten Sozialsystemen mit je spezifischem Handlungsprogramm hinwegtäuschen. Darauf sollte auch der Korruptionsbegriff eingestellt sein.

Korruption ist nach meinem Vorschlag also eine „Entdifferenzierungspathologie", ein partielles Aufgeben der systemeigenen Handlungsmaßstäbe zugunsten extern verankerter Kriterien. Wenn damit systemfremde Kriterien mindestens partiell entscheidungsrelevant werden, so hat Korruption damit tendenziell systemzerstörerische Konsequenzen.

Dies ist etwa bei der auch Ämterpatronage in der öffentlichen Verwaltung der Fall (vgl. Morlok 2002a: 60), welche die gebotene Sach- und Leistungsorientierung der Personalpolitik beeinträchtigt aus Rücksicht auf andere Kriterien, nämlich solche der Parteizugehörigkeit.

2. Ausdifferenzierung der Politik – als Voraussetzung politischer Korruption

Politische Korruption in diesem Sinne setzt die Ausdifferenzierung der Politik voraus. Das meint also, dass die Politik einen eigenen gesellschaftlichen Lebensbereich darstellt,

---

4 Siehe mit weiteren Nachweisen Münkler/Fischer (2002: 11ff.). Zur Korruptionsrhetorik als Gegenstück zur Gemeinwohlrhetorik siehe Gronbeck (1999).

der einer besonderen Erfolgslogik folgt und eigenen Normen unterworfen ist.[5] Wie auch allgemein, so ist auch politische Korruption ein evolutionäres Spätprodukt. Die Erhebung des Vorwurfes belegt die Separierung der Politik gegenüber anderen Lebensfeldern und die – auch moralisch überformte – Anspruchshaltung, Politik solle nur ihren eigenen Maßstäben gehorchen.

2.1 Die Ausdifferenzierung eines politischen Systems

Ausdifferenzierung der Politik bedeutet, dass es Interaktionszusammenhänge gibt, die sich auf Fragen der Politik konzentrieren und als solche sich unterscheiden von anderen Handlungszusammenhängen, in denen andere Aspekte als die politischen dominieren. Die Gesamtheit dieser politischen Interaktionszusammenhänge lässt sich als „politisches System" begreifen. Ihm kommt die besondere Aufgabe zu, für die Gesellschaft verbindliche Entscheidungen setzen zu können: In Gestalt rechtsverbindlicher Akte, paradigmatisch durch Gesetze, und durch die abgabenrechtliche Einziehung von finanziellen Ressourcen und deren gezielte Ausgabe, um kollektive Ziele zu verfolgen. Diese Interaktionszusammenhänge sind als spezifische politische Rollen stabilisiert und kennen auf Dauer gestellte spezifische Institutionen der Politik. So gibt es zum Beispiel Entscheidungsrollen mit der Macht zur verbindlichen Entscheidung, sei es in der Legislative, sei es an der Spitze der Exekutive.

Wichtig für ein demokratisches politisches System sind weiter *Inputstrukturen*, durch welche sich die Politik demokratisch bestimmen lässt. Zu diesen Inputstrukturen zählen Wahlen und die aus ihnen hervorgehenden Parlamente. Hier wird die Inputseite mit der Befugnis der verbindlichen Rechtsetzung verbunden. Diese Inputstrukturen haben verschiedene Rollen und auch Organisationen ausgeformt, die auf die demokratische Bestimmung der Politik spezialisiert sind: So diejenige des Wählers, des Abgeordneten, aber auch allgemein die des politisch agierenden Bürgers. Als Spezialorganisationen der Politik haben sich insbesondere die politischen Parteien entwickelt.

Dieses politische System ist rechtlich stabilisiert und überformt. So sind die Inputprozesse und -strukturen auf ein ausgefeiltes Normenprogramm festgelegt, man denke an das Wahlrecht, das Parteienrecht mit seinen verschiedenen Aspekten und das Parlamentsrecht. Auch die exekutive Seite ist rechtlich verfasst, beginnend mit den Vorschriften in Art. 65 GG über die Bundesregierung. Dieses Normprogramm geht teilweise sehr ins Detail, so ist etwa die Aufstellung von Kandidaten für staatliche Wahlen zur Gewährleistung der innerparteilichen Demokratie recht präzise geregelt.[6]

---

[5] Dazu N. Luhmann (1968: 75ff.); gerade aus der späteren Theorieproduktion ders. (2000: 69ff.).
[6] Siehe § 17 PartG und § 21 BWahlG.

2.2 Die politische Chancengleichheit aller Bürger als normatives Bezugsproblem der ausdifferenzierten Politik

In normativer Hinsicht bildet die politische Chancengleichheit aller Bürger das normative Bezugsproblem der Ausdifferenzierung der Politik.

a) Das prägende Merkmal demokratischer Politik ist ihre *egalitäre* Verfassung. Spätestens seit der französischen Revolution ist die Volkssouveränität und die damit verbundene rechtliche Gleichstellung aller Bürger bei der Bildung des politischen Willens das Charakteristikum einer als legitim anerkannten politischen Ordnung. Weil alle Bürger gleichermaßen dem Recht unterworfen sind, einer Rechtsordnung, vor welcher auch alle Bürger gleich sind (s. im Grundgesetz Art. 3 Abs. 1), so müssen auch alle Bürger die gleiche Chance haben, die Formierung der verbindlichen Entscheidungen beeinflussen zu können. Die politische Chancengleichheit aller ist also entscheidend für den demokratischen Charakter einer politischen Ordnung. In einer Gesellschaft mit demokratischer Tradition und entsprechender demokratischer Anspruchshaltung der Bürger wird die hinlängliche Einlösung dieses demokratischen Postulats zur Legitimitätsvoraussetzung der politischen Ordnung. Die Gewährleistung der politischen Chancengleichheit wird zur legitimitätskritischen Größe.

Die Ausdifferenzierung der Politik aus sonstigen Lebenszusammenhängen, etwa Wirtschaft, Sport oder Religion, soll nun sicherstellen, dass die demokratische Egalität auch tatsächlich Platz greift. Verdienste in anderen gesellschaftlichen Bereichen, sei es im Sport oder auch der pekuniäre Verdienst, zählen in der Politik grundsätzlich nicht. Auch religiöse Weihen sind belanglos. Politischer Einfluss soll ausschließlich über die dafür zur Verfügung gestellten Sonderrollen und speziellen Institutionen erfolgen, welche eben strikt egalitär verfasst sind. Politischer Einfluss wird zentral über den Wahlzettel ausgeübt – und eben das Wahlrecht kennt als Hauptgrundsatz die Gleichheit der Wahl. „One man one vote" ist dabei nicht nur als wahlrechtliche Ausgestaltung zu sehen, sondern auch als generelles Prinzip der politischen Chancengleichheit.

Die Sicherung der politischen Chancengleichheit verlangt nun, nicht nur die Gleichheit des Wahlrechts, sondern – damit die Wahl auch relevant ist – darüber hinaus auch, dass die politische Einflussnahme wesentlich über den Wahlakt erfolgt und nicht auf anderen Wegen, über Hintertreppen zur Macht oder heimliche Korridore dorthin. Selbstverständlich haben die in der Politik Agierenden nicht nur politische Rollen inne, sondern agieren auch als Familienmenschen, als wirtschaftlich Handelnde, als Mitglieder von Freundeskreisen und anderes mehr. Die demokratische Politik erfordert zur Kontrolle solcher möglichen Einflusswege die Offenlegung dieser Beziehungen, damit das kritische Publikum die Chance erhält, sich ein Urteil darüber zu bilden, ob solche Beziehungen besondere politische Einflusschancen geben und – mit dem Wahlzettel – ggf. solche Einflussbeziehungen außerhalb der offiziellen (und eben egalitär verfassten) zu bestrafen.

b) Damit wird bereits sichtbar, dass die politische Chancengleichheit gefährdet ist durch die *Ungleichheit in der Gesellschaft*. Eine freiheitliche Gesellschaft schafft durch die Nutzung dieser Freiheit, unterschiedliche Talente und verschiedene Interessen zu verfolgen, Unterschiede in den verschiedensten Hinsichten. Die daraus hervorgehende Vielfalt in der Gesellschaft bildet deren Reichtum, gefährdet aber die politische Chancengleichheit. Wenn in anderen Lebensbereichen als der Politik sich erhebliche Unterschiede herausbilden, sei es an materiellem Reichtum, an Organisationskraft, an Reputation, an sozialem Kapital, so besteht immer die Gefahr, dass diese Unterschiede in politische Macht übersetzt werden, und damit die politische Chancengleichheit gefährdet wird – so formuliert aus der Perspektive der demokratischen Politik; formuliert vom Standpunkt der Gesellschaft aus: Es besteht die nur allzu nachvollziehbare Neigung, in verschiedenen anderen Lebensbereichen errungene vorteilhafte Positionen auch in der Politik zur Geltung kommen zu lassen. Gesellschaftliches Kapital, gleichviel in welcher Währung, bietet sich an, in politische Macht umgemünzt zu werden.

2.3 Politische Parteien als Organisationen zur Sicherung der politischen Chancengleichheit

a) Politische Parteien sind Organisationen, welche darauf spezialisiert sind, die institutionalisierten Einflussstrukturen eines demokratischen politischen Systems zu nutzen.[7] Dabei kommt ihnen eine wesentliche Funktion zur Gewährleistung der politischen Chancengleichheit zu. Weil der politische Erfolg über die Parteien gesucht werden muss, werden gesellschaftliche Vorzugsstellungen außerhalb der Politik tendenziell neutralisiert. Parteien sind rechtlich auf Wahlen ausgerichtet und damit formell auf das dem Gleichheitssatz unterworfene Wahlrechtsregime bezogen. Tatsächlich dient die Existenz des besonderen Typus von Organisation, den Parteien darstellen, zur Abpufferung gesellschaftlicher Ungleichheiten. Im Verbund mit der innerparteilichen Demokratie müssen erst politische, sprich innerparteiliche, Meriten errungen werden, will man persönlichen politischen Erfolg haben im Sinne einer politischen Karriere. Auch sachliche Richtungsentscheidungen sind innerparteilich dem Demokratiegebot unterworfen und können nicht einfach von außen bestimmt werden. Der Zwang, politischen Erfolg über die Parteien zu suchen, mindert also die Bedeutung anderwärts angesammelter gesellschaftlicher Ressourcen.

b) Eben diese Neutralisierungsfunktion kommt auch der rechtlichen Regulierung der *Parteienfinanzierung* zu. Auch dieses Rechtsregiment ist auf das Problem der Wahrung der politischen Chancengleichheit bezogen (vgl. Morlok 2002b: 227ff.). Die Finanzierungsregelungen für die Parteien sind unter diesem Gesichtspunkt zu verstehen: Politischer Einfluss soll nach Möglichkeit nicht kaufbar sein, die Finanzierungsregelungen dürfen keine gesellschaftliche Gruppe von Staats wegen besonders begünstigen und andere komplementär benachteiligen.[8]

---

7 Entsprechend dieser Bestimmung der Parteien ist für ihre rechtliche Dimension noch das Ziel maßgeblich, an der Vertretung des Volkes in Parlamenten mitwirken zu wollen, § 2 Abs. 1 Satz 1 PartG. Konsequenterweise geht die Rechtsstellung als Partei verloren, wenn eine Vereinigung sechs Jahre lang an keiner Parlamentswahl teilnimmt, § 2 Abs. 2 PartG.
8 Exemplarisch dazu aus der Rechtsprechung BVerfGE 8, 51 (65ff.).

Einzelinstrument zur Verwirklichung dieses Ziels ist insbesondere das Gebot zur Offenlegung der Parteifinanzen nach Art. 21 Abs. 1 S. 4 GG. Finanzielle Unterschiede in der Gesellschaft können zwar nicht beseitigt werden, durch die Offenlegung der Parteifinanzen können aber die politische Unabhängigkeit einer Partei möglicherweise beeinträchtigende Finanzströme vom Wählerpublikum kritisch betrachtet werden. In die gleiche Richtung zielen auch Überlegungen, Spenden von Unternehmen gänzlich zu verbieten[9] oder Großspenden in der Höhe zu deckeln[10], damit nicht finanzkräftige Bürger sich die Gunst von Parteien eher erkaufen können als weniger bemittelte Kreise.

Es ist also festzuhalten: Die rechtliche Regulierung der Parteienfinanzierung dient der Sicherung der politischen Chancengleichheit gegenüber dem ungleich verteilten Reichtum und der ungleichen Einkommenssituation der Bevölkerung. Verstöße hiergegen betreffen die Legitimationsgrundlage einer demokratischen politischen Ordnung.

3. Erscheinungsformen politischer Korruption bei der Parteienfinanzierung

Im Einzelnen können zwei Erscheinungsformen politischer Korruption bei der Parteienfinanzierung voneinander abgehoben werden: diejenigen, die unmittelbar auf politische Entscheidungen Einfluss nehmen (1.), und solche, die lediglich einen Verstoß gegen die Finanzierungsbestimmungen des Parteienrechtes darstellen (2.).

3.1 Einflussnahme auf politische Entscheidungen

Finanzleistungen an politische Parteien, um damit im politischen Raum bestimmte Entscheidungen zum eigenen Vorteil zu beeinflussen, stellen das Musterbild (um nicht von „Idealbild" zu sprechen) politischer Korruption dar. Diese „hardcore"-Korruption kann durchaus die Form haben, dass die Entscheidungsträger selbst keine Vorteile als Privatpersonen erhalten, die Zuwendungen vielmehr ausschließlich der Partei gelten und auch nur im Parteiinteresse verwendet werden. Dieses Muster der Vorteilsnahme nur für die Partei ist bei Berufspolitikern nicht unwahrscheinlich, ist deren persönliches Fortkommen in der Partei doch regelmäßig eng verknüpft mit von ihnen erbrachten Leistungen für die Partei. Die Spendeneinwerbung oder die direkte Beibringung von Barmitteln werden innerparteilich als Meriten gewürdigt.

Von politischer Korruption ist vernünftigerweise nicht nur dann zu sprechen, wenn die *strafrechtlichen* Voraussetzungen der Bestechungstatbestände erfüllt sind. Diese waren lange Zeit so anspruchsvoll gefasst, dass rechtlich beratene und kluge Akteure die Grenze zur Strafbarkeit vermeiden konnten. Politische Korruption im hier gemeinten Sinne kann auch in der Form erfolgen, dass nach erfolgter günstiger Entscheidung zugunsten eines Bürgers dieser eine sogenannte „Danke-Schön-Spende" leistet. Eine Minderform gegenüber der Spende an die Partei desjenigen, der eine Entscheidung allein

---

9 So etwa Landfried (1994: 301f.); hiergegen etwa Klein (2001: 151, 176 f.); zum Problem weiter Morlok (2001: 233, 269ff.).
10 So etwa Morlok (2001: 271), anders Klein (2001: 177).

zu treffen hat, stellt die Gewinnung von Amtsträgern dar, die in einem Kollegialorgan zusammen mit anderen für eine Entscheidung zuständig sind. In diesem Fall soll ein „Sich-Verwenden" für ein bestimmtes Projekt erreicht werden, mindestens der Verzicht auf das Erheben von Einwänden.

3.2 Verstoß gegen Spendenbestimmungen des Parteienrechts

Während die soeben betrachteten Fälle auch dann, wenn die strafrechtlichen Voraussetzungen der Korruption nicht erfüllt sind, gleichwohl unter „Korruption" rubriziert werden sollten, gibt es andere Gruppen, in welchen die Verletzung von Strafrechtsnormen (jenseits von Spezialvorschriften der Parteienfinanzierung)[11] nicht ernstlich in Rede steht, bei denen aber zu begründen ist, weshalb das Verdikt korruptiven Verhaltens hier ausgesprochen werden soll. Ich denke an diejenigen Fälle, in denen Parteien unter Verstoß gegen die Bestimmungen der rechtlichen Finanzierungsvorschriften Spenden entgegen nehmen. Bei oberflächlicher Betrachtung handelt es sich hierbei um Formaldelikte in dem Sinne, dass zwar gegen bestehendes Recht verstoßen wurde, aber nicht ohne weiteres ersichtlich ist, dass dem handelnden Akteur ein besonderer Vorteil zugeflossen ist, vor allen Dingen aber ist nicht umstandslos erkennbar, worin die Gegenleistung besteht, die dem Geldgeber unter Verstoß gegen die einschlägigen Rechtsnormen erwächst.

Wenn wir uns am deutschen Recht orientieren, so geht es also um die Fälle der Entgegennahme von Parteispenden größeren Umfangs, ohne die Spender im Rechenschaftsbericht namhaft zu machen[12]; dies kann dadurch geschehen, dass eine tatsächlich angefallene Großspende für die Darstellung nach außen hin auf mehrere Geldgeber verteilt wird (so genanntes Spendensplitting), dies kann aber auch dadurch erfolgen, dass die Einnahme schlicht in eine schwarze Kasse eingebracht wird.

Wieder eigens zu betrachten ist der Fall von Spenden aus verbotenen Quellen[13], etwa von der zugehörigen Parlamentsfraktion, einer parteinahen Stiftung oder aus dem Ausland.

Unser Korruptionsbegriff ist in diesen Fällen insoweit erfüllt, als die Entgegennahme einen Vorteil für die Partei begründet; es ist unschädlich, wenn derjenige, der auf Seiten der Partei handelt, selbst keine Geldmittel in sein Privatvermögen überführt und unmittelbar keinen finanziellen Vorteil von dieser Transaktion hat. Der Vorteil für einen Dritten genügt nach unserer Eingangsbestimmung. Hierauf ist deswegen noch einmal hinzuweisen, weil im CDU-Parteifinanzierungsskandal die Hauptbetroffenen zu ihrer Entlastung gerne darauf hinweisen, sie hätten sich persönlich nicht bereichert. Das stand in den meisten dieser Fälle sowieso nicht ernstlich zur Debatte, vor allen Dingen ist diese Verteidigung neben der Sache, weil das Gut, das durch Korruption im Bereich der Parteienfinanzierung verletzt wird, nicht die Makellosigkeit des Vermögenszuwachses bei Parteipolitikern ist, sondern eben die politische Chancengleichheit aller Bürger, unabhängig von ihrer finanziellen Lage.

---

11 Siehe dazu § 31 d PartG.
12 Von § 25 Abs. 3 PartG statuierte Pflicht.
13 § 25 Abs. 2 PartG verbietet den Parteien, aus einer Reihe von Quellen Spenden zu schöpfen.

Was den Vorteil für die Partei anlangt, so liegt er darin, Gelder ohne öffentliche Rechenschaftslegung zu erhalten und damit kritische Nachfragen oder öffentliche Debatten über eine mögliche Abhängigkeit der Partei von diesem Geldgeber zu vermeiden. Das Schutzgut des Art. 21 I 4 GG wird verletzt, die Partei kommt in den Genuss finanzieller Mittel ohne tatsächliche öffentliche Erörterung ihrer Finanzquellen oder wenigstens die Gefahr einer potenziellen Diskussion über eine Verpflichtung gegenüber ihrem Geldgeber. Ein weiterer Vorteil einer solchen illegalen Spendenannahme liegt darin, dass nicht selten Spender größerer Summen nicht genannt werden wollen und ihre Spende davon abhängig machen, nicht im Rechenschaftsbericht namentlich erwähnt zu werden. In diesen Fällen hat die Partei den Vorteil, die Spende zu erhalten – und vielmehr nicht: wegen der Öffentlichkeitsscheu des zur Spende Bereiten die Spende nicht zu erhalten.

Worin liegt nun die Gegenleistung für einen solchen Spender? Zunächst ist einzuräumen, dass es auch Geldgeber aus rein altruistischen Motiven, aus schierem politischen Engagement geben mag, die sich für sich selber keine direkten Vorteile versprechen. In diesen Fällen verfolgt der Geldgeber also atypischerweise keine unmittelbar eigenen Interessen. Für den Korruptionsvorwurf im Bereich der Politik sollte aber nicht die unziemliche oder gar illegale Interessenverfolgung des Geldgebers ausschlaggebend sein, sondern die Verletzung des Normprogramms im Bereich der Politik. In diesen Fällen des politischen Idealismus wird sozusagen ein abstraktes Gefährdungsdelikt verwirklicht, die Möglichkeit politischer Einflussnahme durch Geldzahlungen ohne öffentliche Kontrolle wurde geschaffen, auch wenn im konkreten Einzelfall die Einflussnahme nicht gesucht wurde.

Sehr viel häufiger dürfte eine andere Konstellation sein, für die auch die Lebenserfahrung spricht, dass nämlich der Geldgeber zwar keine konkrete Entscheidung als Gegenleistung erwartet oder erhält. Die ihm gewährte und von ihm erhoffte Gegenleistung besteht in der Regel vielmehr in der *Gewährung politischen Gehörs*. Das ist viel! In einer komplexen Gesellschaft sind die Effekte, welche politische Regulierungen hervorrufen, zu einem guten Teil für die politisch Steuernden unübersehbar und auch unvorhersehbar geworden. Jede ernstliche Regulierungsbemühung belegt dies aufs Neue, man denke etwa an die verschiedenen Reformschritte im Bereich der Krankenversicherung: Der ministeriale Sachverstand wurde offensichtlich immer wieder überrascht von unvorhergesehenen Konsequenzen der beschlossenen Regelungen. In einer solchen Situation ist es außerordentlich viel wert, wenn Interessenvertreter und überhaupt die von einer aktuellen oder geplanten Regelung Betroffenen die Gelegenheit erhalten, den politisch Mächtigen ihre Interessen oder Sorgen, jedenfalls ihre Gesichtspunkte nahe bringen könnten. Das Ohr der politischen Entscheider ist ein Nadelöhr, das nur von verhältnismäßig wenig Informationen passiert werden kann. Dieser Zugang kann mit Geldleistungen an Parteien erkauft werden. Damit soll keineswegs insinuiert werden, dass über diesen Zugang falsche Informationen weitergegeben werden, aber allein die Chance, die tatsächlichen Auswirkungen einer Regelung plastisch darstellen zu können, erhöht die Wahrscheinlichkeit der Durchsetzung der eigenen Interessen erheblich.

Dieses Erkaufen politischen Gehörs stellt nun freilich eine Möglichkeit politischer Einflussnahme dar. Damit wird sie unter normativen Prämissen betrachtet sehr problematisch und wir haben sozusagen wieder das Vollbild der politischen Korruption, dass beide Seiten, Geber wie Nehmer, durch einen Leistungstausch miteinander verbunden sind, welcher den Vollzug des bestehenden Normprogramms verletzt und die politische Chancengleichheit beeinträchtigt.

An dieser Stelle ist freilich anzumerken, dass die bestehenden Regelungen über die Parteienfinanzierung diesen Modus des Erkaufens politischer Aufmerksamkeit grundsätzlich billigen. Parteien sollen private Gelder einwerben, das in Deutschland geltende Parteienfinanzierungssystem setzt dies – mittelbar über die so genannte relative Obergrenze der Staatsfinanzierung[14] – voraus. Die Parteien sollen auch durch ihren Finanzbedarf gezwungen werden, dem Bürger ihr Ohr zu leihen. Freilich ist, baut man auf diesen Mechanismus, die Gefahr mitbegründet, dass größere Geldscheine größere Ohren machen. Um so wichtiger ist dann die öffentliche Rechenschaftslegung, damit die davon ausgehende Gefahr durch öffentliche Kontrolle und Kritik begrenzt werden kann.

4. Ursachen und Folgen politischer Korruption bei der Parteienfinanzierung

Im Folgenden soll ein kurzer Blick geworfen werden auf die Gründe, welche zur Verletzung der einschlägigen Standards der Parteienfinanzierung führen, ebenso auf die Auswirkungen solcher Praktiken, schließlich soll eine normative Beurteilung solcher Praktiken erfolgen.

4.1 Ursachen von Verstößen gegen die Bestimmungen der Parteienfinanzierung

Auch die rechtlich geregelte Konkurrenz der Parteien[15] ist Kampf um die (politische) Macht – und daher wird mit harten Bandagen gekämpft. Das ist seit alters so; Macht ist für sich genommen offenbar erstrebenswert, auch als generalisiertes Mittel des Zugangs zu anderen Gütern, wie finanzieller, sexueller, künstlerischer oder reputationaler Art. Wegen dieser Attraktivität des Machtbesitzes ist es wahrscheinlich, dass nicht alle Akteure immer alle für die politischen Konkurrenz einschlägigen normativen Regeln einhalten.

Die Neigung, sich auch illegaler Mittel zu bedienen, wird durch die Wettbewerbssituation zwischen den politischen Bewerbern noch gesteigert. In der politischen Konkurrenz herrscht weitgehend eine Nullsummenkonstellation: Was eine Partei an Boden verliert, fällt einer anderen zu. Damit setzt die Wettbewerbssituation selbst einen zusätzlichen Reiz, sich sehr erfolgsorientiert zu verhalten – ggf. auch unter Verletzung der einschlägigen Regeln. Dies kann immer mit dem wohlfeilen Argument, wenn nicht gerechtfertigt, so doch plausibilisiert werden, es sei wahrscheinlich, dass die Gegenseite auch nicht so zimperlich sei; Versäumnisse aus übergroßer Rechtschaffenheit seien im Konkurrenzkampf nicht mehr aufzuholen.

---

14 S. BVerfGE 85, 264 (294ff.) und § 18 V 1 PartG.
15 Von diesem Ansatzpunkt aus betrachtet ist „Parteienrecht als Wettbewerbsrecht" zu verstehen, dazu Morlok (2003: 408ff.). Siehe jetzt auch BVerfG Urteil vom 26.10.2004, NVwZ 2004, 1473 (1475).

4.2 Auswirkungen politischer Korruption

a) Die Verletzung von Normen der politischen Chancengleichheit rührt, wie bereits angeklungen, an die legitimatorischen Grundlagen der politischen Ordnung. Wenn nicht mehr hinlänglich gewährleistet ist, dass alle Bürger und d. h. auch alle gesellschaftlichen Gruppen tatsächlich gleiche Möglichkeiten haben, die politische Entscheidungsfindung zu beeinflussen, so bewirkt dies eine *Delegitimation* größeren oder kleineren Grades der bestehenden politischen Ordnung. Warum sollten sich Bürger an die eigentlich für alle geltenden Gesetze halten, wenn sie sehen müssen, dass andere diese Gesetze besser als sie selbst beeinflussen können und dies auch noch mit illegalen Mitteln?

b) Auch wenn in der Wirklichkeit der eine oder andere Verstoß gegen die rechtlichen Regeln der Parteienfinanzierung keine grundständige Erschütterung der politischen Legitimation bewirkt, so ist die delegitimierende Tendenz solcher Verstöße trotzdem ernst zu nehmen, und zwar, weil ein weiterer Umstand hinzutritt: Politische Korruption hat die fatale Tendenz, sich auszubreiten und immer mehr Handlungen zu erfassen. Wer als Konkurrent mit hinlänglicher Wahrscheinlichkeit annimmt, dass sein Mitbewerber sich verbotener Mittel bedient, wird als rationaler Akteur vor die Alternative gestellt, entweder selbst auch zu diesen Mitteln zu greifen, um damit Waffengleichheit herzustellen, oder aber als Rechtstreuer Nachteile hinnehmen zu müssen. Der Ausgang dieses moralischen Dilemmas (dazu: Schmitz 1997: 273ff.) dürfte in vielen Fällen zur Wahrung der eigenen Interessen und zu Lasten der Rechtstreue gehen. „Der Ehrliche ist der Dumme" (Wickert 1994).

Diese Ausbreitung politischer Korruption erfolgt nicht aus Bösartigkeit, sondern entspringt einem rationalen Kalkül der Handelnden. Normgehorsam bedeutet in aller Regel eine Einschränkung der eigenen Handlungsmöglichkeiten. Wer normtreu agiert, hat einen Nachteil gegenüber demjenigen, der sich den normativ gesetzten Einschränkungen nicht unterwirft. Normtreue ist deswegen nur so lange rational, als davon ausgegangen werden kann, im Wesentlichen handelten auch die anderen normgemäß. Der Verdacht der Normuntreue bei anderen, die dem gleichen Regelwerk unterstellt sind, setzt dann einen Prozess zunehmender Normverletzung in Gang. Politische Korruption wirkt ansteckend!

Dies mag bei der Verletzung der Bestimmungen der Parteienfinanzierung in besonderem Maße gelten, weil diese Normen nicht von einem natürlichen Gefühl abgestützt werden, hiergegen nicht verstoßen zu dürfen. Sie wirken eher künstlich und formal, sind durch eingespielte soziale Normen des Alltagslebens nicht oder nur wenig unterstützt. Insofern tritt auch kein ausgeprägtes moralisches Empfinden einer Verletzung der Rechtsnormen der Parteienfinanzierung entgegen. Verstöße gegen die Regeln der Parteienfinanzierung begründen deswegen die Gefahr, einen Prozess zunehmender *Normerosion* anzustoßen. Normerosion wird dabei in dem technischen Sinne verstanden, dass die Erwartung aufgebaut wird, andere relevante Akteure werden sich nicht an die einschlägigen Normen halten (vgl. Morlok 1996: 115ff.). Es kommt also nicht nur zu einer Verletzung von Normen in einzelnen Handlungen, sondern zu einer Umstrukturierung von Erwartungen (ich erwarte, dass der andere Normen verletzt), dies wird antizipiert werden: Die Erwartungserwartungen ändern sich (ich erwarte, dass der andere erwartet, ich verletzte die Norm, dann kann ich selbst auch gleich den Normbruch begehen).

Hingenommene (jedenfalls bekannt gewordene) Verstöße gegen die Regeln der Parteienfinanzierung sind also, gerade weil sie die Regeln des politischen Wettbewerbs sind, ein Anstoß, eine Dynamik zunehmender Normverletzung in Gang zu setzen.

4.3 Moralische Beurteilung politischer Korruption

a) Bislang habe ich mich einer ausdrücklichen Bewertung politischer Korruption, auch im Bereich der Parteienfinanzierung, enthalten. Die moralische Beurteilung stellt eine eigene Dimension dar, die jetzt anzusprechen ist. Zunächst ist herauszustellen, dass nicht per se jede Verletzung der einschlägigen Rechtsnormen, auch nicht derjenigen der Finanzierung der Parteien, zu verurteilen ist. Das moralische Urteil hat stets die konkrete Situation in den Blick zu nehmen, in welcher Korruption geübt wird. Korruption in einem System auszunutzen, welches selbst keine hinlängliche Gewähr für Gerechtigkeit und auch für einen fairen politischen Prozess gibt, kann durchaus rechtfertigungsfähig sein: Um ein Wort von *Berthold Brecht* aufzunehmen: „Die Bestechlichkeit beim Menschen ist dasselbe wie die Barmherzigkeit beim lieben Gott."[16]

b) Jenseits dieser allgemeinen Feststellung ist die Verletzung der Normen, welche die – chancengleiche – Konkurrenz um den Erwerb der politischen Macht regulieren, in einem freiheitlich demokratischen Verfassungsstaat mit einem ethischen Unwerturteil zu belegen. Diese Normen der politischen Chancengleichheit sind ihrerseits ethisch gerechtfertigt, möglicherweise sind diese Grundelemente des freiheitlich-demokratischen Verfassungsstaates sogar ethisch alternativlos. Was sollte denn sonst als politische Ordnung gerechtfertigt werden? Für unsere Zwecke ist hier lediglich vorauszusetzen, dass es gute moralische Gründe gibt, sich an die einschlägigen Normen des politischen Wettbewerbs zu halten. Sie sichern die Chancengleichheit, sind damit per se anerkennenswert und tragen auch zur tatsächlichen Legitimation und damit zur Stabilisierung dieser politischen Ordnung bei. In dem Maße, in dem diese Normen Beachtung finden, steigt auch der Grad der *tatsächlichen* Chancengleichheit der Bürger. Wenn dem so ist, dann ist eine Verletzung dieser Normen moralisch verwerflich. Darüber darf der scheinbar formale Charakter mancher dieser Vorschriften, denen der Unrechtsgehalt einer Verletzung nicht ohne weiteres abzulesen ist, nicht hinwegtäuschen.

c) Angesichts dieses Unwertcharakters und wegen des Ansteckungspotenzials einer Verletzung der Regeln des politischen Wettbewerbs – materiell der Chancengleichheit – und der damit angestoßenen Verstärkungsdynamik darf ein Verstoß gegen diese Normen nicht nur gleichgültig hingenommen werden, es besteht vielmehr ein Gebot zur Sanktionierung solcher Normverstöße! Weil es rational ist, sich normwidrig zu verhal-

---

16 Brecht, Mutter Courage und ihre Kinder. 3. Bild, Feldlager. – Man möge an Oskar Schindler denken, der durch Bestechung Juden rettete.

ten, wenn die Wettbewerber sich nicht normtreu verhalten, besteht eine staatliche Kontrollpflicht und eine Sanktionspflicht bei festgestellten Normverstößen. Es muss gelten: Kein Vorsprung durch Rechtsbruch!

5. Dynamik der politischen Korruption

Die Arena der politischen Korruption ist durch den Erfindungsreichtum ihrer Akteure und die Veränderlichkeit ihres Gegenstandsfeldes wie auch der dort geltenden Maßstäbe gekennzeichnet. Dem muss sich auch die wissenschaftliche Beschäftigung mit politischer Korruption stellen.

5.1 Notwendigkeit eines eigenen – weiten – Begriffs der politischen Korruption

a) Zunächst ist (nochmals) die Notwendigkeit eines eigenen, nämlich weiten und im Ergebnis damit strengen Begriffs der politischen Korruption festzustellen, auch und gerade im Blick auf die Finanzierung der politischen Parteien. Der Begriff darf nicht nur die vom Strafrecht erfassten Fälle[17] der Käuflichkeit konkreter Entscheidungen umfassen. Weder die Richtigkeit der getroffenen Entscheidungen noch die Bekämpfung illegitimer Bereicherung bilden den Orientierungspunkt, das Bezugsproblem der politischen Korruption ist vielmehr die Sicherung der politischen Chancengleichheit.

b) Dabei ist ein *systemischer* Ansatz zu wählen; das Problem liegt letztlich nicht in individuellem Fehlverhalten, und schon gar nicht in etwaiger individueller Bereicherung. Dies ist herauszuheben, weil zur Entlastung ertappter Sünder im Bereich der Parteienfinanzierung wiederholt darauf hingewiesen worden ist, diese hätten sich selbst nicht bereichert. Darum geht es nicht! Das Korruptionsthema in der Politik darf nicht in dieser Art auf die Beachtung der in persönlichen Beziehungen geltenden Moralvorstellungen verschoben oder reduziert werden, vielmehr geht es um die (relative) Unabhängigkeit des politischen Systems gegenüber seiner Umwelt. Die im Bereich der Wirtschaft entstandenen ökonomischen Möglichkeiten dürfen sich politisch nicht auszahlen. Dies zu betonen ist deswegen wichtig, weil – wie bereits angeklungen – die Alltagsmoral keine starken Intuitionen zum Schutz der Politik vor Einflüssen aus anderen Bereichen der Gesellschaft, also zur Verteidigung der politischen Chancengleichheit, entwickelt hat. Es handelt sich hier sozusagen um „künstliche" Mechanismen zur Verteidigung der Systemautonomie in der Politik. Entsprechend dieser Künstlichkeit müssen diese Normen mit besonderen Maßnahmen verteidigt werden, auch gegenüber alltagsweltlichen Primärintuitionen.

---

17 Zum Problem zuletzt BGH NJW 2004, 3569ff.; ferner Deiters (2005).

5.2 Variable Maßstäbe der politischen Kultur

a) Politische Chancengleichheit stellt ein normatives Ideal dar. Solche Ideale sind – in ihrer Reinform – noch nicht anwendungsfähig. Vielmehr müssen sie *spezifiziert* werden, muss ihr genauer Gehalt so konkret herausgearbeitet werden, dass er einerseits Handlungen Orientierung zu geben vermag, andererseits diese Gehalte auch als Maßstab der Kontrolle des Handelns instruktiv sind. Bei dieser Entfaltung der normativen Bedeutung der politischen Chancengleichheit sind Anstrengungen in verschiedenen Richtungen nötig:

aa) Zum einen muss die Bedeutung des Ideals für die konkrete Anwendungssituation herausgearbeitet werden. Das umfasst auch die Berücksichtigung der gegebenen Verhältnisse aufgrund der historischen Entwicklung des jeweiligen Landes und der aktuellen politischen Umstände. Dazu können auch besondere Maßnahmen zur Abwehr von bestimmten Arten gesellschaftlicher Ungleichheit gehören, die in der gegebenen Gesellschaft eine besondere Bedrohung für die politische Chancengleichheit darstellen. So kann in einem Land mit einer besonders starken religiösen Tradition es geraten sein, zur Sicherung der Politik vor religiöser Bevormundung die Trennung von Religion und der politischen Sphäre streng durchzuführen und auf einer laizistischen Konzeption zu bestehen. Umgekehrt kann es aber auch ein Gebot politischer Klugheit sein, angesichts der bestehenden Verhältnisse die politische Chancengleichheit nicht an allen Fronten mit gleicher Intensität zu verteidigen, sondern bestimmte Verzerrungen angesichts übermächtiger gesellschaftlicher Widerstände jedenfalls für bestimmte Zeit hinzunehmen, um nicht mit dem demokratischen Ideal gänzlich zu scheitern. Eine solche historisch-politisch informierte Anpassung und Ausbuchstabelung des Gehalts der politischen Chancengleichheit ist also einer realitätsblinden starren Anwendung vorzuziehen.

bb) Dabei ist, wie soeben angeklungen, das Ideal ein nicht immer zu maximierender Wert. Wird die Zielvorstellung unrealistisch hoch angesiedelt, so dass sie nur schwerlich verwirklicht werden kann, so führt dies oft weniger zu besonderen Anstrengungen, um das Ideal doch zu verwirklichen, sondern zu Enttäuschungen, bewirkt gar Resignation und ein Aufgeben des Ideals selbst. Im Hinblick auf diese Gefahr unrealistisch anspruchsvoller normativer Vorgaben – man könnte von der Tyrannei der Moral sprechen (vgl. Nietzsche 1886: 188) – ist also auch das angemessene Niveau der Verwirklichung des Ideals der politischen Chancengleichheit festzulegen. Dabei bedarf es der politischen Urteilskraft, um einerseits nicht zu nachlässig und normvergessen zu sein, andererseits aber auch nicht zu hohe Ansprüche zu setzen, um eine dauerhafte Chance auf Normtreue und damit wenigstens eine annäherungsweise Verwirklichung des Ideals zu ermöglichen.

cc) Ideale stoßen beim Versuch ihrer Verwirklichung auf Widerstand, nicht nur auf empirischen, sondern auch auf normativ begründeten. Ideale wie dasjenige der politischen Chancengleichheit stellen rechtstheoretisch betrachtet *Prinzipien*[18] dar, die mit gegenläufigen Prinzipien sehr häufig kollidieren. Für unseren Fall bedeutet dies: Die Verwirklichung der politischen Chancengleichheit beeinträchtigt die Freiheit des politi-

---

18 Dazu aus der deutschen Diskussion insbesondere Alexy (1985: 75ff.).

schen Handelns. Derjenige, der sich eine gesellschaftliche Machtposition erworben hat, es etwa zu Wohlstand gebracht hat, möchte nach eigenen Vorstellungen diese Ressourcen auch ggf. für die Verfolgung seiner politischen Ziele mobilisieren.

In den Vereinigten Staaten ist eine Entscheidung des Supreme Court[19] ergangen, in welcher es um die Balancierung der grundrechtlich geschützten Meinungsäußerungsfreiheit, wozu amerikanischerseits auch die Verwendung von Geld für politische Zwecke verstanden wird, mit der politischen Chancengleichheit geht, die durch eine Beschränkung der Einsatzmöglichkeiten von Geld in der Politik erreicht werden soll. Eine solche Prinzipienkollision stellt die Aufgabe, beide Prinzipien in der konkreten Situation zu optimieren, also zur beidseitig bestmöglichen Entfaltung zu bringen. Dabei wirkt sich natürlich aus, welches Gewicht den konfligierenden Prinzipien beigemessen wird. Damit wird ersichtlich, dass es nicht nur um reine Wissenschaft geht, sondern auch um politische Auseinandersetzungen. Bestimmte gesellschaftliche Gruppierungen werden der Freiheit mehr Gewicht zumessen als der Chancengleichheit und umgekehrt.

dd) Die politische Chancengleichheit, welche durch Korruption verletzt wird, ist mithin in ihren Anforderungen für die jeweilige Situation zu spezifizieren. Dies ist auch wesentlich eine Aufgabe der politischen Diskussion und Entscheidung. Die Strenge der Maßstäbe, welche das politische Handeln leiten, ist eine Sache der Aushandlung. Damit ist auch das, was als politische Korruption gewertet wird, in einem kontroversen Prozess der Wertegewichtung, des Abwägens und des Aushandelns zu bestimmen.

b) Bekannt gewordene Fälle politischer Korruption führen regelmäßig – so ist zu hoffen! – zu einer Skandalisierung.[20] In der öffentlichen Erörterung dieses Skandals wird das in Frage stehende Verhalten öffentlich kritisiert und verurteilt, aber ebenso regelmäßig treten aus dem Lager der Betroffenen auch Verteidiger auf, welche Milderungsgründe ins Feld führen und Rechtfertigungsgründe benennen. Es ist nun gerade diese öffentliche Skandal-Diskussion, in welcher eine politische Gemeinschaft sich über die einzuhaltenden Normen des politischen Handelns verständigt. Dieser Aushandlungsprozess der Normen und insbesondere der Strenge, mit welcher die politische Chancengleichheit verteidigt wird, findet insbesondere in solchen öffentlichen Skandal-Prozessen statt. Dabei steht oft auch eine Fortschreibung der normativen Standards der Politik an, auch im Sinne einer Verschärfung.

So war es wohl in den Fällen, in denen Spitzenpolitiker sich von privater Seite zu – sei es beruflichen, sei es privaten – Reisen haben einladen lassen, erinnert sei etwa an die Ministerpräsidenten *Späth* und *Streibl*. Diese haben im Ergebnis vergeblich darauf hingewiesen, dass persönliche Freundschaften zulässig sein müssten und auch Einladungen unter Freunden bisher durchaus üblich gewesen seien – was wohl zutrifft. Allein, die Skandal-Diskussion hat zu einer Verschärfung der normativen Standards der politischen Kultur geführt, welche an Politiker angelegt werden. Die Gefahr, dass privat gewährte Vergünstigungen mit einem politischen Entgegenkommen honoriert wer-

---

19 McConnell v. Federal Election Committee, 540 US 93 (2003).
20 Nur beispielhaft Beule/Hondrich (1990: 144ff.), Ebbinghausen/Neckel (1989), Neckel (1986: 581ff.), Thompson (2000: 61ff.).

den (können), wird mittlerweile als zu groß angesehen, als dass eine solche Einladungspraxis noch toleriert wird.

Dieses Beispiel zeigt zugleich, dass es nicht nur *rechtliche* Normen sind, nach welchen sich die Politik zu richten hat und an deren Verletzung der Vorwurf der politischen Korruption geknüpft wird: Es geht häufig auch um Anforderungen der politischen Kultur, hier in einem bewusst normativen Sinne verstanden. Verstöße gegen solche Standards der politischen Kultur werden in der Öffentlichkeit skandalisiert und sanktioniert, durch öffentliche Kritik, durch die Forderung nach Rücktritt von einem innegehabten öffentlichen Amt.

c) Die für die Politik geltenden normativen Maßstäbe sind also variabel. Änderungen vermitteln sich zum einen über Rechtsänderungen, denen, wenn es um die Bekämpfung politischer Korruption geht, regelmäßig eine intensive politische Debatte vorausgehen dürfte. Die Änderung des deutschen Parteiengesetzes im Jahr 2002[21] nach der großen Parteienfinanzierungsaffäre der CDU illustriert dies. Zum anderen können solche Veränderungen aber auch sich beschränken auf die rechtliche *Interpretation* des geltenden Rechts. Fast immer können Rechtsvorschriften unterschiedlich ausgelegt werden, fast immer eröffnen sich Auslegungsspielräume. Auch in diesen Fällen kommt es zu einem *Aushandeln* der anzulegenden Maßstäbe, es wird unter Beteiligung der wissenschaftlichen Öffentlichkeit und ggf. in mehreren gerichtlichen Instanzen das letztlich praktisch maßgebende Verständnis einschlägiger Rechtsnormen bestimmt. In Form eines Kampfes um die Interpretation wird also um die Strenge der Normen gerungen. Die Auseinandersetzung um das richtige Verständnis des alten Parteiengesetzes im Hinblick auf die Beurteilung der vorgekommenen Ereignisse bei der CDU möge dafür stehen.[22] Schließlich können es aber auch allein Normen der politischen Kultur sein, welche Befolgung beanspruchen und welche sich ebenfalls ändern können. Will man korruptive Erscheinungen hinlänglich unter Kontrolle halten, dürfte es im Übrigen unausweichlich sein, sich um die Entwicklung der geltenden Standards der politischen Kultur zu kümmern, aus verschiedenen Gründen kann das Recht die Aufgabe, einen chancengleichen politischen Prozess zu gewährleisten, nicht allein erfolgreich übernehmen.

5.3 Aufgabe der Wissenschaft

Damit ist die Aufgabe der Wissenschaft bei der Bekämpfung der politischen Korruption angesprochen. Jedenfalls einer Wissenschaft, die sich nicht als rein deskriptive und analytische versteht, sondern die sich als politische Wissenschaft in dem Sinne begreift, dass sie sich auch für demokratische Ideale engagieren darf – es versteht sich, bei klarem Ausweis der normativen Gehalte. Eine solche Wissenschaft bekennt sich zu einer Mitverantwortung für eine demokratieförderliche politische Kultur.

---

21 BGBl. I S. 2268.
22 So war die inhaltliche Richtigkeit des Rechenschaftsberichts Voraussetzung für die Gewährung staatlicher Mittel, siehe BVerfG NJW 2005: 128; Heinig/Streit (2000: 396), Masing (2001: 2353ff.), (Morlok 2000: 766). Dagegen O. Depenheuer (FAZ vom 29.2.2000), Ipsen (2002: 1911), J. Isensee (Die Welt vom 30.12.1999), Koch (2000: 1005f.).

Unter diesem Gesichtspunkt ist auch der hier zu Grunde gelegte Begriff der politischen Korruption zu sehen. Er soll den tatsächlichen Gefahren, welche der politischen Chancengleichheit drohen, angemessen sein und darf damit nicht zu eng gefasst sein.

Weiter wird eine solche Wissenschaft sich zu Fragen der politischen Korruption auch öffentlich äußern, Erläuterungen geben und etwa darauf hinweisen, dass es bei politischer Korruption oft um die Beeinträchtigung der Chancengleichheit durch Verletzung der spezifischen Regeln der Politik geht. Sie wird also Entlastungsversuche im Sinne des „Er-hat-sich-ja-nicht-persönlich-bereichert" zurückweisen. Die Wissenschaft wird also auch öffentlich die Bedeutung der einschlägigen Normen erläutern, diese durch Darlegung ihres Schutzgutes rechtfertigen und damit ihre Beachtung zu sichern trachten.

Eben weil die Maßstäbe, die das politische Handeln dirigieren sollen, auch eine Sache der Interpretation und des politischen Aushandelns sind, ist auch die wissenschaftliche Beschäftigung mit der politischen Korruption damit zwangsläufig selbst politisch.

Literatur

Alemann, Ulrich von, 2004: Unknown Depths of Political Theory, Reasons for a Multidimensional Concept of Corruption, in: Crime, Law and Social Change 42(1), 25–34.
Alexy, Robert, 1979: Zum Begriff des Rechtsprinzips, in: *Krawietz, Werner/Opalek, Kazimierz/Peczenik, Aleksander/Schramm, Alfred* (Hrsg.), Argumentation und Hermeneutik in der Jurisprudenz, Rechtstheorie Beihefte, Band Bh RT 1, 59ff.
Alexy, Robert, 1985: Theorie der Grundrechte. Frankfurt am Main.
Arnim, Hans H. von, 1993: Der Staat als Beute. München.
Beule, Jürgen/Hondrich, Karl O., 1990: Skandale als Kristallisationspunkte politischen Streits, in: *Sarcinelli, Ulrich* (Hrsg.), Demokratische Streitkultur: theoretische Grundpositionen und Handlungsalternativen in Politikfeldern. Opladen, 144–156.
Deiters, Mark, 2005: Der Fall „Kremendahl" als Lackmustest der §§ 331, 333 StGB, IV, in: MIP (Heft 12).
Ebbinghausen, Rolf/Neckel, Sighard (Hrsg.), 1989: Anatomie des politischen Skandals. Frankfurt am Main.
Gronbeck, Bruce E., 1999: The Rhetoric of Political Corruption, in: *Heidenheimer, Arnold J./Johnston, Michael/LeVine, Victor T.* (Hrsg.), Political Corruption. A Handbook. New Brunswick/London, 173–189.
Heidenheimer, Arnold J./Johnston, Michael/LeVine, Victor T. (Hrsg.), 1999: Political Corruption. A Handbook. New Brunswick/London.
Heinig, Michael/Streit, Thilo, 2000: Die direkte staatliche Parteienfinanzierung, in: Jura, 393ff.
Ipsen, Jörn, 2002: Das neue Parteienrecht, in: Neue Juristische Wochenschrift, 1909ff.
Johnston, Michael, 2001: The Definitions Debate, Old Conflicts in New Guises, in: *Jain, Arvind K.* (Hrsg.), The Political Economy of Corruption. London/New York, 11–31.
Klein, Hans H., 2001: Vorschläge zur Neuregulierung des Rechts zur Parteienfinanzierung, in: *Bundespräsidialamt* (Hrsg.), Bericht der Kommission unabhängiger Sachverständiger zu Fragen der Parteienfinanzierung, 151ff.
Koch, Thorsten, 2000: Verlust der Teilhabe an staatlicher Parteienfinanzierung bei fehlerhaftem Rechenschaftsbericht?, in: Neue Juristische Wochenschrift, 1004ff.
Landfried, Christine, 1994: Parteienfinanzen und politische Macht. Eine vergleichende Studie zur Bundesrepublik Deutschland, zu Italien und den USA. Baden-Baden.
Luhmann, Niklas, 1968: Soziologie des politischen Systems, in: Kölner Zeitschrift für Soziologie und Sozialpsychologie 20, 75ff.
Luhmann, Niklas, 2000: Die Politik der Gesellschaft. Frankfurt am Main.

Masing, Johannes, 2001: Auslegung oder Auslegungsverweigerung, in: Neue Juristische Wochenschrift, 2353ff.

Morlok, Martin, 1996: Begriff und Phänomen der Normerosion im Bereich des öffentlichen Rechts, in: *Frommel, Monika/Gessner, Volkmar* (Hrsg.), Normenerosion. Baden-Baden, 115ff.

Morlok, Martin, 2000: Spenden – Rechenschaft – Sanktionen, in: Neue Juristische Wochenschrift, 761ff.

Morlok, Martin, 2001: Vorschläge zur Neuregelung des Rechts zur Parteienfinanzierung, in: *Bundespräsidialamt* (Hrsg.), Bericht der Kommission unabhängiger Sachverständiger zu Fragen der Parteienfinanzierung, 233.

Morlok, Martin, 2002a: Für eine zweite Generation des Parteienrechts, in: 30 Jahre Parteiengesetz in Deutschland. Die Parteiinstitution im internationalen Vergleich, 60.

Morlok, Martin, 2002b: Was kümmern den Staat die Parteifinanzen?, in: *Rektor der Heinrich-Heine-Universität Düsseldorf* (Hrsg.), Jahrbuch der Heinrich-Heine-Universität Düsseldorf, 227ff.

Morlok, Martin, 2003: Parteienrecht als Wettbewerbsrecht, in: Festschrift für D. Th. Tsatsos, 408ff.

Münkler, Herfried/Fischer, Karsten, 2002: Gemeinwohl und Gemeinsinn im Recht, in: *dies.* (Hrsg.), Band III. Berlin, 11ff.

Neckel, Sighard, 1986: Das Stellhölzchen der Macht. Zur Soziologie des politischen Skandals, in: Leviathan 14(4), 581–605.

Nietzsche, Friedrich, 1886: Jenseits von Gut und Böse. Leipzig.

Rose-Ackerman, Susan, 1999: Corruption and Government. Cambridge.

Schmitz, Heinz-Gerd, 1997: Das Mandeville-Dilemma: Untersuchungen zum Verhältnis von Politik und Moral. Köln.

Thompson, John B., 2000: Political Scandal, Power and Visibility in the Media Age. Cambridge.

Wickert, Ulrich, 1994: Der Ehrliche ist der Dumme. Hamburg.

III.

Ethisch-moralische Aspekte

„internen Standpunkt" im Sinne H. L. A. Harts akzeptieren, ist er zudem auch unmoralisch. Denn jedes politische bzw. rechtliche System ist Ausdruck der positiven Moral der jeweiligen Machthaber – sei dies eine eher kleine Gruppe von Personen (Diktatur) oder die breite Mehrheit der Bevölkerung (Demokratie).

Unter „positiver Moral" verstehe ich dabei diejenigen moralischen Prinzipien und Regeln, die *de facto* in einer Gesellschaft anerkannt werden; die positive Moral einer Gesellschaft ist also Ausdruck der tatsächlichen Moralvorstellungen von Personen und ist als solcher von Ort zu Ort und von Zeit zu Zeit verschieden.

Im Gegensatz dazu verstehe ich unter „kritischer Moral" oder „Ethik" diejenigen moralischen Prinzipien und Regeln, die tatsächlich Anerkennung *verdienen*. Wie immer diese im Einzelnen aussehen mögen: Sie sind nicht kulturbedingt, sondern genügen den Anforderungen der Universalität und Perpetuität im Kantischen Sinne.

Vom internen Standpunkt aus gesehen stimmt nun die jeweilige positive Moral immer vermeintlich mit der Ethik überein, d.h. derjenige, der eine bestimmte positive Moral teilt, hält sie selbstverständlich für die „richtige" Moral. Deswegen ist aus dieser Perspektive offenkundig die Korruption als Verletzung des akzeptierten Systems immer moralisch verwerflich, und zwar im doppelten Sinne der positiven wie auch der kritischen Moral. Insofern hat Noonan recht mit seiner Bemerkung, dass es „auf der Welt kein Land [gibt], in dem nicht Bestechung in den Gesetzbüchern als Vergehen eingestuft würde". Würde ein Rechtssystem die Legalität der Korruption anerkennen, dann käme dies der rechtlichen Anerkennung eines Rechts auf Zerstörung des Systems gleich, was systemisch betrachtet ebenso grotesk wäre wie die Legalisierung von Revolutionen oder Staatsstreichen.[2]

3. Akzeptiert man, wie ich es für erforderlich halte, die notwendige begriffliche Unterscheidung von „positiver" und „kritischer" Moral, dann folgt aus der Tatsache, dass das relevante normative System immer Ausdruck der positiven Moral (der entscheidenden Gruppe) einer Gesellschaft ist, keineswegs, dass ein solches System auch aus der unabhängigen Warte der kritischen Moral akzeptabel sein muss. Dieser Schluss wäre ein Fehlschluss, der den kulturellen mit dem moralischen Standpunkt verwechselt und käme der Behauptung gleich, dass Sollen aus Sein folgt.

Die Menge von Prinzipien und Regeln, die den Anforderungen der Ethik genügt, werde ich zur einfacheren Unterscheidung das „rechtfertigende normative System" nennen.

Aus der Sicht dieses *rechtfertigenden* normativen Systems kann man dann wohl sagen, dass die „Verletzung" eines *relevanten* normativen Systems dann akzeptabel sein kann, wenn letzteres Prinzipien oder Regeln der kritischen Moral verletzt. Hier lässt sich der Fall Schindler einordnen. Wäre es nicht moralisch gesehen besser gewesen, wenn es anstatt *eines* Schindlers und einiger weniger bestechlicher Aufseher tausende von beiden gegeben hätte? Und ist nicht die Korruption moralisch dem Waffengebrauch vorzuziehen, wenn sich eine Möglichkeit bietet, ein blutiges Gewaltsystem

---

2 Da die Wirklichkeit aber oft rechtlich „groteske" Fälle bietet, ist hier vielleicht daran zu erinnern, dass Mitte des 19. Jahrhunderts in Bolivien der Abgeordnete Rigoberto Paredes vorschlug, ein „Reglement für Revolutionen" zu erlassen, da dies in Bolivien die übliche Form des Regierungswechsels zu sein pflegte (vgl. Trigo 1958: 59, Anm. 5).

durch ein „freundlicheres" System der Korruption zu ersetzen? Und wenn man die Wahl hat zwischen einem vermutlich wenig korrupten totalitären System im Stile Stalins und einem einigermaßen demokratischen System, das sich aber nicht unbedingt durch die Redlichkeit seiner Beamten auszeichnet, wie unter Putin: Sollte man dann etwa das erstere nur aufgrund seines geringeren Korruptionsgrades moralisch vorziehen?

4. Nun gibt es unter den möglichen relevanten normativen Systemen auf der politischen Ebene eines, von dem sich ohne Einschränkungen sagen lässt, dass es in dem Sinne Legitimität besitzt, dass seine Prinzipien und Regeln den Anforderungen der Ethik gerecht werden – nämlich die repräsentative und freiheitliche Demokratie in Gestalt eines sozialen Rechtsstaats (im Folgenden der Kürze halber: Demokratie).[3] Bezogen auf dieses System sind folglich Pflichtverletzungen seitens der Entscheidungsträger (und darunter sind nicht nur seine Beamten zu verstehen, sondern auch alle Bürger in ihrer Eigenschaft als Wähler)[4] immer nicht nur innersystemisch dysfunktional, sondern auch moralisch verwerflich. Deswegen hat Korruption in der Demokratie eine Qualität, die sie in anderen politischen Regimen nicht unbedingt besitzt. In genuin demokratischen Systemen gibt es für die Illoyalität der Entscheidungsträger keine Rechtfertigung.

5. Leider ist aber auch die Demokratie das vor Korruption wohl am wenigsten geschützte politische System. Das freie Mandat in der Gesetzgebung sowie der Ermessensspielraum in der Justiz, zwei wesentliche Elemente liberaler Demokratie, gibt Abgeordneten und Richtern ein hohes Maß an Freiheit, das relativ leicht unter den Einfluss von Kräften gelangen kann, die ihre Interessen auf illegitime Weise geltend zu machen versuchen.

IV.

1. Das Thema der politischen Korruption scheint in demokratischen Systemen derzeit „in Mode" zu sein. Es gibt eine ungeheure Menge von Büchern, Presseerzeugnissen und Fernsehsendungen, die sich diesem Thema widmen. Seine Bedeutung liegt meines Erachtens jedoch weniger in den Ausmaßen des Phänomens, als vielmehr darin, dass Korruption im Grunde nur ein Indikator für schlimmere und tiefer liegende Übel ist.

Wäre politische Korruption lediglich ein Weg, auf dem sich Cliquen bereichern, und würde sie nur Staatsinteressen direkt betreffen, wie Feinberg meint, oder nur die Interessen von Akteuren, die in relativ eng begrenzten Bereichen miteinander konkurrieren, oder hätte sie keine weitere Auswirkung als nur die, staatliche Dienstleistungen

---

3 Ich formuliere diese These hier ganz apodiktisch, da ich im Rahmen dieses Beitrags ihre argumentative Untermauerung nicht leisten kann.
4 John Rawls (1972: 113–114) bestreitet zwar, dass normale Bürger politische Pflichten im engeren Sinne haben. Aber mir scheint die Ansicht von Dolf Sternberger (1986: 122ff.) zutreffender, der mit dem Wahlakt die Existenz von Bürgerpflichten (im Sinne positionaler Pflichten) verbindet.

teurer zu machen, dann könnte man vielleicht meinen, dass trotz ihrer unbestreitbaren Relevanz als Vergehen doch eine demokratische Gesellschaft mit dieser Art von Delikt problemlos leben kann, ebenso wie auch mit anderen nicht weniger schweren Vergehen. Immerhin ließe sich argumentieren, dass Mord – ein auch in demokratischen Gesellschaften nicht seltenes Verbrechen – schlimmer ist als illegitime Bereicherung.

Das ist sicher richtig. Aber richtig ist auch, dass Korruption dort möglich wird und gedeiht, wo Entscheidungsträger den internen Standpunkt aufgeben und zu illoyalem Verhalten gegenüber dem jeweiligen normativen System bereit sind. Die Korruption ist eine Form der „segmentierten Ausbeutung von Misstrauen" (Gambetta 1988: 166)[5], deren Erfolgsaussichten in direkter Beziehung nicht nur zu der Möglichkeit extrapositionaler *Vorteile* stehen, sondern auch zu einem Verlust an Vertrauen in die Formen der Kooperation und der Verteilung von Lasten und Vorteilen auf der Grundlage des Respekts vor der individuellen Autonomie, der Chancengleichheit und des gegenseitigen Vertrauens, von denen die Idee der Demokratie ausgeht.

Das Problem der demokratischen Loyalität, vor allem der Überwindung des Trittbrettfahrens, ist wohl eine der zentralen Fragen der Demokratie unserer Zeit. Es ist kein Zufall, dass ein erheblicher Teil der Diskussion zwischen Liberalen und Kommunitaristen sich um das Thema der demokratischen Loyalität dreht. Und es ist auch kein Zufall, dass die meisten vorgeschlagenen Maßnahmen zur Bekämpfung von Korruption sich direkt auf die Stärkung von grundlegenden Elementen des demokratischen Systems beziehen, wie etwa die volle Wirksamkeit des Publizitätsprinzips, den Ermessensspielraum von Entscheidungsträgern,[6] die gleiche Berücksichtigung der Interessen aller Bürger oder die Verfahren zur Wahl bzw. Ernennung staatlicher Entscheidungsträger.

Korrupte Aktivitäten und Handlungen sind nur die Spitze eines Eisbergs, d.h. sie zeigen ein sehr viel tiefer gehendes Problem an, nämlich die Tendenz, das Ideal demokratischer Kooperation durch Formen der Konkurrenz und der Einflussnahme zu ersetzen, die jenem Ideal diametral entgegengesetzt sind. Die alarmierende Verbreitung von Korruption ist vielleicht nicht nur eine Folge der immer größeren Attraktivität der zu erzielenden extrapositionalen Vorteile, sondern auch der Tatsache geschuldet, dass der effektiven Umsetzung der repräsentativen Demokratie so enorme Hindernisse entgegenstehen, dass offenbar die Anzahl derer zunimmt, die dem demokratischen Projekt der Moderne den Charakter einer Utopie zuschreiben. Die Rückgewinnung des Vertrauens in die Demokratie und die praktische Umsetzung von Vorschlägen, die ein Zusammenleben unter Bedingungen der Gleichheit ermöglichen, scheint daher das sicherste Mittel zu sein, um in einer demokratischen Gesellschaft den zersetzenden Effekten der Korruption entgegenzuwirken.[7]

---

5 Gambetta bezieht den Ausdruck auf die Mafia, aber ich denke, er passt ebenso auf die Korruption in demokratischen Gesellschaften.
6 Zu den Beziehungen zwischen Korruption und Ermessensspielräumen vgl. Downs (1967: 61–73).
7 Zu den Auswirkungen von Korruption in demokratischen Gesellschaften vgl. Malem (2002).

2. Wenn wir nun den Zirkel schließen und an den Ausgangspunkt zurückkehren, so lassen sich meines Erachtens die folgenden zwei Punkte plausiblerweise festhalten:
i) In Systemen repräsentativer Demokratie im Rahmen eines sozialen Rechtsstaats ist politische Korruption auch vom Standpunkt der kritischen Moral ausnahmslos verwerflich – hier gilt die These von der bedingungslosen Unmoral der Korruption.
ii) Bezüglich politischer Systeme, die nicht zur Kategorie i) gehören, ist zu unterscheiden zwischen solchen, die *beanspruchen*, Demokratien zu sein bzw. zu werden (Fall ii.a), und solchen, die eindeutig diktatorisch sind (Fall ii.b).

ad ii.a) In die erste der beiden Kategorien gehören bis auf einige wenige Ausnahmen zum Beispiel die lateinamerikanischen Länder. Zu den wesentlichen Merkmalen dieser Systeme gehört die straflose Korruption. Eindeutig und bekanntermaßen korrupte Politiker haben Machtpositionen inne oder werden als wahrscheinliche künftige Machthaber gehandelt. Von ihnen ist nicht zu erwarten, dass sie sich auf bourbonische Strategien einlassen werden; vielmehr versuchen sie die Stabilität eines Systems zu bewahren, das den Korrupten schließlich große Vorteile bietet. Der gewöhnliche Bürger nimmt demgegenüber in der Regel genau die Haltung ein, die den resignierten Skeptizismus eines Arnoldo Kraus provoziert. So schließt sich der Teufelskreis. Die Korruption versperrt den Weg zu einer echten Demokratie und bleibt Hauptstütze einer schamlosen Gaunerhaftigkeit, deren Überwindung lediglich in der öffentlichen Rhetorik angestrebt wird. Die Mächtigkeit dieser „Sperre" ist eine der Ursachen dafür, dass die demokratischen Ideale auf dem Subkontinent immer wieder scheitern. Ich denke, es kann keinen Zweifel daran geben, dass auch in solchen Fällen die Ausrottung der Korruption ein Imperativ der kritischen Moral ist.

ad ii.b) In anderen Fällen aber mag die Korruption aus der Perspektive der kritischen Moral nicht nur akzeptabel, sondern sogar moralisch wünschenswert sein – nämlich übergangsweise dann, wenn dies in totalitären Regimen der einzige Weg ist, um das bestehende System zu „zersetzen" und die Transition zu einer repräsentativen Demokratie einzuleiten, oder sogar über längere Zeit, wenn nur so moralisch weit schlimmere Alternativen verhindert werden können. Hier trifft dann also eine der Thesen zu, nach denen die moralische Verwerflichkeit der Korruption in Abhängigkeit vom Kontext relativiert bzw. die Korruption eventuell sogar das moralisch gesehen kleinste mögliche Übel ist. Immerhin scheint es, wenn es darum geht, ein totalitäres System zu Fall zu bringen, um an seiner Stelle eine Demokratie errichten zu können, besser, ein solches moralisch inakzeptables System zu korrumpieren als es zu bombardieren.

3. Es bleibt noch die Frage nach dem Nutzen dieses Vorschlags einer kontextabhängigen Bewertung des Phänomens der Korruption. Ich denke, sein möglicher Wert liegt darin, dass er uns eine differenzierte Sicht auf ein Phänomen eröffnet, das zwar universal, aber je nach Ort und Zeit unterschiedlich konnotiert ist. Die Listen von korrupten Ländern, wie sie etwa alle Jahre wieder von *Transparency International* zusammengestellt werden, sind demnach mit Vorsicht zu behandeln: Sie erfordern eine Analyse, die die Umstände der einzelnen Gesellschaften sowie den jeweiligen politischen und rechtlichen Rahmen berücksichtigt, in denen die korrupten Verhaltensweisen beobachtet

werden. In Fällen vom Typ i) oder ii.a) könnte dies dann sogar einen Beitrag zur Formulierung angemessener Maßnahmen zu ihrer Überwindung leisten.

Die *message* meines Vorschlags hinsichtlich der moralischen Bewertung der Korruption lässt sich also letztlich ganz knapp zusammenfassen: *Beware of generalizations!*

Literatur

Downs, Anthony, 1967: Inside Bureaucracy. Boston, 1–73.
Elster, Jon, 1989: The Cement of Society. A Study of Social Order. Cambridge.
Feinberg, Joel, 1984: Harms to Others. The Moral Limits of the Criminal Law. New York/Oxford.
Gambetta, Diego, 1988: Mafia: the Price of Distrust, in: ders. (Hrsg.), Trust, Making and Breaking Cooperative Relations. New York, 158–175.
Kraus Arnoldo, 1995: Soborno: mal endémico, in: La Jornada (Mexiko-Stadt) 4. Oktober.
Leys, Colin, 1993: What is the Problem about Corruption?, in: *Heidenheimer, Arnold J./Johnson, Michael/LeVine, Victor T.* (Hrsg.), Political Corruption – A Handbook. New Brunswick/London, 51–66.
Malem Seña, Jorge, 2002: La corrupción, Aspectos éticos, económicos, políticos y jurídicos. Barcelona.
Noonan Jr., John T., 1984: Bribes: The Intellectual History of a Moral Idea. New York.
Prada, Manuel G., 1985: Nuestros indios, in: *ders.,* Páginas libres, Horas de lucha. Caracas, 332–343.
Rawls, John, 1972: A Theory of Justice. Oxford.
Sternberger, Dolf, 1986: Herrschaft und Vereinbarung. Frankfurt am Main.
Trigo, Ciro F., 1958: Las constituciones de Bolivia. Madrid, 59, Anm. 5.
Zintl, Reinhard, 1993: Clubs, Clans und Cliquen, in: *Ramb, Bernd-Thomas/Tietzel, Manfred* (Hrsg.), Ökonomische Verhaltenstheorie. München, 89–117.

Korruption, Recht und Moral

Michael Baurmann

> *Thrasymachos: „Dass aber der gerechte Mann allenthalben gegen den Ungerechten im Nachteil ist, das muss man sich, du einfältiger Sokrates, an Folgendem klar machen. (...) Wenn beide ein Amt bekleiden, muss es der Gerechte erleben, dass er, ganz abgesehen von anderem möglichen Nachteil, in seinem Hauswesen geschädigt wird, weil er sich dann wenig darum kümmern kann, aus dem Staate aber keinen Vorteil zieht, eben weil er gerecht ist; zudem macht er sich auch noch bei seinen Angehörigen und Bekannten verhasst, wenn er es nicht über sich gewinnt ihnen Vorteile zu verschaffen wider das Recht."*
>
> Platon, Der Staat, 343d-e

1. Korruption, soziale Normen und soziales Kapital

Es ist eine verbreitete Sichtweise, dass Korruption ein Phänomen der Normabweichung und sozialen Unordnung darstellt. Korruption ist in dieser Sichtweise nicht nur (meistens) ein Verstoß gegen rechtliche Normen, sondern verstößt typischerweise auch gegen die herrschende Sozialmoral und wird zumindest offiziell geächtet. Insofern wird Korruption im Prinzip gleichgestellt mit anderen Formen abweichenden Verhaltens und mit anderen Formen der Kriminalität. Im Kontext der in den letzten Jahren offenbar unaufhaltsam anwachsenden Theorien und Studien zu sozialem Kapital wird Korruption darüber hinaus häufig mit einem Mangel an sozialem Kapital erklärt.[1] Eine Möglichkeit der Bekämpfung von Korruption wird entsprechend darin gesehen, soziales Kapital zu bilden und zu fördern. Diese Sichtweisen und Einordnungen des Phänomens Korruption sind zwar nicht einfach falsch, aber sie bergen auch die Gefahr für Fehleinschätzungen.

In der eingangs zitierten Auffassung des Sophisten Thrasymachos deutet sich an, das Korruption auch in anderer Weise „sozial eingebettet" sein kann. Thrasymachos beschreibt offenbar eine Situation, in der korruptes Verhalten in dem sozialen Umfeld einer Person erwartet wird. Es ist Gegenstand einer in einer bestimmten sozialen Gruppe geltenden Norm, die korruptes Verhalten zur *Pflicht*, vielleicht sogar zu einer moralisch interpretierten Pflicht macht. Wir haben es in diesem Fall also mit einer Situation zu tun, in der miteinander konkurrierende soziale Normen existieren, die durch unterschiedliche Norminteressenten getragen werden: Auf der einen Seite diejenigen, die sich eine regelkonforme Funktion staatlicher Organe wünschen, auf der anderen Seite diejenigen, die wollen, dass ein Mitglied ihrer Gruppe seine Position in der staatlichen Verwaltung zugunsten ihrer partikularen Interessen nutzt. Korruption lässt sich in diesem Fall also nicht einfach nach dem Standardmodell abweichenden Verhaltens als

---
1 Zum Beispiel Uslaner (2002). Einen guten Überblick über den aktuellen Stand der Sozialkapitalforschung geben Ostrom/Ahn (2003).

Normverstoß interpretieren: Es ist im Gegenteil ein Fall normkonformen Verhaltens in einer Situation, in der konkurrierende Normen gelten; ja es kann sogar so sein, dass derjenige, der sich in einer solchen Situation korrupt verhält, ein solches Verhalten gegen seine eigenen Interessen und Überzeugungen praktiziert, weil er sich sozialem Druck oder seinem „Gewissen" beugt.

Aber Thrasymachos weist nicht nur auf die mögliche Einbettung korrupten Verhaltens in soziale Normen hin. In dem Zitat deutet sich an, dass Korruption auch in einer durchaus positiven Beziehung zu sozialem Kapital stehen kann. Jemand, der in seiner Gruppe, Familie, seinen Clan oder Stamm sozial integriert ist, lebt in einer Situation mit einer möglicherweise hohen Ausstattung an sozialem Kapitel, durch das ihm Vernetzung, gegenseitiges Vertrauen und Reziprozität, Altruismus und emotionale Verbundenheit garantiert werden. Ja, in gewisser Weise kann man sagen, dass Korruption ohne soziales Kapital gar nicht möglich ist, denn ohne Netzwerke und ein besonderes Vertrauensverhältnis zwischen den Beteiligten kann Korruption offenbar nicht funktionieren (vgl. von Alemann 1993). Wenn Menschen isoliert voneinander agieren und reziproke Beziehungen ausgeschlossen sind, kann auch Korruption nur in sehr bescheidenem Umfang gedeihen. Ein hohes Maß an Korruption ist deshalb durchaus auch ein Indikator für einen signifikanten Bestand an sozialem Kapital. So sind auch die Unternehmer in China, die darauf angewiesen sind, die politischen Funktionäre zu bestechen, um für die fehlende Rechtssicherheit ein Substitut zu schaffen, auf soziales Kapital angewiesen, sowohl in ihrer eigenen Gruppe als auch in der Beziehung zu den bestochenen Funktionären (vgl. Heberer 1991).

Wenn dieser Zusammenhang in der Forschung zu wenig thematisiert wird, dann liegt das u.a. daran, dass viele theoretische und empirische Untersuchungen zu sozialem Kapital von vornherein mit einem normativ eingefärbten Begriff eines „guten" Sozialkapitals arbeiten, typischerweise operationalisiert in der Messung der Verbreitung „generalisierten Vertrauens" in einer Gesellschaft. Generalisiertes Vertrauen beruht aber auf generalisierten Normen und der Orientierung an allgemeinen, gemeinsamen Interessen. Eine solche Form sozialen Kapitals wirkt in der Tat Korruption entgegen. Sozialkapital kann aber auch in Form eines partikularen Vertrauens und von Normen existieren, die sich nur auf besondere Gruppeninteressen beziehen (vgl. Levi 1996). Traditionalen Gemeinschaften, die unbestreitbar soziales Kapital verkörpern, kann diese Form von Partikularismus eigen sein: Sie produzieren dann Vertrauen, Reziprozität und Altruismus allein für ihre eigenen Mitglieder. Aber auch Assoziationen und Organisationen in modernen Gesellschaften, die sich herausbilden, um bestimmte Gruppeninteressen in Abgrenzung oder in Konkurrenz zu anderen Gruppen oder der restlichen Gesellschaft durchzusetzen – von ethnischen, religiösen oder politischen Vereinigungen bis hin zum Ku Klux Klan und der Mafia – können eine Form von sozialem Kapital darstellen, das nur für die eigenen Mitglieder ein öffentliches Gut verkörpert, für alle Außenstehenden aber ein öffentliches Übel ist.

Warum ist es wichtig hervorzuheben, dass Korruption in sozialen Normen und soziales Kapital eingebettet sein kann? Unter einer theoretischen Perspektive ist es wichtig, um die tatsächlichen Ursachen der Korruption und die ihr förderlichen Faktoren und Bedingungen möglichst umfassend zu erkennen. Blendet man sozusagen definitorisch durch zu enge Begriffe von Normgeltung oder sozialem Kapital einen ganzen Bereich aus, übersieht man auch leicht die gesellschaftlichen Phänomene, die für eine Erklärung von Korruption wichtig sein können. Natürlich kann Korruption ein Phänomen sein, dass so ordinär ist wie Ladendiebstahl oder Betrug. Es kann aber auch ein Verhalten sein, das als quasi-moralische Pflicht verstanden wird, das in den traditionalen Normen primordialer Gruppen oder der Subkultur von organisierten Partikularinteressen verwurzelt ist und durch ein hohes Maß an sozialem Kapital gestützt wird.

Unter einer praktischen Perspektive ist es wichtig, die möglicherweise starke soziale Einbettung von Korruption zu berücksichtigen, wenn es um ihre wirksame Bekämpfung geht. Auf einige der Konsequenzen, die sich unter diesem praktischen Aspekt ergeben, will ich im Folgenden eingehen.

Betrachtet man Korruption nur als gewöhnliches Element in der Klasse abweichenden Verhaltens, wird man leicht dazu neigen, die Abschreckungswirkung rechtlicher Normen und Strafen zu überschätzen. Zwar hat es sich generell herumgesprochen, dass die faktisch herrschende Sozialmoral für das gesellschaftliche Zusammenleben und die Stabilität sozialer Ordnung in allen Bereichen menschlichen Handelns eine wichtige Rolle spielt und durch Recht und eine formelle soziale Kontrolle nicht einfach substituiert werden kann. Berücksichtigt man aber die mögliche Verankerung von Korruption in konkurrierenden subkulturellen Normensystemen und einem hoch entwickelten gruppenspezifischen sozialen Kapital, dann wird umso deutlicher, dass unter solchen Voraussetzungen die Chancen sehr gering sind, wenn man vor allem auf die rechtliche Karte setzt und auf die präventiven Wirkungen des Rechts durch Sanktionsdrohung und Zwangsmaßnahmen hofft. Es ist eine alte soziologische Erkenntnis,[2] dass Rechtsnormen, die gegen bestehende informelle soziale Normen in Geltung gesetzt werden sollen, wenig Aussicht auf Wirksamkeit haben. Das betrifft nicht nur die Durchsetzbarkeit und die Folgebereitschaft im Hinblick auf die Bürger als die primären Adressaten des Rechts, sondern fast noch mehr das Problem, solchen Rechtsnormen gegenüber den Organen des Staates selbst ausreichend Wirksamkeit zu verleihen. Ohne eine konvergierende Sozialmoral, die Teil der Überzeugungen und Handlungsorientierungen der Mitglieder einer Gesellschaft ist, wird das Recht im Kampf gegen Korruption deshalb eine ziemlich stumpfe Waffe bleiben.

Muss man daraus den Schluss ziehen, dass es auf das Recht und auf staatliche Strafe im Kampf gegen Korruption praktisch überhaupt nicht ankommt und dass man allein auf eine wirksame Sozialmoral und informelle Sanktionsmechanismen hoffen kann? Diese Schlussfolgerung soll hier gerade nicht nahe gelegt werden. Ich möchte vielmehr dafür argumentieren, dass dem Recht – und speziell dem Strafrecht – auch bei Anerkennung der außerordentlichen Wichtigkeit der sozialen und gesellschaftlichen Kräfte eine zentrale und unverzichtbare Rolle im Kampf gegen Korruption zufällt. Diese Rolle wird allerdings erst erkennbar, wenn man – vielleicht überraschenderweise – das Strafrecht nicht an erster Stelle als Instrument des Zwangs und der Abschreckung sieht, sondern im Gegenteil als Instrument der Förderung von freiwilliger Normbefolgung und Moral.

Das klingt im ersten Moment merkwürdig. Warum soll ausgerechnet das Recht und die staatliche Strafe zur Stärkung freiwilliger Normkonformität und von Moral

---

[2] Für viele markiert sie mit Eugen Ehrlichs Unterscheidung zwischen „totem" und „lebendem" Recht geradezu den Beginn der Rechtssoziologie: vgl. Ehrlich (1913).

beitragen? Üblicherweise wird ein staatliches Rechtssystem ja geradezu als Alternative zur Moral gesehen, indem es durch Zwang und Sanktionen eine fehlende intrinsische Motivation zu einem normkonformen Handeln ersetzen kann. Wie könnte also gerade *das* paradigmatische Instrument der äußeren Verhaltensbeeinflussung zum Aufbau und zur Stabilisierung einer solchen intrinsischen Motivation und damit zur Wirksamkeit der Moral beitragen?

Zur Erörterung dieser Frage werde ich an eine Diskussion anknüpfen, die in Deutschland unter dem Titel „positive Generalprävention" und in den angelsächsischen Ländern mit den Begriffen „law and intrinsic motivation"[3] geführt wird. In dieser Diskussion geht es um die These, dass man die Institution des Rechts in der Tat nicht an erster Stelle als System der Verhaltenssteuerung mittels externer Anreize verstehen soll, sondern als eine Institution, die ihre wichtigste Wirkung indirekt auf die Motivation und die innere Einstellung der Rechtsadressaten entfaltet (für das Folgende vgl. Baurmann 1994).

2. Die Theorie der positiven Generalprävention

2.1 Strafe als Mittel der moralischen Erziehung?

Wie schon gesagt, propagiert die Theorie der positiven Generalprävention eine überraschende Sichtweise der staatlichen Strafe: Anstatt dass staatliche Strafe als Verhängung eines äußeren Übels das Versagen von Sozialisation und Moral signalisiert, soll sie selbst einen *sozialisierenden* und *moralischen* Einfluss ausüben; anstatt dass sie mit Setzung und Zwang das Ende von Zustimmung und Freiwilligkeit markiert, soll sie *Konsens* und *Normanerkennung* herbeiführen; und anstatt dass sie individueller Freiheit und persönlicher Autonomie öffentliche Gewalt entgegenstellt, soll sie ein *Appell* an *Verantwortungsbewusstsein* und *autonome Selbstbestimmung* sein. Der Theorie der positiven Generalprävention zufolge soll staatliche Strafe also nicht durch ihre abschreckende Wirkung zur allgemeinen Normkonformität beitragen, sondern durch eine Verstärkung der inneren Bindung an soziale Normen, durch eine Förderung von Norminternalisierung und Normakzeptanz.[4]

Solche Thesen laufen auf eine Verkehrung scheinbar offenkundiger Tatsachen hinaus: Staatliche Strafe als *das* Instrument einer *externen* sozialen Kontrolle soll zu einem Mittel der *internen* Verhaltenskontrolle werden. Im Rahmen der Abschreckungsprävention oder „negativen" Generalprävention erscheint Strafe als ein Instrument, um ein normkonformes Handeln *gegen den Willen* des Normadressaten herbeizuführen. Die Androhung eines Übels soll ihn zu einer Handlung zwingen, die er sonst *nicht* vollziehen würde. Strafe als Mittel der Abschreckung ist ein Grund für *unfreiwillige* Normbefolgung. Dagegen lässt sich die Idee der positiven Generalprävention darin sehen, dass

---

[3] Für die angelsächsische Debatte vgl. etwa Cooter (2000), mit weiteren Verweisen.
[4] Verschiedene Versionen einer Theorie der positiven Generalprävention finden sich u.a. bei Andenaes (1974), Haffke (1976), Hassemer (1990), Jakobs (1993), Maiwald (1983), Müller-Dietz (1985), Noll (1966), Roxin (1979), Streng (1980). Einen informativen Überblick enthält Prittwitz (1993).

staatliche Strafe ein Mittel sein kann, um zu *freiwilliger* Normbefolgung zu motivieren. Diese Charakterisierung erhellt die Schwierigkeit einer Theorie der positiven Generalprävention: Denn warum sollte ausgerechnet Strafe ein Grund sein, eine strafbewehrte Norm freiwillig zu befolgen? Das erscheint zumindest auf den ersten Blick wenig einsichtig.

Um eine Einschätzung des sozialwissenschaftlichen Gehalts dieser zunächst von Rechtswissenschaftlern formulierten Theorie zu erlangen, ist es sinnvoll, zunächst zu prüfen, mit welchem Verhaltensmodell man diese Theorie in einen sozialwissenschaftlichen Ansatz integrieren kann. Ein solches Modell muss eine *allgemeine* Erklärung für normkonformes und normabweichendes Handeln ermöglichen. Es muss außerdem einen Wirkungsmechanismus angeben können, durch den ein generalpräventiver Effekt staatlicher Strafe als *spezielle* Ursache für normkonformes Handeln plausibel wird. Mit der Frage nach den generalpräventiven Wirkungen von Strafen berührt man also kein isoliertes Problem in einem Randbereich der sozialwissenschaftlichen Theoriebildung. Man wird mit einem ihrer zentralen Grundprobleme konfrontiert: mit der Kernfrage, wie ein aussagekräftiges sozialwissenschaftliches Verhaltensmodell auszusehen hat.

2.2 Die Theorie der negativen Generalprävention (Abschreckungsprävention)

Die Anforderung, eine Präventionstheorie auf eine sozialwissenschaftliche Theorie menschlichen Handelns zu stützen, ist von der klassischen Theorie der Abschreckungsprävention im Prinzip erfüllt worden. Schon in der Fassung von *Feuerbach* besaß die Lehre der Abschreckung mit der Theorie des psychologischen Zwangs ein Verhaltensmodell, das empirischer Überprüfung grundsätzlich zugänglich war. Diesen Platz nimmt heute das Modell rationaler Entscheidung im Sinne des *Homo oeconomicus* ein.[5] Der *Homo oeconomicus* entscheidet in jeder Handlungssituation so, dass nach seinen Erwartungen sein subjektiver Nutzen maximiert wird. Normkonformität ist auf der Grundlage dieses Verhaltensmodells nur als *situative Normbefolgung* erklärbar, d.h. als Ergebnis der Tatsache, dass in einer bestimmten Situation die Befolgung einer Norm die für den Normadressaten nützlichste Alternative ist. Damit ist auch ein Mechanismus für eine generalpräventive Wirkung von Strafe angegeben: Der rationale Akteur wird sie als negative Folge gewisser Handlungsalternativen einkalkulieren und von einer Normübertretung absehen, wenn der Erwartungswert der Normübertretung aufgrund der möglichen Bestrafung unter den Erwartungswert der normkonformen Alternative sinkt.

Die Theorie der Abschreckungsprävention auf der Grundlage des Modells rationaler Nutzenmaximierung ist operationalisierbar.[6] Mit subjektiven Komponenten wie der Einschätzung des Strafrisikos oder der individuellen Strafgewichtung kann sie direkt messbare Erklärungsvariablen benennen. Unter Verwendung geeigneter Zusatzannahmen lässt sich das Modell des *Homo oeconomicus* darüber hinaus in umfassendere erklä-

---

5 Zum Modell des *Homo oeconomicus* vgl. Becker (1982), Kirchgässner (1991), McKenzie/Tullock (1984). Zur Anwendung des Modells des *Homo oeconomicus* auf das Problem der Generalprävention z. B.: Becker (1982), Ehrlich, I. (1975a, 1975b), Vanberg (1982).
6 Zu Möglichkeiten einer Operationalisierung dieses Modells vgl. Friedrichs et al. (1993).

rende Theorien integrieren, aus denen eine Vielzahl empirisch überprüfbarer Aussagen und Hypothesen ableitbar sind.

Die methodologischen Qualitäten der Abschreckungstheorie sind aber auch ihr Problem, denn sie setzt sich damit dem Risiko empirischer Überprüfung aus. Und in der Tat wird nicht selten die Auffassung vertreten, dass die Abschreckungstheorie empirisch falsifiziert sei.[7] Unabhängig davon aber, ob diese Behauptung zutrifft oder nicht: Unter methodologischen Gesichtspunkten bleibt die Abschreckungstheorie weiterhin vorbildlich. Das heißt für eine Theorie der positiven Generalprävention, dass sie ihrerseits ein alternatives Verhaltensmodell präsentieren muss, das erklärt, wie staatliche Strafe anders als durch Abschreckung zur Normkonformität beitragen kann.

Sucht man nach einem solchen Modell bei den heute dominierenden sozialwissenschaftlichen Ansätzen, wird man allerdings zunächst enttäuscht. Nach dem *klassischen* soziologischen Verhaltensmodell des *Homo sociologicus* ist Normkonformität vor allem ein Ergebnis von Norminternalisierung, die vorwiegend in der Kinder- und Jugendzeit aufgrund von Einflussfaktoren im persönlichen Nahbereich stattfindet. Nach dieser Theorie ist im Prozess der Sozialisation für das staatliche Strafsystem mit seinen äußeren Zwangsmitteln gerade *kein* Platz. Staatliche Strafe erscheint hier nicht als Faktor, der zu einer gelingenden Norminternalisierung beiträgt. Sie fungiert allenfalls als sekundärer Mechanismus der *externen* Verhaltenskontrolle, wenn der Aufbau einer internen Verhaltenskontrolle versagt.[8]

Das Modell des *Homo sociologicus* wird zwar mittlerweile von nicht wenigen Sozialwissenschaftlern abgelehnt, weil es ein „übersozialisiertes" Konzept des Menschen verkörpere.[9] Dagegen wird ein Konzept gestellt, das den Menschen als ein im Prinzip eigeninteressiertes und „unsoziales" Wesen sieht, dem die Anforderungen sozialer Ordnung mehr oder weniger äußerlich oktroyiert werden müssen. Für solche Theorien besteht das grundsätzliche Erklärungsproblem nicht in der Erklärung norm*abweichenden* Verhaltens. Erklärungsbedürftig ist gerade das norm*konforme* Verhalten. Nicht die Existenz des Rechtsbrechers ist das Erstaunliche, sondern die Existenz des rechtstreuen Bürgers. Folgerichtig erhalten in diesen Theorien soziale Kontrolle und auch staatliche Strafe einen hohen Stellenwert.[10] Trotzdem findet eine Theorie der positiven Generalprävention auch aus dieser Richtung keine Unterstützung. Denn die hier zugrunde gelegten Verhaltensmodelle ähneln mehr oder weniger stark dem *Homo oeconomicus* der Abschreckungstheorie. Das aber heißt, dass staatliche Strafe gerade *nicht* im Sinne der positiven Generalprävention als Mittel einer *internen* Verhaltenskontrolle gesehen wird, sondern als Instrument der *externen* Einflussnahme auf menschliches Verhalten.

---

7 So vertritt Schumann (1989: 52), die Auffassung, „die Forschung der vergangenen Jahre" habe „gezeigt, dass Abschreckungswirkungen verschwindend klein sind". Eine Gegenposition vertreten mit beachtlichen Argumenten z. B. Kuhlen (1994) und Vanberg (1982).
8 Zum Modell des *Homo sociologicus* vgl. Dahrendorf (1967), Münch (1988), Opp (1986), Parsons (1937), Popitz (1975).
9 Vgl. den „klassischen" Aufsatz von Wrong (1961).
10 Vgl. Clarke/Gibbs (1965), Hirschi (1969), Nettler (1974) und die informative Zusammenfassung bei Otto (1982).

2.3 Die Theorie der positiven Generalprävention im weiteren Sinn (Integrationsprävention)

Die Theorie der positiven Generalprävention scheint nach alledem nur schwer in die gängigen sozialwissenschaftlichen Theorien integrierbar. Eine nähere Betrachtung der Debatten um das grundlegende Verhaltensmodell der Sozialwissenschaften zeigt jedoch, dass die Idee der positiven Generalprävention keineswegs ohne Anschlussmöglichkeiten an die moderne sozialwissenschaftliche Theoriebildung ist. In diesen Debatten gewinnt nämlich eine Position an Bedeutung, in der gewisse Annahmen zunächst konfligierender Ansätze zusammengeführt werden. Die Vertreter dieser Position wollen – auf einen einfachen Nenner gebracht – gewisse Aspekte der Modelle des *Homo sociologicus* und des *Homo oeconomicus* miteinander kombinieren. Als Vorzug des *Homo sociologicus* wird dabei gesehen, dass er die unrealistische Annahme des *Homo oeconomicus* vermeidet, wonach der Mensch in jeder Situation durchweg als rational kalkulierender Entscheider handelt. Als Stärke des *Homo oeconomicus* gilt dagegen, dass er die idealisierende Vorstellung eines grenzenlos formbaren und bruchlos an die soziale Ordnung anpassbaren Menschen verabschiedet.

Auf Einzelheiten der verschiedenen Vorschläge zu einem solchen „Vereinigungsmodell" kann hier nicht eingegangen werden.[11] Das ist aber auch nicht notwendig. Für den vorliegenden Zusammenhang ist die Feststellung ausreichend, dass diese Vorschläge unabhängig von ihrer jeweiligen Ausgestaltung im Detail in *einem* wesentlichen Punkt konvergieren: in dem Punkt, dass in einem adäquaten sozialwissenschaftlichen Verhaltensmodell ein Handeln aufgrund von *Dispositionen* im Unterschied zu einem Handeln aufgrund von *Entscheidungen* eine zentrale Rolle spielen muss. Das heißt, dass in diesem Modell der Tatsache Rechnung getragen werden muss, dass Menschen längerfristig wirksame Eigenschaften, Neigungen und Gewohnheiten erwerben, die regelmäßig in bestimmte Handlungen münden, *ohne* dass in jeder Handlungssituation Vor- und Nachteile der offen stehenden Alternativen gegeneinander abgewogen werden. Legt man ein solches Modell zugrunde, wird Normkonformität nicht nur als *situative Normbefolgung* erklärbar, sondern auch als Ergebnis einer *dispositionellen Normbindung*.

Entscheidend ist dabei allerdings die Annahme, dass die handlungsdeterminierenden Dispositionen selbst nur durch den fühlbaren externen Druck der sozialen Umwelt erworben und stabilisiert werden. Äußere Sanktionen und Bekräftigungen sind demnach unverzichtbar, um die Handlungsrelevanz der Dispositionen aufrechtzuerhalten. Während nach dem Modell des *Homo sociologicus* Dispositionen zu mehr oder weniger unveränderlichen Teilen der Persönlichkeit werden, bleiben nach der „Vereinigungstheorie" Dispositionen prinzipiell instabil und unterliegen einer Erosion, wenn externe Verstärkungen und Anreize wegfallen.[12]

---

[11] Für die in der konkreten Ausgestaltung eines solchen Modells teilweise recht unterschiedlichen Konzeptionen vgl. Elster (1989), Esser (1990), Frank (1992), Gauthier (1986), Hummell (1988), Kliemt (1985, 1987), Lindenberg (1983), Mueller (1992), Vanberg (1988). Eine Erörterung dieser Konzeptionen findet sich in Baurmann (1996a, 1996b).

[12] Dieser Aspekt wird besonders in den verhaltenstheoretisch ausgerichteten Ansätzen betont, vgl. Bandura (1977), Scott (1971).

Auf ein Verhaltensmodell mit diesen Grundannahmen lassen sich nun solche Versionen einer Theorie der positiven Generalprävention beziehen, die staatlicher Strafe eine erzieherische Wirkung zubilligen und in ihr einen Sozialisationsfaktor sehen wollen, der gemeinsam mit anderen Einflüssen zu einer „inneren Bindung" an soziale Normen führt. Das skizzierte Modell dispositionellen Handelns lässt nämlich – anders als das Modell des *Homo sociologicus* mit seiner Überbetonung frühkindlicher Sozialisationsprozesse – durchaus Raum für die Annahme, dass ein staatliches Strafsystem zu den Faktoren gehört, die unmittelbar oder mittelbar zur Herausbildung von Handlungsdispositionen beitragen und für ihre Aufrechterhaltung sorgen. Das Strafrecht ist in dieser Sichtweise Teil einer sozialen Umwelt, die durch vielfältige Formen von Gratifikationen und Sanktionen bestimmte Persönlichkeitsstrukturen und Handlungsdispositionen prämiert und andere mit Kosten belegt. Einem so verstandenen Erziehungs- und Sozialisationsprozess ist die staatliche Strafe als äußeres Zwangsmittel nicht mehr grundsätzlich fremd. Es wird dabei allerdings nicht auf die kurzfristige Wirkung der Strafdrohung für die jeweilige Entscheidung eines Handelnden im Einzelfall spekuliert, sondern auf ihren kumulativen und stetigen Einfluss auf längerfristige persönliche Entwicklungs- und Lernprozesse. Die Existenz eines staatlichen Strafsystems soll die dauerhafte Aneignung *generell* rechtstreuer Handlungsstrategien und Lebensweisen fördern. Das Strafrecht wäre ein – wichtiger – Mosaikstein in einer Erfahrungswelt, in der sich für den einzelnen bestimmte Eigenschaften und Handlungsdispositionen langfristig vorteilhafter als andere erweisen. Vereinfacht ausgedrückt könnte man sagen, dass es bei der Abschreckungsprävention darum geht, dass sich *Verbrechen* nicht lohnen soll, während es aus der Sicht einer so verstandenen positiven Generalprävention darum geht, dass es sich nicht lohnen soll, ein *Verbrecher* zu werden.[13]

Diese Version positiver Generalprävention kann man als positive Generalprävention im weiteren Sinne oder *Integrationsprävention* bezeichnen. Ihr Ergebnis ist nicht eine bloß äußerliche Anpassung von Verhaltensweisen, sondern eine dispositionelle Normbindung. Der Idee, dass staatliche Strafe ein Grund für freiwillige Normkonformität sein kann, lässt sich auf dieser Basis ein Sinn geben. Denn insoweit ein Normadressat in der konkreten Handlungssituation aufgrund einer dispositionellen Normbindung normkonform handelt, handelt er freiwillig und nicht unter Zwang nur zur Vermeidung eines drohenden Übels. Das gilt auch dann, wenn die Entstehung der Verhaltensdisposition selbst auf die Existenz staatlicher Strafe zurückgeht. Denn staatliche Strafen würden nach den zugrunde gelegten Verhaltensannahmen zusammen mit anderen externen Faktoren einen Lernprozess initiieren, der über den Erwerb einer dispositionellen Normbindung zum Aufbau einer *internen* Verhaltenskontrolle führt.

Wenn ein staatliches Strafsystem im Sinne einer solchen Integrationsprävention Langzeiteffekte für Lern- und Entwicklungsprozesse haben soll, sind allerdings eine gewisse Gleichmäßigkeit, Berechenbarkeit und Invarianz staatlicher Strafe notwendig. Strafe als Mittel der kurzfristigen Abschreckung und Strafe als Mittel der Integrationsprävention würden sich insofern ausschließen.

---

13 Treffend in diesem Sinn Dölling (1990: 13): „Die Bürger sollen lernen, dass sich Kriminalität letztlich nicht lohnt und es angezeigt ist, in das Erlernen von konformen Verhaltensstrategien zu investieren, da auf die Dauer nur diese eine positive ‚Gesamtbilanz' versprechen."

In einem wesentlichen Punkt stimmen Abschreckungs- und Integrationsprävention allerdings weiterhin überein: In beiden Konzeptionen soll staatliche Strafe ihre Wirkung durch ihre Eigenschaft als genuines *Übel* entfalten. Auch die Konzeption der Integrationsprävention hält insoweit an einer instrumentellen Prävention durch Strafe fest.

2.4 Die Theorie der positiven Generalprävention im engeren Sinne

Eine eindeutige Alternative zur Abschreckungsprävention erhält man erst dann, wenn man zur positiven Generalprävention *im engeren Sinne* übergeht. Unter positiver Generalprävention im engeren Sinne verstehe ich Auffassungen, nach denen mit staatlicher Strafe – ich zitiere einige Stichworte – *Bewusstseinsbildung* und *moralische Überzeugungen* beeinflusst werden oder an die *Einsicht* der Rechtsadressaten *appelliert* wird; um *Zustimmung* und *Bejahung* der Norm soll es gehen, nicht um die instrumentelle, sondern die *symbolische* und *expressive Bedeutung* der Strafe, um Einübung in Norm*vertrauen* und Norm*anerkennung,* gar um *Sittenbildung* und *moralische Sensibilisierung.*

Wie kann aber ein sozialwissenschaftliches Erklärungsmodell aussehen, in dem staatliche Strafe durch rationale Einsicht zu freiwilliger Normbefolgung motiviert? Dieses Erklärungsmodell kann es nur als Bestandteil eines allgemeinen Verhaltensmodells geben, das normkonformes Handeln *generell* auf Überzeugungen von der Befolgungswürdigkeit von Normen zurückführt. Die adäquate Grundlage für ein solches Modell findet man nun weniger an der soziologischen Tagesbörse, sondern bei einem Klassiker: bei *Max Weber* (vgl. Weber 1972: §§ 1–7). Es ist angelegt in seinem bekannten Diktum, dass soziales Handeln an der Vorstellung vom Bestehen einer legitimen Ordnung orientiert sein kann. Diese Aussage lässt sich für unsere Zwecke so konkretisieren, dass die Adressaten einer Norm diese Norm dann akzeptieren und somit einen Grund zu ihrer freiwilligen Befolgung haben, wenn sie an die legitime Geltung der Norm glauben. Legitime Geltung kann nach *Weber* einer Norm wiederum aus zwei Gründen zugeschrieben werden: zum einen, weil man die Norm selbst nach eigenen inhaltlichen Maßstäben für geboten hält; zum anderen, weil die Norm von einer als legitim betrachteten Autorität legal gesetzt wurde.

Vor allem die zweite Möglichkeit ist im vorliegenden Zusammenhang einschlägig. Es ist dabei wichtig, dass eine solche „Legitimität durch Legalität" *nicht* voraussetzt, dass der Normgeber als *moralische* Autorität betrachtet wird, der man sein eigenes moralisches Werturteil unterwirft. Eine Legitimität durch Legalität setzt nur voraus, dass diejenigen Normadressaten, die den betreffenden Normgeber zur Normsetzung für legitimiert halten, eine von ihm gesetzte Norm als verbindlichen Verhaltensmaßstab akzeptieren und eine Pflicht zur Normbefolgung anerkennen: ihn insofern als *politische* Autorität akzeptieren – eine Anpassung der persönlichen Moral der Normadressaten an die Moral dieser Autorität ist damit keineswegs eingeschlossen.[14]

Welche Rolle kann aber nun staatliche Strafe in diesem Modell spielen? Nach der Theorie der positiven Generalprävention soll ja gerade die Tatsache, dass eine von ei-

---

14 Eine zufrieden stellende Analyse und Verteidigung von Webers Konzept einer Legitimität durch Legalität findet sich bei Lübbe (1991); vgl. auch Baurmann (1997).

nem staatlichen Normgeber gesetzte Norm mit *Strafe* bewehrt ist, der ausschlaggebende Grund dafür sein, dass ein Normadressat die Norm freiwillig befolgt. Wie kann aber die Existenz einer Strafdrohung zur Überzeugung von der legitimen Geltung einer Norm und damit zur Normakzeptanz beitragen?

Auf diese Frage bietet sich eine zunächst sehr einfache Antwort an, die man als *Legitimitätsthese* bezeichnen kann: Die Strafdrohung kann demnach zur Normakzeptanz beitragen, weil ein Normgeber mit der Strafdrohung seinen Willen, dass eine bestimmte Norm befolgt werden soll, gegenüber den Normadressaten zum Ausdruck bringt.[15] Für den Normadressaten, der einem Gesetzgeber Legitimität zuschreibt, heißt das, dass ihm die Strafandrohung quasi als *kommunikativer Akt* den Willen des von ihm autorisierten Gesetzgebers vermittelt. Da sich für eine solchen Normadressaten aus dem Setzungsakt eines von ihm anerkannten Gesetzgebers aber auch die legitime Geltung der gesetzten Norm ableitet, ist die Tatsache, dass eine Norm mit Strafe bedroht ist, für ihn gleichzeitig ein Grund, die entsprechende Norm zu akzeptieren und freiwillig zu befolgen. In *dieser* Hinsicht liegt die Funktion der Strafe tatsächlich auf der Ebene der *symbolischen Manifestation* der Rechtsgeltung und nicht auf der Ebene ihrer instrumentellen Durchsetzung.

Diese Bedeutung der staatlichen Strafe als Manifestation der Rechtsgeltung steht in jenen Versionen einer Theorie der positiven Generalprävention im Mittelpunkt, in denen von Strafe als Mittel die Rede ist, um das Festhalten an einer Norm zu *demonstrieren*, eine verletzte Norm zu *behaupten*, Normgeltung zu *bestätigen* oder Widerspruch gegen eine Normverletzung zu *symbolisieren*.[16] Nicht immer wird dabei aber angemessen berücksichtigt, dass eine symbolische Vermittlung der Geltung einer Norm für einen Normadressaten *nur dann* ein Grund für Normakzeptanz sein kann, wenn er dem Normgeber Legitimität zuschreibt. Denn durch Strafandrohung eine Norm zum Ausdruck zu bringen, gelingt auch dem Bankräuber oder dem Diktator. Die Anerkennung des Gesetzgebers als politische Autorität ist die notwendige Voraussetzung für eine positive Generalprävention im Sinne der Legitimitätsthese.

Allerdings wird die Anerkennung des Gesetzgebers und die legitime Geltung der von ihm erlassenen Normen nicht unabhängig davon sein, *wie* er das Instrument der Strafe einsetzt. Die Vorstellungen der Normadressaten über Sinn und Zweck des Strafrechts und der Strafe, über Gerechtigkeit und faires Verfahren, über Schuld, Prävention und Vergeltung werden eine entscheidende Rolle bei der Frage spielen, ob sie einem Gesetzgeber Legitimität zusprechen und den von ihm erlassenen Strafnormen Verpflichtungskraft zubilligen. Die Art und Weise des Gebrauchs des Strafrechts und der Strafe kann legitimierende oder delegitimierende Wirkungen haben. Ein staatliches Strafsystem wird durch seine symbolische Manifestation der Rechtsgeltung nur dann präventiv wirksam sein, wenn es – aus welchen Gründen auch immer – als *gerechtes* Strafsystem empfunden wird.

---

15 In Strafgesetzbüchern finden sich ja in der Tat nur die Strafdrohungen, aus denen die „eigentlich" gesetzten Normen erst erschlossen werden müssen.

16 Diese Versionen sind stark beeinflusst durch Luhmann, der die These populär gemacht hat, dass Strafe als Reaktion auf Normbrüche nicht der Durchsetzung von Normen, sondern ihrer „Darstellung" diene; vgl. Luhmann (1983: 106ff.). In Luhmann, *Das Recht der Gesellschaft* (1993: 156ff.), wird diese Auffassung allerdings deutlich relativiert.

Neben der These, dass Strafe durch ihre symbolische Manifestation der Rechtsgeltung präventiv wirksam sein kann, findet man in den Theorien der positiven Generalprävention aber noch eine weitere zentrale Behauptung. Es ist die Behauptung, dass staatliche Strafe zur Erhaltung der Rechtstreue und zu einer Stabilisierung der rechtlichen Gesinnung beiträgt, indem sie das *Rechtsgefühl* befriedigt und das *Vertrauen* in die *Bestands- und Durchsetzungskraft* der Rechtsordnung festigt. Damit kommen wir zu der *Vertrauensthese*, wonach Strafrecht zur Normakzeptanz durch Sicherung von Rechtsvertrauen führt.

Auch diese Behauptung lässt sich im Rahmen des Modells eines Handelns aufgrund von Legitimitätsglauben näher interpretieren und verdeutlichen. Nach diesem Modell gilt: Wenn Normadressaten von der legitimen Geltung einer Norm überzeugt sind – sei es, weil sie die Norm nach ihren eigenen Maßstäben für geboten halten, sei es, weil sie von einem in ihren Augen legitimen Norm- bzw. Gesetzgeber erlassen worden ist –, dann ist das ein Grund für sie, diese Norm freiwillig zu befolgen. *Einen* Grund für eine Handlung zu haben ist aber nicht gleichbedeutend damit, einen *hinreichenden* Grund für eine Handlung zu haben. Auch die im Prinzip rechtstreuen Bürger werden nicht um jeden Preis rechtstreu sein. Dieser Preis kann ihnen dann als zu hoch erscheinen, wenn denjenigen Normadressaten, die eine Norm *nicht* freiwillig befolgen, keine Strafe drohen würde. Es ist eine plausible Annahme, dass es sich in den meisten Fällen bei einer Bereitschaft zu einer freiwilligen Normbefolgung nicht um eine *unbedingte*, sondern um eine in diesem Sinne *bedingte* Bereitschaft zur Normkonformität handelt. Eine solche bedingte Befolgungsbereitschaft kann sich wiederum auf zwei Arten von Bedingungen beziehen:

Erstens können es die im Prinzip rechtstreuen Bürger als *ungerecht* und *unfair* betrachten, wenn sie die Kosten der Befolgung von Gesetzen freiwillig tragen würden, während sich andere ungestraft der Vorteile normabweichenden Verhaltens erfreuen dürften. Auch wer grundsätzlich bereit ist, seinen Anteil an der Aufrechterhaltung sozialer Ordnung aus eigenem Antrieb zu übernehmen, wird nicht automatisch bereit sein, ein *einseitiges* Opfer zu bringen. Viele werden das Prinzip vertreten, dass man moralisch nur dann verpflichtet ist, Lasten im Dienste gemeinsamer Interessen zu akzeptieren, wenn vergleichbare Lasten allen auferlegt werden. Von diesem Standpunkt aus kann man die Bereitschaft des Gesetzgebers, durch Strafe für eine *ausgleichende Gerechtigkeit* zu sorgen, zu einer notwendigen Bedingung für die eigene Normkonformität machen.[17]

Zweitens können diejenigen, die zu freiwilliger Normkonformität prinzipiell bereit sind, es als *sinnlos* und *nutzlos* betrachten, eine Norm zu befolgen, wenn nicht die Versicherung besteht, dass eine genügende Anzahl von anderen Normadressaten die Norm ebenfalls befolgen.[18] Viele Normen erreichen erst dann ihren Zweck, wenn sie im Gro-

---

17 Gerade auch eine Strafe, die „zweckfrei" nur der Vergeltung dienen soll, kann also eine präventive Wirkung im Sinne der positiven Generalprävention entfalten.

18 Dass eine solche Art von „bedingter Kooperationsbereitschaft" eine wichtige Rolle für die Wirksamkeit sozialer Normen und den sozialen Zusammenhalt generell spielt, wird in zahlreichen sozialwissenschaftlichen Theorien angenommen, vgl. z.B. Levi (1988), Ostrom (1990). Man muss in diesem Zusammenhang beachten, dass es bei einer solchen bedingten Kooperationsbereitschaft nicht um eine unmittelbar vorteilhafte, direkte Reziprozität geht, sondern um

ßen und Ganzen von allen Mitgliedern einer Gesellschaft beachtet werden. Das gilt für das Recht als Friedensordnung im zwischenmenschlichen Bereich, das gilt aber insbesondere im Zusammenhang mit der Sicherung öffentlicher Güter wie einer sauberen Umwelt, eines ausreichenden staatlichen Steueraufkommens – oder eben einer von Korruption freien öffentlichen Verwaltung.[19] Von diesem Standpunkt aus kann man die Bereitschaft des Gesetzgebers, durch Strafe für eine *ausreichende Normbefolgung* zu sorgen, zu einer notwendigen Bedingung für die eigene Normkonformität machen.[20]

Die Sicherung von Rechtsvertrauen durch staatliche Strafe kann für den prinzipiell rechtstreuen Bürger also zwei Bedeutungen haben: Zum einen kann es ihm dabei um ausgleichende Gerechtigkeit durch Vergeltung gehen; zum anderen um die Wirksamkeit des Rechts durch Prävention. Legt man das Modell eines Handelns aufgrund von Legitimitätsglauben zugrunde, dann kann Rechtsvertrauen in beiden Bedeutungen ein zusätzlicher Grund für Normakzeptanz und die freiwillige Befolgung einer Rechtsnorm sein. Der Theorie der positiven Generalprävention lässt sich demnach auch in dieser Version eine sozialwissenschaftlich nachvollziehbare Interpretation geben.

Ich resümiere das bisher Ausgeführte. Die Frage, ob eine sozialwissenschaftlich gehaltvolle Fassung einer Theorie der positiven Generalprävention möglich ist, kann bejaht werden. Es gibt Verhaltensmodelle, mit denen diese Theorie sozialwissenschaftlich rekonstruiert und im Prinzip empirisch überprüfbar gemacht werden kann. Der zunächst kontraintuitiven Idee, dass staatliche Strafe ein Grund für eine freiwillige Normkonformität sein könne, kann im Rahmen der herangezogenen Verhaltensmodelle eine sozialwissenschaftliche Fundierung gegeben werden, auf die sich die verschiedenen Varianten einer Theorie der positiven Generalprävention beziehen lassen. Damit erhält man nicht nur eine sinnvolle Ordnung dieser Varianten, sondern auch eine Basis für eine Operationalisierung von Erklärungsvariablen. In diesen Variablen wird deutlich, wie unterschiedlich die Wirkungen staatlicher Strafe jeweils konzipiert werden. Während man gemäß der Abschreckungsprävention für die Analyse eines zukunftsorientierten Entscheidungsverhaltens Variablen wie die subjektive Einschätzung des Strafrisikos oder die zu erwartenden Gewinne aus einem rechtswidrigen Verhalten zu berücksichtigen hat, geht es bei der Integrationsprävention um Auswirkungen eines Strafsystems auf Entwicklungs- und Lernprozesse, die individuelles Handeln langfristig durch Erfahrungen in der Vergangenheit bestimmen. Bei der positiven Generalprävention im engeren Sinne sind dagegen vorrangig subjektive Überzeugungen und Legitimitätsvorstellungen zu erheben sowie Nachweise ihrer Verhaltensrelevanz zu erbringen. Die Theorien der positiven Generalprävention vermitteln insoweit ein weitaus reichhaltigeres

---

eine „generalisierte Reziprozität", die dem Akteur keine individuelle Gegenleistung gewährt. Es handelt sich vielmehr um eine Disposition, die zu einem Handeln führt, das im Einzelfall von Nutzenerwägungen tatsächlich frei und insofern „intrinsisch" oder „moralisch" motiviert ist – denn gerade wenn man weiß, dass alle anderen sich an eine Norm halten, wäre das von einem konsequenten Nutzenstandpunkt aus ein besonders gutes Argument, selbst die Norm zu *brechen*.

19 Zur grundsätzlichen Problematik bei der Bereitstellung öffentlicher Güter vgl. die „klassische" Analyse von Olson (1968).
20 Aus diesem Blickwinkel ergibt sich eine rationale Erklärung für die Präventivwirkung des „Nichtwissens"; vgl. Popitz (1968).

Bild von den möglichen Wirkungen staatlicher Strafe als die simple Abschreckungstheorie oder ein allzu harmonistisches Sozialisationskonzept.

3. Positive Generalprävention und Korruption

Welche Schlussfolgerungen ergeben sich nun für den speziellen Fall der Korruption? Wie schon anfangs hervorgehoben, ist es eine sozialwissenschaftliche Binsenwahrheit, dass man von strafrechtlichen Sanktionen generell nur eine beschränkte Abschreckungswirkung im Sinne einer negativen Generalprävention erwarten kann. Für fast alle sozialen Bereiche gilt, dass die Normen menschlichen Zusammenlebens in einer intrinsischen Bereitschaft zu ihrer freiwilligen Befolgung und damit in der herrschenden Moral verankert sein müssen, wenn sie eine zufrieden stellende gesellschaftliche Geltung bei akzeptablen sozialen Kosten erreichen sollen. Diese Erkenntnis trifft für Korruption in besonderem Maße zu, weil es sich bei Korruption in vielen Fällen um ein Verhalten handelt, das in einem hohen Grad sozial eingebettet ist: Subkulturelle Normen können korruptes Verhalten rechtfertigen und von bestimmten Personen geradezu fordern und seine Praktizierung wird typischerweise durch ein gruppenspezifisches soziales Kapital erleichtert, das gleichzeitig die Aufdeckung, Verfolgung und Sanktionierung von Korruption durch staatliche Organe erschwert. Ohne eine allgemein anerkannte und verbreitete Sozialmoral, durch die korruptes Verhalten geächtet wird und die als Handlungsorientierung sowohl unter den Bürgern als auch den Vertretern der staatlichen Organe ausreichend wirksam ist, sind deshalb die Chancen gering Korruption dauerhaft auf ein erträgliches Maß zu beschränken.

Es war das Hauptanliegen meines Aufsatzes, dass aus dieser Tatsache nicht der vorschnelle Schluss gezogen werden sollte, das Strafrecht könne bei der Eindämmung und Bekämpfung von Korruption keine wesentliche Rolle spielen. Um diese Rolle richtig bewerten zu können, bedarf es allerdings einer Analyse von Wirkungen und Funktionen der staatlichen Strafe, die von einer einfachen Abschreckungstheorie nicht erfasst werden. Eine solche Analyse wurde in Anknüpfung an die Diskussion um die so genannte „positive Generalprävention" skizziert. Demnach kann gerade auch das Strafrecht als Institution angesehen werden, die ein legales Verhalten durch Strafandrohung nicht nur äußerlich erzwingt, sondern die darüber hinaus die intrinsische Motivation zu einer freiwilligen Normkonformität und damit die Sozialmoral einer Gesellschaft fördert. Welche Konsequenzen ergeben sich aus dieser Sichtweise für das Problem der Korruption?

1. Im Sinne der *Integrationsprävention* kann die strafrechtliche Sanktionierung der Korruption die sozialen Anreize verstärken, stabile Dispositionen zu einem vertrauenswürdigen und regelkonformen Verhalten zu entwickeln. Je höher die Risiken für korruptes Verhalten in einer Gesellschaft sind, desto weniger lohnt es sich für bestimmte Personengruppen, die Optionen der Bestechung und Bestechlichkeit überhaupt ins Kalkül zu ziehen. Wenn sich aber eine in dieser Weise opportunistische Haltung für einen Akteur prinzipiell nicht auszahlt, dann ist eine wichtige Grundlage für die Herausbildung persönlicher Integrität im Sinne einer dauerhaften charakterlichen Eigenschaft vorhanden. Das Strafrecht kann auf diesem Weg indirekt zu

der Entwicklung einer genuin intrinsischen Bindung an ein pflichtgemäßes und gesetzeskonformes Handeln beitragen.
2. Aus der *Legitimitätsthese* folgt, dass strafrechtliche Normen zu einer gesellschaftlichen Ächtung der Korruption beitragen können, wenn der Gesetzgeber als legitime politische Autorität anerkannt wird. In diesem Fall können Gesetze gegen Korruption von den Bürgern für ihr Handeln auch dann als verbindlich betrachtet werden, wenn sie persönlichen Normvorstellungen oder denjenigen der eigenen sozialen Gruppe bis zu einem gewissen Grad widersprechen. Diese mögliche Wirkung eines „Legalitätsglaubens" ist im Zusammenhang mit der Bekämpfung von Korruption vor allem dann wichtig, wenn in einer Gesellschaft subkulturelle Normen existieren, die Korruption dulden oder – wie durch Thrasymachos beschrieben – sogar verlangen und zu einer partikularen moralischen Pflicht machen.
3. Gemäß der *Vertrauensthese* kann eine vorhandene intrinsische Bereitschaft zu einem regelkonformen Verhalten stabilisiert und aktualisiert werden, wenn ein Vertrauen in die Gerechtigkeit und Effizienz der Rechtordnung gewährleistet ist. Das betrifft zum einen die Erwartung, dass korruptes Verhalten anderer nicht ohne weiteres straflos davonkommt, sondern in der Regel einer gerechten Bestrafung zugeführt wird, und zum anderen das Vertrauen, dass das öffentliche Gut einer von Korruption freien Gesellschaft durch das Strafrecht auch gegenüber denjenigen Personen ausreichend gesichert wird, die sich als opportunistisch agierende Akteure nur durch eine Strafdrohung beeinflussen lassen. In beiden Fällen können das Strafrecht und die staatliche Strafe die Umsetzung einer bedingten Bereitschaft zur freiwilligen Normbefolgung in tatsächliches Handeln fördern, indem sie mit der Stärkung des Vertrauens in das Funktionieren der Rechtsordnung zu der Verwirklichung der für diese Bereitschaft relevanten Bedingungen beitragen.

Die Analyse des Strafrechts unter dem Gesichtspunkt der positiven Generalprävention macht allerdings auch deutlich, dass eine ganze Reihe von Voraussetzungen erfüllt sein muss, damit strafrechtliche Normen und Sanktionen tatsächlich im Sinne der positiven Generalprävention wirksame Mittel gegen Korruption sein können:
1. Es wurde bereits hervorgehoben, dass ein relevanter Einfluss auf die sozialen Rahmenbedingungen für die Persönlichkeitsentwicklung im Sinne der *Integrationsprävention* von der Institution des Strafrechts nur dann erwartet werden kann, wenn eine gewisse Gleichmäßigkeit, Berechenbarkeit und Invarianz der staatlichen Strafe gewährleistet sind. Wird das Strafrecht als Mittel der kurzfristigen Abschreckung durch einzelfallbezogene oder drakonische Strafen missbraucht, liegen zwischen Straftat, Strafverfolgung und Strafverhängung zu große Zeiträume, wird willkürlich, in diskriminierender Weise und unter Missachtung des Gleichheitsgrundsatzes bestraft oder unterliegt die Rechtsordnung einer Gesellschaft inhaltlich oder prozessual generell großen Schwankungen und nicht vorhersehbaren Veränderungen, dann kann das Strafrecht als Instrument der Integrationsprävention kaum wirksam werden. Um im Sinne eines „Verstärkers" die Herausbildung dauerhafter Handlungsdispositionen zu fördern, muss das Strafrechtssystem selbst verlässlich und effizient sein und eine grundsätzliche Rechtssicherheit garantieren – es muss also vor allem selbst von Korruption und anderen destabilisierenden Einflüssen möglichst frei sein.

2. Ein Gesetzgeber wird im Sinne der *Legitimitätsthese* nur dann als autoritative Quelle von verbindlichen Normen angesehen, wenn ihm von den Mitgliedern einer Rechtsgemeinschaft Legitimität zugeschrieben wird. Zwangsherrschaft oder autokratische Regime – selbst wenn sie von interner Korruption nicht betroffen sein sollten – besitzen in den Augen der Bürger in der Regel kein hohes Maß an Legitimität, und ihre Vertreter werden nicht als politische Autoritäten anerkannt, denen gegenüber man zur Folgebereitschaft verpflichtet ist. In solchen Staatsordnungen wird deshalb die Tatsache, dass ein Gesetzgeber durch Strafandrohung seinen Willen zum Kampf gegen Korruption zum Ausdruck bringt, wenig zur Akzeptanz dieses Willens und freiwilligen Bindung an die betreffenden Normen und Gesetze beitragen. Das gilt umso mehr, wenn die Bürger annehmen, dass die staatlichen und rechtlichen Organe selbst durch Korruption infiziert sind. Unter diesem Gesichtspunkt ist es nicht erstaunlich, dass sich insbesondere autoritäre und nicht-demokratische Staaten im Kampf gegen Korruption schwer tun. Die relative Wirkungslosigkeit, die in solchen Ländern auch die nicht selten barbarischen Strafen für Korruption haben, belegt dabei noch einmal die generelle Einschätzung, dass Abschreckung allein kein ausreichendes Mittel gegen Korruption ist.
3. Nach der *Vertrauensthese* kann das Strafrecht nur dann einen Beitrag zum Kampf gegen Korruption durch Stärkung einer bedingten Normbefolgungsbereitschaft leisten, wenn die Bürger von der Wirksamkeit des Rechtssystems überzeugt sind. Es müssen ausreichend viele Übeltäter bestraft werden, damit einerseits das Bedürfnis nach ausgleichender Gerechtigkeit und Vergeltung befriedigt wird und es andererseits als plausibel erscheint, dass potentielle Rechtsbrecher in genügendem Maße von Rechtsbrüchen abgeschreckt werden. Die gewünschten Wirkungen staatlicher Strafe im Sinne der positiven Generalprävention hängen also in diesem Fall von einer hinreichenden Effizienz staatlich-rechtlicher Institutionen ab. Ein staatliches Strafsystem wird nur dann die potentiell rechtstreuen Bürger in ihrer positiven Haltung bestärken können, wenn es glaubhaft signalisieren kann, dass Rechtsbrecher nicht in großer Zahl ungeschoren bleiben und ihre Risiken signifikant sind. Hier droht allerdings insbesondere im Hinblick auf das Problem der Korruption ein Teufelskreis: In einem Land, in dem die Organe der Rechtspflege selbst durch Korruption erodiert sind und neben Willkür und Ungleichbehandlung auch noch Unwirksamkeit und Ineffizienz dokumentieren, kann es kein Vertrauen in die Rechtsordnung geben und damit unter diesem Gesichtspunkt auch keinen Grund, sich zu freiwilliger Gesetzeskonformität motiviert zu fühlen. Im Gegenteil: Wenn man den Eindruck hat, dass korrupte Amtsträger und ihre Komplizen ungestraft davonkommen, wenn man glaubt, dass Korruption aufgrund fehlender strafrechtlicher Prävention in bestimmten Bereichen so weit verbreitet ist, dass ohnehin ein regelgerechtes Arbeiten der betreffenden Institutionen nicht mehr zu erwarten ist, dann können auch moralisch integren Personen Zweifel kommen, ob sie als Minderheit rechtstreuer Bürger nicht nur die Dummen sind und ohnehin durch ihr Verhalten an der Gesamtsituation nichts ändern können.

Diese kurze Analyse macht einen wichtigen grundsätzlichen Punkt deutlich. Bei den Ursachen für Korruption und den Möglichkeiten ihrer Bekämpfung hat man es nicht mit linearen Zusammenhängen zu tun, sondern mit Wechselwirkungen und unterschiedlichen gesellschaftlichen Gleichgewichtszuständen. In diesem Aufsatz ging es vor allem um die Rolle, die das Recht und die staatliche Strafe für eine Stärkung und Stabilisierung der Moral und der intrinsischen Motivation der Bürger spielen können. Aber inwieweit das Strafrecht diese besondere Rolle jenseits einer bloßen Abschreckungsfunktion ausfüllen kann, ist offenbar selbst wiederum von dem Zustand der gesellschaftlichen Moral abhängig. Autokratische politische Systeme mit einer schlecht funktionierenden Verwaltung und einer ineffizienten Rechtsordnung können nicht mit Legitimität und Vertrauen rechnen und haben nicht die nötige Stabilität und Verlässlichkeit, um langfristige Anpassungsprozesse an berechenbare gesellschaftliche Randbedingungen zu initiieren. Aber die Existenz autokratischer Systeme, eine marode Verwaltung und mangelnde Rechtssicherheit haben wesentlich mit einem Mangel an Moral und zivilen Tugenden in einer Gesellschaft zu tun, sowohl aufseiten der Bürger als auch der Politiker und Staatsdiener. So ist nach alledem die Bekämpfung von Korruption in einer Gesellschaft auf die Ressource einer ausreichend wirksamen Sozialmoral angewiesen, und zur Stärkung dieser Ressource kann das Recht einen wichtigen Beitrag leisten. In welchem Maße ihm das gelingt, ist aber seinerseits wiederum von der in einer Gesellschaft herrschenden Moral und den Tugenden ihrer Mitglieder und in diesem Zusammenhang nicht zuletzt von der Kontrolle der Korruption abhängig.

Es lassen sich auf diesem Hintergrund modellhaft zwei idealtypische gesellschaftliche Gleichgewichte konstruieren, die sich auf den Extremen eines Kontinuums gegenüberstehen:

Im einen Fall handelt es sich um den Idealtypus einer Gesellschaft mit einem hohen Maß an Korruption in allen Bereichen. Die in dieser Gesellschaft herrschende Sozialmoral bildet kein Gegengewicht. Im Gegenteil: Subkulturelle Normen rechtfertigen eine parasitäre Einstellung gegenüber öffentlichen Gütern, und soziales Kapital dient vor allem als Instrument für die Verwirklichung partikularer Interessen. Dementsprechend mangelhaft und ineffizient sind die staatlichen und rechtlichen Institutionen. Als Folge leiden die politische Ordnung und ihre Repräsentanten unter einem Legitimitätsdefizit und einem notorischen Misstrauen seitens der Bürger. Für die Mehrzahl der Bürger ist unter solchen Bedingungen eine opportunistische Einstellung gegenüber den sozialen und rechtlichen Normen eine lohnendere Strategie als ein Handeln im Sinne persönlicher und moralischer Integrität. Gesetze haben für sie keinen Verpflichtungscharakter und ein Vertrauen in die Rechtsordnung ist nicht möglich. Das alles stärkt wiederum den Nährboden für Korruption und eine verbreitete Missachtung öffentlicher Moral und verfestigt damit den Niedergang der politischen und rechtlichen Institutionen. Der Teufelskreis ist geschlossen.

Das andere Extrem des Kontinuums bildet der Idealtypus einer Gesellschaft mit grundsätzlich wenig Korruption. Integres und regelkonformes Verhalten der Bürger, Politiker und Staatsdiener wird durch eine wirksame Sozialmoral gestützt. Allgemein anerkannte soziale Normen motivieren dazu, an der Bereitstellung und dem Erhalt öffentlicher Güter mitzuwirken. Soziales Kapital trägt zu einem generellen Vertrauen und der Bereitschaft zur Verwirklichung allgemeiner Interessen bei. Dementsprechend geordnet und effizient präsentieren sich die staatlichen und rechtlichen Institutionen, und ihre Repräsentanten genießen ein hohes Maß an Vertrauen und Legitimität. Für die Mehrzahl der Bürger ist unter solchen Bedingungen moralische Integrität und eine intrinsische Bindung an soziale und rechtliche Normen gegenüber einer rein opportunistischen Einstellung die langfristig erfolgversprechendere Lebensstrategie. Damit ist ein sich selbst verstärkender Kreislauf etabliert, in dem die herrschende Sozialmoral ein wirksames Bollwerk gegen Korruption und gleichzeitig die Grundlage für gut funktionierende politische und rechtliche Institutionen bildet, die ihrerseits wiederum günstige Rahmenbedingungen für die Entwicklung von Moral und zivilen Tugenden garantieren.

Diese idealtypischen Modelle sind keine Abbilder empirischer Realität. Aber sie illustrieren noch einmal grundsätzlich, dass es bei den Ursachen für Korruption nicht um isolierbare Phänomene geht, sondern um vielschichtige gesellschaftliche Gleichgewichte, bei denen eine große Zahl von Faktoren – angefangen bei individuellen Handlungsorientierungen und Charakterdispositionen über soziales Kapital und Moral bis hin zu politischen und rechtlichen Institutionen – eine Rolle spielt. Will man in einer Gesellschaft das Maß an Korruption signifikant verändern, muss man deshalb den Gesamtzustand dieser Gesellschaft signifikant verändern. Es liegt auf der Hand, dass es dafür keine sozialtechnologischen Patentrezepte gibt. Man hat es mit evolutionären Prozessen komplexer Systeme zu tun, die häufig nur marginal zu beeinflussen sind. Vieles spricht allerdings dafür, dass ohne demokratische Institutionen und eine marktwirtschaftliche Ordnung der Kampf gegen Korruption prinzipiell nicht zu gewinnen ist: weil nur unter solchen Bedingungen die Chance existiert, dass sich ein fundamentales Vertrauen in den Staat und seine Rechtsordnung mit einer wünschenswerten Form von Sozialkapital und persönlicher Moral verbindet. Doch das ist ein anderes Thema (vgl. hierzu Baurmann 1996a; Baurmann/Lahno 2002).

Literatur

Alemann, Ulrich von, 1993: Korruption ist Vertrauenssache, in: Capital 4, 113–114.
Andenaes, Johannes, 1974: Punishment and Deterrence. Ann Arbor.
Bandura, Albert, 1977: Social Learning Theory. Englewood Cliffs.
Baurmann, Michael, 1994: Vorüberlegungen zu einer empirischen Theorie der positiven Generalprävention, in: Goltdammer's Archiv für Strafrecht, 368ff.
Baurmann, Michael, 1996a: Der Markt der Tugend – Recht und Moral in der liberalen Gesellschaft. Tübingen.
Baurmann, Michael, 1996b: Kann Homo oeconomicus tugendhaft sein?, in: Homo oeconomicus, 1ff.
Baurmann, Michael, 1997: Zehn Thesen zum Verhältnis von Normanerkennung, Legitimität und Legalität, in: *Lüderssen, Klaus* (Hrsg.), Aufgeklärte Kriminalpolitik oder Kampf gegen das „Böse"? Band I: Zur Legitimität strafrechtlicher Normen. Frankfurt a.M., 409ff.
Baurmann, Michael/Lahno, Bernd, 2002: Vertrauen, Kooperation und große Zahlen, in: *Schmalz-Bruns, Rainer/Zintl, Reinhard* (Hrsg.), Politisches Vertrauen. Baden Baden, 191ff.
Becker, Gary S., 1982: Der ökonomische Ansatz zur Erklärung menschlichen Verhaltens. Tübingen.
Clarke, A.L./Gibbs, Jack P., 1965: Social Control: A Reformulation, in: Social Problems, 398ff.
Cooter, Robert D., 2000: Do Good Laws Make Good Citizens? An Economic Analysis of Internalized Norms, in: Virginia Law Review, 1577ff.
Dahrendorf, Ralf, 1967: Homo Sociologicus: Versuch zur Geschichte, Bedeutung und Kritik der Kategorie der sozialen Rolle, in: *Dahrendorf, Ralf*: Pfade aus Utopia. München, 128ff.

Dölling, Dieter, 1990: Generalprävention durch Strafrecht: Realität oder Illusion?, in: Zeitschrift für die Gesamte Strafrechtswissenschaft, 1ff.
Ehrlich, Eugen, 1913: Grundlegung der Soziologie des Rechts. München/Leipzig.
Ehrlich, Isaac, 1975a: The Deterrent Effect of Capital Punishment: A Question of Life and Death, in: American Economic Review, 397ff.
Ehrlich, Isaac, 1975b: Deterrence: Evidence and Inference, in: Yale Law Journal, 209ff.
Elster, Jon, 1989: Nuts and Bolts for the Social Sciences. Cambridge.
Esser, Hartmut, 1990: „Habits", „Frames" und „Rational Choice", in: Zeitschrift für Soziologie, 231ff.
Frank, Robert, 1992: Die Strategie der Emotionen. München.
Friedrichs, Jürgen/Stolle, Martin/Enelbrecht, Gudrun, 1993: Rational Choice-Theorie: Probleme der Operationalisierung, in: Zeitschrift für Soziologie, 2ff.
Gauthier, David, 1986: Morals by Agreement. Oxford.
Haffke, Bernhard, 1976: Tiefenpsychologie und Generalprävention. Aarau/Frankfurt a.M.
Hassemer, Winfried, 1990: Einführung in die Grundlagen des Strafrechts. München.
Heberer, Thomas, 1991: Korruption in China. Analyse eines politischen, ökonomischen und sozialen Problems. Opladen.
Hirschi, Travis, 1969: Causes of Delinquency. Berkeley/Los Angeles.
Hummell, Hans J., 1988: Moralische Institutionen und die Ordnung des Handelns in der Gesellschaft, in: *Ebert, Klaus* (Hrsg.), Alltagswelt und Ethik. Wuppertal, 245ff.
Jakobs, Günther, 1993: Strafrecht, Allgemeiner Teil, Berlin.
Kirchgässner, Gebhard, 1991: Homo Oeconomicus. Tübingen.
Kliemt, Hartmut, 1985: Moralische Institutionen. Freiburg/München.
Kliemt, Hartmut, 1987: The Reason of Rules and the Rule of Reason, in: Crítica, 43ff.
Kuhlen, Lothar, 1994: Zum Strafrecht der Risikogesellschaft, in: Goltdammer's Archiv für Strafrecht, 347ff.
Levi, Margaret, 1988: Rule and Revenue. Berkeley.
Levi, Margaret, 1996: Social and Unsocial Capital, in: Politics & Society 24, 45ff.
Lindenberg, Siegwart, 1983: Utility and Morality, in: Kyklos, 450ff.
Lübbe, Weyma, 1991: Legitimität kraft Legalität. Tübingen.
Luhmann, Niklas, 1983: Rechtssoziologie. Opladen.
Luhmann, Niklas, 1993: Das Recht der Gesellschaft. Frankfurt a.M.
Maiwald, Manfred, 1983: Die Verteidigung der Rechtsordnung, in: Goltdammer's Archiv für Strafrecht, 49ff.
McKenzie, Richard B./Tullock, Gordon, 1984: Homo Oeconomicus. Frankfurt a.M./New York.
Mueller, Dennis C., 1992: On the Foundations of Social Science Research, in: Analyse & Kritik, 195ff.
Müller-Dietz, Heinz, 1985: Integrationsprävention und Strafrecht, in: Festschrift für H.-H. Jescheck. Berlin, 813ff.
Münch, Richard, 1988: Theorie sozialen Handelns. Frankfurt a.M.
Nettler, Gwynn, 1974: Explaining Crime. New York.
Noll, Peter, 1966: Schuld und Prävention unter dem Gesichtspunkt der Rationalisierung des Strafrechts, in: Festschrift für H. Mayer. Berlin, 219ff.
Olson, Mancur, 1968: Die Logik des kollektiven Handelns. Tübingen.
Opp, Karl-Dieter, 1986: Das Modell des Homo Sociologicus, in: Analyse & Kritik, 1ff.
Ostrom, Elenor, 1990: Governing the Commons. Cambridge.
Ostrom, Elinor/Ahn, Toh-Kyeong, 2003: Introduction in: Foundations of Social Capital. Cheltenham/Northampton.
Otto, Hans J., 1982: Generalprävention und externe Verhaltenskontrolle. Freiburg.
Parsons, Talcott, 1937: The Structure of Social Action. New York/London.
Popitz, Heinrich, 1968: Über die Präventivwirkung des Nichtwissens. Tübingen.
Popitz, Heinrich, 1975: Der Begriff der sozialen Rolle als Element der soziologischen Theorie. Tübingen.
Prittwitz, Cornelius, 1993: Strafrecht und Risiko. Frankfurt a.M.

Roxin, Claus, 1979: Zur jüngsten Diskussion über Schuld, Prävention und Verantwortlichkeit im Strafrecht, in: Festschrift für Paul Bockelmann. München, 279ff.
Schumann, Karl F., 1989: Positive Generalprävention. Heidelberg.
Scott, John F., 1971: Internalization of Norms: A Sociological Theory of Moral Commitment. Englewood Cliffs.
Streng, Franz, 1980: Schuld, Vergeltung, Generalprävention, in: Zeitschrift für die Gesamte Strafrechtswissenschaft, 637ff.
Uslaner, Eric M., 2002: The Moral Foundations of Trust. Cambridge.
Vanberg, Viktor, 1982: Verbrechen, Strafe und Abschreckung. Tübingen.
Vanberg, Viktor, 1988: Morality and Economics, De Moribus Est Disputandum. Bowling Green.
Weber, Max, 1972: Wirtschaft und Gesellschaft. Tübingen.
Wrong, Dennis H., 1961: The Oversocialized Conception of Man in Modern Sociology, in: American Sociological Review, 183ff.

Soziale Normen und politische Korruption

Reinhard Zintl

1. Übersicht

Als sichtbare Handlung ist Korruption eine bilaterale Angelegenheit, ein Tauschgeschäft, das geltende Normen verletzt. Korruption liegt dann vor, wenn jemand einem anderen ein Gut verkauft, das nach den geltenden Spielregeln nicht käuflich sein sollte bzw. zumindest nicht von dem Handelnden auf eigene Rechnung verkauft werden sollte. Beispiele sind etwa der Verkauf von Genehmigungen, auf die ein Rechtsanspruch besteht, der Verkauf von Ämtern oder Ausbildungsplätzen, wenn diese eigentlich nach Leistung erworben werden sollen; der Zuschlag für ein Leistungsangebot nicht nach der Qualität des Angebots, sondern auf der Basis von Schmiergeldzahlung; die Minderung von Lasten oder gänzliche Verschonung gegen Zahlung, etwa Freikauf von Dienstpflicht, wenn diese nach anderen Kriterien geleistet werden muss; von Strafen, auch Strafgebühren, bei Rechtsverletzungen. Korrupt sind nicht nur solche Formen des Umgangs mit Regeln, korrupt ist auch eine Gestaltung von allgemeinen Regeln nach den speziellen Wünschen derer, die bereit und imstande sind, diejenigen zu bezahlen, denen die Regelsetzung von allen anvertraut ist.[1]

Bei der Betrachtung von Möglichkeiten der Korruptionsbekämpfung ist es zweckmäßig, zwischen den einschlägigen Primärnormen und den hinter ihnen stehenden Sekundärnormen zu unterscheiden. Die Primärnormen sind diejenigen Normen, die für eine bestimmte Konstellation sagen, was erlaubt und was verboten ist. Die Sekundärnormen sind diejenigen Normen, die sagen, wer im Falle von Regelverletzungen welche Maßnahmen gegen die Regelbrecher ergreifen soll. Die Sekundärnormen sind Sanktionsnormen.

Überlegungen zur Korruptionsbekämpfung sind zunächst einmal darauf gerichtet, die Primärnormen möglichst Erfolg versprechend zu gestalten: eindeutig, transparent, befolgbar, „anreizkompatibel", nach Möglichkeit selbstdurchsetzend. Erfolgreiche Durchsetzung beruht aber immer auch zu einem guten Teil darauf, dass die zugehörigen Sanktionsnormen angemessen befolgt werden. Die Adressaten sekundärer Normen sind nur teilweise selbst besondere Agenten – etwa Organe der Innenrevision, Polizei, Gerichte. Manchmal, und ganz besonders im Bereich politischer Korruption, sind es alle, die an der Geltung und Aufrechterhaltung eines bestimmten Regelsystems interessiert sind oder wenigstens sein sollten, also die „Öffentlichkeit"; nicht umsonst spielt in allen Überlegungen zur Korruptionsbekämpfung – speziell im Bereich der Politik – Transparenz eine so große Rolle.

In den folgenden Überlegungen sollen die Zusammenhänge zwischen primären und sekundären Normen im Bereich der Beherrschung politischer Korruption betrachtet

---

[1] Zum Begriff der Korruption vgl. vor allem Philp (1997, 2004), auch Mény (1996), Rose-Ackerman (1999), Zimmerling (2002).

werden. Nach einer Erörterung, inwiefern Korruption ein Prinzipal-Agenten-Problem ist (Abschnitt 2.), wird zunächst die allgemeine Logik der Korruptionsbekämpfung zu betrachten (3.) und dann genauer auf die Rolle der Prinzipale in ihr einzugehen sein (4.). Dies wird dann auf drei unterschiedliche Konstellationen politischer Korruption angewandt – auf käufliche Vollzugsagenten (5.), käufliche politische Führung (6.) und käufliche Wähler (7.), bevor abschließend die Rolle sozialer Normen in der Bekämpfung politischer Korruption bilanzert wird (8.).

Ich werde hierbei der Einfachheit halber immer davon ausgehen, dass das offizielle Normensystem, durch das definiert ist, was als korruptes Handeln zu gelten hat, von allen Beteiligten grundsätzlich akzeptiert ist. Ich betrachte dementsprechend nicht Situationen, in denen Konflikte zwischen unterschiedlichen als zugleich legitim erachteten Normensystemen vorliegen, etwa wenn eine abstrakte Rechtsordnung und tribale Loyalitätspflichten koexistieren und kollidieren (vgl. hierfür etwa Gellner/Waterbury 1975). Nicht aus der Betrachtung ausgeschlossen sind hingegen Konflikte zwischen dem offiziellen und als legitim geltenden Normensystem und inoffiziellen und als nicht legitim geltenden Normensystemen (in bestimmten Gruppen etwa mag es feste wechselseitige Erwartungen korrupten Verhaltens geben, also eine entsprechende Gruppennorm – dennoch wird diese Norm kaum öffentlich als Alternative oder Konkurrenz zu den offiziellen Regeln daherkommen; vielmehr wird sie parasitär an sie angelagert sein).[2]

2. Korruption als Prinzipal-Agenten-Problem

Korrupte Geschäfte sind, wie eingangs skizziert, auf den ersten Blick eine bilaterale Angelegenheit – normverletzender Austausch von Leistung und Gegenleistung. Betrachtet man nun aber näher, was unter „normverletzend" eigentlich zu verstehen sein könnte, so stellt sich rasch heraus, dass die Angelegenheit besser als eine trilaterale Beziehung zwischen Prinzipalen, ihren Agenten und deren Klienten angesehen werden sollte.[3]

Dass ein Verkauf bzw. Kauf illegitim ist, bedeutet ja nichts anderes, als dass der Korrumpierte (normalerweise im Unterschied zu dem ihn korrumpierenden Klienten, der nur sich selbst Rechenschaft schuldet) nicht auf eigene Rechnung handelt, sondern ein Treuhänder, ein Agent, ist. Seine Korruptheit besteht darin, dass er in seinem Vertrag mit dem Klienten die legitimen Interessen seiner Prinzipale verrät.

Diese Prinzipale können buchstäblich eine dritte Partei sein: Ein Beispiel hierfür sind etwa die Anteilseigner eines Unternehmens, die von den leitenden Angestellten hintergangen werden, wenn diese Verträge mit Dritten abschließen und dabei in die eigene Tasche wirtschaften. Die Prinzipale können aber auch die gleichen Personen wie die Klienten sein, nur eben in unterschiedlichen Rollen – etwa dann, wenn die Bürger

---

[2] Es werden also nur Konstellationen betrachtet, in denen Korruption allgemein grundsätzlich negativ beurteilt wird. Das schließt nicht aus, dass sie faktisch nützlich sein kann und ein schlechtes offizielles Regelwerk womöglich stabilisieren kann (vgl. für solche Möglichkeiten nur Tullock 1996). Dieser Aspekt wird im Folgenden nicht behandelt.

[3] Stykow (2002); für die Modellierung solcher Situationen vgl. etwa Cartier-Bresson (1997), auch Cheung (1996).

als Gesetzgeber (Prinzipal) hinter einer Finanzbehörde (Agent) stehen, die sie dann als Steuersubjekte (Klient) zu bestechen versuchen.

Anders ausgedrückt: Prinzipale und insofern grundsätzlich an der Unbestechlichkeit ihrer Agenten interessiert sind die Bürger hinsichtlich ihrer allgemein konstitutionellen Interessen; Klienten und insofern zumindest gelegentlich an der Bestechlichkeit der Agenten interessiert sind die Bürger hinsichtlich ihrer spezifisch situativen Interessen.[4]

Dass es für die Agenten einen Anreiz zur Korruption gibt, ist nicht überraschend. Der Agent ist immer versucht, die Informationsasymmetrie, die zwischen ihm und dem Prinzipal besteht, zum eigenen Vorteil zu nutzen. Mit Korruption ist also immer zu rechnen.[5]

Korruption kann abweichendes Verhalten sein – dann wird die Prinzipal-Agenten-Beziehung durch individuelle Regelverletzungen, die von allen Beteiligten als solche angesehen werden, unterlaufen. Korruption kann aber auch zur Systemeigenschaft, gewissermaßen zur Institution, werden.

Korruption ist dann eine Systemeigenschaft, eine soziale Institution, wenn es unter den Agenten und den Klienten wechselseitig begründete Erwartungen eines Verhaltens gibt, das die Interessen der Prinzipale außer Acht lässt. Eine solche Konstellation bedeutet zugleich eine Koexistenz zweier miteinander konfligierender Regelsysteme, eines formellen und eines informellen. Das formelle Regelsystem stammt von den Prinzipalen und soll deren Probleme bearbeiten, das informelle Regelsystem entsteht im Verkehr zwischen Agenten und Klienten und reguliert deren Kooperation; ersteres enthält die förmlich konsentierten Normen, letzteres die an sie parasitär angelagerten praktisch wirksamen Normen. Die offiziellen Regeln mögen am Ende nur noch Blendwerk sein, jedoch werden die an ihrer Stelle praktizierten Normen nicht ernstlich als auch förmlich mögliche Alternative zu ihnen empfunden.[6]

Wieso ist eine solche Doppelbödigkeit der Verhältnisse überhaupt möglich? Wären alle Beteiligten rationale Opportunisten, wäre nicht erkennbar, warum das offizielle System entgegen einer anderen Wirklichkeit aufrechterhalten wird. Wären alle Beteiligten völlig zynisch, wäre es witzlos. Eine Kultur würde existieren, in der jeder versucht, so gut es geht durchzukommen, sein Schäfchen ins Trockene zu bringen, vielleicht selbst einmal zu denen zu gehören, die kassieren können. Institutionalisierte Doppelbödigkeit bedeutet, dass einerseits die Prinzipale zu schwach sind, ihre Regeln richtig durchzusetzen, und dass es zugleich für die Agenten zu riskant ist, sich auch förmlich zu den eigentlichen Herren zu erklären. Es muss also irgendwo in der betreffenden Ge-

---

4 Zur Unterscheidung von konstitutionellen und situativen Interessen vgl. vor allem Vanberg/Buchanan (1989).

5 Die Tatsache, dass in Prinzipal-Agenten-Konzeptionen grundsätzlich davon ausgegangen wird, dass alle Beteiligten *eigeninteressiert* handeln, spielt keine Rolle für die Anwendbarkeit des Begriffs der Korruption auf solche Konstellationen: Die Agenten können ihre eigenen Interessen vertragstreu verfolgen oder – bei günstiger Gelegenheit – vertragsverletzend. Zur zweiten Sorte gehören neben Phänomenen wie *shirking* usw. sicherlich auch korrupte Geschäfte. Vgl. auch allgemeiner Behnke (2002).

6 Erst dann, wenn es diese Differenz nicht mehr gibt, wenn nicht mehr geheuchelt wird, kann man nicht mehr von Korruption sprechen. Korruption als Institution ist nur denkmöglich in dieser Doppelbödigkeit.

sellschaft wenigstens in Ansätzen die Tugend geben, der man den legitimatorisch notwendigen Tribut der Heuchelei entrichtet.

3. Formen der Korruptionsbekämpfung

Die Mittel der Korruptionsbekämpfung und -verhinderung lassen sich in drei Gruppen einordnen:
1. Institutionelle Arrangements, die den Anreiz oder die Gelegenheit zu korruptem Verhalten von vornherein dämpfen oder sogar überhaupt nicht bieten. Zu nennen sind hier insbesondere Grenzen der Zuständigkeit und der diskretionären Spielräume von Agenten; *checks* und *balances* im Entscheidungsprozess; Föderalismus mit den entsprechenden Abwanderungsmöglichkeiten der Klienten; auch die grundlegende ordnungspolitische Richtschnur, nur diejenigen Materien überhaupt mittels Agentur, also trilateral, zu regeln, die sich überhaupt nicht bilateral regeln lassen oder für die sich wenigstens ein konstitutionelles Interesse der Klienten an trilateraler Regulierung finden lässt.[7]
2. Regulierung des Agentenverhaltens durch förmliche Vorschriften und Verbote. Verbote der Annahme von Vorteilen, Bestimmungen für den Umgang mit Interessenkonflikten und Ethik-Kodizes (vgl. Behnke 2002) sind einschlägige Regeln. Zusammen mit ihnen werden unabhängige Gerichte und sonstige Prüfungsinstanzen eingerichtet. Vorkehrungen dieses zweiten Typs gehen davon aus, dass Versuchungen immer und unvermeidlich vorkommen, und zielen darauf, sie durch äußere Restriktion unter Kontrolle zu bringen. Die Akteure werden in diesem Zusammenhang skeptisch modelliert: Man unterstellt nicht notwendig, dass sie sämtlich amoralische Gelegenheitsausnutzer sind, aber man geht doch davon aus, dass es unter ihnen einen nennenswerten Anteil von Opportunisten gibt, die im Zaum gehalten werden müssen.
3. Förderung der Selbstkontrolle der Agenten. Erzeugung und Unterstützung pflichtorientierter individueller Haltungen und entsprechender Gruppenkultur der Agenten durch ihre Auswahl, durch Indoktrination, Professionalisierung, Vermittlung von Berufsethos.[8]

Nicht nur für die zweite, sondern auch für die dritte Gruppe von Mitteln der Korruptionsbekämpfung sind Normen, äußere Verhaltensrestriktionen, tragend. Für die zweite Gruppe ist das offensichtlich. Wir haben es hier regelmäßig mit *expliziten Rechtsnormen* zu tun, die einen Zwang enthalten, der von eigenen Instanzen auf der Grundlage von zuvor festgelegten Verfahren angewandt wird. Für die dritte Gruppe gilt: Man wird

---

[7] Mit Olson (2002): Es ist plausibel, dass die Subjekte Schutz vor Raub und Gewalt nicht in frei ausgehandelten Verträgen mit der Polizei kaufen wollen (bilaterale Verträge, in denen die Polizei nicht Agent des Gemeinwesens, sondern autonomer Partner ist), sondern einen allgemeinen Anspruch hierauf wünschen (trilaterale Konstellation). Es ist nicht so sicher, dass die Subjekte das auch für die Ausbildung ihrer Kinder oder für ihre medizinische Versorgung wollen.
[8] Das ist kein Widerspruch zur externen Kontrolle: Man muss hier wie auch sonst nicht unterstellen, dass alle Agenten amoralische Opportunisten sind; es genügt, dass die Existenz von Opportunisten nicht ausgeschlossen werden kann; vgl. auch Zintl (1999, 2002).

sich auch hier nicht einfach darauf stützen können, dass sämtliche Agenten sich die Maßstäbe der Prinzipale so sehr anverwandelt haben, dass insgesamt keine äußeren Verhaltensrestriktionen mehr notwendig sind. Vielmehr ist die Idee, dass diejenigen Agenten, die die Primärnormen internalisiert haben, zugleich die zugehörigen Sanktionsnormen internalisiert haben. Sie sind dann zugleich Normbefolger und Normdurchsetzer. Der opportunistische Rest passt sich dem an. Mit anderen Worten: In der dritten Maßnahmengruppe geht es um die Etablierung von *sozialen Normen* als Korruptionshindernis. Auch sie treten den Subjekten notfalls als externe Restriktionen gegenüber; die Sanktionen sind Billigung/Missbilligung; es gibt kein förmliches Verfahren.

In der Regel ergänzen Rechtsnormen und soziale Normen einander, je nach Gegenstand tun sie das mit unterschiedlichen Gewichten und in unterschiedlicher Verbindung – manchmal additiv (wenn es etwa soziale Normen der Kaufmannsehre und zugleich ein bürgerliches Gesetzbuch gibt) und nahezu immer komplementär zueinander im Zusammenspiel von Primärnorm und Sanktionsnorm (Sanktionsnormen enthalten immer ein Element wechselseitiger sozialer Kontrolle – man denke etwa an Normen, die regulieren, wie sich ein Polizist oder ein Richter verhalten muss, der unter seinen Kollegen akzeptabel sein will).

4. Die Prinzipale

Unumstritten ist, dass all diese Normierungen des Agentenverhaltens der Einbettung in eine Umgebung bedürfen, in der die Prinzipale ausschlaggebend sind. Wer die Prinzipale jeweils sind, hängt von den spezifischen Eigenschaften einer Konstellation ab. Für die Politik als Handlungsfeld kann man ohne Umschweife feststellen, dass zumindest in der modernen Literatur die normative Grundentscheidung hierzu so selbstverständlich zu sein scheint, dass sie oft gar nicht mehr erwähnt wird: In der Politik gelten als Prinzipale grundsätzlich die Subjekte der Herrschaft – eben das souveräne Volk, von dem alle Staatsgewalt ausgeht; legitimierbare Politik ist Dienstleistung für das Volk.[9] Korruption in der Politik unterläuft die Regeln korrekter Dienstleistung für das Volk.

Damit die Prinzipale eine Chance haben, Kontrolle über ihre Agenten auszuüben, müssen sie über deren Verhalten informiert sein. Die zentrale Forderung jeglicher Stellungnahme zur politischen Korruption ist denn auch die Forderung nach Transparenz. Gefordert werden typischerweise Regeln der Offenlegung, das Recht der Bürger auf Zugang zu Information über staatliche Entscheidungsprozesse, die Möglichkeit des Einspruchs im Einzelnen und in organisierter Form. Institutionell setzt das unter anderem Folgendes voraus: unabhängige Medien, eingeschränkten Persönlichkeitsschutz von

---

9 Das erscheint vielen Autoren so selbstverständlich, dass gelegentlich Autokratien, in denen sich die Herrschenden bereichern, als gewissermaßen per se korrupt („kleptokratisch") diskutiert werden (vgl. etwa Rose-Ackerman 1999: 114 ff.). Das ist aber nur dann eine angemessene Kennzeichnung, wenn man sie als Sachwalter des Gemeinwohls ansieht. Sieht man sie dagegen so, wie sie sich selbst gelegentlich sehen, nämlich als Eigentümer des Gemeinwesens aus eigener Kraft und eigenem Recht (*stationary bandits* sensu Olson), wird man ihnen zumindest den Vorwurf der Korruptheit nicht machen können.

Amtsträgern, Schutzvorkehrungen für *Whistleblower*, Vereinigungsfreiheit, eine lebendige Zivilgesellschaft (vgl. nur Rose-Ackerman 1999: 162 ff.) und politisch letztlich Demokratie – denn nur hier besitzen die Prinzipale auch so etwas wie das letzte Wort gegenüber ihren Agenten.

Die Vorstellung ist, dass sich, wenn alles gut geht, Formen der Kooperation zwischen Agenten und Prinzipalen einspielen, die das Ganze auf dem Gleis halten. Zwar sind die Prinzipale Amateure *in politicis* und normalerweise mit anderen Dingen beschäftigt, aber es lohnt sich für die Agenten, mit ihnen zu kooperieren und ihr Informationsdefizit zu mildern – interne Information preiszugeben, Signale des Willens zur Selbstkontrolle zu geben usw.[10]

Unterstellt wird hierbei allerdings etwas, das nicht selbstverständlich ist: dass die Prinzipale tatsächlich an der Einhaltung der Spielregeln interessiert sind und sich auch dementsprechend den Agenten gegenüber ausdrücken und verhalten. Was das bedeutet und inwiefern es keineswegs selbstverständlich ist, möchte ich nun genauer betrachten.

Dass die Prinzpale wissen, was die Agenten treiben, und dass sie es sanktionieren *können*, ist sicherlich notwendige Bedingung nichtkorrupter Verhältnisse. Es muss aber etwas hinzukommen: *Maßstäbe* für das, was angemessenerweise von den Agenten verlangt werden kann, und der *Wille*, entsprechend diesen Maßstäben zu handeln.

In dieser Hinsicht haben wir vergleichsweise geringe Probleme in der Arena freiwilliger Kooperation, der Vertragsarena: Im Marktwettbewerb haben die Prinzipale (etwa die Anteilseigner) ein Außenkriterium (Überleben im Wettbewerb), das leidlich deutliche Maßstäbe erzeugt; zugleich ist dieses Kriterium hart. Die Prinzipale haben also sowohl ein massives Interesse, sich gegenüber den Agenten durchzusetzen, als auch Maßstäbe dafür, was sie durchsetzen müssen. Sie brauchen, vereinfacht gesagt, keine zusätzlichen sozialen Normen, die ihr Verhalten gegenüber den Agenten regulieren.[11]

Wie sieht es demgegenüber in der Politik aus? Hier wollen wir, entsprechend den gerade angestellten Überlegungen, von demokratischen Verhältnissen als Geschäftsgrundlage ausgehen und der Reihe nach die folgenden immer undurchsichtigeren Konstellationen betrachten:
– käufliche Vollzugsagenten,
– käufliche politische Führung,
– käufliche Wähler.

Die dritte Konstellation könnte irritieren, da die Frage naheliegt, wessen Agenten denn die Wähler sein sollen, wenn man ihnen Bestechlichkeit zuschreibt – sind sie denn nicht die Prinzipale? Hier wird der Leser um Geduld gebeten. Zunächst zu den intuitiv weniger problematischen Formen der Korruption.

Worauf kommt es an, wie müssen die Maßstäbe der Prinzipale aussehen? Wozu sollten sie bereit sein?

---

10 Für institutionelles Detail vgl. Behnke (2004).
11 Wie gerade die jüngere Erfahrung reichlich zeigt, bedeutet das nicht zugleich, dass sie die Agenten wirklich unter Kontrolle haben.

5. Käufliche Vollzugsagenten

Hier geht es um den administrativen Vollzug und die richterliche Anwendung von Gesetzen. Die Rollenverteilung kann so beschrieben werden: Unmittelbarer Prinzipal der Vollzugsorgane ist der Gesetzgeber (der seinerseits dem Volk, gesehen in seiner Eigenschaft als Souverän, gegenüber verpflichtet und in dieser Beziehung Agent ist). Seine Agenten sind die Verwaltung, die Justiz, auch die exekutive Führung. Das Volk schließlich, gesehen in seiner Eigenschaft als Menge der Untertanen, stellt die Klienten. Korruption liegt dann vor, wenn Verwaltungsakte und Gerichtsentscheidungen gekauft werden können; Korruption als Institution liegt vor, wenn sie grundsätzlich gekauft werden können und müssen und jeder das weiß.

Hier gilt alles oben Gesagte: Das konstitutionelle Interesse der Prinzipale an regelgetreuem Vollzug ist unstrittig. Was hier benötigt wird, ist ein entsprechendes Bewusstsein und ein entsprechender Wille des Gesetzgebungsorgans, hinter welchem wiederum in analoger Rolle das Volk stehen muss. Gebraucht wird also eine (politische) Kultur der Rechtlichkeit; das ist eine Kultur, in der einigermaßen klar ist, dass es einen Unterschied zwischen dem ja weiter vorhandenen individuellen Interesse an Sonderbehandlung gibt und dem Interesse an allgemeiner Regelgeltung. Zugleich muss diese politische Kultur eine Hürde gegen die Kooptation und damit Ruhigstellung von Kritikern enthalten. Es ist andererseits nicht notwendig, dass alle Subjekte ständig bereit sind, politisch intensiv tätig zu werden. Es genügt ihre Bereitschaft, den politisch Aktiven, den Medien, den Interessengruppen ein gewisses Maß an Aufmerksamkeit zu schenken und bei Bedarf an der Wahlurne zu reagieren.

Insgesamt ist also nicht mehr erforderlich als die Kenntnis des wohl verstandenen Interesses und die Bereitschaft, relativ anspruchslosen Sanktionsnormen zu folgen, die der Durchsetzung dieses Interesses förderlich sind. Das verlangt sicherlich ein gewisses Maß an universalistischer Orientierung von den Bürgern, aber es verlangt keine Entsagung. Wenn somit die oben erwähnten institutionellen Bedingungen erfüllt sind und der Bildungsstand entsprechend ist, kann das Verhalten von Vollzugsorganen unter Kontrolle gehalten werden. Und so ist es ja auch: In den Ländern, in denen die genannten Bedingungen erfüllt sind, ist *diese* Art von Korruption abweichendes Verhalten und nicht Bestandteil des normalen Umgangs miteinander. Nun zu den schwierigeren Themen.

6. Käufliche politische Führung/Gesetzgebung

Politische Führung und Gesetzgebung finden statt in Entscheidungen, die nicht einfach Vollzug gesetzlicher Aufträge sind. Das gilt ganz offensichtlich für die Gesetzgebung. Es gilt aber auch für Führungsentscheidungen, insbesondere Richtungsentscheidungen, die zwar sicherlich im Rahmen von Gesetzen fallen, jedoch nicht von ihnen im Einzelnen vorgeschrieben sind.

In solchen Entscheidungen kann die Grenze zwischen korruptem und korrektem Verhalten nicht einfach – jedenfalls nicht vollständig – mit Hilfe des Maßstabs bestehender Vorschriften gezogen werden. Hier kann man ja legitimerweise so oder so entscheiden, wenig ist durch die „Natur der Sache" bestimmt. Vor allem: Solche Entscheidungen sind unweigerlich und in einer freien Gesellschaft legitimerweise umstritten. Ihr wichtigstes Merkmal ist die Abwägung konfligierender Positionen und Interessen. Normativ gesprochen: Sie sind dann korrekt, wenn diese Abwägung fair und gerecht erfolgt. Korrupt ist dann die käufliche unfaire Abwägung, also die privilegierte Berücksichtigung von Interessen nach einer Vorleistung.

Die Sache ist insofern viel komplizierter als der zuvor betrachtete Fall korrupter Vollzugsorgane, da man es nun normalerweise nicht der Entscheidung selbst ansehen kann, ob sie pflichtwidrig war, sondern dies meist nur an ihrer Geschichte ablesen kann. Es fehlt an einfachen Maßstäben für Fehlverhalten und an einem eindeutigen und auch gut operationalisierbaren konstitutionellen Interesse der Prinzipale.

Erstens ist ja die Ermächtigung oder gar der Auftrag, den die Wähler erteilen, niemals eindeutig, sondern bedarf immer der Interpretation. Der Prinzipal ist nicht homogen in dem, was er konkret von seinen Agenten erwartet. Die Agenten müssen selbst entscheiden und dabei die Heterogenität des Prinzipals in korrekter Weise berücksichtigen. Es kann daher nicht an sich falsch sein, wenn die verschiedenen Interessenten für ihre Interpretation des Wählervotums werben bzw. dort, wo es offen ist, die Lücke in ihrem Sinne geschlossen sehen wollen. Es kann dementsprechend nicht von Haus aus illegitim sein, zu diesem Zweck auch Geld locker zu machen. Eines ist allerdings ausgeschlossen: Dass die Zahlungsfähigkeit der Interessenten den Ausschlag gibt. Wenn eine Entscheidung von Interessenten gekauft werden kann, ist das korrupt – freies Mandat hin oder her. Zugleich korrumpiert dieses Verhalten die Institution insgesamt: Sie wird aus einer Arena der fairen Austragung von konfligierenden partikularen Interessen zu einer Börse, an der Vorfahrt gekauft werden kann.[12]

Es geht also gerade nicht um Rechtsbruch (das hatten wir oben), sondern darum, dass die hier vorhandenen diskretionären Spielräume in unangemessener Weise genutzt werden – wenn eine an sich notwendige und legitimerweise arbiträre Prioritätensetzung von Zahlungen abhängig gemacht wird, dann wird der politische Wille, der eine Regierung legitimiert, ersetzt durch den Willen der Interessenten. Das ist eindeutig Verletzung eines Agenturverhältnisses, allerdings müssen die Prinzipale hier schon genauer hinschauen, um ihr Interesse zu sehen. Denn was sie unmittelbar sehen, ist ja nur der Interessenkonflikt.

Da man diese Verletzung des Agenturverhältnisses nicht so unmittelbar dingfest machen kann wie die zuvor behandelte, wird sie normalerweise indirekt operationalisiert: durch Verfahrensnormen und speziell durch Rechtsnormen, die die Einflussnahme regulieren, insbesondere in finanzieller Hinsicht, etwa Spendenobergrenzen und Publikationspflichten.

Man könnte nun versucht sein, das Thema angesichts solcher Regeln doch als analog zum ersten Fall gelagert anzusehen: Wenn es eine Kultur des Rechtsrespekts gibt,

---

[12] Schon für die Federalists war nicht die Partikularität von Interessen das Problem, sondern die versuchte Erzwingung von Vorfahrt für sie; vgl. Federalist No. 10: „By a faction, I understand a number of citizens, whether amounting to a majority or a minority of the whole, who are united and actuated by some common impulse of passion, or of interest, adverse to the *rights* of other citizens, or to the *permanent and aggregate interest* of the community" – es geht also gerade nicht um den als ganz legitim erachteten Konflikt partikularer Interessen mit anderen partikularen Interessen.

sollte die Sache beherrschbar sein. So einfach liegen die Dinge aber nicht. Es genügt ein Blick auf die diversen Parteispendenskandale in der Geschichte der Bundesrepublik.

Wenn die heimliche Geldannahme bekannt wird, verteidigen sich die Geldnehmer typischerweise damit, sie seien nicht bestechlich, hätten ja auch nicht in die eigene Tasche gewirtschaftet. Das ist oftmals durchaus zutreffend, und zwar aus ganz naheliegenden Gründen, die vor allem mit der Klugheit von Geldgebern zu tun haben. Es ist allenfalls eine Notlösung, in Gesetzgeber zu investieren, die käuflich sind – man kann ihnen ja nicht recht trauen. Viel plausibler aus der Sicht der Geldgeber ist es, Geld denjenigen Mitgliedern des Entscheidungsorgans in die Hand zu geben, die gerade nicht gekauft werden müssen, sondern denen die Angelegenheit Herzenssache (und insofern subjektiv legitime Gemeinwohlkonkretisierung) ist, und es ihnen zu überlassen, das Geld am zuverlässigsten und wirksamsten einzusetzen. Natürlich ist der Geldempfänger nicht (passiv) korrupt. Vielmehr wird er in die Lage versetzt, die Entscheidung anderer zu beeinflussen, also die Institution insgesamt zu korrumpieren. Dieses Korrumpieren kann ganz direkt erfolgen (das ist eher die Ausnahme), oder es kann in der Unterstützung allgemeiner Strukturen und der Schaffung von Abhängigkeiten bestehen, die bestimmte Koalitionen mit bestimmten Prioritäten zusammenhalten (das ist eher die Regel; es war beispielsweise das „System Kohl").

Wenn sich nun ein Politiker in einer solchen Situation damit verteidigt, er sei nicht bestechlich, also sei sein Rechtsbruch irgendwie entschuldbar und habe jedenfalls nichts mit Korruption zu tun, ist nur der erste Teil richtig: Er ist nicht bestechlich. Im Übrigen aber setzt er offensichtlich auf ein getrübtes Urteilsvermögen der Prinzipale, denn er ist selbstverständlich an Korruption beteiligt – als Kaufender. Wenn ein Politiker mit einer solchen Argumentation davonkommt, war seine Hoffnung auf unzureichende Urteilskraft des Publikums gerechtfertigt. Die Eigenschaften der Bürger als Prinzipale, die es hier also braucht, wenn ein Regelwerk intakt bleiben soll, gehen offensichtlich über den intuitiven Rechtsrespekt hinaus. Benötigten die Bürger zur Erkenntnis und Beurteilung der zuvor betrachteten simplen Korruption von Vollzugsorganen nicht mehr als ein Verständnis des unmittelbar moralischen Gehalts der Spielregeln, so brauchen sie nun so etwas wie institutionelle Urteilskraft – die Fähigkeit, sich den systemischen Sinn einer Regel vergegenwärtigen zu können, der unter Umständen mit den moralischen Intuitionen nicht sehr eng zusammenhängt. Im Gegenteil: Wie das Beispiel zeigt, können unmittelbare moralische Intuitionen sogar missbraucht werden, um den systemischen Sinn einer Regel zu vernebeln.

Notwendig sind also soziale Normen und eine politische Kultur der Verteidigung pluralistischer Fairness in der Interessenverfolgung gegen die Versuche des Kaufs von Vorfahrt. In gewisser Weise sind hier die partikularen Interessen der Bürger die Krankheit und die Medizin zugleich: Partikulare Interessen drängen nach Durchsetzung; partikulare Interessen motivieren für die notwendige Gegenwehr – wenn alles gut geht, mündet das in wechselseitig anerkannte Legitimität von Partikularität und einen Konsens über die Regeln des angemessenen pluralistischen Umgangs mit ihnen.

Festzuhalten ist aber, dass die Resistenz der Prinzipale gegen diese Form politischer Korruption voraussetzungsvoller ist als ihre Resistenz gegenüber den zuvor betrachteten platteren Formen politischer Korruption. Daher ist sie auch in denjenigen etablierten demokratischen Rechtsstaaten weit verbreitet, die die gewöhnliche Korruption leidlich im Griff haben.

7. Käufliche Prinzipale

Angenommen, ein Kandidat bietet Wählern Geld oder sonstige Vorteile für ihre Stimme. Einmal abgesehen von seinen Problemen der Überprüfung, ob das Geschäft auch tatsächlich ordnungsgemäß zu Ende gebracht wird: Was ist daran fragwürdig? Kann Stimmenkauf Korruption genannt werden? Und verallgemeinert: Kann es korrupt genannt werden, wenn ganze Gruppen von Wählern ihre Wahlentscheidung von versprochenen speziellen Vorteilen abhängig machen? Wann und inwiefern sind „Wahlgeschenke" Korruption? Sind nicht die Wähler die Prinzipale und daher legitimerweise frei in ihrer Verfügung über ihre Stimme, also frei, sie in Tauschgeschäfte jeglicher Art, unmittelbar und mittelbar, einzubringen?

Diese Freiheit haben die Wähler ganz offensichtlich nicht. Die Tatsache, dass die Stimme eines Wählers nicht ein handelbares Eigentum ist, bedeutet im Kern, dass sie Bestandteil eines unveräußerlichen Charakters des Bürgers ist. Dieser wiederum folgt aus dem Charakter eines republikanisch verfassten Gemeinwesens. Für ein politisches Gemeinwesen, in dem Stimmen gekauft werden können, gilt, mit den Worten von Susan Rose-Ackerman: „Instead of a system of democratic principles the government is a structure of mutual favor giving that benefits those with the most resources and the most political power" (1999: 138; vgl. auch Zimmerling 2002).

Mit anderen Worten: Das Stimmrecht des Wählers ist ein Recht auf die individuelle Wahl einer Person oder Partei entsprechend seiner politischen Präferenz, aber in ihm steckt zugleich die Vorstellung, dass diese Präferenz eben eine politische, also auf die Bearbeitung öffentlicher Angelegenheiten gerichtete Präferenz ist. Hiervon ausgehend können wir einen Begriff politischer Korruption der Wähler bilden, der noch ein Stück weiter weg von konkreter Rechtsverletzung ist als es korrumpierte politische Führung und Gesetzgebung schon waren: Es gibt eine Sorte der Korruption, in der die Wähler ihren partikularen „Interessen" hinsichtlich dessen, was sie gerne für sich haben würden, Vorrang gegenüber ihren allgemeinen Urteilen darüber geben, was sie gerechterweise beanspruchen können.

Das zugrunde liegende Bild ist klassisch: Die empirischen Wähler sind in ihm Agenten ihrer selbst in einer anderen Eigenschaft, als Souverän. Das souveräne Volk ist ein nur vorgestellter moralischer Prinzipal, dessen Agenten eben nicht berechtigt sind, alles zu tun, wozu sich Mehrheiten finden. Die Vorstellung, dass alles, was die Mehrheit will, in Ordnung sei – eben weil es die Mehrheit will –, gilt in dieser Sicht als glatte Pervertierung der republikanischen Idee. Vielmehr haben die Bürger die moralische Pflicht, ihre politisch verfolgten Interessen zu prüfen und zu bändigen, sich selbst zu zügeln. Korrupt handeln sie, wenn sie ihre ethisch vertretbaren oder ihre aufgeklärten Interessen ihren unmittelbaren Interessen opfern; wenn sie also sich selbst als Souverän verraten.[13]

---

13 Es würde zu weit führen, hier ausführlicher auf Rousseau einzugehen. Es ist aber offensichtlich

Sicherlich ist das eine Verwendungsweise des Begriffs der Korruption, die ins Metaphorische hineinreicht; zugleich enthält sie nach wie vor den Kern dessen, was Korruption ausmacht – nämlich den Verrat von Pflichten zum Zwecke des Gewinns von persönlichen Vorteilen.

Erkennbar ist, dass es hier über den Rechtsrespekt und den Respekt vor pluralistischen Entscheidungsweisen hinaus einer Haltung der Selbstzügelung bei der Verfolgung persönlicher Vorteile bedarf. Nur wenn auch das Bestandteil der politischen Kultur ist, sind soziale Normen zu erwarten, die alle drei Formen der Korruption einigermaßen unter Kontrolle halten.

8. Bilanz: Politische Korruption und soziale Normen

Die Primärnormen, die Korruption in der Politik unter Kontrolle bringen sollen, sind Normen des Agentenverhaltens, des Verhaltens von Personen also, die nicht (allein) für sich selbst handeln, sondern ein Mandat haben. Diese Normen sind in erheblichem Umfang Rechtsnormen, in geringerem Umfang aber durchaus auch soziale Normen. Die zugehörigen Sanktionsnormen sind zumindest insoweit, wie sie die Prinzipale direkt ins Spiel bringen, vor allem soziale Normen. Je nach der Ebene der Korruption, auf die sie sich beziehen, sind diese Normen unterschiedlich robust:
- Wo es um das Verhalten von Vollzugsorganen geht, bieten naheliegende moralische Intuitionen und rechtlicher common sense eine hinreichende Grundlage solcher Normen;
- wo es um das Verhalten von Agenten mit freiem Mandat geht, sind Urteile über die Maßstäbe faire Konfliktaustragung und das angemessene Funktionieren von Regelsystemen notwendig;
- wo es schließlich um das Verhalten der Wähler selbst geht, ist Grundlage der Normen die Unterscheidung von Meinung und Interesse und die Bereitschaft, die eigene Interessenverfolgung zu zügeln.

Insgesamt ist es daher plausibel anzunehmen, dass die Beherrschung politischer Korruption eine fragile Angelegenheit ist, die niemals als stabil gelten kann und die in hohem Maße von gesellschaftlichen Bedingungen abhängt, über die man nicht ohne Weiteres verfügen kann – von „sozialem Kapital", das vermutlich leichter zu zerstören als zu schaffen ist.

---

genau sein Problem, vor dem wir stehen: Wir können zunächst in der Politik von nichts anderem als von unseren konkreten Interessen ausgehen, aber wenn es uns nicht gelingt, sie in allgemein gerechter Weise zusammenzuführen, dann handeln wir als Mob und nicht als republikanischer Souverän.

Literatur

Behnke, Nathalie, 2002: Ethik-Infrastruktur und Normen-Ökonomie. Eine vergleichende Untersuchung der Entstehung von Ethik-Maßnahmen in Deutschland und den USA. Dissertation, Fernuniversität Hagen.
Cartier-Bresson, Jean, 1997: The Economics of Corruption, in: *Della Porta, Donatella/Mény, Yves* (Hrsg.), Democracy and Corruption in Europe. London, 148–165.
Cheung, Steven N. S., 1996: A Simplistic General Equilibrium Theory of Corruption, in: Contemporary Economic Policy 14, 1–5.
Gellner, Ernest/Waterbury, John (Hrsg.), 1975: Patrons and Clients in Mediterranean Societies. London.
Mény, Yves (Hrsg.), 1996: Corruption in Western Democracies. Oxford.
Olson, Mancur, 2002: Macht und Wohlstand. Tübingen.
Philp, Mark, 1997: Defining Political Corruption, in: Political Studies 45, 436–462.
Philp, Mark, 2004: Corruption Definition and Measurement, in: *Galtung, Fredrik/Round, Tom/ Sampford, Charles* (Hrsg.), Measuring Corruption. Ashgate (Kap. 3).
Rose-Ackerman, Susan, 1999: Corruption and Government. Cambridge.
Stykow, Petra, 2002: Ménage à trois.
Tullock, Gordon, 1996: Corruption Theory and Practice, in: Contemporary Economic Policy 14, 6–14.
Vanberg, Viktor/Buchanan James M., 1989: Interests and Theories in Constitutional Choice, in: Journal of Theoretical Politics 1, 49–62.
Zimmerling, Ruth, 2002: Politische Korruption und demokratischer Einfluss: ‚separate spheres' oder ‚Spiel ohne Grenzen'?, in: *Bluhm, Harald/Fischer, Karsten* (Hrsg.), Sichtbarkeit und Unsichtbarkeit der Macht. Theorien politischer Korruption. Baden-Baden, 139–166.
Zintl, Reinhard, 1999: Institutionen und gesellschaftliche Integration, in: *Friedrichs, Jürgen/Jagodzinski, Wolfgang* (Hrsg.), Soziale Integration (Sonderheft 39 der Kölner Zeitschrift für Soziologie und Sozialpsychologie). Wiesbaden, 179–198.
Zintl, Reinhard, 2002: Rationalität und Moralität politischen Vertrauens, in: *Schmalz-Bruns, Rainer/Zintl, Reinhard* (Hrsg.), Politisches Vertrauen. Baden-Baden, 171–190.

Groß angelegte Korruption und Ethik in der globalen Wirtschaft

*Susan Rose-Ackerman**

1. Einleitung

Haben multinationale Konzerne die Verpflichtung, sich von Korruption auf höchster Ebene – oder groß angelegter Korruption – fern zu halten angesichts des Fehlens funktionierender internationaler Rechtsordnungen? Diese Arbeit argumentiert, dass sie eine solche Verpflichtung haben, aber ebenso akzeptiert sie die Tatsache, dass kollektives Handeln der einzige Weg sein dürfte, weit reichende Verhaltensänderungen zu erreichen.

Interessanterweise finden sich innerhalb der Gemeinschaft der globalen Wirtschaft sowohl Normveränderungen als auch kollektives Handeln, unterstützt von internationalen Organisationen wie zum Beispiel der Organisation für wirtschaftliche Zusammenarbeit und Entwicklung (OECD) und privaten Organisationen wie Transparency International oder die Internationale Handelskammer. Vielleicht werden wir gerade Zeugen einer Veränderung der internationalen Normen innerhalb der Geschäftswelt, die – falls beibehalten – bemerkenswerte Auswirkungen auf das Umfeld geschäftlicher Aktivitäten haben könnte. Dieser Trend stellt eine Herausforderung gegenüber dem simplen Anspruch dar, dass Privatfirmen sich um nichts anderes als um die Maximierung ihrer Profite kümmern sollten. Er reicht über die Ansicht hinaus, dass Firmen Verpflichtungen gegenüber ihren „Stakeholdern" wie zum Beispiel Arbeitnehmern und

---

* Diese Arbeit ist eine überarbeitete Fassung eines Textes, der für eine Konferenz über „Measuring and Managing Ethical Risk" am Notre Dame Center for Ethics and Religious Values in Business, Notre Dame, Indiana, am 23./24. September 1999 verfasst wurde. Lydia Chan und Amnon Lehavi leisteten exzellente Hilfe bei der Forschungsarbeit. Die englische Originalfassung erschien im Journal of Banking & Finance 26 (2002) 9, S. 1889–1918. Die deutsche Erstpublikation wurde übersetzt von Mirko Wittwar.
1 Diese Haltung wird von der Internationalen Handelskammer im Vorwort ihrer Verhaltensregeln zum Ausdruck gebracht: Extortion and Bribery in International Business Transactions (1999 überarbeitet) in: Vincke et al. (1999: 98–99): Während der frühen 1990er waren Skandale um Erpressung und Bestechung ein bedeutsamer Faktor für den Sturz von Regierungen in vielen Teilen der Welt. Wenn man es zulässt, dass diese Situation weiterhin besteht, dann könnte dies die vielversprechendsten Entwicklungen der Zeit nach dem Kalten Krieg unterminieren, d.h. die weltweite Verbreitung demokratischer Regierungen und freier Marktwirtschaften. Sie ist noch inakzeptabler angesichts der Liberalisierung des Welthandels mit Gütern und Dienstleistungen, welche durch die Uruguay-Runde erreicht wurde: Freierem Handel muss ein fairer Wettbewerb entsprechen, ein Versagen bei den Handelsbeziehungen wird zu einer zunehmenden Belastung zum Schaden von Regierungen und Unternehmen werden (...) Der aktualisierte (ICC) Bericht (...) bestätigt (...) die Notwendigkeit des Handelns durch internationale Organisationen, Regierungen und Unternehmen, sowohl auf nationaler als auch auf internatio-

Gemeinden hätten, und weist darauf hin, dass globale Firmen beginnen, breitere Verpflichtungen zu akzeptieren.[1]

Um zu verstehen, warum die Verhinderung von Korruption für die Geschäftswelt eine Frage der Ethik ist, muss man verstehen, warum Korruption häufig als eine Strategie zur Wert-Maximierung erscheint. Zunächst präsentiert diese Arbeit die Rechtfertigungen von Firmen für die Zahlung von Bestechungsgeldern, um ins Geschäft zu kommen – Rechtfertigungen, die sowohl vom Verständnis der angemessenen Rolle der jeweiligen Firma abhängen als auch von der Behauptung, das betreffende Land werde nicht oder nur wenig geschädigt. Ich beginne meine Kritik dieser Position, indem ich die Kosten groß angelegter Korruption für die Wirtschaft von Entwicklungs- und Schwellenländern herausarbeite. Danach beschäftige ich mich mit der ethischen Verpflichtung von Firmen und ihren Managern, wenn sie in einem korrupten Umfeld agieren. Indem sowohl Politiktheorie als auch Unternehmensethik herangezogen werden, argumentiert dieser Teil dahingehend, dass Firmen, sowohl national als auch international die Verpflichtung haben, Bestechungszahlungen zu vermeiden. Als solches ist dieses Argument nicht abhängig von der Feststellung, dass Korruptionsvermeidung zu individueller Profitmaximierung führt. Alles in allem wären die ethischen Aspekte in geradezu trivial einfacher Weise zu klären, wenn die Weigerung Bestechungsgelder zu zahlen im Interesse der Aktionäre wäre. Allerdings verweise ich hier auf Situationen, in denen auf lange Sicht Bemühungen zur Eindämmung der Korruption ökonomisch Sinn machen können. Schließlich fasst die Arbeit die gegenwärtigen internationalen Bemühungen zusammen, die Korruption im Bereich multinationaler Konzerne zu begrenzen. Allerdings kann es durchaus der Fall sein, dass die gegenwärtigen Bemühungen nicht ausreichend sind. Ich schließe die Arbeit ab mit einigen Gedanken zur Frage zusätzlicher institutioneller Reaktionen.

2. *Rechtfertigungen für groß angelegte Korruption*

Firmen zahlen Bestechungsgelder, um bei Verträgen, Konzessionen und Privatisierungsgeschäften bevorzugt zu werden. Der Vorteil kann in der tatsächlichen Erlangung des Vertrages bestehen oder in Insider-Informationen, welche erfolgreiches Agieren wahrscheinlicher machen. Firmen zahlen auch, um auf Vertragsbedingungen sowie zukünftige Regelungen im Umfeld Einfluss zu nehmen. Selbst wenn die Manager einer Firma annehmen, dass sie eine gute Chance haben, einen ehrlichen Wettbewerb zu gewinnen, kann es sein, dass sie dennoch Bestechungsgelder zahlen, falls das trotz anders lautender Gesetze die allgemein akzeptierte Geschäftsmethode ist. Das Risiko strafrechtlicher Sanktionen und Rufschädigung wird dabei gering genug eingeschätzt, um Zahlungen zu rechtfertigen. Da ich mich auf Verhalten konzentriere, welches den in einem Gastland geltenden Gesetzen entgegensteht, könnte man sich fragen, wie die Manager einer Firma überhaupt korruptes Verhalten rechtfertigen können. Sie tun dies, indem sie einen doppelten Standard einführen, bei dem nicht durchgesetzte Gesetze in Gastländern

---

naler Ebene, um das Ziel größerer Transparenz im internationalen Handel zu erreichen. (...) Die internationale Wirtschaftsgemeinschaft trägt die (...) Verantwortung dafür, ihre Bemühungen zu verstärken, Erpressung und Bestechung zu bekämpfen.

als irrelevant behandelt werden, auch wenn diese Firmen in ihren Heimatländern nicht so handeln würden. Manager stellen fest, dass ihre wichtigsten Verpflichtungen diejenigen gegenüber ihren Aktionären und Beschäftigten sind und nicht diejenigen gegenüber den Bürgern des Gastlandes. Wenn sie selbst keine Zahlungen leisten, argumentieren sie eventuell auch, dass eine weniger kompetente Firma den Vertrag, die Konzession oder die zu privatisierende Firma bekommen wird, mit Nachteilen für alle. Ihren Aussagen entsprechend nutzen ihre Zahlungen dem Gastland. In einigen Fällen behaupten Manager, dass öffentlich Bedienstete ein gut organisiertes System der Korruption eingerichtet hätten und Zahlungen durchaus akzeptabel seien, da sie in dem entsprechenden Land zur Geschäftsroutine gehörten. In anderen Fällen ist das System so schlecht organisiert und so ausbeuterisch, dass Firmen Korruption als den einzigen Weg ansehen, eine chaotische Wirklichkeit irgendwie zu bewältigen.

Pastin (1986) bietet eine besonders eindeutige Verteidigung von Übersee-Zahlungen. Er diskutiert einen wohlbekannten Bestechungsskandal der Lockheed Aircraft Company, die korrupte Bemühungen anstellte, von der japanischen Regierung einen Vertrag für ihre Tristar zu bekommen. Pastin wägt die Vorteile für die Besitzer und Arbeiter von Lockheed gegen den Schaden der Bestechung ab und schließt, dass das Pendel zugunsten der Zahlung von Bestechungsgeld ausschlägt, da Japan ein überlegenes Flugzeug bei nur geringer Kostenzunahme bekommen wird. Pastin erkennt, dass in einigen Fällen Zahlungen Bürger des Gastlandes und Konsumenten schädigen können, doch er bewertet Lockheeds Verhalten auf dem schwierigen Feld der Nützlichkeit und kommt zu dem Ergebnis, dass dieses Verhalten der Rolle eines modernen Konzerns entspricht. Die Vorteile würden die Kosten überwiegen: „Dem japanischen Volk ging es nicht schlechter. (...) Seine Situation wurde wahrscheinlich sogar verbessert, denn die Tristar ist ein überlegenes Flugzeug" (Pastin 1986: 470). Für Pastin sind die weitreichenderen Folgen, dass ein großer amerikanischer Konzern in eine Schmiergeldzahlung an einen Beamten eines fremden Landes verwickelt ist, nicht von Bedeutung.

Im Allgemeinen rechtfertigen sowohl heimische als auch ausländische Firmen ihr Verhalten als ein Mittel zur Erreichung ihres größeren Ziels der Schaffung eines ökonomischen Wertes und als eine notwendige, wenn auch unerfreuliche Antwort auf die Schwäche und Bestechlichkeit von Regierungen. Selbst sehr große Firmen sehen sich als ein kleines Rädchen im Getriebe eines politisch-ökonomischen Systems, das ihre individuellen Geschäfte überragt. Politiker könnten ähnliche Rechtfertigungen zur Begründung ihrer korrupten Geschäfte heranziehen. Walzer (1973) stellt sich beispielsweise einen ehrlichen Politiker vor, der eine bestimmte Wahl nicht gewinnen kann, wenn er nicht ein korruptes Geschäft mit einem Unterweltboss abschließt, um einem bevorzugten Vertragspartner dieses Bosses einen Vertrag zuzuschanzen. Nach Walzers Ansicht sollten wir dem Geschäft zustimmen, falls die Wahl wichtig genug und die negativen Effekte des Geschäfts begrenzt sind. Donagan (1977: 198) geht noch weiter, wenn er argumentiert, dass dieses Geschäft die öffentliche Moral nicht beeinträchtige, da es als ein Akt der Selbstverteidigung angesehen werden könne. Dies ähnelt Pastins Feststellung, dass die von Lockheed geleisteten Zahlungen auf Erpressung beruht hätten. Unter dem Aspekt derartiger Abwägungen wird Korruption sowohl von Firmen als auch von Politikern als alltäglich akzeptiert. Sie wird zu einem Teil des Umfeldes, nicht zu etwas, das sie verpflichtet wären zu ändern. Ich werde gegen diese Sicht der Dinge angehen, doch zunächst muss ich erklären, in welcher Weise *groß angelegte Korruption* in den Ländern und Rechtssystemen, welche sie durchdrungen hat, schädlich ist. Dies wird den Weg weisen für meine Behauptung, dass multinationale Konzerne die Verpflichtung haben, eine breitere Perspektive im Auge zu behalten als die Kosten-Nutzen-Kalkulation einzelner Geschäfte. Der größte Teil meiner Argumentation bezieht sich in gleicher Weise auf heimische Konzerne, doch auch globale Konzerne haben besondere Verpflichtungen, die sich aus ihren überlegenen Kenntnissen und ihrem Einfluss ergeben. In der sich anschließenden Diskussion konzentriere ich mich auf multinationale Konzerne, womit ich jedoch nicht sagen will, dass es heimischen Firmen gestattet sein sollte, straflos zu Bestechung zu greifen. Natürlich argumentiere ich nicht, dass multinationale Konzerne langfristig wirkende Reformen selbst erreichen könnten. Regierungen müssen sich in gleicher Weise bei den Anti-Korruptionsbemühungen engagieren.[2] Mein Ziel ist es, die Rolle zu verdeutlichen, die die Geschäftswelt als Teil der globalen Bemühungen zur Begrenzung der Korruption spielen kann.

3. Die Kosten der groß angelegten Korruption[3]

Groß angelegte Korruption ist in der Lage, das Funktionieren eines Staates zu unterminieren und die Effizienz der Produktion herabzusetzen. Der Kampf um die Gewinne aus öffentlichen Projekten kann eine zerstörerische Auswirkung auf die Ökonomie eines Landes und sein politisches System haben. Korruption ist ein zweiseitiges Geschäft, zu dem sowohl bestechliche Beamte als auch korrupte Schmiergeldzahler gehören, doch außerhalb dessen spielen häufig Investoren und Hilfsorganisationen eine aktive Rolle bei der Aufrechterhaltung korrupter Systeme. Ich konzentriere mich auf die Korruption auf höchster Ebene bei Vertragsabschlüssen, Konzessionen und Privatisierungen. Korruption kann zu Ineffektivität führen, die die Wettbewerbsfähigkeit herabsetzt. Sie ist in der Lage, die Zahl der Bietenden zu begrenzen, diejenigen gegenüber den effizientesten Kandidaten zu bevorteilen, die über Insider-Verbindungen verfügen, die Information zu begrenzen, die den Bewerbern zur Verfügung stehen, und zusätzliche Transaktionskosten zu verursachen.[4] Wenn hochrangige Offizielle, einschließlich des Staatsoberhauptes, hauptsächlich mit der Maximierung persönlicher Gewinne beschäftigt sind, dann kann es durchaus sein, dass sie ein ineffizientes Niveau, eine ineffiziente Organisation sowie einen entsprechenden zeitlichen Ablauf bei Investitionen fördern. Die Entscheidungen von Investoren können dadurch, dass sie mit korrupten politischen Führern umgehen müssen, beeinträchtigt werden.

Zunächst muss die Entscheidungskalkulation der Beamten berücksichtigt werden. Wenn es darum geht, einen Vertrag abschließen zu können, reicht der Effekt von Korruption auf höchster Ebene über den reinen Bereich der öffentlichen Investitionen und

---

2 Rose-Ackerman (1999) bietet eine Analyse möglicher Reformstrategien.
3 Dieser Teil ist abgeleitet von Rose-Ackerman (1999), Kapitel 3.
4 Lien (1990a, 1990b) untersucht diese Schwierigkeiten und zeigt, dass ein korrupter Beamter, der einen bestimmten Bieter bevorzugt, im Allgemeinen einen ineffizienten Vertragspartner wählen wird. Siehe auch Rose-Ackermans Modell der Korruption bei der Vergabe öffentlicher Aufträge (1978).

des verlorenen Einkommens für das öffentliche Budget hinaus. Korrupte Beamte werden Projekte auswählen und Geschäfte mit wenig oder gar keinem ökonomischen Sinn abschließen. Wenn zum Beispiel Gewinne leichter durch Kapital-Investitionen und -Transaktionen als durch Arbeitskraft zu erzielen sind, werden Regierende kapitalintensive Investitionen und Projekte fördern, unabhängig von ihrer ökonomischen Berechtigung. Eine empirische Studie zeigt, dass ein hohes Korruptionsniveau mit einem höheren Niveau öffentlicher Investitionen als Teil des Bruttosozialproduktes einhergeht (und mit einem geringeren Niveau der Gesamtinvestitionen sowie der ausländischen Direktinvestitionen). Korruptere Länder geben relativ gesehen weniger für Unternehmungen und Instandhaltung aus und verfügen über eine schlechtere Infrastruktur (Tanzi/Dovoodi 1997). Korrupte Beamte werden durchgängig so genannte „Weißer-Elefant"-Projekte fördern, die nur einen geringen Wert für die Förderung der wirtschaftlichen Entwicklung haben (Faruqee/Husain 1994: 6).

Angenommen – wie es auch wahrscheinlich der Realität entspricht – die Profite aus Bestechungen sind in einem bestimmten einzelnen Projekt konzentrierter als im Gesamtprojekt: Selbst wenn die Regierenden und die Bevölkerung die Zukunft in gleichem Maße unberücksichtigt lassen, werden die Regierenden Projekte bzw. eine Politik mit einem für den Netto-Sozialnutzen ungünstigeren Zeitplan unterstützen. Außerdem erzielen korrupte Beamte wahrscheinlich einen höheren Mehrwert als die anderen Bürger des Landes. Die Tatsache allein, dass Regierende bestechlich sind, macht sie unsicher und anfällig für Umstürze. Diese Unsicherheit stachelt sie dazu an, noch mehr zu stehlen, was sie wiederum noch unsicherer macht usw. In der Konsequenz unterstützen sie Projekte mit schnellen, kurzfristigen Gewinnaussichten und Kosten, die in die Zukunft verlagert werden.

Nun müssen wir die Entscheidungskalkulation äußerer Investoren und Vertragsfirmen bedenken. Im Allgemeinen werden Bestechungsgelder teilweise aus den Renditen entnommen, die anderenfalls der Regierung zukämen, und teilweise aus den Profiten der bevorzugten Firma. Wenn der korrupte Beamte mehr Druck ausüben kann als der ehrliche, wird er oder sie in der Lage sein, einen größeren Profitanteil herauszuschlagen. Außerdem dürfte der korrupte Beamte häufig in der Lage sein, das Geschäft so zu strukturieren, dass es für die Firmen lukrativer ist als ein ehrlicher Vertrag. Der korrupte Beamte dürfte das Projekt so gestalten, dass die zu erzielenden Profite maximiert werden, um sie zwischen sich und der bietenden Firma aufzuteilen. Durch derartiges Handeln werden Werte geopfert, die ein ehrlich ausgehandelter Vertrag erbracht hätte.

Darüber hinaus führt die korrupte Natur eines solchen Geschäftes zu Unsicherheiten, die auf die Art, in der private Firmen ihre Geschäfte tätigen, zusätzliche Auswirkungen haben können. Die korrupte Firma dürfte sich an kurzfristigen Gewinnen orientieren. Dafür gibt es zwei Gründe. Zuerst dürfte sie befürchten, dass diejenigen, die an der Macht sind, aufgrund ihrer Korruption höchst anfällig für einen Umsturz sind. Ein neues Regime müsste sich nicht unbedingt an die Verpflichtungen des alten halten. Zweitens, selbst wenn das gegenwärtige Regime an der Macht bleibt, dürfte der Bevorzugte die Einführung willkürlicher Regeln und finanzieller Forderungen fürchten, wenn die Investitionen einmal sinken sollten. Er dürfte befürchten, dass sein Vertrag aus politischen Gründen oder einfach aus Gier für ungültig erklärt wird. Da sie in der Vergangenheit Bestechungsgeld gezahlt hat, ist die Firma in Zukunft für außerordentliche Forderungen anfällig. Sowohl die zeitliche Planung des Projektes als auch die Mischung der Investitionen dürften mit einem zusätzlichen Blick auf die speziellen Risiken vorgenommen werden, welche durch die korrupte Natur des Systems entstehen.

Privatisierung kann Korruption eindämmen, indem bestimmte Bereiche der staatlichen Kontrolle entzogen werden und indem die willkürlichen Handlungen von Beamten zu marktbestimmten Entscheidungen werden. Allerdings ist der Prozess der Übertragung von Wirtschaftsbereichen in Privatbesitz mit Gelegenheiten für Korruption belastet.[5] Viele Anreize zur Korruption lassen sich mit denen vergleichen, die aus der Gewährung von Verträgen erwachsen. Anstatt eine staatliche Behörde zu bestechen, um Verträge und Vorzugsbehandlung zu erlangen, können diejenigen, die für eine öffentliche Firma bieten, nun die Privatisierungsbehörde oder die Regierungsspitze bestechen (Manzetti 1999; Manzetti/Blake 1996). Bestechungsgelder können für die Aufnahme in die Liste der vorausgewählten Bieter gezahlt werden, und Firmen können auch dafür zahlen, dass die Zahl der Bietenden beschränkt wird. Allerdings sind andere Anreize typischer für Privatisierungsprozesse. Drei Faktoren erscheinen als besonders wichtig:

Erstens, wenn große staatliche Unternehmen privatisiert werden, kann es sein, dass es keinen verlässlichen Weg gibt, ihre Bestände zu bewerten; und das Steuer- und Rechnungssystem, welches anschließend gültig ist, mag dafür schlecht geeignet sein. Die Unsicherheiten dieses Prozesses schaffen die Gelegenheit dafür, korrupte Insider zu bevorzugen, indem man ihnen Informationen zukommen lässt, welche der Öffentlichkeit nicht zur Verfügung stehen, sie im Gegenzug für Zahlungen mit vorzeitigen Informationen versorgt oder korrupten Firmen eine Vorzugsbehandlung beim Prozess des Bietens einräumt. In extremen Fällen wird die Firma einfach an diejenigen mit den besten politischen Verbindungen vergeben (Nellis/Kikeri 1989).

Zweitens kann es sein, dass korrupte Beamte der Öffentlichkeit Informationen zukommen lassen, welche die Firma schwach erscheinen lassen, während sie gleichzeitig bevorzugten Insidern enthüllt, dass es ihr tatsächlich sehr gut geht. In diesem Fall werden die Insider die höchsten Bieter sein in einem Verfahren, das offen und einwandfrei erscheint. In ganz ähnlicher Weise kann man korrupten Bietern eine zurückhaltende Kontrolle der Regulatorien zusichern – etwas, auf das sich ein ehrlicher Bieter nicht verlassen kann (Manzetti/Blake 1996).

Drittens ist eine privatisierte Firma mehr wert, wenn sie möglichst viel von der Monopolstellung erhalten kann, welche sie als öffentliche Firma innehatte. Aus der Sicht des Ökonomen unterminiert die Beibehaltung eines Monopols die Rechtfertigung der Privatisierung. Aus der Sicht eines mittellosen Staates und seiner Bieter ist die Zusicherung eines Monopols im beiderseitigen Interesse. Dieser Konflikt zwischen Maximierung von Einkünften und marktwirtschaftlichem Wettbewerb entsteht aus allen Privatisierungsgeschäften. Wenn ein Staat den Prinzipien des Wettbewerbs Lippenbekenntnisse entgegenbringt, kann es allerdings sein, dass er nicht in der Lage ist, eine Monopoli-

---

5 Celarier (1996) bietet diverse Beispiele aus Lateinamerika, besonders aus Mexiko. Manzetti (1999) argumentiert, dass die Privatisierung öffentlicher Unternehmen in Peru die Korruption im öffentlichen Sektor verringert hat, fährt dann allerdings fort, indem er diverse Probleme beim Privatisierungsprozess selbst detailliert schildert, einschließlich des Mangels an Transparenz. Seine Studien über Argentinien und Brasilien enthalten ähnliche Beispiele.

sierung offen zu betreiben. Korrupte Hinterzimmer-Geschäfte können dieses Ziel erreichen, allerdings wird dann ein Teil der Gewinne Einzelnen anstatt dem Staat zufließen (Manzetti 1997, 1999).

Kurz gesagt, *groß angelegte Korruption* kann zu ernsthaften Verzerrungen führen. Der Staat zahlt zuviel für maßstäbliche Investitionen und erhält zu wenig aus Privatisierungen und Zahlungen für Konzessionen. Korrupte Beamte verzerren die Entscheidungen des öffentlichen Sektors, um umfangreiche Einnahmen für sich selbst zu erzielen und um eine ineffiziente und unangemessene Politik zu erreichen. Die Regierung initiiert zu wenige und die falschen Projekte und zahlt zu viel, selbst für Projekte, die grundsätzlich sinnvoll sind. Korruption reduziert die Einnahmevorteile von Privatisierungen und Verleihung von Konzessionen. Firmen, die aufgrund von Bestechung und Bevorzugung eine Monopolstellung erlangen, unterminieren die Vorteile, die aus der Vergabe staatlicher Firmen an Privatbesitzer entstehen sollten.

Manchmal nehmen multinationale Konzerne alleine an solchen korrupten Geschäften teil. In anderen Fällen arbeiten sie mit örtlichen Partnern zusammen, die die korrupten Transaktionen organisieren. In jedem Fall lässt sich fragen, ob globale Firmen die Verpflichtung haben, Korruption durch ihre eigenen Mitarbeiter, ihre örtlichen Partner und durch die Wirtschaftsgemeinschaft im Allgemeinen zu begrenzen.

4. Korruption und die Verpflichtungen multinationaler Unternehmen

Korruption ist ein zweiseitiges Phänomen, das man nicht einfach als einen „Import" multinationaler Konzerne in unschuldige Entwicklungsländer darstellen kann. Es umfasst sowohl einen Käufer als auch einen Verkäufer, und deren Zusammenarbeit wird üblicherweise gebraucht, um eine ernsthafte Reduzierung der Korruption zu ermöglichen. In den meisten Fällen sind die Zahler von Bestechungsgeldern örtliche Firmen ohne internationales Engagement. Nichtsdestotrotz sind multinationale Firmen häufig in gleicher Weise verwickelt, und sie können von besonderer Bedeutung sein, wenn es darum geht, eine Verminderung der Korruptionsfälle und des durch sie angerichteten Schadens zu erreichen. Bei der Untersuchung der ethischen Aspekte, um die es dabei geht, führt sowohl die Arbeit von Politologen als auch von Fachleuten der Unternehmensethik zu hilfreichen Erkenntnissen. Keiner dieser Autoren hat allerdings seine Arbeiten in der Weise ausgerichtet, wie ich es hier tue. Ich versuche, die Lücke zwischen denen zu überbrücken, welche eine ethische Verpflichtung der Geschäftswelt in Betracht ziehen und denen, welche sich auf eher offensichtliche politische Gegebenheiten wie Politiker und Bürger konzentrieren.

Der nun folgende Teil ist so aufgebaut: Zunächst diskutiere ich die Verpflichtungen multinationaler Konzerne als Schlüsselakteure des globalen Marktes und der Gesellschaften, in denen sie Investitionen vornehmen. Das Herzstück meiner Argumentation ist, dass die Rolle einer Institution als eines herausragenden ökonomischen und politischen Mitspielers ihr eine Verpflichtung in diesen beiden Sphären auferlegt. Da Firmen rechtliche Gebilde sind und unter rechtlichen Beschränkungen tätig sind, sind die Verpflichtungen einer Firma gegenüber der Rechtsordnung stärker als diejenigen einer natürlichen Person. Allerdings sind die politischen und ökonomischen Verpflichtungen einer Firma nicht immer widerspruchsfrei. Ich erkläre diese Spannungen und diskutiere mögliche Wege sie zu minimieren.

Manager und Firmenleiter, welche die Verpflichtung akzeptieren, sich von *groß angelegter Korruption* fernzuhalten, müssen immer noch entscheiden, in welcher Weise ihre Firmen vorgehen sollen. Eine Strategie besteht darin sicherzustellen, dass einzelne Manager einem hohen Standard persönlicher Moral entsprechen. Ich argumentiere, dass dieser Ansatz zu begrenzt ist – die Konzentration auf indivduelle Ehtik vernachlässigt die häufig beachtliche Kluft zwischen persönlicher Moral und geschäftlichen Einschätzungen. Da die Verpflichtung sich von Korruption fernzuhalten aus der organisatorischen und rechtlichen Stellung der Firma erwächst, sind Appelle an persönliche Moral inadäquat und häufig unangemessen. Spitzenmanager und Firmenleiter müssen eindeutige und gut durchsetzbare Richtlinien und grundsätzliche Orientierungen gegenüber der Korruption etablieren, anstatt sich auf die persönliche Moral ihrer Mitarbeiter zu verlassen.

Offensichtlich werden Anstrengungen die Korruption zu kontrollieren öfter unternommen, wenn die Inhaber und Spitzenmanager von Firmen voraussetzen, dass es im Interesse ihrer Firma ist Korruption zu kontrollieren. Ich schließe mit einer Diskussion dieses Punktes. Das Problem ethischer Verpflichtungen würde stark vereinfacht, wenn Firmen voraussetzten, dass Anti-Korruptionsbemühungen sich profitmaximierend auswirken. Reformer könnten dann an das Eigeninteresse appellieren anstatt an Ethik, wenn sie eine Veränderung des Verhaltens anstreben. Ich argumentiere allerdings, dass solch ein glückliches Zusammentreffen von Profitabilität und Anti-Korruptionspolitik sich nur in einer begrenzten Gruppe von Fällen einstellen wird – wodurch die betreffenden ethischen Aspekte für die internationalen Anstrengungen zur Eindämmung der Korruption eine große Bedeutung gewinnen.

4.1 Die Firma als moralischer Akteur

Firmen stellen eine rechtliche Person dar. Das verwandelt sie nicht in wirkliche Menschen, und einige Kommentatoren bestehen darauf, dass dieser Mangel an menschlichen Eigenschaften beinhaltet, dass Firmen keinerlei moralische Verpflichtungen haben können. Sie glauben zum Beispiel, dass es nicht ratsam sei, Firmen strafrechtlich zur Verantwortung zu ziehen, da sie kein Bewusstsein haben und da strafrechtliche Verantwortlichkeit Firmen die selben Rechte wie Individuen geben würde, aber mit geringerer Rechtfertigung derartigen Schutzes (Thompson 1987: 76–78; Khanna 1996).[6] Ich

---

[6] In vielen Rechtsstaaten sind Organisationen von strafrechtlicher Verantwortung ausgeschlossen, obwohl sich der Trend mit der Einführung der korporativen strafrechtlichen Verantwortung im französischen Strafrecht im Jahre 1992 und mit ihrer Aufnahme in die Strafrechts-Konvention zur Korruption des Europarates ändern könnte (Council of Europe 1999a, Artikel 18). Anschließend an die Französische Revolution war Frankreich der Ursprung des Verbotes, Organisationen strafrechtlich zur Verantwortung zu ziehen. Dies wurde in weiten Teilen Europas übernommen und hat das Strafrecht in den Teilen der Welt, in welche die Tradition des Bürgerrechtes exportiert wurde, beeinflusst (Orland und Cachera 1995: 114). Eine Übersetzung des französischen Strafrechtskataloges ist als Anhang bei Orland und Cachera zu finden. Die Niederländer haben seit Mitte der 1970er Jahre die strafrechtliche Verantwortung von

akzeptiere den grundsätzlichen Standpunkt, dass Organisationen nicht vermenschlicht werden sollten, wenn man ihre Rechte und Verantwortlichkeiten diskutiert. Nichtsdestotrotz, Firmen können dennoch moralische Verantwortung tragen, selbst wenn wir die Anwendbarkeit des Strafrechts auf einen organisatorischen Zusammenhang in Frage stellen (De George 1993; Donaldson 1989). Diese Verantwortlichkeiten lassen sich nicht immer auf individuelle Verantwortung reduzieren. Stattdessen beruhen sie auf den „Praktiken der Organisation – der internen und externen Beziehungsmuster – welche fortbestehen, auch wenn die Identität der zugehörigen Individuen wechselt" (Thompson 1987: 76; siehe auch French 1979; Cooper 1968).

Eine andere Art über Verantwortlichkeit nachzudenken hat mit Willensentscheidungen zu tun. Hätte die Person oder Organisation anders entscheiden können? Häufig wird diese Entschuldigung in das Vorliegen von Zwang gekleidet – Personen behaupten, die Umstände seien derart gewesen seien, dass kein anderes Verhalten möglich gewesen sei (Thompson 1987: 48–49). Im Kontext der Korruption entsteht Zwang daraus, dass Aktionäre nur an der Profitabilität der Firma interessiert sind und nicht an moralischen Ansprüchen der Firmen-Verantwortlichkeit. Solche Aktionäre werden ihre Aktien verkaufen, und andere potentielle Aktionäre werden sich weigern, in diese skrupulöse Firma zu investieren. Eine Vereinigung von ethisch gesinnten Investoren kann hier helfen, indem sie Firmen mit guten ethischen Prinzipien bevorzugt, doch stößt selbst eine solche an ihre Grenzen. Wenn ethisches Verhalten die Firma aus dem Geschäft bringt, wird das Dilemma am deutlichsten. Wenn es lediglich die Profitabilität beschränkt, indem es Profite aus Monopolen beschneidet, kann die Firma immer noch existenzfähig sein. Hier erscheint der Unterschied zwischen individueller und Firmen-Verantwortlichkeit als relevant. Wir mögen zögern, jemanden aufgrund seiner Ansichten dazu zu drängen, dem Tod ins Gesicht zu sehen, obwohl wir manchmal argumentieren, dass eine rechtliche Person – wie zum Beispiel eine Firma – in eine Situation geraten kann, in welcher der Bankrott aus moralischen Gründen der Weiterführung eines korrupten Geschäftes vorzuziehen ist.[7] In weniger extremen Fällen wird die Firma ihren Geschäftsplan modifizieren, um zu vermeiden zum Gegenstand von Korruption zu werden.

Die moderne Firma ist eine Schöpfung des Gesetzes und sie operiert innerhalb einer Vielzahl politischer Rechtssprechungen nur mit Erlaubnis von Regierungen. Ihre Erschaffung lässt sich nur rechtfertigen, sofern sie in ausbalancierter Weise erstrebenswerten sozialen Zielen sowohl ökonomischer als auch politischer Art dient. Die grundlegende „rechtliche Personalität" der Firma erlegt ihr eine Verpflichtung auf sowohl gegenüber dem Staat, der sie erschaffen hat als auch gegenüber der Rechtsordnung, welche ihr erlaubt, innerhalb ihrer Grenzen zu operieren, die derjenigen einer natürlichen Person mindestens gleichwertig ist.

Körperschaften zugelassen. In Italien und Deutschland gibt es verfassungsrechtliche Vorschriften, die eine körperschaftliche Schuld unmöglich machen, und die belgischen Gerichte haben sich geweigert Firmen eines Verbrechens für schuldig zu befinden. In Deutschland können administrative Einrichtungen allerdings Strafen sowohl gegen Körperschaften als auch gegen natürliche Personen verhängen (Orland und Cachera 1995: 116; Khanna 1996: 1488–1491).

7 Wie De George (1993: 135) feststellt: „Keine Firma hat das Recht auf fortlaufende Existenz analog zum Lebensrecht einer Person."

Um die Anwendbarkeit dieses Gedankens auf das Thema Korruption nachzuvollziehen, sollte man Michael Walzers oben genanntes Beispiel des Politikers bedenken, der eine Allianz mit einem korrupten Unterweltboss eingeht. Walzers zuversichtliche Vorstellung vom Verhalten des Politikers stellt eine zu starke Verengung auf eine einzelne Wahl dar. Im Zuge seiner Kritik an Walzer argumentiert Dennis Thompson zugunsten eines erweiterten Blickwinkels und stellt die Frage, ob der Sieg des Politikers unter den dargestellten Umständen im Endeffekt für die Gesellschaft positiv ist. Es geht dabei nicht um die Rechte des Politikers oder um die seiner Unterstützer. Das Geschäft ist stattdessen nur die Mühe wert, wenn es dem allgemeinen Vorteil dient. Man muss sich die Konsequenzen für die Gesamtgesellschaft vor Augen halten (Thompson 1987: 15). Thompson erweitert den Kontext des Beispiels um die Frage des gesellschaftlichen Vorteils, allerdings spezifiziert er nicht genau, worum es sich dabei handelt.

Nun lässt sich das Beispiel auch einmal auf den Kopf stellen, um die Situation zu reflektieren, in der multinationale Firmen häufig zu sein behaupten. Angenommen, der Politiker besteht auf einer Zahlung durch eine Firma als Bedingung für einen Vertrag. Das Management der Firma geht davon aus, dass die Firma der günstigste Anbieter ist, der im Falle eines ehrlichen Wettbewerbs der Sieger wäre. Was sind nun die Verpflichtungen der Firma? Im Falle von Walzers Analyse erscheint Bestechungsgeld als gerechtfertigt, falls das Geschäft für die Firma wichtig ist und die Nebeneffekte sich in Grenzen halten. Die Firma hat ein legitimes Ziel – Profitmaximierung – welches ihr Verhalten angesichts korrupter Forderungen rechtfertigt. So wie allerdings der ehrliche Politiker sich aus der Politik zurückziehen kann, wenn der Korruptionsdruck zu groß wird, so kann sich auch die Firma weigern Geschäfte mit Regierungen zu tätigen, die korrupte Forderungen stellen. Thompsons weitere Perspektive scheint mir die bessere Antwort zu bieten: So wie der Politiker Teil eines politischen Systems ist, das durch ein korruptes Geschäft unterminiert werden könnte, so ist auch die Firma Teil eines politisch-ökonomischen Systems, dessen Effizienz und Legitimität durch Zahlungen unterminiert werden kann.

Donaldsons (1989: 44–64) Vorstellung eines „hypothetischen Vertrages" zwischen Unternehmen und Gesellschaft stellt einen begehbaren Weg dar, um mit dem Problem umzugehen. In seiner Analyse stellt er die Frage, ob ideal angenommene Bürger in einer Gesellschaft mit ebenso ideal angenommenen Bedingungen wohl der Schaffung privater Produktionsorganisationen (z.B. Korporationen, Partnerschaften) zustimmen würden. Er stellt die Hypothese auf, dass Bürger derartige Organisationen akzeptieren würden, wenn die Vorteile zunehmender Produktivität die Kosten übersteigen. Unter diesem Aspekt ist es plausibel, von Firmen moralische Verpflichtungen als Bedingung für ihr Existenzrecht zu fordern. Donaldson macht deutlich, dass es die hypothetische Natur des Vertrages ist, welche ihm seine moralische Kraft verleiht (Donaldson 1989: 56). „Unternehmen und Gesellschaft sollten sich so verhalten, als ob sie eine Vereinbarung miteinander geschlossen hätten, und zwar einen Vertrag derart, dass er für freie, informierte Parteien akzeptabel wäre, die aus einer Position gleichwertiger moralischer Autorität heraus handeln (one person, one vote)" (Donaldson 1989: 56). Wie Dennis Thompson schreibt: „Die gesetzmäßigen Rechte einer Korporation (im Unterschied zu den Rechten ihrer Mitglieder) sollten hauptsächlich auf ihrem Nutzen für die Gesellschaft beruhen" (1987: 78; siehe auch Dahl 1982: 197–202).

Donaldson wendet seine Analyse auf die multinationale Wirtschaft an, indem er feststellt, dass bestimmte moralische Bedingungen kulturell neutral sind. Dementsprechend beruht seine Argumentation auf einer weit verbreiteten Zustimmung zu seiner Liste moralischer Gebote.[8] Anstatt die einzelnen Punkte seiner Liste zu diskutieren, konzentriere ich mich auf Verpflichtungen, die sich auf mein Thema der Korruption beziehen. Zwei Arten von Verpflichtungen sind wichtig: solche, die die Effizienz des Marktsystems verbessern und solche, die verhindern, dass legitime Regierungsinstitutionen unterminiert werden. Geschäftliche Organisationen und individuelle Unternehmer habe die Pflicht, die Systeme, in denen sie operieren, zu erhalten, auch wenn das ihren Zielen im engeren Sinne widerspricht.[9] Diese Verpflichtungen können als aus einem impliziten „Sozialvertrag" erwachsend verstanden werden, der rechtmäßig geschaffenen Unternehmen Legitimität verleiht. Selbstverständlich lässt sich argumentieren, dass solche Verpflichtungen überzogen sind. Eine genauere Analyse müsste sich mit dem Problem der Begrenztheit der Verpflichtungen einer Körperschaft befassen. In einer Diskussion, die sich mit *groß angelegter Korruption* beschäftigt, erscheint dies allerdings unnötig. Selbst eine restriktive Sicht der politisch-ökonomischen Verpflichtungen einer Firma dürfte die Pflicht beinhalten, sich von Zahlungen der Art, wie ich sie im Folgenden diskutiere, fern zu halten.

4.1.1 Die Förderung der Markteffizienz

Manches Verhalten mag im Einzelfall nicht sinnvoll oder für eine Firma profitabel erscheinen, kann aber in der Lage sein, die Gesamteffizienz einer Marktwirtschaft zu fördern. Im reinen Wettbewerbsmodell existieren derartige moralische Dilemmata nicht. Dieses Modell geht einfach davon aus, dass die Spielregeln festgelegt und die für einen Wettbewerbsmarkt notwendigen Voraussetzungen gegeben sind. Das System des Wettbewerbsmarktes funktioniert zu dem Zweck, effiziente Resultate zu erzielen, auch wenn sämtliche Einzelakteure nur mit ihrem eigenen, eng begrenzten Eigeninteresse beschäftigt sind. Keiner der Akteure muss eine starke Verpflichtung gegenüber der Erhaltung der Marktinstitutionen verspüren. Das System ist so aufgebaut, dass ihre amoralische Sichtweise für den Erfolg des Marktes irrelevant ist, denn das Marktsystem erzwingt, dass profitable Firmen nur überleben können, wenn sie ausschließlich an Profitmaximierung orientiert sind.

---

[8] Donaldson nennt drei Bedingungen: (1) Eine Produktionsorganisation sollte das langfristige Wohlergehen von Mitarbeitern und Konsumenten in jeder Gesellschaft, in der sie operiert, fördern. (2) Eine Produktionsorganisation sollte die Nachteile minimieren, die damit verbunden werden, dass man von einem Naturzustand zu einem Zustand übergeht, welcher Produktionsorganisationen beinhaltet. (3) Eine Produktionsorganisation sollte davon absehen, Minimal-Standards des Rechts und der Menschenrechte in irgendeinem Land zu verletzen, in denen sie operiert (Donaldson 1989: 54).

[9] Wie es die Internationale Handelskammer bei der Vorstellung ihrer Verhaltensregeln für Firmen formuliert: „Die höchste Priorität sollte die Beendigung von Erpressung und Bestechung im großen Stil unter Einschluss von Politikern und hohen Beamten genießen. Dies stellt die größte Bedrohung für demokratische Institutionen dar und verursacht die schwerwiegendsten ökonomischen Verzerrungen" (Vincke et al. 1999: 103–104).

In der Wirklichkeit ist das natürlich nicht zutreffend. Wie Norman Bowie schreibt:

„(...) the market is not a morally neutral, well-oiled machine; rather it is embedded in morality and depends upon the acceptance of morality for its success" (Bowie 1988: 530).

Firmen können sich an Handlungen beteiligen, welche den Markt destabilisieren oder welche ineffiziente Resultate erbringen. Gesetze und Regelungen existieren, um die schlimmsten Verhaltensweisen einzudämmen, wie zum Beispiel Betrug am Kunden oder Einschüchterung des Konkurrenten durch Bedrohung mit Gewalt. Selbst wenn das Marktsystem ohne Betrug und Bedrohung funktioniert, kann es immer noch ineffiziente Resultate erbringen. Dementsprechend verlangen die Rechtssysteme der meisten Länder Monopole zu begrenzen, bestimmte Informationen preiszugeben sowie bestimmte äußere Bedingungen, wie Umweltverschmutzung zu kontrollieren. Wenn diese Gesetze genau die richtigen finanziellen Anreize für die Mitarbeit der Firmen schaffen würden, wäre das Thema damit erledigt. Selbst wenn Inhaber und Manager keinerlei Verpflichtungen gegenüber dem Gesetz verspürten, würden die Firmen doch ihr Handeln so organisieren, dass sie es vermieden gegen diese gesetzlichen Beschränkungen zu verstoßen.

Offensichtlich ist diese Annahme falsch. Gesetze drücken Bestrebungen aus, sind aber nicht hundertprozentig durchsetzbar. Selbst wenn Strafen die Möglichkeit berücksichtigen, dass Verstöße nicht entdeckt werden, stellt das Gesetz in der Praxis nur selten eine optimale Abschreckung dar. Dies lässt Firmen und ihren Managern Raum, ihre ethischen Verpflichtungen zu bedenken. Diese Überlegungen sind besonders bedeutsam für die internationale Arena, in der es nur wenige realistische gesetzliche Beschränkungen gibt.

Selbst wenn ein einzelnes korruptes Geschäft effizient ist, unterminieren doch Handlungen, die zur Akzeptanz von Korruption auf dem Markt beitragen, die Effizienz an sich. Bei der Diskussion der Kosten, die durch groß angelegte Korruption entstehen, haben wir gesehen, in welcher Weise dies geschieht. Einzelne Zahlungen sollten nicht nur in Bezug auf das jeweilige Geschäft gesehen werden, sondern als Teil eines Systems, das zu Ineffektivität führt. Die Firma ist ein Nutznießer des Marktsystems, und die normative Rechtfertigung von Märkten beruht auf ihrer Effizienz. Dementsprechend hat die Firma die Verpflichtung, in einer Art und Weise zu agieren, die das effiziente Funktionieren des Marktes verbessert. Andernfalls öffnet sich das gesamte Marktsystem für Angriffe von Amoral und Illegitimität. Man mag über die Stärke der Verpflichtung unterschiedlicher Meinung sein, wenn das Gesetz ineffizientes Verhalten zulässt. Wo auch immer man allerdings die Linie zieht, ist es schwer zu behaupten, dass *groß angelegte Korruption* nicht auf der unerwünschten Seite sei. Weit verbreitetes skrupelloses Verhalten kann das öffentliche Vertrauen in den Markt erschüttern und die Fähigkeit ehrlicher Unternehmer beeinträchtigen ihre Aktivitäten zu entfalten. Im Falle ungezügelter Korruption werden sich diejenigen, die ehrlich sind, weigern zu investieren. Unter diesem Aspekt hat die Firma nicht nur die Pflicht sich korrupten Forderungen zu verweigern, sondern sie auch an die Öffentlichkeit zu bringen.[10]

---

10 Einige der vorgeschlagenen firmeninternen Verhaltensregeln für transnationale Firmen beinhalten Vorschriften, welche die Integrität des Marktes erhalten sollen, indem sie politische Zah-

4.1.2 Die Erhaltung der politischen Legitimität

Bezüglich ihres Erfolges hängen Firmen nicht nur vom Bestehen eines funktionierenden Marktsystems ab, sondern auch von einem Staat, der Marktaktivitäten erleichtert sowie Stabilität und Ordnung aufrechterhält. Ein guter Teil der heutigen akademischen Welt verweist auf die enge Verbindung der Effizienz eines Staates einerseits und ökonomischen Wachstums sowie ökonomischer Weiterentwicklung andererseits (Keefer/ Knack 1995). Insbesondere ausländische Direktinvestitionen und der Erfolg von Industriepolitik sind mit der Qualität des Regierungshandelns und der relativen Abwesenheit von Korruption verbunden (Ades/Di Tella 1997; Wei 1997). Genau so, wie Firmen die Verpflichtung haben, im Sinne der Aufrechterhaltung des Marktes zu agieren, haben sie auch die Verpflichtung, im Sinne der Erhaltung eines „marktfreundlichen" Staates zu handeln. Man spricht in diesem Kontext auch von „corporate citizenship (Staatsbürgerschaft von Unternehmen)". Diese Ausdrucksweise betont die Rolle der Firma als einer Rechtsperson, die vom Staat selbst erschaffen wurde bzw. der der Staat selbst die Handlungserlaubnis erteilt hat. Man könnte argumentieren, dass dies der Firma nur die Verpflichtung auferlegt, in markt- oder effizienzerhaltender Weise zu agieren, so wie oben dargestellt. Allerdings sind Firmen – als Schöpfungen des Staates – auch in der Lage, das Handeln des Staates zu beeinträchtigen. Tatsächlich ist die Handlungskapazität einer Firma wahrscheinlich größer als diejenige unorganisierter Bürger. Als Antwort darauf könnte man argumentieren, dass die Firma die Verpflichtung hat, *nicht* zu handeln, da sie nur eine rechtliche Fiktion darstellt. Mit Donaldson (1989) möchte ich diese Schlussfolgerung umkehren und feststellen, dass gerade die Abhängigkeit der Firmenexistenz vom Staat die Verpflichtung auferlegt, die Konsequenzen ihres Handelns für den Staat zu bedenken und sich im Sinne der Erhaltung politischer Werte zu verhalten.

Wie Bovens (1998) darüber hinaus aufzeigt, haben auch Mitarbeiter in ihrer Rolle als Bürger Verpflichtungen. Diese können sie dazu bringen, gegen bestimmte Handlungen der Firma zu opponieren, während die Firma als gesellschaftliche Organisation diese Verpflichtungen anerkennen und akzeptieren, nicht aber unterminieren sollte. Wenn das Spitzenmanagement einer Firma solches Verhalten voraussieht, dann sollte es seine Firmenpolitik insoweit modifizieren, dass sie den staatsbürgerlichen Verpflichtungen der Mitarbeiter entspricht. Jenseits des Entgegenkommens gegenüber den Beschäftigten ist die Natur der bürgerschaftlichen Verpflichtung einer Firma weniger eindeutig als bei Handlungen, welche ihre Leistung auf dem Markt verbessern. Die Umrisse eines auf Wettbewerb beruhenden Marktsystems sind weitgehend akzeptiert, und die Natur eines Versagens des Marktes wird gut verstanden. Bezüglich des Verhältnisses politischer und ökonomischer Systeme zueinander kann nicht dasselbe gesagt werden. Die wissenschaftliche Literatur ist bezüglich des Verhältnisses demokratischer Regierungen zu ökonomischem Wachstum geteilter Meinung (Przeworski/Limongi 1993). Darüber hinaus werden bisher die Verbindungen zwischen Firmenhandeln und politischen Ergebnissen nur unzureichend verstanden. Firmen, die sich verantwortlich verhalten, sto-

---

lungen und Bestechung begrenzen. Solche Beschränkungen sind Teil der Kodices, die von der OECD entwickelt wurden, sowie des Entwurfs des Verhaltenskodexes für transnationale Korporationen der Vereinten Nationen. Bezüglich eines Überblicks siehe Frederick (1991).

ßen eventuell auf Schwierigkeiten bei der Artikulation derjenigen Werte, die sie fördern wollen.

Eine Firma ist ein ökonomischer Akteur und ihre Verantwortlichkeiten „sind durch ihre ökonomische Aufgabe geprägt" (Donaldson 1989: 84). Thomas Donaldsons Liste fundamentaler internationaler Rechte beinhaltet „Das Recht auf politische Teilhabe" (1989: 81) und Norman Bowie glaubt, dass Demokratie ein globaler Wert sei (1988: 527).[11] Doch Demokratie und der „marktfreundliche" Staat sind nicht unter allen Umständen ein und dasselbe. Fallstudien über ausländische Direktinvestitionen deuten darauf hin, dass Firmen nicht immer die Demokratie unterstützen, selbst wenn sie ihre Hauptquartiere in Ländern unterhalten, in denen die Demokratie fest verankert ist (Armijo 1999). Manager glauben eventuell, dass in armen und in Entwicklungsländern ihr Erfolg mit der Entwicklung von Demokratie in Konflikt gerät. Nichtsdestotrotz gibt es ein paar einfache Fälle. Unter der Voraussetzung der Abhängigkeit der Firmenexistenz und der Handlungsfähigkeit der Firma vom Staat hat sie die Verpflichtung, die Verfassungen solcher demokratischer Staaten nicht zu unterminieren, die von ihren Bürgern als legitim angesehen werden. Wenn Firmen in Ländern investieren, die sich bemühen ein demokratisches System aufzubauen, sollten sie sich fragen, ob ihr Handeln die Entwicklung eines lebensfähigen und legitimen Staates unterstützt.[12] Neue Gelegenheiten zur Korruption gehören zu den wachsenden Problemen ökonomischer und politischer Wandlung und sind in der Lage, eigentlich viel versprechende Reformen zu unterminieren, indem sie deren Legitimität und Fairness vermindern. Wie Bowie schlussfolgert, sollten Firmen die Demokratie unterstützen, denn: „Anderenfalls wären multinationale Konzerne in einer Position, in der sie davon profitieren, mit der Gesellschaft Geschäfte zu machen, während sie gleichzeitig an Aktivitäten beteiligt wären, welche die Gesellschaft untergraben" (Bowie 1988: 527).

Die schwierigen Fälle treten dann auf, wenn die langfristige Stabilität eines Staates auf einem autokratischen System beruht, welches Investitionen begünstigt, und in dem Demokratie, ist sie etabliert, eine lange und unruhige Phase durchläuft. Wenn man allerdings mein Argument akzeptiert, dass Firmen die Verpflichtung haben, einen Staat nicht zu unterminieren, der auf der Souveränität des Volkes beruht, dann ist die Verpflichtung der Firma eindeutig. Sie sollten sich nicht an Korruption beteiligen, wenn es um die Erlangung von Verträgen, Konzessionen oder um Firmenprivatisierungen geht. Bestechung erlaubt es einer Firma, in unfairer Weise vom Regelwerk zu profitieren, welches die Interaktionen zwischen Geschäftswelt und Staat festlegt. Die Firma profitiert von Regeln gegen Korruption, ohne diese Regeln selbst zu unterstützen (Bowie 1988: 528). Bestechungsgelder sind illegitim, die „ein demokratisches System unterminieren, in welchem öffentlich gewählte Bedienstete eine Position öffentlichen Vertrauens innehaben" (Donaldson 1989: 88).

---

11 Bowie (1988: 521–527) argumentiert, dass Firmen globale Normen befolgen sollten und dass Demokratie eine etablierte globale politische Norm sei. Dementsprechend zeigt eine Firma, die nur in Demokratien investiert, keineswegs moralischen Imperialismus.

12 Thompson (1987: 3) schreibt, dass „political ethics provides support for democratic politics in many ways". Ich würde dasselbe über firmeninterne Ethiken sagen. Die Beschränkungen von Bestechung und politischen Zahlungen in den vorgeschlagenen Kodices für transnationale Firmen sind manchmal gerechtfertigt, da sie Versuche darstellen ein Verhalten zu vermeiden, das nationale Souveränität sowie die inneren Angelegenheiten von Gastländern beeinträchtigt.

Die vorhergegangenen Teile dieser Arbeit haben dahingehend argumentiert, dass große multinationale Firmen sich von Korruption fernhalten sollten, doch diese Forderung lässt die Frage unbeantwortet, welche Schritte sie unternehmen sollen. Eine einfache Antwort besteht in einer Personalpolitik, die Bewerber mit stark ausgebildeter persönlicher Moralität bevorzugt. Solche Leute – so lässt sich feststellen – werden sich korrupten Forderungen verweigern. Doch persönliche Moralität ist manchmal unzureichend, wenn sie von der Logik des Marktes herausgefordert wird. Die Akteure sehen sich häufig dem direkten Konflikt zwischen Profit und Prinzip gegenüber. Darüber hinaus wirken sich manche persönlichen Eigenschaften, die im Privatleben bewundert werden, zu Ungunsten organisatorischer Ziele aus, einschließlich der Kontrolle der Korruption.

Gehen wir zunächst von dem einfachen Fall aus, dass die hohen ethischen Standards der Mitarbeiter grundsätzlich positiv sind. Korrupte Manager fördern ihr finanzielles Eigeninteresse auf Kosten der Firma. In diesem Fall ist die Strategie, moralisch orientierte Mitarbeiter einzustellen, profitmaximierend. Normen wie Loyalität, firmeninterne Verhaltensregeln sowie Kontrolle und Anreizsysteme können sich ebenfalls dahingehend auswirken, das Verhalten der Mitarbeiter mit dem der Aktionäre in Übereinstimmung zu bringen. Im Allgemeinen werden Manager und andere Mitarbeiter mehr leisten, wenn sie eine grundsätzliche Verpflichtung sowohl gegenüber moralischem Handeln als auch gegenüber der Ertragslage der Firma verspüren. Sie sehen sich in einem Konflikt zwischen Gier und moralischem Verhalten, wobei ihre Vorgesetzten auf der Seite der Moral stehen. Zum Beispiel mag es sein, dass Einkäufern Bestechungsgelder angeboten werden, um bestimmte Zulieferer zu bevorzugen oder um Verträge abzuschließen, durch die Zulieferer bevorzugt werden. Eindeutig wird in solchen Fällen das Spitzenmanagement davon profitieren, Einkäufer mit einer starken moralischen Verpflichtung zu ehrlichem Handeln einzustellen. Zwei schwierige Fälle demonstrieren allerdings, dass eine Personalpolitik, welche diejenigen mit starker persönlicher Moral aussucht, für eine Firma, die korrupte Geschäfte vermeiden will, unzureichend ist. In beiden Fällen gerät die persönliche Moral der Einkäufer mit dem Profitstreben der Firma in Konflikt. Im einen Fall stellt dieser Konflikt einen normativ gewichtigen Unterschied zwischen persönlicher und institutioneller Ethik dar. Ein Mitarbeiter, der persönliche Verhaltensnormen über das Firmeninteresse stellt, wird als korrupt oder unethisch angesehen werden. Im anderen Fall treffen Moralität und Geschäftsethik zum Nachteil des Firmengewinns aufeinander.

In vielen Situationen ist die Fähigkeit zur Rollentrennung funktional sinnvoll und erstrebenswert. Das Herzstück des Ideals der Weberschen Bürokratie ist der Beamte, der seine persönlichen Beziehungen hinter sich lässt, wenn er seinen Arbeitsplatz betritt. Oft entsteht Korruption aus dem Versagen, Familien- und Freundschaftsbande vom eigenen Verhalten als Beamter oder Manager einer Privatfirma zu trennen (Rose-Ackerman 1999: 104–110; Thompson 1995: 12). Die moderne Management-Theorie argumentiert dahingehend, dass Geschäftsleute eine Rolle als Angestellte spielen sollten, die nicht derjenigen als Familienmitglied oder Freund entspricht. Persönliche Beziehungen und Günstlingswirtschaft werden an der Bürotür zurückgelassen, und das volle Ausmaß ethischer Normen bleibt ebenfalls außen vor. Moralische Verpflichtungen sind eine Funktion der eigenen Rolle innerhalb eines sozialen und institutionellen

Kontextes (Smiley 1992: 188–189). Dementsprechend hat ein Elternteil die Verpflichtung, seinem Kind bei seiner Entwicklung zum Erwachsenen zu helfen, doch er würde seine Verpflichtung als Manager verletzen, wenn er die Firma seines Sohnes bei Einkäufen für seinen Arbeitgeber bevorzugen würde. In der Praxis dürfte derartiges Verhalten nur schwer anwendbar sein, besonders wenn das Wechselspiel zwischen Firmenzielen und persönlicher Moral Menschen mit einbezieht, die dem Einkäufer nahestehen, wie zum Beispiel Familie und Freunde. Wenn Angestellte Schwierigkeiten damit haben, ihre persönliche Moral hinter sich zu lassen, wenn sie ihren Arbeitsplatz betreten, dann wird die Firma amoralische Menschen ohne enge Bindungen an Familie und Freunde bevorzugen. Umgekehrt kann die Firma ihre Angestellten im Sinne einer „Firmenkultur" erziehen, um ihnen dabei zu helfen, sich in ihre Rolle innerhalb der Organisation hinein zu finden.

Manager müssen sich allerdings vor dysfunktionalen Organisationskulturen hüten, innerhalb derer Mitarbeiter konspirieren, um Beweise für das Fehlverhalten ihrer Vorgesetzten zu finden. Hier besteht das Problem in dem Konflikt zwischen der Profitabilität der Firma und den Normen der Freundschaft und Gruppensolidarität unter den Arbeitern. Mitarbeiter mögen in perfekter Weise ihre Rollen als Angestellte und als Privatperson trennen, doch das Ergebnis kann dennoch in weit verbreiteter Verantwortungslosigkeit und Korruption bestehen. Versuche, solches Verhalten zu kontrollieren, indem man Informanten belohnt, dürften aufgrund der Empathie unter den Angestellten fehlschlagen (Greenberger et al. 1987). Im Falle einer Untersuchung machten Manager aus Deutschland, Frankreich, Israel und den Vereinigten Staaten ihren Kollegen keinen Vorwurf daraus, dass sie diejenigen nicht gemeldet hatten, die die Regeln verletzt hatten (Jackson/Artola 1997). Um diese Zurückhaltung zu überwinden, kann das Spitzenmanagement versuchen, die Mitarbeiter davon zu überzeugen, dass das Melden von Kollegen zu ihren Aufgaben gehört. In einer Studie beispielsweise waren Wirtschaftsstudenten eher dazu zu bewegen, Fälle von Mogelei bei anderen Studenten zu melden, nachdem man ihnen mitgeteilt hatte, dass solches Verhalten zu ihrer Verantwortung als Angehörige einer Ausbildungseinrichtung gehöre (Trevino/Victor 1992).

Im zweiten Fall ist ein Verhalten, das den Profit begünstigt, während es die persönliche Moral beeinträchtigt, auch im geschäftlichen Kontext unethisch. Manager stehen wieder einmal vor einem Konflikt zwischen Gier und moralischem Verhalten, bei dem diesmal die Chefs auf der Seite der Amoral stehen. Wenn zum Beispiel korrupte Zahlungen dabei helfen, ein Geschäft abschließen zu können, dürften Manager und Inhaber darauf hoffen, die Bestechlichkeit ihrer Untergebenen zu erleichtern, während ihnen die Details unbekannt bleiben.[13] Der Vorteil für den Inhaber könnte den Einkäufer dazu ermutigen, sich in einer Weise zu verhalten, die er im Privatleben als unmoralisch ansieht.

Experimente weisen darauf hin, dass viele Menschen zwar starke moralische Normen zum Ausdruck bringen, diese Normen aber nicht auf ihr Verhalten als Mitarbeiter gewinnorientierter Firmen anwenden. Das Streben nach Profitabilität hat Vorrang vor ihren moralischen Skrupeln. In einer der frühesten, wegweisendsten Studien zum The-

---

13 Siehe Braithwaite (1985: 49): „The mentality of ‚Do what you have to do but do not tell me how you do it' is widespread in business." Nach Braithwaite besteht die Lösung darin Ziele zu setzen, die ohne illegales Verhalten erreicht werden können.

ma Wirtschaftsethik untersuchte Baumhart (1961) die Meinung von Managern zur Ethik, indem er sie fragte, wie sie sich als Reaktion auf fiktive Fälle verhalten würden, in denen es um ethische Probleme ging. Er fand heraus, dass sie angesichts eines ethischen Dilemmas dazu neigten, sich für einen am Gewinn orientierten Weg zu entscheiden, falls dies den Interessen der Firma entsprach. Zum Beispiel würden 52 Prozent der Manager jemanden einstellen, nur um an technologische Geheimnisse zu gelangen, und 58 Prozent würden einen ausländischen Beamten bestechen, wenn sie dafür einen Geschäftsauftrag bekämen (Baumhart 1961). Im Gegensatz dazu entschieden sich diese Manager nicht für ein unethisches Vorgehen, wenn dies die Interessen der Firma verletzte. 86 Prozent der Interviewten stellten zum Beispiel fest, dass sie das Frisieren einer Spesenabrechnung unakzeptabel fänden. In einem anderen Experiment waren über 70 Prozent der Teilnehmer bereit, Bestechungsgeld zu zahlen, um für ihre Firma einen Verkauf tätigen zu können. Für viele der Testpersonen stand Ethik an zweiter Stelle hinter der Erfüllung der Firmenziele. Diejenigen, die bereit waren, Zahlungen zu leisten, fühlten sich in ihrem Privatleben nicht deutlich weniger an Ehre und Fairness gebunden als andere Teilnehmer.[14] Andere Studien erbrachten ähnliche Resultate (Brenner/Molander 1977; Vitell/Festervand 1987).

Nichtsdestotrotz sind Manager durchgängig von persönlichen Werten beeinflusst. Unglücklicherweise unterscheiden die Untersuchungen nicht zwischen den beiden oben besprochenen Fällen und nehmen – abgesehen von der Studie über Informanten – an, dass es in allen Fällen angemessen ist, dem eigenen Code moralischen Verhaltens zu folgen. Dementsprechend fand eine Studie über Versicherungsmathematiker und Lebensversicherer heraus, dass persönliche Werte und Standards die wichtigste Leitlinie darstellten, wenn die Befragten sich einem ethischen Dilemma gegenüber sahen (Cooper/Frank 1992). Eine weitere Studie fand heraus, dass Verhaltensunterschiede sich anhand der unterschiedlichen Wertmaßstäbe von Managern voraussagen ließen. Auf der Basis von Untersuchungsergebnissen wurden die Teilnehmer in solche mit eher „ethischem" und eher „ökonomischem" Wertemuster eingeteilt. Die Autoren stellten fest, dass diejenigen, welche eher „ethisch" orientiert waren, sich in moralisch zwiespältigen Situationen, die ihnen vorgehalten wurden, auch ethisch verhielten, während diejenigen, bei denen ein hauptsächlich „ökonomisches" Wertemuster festgestellt worden war, die Entscheidungen auf den Effekt für den Gewinnabschluss gründeten (Barnett/Karson 1987).

Amerikanische Manager neigen eher dazu, auf der Basis ihres persönlichen moralischen Verhaltenskodex zu handeln als Manager aus anderen Ländern und opponieren eher gegen Bestechung (Grunbaum 1997; Tsalikis/LaTour 1995; Nakano 1997; Fritzsche 1987; Fritzsche et al. 1995; Su/Richelieu 1999). Verhalten ist häufig situationsabhängig. Dementsprechend ist moralisches Verhalten weniger wahrscheinlich, wenn es dem Manager direkte Kosten verursacht (Hoffman et al. 1998) Die situativen Faktoren, welche die Wahrscheinlichkeit moralischen Verhaltens beeinflussen können, rei-

---

14 Spitzenmanager werden sich auf die Fähigkeit ihrer Untergebenen verlassen, solche Zahlungen zu rationalisieren. Bei denen, die bereit waren Zahlungen zu leisten, war die am Häufigsten geäußerte Rechtfertigung, dass es die „erste Pflicht eines Managers ist, die Ziele der Firma zu erreichen. Daher ist es manchmal notwendig, Ethik zu vergessen" (Rosenberg 1987).

chen von persönlichen Kosten bis zur Schwere erwarteter sozialer Konsequenzen (Jones 1991).

Die Untersuchungsergebnisse deuten darauf hin, dass die Anstellung „guter" Menschen nicht ausreicht. Wenn die Inhaber und Spitzenmanager der Meinung sind, dass ihre Organisation sich nicht an unethischen oder illegalen Aktivitäten beteiligen sollte, welche die Profitabilität ihrer Firma erhöhen, müssen sie ihre Position deutlich machen, anstatt auf die moralischen Skrupel ihrer Mitarbeiter zu vertrauen. Einige Manager auf unterer bis mittlerer Ebene werden sich angesichts eines Konfliktes zwischen Profitabilität und Moral für die Profitabilität entscheiden, wenn nicht von Inhabern und Spitzenmanagern starke gegenteilige Signale gegeben werden. Andere werden auf Kosten von Profitabilität und Geschäftsethik persönlichen Vorlieben folgen. Rechtschaffenheit und Familienwerte sind kein ausreichender Schutz vor Firmenkorruption und können sich bezüglich einer Antikorruptionszielsetzung sogar gegensätzlich auswirken. Das Spitzenmanagement kann sich nicht auf die Personalabteilung der Firma verlassen, um Korruption zu begrenzen. Es muss durch das eigene Beispiel führen (Badaracco/Webb 1995; Newstrom/Ruch 1975; Brenner/Molander 1977) und eindeutige und gut durchsetzbare Richtlinien und Verhaltenskodices aufstellen (Cooper/Frank 1992; Vincke et al. 1999: 14–26). Die Firmenpolitik sollte ethische Beliebigkeit begrenzen, und die Firmen müssen Weiterbildungsmöglichkeiten zu den Verhaltenskodices der Firma anbieten.[15]

4.2 Kommt Antikorruptions-Politik ohne Unternehmensethik aus?

Ich habe argumentiert, dass Firmen die Verpflichtung haben sich von illegalen Zahlungen fern zu halten. Die Quelle für diese Verpflichtung liegt im Status einer Firma als einer Rechtsperson, die aufgrund staatlicher Entscheidung agiert. Doch wir wollen derartige Verpflichtungen für einen Moment bei Seite lassen und fragen, wann es im Interesse von Firmen, besonders großen global operierenden, liegen könnte Korruption sowohl innerhalb ihrer eigenen Organisation als auch international zu begrenzen. Es gibt zwei Situationen, in denen dies der Fall sein könnte. Nichtsdestotrotz bin ich der Meinung, dass ohne irgendwelche moralischen Verpflichtungen durch Firmeninsider eine weitreichende Veränderung des Verhaltens unwahrscheinlich ist.

Zunächst kann eine Firma die Möglichkeit ergreifen, auf ihre Kunden oder Zulieferer Druck auszuüben, indem sie einen harten Standpunkt gegenüber der Korruption einnimmt. Zum Beispiel könnte das Firmenprodukt offensichtlich dem der Konkurrenten überlegen sein, so dass sie mit einer staatlichen Einkaufsbehörde aus einer Position der Stärke heraus verhandeln kann. Diejenigen, welche den Prozess der Vertragsanbahnung überwachen, seien sie nun Politiker oder öffentliche Gruppierungen – *watchdog groups* –, würden sich beschweren, wenn ein Anbieter schlechterer Qualität gewählt würde. In einem solchen Fall würde ein Nachgeben gegenüber korrupten Forderungen die eigenen Profite beschneiden. Ganz ähnlich wird eine Firma, die das beste Restruk-

---

15 Siehe Haas (1994) bezüglich einer Zusammenfassung des Trainingsprogramms von Levi-Strauss für inländische Manager.

turierungsangebot für eine Firmenprivatisierung abgibt, aus genau diesem Grund ihre Ehrlichkeit betonen. Konsumgüterfirmen mit starkem internationalem Bekanntheitsgrad ihrer Marken können ein derart machtvolles Symbol für erfolgreiche Entwicklung darstellen, dass sie korrupten Forderungen in Verbindung mit Übersee-Investitionen erfolgreich widerstehen können. Korrupte Länder können dazu gebracht werden, etwas sauberer zu agieren, um das Geschäft mit derartigen Firmen nicht zu verlieren. Firmen mit erkennbaren Vorteilen gegenüber ihren Konkurrenten werden nicht nur versuchen, Korruption innerhalb der eigenen Firma zu begrenzen, sondern werden auch Reformen in den Gastländern unterstützen, die Transparenz und Verantwortlichkeit erhöhen.

Zweitens kann es der Fall sein, dass Manager und Unternehmensführungen großer Firmen internationale Antikorruptionsbemühungen unterstützen, wenn die globale Situation als ein „Koordinationsspiel" beschrieben werden kann. In diesem Fall sind einzelne Bestechungszahlungen im bestehenden geschäftlichen Kontext profitmaximierend, doch falls es gelingen würde, die Korruption auszuschalten, würden alle Firmen profitieren und keine hätte einen Anreiz für einseitige Verstöße. Im Gegensatz dazu kann es aber auch sein, dass die strategische Situation unter den Wettbewerbern ein *Gefangenendilemma* anstelle eines Koordinationsspiels darstellt. Im Falle eines *Gefangenendilemmas* werden freiwillige Vereinbarungen von Korruption Abstand zu nehmen instabil sein, da jede Firma einen Anreiz hat dagegen zu verstoßen. Es wird allerdings auch gesagt, dass ein *Gefangenendilemma* durch Dialog, Öffentlichkeitsarbeit und äußeren Druck in ein Kooperationsspiel umgewandelt werden kann. Der Unterschied zwischen diesen „Spielen" ist wichtig. In beiden Situationen ist es besser für die Firmen, wenn alle kooperieren anstatt dies nicht zu tun. In einem reinen Kooperationsspiel ist allerdings die Kooperationslösung stabil. Wenn erst einmal alle der Korruption abschwören, gibt es keinen Anreiz für irgend jemanden, dagegen zu verstoßen. Das fundamentale Problem besteht dann darin die Firmen dazu zu bringen eine solche Strategie zu übernehmen, denn es ist eine teure Angelegenheit innerhalb eines Ozeans der Korruption die einzige ehrliche Firma zu sein.

Unglücklicherweise sind für diejenigen, die glauben, Korruption lasse sich allein auf der Basis geschäftlichen Eigeninteresses bekämpfen – die zweite Gruppe von Fällen – moralische Verpflichtungen erforderlich. Es reicht nicht aus festzustellen dass eine Welt mit geringerer Korruption zu steigenden Gesamtprofiten führen würde. Das *Gefangenendilemma* lässt sich ohne ein gewisses Maß an moralischer Verpflichtung nur selten in ein Kooperationsspiel verwandeln. Es gibt hier zwei moralische Aspekte – Bereitschaft zur Kooperation und die Einstellung gegenüber der Korruption.

Zunächst einmal wird die Situation nur dann einem Kooperationsspiel entsprechen, wenn Manager und Firmenleitungen nicht nur Integrität, sondern auch Kooperation als wertvoll einstufen. Manager und Firmenleitungen müssen bereit sein, kurzfristige Profite zugunsten langfristiger Vorteile aufzugeben, wenn erst einmal eine Situation mit geringer Korruption geschaffen ist. Solange die meisten anderen Firmen bei diesem Bestreben ebenfalls kooperieren, dürften sie aufgrund einer Kooperationsnorm, nach der Unternehmen sich weigern Bestechungsgelder zu zahlen, dazu bereit sein. Diejenigen, die diese Norm akzeptieren, werden sich hin und wieder in einer Weise verhalten, die dem Interesse einzelner Firmen widerspricht (beispielsweise wenn sie sich weigern, Bestechungsgeld zu zahlen, um einen Auftrag zu erhalten), denn dies wird den Gruppenvorteil der Firmen am Markt erhöhen.¹⁶ Einen Schlüsselaspekt stellt hier die Bezugsgruppe dar. Multinationale Konzerne dürften sich eher mit anderen multinationalen Konzernen identifizieren als mit nur auf dem heimischen Markt tätigen Firmen. Diese Kausalität wirkt nicht auf der Ebene des einzelnen Geschäftes, sondern auf der Ebene des globalen Marktes, wenn Manager auf der Suche nach einer Richtschnur auf das Verhalten der anderen schauen. Mittelständische Unternehmen könnten versuchen, sich mit größeren Firmen zu identifizieren, indem sie deren Praktiken übernehmen. Im Kontext der globalen Wirtschaft beinhaltet dies, dass Firmen, die in ihrer Branche eine führende Position einnehmen oder führende internationale Akteure sind, eine besonders starke Verpflichtung dazu haben, gegenüber der Öffentlichkeit einen Antikorruptionsstandpunkt einzunehmen. Sie könnten so in der Lage sein eine Spirale in Gang zu setzen in der ihre Weigerung sich an Korruption zu beteiligen andere dazu ermutigt sie nachzuahmen.¹⁷

Der zweite moralische Aspekt ist die Einstellung der Manager und Firmenleitungen zur Korruption an sich. Anreize, auf eine Reduzierung der Korruption hin zu arbeiten, werden so lange schwach bleiben wie Manager und Firmenleitungen für Inaktivität keinerlei Konsequenzen zu tragen haben. In ganz ähnlicher Weise wird es schwierig sein eine allgemeine Antikorruptionsnorm aufrecht zu erhalten, wenn die Rückkehr zu Zahlungen keine negativen Auswirkungen für Manager und Firmenleitungen hat. Äußerer Druck kann hilfreich dabei sein Firmen zu einer aktiven Antikorruptions-Haltung zu bringen, doch wenn die Motivation einer Schlüsselperson innerhalb der Firma rein instrumentalistisch ist, dann wird ihre Verpflichtung wahrscheinlich fragil und unkalkulierbar sein.

Wenn die strategische Situation als ein Kooperationsspiel dargestellt werden kann, muss man wissen, ob es Firmen gibt, die die Kapazität haben und den Anreiz verspüren das Schwergewicht von einem hohen Niveau der Korruption auf ein niedriges zu verlagern. Im Jahre 1998 reichten die Umsatzzahlen der zwanzig größten multinationalen Konzerne von 155,5 Milliarden Dollar bis zu 63,7 Milliarden Dollar. Der Umsatz

---

16 Donald Regan nennt dies eine Norm des „kooperativen Utilitarismus (CU)". Nach seiner Theorie „sollte jeder mit jedem kooperieren, der seinerseits kooperiert, um die bestmöglichen Konsequenzen zu erreichen angesichts des Verhaltens der nicht Kooperationswilligen" (Regan 1980: 11). Der CU betont, „that those agents who are prepared to behave morally are engaged in a common undertaking which requires a shared recognition of the need for co-ordination and a shared willingness to go beyond ideal rules and counterfactual assumptions" (Regan 1980: 145). Regans normative Theorie ist eng verwandt mit Sudgens (1984) positiver Feststellung, dass im Bereich der Wohltätigkeit ein Prinzip der Reziprozität wirksam ist. Die Leute glauben, dass Trittbrettfahren falsch ist, werden aber nur spenden, wenn andere in ihrer Bezugsgruppe ebenfalls spenden.

17 Regan (1980: 190–206) stellt sich eine dynamische Situation vor, in der die Gruppe der Kooperierenden wächst oder schrumpft, abhängig von der Art, in der sie miteinander kommunizieren, und davon, welchen letztlichen Vorteil eine Zunahme der Zahl der Kooperierenden bringt. Er bezieht sich auf Schellings (1960) Vorstellung der Stichworte und zentralen Punkte, die Koordination unterstützen, und argumentiert, dass solche Stichworte für eine Kooperation entscheidend sind, wenn von außen gesetzte Regeln fehlen. Regan argumentiert, dass moralische Akteure so handeln sollten, dass sie andere potentiell Kooperationswillige identifizieren können und betont deren Bereitwilligkeit bei Abwesenheit rechtlicher Beschränkungen zu kooperieren (Regan 1980: 211).

der kleinsten dieser Firmen übertraf das Bruttosozialprodukt von 90 der 137 Staaten, die ihre Daten der Weltbank zur Verfügung stellen.[18] Diese Firmen haben Einfluss in vielen der Länder, in denen sie investieren und Handel treiben. Selbst wenn ausländische Direktinvestitionen durch multinationale Firmen sowie ihr Anteil am Handel in einem Gastland nur im einstelligen Bereich liegen, verleiht ihnen doch ihre globale Reichweite eine Schlagkraft, die örtlichen Fimen fehlen dürfte. Es wird im langfristigen Interesse einiger multinationaler Konzerne liegen, nationale und regionale Antikorruptionsbemühungen zu unterstützen. Sie haben sowohl ein Interesse an der Verlagerung hin zu einem niedrigen Korruptionsniveau als auch die Kapazität Einfluss auszuüben. Große, hochgradig diversifizierte Firmen dürften in der Lage sein, glaubwürdig damit drohen zu können ein Land vollständig zu verlassen, falls in einem Wirtschaftsbereich Korruption herrscht. Solch eine Firma dürfte auch in einer Verhandlungsposition sein, die es ihr ermöglicht örtliche Tochterfirmen vor der Zustimmung zu korrupten Forderungen zu bewahren. Firmen, die den Einfluss, den sie haben, in erfolgreicher Weise nutzen, werden nicht nur zu den langfristigen Entwicklungsperspektiven eines Landes beitragen, sondern sie werden auch selbst genauso davon profitieren, dass sie die Bemühungen des Landes unterstützen das Vorkommen und das Niveau von Bestechungszahlungen zu reduzieren.

Zwischen der Antikorruptionspolitik von Gastländern, den Versuchen weltweiter Gruppierungen der Wirtschaft Schwierigkeiten zu bereiten und der Aktivität von Firmen dürfte eine Interaktion bestehen. Wenn ein Land eine gegen Korruption gerichtete Politik beginnt, kann dies für Firmen eine Gelegenheit darstellen ihre Unterstützung zu verkünden, dafür zu plädieren keine Bestechungszahlungen zu leisten und dies in einer Weise zu tun, welche andere ermutigt ihnen zu folgen. Wenn eine Firma auf ihren internationalen Ruf bedacht ist, da sie wegen Regulierungsinitiativen und dem Verlust der Zustimmung der Konsumenten besorgt ist, dürfte sie bereit sein, Antikorruptionsprogramme zu unterstützen. Derartige Aktivitäten werden allerdings wahrscheinlicher sein, wenn Management und Leitung aus moralischen Gründen der Korruption feindlich gegenüber stehen bzw. die Verpflichtungen akzeptieren, denen nach meiner Argumentation eine Firma folgen sollte.

Kurz gesagt, es gibt zwei weitreichende Gründe, warum profitorientierte Firmen versuchen dürften, Korruption innerhalb ihrer eigene Organisation auszumerzen und sich im Sinne eines weniger korrupten globalen Wirtschaftsumfeldes zu engagieren. Der erste betrifft Fälle, in denen die Kosten der Korruption zum größten Teil von der Firma in Form verloren gegangener Profite übernommen werden, und in denen die Firma Einfluss auf einzelne Geschäfte hat. Der zweite erfordert eine kollektive Verhaltensänderung der meisten Firmen auf dem Markt. Hier ist ein eng gefasstes Interesse an Profitabilität wahrscheinlich nicht ausreichend um ein Handeln zu motivieren. Manager und Firmenleitungen müssen ethische Verpflichtungen akzeptieren, die sowohl über private Moral als auch über ihre Verantwortung gegenüber den Aktionären hinausreichen. Die Akzeptanz dieser Verpflichtungen dürfte in der Tat eine gute Öffentlichkeitsarbeit darstellen, doch die grundlegenden Argumente für eine Aufrechterhaltung dieser Prinzipien sind weder Profitmaximierung noch individuelle Skrupel,

---

18 Berechnet aufgrund der Daten in World Bank 2000: 10–12, Tabelle 1.1, sowie der UN-Konferenz über Handel und Entwicklung 2000: 72–74, Tabelle III.1.

sondern beruhen auf dem Verständnis der Rolle, welche die Firma in der modernen Welt spielt. Dennoch bin ich nicht optimistisch genug zu glauben, dass moralische Überzeugungen alleine ausreichen. Kollektive Aktivitäten auf internationaler Ebene werden ebenfalls notwendig sein.

5. Die Einschränkung der Korruption in der internationalen Wirtschaft[19]

Freiwillige Bemühungen einzelner multinationaler Konzerne können eine allgemeine Veränderung der Einstellung und des Verhaltens bewirken, doch kollektive Aktivitäten dürften nach wie vor dem langsamen Prozess von Koalitionsbildungen in korrupten Ländern überlegen sein. Diese Einsicht hat in jüngerer Zeit zu Versuchen geführt, die Korruption in der internationalen Wirtschaft zu beschränken. Man hat sich dabei auf die Einschränkung der Bereitschaft multinationaler Konzerne zur Zahlung von Bestechungsgeldern konzentriert sowie darauf sie dafür zu gewinnen den Entwicklungsländern bei der Durchführung von Reformen Hilfestellung zu leisten (De George 1993: 54–55). Diese Bemühungen scheinen sowohl bezüglich einer veränderten Rhetorik der globalen Wirtschaftsgemeinschaft als auch bei der Durchführung konkreter Schritte zur Kontrolle der Korruption Früchte zu tragen.

5.1 Gegenwärtige Aktivitäten

Multinationale Aktivitäten zur Kontrolle der Korruption werden am bemerkenswertesten unternommen bei der OECD, der Organisation Amerikanischer Staaten und beim Europarat. Am wichtigsten ist die Initiative der OECD zur Kriminalisierung von Korruption im Ausland. Die Antikorruptionskonvention der OECD wurde im Dezember 1997 unterzeichnet und ist mittlerweile von 27 Staaten (einschließlich den USA) ratifiziert worden. Sie trat im Februar 1999 in Kraft.[20] Sämtliche wichtige OECD-Staaten haben den Vertrag ratifiziert, doch etliche von ihnen verfügen über eine inadäquate Gesetzgebung. Das grundlegende Ziel des Vertrages ist es, die Grundsätze des US-amerikanischen Gesetzes gegen Korruption im Ausland (Foreign Corrupt Practices Act) auf die internationale Wirtschaftsgemeinschaft auszuweiten.[21] Die meisten Länder sind gefordert nicht nur den Vertrag zu ratifizieren, sondern ebenso eine entsprechende Ge-

---

19 Teilweise abgeleitet von Rose-Ackerman (1999), Kapitel 10.
20 Konvention zur Bekämpfung der Bestechung ausländischer Beamter in internationalen Geschäftsaktivitäten, 11. Dezember 1997.
 Erhältlich unter <http://www.oecd.org/daf/cmis/bribery/20novle.htm>, 09.04.2001.
21 Ein Bundesappellationsgericht der Vereinigten Staaten hielt die strafrechtliche Verantwortung aufrecht aufgrund der Antitrust-Gesetze der Vereinigten Staaten (United States vs. Nippon Paper Industries Co., Ltd., 109 F. 3d 1 (1997) cert. denied). Es tat dies, obwohl der Sherman Act eine strafrechtliche Verantwortung für im Ausland begangene Taten nicht explizit erwähnt. Bei der Entscheidungsfindung stellten die Richter fest, dass die Handlungen der Firma sowohl nach amerikanischem als auch nach japanischem Recht illegal waren (ebda.: 8). Es wird festgestellt, dass Exterrioralität nach amerikanischem Gesetz unproblematisch ist, wenn sie ausdrücklich in die Festlegungen des Statuts aufgenommen ist (ebda.: 6); dies gilt für den FCPA.

setzgebung zu verabschieden, welche Bestechung im Ausland unter Strafe stellt. Selbst die Vereinigten Staaten habe einige moderate Zusätze zu ihrem eigenen Statut vorgenommen.[22]

Eine zweite OECD-Initiative ist ebenfalls von besonderer Bedeutung für multinationale Firmen. In viele Ländern können Bestechungsgelder, die für die Erlangung eines Vertrages gezahlt wurden, von der Steuer abgesetzt werden – ein legales Schlupfloch, das offensichtlich zu Zahlungen ermutigt. Dementsprechend empfiehlt der Rat der OECD den Mitgliedsstaaten, „die steuerliche Absetzbarkeit von Bestechungsgeldern an ausländische Beamte zu überprüfen, mit dem Ziel, diese Absetzbarkeit in den Mitgliedsstaaten, in denen das nicht bereits der Fall ist, abzuschaffen"[23]. Die Vereinigten Staaten verbieten bereits die steuerliche Absetzbarkeit von Bestechungszahlungen, und etliche andere Länder haben ihre Gesetze geändert, um der Empfehlung nachzukommen.[24]

Unter den Auspizien der Organisation Amerikanischer Staaten wurde die Interamerikanische Konvention gegen Korruption von 20 der 26 Signatarstaaten ratifiziert.[25] Die Vereinigten Staaten ratifizierten die Konvention im September 2000. Die Konvention verlangt ein großes Ausmaß an grenzüberschreitender Zusammenarbeit und verlangt von den Ländern, transnationale Korruption zu verbieten und zu bestrafen. Die Konvention ist einmalig in dem Sinne, dass sie sowohl Entwicklungsländer als auch entwickelte Länder, eine Anzahl von Ländern im mittleren Bereich sowie arme Länder einschließt. Ihr fehlen allerdings Möglichkeiten der Durchsetzung, und sie wird kein starkes Instrument sein, so lange solche nicht entwickelt werden. Der US-amerikanische Zweig von Transparency International ist federführend bei dem Versuch, einen Überwachungsprozess in Gang zu bringen.

Der Europarat, eine Organisation, der die meisten Länder Europas angehören, einschließlich Mitgliedern des ehemaligen Ostblocks, hat zwei Antikorruptionskonventionen ausgearbeitet, in denen es um das Straf- und Zivilrecht in den Migliedsstaaten geht (Council of Europe 1999a, b). Beide wurden von den meisten Mitgliedern unterzeichnet und sind ratifikationsbereit. Nicht-Mitglieder wie zum Beispiel die Vereinigten Staaten können den Bestimmungen dieser Konventionen ebenfalls beitreten. Die Strafrechtskonvention ist für diejenigen in Kraft, die ihre Bestimmungen akzeptiert haben, obwohl die Unterzeichnerstaaten eine Anzahl wichtiger Bestimmungen nicht übernehmen müssen. Sehr wenige Länder haben die Zivilrechtskonvention ratifiziert, die wahrscheinlich umstrittener sein wird.

Beide Dokumente stellen ein Rahmenwerk dar, das von den jeweiligen Ländern eine entsprechende Gesetzgebung fordert. Am wichtigsten für die Kontrolle von Fir-

---

22 Der „International Anti-Bribery and Fair Competition Act of 1998" wurde am 10. November 1998 rechtsgültig.
23 OECD, Meeting of the Council at the Ministerial Level, Paris, 21.-22. Mai 1996, Communique, SG/COM/NEWS(96)53, Section 9 (x).
24 Siehe http://www.oecd.org/daf/nocorruption/report.htm, 09.04.2001, bietet Länderberichte über die Anwendung der OECD-Konvention zur Bekämpfung der Bestechung ausländischer Beamter bei internationalen geschäftlichen Aktivitäten. Diverse Berichte enthalten Diskussionen von Schritten, um die steuerliche Absetzbarkeit von Bestechungszahlungen im Ausland in einer Anzahl von OECD-Mitgliedstaaten zu begrenzen oder zu beenden.
25 OEA/ser.K/XXXIV.1; CICOR/doc.14/96 rev.2, 29 März 1996.

menkorruption ist die Tatsache, dass die Strafrechtskonvention von den Ländern verlangt, Gesetze zu erlassen, die es ermöglichen, „Rechtspersonen" für bestimmte Korruptionsvergehen strafrechtlich zu belangen (Council of Europe 1999a, art. 18 (1)). Mangel an Aufsicht durch leitende Angestellte kann ein Grund sein die Firma zu belangen (Council of Europe 1999a, art. 18 (2)). Die Zivilrechtskonvention wurde bis Ende 2000 nur von Albanien, Bulgarien und Estland unterzeichnet. Man sollte ihr daher zur Zeit nicht allzuviel Gewicht beimessen. Nichtsdestotrotz stellt sie eine Herausforderung der internationalen Wirtschaftsgemeinschaft dar, indem sie Bestimmungen über Schadensersatzklagen durch Korruptionsgeschädigte enthält und darauf besteht, dass die der Konvention Beigetretenen Gesetze erlassen, durch Verträge für nichtig erklärt werden, welche „die Korruption erleichtern". Informanten sollen geschützt werden und Firmenabrechnungen müssen geprüft werden, um „einen zutreffenden und gerechten Eindruck von der Finanzlage der Firma zu vermitteln" (Council of Europe 1999b, Artikel 3, 8, 9 und 10). Obwohl der Europarat eine relativ schwache Institution ist, könnten diese Konventionen durchaus eine Wirkung haben, da sie Bestimmungen zur Überwachung enthalten, falls die Zustimmung der beteiligten Staaten vorliegt. Die Konventionen sollen durch die neu eingerichtete Gruppe der Staaten gegen die Korruption (Group of States Against Corruption GRECO) überwacht werden. Zu Beginn des Jahres 2001 bestand sie aus 26 Teilnehmerstaaten. GRECO soll auf der Basis des Prinzips operieren, dass „gegenseitige Bewertung und Gruppendruck" ihr erlauben sollen, „in flexibler und effizienter Weise zu überwachen."[26] GRECO-Teams werden regelmäßige Berichte erstellen, in denen der Stand der Gesetzgebung und ihrer Ausführung in den Unterzeichnerstaaten bewertet werden. Unglücklicherweise sollen die Berichte vertraulich sein, wodurch ihre Wirkung eingeschränkt ist.[27] Differenzen zwischen den Signatarstaaten jeder der Konventionen können durch ein weiteres Komitee des Europarates, durch ein Schlichtungstribunal oder durch den Internationalen Gerichtshof entschieden werden (Council of Europe 1999a, Artikel 40 (2); Council of Europe 1999b, Artikel 21 (2)). Die Entwicklung internationaler Bestimmungen zur Beschaffung hat sich als schwierig erwiesen. Die überarbeitete Vereinbarung über Beschaffungen der Regierungen (Agreement on Government Procurement) der Welt-Handels-Organisation (WTO) trat am 1. Januar 1996 in Kraft, doch nur 26 Staaten, die meisten davon Industrieländer, sowie die Europäische Union haben dessen Bestimmungen übernommen.[28] Einige Kommentatoren haben die WTO gedrängt, begrenztere Bestimmungen auszuarbeiten, die sich nur auf bestimmte Korruptionsfälle konzentrieren in der Hoffnung, dass mehr Staaten teilnehmen werden.

---

26 Council of Europe, Committee of Ministers, Resolution (99) 5, Einsetzung von GRECO, 1. Mai 1999.

27 Council of Europe, Commitee of Ministers, Anhang der Resolution (99) 5, GRECO-Statut, 1. Mai 1999, Artikel 12, 14, 15. Wenn allerdings ein Land passiv bleibt oder nur unzureichende Maßnahmen ergriffen hat, kann das Statuten-Komitee von GRECO eine öffentliche Erklärung abgeben, nachdem dem Land die Hinzufügung von Kommentaren gestattet wurde (Artikel 16). Allerdings besteht dieses Komitee aus Vertretern aller Mitglieder von GRECO. Da es also nur aufgrund einmütiger Zustimmung handeln kann, scheint dies eine schwache Sanktion zu sein.

28 Siehe http://www.wto.org/english/tratop_e, 04.09.2001; Hoekman und Mavroidis (1997) enthält den Text der Vereinbarung als Anhang.

Einige Wirtschafts- und „Profit"-Organisationen haben freiwillige Schritte unternommen. Die Internationale Handelskammer (1996) macht geltend, dass „(sie) als weltweite Wirtschaftsorganisation einer effizienten globalen Wirtschaft verpflichtet ist", und sieht „Selbstregulierung auf Firmenebene als ein unverzichtbares Element ihres vorgeschlagenen Programms an", um die Korruption zu bekämpfen (Vincke et al. 1999: 4). Sie stellt fest, dass in der internationalen Wirtschaftsgemeinschaft eine Verhaltensänderung zugunsten einer proaktiveren Haltung zur Korruptionsbekämpfung zu beobachten sei (Vincke et al. 1999: 15-16, 91-92).[29] Die Internationale Handelskammer ist der „Entwicklung eines breiten internationalen Konsenses über die Notwendigkeit der Bekämpfung von Wettbewerbsverzerrung und Bestechung" verpflichtet als eines Mittels die zögerliche Haltung einzelner Firmen zu überwinden (Vincke et al. 1999: 10). Im März 1996 veröffentlichte sie eine Empfehlung, in der sie ihre Mitglieder drängte, Verhaltensrichtlinien zu übernehmen, die Bestechung im internationalen Handel begrenzen sollen. Diese Regeln verbieten Bestechung zu jedem Zweck, nicht nur zur Erreichung oder Aufrechterhaltung geschäftlicher Beziehungen. Ein 1999 erschienenes Handbuch nennt genauere Richtlinien sowie den Text der Empfehlung und des OECD-Vertrags (Vincke et al. 1999). Der Rat der internationalen Rechtsanwaltsvereinigung (1996) übernahm im Jahre 1996 eine ähnliche Resolution. Die UNDP Aid Accountability Initiative arbeitet mit der Internationalen Organisation der Obersten Rechnungskontrollbehörden (International Organisation of Supreme Audit Institutions) daran, Projekte zur Verbesserung der Bilanzen in Entwicklungsländern zu erstellen (United Nations Development Program 1996, Juli, ii). Die Amerikanische Rechtsanwaltsvereinigung (American Bar Association) unterhält eine Arbeitsgruppe zu Internationalen Standards Korrupter Praktiken (Task Force on International Standards for Corrupt Practices) und der Runde Tisch der Wirtschaft (Business Roundtable) hat die Frage der Korruption auf die Tagesordnung gesetzt, besonders weil sie die Beschaffungsaktivitäten von Regierungen weltweit beeinträchtigt. Diese verschiedenartigen Bemühungen zeigen, wie ein Thema in der internationalen Arena in einer Weise an Bedeutung gewinnen kann, und wie bezüglich Institutionen und Einstellungen Veränderungen bewirkt werden. Die Antikorruptionsbemühungen sind ein Beispiel dafür, wie internationale Normen geschaffen und verinnerlicht werden können – obwohl der Prozess noch im Gange und voller Risiken ist. Es gibt viele Parallelen in den Bereichen der Menschenrechte und der Umweltschutznormen, wo Regierungen, Nicht-Regierungsorganisationen und Firmen in Interaktion stehen. Die jüngere Geschichte der globalen Antikorruptionsbewegung stellt ein Echo auf Harold Kohs Diskussion des Prozesses dar, durch den im Bereich der Menschenrechte internationale Normen geschaffen und verinnerlicht wurden. Die Antikorruptionsbewegung verfügt über „transnationale Vorkämpfer von Normen", welche „Normenunterstützer auf Regierungsebene" an-

---

29 Das letzte Kapitel dieses Bandes enthält einen Abschnitt mit dem Titel „Warum Bestechung nicht länger tolerierbar ist". Die Autoren stellen fest, dass in den letzten fünf Jahren eine „bedeutsame Veränderung" der Einstellung stattgefunden hat und schließen, dass „Bestechung akzeptable Standards des internationalen Wettbewerbs verletzt. Firmen, die weiterhin bestechen, werden ihrer eigenen Fähigkeit, angesehene Teilnehmer an der globalen Ökonomie zu sein, ernsthaften Schaden zufügen" Vincke et al. 1999: 91-92.

locken und „transnationale Problem-Netzwerke" entwickeln.³⁰ Als er als stellvertretender Staatssekretär für Demokratie, Menschenrechte und Arbeit tätig war, hatte Koh die Gelegenheit, bezüglich dieses Themas von einem privaten „Vorkämpfer von Normen" zum „Normenunterstützer auf Regierungsebene" zu werden.³¹

Viele Antikorruptionsbemühungen sind noch in einem Frühstadium, alle hängen von einer kooperativen Haltung innerhalb der Wirtschaftsgemeinschaft ab, selbst der OECD-Vertrag. Die Tatsache, dass es Unterstützung aus der Wirtschaft gibt, weist darauf hin, dass zumindest für eine Untergruppe von Firmen das Antikorruptionsprojekt ein Kooperationsspiel und nicht ein *Gefangenendilemma* ist. Aufgrund des Zusammenwirkens diverser Kräfte, die nicht alle auf moralischen Ansätzen beruhen, ist das Thema auf der internationalen Tagesordnung. Doch es scheint, als ob die Macht des moralischen Argumentes dabei geholfen hat, die Waagschale zugunsten von Antikorruptionsbemühungen zu senken. Firmenleitungen und Regierungsbeamte spüren, dass sie das Richtige tun und gleichzeitig die Belange der internationalen Wirtschaft unterstützen. Die internationalen Antikorruptionsbemühungen wurden einerseits von idealistischen Reformern mit Erfahrung in Entwicklungsländern vorangetrieben und andererseits von Geschäftsleuten, welche die Sorge hatten, dass sie Geschäftsanteile an korrupte Rivalen verlieren könnten. Aufgrund des Gesetzes gegen Korruption im Ausland (Foreign Corrupt Practices Act) waren US-Firmen besonders aktiv. Es mag sein, dass amerikanische Firmen es vorziehen, wenn dieses Gesetz wieder aufgehoben würde, doch da dies eine unrealistische Hoffnung zu sein scheint, haben sie sich aktiv daran beteiligt, die Verbreitung ähnlicher Beschränkungen für Firmen in anderen Industrieländern zu unterstützen. Die globale gemeinnützige Organisation Transparency International, die führende Nicht-Regierungsorganisation beim Drängen nach Reformen, ist eine Koalition dieser beiden Gruppen. Selbst die Weltbank und der Weltwährungsfonds, lange zurückhaltend dabei dieses Thema offen anzusprechen, spielen mittlerweile eine führende Rolle bei den globalen Antikorruptionsbemühungen, trotz einiger Bedenken unter manchen Mitarbeitern und manchen Mitgliedsländern. Niemand kann das Ergebnis der verschiedenen derzeit laufenden internationalen und nationalen Reformbemühungen zuverlässig vorhersagen, doch zumindest hat sich in wenig mehr als fünf Jahren eine Veränderung innerhalb der Debatte ergeben.

---

30 Koh (1998): Die Bewegung nähert sich gerade dem Stadium der Entwicklung: Interpretative Gemeinschaften und gesetzgebende Foren kommen auf, gefolgt von administrativer Übereinstimmung. Bei der Vorstellung dieser Taxonomie sagt Koh wenig über die Rolle globaler Firmen. In einer Rede allerdings, die er als amerikanischer stellvertretender Staatssekretär hielt, drängte er die Wirtschaft zu einer freiwilligen Partnerschaft und stellt eine ausdrückliche Analogie zur Antikorruptionsbewegung her (Koh 2000). Eine seiner letzten Aktionen, bevor er das Außenministerium verließ, war die Verkündung der Voluntary Principles on Security and Human Rights. Diese Prinzipien wurden von den Regierungen der Vereinigten Staaten und des Vereinigten Königreichs zusammen mit einer Gruppe gemeinnütziger Organisationen sowie Firmen aus der Förderindustrie entwickelt. Als die Prinzipien verkündet wurden, kündigten sieben Firmen, eine Gewerkschaft und acht Nicht-Regierungsorganisationen (manche davon mit Wirtschaftsorientierung) an, dass sie „den Prozess unterstützen und diese Prinzipien begrüßen" (United States Department of State, 2000).

31 Siehe vorhergehende Fußnote.

5.2 Nächste Schritte I: Schaffung und Verinnerlichung von Antikorruptionsnormen

Die gegenwärtigen Bemühungen sind sicher nicht ausreichend sein. Man muss sowohl Bemühungen zur Verinnerlichung von Antikorruptionsnormen innerhalb der Konzerne als auch institutionelle Innovationen in Betracht ziehen. Ich beginne mit den Konzernen.

Firmeninterne Kontrollprogramme sind zumindest in den Vereinigten Staaten ein vertrauter Aspekt der Reaktionen von Firmen auf Strafrechtsänderungen und Regulierungsgesetze (Koh 1998: 651–653). Aufgrund der Vorschriften des Gesetzes gegen Korruption im Ausland verfügen einige amerikanische multinationale Konzerne über firmeninterne Verhaltensregeln, mit deren Hilfe versucht wird, transnationale Bestechung zu verhüten. Ihre Erfahrungen können für Firmen in anderen Teilen der Welt nützlich sein. Die US-Sparte von Transparency International hat große Anstrengungen unternommen, um sowohl bestehende Regelungen zu sammeln als auch Firmen ohne solche Regeln dabei zu helfen sie zu entwickeln (Tranparency International USA 1996). Ich habe oben argumentiert, dass eine Personalpolitik, die an die Moral der Mitarbeiter gerichtet ist, weder notwendig noch ausreichend ist und in manchen Fällen kontraproduktiv. Statt dessen müssen Firmen, die über rhetorische Verpflichtungen zu einer Antikorruptionsagenda hinaus gelangen wollen, zwei Dinge tun. Zunächst benötigen sie interne organisatorische Antworten, um die Gegnerschaft des Managements gegenüber Zahlungen klarzustellen, die die Transparenz verbessern und diejenigen belohnen, die den Versuchungen der Korruption widerstehen. Zweitens müssen sie diejenigen disziplinieren, welche die Firmennormen verletzen, einschließlich der Möglichkeit strafrechtlicher Verfolgung ausgesetzt zu sein. Die Herausforderung besteht darin, ein Klima zu schaffen, in dem Integrität belohnt wird, ohne ein Arbeitsklima zu erzeugen, in dem zwischenmenschliches Vertrauen und Kooperation entmutigt werden.

Kohs (1998) Unterscheidung zwischen der Einhaltung einer Norm und der Übereinstimmung mit einer Norm ist hier von Bedeutung. Sein Thema ist die Regierungsbürokratie, doch die Anwendbarkeit auf große Firmen wird sofort deutlich. Das Ziel des größten Teils der firmeneigenen Kontrollbemühungen besteht darin, die Mitarbeiter davon zu überzeugen, mit einer Verhaltensnorm übereinzustimmen, indem sie sie davon überzeugen, dass dies das Richtige ist, zumindest in ihrer Rolle als Mitarbeiter der Firma. Dementsprechend gibt es auch in den besten Kontrollsystemen keinen Austausch zwischen den Anforderungen der Moral und des Arbeitsplatzes. Wenn die meisten Arbeitnehmer ehrliche Menschen sind, dann haben sie nichts zu verbergen, und Normen der Offenheit und Kooperation werden die Bemühungen ergänzen Korruption zu entmutigen. Wenn allerdings Korruption zur normalen Geschäftsmethode geworden ist, besonders bei wichtigen Verträgen, dann werden die notwendigen Verhaltensänderungen stärkere Maßnahmen erfordern, einschließlich der Entlassung und Versetzung einiger Beschäftigten und der Disziplinierung anderer. Dann könnte es zu dem schwierigen Austausch zwischen der Aufrechterhaltung des Gehorsams gegenüber der Norm und gleichzeitig dem Gefühl der Mitarbeiter kommen, dass die Einhaltung dieser Normen das Richtige ist, und dass ihre Vorgesetzten solches Verhalten bemerken und belohnen werden, selbst wenn die externe Durchsetzung nur schwach ist.

5.3 Nächste Schritte II: Institutionelle Antworten

Die Internalisierung von Normen in Firmenverhalten dürfte nicht gelingen, solange es nicht parallel dazu institutionelle Weiterentwicklungen gibt. Die oben dargestellten internationalen und regionalen Reaktionen stellen einen ersten Schritt dar. Doch man sollte sich die Frage stellen, ob nicht neue internationale Institutionen geschaffen werden sollten, um sich mit dem Thema Korruption zu beschäftigen.

Eine Möglichkeit besteht in einem Mechanismus zur Lösung von Streitfragen, um Korruptionsvorwürfen im internationalen Geschäft nachzugehen. Es braucht noch weitere Forschung um festzustellen, ob es eine machbare Möglichkeit dafür gibt eine Körperschaft zu schaffen, die sich mit den Beschwerden von Firmen befasst, die feststellen, sie hätten als Ergebnis von Korruption Geschäftsanteile an Rivalen verloren. Bei der Einrichtung eines allgemeinen Forums zur Lösung solcher Streitfragen gibt es sicherlich noch einige schwierige Probleme der Beweisbarkeit und der Entscheidungsstandards. Nichtsdestotrotz existieren in der Arena des internationalen Rechts einige Modelle, die Ideen zu einem möglichen Vorgehen liefern.

Zum Beispiel löst das International Center for the Settlement of Investment Disputes (ICSID) der Weltbank Streitfragen zu Verträgen dann, wenn es als Forum gewählt wird (Shihata/Parra 1994). Die ICSID-Gremien sind keine formellen Gerichtshöfe, und ihre Anrufung beruht auf der vorherigen Zustimmung der Parteien, doch sie beschäftigen sich tatsächlich gelegentlich mit Angelegenheiten, die indirekt mit Korruption zu tun haben. Der Prozess bringt seine Schwierigkeiten mit sich, denn dem Bewertungsmechanismus fehlt die Endgültigkeit, und in manchen Fällen ist der Ansatz übertrieben technisch und formalistisch. Dennoch dürften diese Probleme in den nächsten Jahren weniger schwerwiegend werden (Reisman 1992: 46–106). Das ICSID hat allerdings bis jetzt keine Streitfragen angenommen, die aus der Vertragsanbahnung herrührten, und es dürfte in solchen Fällen auch keine Jurisdiktion haben. Auch handelt es sich dabei um einen teuren und zeitraubenden Vorgang, und man ist zur Zeit nicht in der Lage eine größere Zahl von Fällen zu bearbeiten. Ernsthafte Reformen wären erforderlich, damit es in einer regulären Weise in die weiteren Antikorruptionsbemühungen einbezogen werden könnte.

Im Jahre 1993 richtete die Weltbank ein unabhängiges Kontrollgremium ein, das ein weiteres Modell für einen internationalen Mechanismus zur Klärung von Streitfragen darstellt. Anders als das ICSID, das nur Parteien offensteht, die umstrittene Verträge zu klären haben, bewertet dieses Gremium Beschwerden von privaten Gruppen aus Schuldnerländern. Solche Gruppen müssen vorbringen, dass sie unter dem Versagen der Weltbank leiden – oder erwarten, darunter zu leiden – ihre eigene Politik und ihre eigenen Prozeduren einzuhalten (Bradlow 1996; Bradlow/Schlemmer-Schulte 1994). Dementsprechend erscheint es möglich, dass dieses Gremium Beschwerden annimmt, bei denen es auch um Korruption bei Projekten der Weltbank geht. Zum Beispiel könnte das Gremium in Betracht ziehen festzustellen, dass die Bank sich nicht an ihre Durchführungsbestimmungen und Prozeduren hält, wenn sie Beweise für Korruption übersieht. Tatsächlich könnte sich hinter einigen kürzlichen Fällen durchaus Korruption verbergen. Unglücklicherweise stellt das Gremium nur ein schwaches Instrument dar, und eine kürzliche Entscheidung des geschäftsführenden Direktoriums der Bank hat die Institution im Endeffekt ruiniert. Sie kann eine Untersuchung nicht durchführen, wenn nicht die Zustimmung der Leitung der Bank vorliegt, und selbst wenn das Gremium gegen die Bank entscheidet, hat es nur beratende Funktion. Seine Empfehlungen werden an die Bankleitung weitergeleitet, die dann die endgültige Entscheidung trifft, und die eigenen Befunde des Gremiums werden nicht veröffentlicht. Von zehn Fällen, die bis September 1997 dem Gremium vorgetragen wurden, wies es zwei zurück und sprach sich in dreien gegen eine Untersuchung aus. Von den verbleibenden fünf unterstützte die Bankleitung das Gremium nur in einem einzigen Fall rückhaltlos (World Bank 1997). Seit Anfang 1999 sind von dem Gremium nur zwei Berichte herausgegeben worden.[32] Die Schwächen des Gremiums als einer Bewertungsinstitution wurden im Fall des Yacyreta-Damms an der argentinisch-paraguayischen Grenze deutlich. Ein Vizepräsident der Bank benannte einen Bericht des Gremiums vom September 1997 als Rechtfertigung für das Verhalten der Bank, doch als der Bericht der Presse zugespielt wurde, zeigte sich, dass er zum Agieren der Bank in sehr kritischer Weise Stellung nahm.[33] Auch dieses System müsste also gestärkt und mit mehr Gewicht versehen werden, bevor es zu einem ernst zu nehmenden Bestandteil der sich neu bildenden Steuerungsmöglichkeiten werden kann.

Die Erfahrung des Gremiums bei der Behandlung von Beschwerden durch Bürgergruppen und gemeinnützige Organisationen stellt einen nützlichen ersten Schritt dar. Es ist das erste internationale Forum, in dem Einzelne, die in keinem Vertragsverhältnis mit internationalen Organisationen stehen, den Versuch machen können es zur Rechenschaft zu ziehen (Bissell 1997; Bradlow/Schlemmer-Schulte 1994: 402). Nach der Analyse des Umgangs des Gremiums mit Beschwerden bezüglich des Arun III-Staudammprojekts in Nepal kommt Bradlow (1996) zu dem Schluss, dass das Gremium in der Lage ist dabei zu helfen, die Interessen von Menschen zu schützen, die durch Weltbank-Projekte betroffen sind. Doch äußert er Besorgnis über das zweideutige Verhältnis zwischen dem Gremium, dem Management der Bank und der Unternehmensführung. Eine Schlüsselforderung, die für jede neue Einrichtung von zentraler Bedeutung sein wird, besteht darin sicher zu stellen, dass das Gremium seine Unabhängigkeit bewahrt und dass sein Vorgehen für Beobachter von außen transparent ist.

Alternativ dazu könnte die internationale Gemeinschaft ein Forum einrichten, das Fälle vermuteter Korruption bei Privatisierungen oder Vertragsanbahnungen bewertet. Wenn die nationalen Rechtssysteme nicht adäquat sind, zwingen Fälle, die von enttäuschten Anbietern oder betrogenen Kreditgebern vor dieses internationale Forum gebracht werden, das betreffende Land zu einer transparenten Darlegung seines Verhaltens.[34] Kläger brauchten nicht unbedingt die Zahlung von Bestechungsgeldern zu do-

---

32 Siehe die Website des Gremiums unter http://www.worldbank.org/html/ins-panel, 10.04. 2001.
33 „Yacyreta Report Implies WB Panel Downgrade", Financial Times Business Reports, 1. Januar 1998; „Row Brews Over Bank Role in Dam Project", Financial Times, 4. Mai 1998, „World Bank Issues Apology", Financial Times, 12. Mai 1998.
34 Selbstverständlich reichen nationale Gerichtshöfe in einigen Fällen aus, da Bestechung auf höchster Ebene gegen die Gesetze derjenigen Länder verstößt, in denen die Zahlungen stattfanden. Das Problem besteht allerdings in der Schwäche sowohl der Strafverfolgungs- als auch der Rechtssysteme vieler Länder. Außerdem ist es zur Zeit schwierig für Privatleute und Firmen derartige Fälle vor die Gerichtshöfe in den Heimatländern der Zahler von Bestechungsgeldern

kumentieren. Statt dessen sollte der Schwerpunkt auf den Bestimmungen des Geschäftes liegen. Falls diese deutlich von einem ehrlichen Vorgang abzuweichen scheinen, könnte der Gerichtshof verlangen, dass das Projekt neu ausgeschrieben wird. Eine Schwierigkeit dabei, diesen Prozess machbar zu gestalten, besteht allerdings darin, dass die Neu-Ausschreibung nicht nur einfach eine transparentere und ehrlichere Wiederholung der alten sein kann. Alle Mitspieler verfügen aus der ersten Runde über Informationen, welche ihr Verhalten in einer zweiten Runde beeinflussen werden. Wer sich mit Ausschreibungsprozessen beschäftigt, sollte die strategischen Aspekte dieses Vorschlags sorgfältig analysieren, um zu vermeiden ein eher noch unfaireres System zu schaffen.

Ein ernsthafteres Problem für ein internationales Tribunal besteht darin sicher zu stellen, dass seine Entscheidungen auch befolgt werden. Eine Möglichkeit wäre den Einfluss der WTO zu nutzen. WTO-Sanktionen haben den Vorteil, dass sie nicht von der WTO selbst verhängt werden, sondern von den Handelspartnern eines Landes. Allerdings regelt die WTO das Verhältnis zwischen Ländern, nicht Einzelpersonen und Firmen. Dementsprechend könnte transnationale Bestechung mithilfe der WTO, aber nicht durch die WTO kontrolliert werden (Nichols 1997: 361–364). Ein internationaler Prozess dieser Art würde natürlich einige Investitions- und Privatisierungsprojekte entmutigen. Zunächst einmal wäre das vielleicht gar nicht so schlecht. Wenn ein Insidergeschäft unvermeidlich erscheint, sollte ein Land die Privatisierung verzögern, denn eine öffentliche Firma ist viel einfacher zu überwachen als eine private. In ganz ähnlicher Weise kann es sein, dass korrupte Staatschefs ein öffentliches Arbeitsbeschaffungsprojekt mit Bestechungsgeldern im Sinne haben, nicht aber ökonomische Weiterentwicklung. Zweitens könnte die internationale Gemeinschaft die Kosten eines jeden Vorgehens subventionieren, in dem das Entwicklungsland eine Herausforderung siegreich besteht. Drittens, wie im Fall des WTO-Beschaffungspaktes, könnte die Teilnahme freiwillig sein, mit begrenzter Jurisdiktion nur für solche Länder, die WTO-Bedingungen erfüllen oder die sich bereit erklären, einen Integritätspakt zu schließen als Gegenleistung für technische Hilfe und andere Unterstützung durch Weltbank oder UNDP.

Die Weltbank und der Internationale Währungsfonds können sich nicht bei der Aufklärung einzelner Korruptionsfälle engagieren. Das ist Sache der Rechtssysteme der Mitgliedsstaaten. Allerdings können sie versuchen Korruption innerhalb ihrer eigenen Programme zu kontrollieren und sie können anderen Ländern dabei helfen, Kontrollprogramme zu entwickeln. Die Weltbank hat ihre Beschaffungsrichtlinien reformiert, um korrupte Firmen zu disziplinieren, indem ihnen der Zugang zu künftigen von der Bank finanzierten Projekten erschwert wird. Sowohl der Internationale Währungsfond als auch die Weltbank scheinen nun eher als in der Vergangenheit bereit zu sein, Län-

---

zu bringen. Der United States Foreign Corrupt Practices Act kennt kein privates Handlungsrecht, und dies scheint auch für andere Unterzeicher des OECD-Vertrages zu gelten. Die Zivilrechtskonvention gegen Korruption des Europarates (Council of Europe 1999b, Artikel 3) verlangt, dass Schadensersatzklagen zugelassen werden, doch sie ist weit entfernt davon wirksam zu werden. In anderen Bereichen des internationalen Rechts war es gelegentlich möglich den Alien Tort Claims Act anzuwenden, um Unterstützung durch US-Gerichte zu erhalten (Koh 1998: 664–665).

dern Hilfe vorzuenthalten, in denen Korruption die Fähigkeit einer Regierung zu effizienter Arbeit erschwert.

Eine Methode, die Effektivität der Politik eines Landes zu überprüfen, könnte darin bestehen, Firmen, die zu Bestechungszahlungen gedrängt werden, zu gestatten, ihre Erfahrungen dem Internationalen Währungsfonds zu berichten. Der Internationale Währungsfonds würde nicht individuelle Beschwerden untersuchen, sondern eine Sammlung von Berichten könnte den Internationalen Währungsfonds dazu bewegen, die Verhandlungen neu zu eröffnen. In ganz ähnlicher Weise könnten auch hohe Regierungsbeamte, die sich von Firmen, die Vergünstigungen suchen, zur Annahme von Bestechungsgeld gedrängt sehen, dem Internationalen Währungsfonds berichten. Solche Berichte, weitergegeben an die Weltbank, könnten ein erster Schritt dabei sein die neue Beschaffungspolitik der Weltbank umzusetzen, die ausdrücklich in Betracht zieht Firmen zu disziplinieren, indem man ihnen den Zugang zu von der Weltbank unterstützten Projekten erschwert.

Die Gründung einer Clearing-Zentrale für Verdachtsfälle wäre eine Möglichkeit, beiden Seiten deutlich zu machen, dass Korruption auf höchster Ebene ein Spiel ist, in dem das Entwicklungsland immer der Verlierer sein wird und in dem weder private noch öffentliche Akteure sich von der Verantwortung freisprechen können. Wenn sowohl ein Spitzenbeamter als auch eine Firma Korruptionsdruck von seiten des jeweils anderen beklagen, dann könnte die Bühne für ernsthafte Reformen bereitet sein, welche die unterschwelligen Anreize für derartige Geschäfte reduziert. Ohne jemandem eine Schuld zuzuweisen, könnten der Internationale Währungsfonds und die Weltbank einen Dialog mit den Führern eines Landes und mit wichtigen Investoren beginnen, in dem Möglichkeiten besprochen werden, die Situation zugunsten der Bürger dieses Landes zu verbessern. Wenn jeder glaubt, dass jeder andere korrupt sei, dann wird jeder – außer einem Heiligen – versucht sein, sich an Fehlverhalten zu beteiligen. Wenn durch eindeutige Äußerungen beider Seiten die Erwartungshaltungen verändert werden können, gefolgt von einheitlichen Aktionen und einer glaubwürdigen Verpflichtung über Korruptionsdruck zu berichten, dann erscheint ein Fortschritt möglich. Das Klima der Weltmeinung könnte sich so stark gegen Korruption wenden, dass es sich für große Firmen lohnt gegen Bestechung vorzugehen anstatt Zahlungen zu tolerieren oder zu ermutigen.

Die internationale Wirtschaftsgemeinschaft beginnt allmählich zu erkennen, welche Kosten für das Umfeld globaler Investitionen die Korruption verursacht. Wenn dies zutrifft, verweist es auf einen anderen Reformansatz für die Entwicklungsländer und für Schwellenländer. Die internationale Wirtschaft selbst könnte zu diesen Bemühungen beitragen, indem sie finanzielle Fonds und technische Unterstützung für die Länder bereit stellt, die an einer Reform interessiert sind. Dies wird von professionellen Vereinigungen bereits getan, wie zum Beispiel von der Amerikanischen Anwaltsvereinigung, doch die Hilfs- und Kreditorganisationen könnten die Möglichkeit von gemeinsamen Projekten untersuchen. Die internationalen Organisationen könnten ein neutrales Forum bieten, in dem die Erfahrung dieser Firmen genutzt und ihre Reformvorschläge diskutiert werden könnten.

6. Fazit

Die wichtige Frage für Firmen, die in einem korrupten Umfeld operieren, ist die, ob sie sich aktiv beteiligen, sich still schweigend verweigern oder die Korruption an die örtlichen Behörden und die Öffentlichkeit melden sollen. Stillzuhalten ist wahrscheinlich die schlechteste Option. Die Firma verliert nicht nur das jeweilige Geschäft, sie hat auch nichts dazu beigetragen die grundsätzliche Situation zum Besseren zu wenden. Der Vorteil des gegenwärtigen Interesses an Korruption und der Besorgnis darüber liegt darin, dass Berichte über korrupte Forderungen zu internationalen Problemen für korrupte Beamte führen können, aus denen sich wiederum Reformen ergeben. Firmen, die beanspruchen, Korruption zu verabscheuen, während sie sie gleichzeitig als notwendiges Übel hinnehmen, handeln nicht logisch, wenn man zugrunde legt, dass der Druck der internationalen öffentlichen Meinung sowohl auf korrupte Beamte als auch auf Bestechungsgelder zahlende Firmen seine Auswirkungen hat. Obwohl sie die Notwendigkeit von Zahlungen unter bestimmten, begrenzten Umständen akzeptieren, argumentieren dennoch einige Autoren, die sich mit Wirtschaftsethik beschäftigen, dass Firmen die Verpflichtung haben, derartige Praktiken der Öffentlichkeit bekannt zu machen und auf höherer Ebene an Veränderungen mitzuwirken (Donaldson 1989: 102–106; De George 1993: 114, 135).

Meine Schlussfolgerung ist einfach. Korruption bei der Auftragsvergabe, bei der Vergabe von Konzessionen und bei Privatisierungen fördert Ineffizienz und unterminiert staatliche Legitimität. Firmen als rechtlich entstandene Körperschaften schulden den politisch-ökonomischen Systemen, innerhalb derer sie operieren, Verpflichtungen, die über das reine Profitstreben hinausgehen. Obwohl Firmen durch die Notwendigkeit ihrer Wettbewerbsfähigkeit eingeschränkt sind, sind sie dennoch verpflichtet, Markteffizienz oder demokratisch legitimierte Staaten nicht zu unterminieren. Man mag darüber streiten, wie weitgehend diese Verpflichtung sein sollte, doch zumindest gehört es dazu sich nicht an Korruption auf höchster Ebene zu beteiligen, durch welche die Gesetze des Staates verletzt werden, in dem die Firmen geschäftlich tätig sind. Diese Verpflichtung reicht über die simple Weigerung hinaus, derartige Geschäfte zu treiben und stattdessen zu der Pflicht, zumindest die Sachlage der Öffentlichkeit bekannt zu geben und Bündnisse für Reformen zu schmieden. Die Erfahrungen der letzten Jahre weisen darauf hin, dass der Bereich des Kampfes gegen die Korruption ein Beispiel dafür ist, wie sich Einstellungen verändern können und wie der Druck auf einen fahrenden Zug aufzuspringen, ein breiteres Bündnis von Unterstützern hervor bringen kann, um Verantwortung für das Gemeinwesen zu übernehmen.

Literatur

Ades, Alberto/Di Tella, Rafael, 1997: National Champions and Corruption: Some Unpleasant Interventionist Arithmetic, in: The Economic Journal 107, 1023–1042.
Andrews, Ken, 1991: Can the Best Corporations be Made Moral?, in: *Bower, Joseph* (Hrsg.), The Craft of General Management. Boston, MA, 276–286.
Armijo, Leslie E., 1999: Financial Globalization and Democracy in Emerging Markets. New York, NY.

Badaracco Jr., Joseph/Webb, Allen, 1995: Business Ethics: A View from the Trenches, in: California Management Review 37, 8–28.
Barnett, John H./Karson, Marvin J., 1987: Personal Values and Business Decisions: An Exploratory Investigation, in: Journal of Business Ethics 6, 371–382.
Baumhart, Raymond C., 1961: How Ethical are Businessmen?, in: Harvard Business Review 39, 6–9.
Bissell, Richard E., 1997: Recent Practice of the Inspection Panel of the World Bank, in: American Journal of International Law 91, 741–744.
Bovens, Mark, 1998: The Quest for Responsibility. Cambridge, UK.
Bowie, Norman E., 1988: The Moral Obligations of Multinational Corporations, in: *Luper-Foy, Steven* (Hrsg.), Problems of International Justice. Boulder, CO.
Bradlow, Daniel D., 1996: A Test Case for the World Bank, in: American University Journal of International Law and Policy 1, 247–293.
Bradlow, Daniel D./Schlemmer-Schulte, Sabine, 1994: The World Bank's New Inspection Panel: A Constructive Step in the Transformation of the International Legal order, in: Zeitschrift für ausländisches öffentliches Recht und Völkerrecht 54, 392–415.
Braithwaite, John, 1985: Taking Responsibility Seriously: Corporate Compliance Systems, in: *Fisse, Brent/French, Peter A.* (Hrsg.), Corrigible Corporations and Unruly Law. San Antonio, TX.
Brenner, Steven N./Molander, Earl A., 1977: Is the Ethics of Business Changing?, in: Harvard Business Review 55, 57–71.
Celarier, Michelle, 1996: Stealing the Family Silver, in: Euromoney (February), 62–66.
Cooper, David E., 1968: Collective Responsibility, in: Philosophy and Public Affairs 43, 258–268.
Cooper, Robert W./Frank, Garry L., 1992: Professionals in Business: Where Do They Look for Help Dealing with Ethical Issues?, in: Business & Professional Ethics Journal 11, 41–56.
Council of Europe, 1999a: European Treaties, STE No. 173, Criminal Law Convention on Corruption, Strasbourg, January 27.
Council of Europe, 1999b: STE No. 174, Civil Law Convention on Corruption, adopted by the Committee of Ministers on 9 September 1999a the 678th Meeting of the Ministers Deputies.
Cullen, John/Victor, Bart/Stephens, Caroll, 1989: An Ethical Weather Report: Assessing the Organization's Ethical Climate, in: Organizational Dynamics (Autumn) 18.
Dahl, Robert, 1982: Dilemmas of Pluralistic Democracy. New Haven, CT.
De George, Richard T., 1993: Competing with Integrity in International Business. New York.
Donagan, Alan, 1977: The Theory of Morality. Chicago.
Donaldson, Thomas, 1989: The Ethics of International Business. New York.
Faruqee, Rashid/Husain, Ishrat, 1994: Adjustment in Seven African Countries, in: *Husain, Ishrat/ Faruqee, Rashid* (Hrsg.), Adjustment in Africa: Lessons from Country Studies. World Bank Regional and Sectional Studies. Washington, DC, 1–10.
Frederick, William C., 1991: The Moral Authority of Transnational Corporate Codes, in: Journal of Business Ethics 10, 165–177.
French, Peter, 1979: The Corporation as Moral Person, in: American Philosophical Quarterly 16, 207–215.
Fritzsche, David J., 1987: Marketing/Business Ethics: A Review of Empirical Research, in: Business and Professional Ethics Journal 6, 65–79.
Fritzsche, D. et al., 1995: Exploring the Ethical Behavior of Managers: A Comparative Study of Four Countries, in: Asia Pacific Journal of Management 12, 37–61.
Greenberger, David B./Miceli, Marcia P./Cohen, Debra J., 1987: Oppositions and Group Norms: The Reciprocal Influence of Whistle-blowers and Co-workers, in: Journal of Business Ethics 7, 527–542.
Grunbaum, Leni, 1997: Attitudes of future managers toward business ethics: A comparison of Finnish and American business students, in: Journal of Business Ethics 16, S. 451–463.
Haas, Robert, 1994: Ethics in the Trenches, in: Across the Board, 12–13.
Hoekman, Bernard M./Mavroidis, Petros C. (Hrsg.), 1997: Law and Policy in Public Purchasing: The WTO Agreement on Government Procurement. Ann Arbor.

Hoffman, James J./Couch, Grantham/Lamont, Bruce T., 1998: The Effect of Firm Profit versus Personal Economic well Being on the Level of Ethical Responses Given by Manager, in: Journal of Business Ethics 17, 239–244.
International Bar Association, Council, 1996: Resolution on Deterring Bribery in International Business Transactions, Madrid, Spain, June 1.
International Chamber of Commerce, 1996: Extortion and Bribery in International Business Transactions, Document No. 193/15, March 26.
Jackson, Terence/Artola, Marian C., 1997: Ethical Beliefs and Management Behavior: A Crosscultural Comparison, in: Journal of Business Ethics 16, 1163–1173.
Jones, Thomas M., 1991: Ethical Decision Making by Individuals in Organizations: An Issue-contingent Model, in: Academy of Management Science 16, 366–395.
Keefer, Phillip/Knack, Stephen, 1995: Institutions and Economic Performance: Cross-country Tests Using Alternative Institutional Measures, in: Economics and Politics 7, 207–227.
Khanna, Vikramaditya, 1996: Corporate Criminal Liability: What Purpose Does it Serve?, in: Harvard Law Review 109, 1477–1534.
Koh, Harold Hongju, 1998: The 1998 Frankel Lecture: Bringing International Law Home, in: Houston Law Review 35, 623–681.
Koh, Harold Honju, 2000: The Role of Corporate Social Responsibility in the Promotion of Democracy and Human Rights, Remarks, Social Accountability International, December 7, available at the archive site for State Department information prior to January 20, 2001, <http://www.state.gov/www/policy_remarks/2000/001207_koh_sai.html>.
Leff, Nathaniel, 1964: Economic Development through Bureaucratic Corruption, in: American Behavioral Scientist 8, 8–14.
Lehman, C. K., 1988: Moral and Conceptual Issues in Investment and Finance: An Overview, in: Journal of Business Ethics 7, 3–8.
Lien, Da-Hsiang D., 1990a: Competition, Regulation and Bribery: A further Note, in: Managerial and Decision Economics 11, 127–130.
Lien, Da-Hsiang D., 1990b: Corruption and Allocation Efficiency, in: Journal of Development Economics 33, 153–164.
Manzetti, Luigi, 1997: Regulation in Post-Privatization Environments: Chile and Argentina in Comparative Perspective. North-South Center Agenda Papers, University of Miami.
Manzetti, Luigi, 1999: Privatization South American Style. Oxford.
Manzetti, Luigi/Blake, Charles, 1996: Market Reforms and Corruption in Latin America: New Means for Old Ways, in: Review of International Political Economy 3, 662–697.
Nakano, Chiaki, 1997: A Survey of Japanese Managers' Views of Business Ethics, in: Journal of Business Ethics 16, 1737–1751.
Nellis, John/Kikeri, Sunita, 1989: Public Enterprise Reform: Privatization and the World Bank, in: World Development 17, 659–672.
Newstrom, John W./Ruch, William A., 1975: The Ethics of Management and the Management of ethics, in: MSU Business Topics 23, 29–37.
Nichols, Philip M., 1997: Outlawing Transnational Bribery through the World Trade Organization, in: Journal of Law & Policy in International Business 28, 305–381.
Orland, Leonard/Cachera, Charles, 1995: Essay and Translation: Corporate Crime and Punishment in France: Criminal reponsibility of Legal Entities (persones morales) under the New France Criminal Code (Nouveau Code Penal), in: Connecticut Journal of International Law 11, 111–168.
Pastin, Mark, 1986: Managing the Rules of Conflict-international Bribery, in: *Hoffman, M./Lange, Ann E./Fedo, David A.* (Hrsg.), Ethics and the Multinational Enterprise Proceedings of the Sixth National Conference on Business Ethics. Lanhan, MD, 463–476.
Przeworski, Adam/Limongi, Fernando, 1993. Political Regimes and Economic Growth, in: Journal of Economic Perspectives 7, 51–69.
Regan, Donald, 1980: Utilitarianism and Co-operation. Oxford.
Reisman, Michael, 1992: Systems of Control in International Adjudication and Arbitration. Durham, NC.

Rose-Ackerman, Susan, 1978: Corruption: A Study in Political Economy. New York.
Rose-Ackerman, Susan, 1999: Corruption and Government: Causes, Consequences, and Reform. Cambridge, UK.
Rosenberg, Richard D., 1987: Managerial Morality and Behavior: The Questionable Payments Issue, in: Journal of Business Ethics 6, 23–36.
Schelling, Thomas, 1960: The Strategy of Conflict. Cambridge, MA.
Shihata, Ibrahim F.I./Parra, Antonio R., 1994: Applicable Law in Disputes between States and Private Foreign Parties: The Case of Arbitration under the ICSID Convention, in: ICSID Review, Foreign Investment Law Journal 9, 183–213.
Simon, John G./Powers, Charles W./Gunnemann, Jon P., 1972: The Ethical Investor. New Haven.
Smiley, Marion, 1992: Moral Responsibility and the Boundaries of Community. Chicago.
Su, Zhan/Richelieu, Andre, 1999: Western Managers Working in Romania: Perception and Attitude Regarding Business Ethics, in: Journal of Business Ethics 20, 133–146.
Sugden, Robert, 1984: Reciprocity: The Supply of Public Goods through Voluntary Contributions, in: Economic Journal 94, 772–787.
Tanzi, Vito/Davoodi, Hamid, 1997: Corruption, Public Investment, and Growth. IMF Working Paper WP/97/139, International Monetary Fund, Washington, DC, October.
Thompson, Dennis, 1987: Political Ethics and Public Office. Cambridge, MA.
Thompson, Dennis, 1995: Ethics in Congress. Washington, DC.
Transparency International-USA, 1996: Corporate Anti-Corruption Programs: A Survey of Best Practices. Washington, DC, June.
Trevino, Linda/Victor, Bart, 1992: Peer Reporting of Unethical Behavior: A Social Context Perspective, in: Academy of Management Journal 35, 38–64.
Tsalikis, John/LaTour, Michael S., 1995: Bribery and Extortion in International Business: Ethical Perceptions of Greeks Compared to Americans, in: Journal of Business Ethics 14, 249–264.
United Nations Conference on Trade and Development, 2000: World Investment Report 2000: Cross Border Mergers and Acquisitions and Development. United Nations, New York/Geneva.
United Nations Development Programme, 1996: Aid Accountability Initiative, Bi-Annual Report, 1 January-June 30, 1996, New York, July.
United States Department of State, 2000: Voluntary Principles on Security and Human Rights. Statement by the Governments of the United States of America and the United Kingdom. Fact Sheet, released by the Bureau of Democracy, Human Rights, and Labor, December 20, available at the Archive Site for State Department information prior to January 20, 2001: <http://www.state.gov/www/global/human_rights/001220_stat_principles.html> and <http://www.state.gov/www/global/human_rights/001220_fsdrl_principles.html>.
Vincke, François/Heimann, Fritz/Katz, Ron (Hrsg.), 1999: Fighting Bribery: A Corporate Practices Manual. International Chamber of Commerce, Paris.
Vitell, Scott J./Festervand, Troy A., 1987: Business Ethics: Conflicts, Practices and Beliefs of Industrial Executives, in: Journal of Business Ethics 6, 111–122.
Walzer, Michael, 1973: Political Action: The Problem of Dirty Hands, in: Philosophy and Public Affairs 2, 160–180.
Wei, Shang-Jin, 1997: How Taxing is Corruption on International Investors? National Bureau of Economic Research Working Paper 6030. Cambridge, MA.
World Bank, 1997: The Inspection Panel: Overview September 1997 update, <http://www.worldbank.org/html/ins-panel/overview.html> April 24, 2001, <sroseacknotredame2.doc>.
World Bank, 2000: 2000 World Development Indicators. World Bank, Washington, DC.

IV.

Methodik und Empirie der Korruptionsforschung

Wieso schadet Korruption?

Johann Graf Lambsdorff

1. Zur Schädlichkeit der administrativen Korruption

Bei Korruption denken viele zunächst an die Bestechlichkeit von Beamten und Angestellten im öffentlichen Dienst, die so genannte administrative Korruption. Im Rahmen ökonomischer Analysen wird hierfür oftmals ein Prinzipal-Agent-Modell verwendet: Ein Agent nutzt seinen Informationsvorsprung aus, um sich über die Regeln seines Auftraggebers, des benevolenten Prinzipals, hinwegzusetzen. Dies ermöglicht es ihm, Bestechungsgelder von Dritten anzunehmen, z.B. für die Vergabe von Aufträgen oder Lizenzen (Rose-Ackerman 1978: 6; Jain 1998; Klitgaard 1988: 73).

Ein hohes Maß an Korruption ist nicht nur deswegen schädlich, weil das Vertrauen der Bevölkerung in die Politik und Bürokratie erschüttert wird. Vielmehr geht Korruption mit ökonomischen Einbußen einher. Während früher darauf verwiesen wurde, dass bei exzessiver Bürokratie Korruption auch Vorteile beinhalten kann, wird diese Ansicht inzwischen kaum noch ernsthaft vertreten. Dies liegt insbesondere daran, dass exzessive Bürokratie durch Bestechung nicht überwunden wird, sondern, im Gegenteil, Bestechung den Nährboden für Überregulierung bietet. Denn je unüberwindlicher das bürokratische Dickicht, desto unerlässlicher ist die von korrupten Staatsangestellten angebotene „Hilfe". Dies bewirkt aber, dass sie zum Fortbestehen der Überregulierung nach allen Kräften beitragen. Korrupte Beamte verlangsamen ihr Arbeitstempo, damit die Bezahlung von Beschleunigungsgeldern umso notwendiger wird. So zeigen Kaufmann und Wei (1999), dass Manager in Ländern mit einem hohen Korruptionsniveau sehr viel mehr Zeit für die Verhandlungen mit Bürokraten aufwenden müssen.[1] Während Korruption im Einzelfall also ein „Schmiermittel" darstellt, findet sich kaum noch ein ernsthafter Forscher, der diese Eigenschaft auch in einem größeren politökonomischen Kontext behauptet.

Die Schädlichkeit der Korruption durch Agenten ist nicht identisch mit der Höhe der bezahlten Bestechungsgelder. Diese stellen eine reine Umverteilung von Ressourcen dar. Ein Schaden entsteht vielmehr dadurch, dass wichtige Entscheidungen verzerrt werden. Es sind nicht mehr die qualifizierten Unternehmer, die einen Auftrag erhalten, und es sind nicht mehr die befähigten Bewerber, die einen Arbeitsplatz erhalten. Stattdessen kommen diejenigen zum Zuge, welche die höchsten Bestechungsgelder bezahlen oder die besten Verbindungen besitzen. Öffentliche Investitionen leiden darunter, dass Kontrollmechanismen zur Qualitätssicherung mit Hilfe von Bestechung unterlaufen werden.

Im Falle von Korruption werden auch oftmals die falschen Projekte realisiert. Projekte, die hohe Bestechungszahlungen versprechen, werden bevorzugt gegenüber sol-

---

[1] Eine genauere Darstellung der Diskussion findet sich in Lambsdorff (2004, 2002) und in Aidt (2003).

chen, die der Öffentlichkeit zugute kommen. Nach Kundenwunsch maßgeschneiderte Produkte bieten bessere Gelegenheiten für versteckte Zahlungen als Serienprodukte. Shleifer und Vishny (1993) berichten von einer Flaschenherstellung in Mosambik, bei der eine neue Maschine zur Etikettierung benötigt wurde. Eine einfache Maschine hätte für 10.000 US-Dollar gekauft werden können, aber der Manager bevorzugte eine kompliziertere für den zehnfachen Preis. Da diese Maschine nur bei einem einzigen Anbieter erhältlich war, ergab sich ein hinreichender Spielraum für eine überteuerte Abrechnung und die Bezahlung eines *kickbacks* an den Manager. Winston (1979: 840–841) argumentiert, dass das Entdeckungsrisiko der Korruption zunimmt mit der Anzahl der Transaktionen, der Anzahl der involvierten Personen, der Dauer der Transaktion und der Einfachheit und Standardisierung der Prozedur. Das Risiko steigt aber nicht mit dem Wert der Transaktion. Dies bewirkt, dass einmalige, große Käufe eine geeignete Basis für *kickbacks* darstellen. Hierdurch wird die Entscheidung von öffentlich Bediensteten verzerrt. Bevorzugt werden kapitalintensive, technologisch fortgeschrittene und maßgeschneiderte Produkte und Technologien.

Zwar kann ein Prinzipal die Korruption durch Anreize und Strafandrohungen eindämmen, aber diese Gegenmaßnahmen sind kostspielig. Es verbleibt ein Nettoschaden durch Korruption, weil Prinzipal und Agent manche Verträge zum beiderseitigen Vorteil nicht mehr schließen können. Ein ökonomisch effizienter Tausch zwischen Prinzipal und Agent findet teilweise nicht mehr statt, weil der Agent nicht glaubwürdig versichern kann, der korrupten Versuchung zu erliegen. Dies antizipierend wird der Prinzipal keine Verträge anbieten, die nur bei Ehrlichkeit des Agenten lohnend sind. Es könnte notwendig sein, Ressourcen in den Ausbau des Straßennetzes zu investieren. Aber bei unvermeidlicher Korruption würden nur Straßen mit schlechter Qualität resultieren, wodurch das Projekt in den Augen des Prinzipals unwirtschaftlich erscheinen könnte. Ein faires und effizientes Steuersystem könnte von allen befürwortet werden. Aber bei unvermeidlicher Korruption der Steuereintreiber würde es in Ungnade fallen. Das Engagement von externen Prüfern könnte hilfreich sein, aber sofern diese nicht glaubwürdig die Ehrlichkeit der Prüfberichte garantieren können, wäre ihr Beitrag wertlos, und der Prinzipal würde von ihrem Engagement absehen. Korruption ist so gesehen schädlich, weil die vertragliche Vielfalt zwischen Prinzipal und Agent eingeschränkt ist.

2. Korruption und Produktivität

Die vorgenannten Argumente lassen einen negativen Einfluss der Korruption auf die Produktivität vermuten. In einer Reihe verschiedener Untersuchungen wurde dieser Hypothese nachgegangen. Tanzi und Davoodi (1997) zeigen einen negativen Einfluss der Korruption auf die Qualität der Infrastruktur auf, insbesondere auf den Zustand der Straßen und die Häufigkeit von Stromunterbrechungen. Basierend auf eigenen Regressionen in einer Querschnittsanalyse unter Verwendung des Transparency International Corruption Perceptions Index war es allerdings nicht möglich, diese signifikanten Ergebnisse zu reproduzieren. Die Ergebnisse sind also nicht robust. Auch ist die von Tanzi und Davoodi verwendete Korruptionsvariable zu kritisieren. Der Indikator des

International Country Risk Guide (ICRG) misst nicht Korruption, sondern das politische Risiko, das mit Korruption einhergeht. In persönlicher Korrespondenz erläuterte der für ICRG zuständige Herausgeber, dass dieses politische Risiko nicht nur mit dem Ausmaß der Korruption steigt, sondern auch mit der gesellschaftlichen Intoleranz gegenüber Korruption. Etliche Forscher haben die Daten von ICRG diesbezüglich falsch interpretiert. Weniger angreifbar ist eine Veröffentlichung von Isham und Kaufmann (1999), wo eine positive Korrelation zwischen der Ertragsrate weltbankfinanzierter Projekte und Indikatoren institutioneller Qualität aufgezeigt wird. Allerdings bleibt es hierbei fraglich, ob sich eine solche Korrelation auch für Korruption ergibt. Eigene Untersuchungen mit diesen Daten konnten einen solchen Zusammenhang nicht bestätigen.

Die bisherigen Befunde lassen sich durch einen makroökonomischen Ansatz ergänzen. Die Produktivität ist das Verhältnis von *output* zu *input*. Makroökonomisch entspricht die Kapitalproduktivität daher dem Verhältnis von Bruttoinlandsprodukt (BIP) zu dem Kapitalstock, wobei die letztgenannte Größe sich durch die abgeschriebenen und aggregierten Investitionen der Vergangenheit bestimmen lassen. Die Ergebnisse der Regressionen sind Tabelle 1 zu entnehmen.

Alle Regressionen werden um den Kapitalstock pro Kopf kontrolliert, da dieser bei einer sinkenden Grenzproduktivität des physischen Kapitals und der Arbeit einen nega-

Tabelle 1: Kleinste Quadrate Querschnittsanalyse[a]
Abhängige Variable: Produktivität, gemessen durch das Verhältnis von BIP zum Kapitalstock, Bezugsjahr 2000[b]

Unabhängige Variablen	1. OLS	2. OLS	3. OLS	4. TSLS[c]
Konstante	1.49 (7.9)	1.54 (7.1)	1.46 (5.3)	1.57 (5.2)
Fehlende Korruption (TI CPI 2001)	0.020 (3.3)	0.017 (2.8)	0.017 (2.9)	0.024 (2.0)
Kapitalstock pro Kopf, log.	−0.080 (−5.5)	−0.082 (−4.7)	−0.077 (−3.8)	−0.087 (−3.5)
Teilnahme, höhere Schule, 1990–95		0.01 (0.2)	0.01 (0.1)	
Export von Rohstoffen		−0.09 (−1.3)	−0.08 (−1.2)	
Offenheitsgrad, kontr. um Population		−0.08 (−2.0)	−0.08 (−1.9)	
Rel. Preisdeflator, Investitionsgüter			0.01 (0.4)	
Beobachtungen (Länder)	69	56	56	69
R²	0.36	0.48	0.49	0.36
Jarque-Bera[d]	3.4	3.1	2.7	3.3

[a] OLS steht für „Ordinary Least Square", also eine Kleinste-Quadrate-Schätzung.
[b] Der White-korrigierte t-Wert ist in Klammern.
[c] Der Anteil an Protestanten wird als Instrument für Abwesenheit der Korruption verwendet.
[d] Der Jarque-Bera misst, ob eine Variable normalverteilt ist. Diese Annahme kann bei Werten oberhalb von 6 klar abgelehnt werden.

tiven Einfluss vermuten lässt.[2] Fehlende Korruption wirkt positiv auf das Verhältnis von BIP zum Kapitalstock, erhöht also die Produktivität. Ein Anstieg der Korruption um einen Punkt auf einer Skala von 10 (korruptionsfrei) bis 0 (sehr korrupt) erhöht die Produktivität um ca. zwei Prozent. Dieses Ergebnis bleibt erhalten, wenn weitere Variablen berücksichtigt werden. Humankapital, gemessen durch den Besuch weiterführender Schulen (*secondary school enrollment*), war insignifikant. Dies mag resultieren aus der hohen Korrelation dieser Variablen mit dem Kapitalstock pro Kopf. Auch im Falle von konstanten Grenzerträgen des Humankapitals würde die Variable insignifikant sein. Der Export von Rohstoffen ist ebenfalls insignifikant. Ein solcher Einfluss wäre plausibel, da der sonst notwendige Import solcher Vorprodukte zumeist kostspielig ist. Aber die Erträge aus Rohstoffen werden oftmals durch höhere Ausgaben für die Landesverteidigung aufgezehrt oder durch stärkere politische Machtkämpfe absorbiert – eine Argumentation, die in der *rent-seeking* Literatur hervorgehoben wird. Die Produktivität könnte auch mit dem Offenheitsgrad eines Landes abnehmen, da internationaler Wettbewerb zu einem effizienten Ressourceneinsatz anregt. Aber auch hier zeigte sich nicht der erwartete Einfluss. Dies sollte nicht überbewertet werden, da die fehlende Signifikanz hauptsächlich durch ein Land mit einem sehr hohen Offenheitsgrad bestimmt wird: Malaysia. Offene Länder könnten auch eher in der Lage sein, Kapital anzulocken. Durch den dann höheren Kapitalstock wird aber die Produktivität verringert. Geschlossene Volkswirtschaften schrecken private Investoren ab, und die wenigen, die bleiben, müssen mit hohen Erträgen entlohnt werden. Es könnte passieren, dass dieser Effekt nicht hinreichend durch den Kapitalstock pro Kopf kontrolliert wurde.

Der aufgezeigte Einfluss der Korruption könnte auch dadurch erklärt werden, dass Korruption die Preise verzerrt. Wenn Investitionsgüter durch Korruption teurer werden, erhöht sich der gemessene Kapitalstock pro Kopf, und die ausgewiesene Produktivität würde sinken. In diesem Falle wäre aber die empirische Schätzung kein Hinweis auf einen Wohlfahrtsverlust, sondern lediglich auf eine rein nominale Preisreaktion. Die dritte Regression kontrolliert daher um den Preisdeflator der Investitionsgüter im Verhältnis zum Preisdeflator des BIP. Aber die Variable ist insignifikant, und ihre Berücksichtigung hatte keinen klaren Einfluss auf die sonstigen Ergebnisse. Dies könnte daran liegen, dass die Preise von Konsumgütern genauso von Korruption tangiert werden wie diejenigen von Investitionsgütern. Die bisherigen Ergebnisse sind daher weniger auf eine nominale Preisreaktion zurückzuführen; sie sind ein klarer Hinweis auf einen durch Korruption bedingten Wohlfahrtsverlust. Die erste Regression wird als Maßstab für die folgende Analyse verwendet. Sie wird in Abbildung 1 dargestellt.

Es bleibt zu klären, ob die Kausalität tatsächlich von Korruption zu niedriger Produktivität verläuft, ob eine fehlende Variable einen Bias erzeugt und inwiefern Messfehler einen Bias bewirken könnten. Zum Test dieser Fragen ist ein adäquates Instrument erforderlich, das mit Korruption korreliert, nicht aber mit dem Fehlerterm der Regressionen. Ich verwende hier den Anteil der Protestanten eines Landes.[3] Länder mit

---

2 Wird angenommen, dass das BIP, Y, durch fehlende Korruption, T, physisches Kapital, K, und Arbeit, L, gemäß der folgenden Funktion bestimmt wird $Y=A(T)F(K,L)$, wobei A eine positive Funktion von T ist und F durch konstante Skalenerträge gekennzeichnet ist. Dies kann umgeschrieben werden: $Y/K=A(T) f(L/K)$, was der Regression entspricht.

3 Auch andere Variablen wurden auf ihre Eignung als Instrument getestet, z.B. ethnolinguisti-

Abbildung 1: Korruption und Produktivität

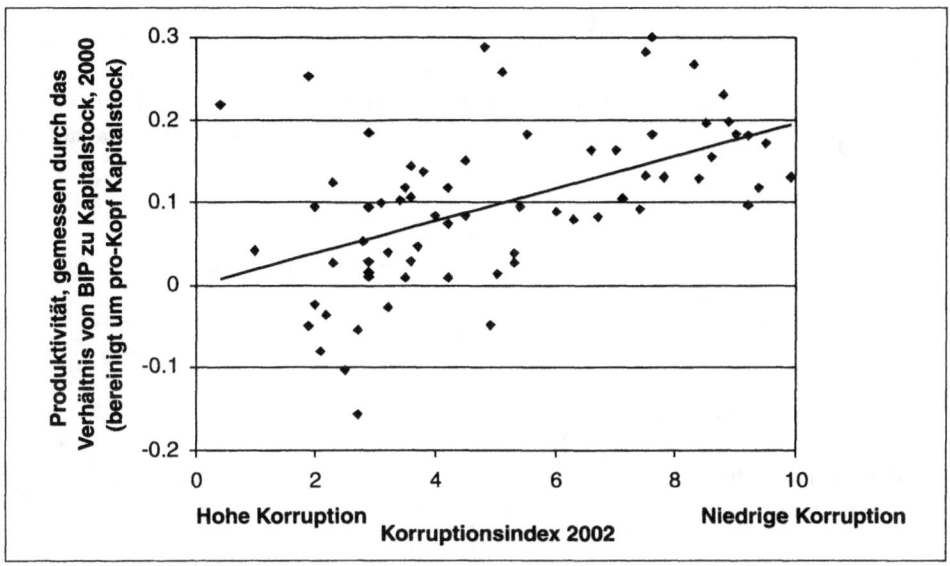

einem hohen Anteil an Protestanten weisen ein geringeres Korruptionsniveau auf (Treisman 2000; Paldam 2001). Die Ursache hierfür besteht darin, dass der Protestantismus eine weniger hierarchische Religion ist. Seine Anhänger sind weniger eingebettet in Netzwerke, die bereit sind, zu ihrem eigenen Vorteil die Interessen der Gesellschaft hintanzustellen. Eine solche Einbettung (*social embeddedness*) ist der Nährboden von Korruption, da sich mit deren Hilfe illegale Arrangements einfädeln und durchführen lassen. Der Anteil der Protestanten hat einen signifikanten Einfluss auf Korruption und korreliert nicht mit dem Fehlerterm der Regression. Es lässt sich vermuten, dass sich sein Einfluss maßgeblich aufgrund des Zusammenhangs mit Korruption ergibt. Wie in Regression vier gezeigt, überlebt die Regression die Verwendung dieses Instruments.

Ein Anstieg der Korruption um sechs Punkte auf einer Skala von 10 (korruptionsfrei) bis 0 (sehr korrupt) – zum Beispiel eine Verbesserung von Tansania auf das Niveau des Vereinigten Königreichs – erhöht das Bruttoinlandsprodukt um mehr als zehn Prozent des Kapitalstocks. Da dieser Kapitalstock im Mittel doppelt so groß ist wie das BIP, entspricht dies einem Anstieg um 20 Prozent des BIP. Wären die Investitionen in Tansania mit dem niedrigen Korruptionsniveau der Briten unternommen worden, so wäre die jährliche Produktion um 20 Prozent höher.

---

sche Fraktionalisierung, die von Mauro (1995) verwendet wurde. Diese Variable war jedoch in der ersten Stufe von TSLS insignifikant.

3. Zerlegung der Korruption

Korruption beinhaltet viele verschiedene Arten von institutionellen Fehlfunktionen. Mit Hilfe von weiteren „*Governance*"-Indikatoren können wir analysieren, welche Arten der Korruption die Produktivität reduzieren. Zunächst wird hierfür im Rahmen von Regressionsanalysen untersucht, welche Indikatoren einen signifikanten Einfluss auf das Korruptionsniveau haben (siehe Tabelle 2).

Tabelle 2: Kleinste Quadrate Querschnittsanalyse
Abhängige Variable: TI Corruption Perceptions Index 2001

Unabhängige Variable	1.	2.
Konstante	−2.27	−9.34
	(1.7)	(−3.7)
Kapitalstock pro Kopf, log.		0.569
		(3.2)
Government Stability (ICRG)	0.24	0.23
	(2.3)	(2.7)
Law and Order (ICRG)	0.56	0.47
	(5.3)	(4.2)
Bureaucratic Quality (ICRG)	1.23	0.88
	(7.8)	(4.7)
Fehlen der Civil Liberties (Gastil 1985)	−0.26	−0.17
	(−3.1)	(−1.8)
Beobachtungen (Länder)	78	70
R²	0.80	0.82
Jarque-Bera	1.8	0.8

Bei diesen Regressionen wurden weitere Einflussfaktoren, insbesondere der Pro-Kopf-Kapitalstock, kontrolliert. Es zeigt sich, dass vier Indikatoren signifikanten Einfluss auf das Korruptionsniveau besitzen: *government stability, law and order, bureaucratic quality* und *civil liberties*.[4] Unter *bureaucratic quality* wird eine Administration verstanden, die autonom von politischem Druck arbeitet, etablierte Mechanismen für die Rekrutierung und das Training einsetzt sowie durch Stärke und Fachkenntnis gekennzeichnet ist. *Government stability* beinhaltet die Fähigkeit der Regierung, ihr angekündigtes Programm durchzuführen und sich im Amt zu halten. *Law and order* kennzeichnen die Akzeptanz der politischen Institutionen, ein starkes Gerichtswesen und Vorkehrungen für einen geordneten Machtwechsel. *Civil liberties* beinhalten die freie Meinungsäußerung, persönliche Autonomie sowie die Menschenrechte.

Diese Variablen werden nun in Regression 1, Tabelle 1, berücksichtigt (siehe Tabelle 3). Hiermit kann ermittelt werden, welche der Indikatoren den Einfluss auf die Produktivität dominieren. Hier zeigt sich, dass *bureaucratic quality, government stability* und *civil liberties* einen direkten, positiven Einfluss auf die Produktivität eines Landes

---

4 Die Daten sind vom International Country Risk Guide (ICRG), Mai 1998, The PRS Group, East Syracuse, NY, USA und von Gastil (1986).

Tabelle 3: Kleinste Quadrate Querschnittsanalyse
Abhängige Variable: Produktivität, gemessen durch das Verhältnis von BIP zum Kapitalstock, Bezugsjahr 2000

Independent Variables	1.	2.	3.	4.	5.	6.
Konstante	1.37 (6.6)	1.65 (8.0)	1.51 (8.1)	1.76 (7.7)	1.74 (7.6)	1.66 (7.3)
Fehlende Korruption (TI CPI 2001)	0.019 (3.1)	0.009 (1.2)	0.024 (2.6)	0.015 (2.6)	0.007 (0.7)	
Kapitalstock pro Kopf, log.	-0.078 (-5.5)	-0.096 (-5.7)	-0.080 (-5.4)	-0.092 (-5.8)	-0.106 (-6.1)	-0.102 (-5.7)
Government Stability (ICRG)	0.011 (1.6)				0.017 (2.5)	0.019 (3.1)
Bureaucratic Quality (ICRG)		0.048 (2.0)			0.051 (2.1)	0.058 (2.8)
Law and Order (ICRG)			-0.010 (-0.6)		-0.012 (-0.8)	-0.008 (-0.6)
Fehlen der Civil Liberties (Gastil 1985)				-0.021 (-2.4)	-0.020 (-2.6)	-0.021 (-2.6)
Beobachtungen (Länder)	67	67	67	67	67	67
R²	0.37	0.41	0.37	0.42	0.50	0.50
Jarque-Bera	2.7	2.1	3.5	9.7	1.8	1.6

haben. Eine Regierung wird sich vermutlich dann eher im Amt halten können, wenn sie die anvertrauten Ressourcen produktiv einsetzt. So ist der Einfluss von *government stability* zu erklären. Das Fehlen von *civil liberties* beinhaltet oftmals eine Überregulierung und marktverzerrende Eingriffe des Staates, welche die Produktivität verringern. Genauso sollte auch der Einfluss von *bureaucratic quality* plausibel erscheinen. Bei dieser Variablen ist bemerkenswert, dass sie den Einfluss der Korruptionsvariablen dominiert. Diese wird in den Regressionen 2 und 5 insignifikant. Dies impliziert, dass Korruption insbesondere deswegen schädlich für die Produktivität ist, weil sie stark mit schlechter bürokratischer Qualität korreliert. Dies ist auch im Einklang mit den in Abschnitt 1 dargelegten theoretischen Analysen.

Die Irrelevanz von *law and order* ist bemerkenswert. Hier hätte vermutet werden können, dass eine rechtsstaatliche Tradition, die gleichermaßen die Vorteilsgewährung und Ressourcenverschwendung limitiert, Politikern und Staatsdienern Restriktionen auferlegt. Aber eine solche Tradition könnte auch mit exzessiver Regulierung einhergehen, die das Funktionieren der Marktkräfte behindert. In dieser Eigenschaft könnte sie daher die Produktivität auch behindern.

4. Zur Schädlichkeit der politischen Korruption

Neben dieser Korruption durch Agenten ist in der Vergangenheit die so genannte „grand corruption", die hochkarätige politische Korruption, verstärkt in den Mittelpunkt gerückt. Hier ist es der Prinzipal selbst, der seine Macht zu privatem Nutzen missbraucht. Dies birgt zuerst einmal definitorische Unterschiede zur Korruption des Agenten. Dort war der Missbrauchsbegriff daran festzumachen, dass gegen vom Prinzipal aufgestellte Regeln verstoßen wird. Aber ein korrupter Prinzipal schafft sich selbst die Regeln, so dass diese nicht mehr als Maßstab einer Verfehlung dienen können. Der Prinzipal kann seine Selbstbereicherung gesetzlich legalisieren. Der Missbrauch lässt sich somit nicht an einer justiziablen Regelübertretung festmachen. Vielmehr bedarf der Korruptionsbegriff eines Bezuges zu den Verhaltensweisen, welche die Öffentlichkeit als illegitim oder schädlich erachtet.[5]

Bei einer solchen Form der Korruption ist es aber nicht leicht, Wohlfahrtsverluste festzustellen. Ein Prinzipal, ob eigennützig orientiert oder benevolent, wird immer Wohlfahrtsverluste vermeiden wollen, da diese Ressourcen absorbieren, die ansonsten ihm oder der Öffentlichkeit zu Gute kommen. So wäre es z.B. denkbar, dass durch Korruption im Bauwesen die Immobilienpreise ansteigen. Dies würde allokative Ineffizienzen induzieren, da Unterinvestition in anderen Sektoren auftritt. Diese Art des Wohlfahrtsverlustes wird aber vermieden, wenn alle Sektoren gleichermaßen von Korruption betroffen sind. Eine eigennützige Regierung wird daher versuchen, ein korruptes System so effizient funktionieren zu lassen, wie wir uns das von einem guten Steuersystem wünschen.

Eine starke und eigennützige Regierung wird sich auch darum bemühen, Korruption in der Bürokratie einzudämmen, genau so, wie sie Faulheit der Angestellten verhindern will. Für Vorgesetzte, eigennützig oder nicht, ist Lustlosigkeit ihrer Untergebenen nie von Vorteil, da ihnen hierdurch selbst die Möglichkeit entgeht, ihre Arbeit mit einem Minimum an Einsatz zu absolvieren (Moe 1984: 763). Ein eigennützig kalkulierender Prinzipal wird mit dem gleichen Kalkül Korruption seiner Agenten vermeiden, da dies Ressourcen absorbiert, welche er sich selbst aneignen kann. Analog hierzu ist es plausibel, dass ein Prinzipal eine Lieferung schlechter Qualität bei öffentlichen Ausschreibungen nicht dulden wird. Entweder bevorzugt er es, die benötigten Ressourcen sofort für eigene Zwecke zu unterschlagen, oder er verspricht sich von der Investition eine verbesserte Infrastruktur, die dann in der Zukunft zu erhöhten Einnahmen führt – Einnahmen, die er dann für eigene Zwecke unterschlagen kann. In diesem Sinne wird ein Prinzipal es auch nicht zulassen, dass ineffiziente Projekte durchgeführt werden oder Unternehmen ausgewählt werden, die nicht das beste Preis-Leistungs-Verhältnis bieten. Posner (1974: 337–339) legt mit einem ähnlichen Argument dar, dass eine Regierung keine so genannte X-Ineffizienz in der Bürokratie dulden wird. Auch Lobbyisten gegenüber wird ein solcher Prinzipal nicht bereit sein, die Verschwendung von Ressourcen zu dulden, die sich im Rahmen eines *Rent-seeking*-Wettbewerbs ergibt. Auch Argumente der Chicago School, eine eigennützige Regierung führe zu verzerrender Regulierung, wurden weitgehend widerlegt. McChesney (1997: 153–155) argumentierte hier überzeugend, dass solche Regierungen zum Zweck der Selbstbereicherung Regulierung nur androhen, aber selten implementieren müssen. Die potenziell Geschädigten können sich von der Implementierung zumeist freikaufen. Die resultierende Umverteilung wird vermutlich als ungerecht empfunden werden, aber sie geht

---

5 Zu verschiedenen definitorischen Abgrenzungen des Korruptionsbegriffs siehe Heidenheimer und Johnston (2002: 3–14).

nicht mit eindeutigen Wohlfahrtseffekten einher. Ein starker Prinzipal wird auch die Tragik der Allmende vermeiden, eine Situation, in der einzelne Behörden den korrupten Markt überfischen und dabei private wirtschaftliche Aktivitäten übermäßig zurückdrängen. Da der Prinzipal die korrupten Aktivitäten monopolisiert, kann er diese koordinieren und dabei die optimalen Bestechungsgelder festlegen (Shleifer/Vishny 1993).

Um all diese Verzerrungen zu vermeiden, bedarf es allerdings eines besonders starken korrupten Regimes. Ein solch starker Prinzipal wird in der Literatur oftmals als *„stationary bandit"* oder als Kleptokrat bezeichnet (McGuire/Olson 1996; Grossman 1995.) Eine solche Regierung ist in einer herausgehobenen Position zur Eintreibung großer Bestechungssummen, aber die wohlfahrtsökonomischen Konsequenzen sind unklar. McGuire und Olson argumentieren sogar, dass ein eigennütziger Prinzipal mit perfekter Durchsetzungsgewalt seine Macht im Einklang mit den Interessen der Gesellschaft ausübt.

Ein Beispiel aus Indonesien mag dies illustrieren. Ein Enkel von Präsident Suharto versuchte, einen Gewinn aus einer neuen Biersteuer zu erzielen, die von seiner privaten Firma eingetrieben werden durfte. Als Folge hiervon ging der Tourismus in Bali zurück, da der Bierpreis anstieg und in der Versorgung Engpässe auftraten. Dies veranlasste Suharto dazu, die Biersteuer wieder aufzuheben. Die Zeitschrift *Economist* vermutete, dass die Reaktion Suhartos damit zu begründen ist, dass andere Verwandte des Familienclans im Hotelgewerbe tätig sind.[6] Dieses Argument illustriert das, was als *„encompassing interest"* bezeichnet wird: Ein starker Prinzipal mit Engagement in vielen Sektoren wird sich bewusst, dass Ineffizienzen in einem Sektor sich negativ auf andere Sektoren auswirken. Er wird daher solche Ineffizienzen vermeiden wollen. Untergebene werden davon abgehalten, den korrupten Markt durch zu hohe Steuern und Bestechungsgelder zu überfischen.

Ob aber tatsächlich das Argument des *encompassing interest* hinreichend ist, um einen Dienst an der Öffentlichkeit zu motivieren, wurde vielerorts in Frage gestellt. Sogar die mächtigsten Kleptokraten müssen sich ihre Macht zumeist mit anderen teilen. Aufgrund dessen ist eine komplizierte Koordination erforderlich, die wiederum die Ursache von Ineffizienzen sein kann. Kleptokraten müssen unter Umständen zur eigenen Machtsicherung Eigentumsrechte an potenzielle Rivalen verteilen. Statt dieser Rivalen wären aber eventuell andere Marktteilnehmer besser in der Lage, den größten Ertrag aus einer überlassenen Ressource zu erzielen (North 1981: 28). Eine florierende Wirtschaft könnte auch eine Gefahr für den Prinzipal darstellen und von ihm konterkariert werden, da ansonsten pozentielle Rivalen mit Ressourcen ausgestattet werden, die sie für einen Umsturz einsetzen könnten (North 1993: 14). Ineffizienzen könnten auch aus einem kurzen Planungshorizont eines Prinzipals resultieren (McGuire/Olson 1996).

Diese Einschränkungen implizieren, dass ein allmächtiger Kleptokrat utopisch erscheinen muss. Aber die resultierenden wohlfahrtsökonomischen Schlussfolgerungen bleiben mehrdeutig, da Einbußen bei der Wohlfahrt sowohl der eigennützigen Motivation des Kleptokraten als auch seiner fehlenden Allmacht zugeschrieben werden können. Zyniker argumentieren daher, dass Wohlfahrtsverluste nicht aus den korrupten Zielen eines Prinzipals resultieren, sondern aus Defiziten bei der Machtausübung. In

---

6 The Economist vom 10. Februar 1996, S. 37: „Indonesia. When trouble brewed."

dieser Sichtweise resultieren Ineffizienzen nicht aus der eigennützigen Motivation, sondern aus der Tatsache, dass der Prinzipal sich in einem permanenten Wettbewerb mit Rivalen befindet. Die Gesellschaft hätte dann nicht Probleme mit einem regierenden Banditen, sondern nur mit denjenigen, die nicht mächtig genug sind, um langfristig stationär ihre Interessen zu verfolgen. In dieser Linie ist ein Argument von Murphy, Shleifer und Vishny (1993: 413) zu sehen, die argumentieren, dass die Probleme mit Korruption entschärft wären, wenn Kleptokraten Bestechungen effizient eintreiben könnten.[7] Aber solche Schlussfolgerungen sind oftmals voreilig. Wie nämlich zu zeigen sein wird, ergeben sich bei einem Kleptokraten weitere unvermeidbare Formen von Ineffizienzen.

Das größte Problem eines starken Kleptokraten besteht nämlich darin, dass er sich nicht glaubwürdig an eine Politik binden kann. Eine ökonomische Modellierung von Glaubwürdigkeitsproblemen wurde in der Vergangenheit zunehmend auf politische Institutionen und die politische Ökonomie von Diktaturen angewandt (North 1993; Weingast 1993; Wintrobe 1998: 24–33, 38–39; Stiglitz 1998: 3–11). Investitionen sind oft versunken und können nicht in ein anderes Land verlagert werden, wenn Investoren desillusioniert sind über die Institutionen eines Landes. Eisenbahnstrecken können nicht bewegt werden, Pipelines können kaum abgebaut und neu aufgebaut werden und Immobilien tragen die Standortspezifität bereits in ihrem Namen. In einer Befragung von Geschäftspersonen in Karnataka, Indien, stellte sich heraus, dass die meisten Sektoren negativ von Korruption in der lokalen Administration tangiert waren, weniger jedoch die Software-Industrie. Dies kann zurückgeführt werden auf geringe standortspezifische Investitionen dieser Branche. Die Möglichkeit, die Produktion zu verlagern, bewirkt, dass diese Branche weniger den erpresserischen Forderungen der lokalen Administration ausgesetzt ist.[8]

Politiker können ihre Macht missbrauchen, nachdem Investitionen versunken sind. Sie können die Erteilung einer Genehmigung verzögern, bis ihnen eine Bestechungszahlung angeboten wird. Nachdem Investoren ihre Ressourcen in einer bestimmten Verwendung gebunden haben, können sie nicht mehr mit Abwanderung drohen. Sie haben daher nur noch beschränkte Möglichkeiten, sich gegen eine organisierte Abschöpfung des aus der Investition fließenden Deckungsbeitrags zu wehren. In dieser Situation werden sie die Glaubwürdigkeit politischer Zusagen bezüglich des Schutzes ihres Eigentums bewerten. Die Zusagen eines Politikers werden aber nur dadurch glaubwürdig, dass dieser zu ihrer Einhaltung motiviert oder gezwungen ist (North 1993: 13). Ein korrupter Politiker widmet sich primär seiner eigenen Bereicherung und wird auch entgegen früherer Zusagen eine profitable Gelegenheit nicht verstreichen lassen (Rose-Ackerman 1999: 118). Ein starker Prinzipal hat die Rechtsauslegung und -schaffung in seiner Hand und kann auch nicht dazu gezwungen werden, seine früheren Zusagen einzuhalten. Regierungen mit einer Reputation für Korruption fällt es daher schwer, sich glaubwürdig an effektive politische Maßnahmen zu binden und Investoren hiervon zu überzeugen.

---

7 Ähnliche Argumente finden sich bei Krueger (1974: 302), Tullock (1980: 103–104) und Findlay/Wellisz (1984: 149).
8 The Hindu vom 10. Januar 2000, „Investors see Red in Karnataka"; Times of India vom 28.März 2001, „Bribes are a big barrier for investors".

Das Problem fehlender Glaubwürdigkeit kann gemildert werden, wenn Diktaturen relativ stabil sind und sich der Kleptokrat darum bemüht, eine Reputation der Verlässlichkeit aufzubauen (Grossman/Noh 1994; Charap/Harm 2000: 197). Aber da die meisten Investitionen langfristiger Natur sind und Regierungsperioden oftmals kurz und in ihrer Länge schwer vorhersehbar, ist dieser Effekt vermutlich nicht stark genug, um Investoren anzulocken. Auch wenn die Relevanz dieses Effektes denkbar ist, bleibt festzuhalten, dass ein starker Kleptokrat nicht durch externe Restriktionen gebunden ist. Reputationseffekte können diesen Nachteil bestenfalls abmildern, aber kaum vollständig kompensieren.

5. Korruption und Nettokapitalimporte

Investoren bevorzugen korruptionsfreie Länder, da nur in diesen ihre Eigentumsrechte glaubwürdig vor willkürlicher Politik und der Verfolgung eigennütziger Interessen seitens der lokalen Elite geschützt werden können. Insofern ist ein negativer Zusammenhang zwischen Korruption und Nettokapitalimporten eines Landes zu vermuten. Ein negativer Einfluss der Korruption wurde im Rahmen von Querschnittsanalysen bereits für Direktinvestitionen und die Investitionsquote eines Landes nachgewiesen (Wei 2000; Mauro 1995, 1997; Campos/Lien/Pradhan 1999). Direktinvestitionen erfassen aber nur einen kleinen Anteil der internationalen Kapitalbewegungen; die gesamten Investitionen sind hingegen stark von der lokalen Sparneigung abhängig. Hier soll die Untersuchung daher für alle Nettokapitalimporte eines Landes durchgeführt werden. Die Nettokapitalimporte entsprechen bei Vernachlässigung der quantitativ geringen Vermögensübertragungen dem Leistungsbilanzdefizit eines Landes.[9]

Tabelle 4 listet zentrale Regressionen auf. Ein hohes Entwicklungsniveau, bestimmt durch das Pro-Kopf-Einkommen, verringert die Kapitalimporte; reiche Länder exportieren Kapital. Während Populationswachstum einen positiven Einfluss ausübt, ist derjenige der Sparquote negativ. Dies ist im Einklang mit Prognosen neoklassischer Wachstumsmodelle.[10] Rohstoffexporte reduzieren Nettokapitalimporte. Der Grund hierfür kann darin gesehen werden, dass die betreffenden Länder selbst hinreichend mit Kapital ausgestattet sind. Die 2. Regression dient als Vergleichsmaßstab für die folgenden Regressionen. Sie wird in Abbildung 2 dargestellt. Diese Abbildung zeigt eine positiv verlaufende Regressionsgerade. Eine Verbesserung im Korruptionsindex (d.h. eine Verringerung der Korruption) um einen Punkt führt dabei zu vermehrten jährlichen Kapitalzuflüssen in Höhe von ca. 0,5 Prozent des Bruttoinlandsprodukts.

Mit Hilfe eines zweistufigen Verfahrens kann die Relevanz von Endogenität, fehlenden exogenen Variablen und Messfehlern bei der Korruptionsvariablen getestet werden (siehe hierzu die dritte Regression). Der Koeffizient der Korruptionsvariablen verfehlt

---

9 Eine detaillierte Darstellung der Resultate findet sich in Lambsdorff (2003a).
10 Humankapital, z.B. gemessen durch den Besuch weiterführender Schulen (*secondary school enrollment*), war insignifikant. Auch der Offenheitsgrad einer Wirtschaft (Verhältnis von Exporten und Importen zum Inlandsprodukt) stellte sich als insignifikant heraus. Diese Ergebnisse werden hier nicht berichtet.

Tabelle 4: Kleinste Quadrate Querschnittsanalyse
Abhängige Variable: Verhältnis von Nettokapitalzuflüssen zu BIP, 1970–95

Unabhängige Variablen	1. OLS	2. OLS	3. TSLS[a]
Konstante	−0.004	0.029	0.039
	(−0.3)	(1.8)	(2.0)
Fehlende Korruption (TI CPI 1998)	0.0063	0.0067	0.0044
	(4.1)	(5.3)	(1.6)
BIP pro Kopf, 1970 × 10^{-6}	−4.8	−5.0	−4.1
	(−4.4)	(−6.0)	(−2.9)
Rohstoffexporte, Verhältnis zu BIP	−0.066	−0.062	−0.069
	(−2.4)	(−2.2)	(−2.0)
Populationswachstum	1.16	0.88	0.72
	(2.8)	(2.4)	(1.8)
Nationale Sparquote, 1970–95		−0.141	−0.135
		(−3.1)	(−2.8)
Beobachtungen (Länder)	54	54	54
R^2	0.50	0.59	0.57

[a] TSLS steht für „Two-Stage Least Square". Der Anteil an Protestanten und die ethnoliguistische Fraktionalisierung wurden als Instrumente für fehlende Korruption verwendet.

Abbildung 2: Korruption und Kapitalzuflüsse

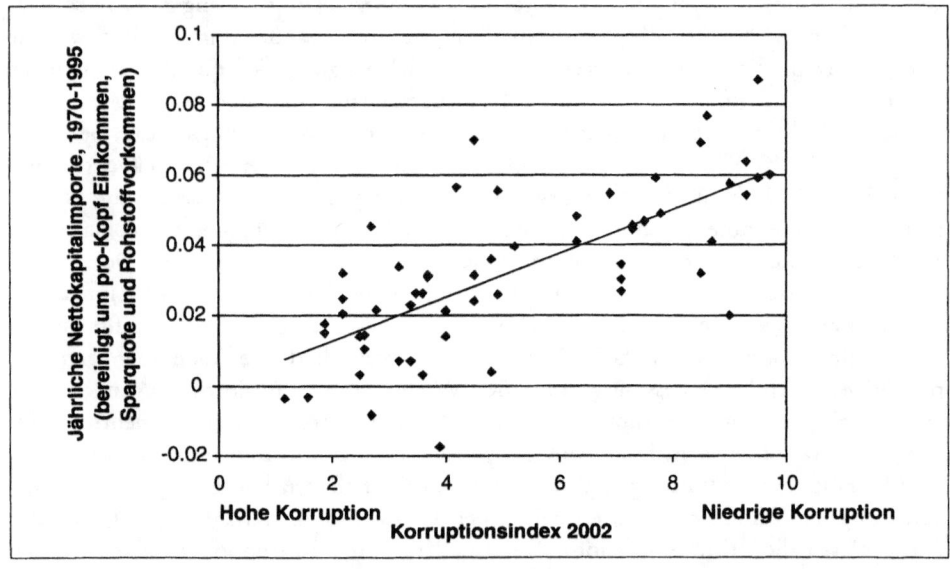

hierbei nur knapp das Zehn-Prozent-Signifikanzniveau und bleibt groß, was weitgehend die vorherigen Ergebnisse bestätigt.

Erneut können die Ergebnisse getestet werden, indem verschiedene *Governance*-Indikatoren berücksichtigt werden. Die entsprechenden Regressionen sind in Tabelle 5 zu finden. Die meisten *Governance*-Indikatoren haben keinen Einfluss auf die Nettokapitalimporte. Dies ist keine triviale Erkenntnis. Oftmals wurde *government stability* für

Tabelle 5: Kleinste Quadrate Querschnittsanalyse
Abhängige Variable: Verhältnis von Nettokapitalzuflüssen zu BIP, 1970–95

Unabhängige Variablen	1.	2.	3.	4.	5.
Konstante	0.054	0.028	0.012	0.035	0.054
	(1.9)	(1.6)	(0.7)	(2.2)	(1.8)
Fehlende Korruption	0.0072	0.0066	0.0051	0.0067	0.0064
(TI CPI 1998)	(5.5)	(3.7)	(4.2)	(5.2)	(3.8)
BIP pro Kopf, 1970 × 10^{-6}	−5.3	−5.0	−5.4	−5.8	−6.3
	(−6.2)	(−5.5)	(−7.0)	(−4.3)	(−4.3)
Rohstoffexporte,	−0.059	−0.061	−0.058	−0.056	−0.062
Verhältnis zu BIP	(−2.1)	(−1.7)	(−2.0)	(−2.0)	(−1.8)
Populationswachstum	0.84	0.88	1.10	0.94	1.06
	(2.4)	(2.5)	(3.1)	(2.4)	(3.0)
Nationale Sparquote, 1970–95	−0.153	−0.141	−0.169	−0.133	−0.173
	(−3.3)	(−3.0)	(−3.7)	(−2.8)	(−3.6)
Government Stability (ICRG)	−0.0024				−0.0030
	(−1.1)				(−1.4)
Bureaucratic Quality (ICRG)		0.0003			−0.0031
		(0.0)			(−0.6)
Law and Order (ICRG)			0.0064		0.0068
			(3.1)		(3.7)
Fehlen der *Civil Liberties*				−0.0021	−0.0018
				(−0.7)	(−0.7)
Beobachtungen (Länder)	54	54	54	54	54
R^2	0.60	0.59	0.63	0.60	0.66

ein wichtiges Kriterium internationaler Investoren gehalten. Dass dies nicht plausibel ist, zeigt das Beispiel Nigeria, einem Land mit einer Reputation für hohe Korruption. Aufgrund eines starken Militärs konnte sich die Führung dennoch lange an der Macht halten, und das Land erhielt von ICRG bei *government stability* gute Noten. Aber sicherlich ist es nicht diese Form von Stabilität, die ein Land attraktiv für Investoren macht. *Bureaucratic quality* ist ebenfalls insignifikant. Diese könnte wichtiger für kleine lokale Firmen sein, aber weniger für große ausländische Investoren, die für ihre Anliegen gute Verbindungen zur politischen Führung des Landes einsetzen können und diplomatische Unterstützung ihrer Heimatländer genießen. Die gleiche Erklärung könnte das schwache Abschneiden von *civil liberties* erklären.

Law and order hat einen positiven und signifikanten Einfluss auf Nettokapitalimporte. Wird diese Variable berücksichtigt (siehe Regression 3), so verringert sich der Einfluss von Korruption auf die Nettokapitalimporte. Dies impliziert, dass der Einfluss der Korruption auf die Nettokapitalimporte teilweise darauf zurückzuführen ist, dass Korruption mit dem Fehlen einer rechtsstaatlichen Tradition einhergeht. Dies ist im Einklang mit der vorher etablierten Theorie: Die Korruption eines starken Kleptokraten beinhaltet das Fehlen einer unabhängigen und starken Justiz und eines geordneten Machtwechsels. Aufgrund der hierdurch fehlenden Glaubwürdigkeit von Eigentumsrechten werden Investoren abgeschreckt.

6. Schlussfolgerung

Diese Studie hat den Einfluss verschiedener Governance-Indikatoren auf die Produktivität und die Nettokapitalimporte dargelegt. Diese werden zusammenfassend in Abbildung 3 dargestellt.

Abbildung 3: Governance, Korruption und wirtschaftliche Entwicklung

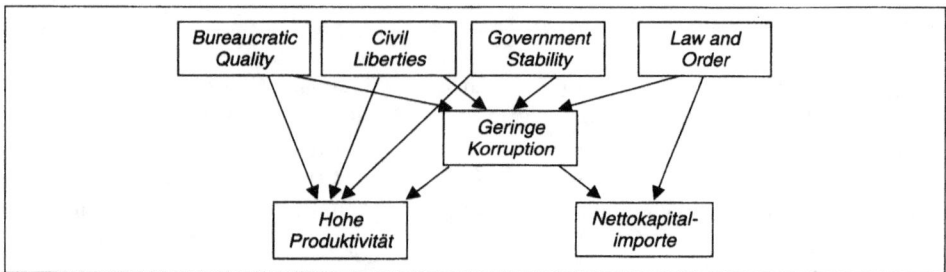

Zwei stilisierte Korruptionsmodelle wurden präsentiert, eines mit einem korrupten Agenten und ein anderes mit einem korrupten Prinzipal. Dies führte zu Hypothesen bezüglich der jeweiligen Wohlfahrtseffekte. Empirische Untersuchungen zeigten, dass Nettokapitalimporte insbesondere deswegen negativ von Korruption beeinflusst werden, weil Korruption mit dem Fehlen einer rechtsstaatlichen Tradition einhergeht. Korruption unterminiert eine solche Tradition dadurch, dass Gerichtsurteile käuflich sind und Regierungen ihre Nachfolge selber regeln. Dies ist eine Form der Korruption, von der primär der Prinzipal betroffen ist. Andere *Governance*-Indikatoren sind für international agierende Investoren weniger relevant.

Korruption geht auch mit einer geringeren Produktivität einher. Empirische Untersuchungen zeigten, dass die Produktivität insbesondere deswegen negativ von Korruption beeinflusst wird, weil Korruption mit einer geringen Qualität der Bürokratie einhergeht. Dies ist eine Form der Korruption, bei der primär der Agent sich korrupt betätigt, die sich also im Rahmen eines Prinzipal-Agenten-Modells beschreiben lässt.

Reformen sollten sich daran orientieren, ob Länder primär ihre Produktivität erhöhen oder ausländisches Kapital anlocken wollen. Reformen des öffentlichen Sektors bieten sich an, wenn die Produktivität erhöht werden soll. Um verstärkt Kapital aus dem Ausland anzulocken, sollte hingegen der Fokus auf den Aufbau einer rechtsstaatlichen Tradition gelegt werden.

Literatur

Aidt, Toke S., 2003: Economic Analysis of Corruption: A Survey, in: The Economic Journal 113, 632–652.

Campos, J. Edgardo/Lien, Donald/Pradhan, Sanjay, 1999: The Impact of Corruption on Investment: Predictability Matters, in: World Development 27 (6), 1059–1067.

Charap, Joshua/Harm, Christian, 2000: Institutionalized Corruption and the Kleptocratic State, in: *Ménard, Claude* (Hrsg.), Institutions, Contracts and Organization – Perspectives from New Institutional Economics. Cheltenham, UK, 188–208.

Findlay, Ronald/Wellisz, Stanislaw, 1984: Towards a Model of Endogenous Rent-Seeking, in: *Colander, David C.* (Hrsg.), Neoclassical Political Economy. The Analysis of Rent-Seeking and DUP Activities. Cambridge, 89–100.
Gastil, Raymond D., 1986: Freedom in the World. Political Rights and Civil Liberties 1985–1986. New York.
Githongo, John, 1997: Independency, Investigation and Denunciation of Corruption from the Press – The Case of Kenya. 8th International Anti-Corruption Conference, Lima, Peru, September.
Grossman, Herschel I., 1995: Rival Kleptocrats: the Mafia versus the State, in: *Fiorentini, Gianluca/ Peltzman, Sam* (Hrsg.), The Economics of Organized Crime. Cambridge, 143–156.
Grossman, Herschel I./Noh, Suk-Jae, 1994: Proprietary Public Finance and Economic Welfare, in: Journal of Public Economics 53 (2), 187–204.
Heidenheimer, Arnold J./Johnston, Michael, 2002: Political Corruption – Concepts & Contexts. New Brunswick.
Isham, Jonathan/Kaufmann, Daniel, 1999: The Forgotten Rationale for Policy Reform: The Productivity of Investment Projects, in: Quarterly Journal of Economics 114, 149–184.
Jain, Arvind K., 1998: Models of Corruption, in: *Jain, Arvind K.* (Hrsg.), Economics of Corruption. Boston/London/Dordrecht, 13–34.
Kaufmann, Daniel/Wei, Shang-Jin, 1999: Does 'Grease Money' Speed up the Wheels of Commerce? National Bureau of Economic Research Working Paper 7093. Cambridge MA.
Klitgaard, Robert, 1988: Controlling Corruption. Berkeley.
Krueger, Anne, 1974: The Political Economy of the Rent Seeking Society, in: American Economic Review 64, 291–303.
Lambsdorff, Johann Graf, 2002: Corruption and Rent-Seeking, in: Public Choice 113 (1/2), 1–29.
Lambsdorff, Johann Graf, 2003a: How Corruption Affects Persistent Capital Flows, in: Economics of Governance 4 (3).
Lambsdorff, Johann Graf, 2003b: How Corruption Affects Productivity, in: Kyklos 56 (4), 457–474.
Lambsdorff, Johann Graf, 2004: Invisible Feet and Grabbing Hands – the Political Economy of Corruption and Welfare, in: *Breton, Albert/Galeotti, Galeotti/Salmon, Pierre/Wintrobe, Ronald* (Hrsg.), Rational Obfuscation and Transparency in Politics. Cambridge..
Mauro, Paolo, 1995: Corruption and Growth, in: Quarterly Journal of Economics 110 (3), 681–712.
Mauro, Paolo, 1997: The Effects of Corruption on Growth, Investment, and Government Expenditure: A Cross-Country Analysis. Corruption and the Global Economy. Washington D.C., 83–107.
McChesney, Fred S., 1997: Money for Nothing. Politicians, Rent Extraction, and Political Extortion. Cambridge.
McGuire, Martin C./Olson, Mancur, 1996: The Economics of Autocracy and Majority Rule: The Invisible Hand and the Use of Force, in: Journal of Economic Literature 34, 72–96.
Moe, Terry M., 1984: The New Economics of Organization, in: American Journal of Political Science 28 (4), 739–777.
Murphy, Kevin M./Shleifer, Andrei/Vishny, Robert W., 1993: Why is Rent-Seeking so Costly to Growth, in: The American Economic Review Papers and Proceedings 83 (2), 409–414.
North, Douglas C., 1981: Structure and Change in Economic History. New York/London.
North, Douglas C., 1993: Institutions and Credible Commitment, in: Journal of Institutional and Theoretical Economics 151, 11–23.
Paldam, Martin, 2001: Corruption and Religion, Adding to the Economic Model, in: Kyklos 54 (2/3), 383–414.
Posner, Richard A., 1974: Theories of Economic Regulation, in: Bell Journal of Economics and Management 5 (2), 335–358.
Rose-Ackerman, Susan, 1978: Corruption – A Study in Political Economy. New York.
Rose-Ackerman, Susan, 1999: Corruption and Government. Causes, Consequences and Reform. Cambridge.

Shleifer, Andrei/Vishny, Robert W., 1993: Corruption, in: Quarterly Journal of Economics 108, 599–617.
Stiglitz, Joseph, 1998: Distinguished Lecture on Economics in Government: The Private Uses of Public Interests: Incentives and Institutions, in: The Journal of Economic Perspectives 12 (2), 3–22.
Tanzi, Vito/Davoodi, Hamid, 1997: Corruption, Public Investment, and Growth, in: International Monetary Fund Working Paper 97/139.
Treisman, Daniel, 2000: The Causes of Corruption: A Cross-National Study, in: Journal of Public Economics 76, 399–457.
Tullock, Gordon, 1980: Efficient Rent Seeking, in: *Buchanan, James M./Tollison, Robert D./Tullock, Gordon* (Hrsg.), Toward a Theory of the Rent-Seeking Society. College Station, 97–112.
Wei, Shang-Jin, 2000: How Taxing is Corruption on International Investors, in: Review of Economics and Statistics 82 (1), 1–11.
Weingast, Barry R., 1993: Constitutions as Governance Structures: The Political Foundations of Secure Markets, in: Journal of Institutional and Theoretical Economics 149, 286–311.
Winston, Gordon C., 1979: The Appeal of Inappropriate Technologies: Self-Inflicted Wages, Ethnic Price and Corruption, in: World Development 7 (8/9), 835–845.
Wintrobe, Ronald, 1998: The Political Economy of Dictatorship. Cambridge, UK.

Politische Korruption und politischer Wettbewerb: Probleme der quantitativen Analyse*

Philip Manow

1. Einleitung

Die Beschäftigung mit politischer Korruption gehört zum Kerngeschäft der Politikwissenschaft, weil es hierbei um die zentrale Frage geht, wie das „buon governo" gesichert werden kann. Westliche Demokratien halten auf diese Frage eigentlich eine plausible Antwort bereit. Wer nicht gut regiert, wird abgewählt („throw the rascals out"). Doch offensichtlich funktioniert die demokratische Kontrolle der Regierenden durch die Regierten unterschiedlich gut, wenn man etwa den Corruption Perception Index als ein Performanzkriterium nimmt. Denn selbst wenn wir nur die reifen und reichen Demokratien des Westens in den Blick nehmen, sind wir hinsichtlich der Ausprägung politischer Korruption mit einer großen Variation zwischen den nationalen politischen Systemen konfrontiert, die erklärungsbedürftig ist. Der jährlich ausgewiesene Corruption Perception Index reicht von 0 (vollständig korrupt) bis 10 (vollständig korruptionsfrei). Bereits innerhalb Westeuropas reichte seine Schwankungsbreite im Jahr 2003 zwischen Finnland (9,7) und Griechenland (4,3), erstreckte sich also bereits über mehr als die Hälfte des gesamten Index. Dieser Befund sehr weiter Variation allein schon zwischen den europäischen Demokratien wird in der mittlerweile stark angewachsenen Länderliteratur über politische Korruption bestätigt,[1] und würde sich noch verstärkt ergeben, wenn wir auch die neuen EU-Mitgliedsländer in die Betrachtung einschließen würden (bspw. mit Polen und Tschechischer Republik mit CPI-Scores von 3,6 bzw. 3,9, um hier ganz zu schweigen von dem Kandidatenland Rumänien). Doch auch schon bei einer Beschränkung auf die etablierten westlichen Demokratien führt der Befund weiter Streuung zur Frage, warum die Kontrollfunktion demokratischer Wahlen anscheinend von Land zu Land so unterschiedlich ausgeprägt ist.

In der Literatur findet man eine große Zahl von Variablen, mit denen politische Korruption zu erklären gesucht wird (Sandholtz and Koetzle 2000; Treisman 2000; Abed and Gupta 2002; Manow 2003; Gerring and Thacker 2004). Unterschiede in nationalen Korruptionslevels werden erklärt 1) mit Unterschieden im ökonomischen Entwicklungsstand, 2) mit Unterschieden im Ausmaß außenwirtschaftlicher Offenheit,

---

* Ich danke den Teilnehmern der Konferenz „Dimensionen politischer Korruption" an der Universität Düsseldorf für hilfreiche Kritik und Kommentare. In Teilen rekurrieren die folgenden Ausführungen auf Manow (2003).
1 Diese politikwissenschaftliche Länderliteratur selber ist allerdings nicht Gegenstand der folgenden Darstellung, weil das den Rahmen des Aufsatzes sprengen würde. Ich konzentriere mich im Folgenden auf die theoretisch substanziellen Beiträge sowie auf die quantitativ vergleichenden Studien zum Thema politische Korruption (siehe Treisman 2000; Sandholtz/Koetzle 2000; Sandholtz/Gray 2003; Montinola/Jackman 2002; Persson et al. 2003; Gerring/Thacker 2004; Manow 2003; Abed 2002; Lambsdorff 1999).

3) in Hinblick auf das Vorkommen von (leicht ausbeutbaren) Rohstoffen, 4) als historische Erbschaft verschiedener Kolonialregime. Korruption wird des Weiteren zurückgeführt auf 5) Unterschiede der Rechtstradition und Rechtskultur (Common Law versus römisches Recht), auf 6) Unterschiede im Niveau der Entlohnung im öffentlichen Sektor, auf 7) Unterschiede im Grad der Freiheit und Unabhängigkeit der Presse, sie wird erklärt mit Unterschieden hinsichtlich 8) dem nationalen Ausmaß sozialer Ungleichheit oder 9) hinsichtlich der zivilgesellschaftlichen Strukturen (soziales Kapital, politische Freiheitsrechte, konfessionelle Zusammensetzung der Bevölkerung), 10) dem Alter der Demokratie etc. pp. Diese Liste ließe sich ohne große Mühe beträchtlich verlängern. Wenn wir uns auf die *im engeren Sinne politikwissenschaftlichen* Erklärungen konzentrieren, so wird von Politikwissenschaftlern vorzugsweise danach gefragt, ob präsidentielle Systeme korrupter sind als parlamentarische Systeme (Kunicova 2000), ob föderale Länder sich als korruptionsanfälliger erwiesen haben als unitarisch-zentralisierte Länder (Treisman 2000; Fisman/Gatti 2002; Treisman 2002; Gerring/Thacker 2004), ob die Listenwahl eher Korruption befördert als die Persönlichkeitswahl (Golden/Chang 2001; Persson/Tabellini et al. 2001, 2003; Golden 2003), ob konsoziative Demokratien korrupter sind als Konkurrenzdemokratien (Lijphart 1999).

Zentrales theoretisches Konzept in den meisten dieser *im engeren Sinne* politikwissenschaftlichen Untersuchungen ist der „politische Wettbewerb". So wird etwa behauptet, dass die Listenwahl c. p. deswegen mit mehr Korruption verbunden ist, weil sie dem Wähler weniger Auswahlmöglichkeiten und daher weniger Sanktionsmöglichkeiten gegenüber dem einzelnen Abgeordneten biete als die Persönlichkeitswahl (Persson, Tabellini et al. 2001, 2003). Gleichfalls begründet sich die Hypothese, dass föderale Systeme weniger korruptionsanfällig seien als unitarisch-zentralisierte Systeme mit dem Argument, dass dezentrale Entscheidungsstrukturen eine unmittelbarere Kontrolle durch die Wähler ermöglichen würden. Im Wettbewerb der Parteien und Kandidaten hätten dadurch „ehrlichere" Wettbewerber elektorale Vorteile. Der gleiche Zusammenhang wird für den Vergleich von Konsensdemokratien und Konkurrenzdemokratien geltend gemacht. Konsoziative Demokratien haben den politischen Wettbewerb zugunsten eines Elitenkartells (Lijphart) oder eines Friedensschlusses zwischen den Lagern und Säulen partiell stillgestellt. Dies, so die These, sollte im Vergleich zu konkurrenzdemokratischen Systemen insgesamt zu mehr politischer Korruption führen.

Viele Debattenbeiträge übernehmen also als ihren theoretischen Ausgangspunkt die ideale Selbstbeschreibung moderner Demokratien, nach der die demokratische Abstimmung ein geeignetes Kontroll- und Sanktionsinstrument ist, wann immer politische Repräsentanten in der Versuchung stehen, ihr Verhalten nicht am Gemeinwohl, sondern am partikularen Eigenwohl auszurichten. Im Rahmen dieses Arguments wird politische Korruption (als „misuse of public office for private gain") *mit Defiziten des politischen Wettbewerbs* bzw. mit Unterschieden in seiner Effizienz zu erklären gesucht. Miriam Golden und Eric Chang haben diesen Zusammenhang vor kurzem wie folgt prägnant formuliert:

„Schumpeterian competition between political elites ought to prevent large-scale, persistent political corruption from taking root in democratic polities (...) because partisan competitors can always offer their service to voters and ought to be preferred over their dishonest counterparts" (Golden/ Chang 2001).[2]

So weit verbreitet und akzeptiert wie dieses Argument ist, so selten sind doch bislang Versuche, es systematisch empirisch auf seine explanative Kraft hin zu untersuchen (Panizza 2001; Montinola/Jackman 2002; Persson, Tabellini et al. 2003).

Dieser Aufsatz möchte den aktuellen Stand der Debatte über die Effekte des politischen Wettbewerbs auf Korruption – kritisch – darstellen. Meine Kritik ist dabei sowohl methodisch als auch theoretisch begründet. Zu diesem Zweck werden ich zunächst die zentralen Thesen der Studien von Persson et al. und Montinola/Jackman kurz darstellen und mit einer Replikationsstudie die Stabilität ihrer Befunde überprüfen (Abschnitt 2). Dabei zeigen sich in meinen Augen Mängel dieser beiden Studien, die Zweifel an ihrem zentralen Ergebnis, dass ein inverser Zusammenhang zwischen politischem Wettbewerb und politischer Korruption besteht, begründen. Diese Zweifel – wohlgemerkt – beziehen sich auf die spezifischen empirischen Befunde und deren theoretische Begründungen. Damit soll nicht zugleich grundsätzlich bestritten werden, dass möglicherweise solch ein inverser Zusammenhang zwischen demokratischem Wettbewerb und politischer Korruption tatsächlich besteht. In einem zweiten Schritt schlage ich vor, die Frage nach dem Verhältnis von politischem Wettbewerb und politischer Korruption in Hinblick auf die Bedeutung von Wahlregeln als effizienten demokratischen Kontroll- und Sanktionsinstrumenten zu stellen. Zu diesem Zweck werde ich den Einfluss von Wahlregeln an einem neuen Datensatz über die Anreize zur Kultivierung eines „personal votes" überprüfen (Wallack et al. 2002; vgl. Carey/Shugart 1995; Cain et al. 1987). Dabei frage ich, inwiefern das Delegations- und Kontrollverhältnis zwischen Wählern und *Parteien* effizienter das demokratische Gemeinwohl sichert als das Kontroll- und Delegationsverhältnis zwischen Wählern und *Kandidaten* (Abschnitt 3). Ich diskutiere zum Schluss einige Folgerungen der Befunde.

2. Was erklärt politische Korruption? Eine multivariate Betrachtung

Ich werde im Folgenden diejenigen empirischen Untersuchungen einer näheren kritischen Betrachtung unterwerfen, die meinen, einen negativen Zusammenhang zwischen politischem Wettbewerb und politischer Korruption empirisch bestätigt zu haben (Montinola/Jackman 2002; Persson, Tabellini et al. 2001, 2003). Beide Studien sind relativ neuen Datums und zeigen, dass die Literatur sich erst seit kurzem dem Versuch der systematischen Überprüfung der gängigen Erklärungen für politische Korruption widmet.

Die Studien von Persson et al. sowie Montinola/Jackman streben eine Überprüfung der Hypothese an, dass ein funktionierender politischer Wettbewerb als Remedur gegenüber allen Erscheinungsformen von „improper political practices" wirkt. Beide Stu-

---

[2] Vom unterstellten Kausalmechanismus anders, aber von der Prognose gleich sind diejenigen Theorien, die der demokratischen Wahl als Funktion nicht das retrospektive Sanktionieren von *bad types*, sondern das prospektive Selektieren von *good types* zuschreiben (Fearon 1999).

dien behaupten, empirische Evidenz für die Geltung dieser Hypothese präsentieren zu können. Persson/Tabellini/Trebbi (künftig PTT) testen die folgenden Hypothesen:
- je größer die Wahldistrikte, desto geringer die Korruption (barriers to entry-Argument): PTT behaupten, dass in größeren Wahlbezirken der Eintritt neuer Kandidaten oder Parteien einfacher, damit der politische Wettbewerb intensiver ist;
- je größer der Anteil der Listenwahl, desto verbreiteter die Korruption (accountability-Argument): PTT behaupten, dass die durch die Parteien erstellten Listen die Auswahlmöglichkeiten für Wähler beschränken, damit den Wettbewerb beschränken, und damit Korruption erleichtern;
- je höher die politische Instabilität, desto höher die Korruption (Kontroll-Argument): PTT postulieren, dass hohe politische Instabilität Korruption fördert, weil sie den Zusammenhang zwischen „politischer Performanz" und retrospektiver Belohnung durch Wiederwahl zerstört;[3]
- Mehrheitswahlrecht in Einzelwahlkreisen sollte weniger Korruption „produzieren" als das Verhältniswahlrecht in Mehrkandidaten-Wahlbezirken (Wettbewerbs-Argument; vgl. Persson et al. 2001: 5): Erneut steht hinter dieser Hypothese ein Argument höherer und mit schärferen Sanktionsmitteln bewehrter Kontrolle und „accountability" in Einzelwahlkreisen durch das Mehrheitswahlrecht.

Ich werde im nächsten Abschnitt die theoretische Plausibilität dieser Annahmen detaillierter diskutieren. Hier möchte ich zunächst meine methodische Kritik an der Studie formulieren. Das der Studie von Persson et al. zugrunde liegende Sample umfasst 86 Länder. Über das gesamte Sample finden PTT Bestätigung für ihre Thesen. Die Spalten 1 und 2 in Tabelle 1 berichten ihre Ergebnisse. Dabei wird in Klammern die t-Statistik ausgewiesen.[4] Wie aus Tabelle 1 ersichtlich, besitzen die Variablen von theoretischem Interesse (Distriktgröße [-], Listenwahl [+] und Instabilität [+]) die erwarteten Vorzeichen und sind auch statistisch signifikant bzw. nahezu signifikant. (Für die Interpretation muss hervorgehoben werden, dass Persson et al. zur besseren Interpretation den CPI invertiert haben, sodass nun hohe Werte hohe Korruption anzeigen. Negative Koeffizienten bedeuten also in Tabelle 1, dass die betreffende Variable Korruption verringert.)

Bei näherer Betrachtung erweisen sich diese Resultate von PTT jedoch als problematisch. Unter den 86 Ländern des Samples befinden sich 25 Länder, die nach dem Freedom-House-Index lediglich als „teilweise frei" eingestuft sind, sowie 10 Länder, die nach dem Freedom-House-Index als „unfrei" gelten müssen. Mit anderen Worten: 41 Prozent des Samples von PTT bestehen aus Ländern, in denen freie Wahlen und basale demokratische Freiheiten nur teilweise gegeben oder sogar vollständig abwesend sind.

---

3 „Extraction of rents is increasing in political instability, as more instability makes the perceived probability of winning less sensitive to rent extraction" (Persson et al. 2001: 5). Hier ist natürlich auch die genau entgegengesetzte Hypothese plausibel (siehe die Hypothesen H7 und H7' bei Treisman 2000: 406 und 407): Stabilität verhindert den politischen Wechsel und Wettbewerb und fördert den Aufbau persönlicher Korruptionsnetzwerke. Es scheint, dass Stabilität/Instabilität am besten als quadratische Funktion integriert werden sollte (siehe hierzu die Überlegungen bei Montinola/Jackman, s.u.). In der 2003er Version haben Persson et al. auf die Betrachtung der Instabilitäts-Variable verzichtet.

4 Als Daumenregel: ein absoluter Wert über 2 zeigt ein Signifikanzniveau von 0,05 oder besser an.

Tabelle 1: WLS[5], Abhängige Variable: Corruption Perceptions Index ⌀ 1997–1999, Replikation der Persson et al. 2001-Studie (in Klammern t-Statistik)

	1	2	3	4	5
Konstante	16,23	14,33	19,04	15,93	15,61
	(10,45)	(7,74)	(4,7)	(7,90)	(2,72)
LogGDP	−0,97	−0,85	−1,34	−1,0	−0,28
	(−4,77)	(−3,95)	(−3,03)	(−4,35)	(−0,41)
LogPop	0,12	0,10	−0,03	0,08	−0,06
	(1,39)	(1,10)	(−0,21)	(0,76)	(−0,34)
Education	−0,02	−0,02	−0,02	−0,02	−0,10
	(−2,18)	(−2,12)	(−1,27)	(−1,90)	(−2,45)
OECD	−1,59	−1,58	−0,88	−1,55	0,07
	(−4,39)	(−4,59)	(−1,29)	(−4,0)	(0,06)
Openness	−0,01	−0,01	−0,01	−0,01	0,00
	(−2,73)	(−2,79)	(−1,37)	(−2,7)	(0,02)
ELF (Ethnisch-linguistische Fraktionalisierung)	−0,79	−0,80	−0,21	−0,91	−2,28
	(−1,68)	(−1,75)	(−0,28)	(−1,76)	(−1,71)
Prozent der Protestanten	−0,02	−0,02	−0,02	−0,02	−0,02
	(3,00)	(−3,81)	(−2,08)	(−3,52)	(−1,92)
Prozent der Katholiken	0,01	0,01	0,01	0,01	0,01
	(2,36)	(1,45)	(2,08)	(1,86)	(0,62)
Prozent der Konfuzianer	0,3	0,50	1,78	1,02	0,72
	(0,60)	(0,96)	(1,81)	(1,61)	(0,46)
Listenwahl		1,49	0,92	1,11	0,40
		(2,67)	(1,27)	(1,87)	(0,3)
Distrikt-Größe		−1,10	−0,73	−0,76	−0,8
		(−1,67)	(−0,83)	(−1,1)	(−0,49)
Politische Freiheitsrechte		0,17	0,14	0,04	1,38
		(1,55)	(0,21)	(0,27)	(1,63)
Instabilität		0,86	0,49	0,94	−1,13
		(1,92)	(0,83)	(2,0)	(−0,89)
adj. R²	0,87	0,89	0,86	0,87	0,85
Nobs	81	80	48	68	29
Freedom-House Index			<3 (nur freie Länder)	<5,5 (freie und teilweise freie Länder)	
Reife Demokratie nach Lijphart (1999)					Nur reife Demokratien

Quelle: Original-Datenset der PTT-Studie, erhältlich auf der persönlichen webpage von Prof. Guido Tabellini unter <http://www.uni-bocconi.it>. Für die Variablenbeschreibung siehe Persson et al. (2001: 27–30).

---

5 Persson et al. 2001 berichten weighted least squares, wobei als Gewichtung die Inverse der Standardabweichung benutzt wird. Ein solches Vorgehen ist üblich (siehe auch Treisman 2000), um weniger verlässliche Angaben – d.h. Angaben mit hoher Standardabweichung – mit geringerem Anteil in die Schätzung eingehen zu lassen.

Persson und seine Ko-Autoren haben also den Einfluss des politischen Wettbewerbs auf politische Korruption getestet mit einem Sample, das zu einem erheblichen Teil aus Ländern besteht, in denen von politischem Wettbewerb nur sehr eingeschränkt oder überhaupt nicht die Rede sein kann. Der Freedom-House-Index reicht von 1 (vollständige politische Freiheitsrechte) bis 8 (vollständige Abwesenheit politischer Freiheitsrechte). Folgen wir dem Klassifizierungsvorschlag von Freedom House und bezeichnen Länder mit Scores zwischen 1 und 2,5 als „frei", Länder mit Scores höher als 3 als „teilweise frei" und Länder mit Scores höher als 5,5 als „unfrei" (vgl. www.freedomhouse.org/ratings/index.htm), so ergibt eine Replikation der Persson/Tabellini/Trebbi-Studie für die freien bzw. freien und teilweise freien Ländern die folgenden Ergebnisse (siehe Tabelle 1, Spalten 3 und 4).

Die Vorzeichen der Koeffizienten für die politisch institutionellen Variablen bleiben bei dieser Betrachtung zwar konstant und in der erwarteten Richtung, jedoch verringern sich die Koeffizienten deutlich und verlieren jegliche statistische Signifikanz, sobald wir die Betrachtung auf die vollständig freien Länder einschränken. Keine der Variablen von theoretischem Interesse reicht auch nur an das sehr weiche p < 10 Prozent Signifikanzniveau heran. Unter Einschluss auch der „teilweise freien" Länder verbessern sich die Ergebnisse leicht und die Variablen „Listenwahl" und „politische Instabilität" erreichen nun eine etwas bessere t-Statistik. Dies bleibt jedoch ein problematisches Ergebnis: Die Bestätigung der Hypothese, dass demokratischer Wettbewerb Korruption verringert, fällt umso überzeugender aus, je mehr undemokratische Länder in das Sample integriert werden.[6] Umgekehrt formuliert: Die Wettbewerbshypothese verfehlt für exakt die Gruppe von Ländern den statistischen Test, für die sie am ehesten Erklärungsanspruch erheben kann – für die Länder mit vollen politischen Partizipationsrechten und einem uneingeschränkt etablierten demokratischen Wettbewerb.

Dieser Befund bestätigt sich, wenn man nur jene Länder in Betracht zieht, die laut Arend Lijphart als etablierte Demokratien gelten können (Lijphart 1999: 48–61). Aus seinem Sample von 36 Ländern, die diesem Kriterium entsprechen, finden sich in dem Ländersample von PTT 29 Länder wieder. Berechnen wir für diese Länder das PTT-Modell, so ergeben sich die in Spalte 5 berichteten Ergebnisse. Die politisch institutionellen Variablen sind weit von jeglicher statistischer Signifikanz entfernt, für das Sample der i.e.S. demokratischen Länder wechselt sogar die Variable „Instabilität" ihr Vorzeichen – nun soll angeblich höhere Instabilität Korruption verringern. Insgesamt zeigen die Resultate, dass die Befunde von PTT im Wesentlichen darauf basieren, dass

---

[6] In weiterer Hinsicht sind diese Ergebnisse theoretisch sehr problematisch. Wie vor kurzem erneut von Golden/Chang überzeugend argumentiert wurde, gibt es reichhaltige empirische und theoretische Evidenz für die Annahme, das „personal vote"-Systeme korruptionsanfälliger als Listenwahl-Systeme sind (Golden/Chang 2001, m.w.L.). Die fehlende Unterscheidung bei PTT zwischen offener und geschlossener Listenwahl nährt daher auch erhebliche Zweifel an der Aussagekraft ihrer Befunde (siehe unten). Hinsichtlich der Variable „Instabilität" steht zu vermuten, dass hier erhebliche Endogenitätsprobleme bestehen (d.h. korrupte Systeme sind u.a. deswegen instabiler, *weil* sie korrupter sind). Schließlich müssen die „Proportionalität" eines Wahlsystems (Verhältnis von Stimmenanteilen zu Sitzanteilen) bzw. sein „break-even point" (Stimmenanteil, an dem Stimmen und Sitze sich genau entsprechen; vgl. Taagepera/Shugart 1989) als bessere Indikatoren für die Leichtigkeit des „Markteintritts" als die Variable „Distriktgröße" angesehen werden.

die Autoren die „Effekte politischen Wettbewerbs" in Ländern gemessen haben, in denen dieser Wettbewerb nur eingeschränkt oder gar nicht existiert.

Wie sind jedoch nun die Ergebnisse von Montinola und Jackman (2002) zu bewerten, die ebenfalls beanspruchen, empirische Evidenz für die Aussage gefunden zu haben: „political competition reduces corruption" (S. 151). Montinola und Jackman (künftig MJ) haben das ihren Berechnungen zugrunde liegende Datenset mir freundlicher Weise zur Verfügung gestellt, sodass mir eine exakte Replikation auch ihrer Studie möglich ist. Doch bevor ich die Ergebnisse dieser Berechnungen diskutiere, sollen auch hier vorweg einige kritische Anmerkungen zum Design ihrer Studie formuliert werden. Der erste kritische Einwand bezieht sich auf eine ihrer zentralen unabhängigen Variablen. Es bleibt bei MJ eigentümlich unklar, welche theoretische Hypothese die Autoren eigentlich genau testen wollen. MJ sprechen zwar vom Einfluss der „competition in the political arena" (S. 147) auf Korruption, testen aber nicht diese Hypothese mit einer der vielfältigen *Wettbewerbsvariablen*, wie sie in der Literatur vorgeschlagen werden (Strøm 1989, 1990). Stattdessen nehmen sie einen der vielen Indikatoren für *politische Freiheitsrechte*. Damit wird aber eben nicht der Effekt des tatsächlichen Wettbewerbs gemessen, sondern nur, ob für ihn die institutionellen und rechtlichen Voraussetzungen grundsätzlich bestanden haben. Um ein Beispiel zu nennen: Das politische System Großbritanniens und das von Italien oder Japan können für die gesamte Nachkriegsperiode als vollständig demokratisiert charakterisiert werden. Es ist daher nicht überraschend, dass alle drei Länder auf dem von MJ verwendeten Demokratie-Indikator von Kenneth Bollen mit 100 identisch eingestuft werden (Bollen 1993: 1227). Doch ohne Zweifel unterscheidet sich das Ausmaß *effektiven* politischen Wettbewerbs ganz erheblich zwischen diesen Ländern – wie immer man politischen Wettbewerb auch misst (vgl. Strøm 1989, 1990).[7] Mit anderen Worten: Die Studie von Montinola und Jackman sagt überhaupt nichts aus zur eigentlich theoretisch interessanten Frage: Können Unterschiede in der Intensität des demokratischen Wettbewerbs Unterschiede im Ausmaß der Korruption erklären? Die einzige Frage, zu der sie eine Antwort liefern können, lautet: Macht es einen Unterschied für politische Korruption, ob basale demokratische Rechte in einem Land gewährt sind oder nicht?

In der von MJ untersuchten Modellvariante sind die Autoren auch mit einem weiteren theoretischen Problem konfrontiert: Es ist ja nicht auszuschließen, dass bestimmte Länder nur deswegen volle demokratische Rechte gewähren, weil der *tatsächliche* demokratische Wettbewerb grundlegend defizitär, z.B. systematisch verzerrt ist. Mit anderen Worten: Volle Gewährleistung der formalen politischen Partizipationsrechte kann möglicherweise in einem Land deswegen vorgefunden werden, weil bspw. sein Wahl- und Parteiensystem die systematische Bevorzugung einer spezifischen Oligarchenschicht oder bestimmter politischer Eliten garantiert. Alles spricht also dafür, dass mit den

---

7 Als Veranschaulichung: Hinsichtlich der bei Strøm berichteten Werte zur Alternierung und Responsivität politischer Systeme belegen Großbritannien und Italien Extrempositionen. Auf der von 0 bis 1 reichenden Alternierungsskala liegt Italien bei 0,04, während Großbritannien einen hohen Wert von 0,37 erreicht. Responsivität, als eine Maßzahl für die Wahrscheinlichkeit, mit der eine Stimmen hinzugewinnende Partei in der nächsten Regierung vertreten sein wird, hat in Großbritannien den Wert 1, in Italien den Wert 0,45. Die Gegenüberstellung ließe sich beliebig fortsetzen.

gängigen Indizes für politische Freiheitsrechte tatsächlicher politischer Wettbewerb überhaupt nicht gemessen werden kann. Insofern können auch die Autoren nicht beanspruchen, Evidenz für die Aussage „political competition matters" (S. 167) gefunden zu haben.

Das Design der Studie von MJ setzt sich weiterer methodischer Kritik aus. Erstens verwenden die Autoren einen veralteten und wenig verlässlichen Korruptionsindikator, den Business International Indicator (BI-Index). Sie kontrollieren zwar ihre Studie durch die Verwendung des Corruption Perceptions Index, jedoch nehmen sie hier die 1988–1992 Angaben von Transparency International (TI), obwohl TI seitdem mehr als acht Nachfolgerhebungen vorgenommen hat. Eine Korrelationstabelle zwischen den CPI-Scores verschiedener Jahrgänge zeigt, dass die 1988–1992 Angaben vergleichsweise geringe Verlässlichkeit besitzen (Manow 2002). Das bei MJ wiederholt gegen den Index von Transparency International vorgebrachte Argument der geringen Fallzahl (S. 157 „principal drawback ... is its more restricted country coverage"; siehe ebenso 165) fiele in sich zusammen, hätten die Autoren die neueren Surveys von TI berücksichtigt. Der 2002 CPI umfasst 102 Länder, bereits der 1999er Index – volle zwei Jahre vor der Veröffentlichung der Studie von MJ frei zugänglich – umfasste mit 99 Ländern 33 Länder mehr als der von den Autoren favorisierte BI-Index. Samplegröße ist also kein Argument, das für den ansonsten wenig verlässlichen BI-Index ins Feld geführt werden kann. Da für alle anderen unabhängigen Variablen der Studie auch aktuelle Maßzahlen frei verfügbar sind, sprechen keinerlei Gründe gegen die Verwendung der neuesten TI-Maßzahlen.

Schließlich beanspruchen MJ auch noch, den Einfluss der relativen Einkommensposition öffentlich Bediensteter zu testen. Hier allerdings behaupten sie, „no data are available for either number of public-sector employees or specific expenditures on wages, [so] we cannot directly address this issue" (S. 158). Sie verwenden daher „level of economic development" (natürlicher Logarithmus des realen BIP pro Kopf) als Näherungswert für die Löhne im öffentlichen Sektor (S. 154). Eine nähere Diskussion über diesen ausgesprochen kruden Annäherungswert erübrigt sich, da die Behauptung, es gäbe keine international vergleichbaren Angaben zu den Löhnen im öffentlichen Sektor, nicht zutrifft (siehe die Studie von Schiavo-Campo et al. 1997). Wären die Autoren mit der grundlegenden vergleichenden Studie von Treisman über die „Causes of Corruption" (2000) vertraut gewesen, so wäre ihnen dieser Fehler nicht unterlaufen, denn Treisman berichtet die Daten von Schiavo-Campo. Dass Treisman in seiner multivariaten Untersuchung ebenso wie Schiavo-Campo et al. einen statistisch signifikanten Einfluss von Beamtenlöhnen auf Korruption *nicht* feststellen konnte, MJ aber einen solchen zu finden glauben (S. 169), wirft somit ein schlechtes Licht auf die Konstruktvalidität ihres Proxy-Wertes „wirtschaftlicher Entwicklungsstand". Diese Vermutung bestätigt sich, wenn man die Angaben von Schiavo-Campo et al. mit den Angaben zum Pro-Kopf-BIP bei MJ korreliert. Der Korrelationskoeffizient ist mit 0,55 unter dem Niveau, der als Anforderung an eine instrumentelle Variable gestellt werden muss – und negativ! Mit anderen Worten, entgegen der nicht näher begründeten Annahmen bei MJ, dass die *relative* Entlohnung der Staatsdiener (gemessen als Prozentteil des GDPs oder als Prozentteil des Pro-Kopf-GDPs) je höher ist, desto reicher ein Land ist (S. 169: „substantial correlation [of GDP] with average wages, both public and private"), zeigen die Angaben zu den „government wages" bei Schiavo-Campo, dass das Gegenteil der Fall ist: Ärmere Länder entlohnen ihre Staatsbeschäftigten relativ höher als reiche Nationen. Als Schlussfolgerung ergibt sich daher *bereits vor einem Blick auf die Daten*, dass nichts an der Analyse von MJ ihre resümierende Behauptung rechtfertigt: „higher wages ... reduce the incentives for corruption" (S. 169).

Welcher empirische Befund ergibt sich nun unabhängig von dieser Kritik am Design der Studie von Montinola und Jackman, wenn wir ihr Erklärungsmodell unter Einschluss der Daten zu der Lohnhöhe im öffentlichen Sektor replizieren?[8] Tabelle 2 berichtet die Ergebnisse meiner Replikation. Die Spalten 1 und 2 geben die originalen Befunde von MJ wieder, Spalte 3 enthält die Ergebnisse der Neuberechnung unter Verwendung der Angaben zur Entlohnung der Staatsbediensteten.

Tabelle 2: Replikation der MJ-Studie (in Klammern t-Statistik)

Abhängige Variable: Business International Index 1980–83	1	2	3	4
Konstante	−13,32 (4,9)	−11,05 (3,83)	8,72 (3,97)	−12,48 (−3,10)
Demokratie 80	0,08 (1,683)	0,15 (2,49)	0,37 (4,61)	0,09 (1,22)
Demokratie² 80		0,04 (1,88)	0,096 (3,08)	0,04 (1,70)
Staatsquote	1,57 (2,96)	1,31 (2,46)	−1,13 (−1,38)	1,04 (1,44)
Pro-Kopf BIB	1,88 (8,61)	1,68 (7,00)		1,88 (5,79)
Löhne im öffentlichen Sektor ≈ 1990–1995			0,08 (0,43)	0,21 (1,43)
OPEC	−1,97 (3,93)	−1,78 (3,54)	−1,54 (−1,70)	−1,38
# Nobs	66	66	50	50
R² (F-ratio)	0,66 (32,36)	0,67 (27,67)	0,43 (8,49)	0,67 (17,88)

Quelle: Montinola/Jackman (2002) und Schiavo-Campo et al. (1997).

Die Ergebnisse sind vergleichsweise leicht zu interpretieren. Im Gegensatz zu der von MJ verwendeten Variablen des Pro-Kopf BIPs erweist sich die Lohn-Variable als nicht erklärungskräftig. Die OPEC-Variable verliert ebenfalls ihre Signifikanz.[9] Auf den ers-

---

8 Die Daten von Schiavo-Campo et al. spiegeln den Stand der frühen 1990er wider, der BI-Index von Montinola/Jackman den Stand der frühen 1980er Jahre. Da es sich hier aber um Daten handelt, die nicht großen kurzfristigen Schwankungen unterworfen sind, scheint mir eine Integration der Lohndaten in das Modell von MJ als weitaus weniger problematisch als die Verwendung eines so kruden Annäherungswertes wie dem des Pro-Kopf-BIP.

9 Dies ist in erster Linie ein Variableneffekt, und kein durch die Verringerung der Samplegröße (von 66 auf 50) hervorgerufener Effekt. Denn bei Beschränkung auf die 50 Länder aus dem MJ-Sample, für die vergleichbare Zahlen zur Entlohnung der Staatsbediensteten vorliegen,

ten Blick scheint sich dagegen die Erklärungskraft der Demokratie-Variablen deutlich zu erhöhen (erhöhter Koeffizient, verbesserte t-Statistik). Dass dies jedoch allein ein Effekt des Ausschlusses der stark signifikanten Variable Pro-Kopf BIP ist, zeigt sich in Spalte 5. In den ersten beiden Modellspezifikationen von MJ hatte diese Variable ja sehr große Erklärungskraft bewiesen. Sie hatte das aber nicht als Annäherungswert an den vermuteten Kausalfaktor „Lohnhöhe im Staatsdienst", wie sich bei Einschluss der Informationen zu der Lohnhöhe zeigt. In bislang allen komparativen Untersuchungen hatte sich ein „Reichtumseffekt" auf das Niveau der politischen Korruption als stabil und erklärungskräftig erwiesen. Genau diesen Reichtums- oder Modernisierungseffekt misst die Pro-Kopf BIP Variable. Trägt man deren Einfluss Rechnung (Spalte 5), so zeigt sich, dass der von MJ behauptete Einfluss von Demokratie auf Korruption weitgehend verschwindet. Um es zusammen zu fassen: MJ messen etwas anderes (demokratische Freiheitsrechte), als sie zu messen vorgeben (politischen Wettbewerb), und selbst das, was sie messen, hat nicht den von ihnen behaupteten Einfluss auf die abhängige Variable – politische Korruption – sowie wir ihre eigene Theorie und den bisherigen Forschungsstand zum Thema ernst nehmen.

Da MJ einen veralteten, wenig verlässlichen Korruptions-Index verwenden, scheint es auch empfehlenswert, ihr Modell mit aktuelleren Daten erneut zu rechnen. Für diese Neuberechnung verwende ich statt des Business International Index den 1998er CP-Index als abhängige Variable. Der Proxy für das Lohnniveau öffentlicher Beschäftigter wird erneut durch die direkten Angaben über die staatlichen Ausgaben für Löhne und Gehälter ersetzt (Schiavo-Campo et al. 1997; gemessen als Prozent des BIP). Statt des von MJ verwendeten Indikators für das Ausmaß der Gewährung politisch-demokratischer Freiheitsrechte verwende ich den Freedom House Index für das Jahr 1998. Darüber hinaus habe ich die Angaben von MJ zur Variable „Staatsquote" (Penn World Table 6.0) für das Jahr 1997/98 aktualisiert. Wie MJ habe ich ebenfalls eine Dummy-Variable für OPEC-Mitgliedschaft integriert, obwohl mit nur 3 OPEC-Mitgliedern diese Variable in dem von mir verwendeten Sample keine große Rolle spielt. Die Fallzahl des aktualisierten Modells liegt mit 61 Ländern dicht an der Samplegröße von MJ (N = 66),[10] hat nun aber den Vorteil einer weitaus verlässlicheren abhängigen Variablen (1998er CP-Index) und einer nicht nur als grober Annäherungswert integrierten Variable über die relative Entlohnungsposition öffentlicher Bediensteter (siehe Tabelle 3).

Folgende Ergebnisse, die im Widerspruch zu den Befunden von MJ stehen, möchte ich hervorheben: Zunächst erweist sich der Effekt der relativen Lohnhöhe öffentlich Bediensteter als – wenn überhaupt erklärungskräftig – dann *negativ*: höhere Löhne erhöhen das Korruptionsniveau (vermindern den CPI-Wert). Zu dem gleichen Ergebnis kommen Schiavo-Campo et al. (1997). Treisman berichtet für diese Variable insignifikante, aber positive Koeffizienten (2000). Die betreffende Variable hat in Tabelle 3 durchweg ein negatives Vorzeichen, ist jedoch nicht statistisch signifikant. MJ berichte-

---

bleiben die Variablen Pro-Kopf-BIP und OPEC-Mitgliedschaft nahezu unverändert (Berechnungen sind hier nicht berichtet).

10 Diese eingeschränkte Samplegröße ergibt sich nicht wegen der Verwendung des CP-Indexes, vielmehr ist das Sample dadurch begrenzt, dass Angaben über die Löhne im öffentlichen Sektor für viele Länder fehlen. Trotzdem übertrifft die hier einbezogene Fallzahl die meisten Modelle in der grundlegenden Studie von Treisman (2000).

Tabelle 3: Neuberechung des Montinola/Jackman-Modells mit aktuellen Daten (in Klammern t-Statistik)

Abhängige Variable: CPI 1998	1	2	3	4
Konstante	14,01	12,66	9,87	12,54
	(2,17)	(2,32)	(2,00)	(2,3)
Demokratie 80	−0,79	−1,27	−1,20	−1,22
	(−5,18)	(−7,87)	(−6,89)	(−7,00)
Demokratie² 1998		0,379	0,354	0,356
		(4,92)	(4,33)	(4,37)
Staatsquote 1998	11,88	13,07	−1,40	12,67
	(0,80)	(1,04)	(−1,17)	(1,01)
Pro-Kopf BIP	−14,04	−15,19		−14,68
	(−0,91)	(−1,17)		(−1,12)
Löhne im öffentlichen Sektor ≈ 1990–1995			−0,1	−0,09
			(−0,89)	(−0,84)
OPEC	−1,65	−1,23	−1,66	−1,38
	(−1,36)	(−1,19)	(−1,62)	(−1,32)
# Nobs	61	61	61	61
R²	0,37	0,55	0,55	0,55

Quellen: Freedom House Index; Penn World Tables 6.0; Schiavo-Campo et al. (1997).

ten für ihren Annäherungswert Pro-Kopf BIP durchweg ein positives Vorzeichen (siehe Montinola/Jackman 2002: 160, Table 1 und 166, Table 3). Zudem sind die beiden Demokratievariablen in allen neu berechneten Modellspezifikationen sehr viel stärker signifikant als in dem originalen MJ-Modell. Zudem zeigen die Berechnungen mit den aktualisierten Daten, dass die Beziehung zwischen politischen Freiheitsrechten und Korruption nicht-linear ist. Der direkte Zusammenhang zwischen der einfachen Demokratie-Variable und der abhängigen CPI-Variablen ist *negativ* (und signifikant, während er bei MJ durchweg positiv, aber insignifikant ist). Die Demokratie²-Variable erweist sich als *positiv* und dabei ebenfalls als robust erklärungskräftig. Das scheint zunächst eine Bestätigung der Vermutung bei MJ zu sein: „the effect of democracy on corruption is nonlinear" (S. 161). Doch während die Schätzung von MJ einen exponentiellen Zusammenhang vorhersagt, legt meine Neuberechnung ihres Modells einen quadratischen Zusammenhang nahe (siehe Abbildung 1). Dabei passen diese neu berechneten Befunde weit besser zur Interpretation der Autoren als ihre eigenen Daten, denn folgt man MJ, so ist die Korruption in mittel-demokratisierten Ländern höher als in Ländern mit autoritären Regimen (S. 167). Ihre eigenen Resultate hingegen implizieren, dass mehr Demokratie *immer* zu weniger Korruption führt (sowohl die einfache, als auch die quadrierte Demokratie-Variable haben positive Vorzeichen!; MJ 2002: 160, Table 1, 162 Table 2). Diesen manifesten Widerspruch zwischen ihren Ergebnis und ihrer Interpretation thematisieren die Autoren nicht weiter.

Die äußerst geringe Robustheit aller anderen Befunde von MJ gegenüber leichten Veränderungen im Ländersample oder gegenüber marginalen Veränderungen in der Operationalisierung der unabhängigen Variablen muss ausgesprochen skeptisch stimmen hinsichtlich der Verlässlichkeit ihrer inhaltlichen Schlussfolgerungen. Unbenom-

Abbildung 1: Vergleich der Prognose des MJ Schätzers und des neu berechneten Schätzers, Tabelle 2 Spalte 2 und Tabelle 3, Spalte 4

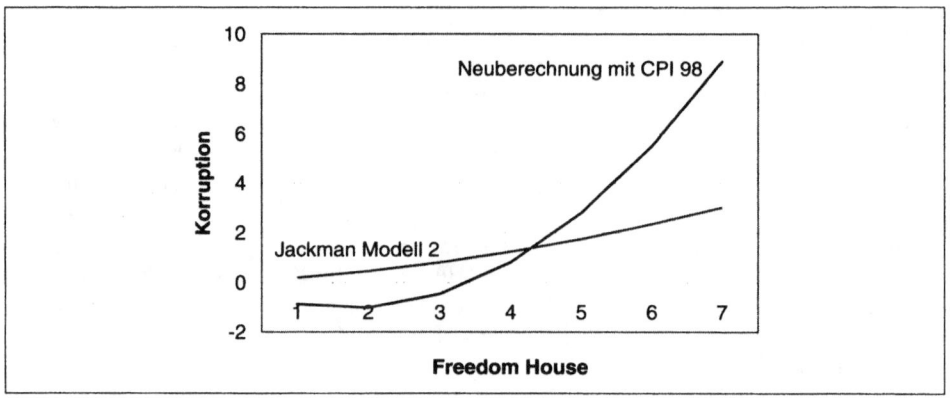

men von dieser generellen Skepsis bleibt die grundlegende Kritik, dass MJ nicht – wie von ihnen selbst behauptet – den Einfluss politischen Wettbewerbs auf Korruption untersucht haben, sondern den Einfluss der Gewährung politischer Freiheits- und Partizipationsrechte auf Korruption. Dies ist allerdings eine gänzlich andere Sache.

3. Politischer Wettbewerb und Wahlregeln: eine Überprüfung der „personal vote"-These

Aus der vorangegangenen Argumentation ergibt sich u.a. die folgende Einsicht: Die verschiedenen vergleichend-quantitativen Arbeiten zum Einfluss von Wahlregeln auf Korruption haben bislang lediglich zu Resultaten geführt, die als „highly equivocal" bezeichnet werden müssen (Gerring/Thacker 2004: 298). Insbesondere umstritten bleibt die Frage, ob die Listenwahl oder die Persönlichkeitswahl ein effizienteres demokratisches Kontrollmittel darstellt (siehe oben, Fn. 6). Eine breite politikwissenschaftliche Literatur verweist darauf, dass der wichtige Unterschied in diesem Zusammenhang nicht darin besteht, ob nach Listen oder nach Personen abgestimmt wird, sondern ob die Rangfolge auf Listen durch den Wähler verändert werden kann (offene Listen) und ob „persönliche Stimmen" auf andere Kandidaten übertragbar sind oder nicht (Carey/Shugart 1995; Nohlen 2000; Shugart 2001). So ist das hohe Ausmaß der politischen Korruption in Italien plausibel mit dem italienischen Wahlsystem der offenen Listen und Mehrfachstimmen (voto di preferenza) in Verbindung gebracht worden (Golden/Chang 2001; Golden 2003), das die partei-interne Konkurrenz insbesondere innerhalb der DC angeheizt, aber dadurch zugleich den Wettbewerb zwischen den Parteien stark gemindert hat. Eine ähnliche Wirkung wird dem ganz anders funktionierenden japanischen Wahlsystem mit dem Single Nontransferable Vote in Mehrkandidatenwahlkreisen zugeschrieben. Hier ist es nicht der Kampf um gute Rangplätze auf offenen Listen, sondern der Ausschluss der Übertragbarkeit von Stimmen auf andere Kandidaten der gleichen Partei, der einen starken Anreiz zur Etablierung (teurer) persönlicher Unterstützungsnetzwerke mit ihrer allgegenwärtigen Tendenz zu korrupten Praktiken darstellt. Diesen Feinheiten des Wahlsystems wird man aber durch die simple Gegenüberstellung von Listenwahl und Persönlichkeitswahl nicht gerecht, wie sie etwa in der PTT-Studie vorgenommen worden ist.

Seit kurzem liegt allerdings ein vergleichender Datensatz mit recht hoher Fallzahl vor, der die grundlegenden Überlegungen von Carey und Shugart zu den Anreizeffekten von Wahlregeln (1995) systematisch aufgenommen hat und den Kodierungsvorschlägen dieser Autoren weitgehend gefolgt ist (Wallack et al. 2002). Dieser Datensatz ermöglicht eine sehr viel genauere Überprüfung der „demokratischen Effizienz" verschiedener Wahlregeln, als dies mit den bislang vorgelegten Untersuchungen möglich war, weil er die spezifischen Anreizwirkungen einzelner elektoraler Regeln deutlich verbessert abbildet. Carey und Shugart hatten in ihrer einflussreichen Untersuchung über Anreize zur Ausbildung eines „personal vote" drei Dimensionen von Wahlregeln unterschieden, die alle bei der Frage eine entscheidenden Rolle spielen, ob ein Wahlsystem eher parteien-orientiert oder eher kandidaten-orientiert ist, ob eher die Parteireputation oder die persönliche Kandidatenreputation für die Wahl ausschlaggebend ist. Sie nannten diese drei Dimensionen *Ballot, Pool, Vote*. Zunächst – so die Autoren – ist entscheidend, wie stark eine Partei beeinflussen kann, wer sich unter ihrem Label um politische Ämter bewirbt (Ballot). Dann ist entscheidend, wie sehr Stimmen zwischen Kandidaten ein und derselben Partei „gepoolt" werden oder aber ausschließlich für einzelne Kandidaten zählen (Pool). Schliesslich ist von Bedeutung, ob Wähler eine oder mehrer Stimmen haben und ob sie mit diesen Stimmen Präferenzen über Parteien oder über Kandidaten ausdrücken können (Vote; Carey/Shugart 1995: 420–423). Jede dieser drei Dimensionen hat bei Carey und Shugart drei Ausprägungen, die von 0 (partei-kontrollierte Listenerstellung, volles Verrechnen von Stimmen zwischen Kandidaten und Einzelstimme für Parteiliste) bis 2 (freie Kandidatenbewerbungen, kein Verrechnen und Einzelstimmen für Einzelkandidaten) reichen. Diese Überlegungen sind für die Erstellung des Datensatzes „Political Particularism around the World" mit geringfügigen Modifikationen übernommen worden (Wallack et al. 2002).[11] Im Folgenden möchte ich nun mit Hilfe dieses Datensatzes insbesondere die umstrittene Frage wieder aufgreifen, inwiefern die Listen- bzw. die Persönlichkeitswahl eine bessere Kontrolle der Regierenden durch die Regierten ermöglicht.

Bevor ich mein methodisches Vorgehen knapp erläutere, sind jedoch zwei inhaltliche Anmerkungen über den mit dem gewählten Vorgehen verbundenen Vorteil (a) bzw. Nachteil (b) voraus zu schicken. (a) Der Frage nach dem Einfluss des politischen Wettbewerbs auf Korruption anhand der Untersuchung von Wahlregeleffekten nachzu-

---

11 Carey und Shugart behandeln als vierte wichtige Dimension die Größe des Wahlbezirks. Diese hat aber unterschiedliche Wirkungen je nachdem, ob Wähler zwischen Kandidaten auswählen können oder nicht. In Systemen mit geschlossener Liste nimmt die Bedeutung persönlicher Reputation mit zunehmender Größe des Wahlbezirks ab. Bei Persönlichkeitswahl oder offenen Listen nimmt die Bedeutung einer persönlichen Reputation mit zunehmender Größe des Wahlbezirks hingegen zu (1995: 430–432). Es handelt sich hier jedoch um zwei verschiedene Arten von Reputation, und im Kontext meiner Überlegungen spielen nicht beide eine Rolle. Einmal geht es um eine lokale Reputation (a reputation to deliver), das andere Mal geht es um eine überregionale Bekanntheit oder Berühmtheit, die nichts mit den politischen Fähigkeiten zu tun hat, spezifische persönliche Vorteile zu gewähren und partikularen, lokalen Interessen zu dienen. Da hier nur das Erste interessiert, vernachlässige ich im Folgenden die Größe des Wahldistrikts.

gehen, hat meines Erachtens den Vorteil, dass wir damit vermeiden, Indikatoren zu wählen, die immer schon das Resultat des Zusammenspiels von institutionellen Regeln, Interessenlagen und strategischen, auf den institutionellen Rahmen reagierenden Verhaltens sind. Nimmt man stattdessen einen der in der Literatur gängigen Wettbewerbsindikatoren wie „closeness" (Abstand der Stimmenanteile zwischen der stärksten und zweitstärksten Partei) oder „responsiveness" (Wahrscheinlichkeit, nach der Parteien mit Stimmenzugewinnen in der Regierung vertreten sein werden; vgl. als Übersicht Strøm (1989, 1990) oder die effektive Zahl der Parteien (Rae 1971) so haben wir immer *Ergebnis*indikatoren, bei denen die exklusive Zurechnung auf Institutionen, Interessen oder Strategien unmöglich ist. (b) Der Nachteil des gewählten Vorgehens ist jedoch, dass wir natürlich nur einen isolierten Einzelaspekt betrachten, und damit gerade „institutionelle Interaktionseffekte" von hohem theoretischen Interesse nicht in den Blick bekommen. Um ein Beispiel für unseren Kontext zu geben: Wie Gary Cox überzeugend argumentiert hat, ist das sehr hohe Ausmaß an Exekutivdominanz im britischen Westminster-System historisch gerade als Antwort auf die hohen Anreize zum partikularistischen Abgeordnetenverhalten zu verstehen, die im britischen Mehrheitswahlrecht in Einzelwahlkreisen begründet sind (Cox 1987). Wenn wir also allein den Effekt von Wahlregeln untersuchen, entgeht uns womöglich, dass wir in den untersuchten politischen Systemen bereits schon institutionell verfestigte Antworten auf die Folgeprobleme bestimmter Wahlregeln vorfinden. Für die nachstehende empirische Untersuchung gilt deswegen die gleiche einschränkende Bemerkung, die auch Carey und Shugart selbst im Kontext ihrer Untersuchung betonen: ihr „rank-ordering" der Anreize zur Ausbildung einer persönlichen Kandidatenreputation „pertains strictly to electoral systems, rather than to government systems as a whole" (Carey/Shugart 1995). Von vornherein ist damit die Erwartung gedämpft, empirisch *starke* Zusammenhänge zwischen Wahlregeln und demokratischen Performanzkriterien wie etwa Korruptionswerten zu finden, weil dieser Zusammenhang immer auch noch durch den Einfluss anderer Regierungsinstitutionen gebrochen ist. Was im Lichte dieser Überlegungen als wünschenswert erscheint, wäre die Integration von institutionellen Interaktionseffekten, aber der Stand der Debatte im Bereich der „comparative political institutions" ist noch nicht hinreichend entwickelt, um über die Untersuchung des Einflusses einzelner politischer Institutionen – hier Wahlregeln – hinaus zu gehen.

Was das Design meiner folgenden kurzen empirischen Untersuchung angeht, so folge ich bei meinen Berechnungen im Wesentlichen den Befunden bei Treisman (2000), Sandholtz/Koetzle (2000), Sandholtz/Gray (2003), Persson/Tabellini/Trebbi (2003) und Gerring/Thacker (2004) und kontrolliere im Regressionsmodell für Bruttosozialprodukt per capita, britisches Kolonialerbe und protestantischen Bevölkerungsanteil. In ganz verschiedenen Modellspezifikationen haben sich diese drei Variablen immer wieder als robust erklärungskräftig erwiesen. So auch bei meinen Berechnungen. Ich schließe nur Demokratien ein, die im Freedom House Index einen Wert von 3 oder besser zugewiesen bekommen haben. Insgesamt halte ich es für theoretisch überzeugender, den Einfluss des demokratischen Wettbewerbs auch wirklich an der Gruppe von Ländern zu überprüfen, die volle demokratische Freiheitsrechte gewähren. Selbst bei dieser restriktiven Bedingung liegt die Fallzahl immer noch bei 47 Ländern, was das Testen einfacher Modelle mit einer beschränkten Zahl von erklärenden Variablen erlaubt. Schließlich berechne ich – wie die meisten der oben genannten Studien (vgl. Fn. 5) – ebenfalls Weighted Least Squares, d.h. gewichte die abhängige Variable mit ihrer Standardabweichung, um Werten mit größerer Varianz in der Regression ein geringeres Gewicht zuzuweisen.

Die abhängige Variable der folgenden Regressionen ist der Corruption Perception Index von Transparency International aus dem Jahr 2001. Da der Index sowohl mit den Indexen der Vorjahre als auch mit den neueren TI-Indexen eine sehr hohe Korrelation aufweist, hat die Wahl des Jahres selbst keine nachhaltigen Auswirkungen auf die Ergebnisse. Berechnungen mit dem TI-Index aus anderen Jahren (oder auch mit anderen Korruptions-Indizes; vgl. Kaufmann et al. 2002) brachten im Wesentlichen dieselben Resultate. Neben den genannten Kontrollvariablen habe ich als Variablen von theoretischem Interesse sowohl die Ausprägungen von Ballot, Pool und Vote als auch einen aus der Addition der drei Variablen sich ergebenden Indexwert (Minimum 0, Maximum 6) untersucht. Der Datensatz „Political Particularism around the World" deckt den Zeitraum von 1978 bis 2001 ab. Die Regressionsberechnungen erfolgten sowohl mit den aktuellen Werten, als auch mit den Durchschnittswerten der Jahre 1978–1990. Hinter der Verwendung älterer Durchschnittszahlen steht die Überlegung, dass die Effekte von Wahlregeln möglicherweise vor allem langfristiger Natur sind – eine Änderung im Wahlsystem führt nicht zu unmittelbaren Änderungen im Verhalten der politischen Akteure, weil die Strategien und Strukturen von korporativen Akteuren wie politischen Parteien meistens nicht von heute auf morgen zu ändern sind. Da die drei Variablen sowohl untereinander als auch mit dem addierten Index eine hohe Kollinearität aufweisen (Ballot/Pool 0,6; Ballot/Vote 0,74; Pool/Vote 0,63; vgl. Wallack et al. 2002: 4), habe ich sie jeweils einzeln in die Regression integriert. Die Ergebnisse sind in Tabelle 4 berichtet, wobei hier nur die Ergebnisse der Berechnungen mit den aktuellen Werten aus dem Partikularismus-Datensatz wiedergegeben werden.

Was zunächst an Tabelle 4 auffällt ist, dass die Koeffizienten von Ballot, Pool und Vote sowie auch der Koeffizient des addierten Index durchgängig negative Vorzeichen aufweisen. Sie sind leicht bis deutlich signifikant. In die gleiche Richtung – bei Verschiebungen der Gewichte zwischen den einzelnen Komponenten – weisen die Ergebnisse, wenn man die 1978–1990 Durchschnittswerte für die erklärenden Variablen Ballot, Pool und Vote bzw. der aggregierten Variablen nimmt. Auch hier weisen die Koeffizienten von theoretischem Interesse über alle Modellspezifikationen hinweg durchweg negative Vorzeichen auf. Mit anderen Worten: Die Regressionsbefunde – so vorsichtig, wie sie zu interpretieren sind – stützen doch durchgängig die Hypothesen der politikwissenschaftlichen „personal vote"-Literatur (Cain et al. 1987): je stärker kandidatenorientiert ein Wahlsystem ist, desto stärker ist es anfällig für politische Korruption.[12] Sie stehen u.a. damit im Widerspruch zu denjenigen Einschätzungen, die Listenwahlen als weniger effiziente Instrumente demokratischer Kontrolle ansehen, weil bei (geschlossenen) Listen der Wähler selbst keine Kontrolle über die konkrete Kandidatenauswahl besitzt.

---

12 Hiermit z.T. übereinstimmende Befunde finden sich bei Panizza (2001, 2003).

Tabelle 4: Politische Korruption und Wahlregeln, WLS für 45 Demokratien

Abhängige Variable: CPI 2001	Std. Beta-Koeffizienten (t-Statistik)				
Ehemalige britische Kolonie	0,146 (1,95)**	0,186 (2,32)**	0,182 (2,44)**	0,180 (2,41)**	0,198 (2,61)***
GDP per Capita	0,822 (10,62)***	0,865 (10,39)***	0,852 (11,15)***	0,867 (11,05)***	0,877 (11,18)***
Protestantischer Bevölkerungsanteil	0,217 (2,91)***	0,215 (2,91)***	0,221 (3,06)***	0,225 (3,1)***	0,222 (3,09)***
Ballot		−0,107 (−1,33)			
Pool			−0,145 (−1,99)*		
Vote				−0,146 (−1,96)*	
(Ballot + Pool + Vote)					−0,164 (−2,173)**
# Nobs	47	47	47	47	47
Adj. R²	0,76	0,76	0,77	0,77	0,78

Quellen: Transparency International; Wallack et al. 2002; Persson et al. 2001; *** p < 0,01; ** p < 0,05; * p < 0,1.

4. Schluss

Korruptionsskandale erscheinen in der Öffentlichkeit oft als Parteienskandale. Sie fördern regelmäßig „Politikverdrossenheit" in der Bevölkerung. Doch nach dem hier dargelegten Argument basiert dies im Wesentlichen auf einer falschen Zurechnung. Parteien haben im Regelfall ein hohes Interesse daran, Kontrolle über ihre Kandidaten zu gewinnen, um eine „Parteireputation" für Vertrauenswürdigkeit zu erwerben (Carey/ Shugart 1995; Kreps 1996). Parteien sind daher oft eher aktive Akteure in der Bekämpfung als Profiteure der politischen Korruption. Nicht dort, wo Parteien stark sind, sondern dort, wo sie nur schwache Kontrolle über ihre Kandidaten ausüben können, blüht die politische Korruption. Das klingt im Kontext der aktuellen öffentlichen Diskussionen ketzerisch, ist aber keineswegs eine neue These. Schon vor mehr als hundert Jahren konnte man die Einsicht gewonnen haben: „partisanship and corruption are fundamentally antagonistic principles. Partisanship tends to establish a connection based upon an avowed public obligation, while corruption consults private and individual interests which secrete themselves from view and accountability of any kind. The weakness of party organization is the opportunity of corruption" (zitiert nach Gerring/ Thacker 2004: 321). Die hier präsentierten empirischen Befunde legen nahe, dass es für Wähler anscheinend einfacher ist, Parteien zu beobachten, als Kandidaten. Gegenüber der ökonomischen Sichtweise, die die Persönlichkeitswahl als demokratisches Äquivalent zur Konsumentensouveränität sieht, muss betont werden, dass es im politischen Markt an einem einfachen Informationsträger wie dem Preis üblicherweise fehlt. Findet der politische Wettbewerb zwischen Parteien statt, und nicht zwischen Kandidaten, scheint nach der vorliegenden empirischen Evidenz tatsächlich ein inverses Verhältnis zwischen politischem Wettbewerb und politischer Korruption zu herrschen. Würde man populären Vorschlägen folgen, politische Korruption durch die Etablierung eines direkteres Verhältnisses zwischen Wählern und Abgeordneten, etwa durch die Abschaffung der Listenwahl, einzudämmen, bestehen daher gute Chancen, genau entgegen gesetzte Effekte hervorzurufen.

Literatur

Abed, Geoerge T./Gupta, Sanjeev (Hrsg.), 2002: Governance, Corruption & Economic Performance. Washington, D.C.
Ades, Alberto/Di Tella, Rafael, 1999: Rents, Competition and Corruption, in: American Economic Review 89, 982–993.
Bardhan, Pranab, 1997: Corruption and Development: A Review of Issues, in: Journal of Economic Literature 35, 1320–1346.
Beck, Thorsten/Clarke, George/Groff, Alberto/Keefer, Philip/Walsh, Patrick, 2002: New Tools and New Tests in Comparative Political Economy: The Database of Political Institutions. The World Bank.
Besley, Timothy/MacLaren, John, 1993: Taxes and Bribery: The Role of Wage Incentives, in: Economic Journal 103, 119–141.
Bollen, Kenneth, 1993: Liberal Democracy: Validity and Method Factors in Cross-National Measures, in: American Journal of Political Science 37, 1207–1230.
Cain, Bruce/Ferejohn, John/Fiorina, Morris, 1987: The Personal Vote: Constituency Service and Electoral Independence, Cambridge, Mass.
Carey, John M./Shugart, Matthew S., Matthew S., 1995: Incentives to Cultivate a Personal Vote: A Rank Ordering of Electoral Formulas, in: Electoral Studies 14(4), 417–439.
Cox, Gary W., 1987: The Efficient Secret – the Cabinet and the Development of Political Parties in Victorian England. New York.
Fearon, John D., 1999: Electoral Accountability and the Control of Politicians: Selecting Good Types versus Sanctioning Poor Performance, in: *Przeworski, Adam/Stokes, Susan C./Manin, Bernard* (Hrsg.), Democracy, Accountability, and Representation. New York, 55–97.
Fisman, Raymond/Gatti, Roberta, 2002: Decentralization and Corruption: Evidence across Countries, in: Journal of Public Economics 83, 325–345.
Gerring, John/Thacker, Strom C., 2004: Political Institutions and Corruption: The Role of Unitarism and Parliamentarism, in: British Journal for Political Science 34, 295–330.
Golden, Miriam, 2003: Electoral Connections: The Effects of the Personal Vote on Political Patronage, Bureaucracy and Legislation in Postwar Italy, in: British Journal of Political Science 33, 189–212.
Golden, Miriam/Chang, Eric C., 2001: Competitive Corruption, Factional Conflict and Political Malfeasance in Postwar Italian Christian Democracy, in: World Politics 53, 588–622.
Hine, David, 1996: Political Corruption in Italy, in: *Little, Walter* (Hrsg.), Political Corruption in Europe and Latin America. London, 137–157.
Kaufmann, Daniel/Kray, Aart/Zoido-Lobatón, Pablo, 2002: Governance Matters II. Updated Indicators for 2000/01. Policy Research Working Paper 2772. The World Bank.
Kreps, David M., 1996: Corporate Culture and Economic Theory, in: *Kreps, David M.* (Hrsg.), Firms, Organizations and Contracts. New York, 221–275.
Kunicova, Jana, 2000: Are Presidential Systems more Corrupt? Manuskript, Yale University.
Kunicova, Jana/Rose-Ackerman, Susan, 2002: Electoral Rules as Constraints on Corruption: The Risks of Closed-list Proportional Representation. Manuskript, Yale University.
Lambsdorff, Johann Graf, 1999: Corruption in Empirical Research – A Review, <http://www.transparency.org/working_papers/lambsdorff/lambsdorff_eresearch.html>, 7.01.2003.

Lambsdorff, Johann Graf, 2002: Background Paper to the 2002 Corruption Perception Index, <http://www.transparency.org/cpi/2002/dnld/cpi2002.methodology.pdf>, 7.1.2003.
La Porta, Rafael et al., 1997: Trust in Large Organizations, in: American Economic Association, Papers and Proceedings 87, 333–338.
La Porta, Rafael et al., 1998: The Quality of Government. NBER working paper 5661. National Bureau of Economic Research. Cambridge, Mass.
Lijphart, Arend, 1999: Patterns of Democracy. New Haven.
Manow, Philip, 2002: Was erklärt politische Patronage in den Parteiensystemen Westeuropas? Defizite politischen Wettbewerbs oder formative Phasen demokratischer Massenmobilisierung?, in: Politische Vierteljahresschrift 43, 20–45.
Manow, Philip, 2003: Politische Korruption als Gegenstand der Politikwissenschaft – Eine Kritik des Forschungstandes, in: *von Arnim, Hans-Herbert* (Hrsg.), Korruption – Netzwerke in Politik, Ämtern und Wirtschaft. München, 239–273.
Mauro, Paolo, 1995: Corruption and Growth, in: Quarterly Journal of Economics 110, 681–712.
Montinola, Gabriella R./Jackman, Robert W., 2002: Sources of Corruption: A Cross-Country Study, in: British Journal of Political Science 32, 147–170.
Nohlen, Dieter, 2000: Wahlrecht und Parteiensystem. Opladen.
Panizza, Ugo, 2001: Electoral Rules, Political Systems, and Institutional Quality, in: Economics and Politics 13(3), 311–342.
Panizza, Ugo, 2003: Electoral Rules and Corruption, in: Transparency International: Global Corruption Report 2003, 317–319.
Persson, Torsten/Tabellini, Guido/Trebbi, Francesco, 2001: Electoral Rules and Corruption. NBER Working Paper 8154. National Bureau of Economic Research. Cambridge, Mass.
Persson, Torsten/Tabellini, Guido/Trebbi, Francesco, 2003: Electoral Rules and Corruption, in: Journal of the European Economic Association 1(4), 958–989.
Rae, Douglas W., 1971: The Political Consequences of Electoral Laws. New Haven.
Sandholtz, Wayne/Koetzle, William, 2000: Accounting for Corruption: Economic Structure, Democracy, and Trade, in: International Studies Quarterly 44, 31–50.
Sandholtz, Wayne/Gray, Mark M., 2003: International Integration and National Corruption, in: International Organization 57, 761–800.
Schiavo-Campo, Salvatore/de Tommaso, Giulio/Mukherjee, Amitabha, 1997: An International Statistical Survey of Government employment and Wages. World Bank Working Paper 1806, August.
Shugart, Matthew. S., 2001: Electoral „Efficiency" and the Move to Mixed-member Systems, in: Electoral Studies 20, 173–193.
Strøm, Kaare, 1989: Inter-Party Competition in Advanced Democracies, in: Journal of Theoretical Politics 3, 277–300.
Strøm, Kaare, 1990: A Behavioral Theory of Competitive Political Parties, in: American Journal of Political Science 2, 565–598.
Taagepera, Rein/Shugart, Matthew S., 1989: Seats & Votes. The Effects and Determinants of Electoral Systems. New Haven.
Treisman, Daniel, 2000: The Causes of Corruption: A Cross-national Study, in: Journal of Public Economics, 399–457.
Treisman, Daniel, 2002: Decentralization and the Quality of Government. Manuskript, UCLA.
Van Rijckeghem, Caroline/Weder, Beatrice, 1997: Corruption and the Rate of Temptation: Do Low Wages in the Civil Service Cause Corruption? IMF Working Paper, June.
Wallack, Jessica Seddon/Gaviria, Alejandro/Panizza, Ugo/Stein, Ernesto, 2002: Political Particularism around the World. Inter-American Development Bank, Working Paper 463.

Lobbyismus – zwischen legitimem politischem Einfluss und Korruption

Florian Eckert

In der deutschen Politik rückten Ende 2004 die unterschiedlichen Einnahmequellen der Politiker schlagartig in das Bewusstsein der Öffentlichkeit: Nebeneinkünfte der Abgeordneten – Politiker als Interessenvertreter im Dienste des eigenen Geldbeutels. So wurde der CDU-Politiker Hermann-Josef Arentz dafür bestraft, neben den Diäten zusätzlich Gelder aus der Industrie bezogen zu haben – die Wiederwahl ins Präsidium der Partei wurde ihm verweigert. Pikantes Detail: Arentz war Chef des sozial orientierten CDU-Arbeitnehmerflügels. Dabei blieb Arentz nicht die unrühmliche Ausnahme. Auch CDU-Generalsekretär Laurenz Meyer war Nutznießer von Mehrfachbezügen. Wenige Wochen nach Arentz kam auch für ihn das politische Aus. Beide Politiker standen auf der Gehaltsliste des Energiekonzerns RWE, beide stolperten über die Zusatzzahlungen des Unternehmens. Für welche konkreten Dienstleistungen sie das Bonussalär bezogen haben, bleibt nebulös. Doch nicht nur RWE entlohnte aktive Mandatsträger: Mit Volkswagen öffnete ein weiteres Großunternehmen großzügig den Geldbeutel für Repräsentanten. Der Automobilkonzern führte nach eigenen Angaben bis zu 100 Politiker auf einer Gehaltsliste. Einer der Nutznießer, der ostfriesische SPD-Bundestagsabgeordnete Jan-Peter Janssen, zog die Konsequenzen und legte sein Mandat nieder. Die Bonus-Gehaltsliste ließe sich fortführen. Denn Ulrike Flach, die stellvertretende FDP-Vorsitzende aus Nordrhein-Westfalen, belohnte der Siemenskonzern für Übersetzertätigkeiten mit 60.000 bis 62.000 Euro jährlich.

Ob RWE, Volkswagen oder Siemens – die Nebeneinkünfte haben die Öffentlichkeit sensibilisiert. Transparenz ist das neue Schlagwort und das vermeintliche Allheilmittel. Zugleich offenbaren die Gehaltslisten erneut die enge Verflechtung von Politikern und Lobbyismus. Die Konzerne suchen bewusst den Kontakt zu den Mächtigen der Politik. Mitbestimmung und Interessenvertretung blühen dabei im Schatten der Öffentlichkeit. Selten erreichen relevante Informationen die breite Masse – die Bevölkerung bleibt außen vor. Aber wo endet die legitime politische Einflussnahme und wo beginnt Korruption? Die Grenzen sind fließend. Im Folgenden soll sich kritisch mit der politischen Dimension der Korruptionsanfälligkeit des Lobbyismus auseinander gesetzt werden. Einleitend wird Bezug auf den aktuellen Forschungsstand der Lobbyismusforschung genommen. Unablässig ist in diesem Zusammenhang auch eine Definition der Korruption. Die Begriffsdebatte wird jedoch eng gefasst sein. Ziel ist es, die im Lobbyismus implementierten Gefahren des korrupten Verhaltens näher zu beschreiben und Lösungsmöglichkeiten zu untersuchen. Zur Diskussion stehen Konzepte zur Begrenzung der vielzitierten Lobbymacht und deren jeweiliger methodischer Nutzwert.

1. Grundlagen Lobbyismus

Die Debatte über Lobbyismus ist ambivalent und bewegt sich zwischen zwei Polen (Fücks 2003: 54). Kritiker sehen darin eine zunehmende Gefahr für die Demokratie; demgegenüber finden sich jedoch zahlreiche Stimmen, deren Aussagen geprägt sind von der Auffassung, dass Lobbying ein durchaus legitimes und notwendiges Mittel des demokratischen Prozesses sei.

Sprachlich lässt sich der Begriff der „Lobby" vom lateinischen „Labium" herleiten und bezeichnet die Wartehalle. Seinen Ursprung hat der Lobbyismus in eben jenen Hallen des US-amerikanischen Kongresses. Dort warteten die Interessenvertreter auf die Abgeordneten, um in persönlichen Gesprächen politische Einflussnahme auf für sie relevante Entscheidungen zu gewährleisten. So liegen denn auch im Wesen des Lobbyismus all jene Attribute seiner selbst: Die gezielte Beeinflussung legislativer Verfahren mittels direkter Kommunikation und Argumentation durch Personen, die selbst nicht über unmittelbare Abstimmungsmacht verfügen. Fischer (1997: 35) definiert Lobbying als „Versuch der Beeinflussung von Entscheidungsträgern durch Dritte". Deutlich wird, dass mit Lobbyismus eine akteurzentrierte Definition einhergeht. Einschränkend und mit Blick auf die eingangs gewählten Beispiele muss erwähnt werden, dass nicht immer eindeutig die Trennlinie zwischen den aktiv am Entscheidungsprozess beteiligten und jenen, die primär von außen agieren, gezogen werden kann. Die handelnden Akteure können sowohl externe als auch interne sein. Ein typischer Lobbyist ist der Insider, jener, der zuvor aktiv an politischen Entscheidungsprozessen – ob als Abgeordneter oder Beamter – tätig war und nun sein Wissen für Beratungstätigkeiten nutzt. Die zentralen Felder des Lobbyismus erstrecken sich auf die Politik- und Rechtsberatung.

Zunächst ist Lobbyismus wertfrei als Interessenvertretung[1] mit dem Ziel, politische Akteure dahingehend positiv zu beeinflussen, dass die Beschlussfassung im Sinne des Lobbyisten getroffen wird, zu charakterisieren. Die Akteure können als „policy-seeking" bezeichnet werden, zielen sie doch darauf, unmittelbar auf die einzelnen Policy-Making-Prozesse einzuwirken. Ob Agenda-setting oder Gesetzesvorschläge, es wird dabei aktiv auf das policy-output eingewirkt, ohne dass die input-Seite passiv durch Wahlen legitimiert sein muss. Demokratisch nicht autorisierte Akteure wirken auf den politischen Prozess mit ein und umgehen somit das Prinzipal-Agent-Verhältnis zwischen Volkssouverän und Volksvertretung. Fungiert die Nicht-Öffentlichkeit als entscheidende Handlungsressource, wird von direktem Lobbying (Teuber 2001: 139) oder Inside-Lobbying gesprochen. Üblich sind hier Netzwerke, die den Interessenvertretern gezielt eine informelle Kontaktaufnahme sichern. Je nach Kontext und Politikfeld wird die Taktik der Einflussnahme ausgewählt. Diese Intransparenz macht direkten Lobbyismus so anfechtbar wie unkontrollierbar. Da er sich jenseits der Öffentlichkeit manifestiert, ist er schwer zu bewerten, und Ergebnisse sind kaum messbar.

Hintergründe für bestimmte politische Beschlüsse sind der Bevölkerung hinsichtlich der fehlenden Nachvollziehbarkeit des Lobbyismus nur schwer vermittelbar. Somit

---

[1] Nach Lorenz von Stein (1959) wurde das Interesse zur Triebfeder jedweden gesellschaftlichen Handelns: „Das Interesse, indem es den Mittelpunkt der Lebenstätigkeit jedes einzelnen in Beziehung auf jeden anderen, mithin der ganzen gesellschaftlichen Bewegung abgibt, ist daher das Prinzip der Gesellschaft" (Stein 1959: 43).

scheint es konsequent, dass die organisierte Interessenvertretung nicht nur „das politische Gleichheitsversprechen liberaler Demokratie" (Reutter 2000: 1) verletzt, sondern sie zugleich mit negativen Konnotationen in der Öffentlichkeit belegt ist. In deren Folge fühlen sich die Bürger zunehmend weniger repräsentiert. Der Souverän wird nicht mit einbezogen, er wird umgangen. Ebenso gefährlich wie das daraus resultierende Fehlen des für die Politik so wichtigen Supports aus der Umwelt ist der mögliche Missbrauch demokratischer Institutionen durch informelles, aber letztendlich einflussreiches Handeln (Hart 2003: 62). Als Lösungsansatz des diesbezüglich in der Literatur vertretenen demokratischen Dilemmas des Lobbyismus wird häufig als Steuerungsinstrument Transparenz angeführt. Nur durch einen offenen und überprüfbaren politischen Prozess der Entscheidungsfindung innerhalb eines demokratischen Regelwerks – mittels einer öffentlichen Kontrollinstanz – könne Nachvollziehbarkeit, Vertrauen und Rechtstaatlichkeit gesichert werden. Doch dadurch würde und müsste der direkte Lobbyismus ein wesentliches Charakteristikum seiner selbst aufgeben, die Nicht-Öffentlichkeit.

Als Interessenvertreter gelten wirtschaftliche Interessengruppen, Gewerkschaften, Berufs- und erwerbsständische Gruppen und politische Verbände (Beyme 1980). Mittlerweile haben sich auf dem Parkett des Lobbyismus – spiegelbildlich zur gesellschaftlichen Multipolarität – neue Akteure konstituiert, die Nichtregierungsorganisationen (NROs). Beyme (1980: 83) spricht in diesem Zusammenhang von ideellen Fördererverbänden, Bürgerinitiativen und von advokatorischen Gruppen für allgemeine Interessen.[2] Sie unterscheiden sich in zwei wesentlichen Merkmalen von klassischen Lobbyisten: Sie suchen bewusst die mediale Öffentlichkeit, um ihre Interessen wirksam zu vertreten und sie repräsentieren keine verbandstypischen Ziele, sondern vielmehr moralische Verpflichtungen. Als solche sind primär Menschenrechte, Umweltschutz und Globalisierungsfragen zu benennen. Deren Handlungsressource ist die Öffentlichkeit. NROs befolgen das Outside- bzw. grass-roots-Lobbying. Mittels medialer Kampagnen wird indirekt auf die Entscheidungsträger eingewirkt. Auch wenn NROs hinsichtlich ihres Wirkens das Gebot des nachvollziehbaren und transparenten Handelns verfolgen, so sind sie in ihrer Struktur und in ihrem Aufbau bisweilen undemokratisch und stark hierarchisch organisiert. Dennoch hat ihr öffentliches Auftreten einen positiven Aspekt, der das bestehende Demokratiedefizit marginalisiert: Sie sind mit einer sehr hohen Akzeptanz in der Bevölkerung ausgestattet. Generell kann festgestellt werden, dass Interessen nicht ausschließlich von Verbänden artikuliert werden, sondern dass die unterschiedlichsten Akteure diese Funktion ausfüllen und für sich beanspruchen. Dies können sowohl Kirchen, Vereine oder NROs sein, aber auch Kommunen, einzelne Unternehmen und Parteien.

---

2 „Mit dem Wachsen der weltweiten Protestbewegung gegen den Vietnamkrieg, gegen Armut und Imperialismus in der Dritten Welt sind die ideellen Förderergruppen aus dem Stadium rückwärtsgewandter Statuspolitik herausgetreten und vornehmlich als radikale Bürgerinitiativen zugunsten der Unterprivilegierten aufgetreten. Public interest groups wurde der Begriff, der sich für die neue Form der ideellen Förderergruppen durchsetzte. Public interest groups sind Gruppen, die ein kollektives Gut verfolgen, dessen Erreichung der Mitgliedschaft der Organisationen keinen persönlichen Vorteil bringt" (Beyme 1980: 87).

Welche Modi des Lobbyismus angewandt werden, korreliert stark mit dem jeweiligen Politikfeld. Thunert (2003) unterscheidet zwischen distributiver, regulativer und zwischen redistributiver, emotional-symbolischer Politik. Im ersten Fall ist der Akteurskreis wesentlich geschlossener als im zweiten. Generell gilt, je offener ein Akteurskreis ist, desto demokratieverträglicher ist seine Einflussmacht. Dementsprechend muss – ungeachtet der teilweise undemokratischen Organisation der offenen NROs – im Folgenden der Fokus auf den Bereich der distributiv-regulativen Politik gelegt werden. Weitere Spielarten des Lobbyismus sollen hier nicht näher behandelt werden, da der Begriff durch die Einbeziehung vieler Subtypen, den Versuch der Differenzierung, zugleich an normativer Schärfe verliert.

Jedoch ist Lobbyismus nicht per se zu verurteilen. Ein Spezifikum ist seine hohe Anpassungsleistung; er reagiert auf sich neu entwickelnde Lebensstile und die damit einhergehenden gesellschaftlichen Wandlungsprozesse. Denn die in ihm implementierte „Informalität ist ein wesentliches Medium zur Verarbeitung sozialen Wandels. (...) Informale Verständigungen dienen (...) dazu, die Transaktionskosten (Zeit, Arbeitskraft, Kommunikationsaufwand) (...) zu senken. Sie erlauben schnelleres, um Argumentations- und Darstellungslasten reduziertes Handeln" (Morlok 2003: 47ff.). Im Zuge sozialer Veränderungen nimmt nicht nur die traditionelle Milieubindung ab, sondern auch die klassische Identifikation der Bürger mit den Parteien und Verbänden ist nicht mehr gegeben. Individualisierung ist der gesellschaftliche Trend, in dessen Folge das Eigeninteresse als vorrangiges Ziel menschlichen Handelns agiert. Konsequenz der sozialen Differenzierung ist eine vielgliedrige Interessensplittung mit überlappenden Konfliktlinien. Das Resultat sind Partikularinteressen, die das Wesen der lobbyistischen Politikbeeinflussung bestimmen. Von Alemann sieht dementsprechend im Lobbyismus die „nackte Verkörperung des Pluralismus pur" (Alemann 2000: 2). Gerade mittels dieser speziellen und vielschichtigen Art der Interessenvertretung wird deutlich, dass selbst in öffentlichen Diskursen relevante Argumente und Fakten unüberschaubar sind und unsere pluralistische Gesellschaft auf eines nicht verzichten kann, was gerade ein Wesensmerkmal des Lobbyismus ist, und das mittels der Politikberater kolportiert wird: Expertenwissen. Gerade die Komplexität erfordert es, Wissen zu bündeln und nutzbar zu machen, dies ist eine Leistung, die ohne Spezialisten der einzelnen gesellschaftlichen Teilsysteme nicht möglich ist. Dementsprechend bezeichnen Speth und Leif (2003) Lobbyismus als ein Subsystem mit Hilfe dessen den Anforderungen moderner Gesellschaften gerecht werden könne. Eine weitere positive Begleiterscheinung ist, dass Lobbygruppen spontane Gebilde sind. Sie reagieren „on demand" auf die Anforderungen der Wirtschaft, des Umweltschutzes, der Kultur und der Politik.

Ungeachtet der für eine pluralistische Gesellschaft wichtigen Artikulationsfunktion des Lobbyismus und er damit einhergehenden Arbeitsteilung, muss jedoch die Frage gestellt werden, warum Lobbyismus zugleich in der Grauzone zwischen politischem Einfluss und Korruption agiert. Zunächst ist es sinnvoll neben dem Lobbyismus auch die Korruption zu definieren.

2. Korruption

Unter Korruption soll im Folgenden der „Missbrauch einer öffentlichen Position zu privaten Zwecken" (Speck 2004: 8) verstanden werden.[3] Missbrauch wird hier als regelwidriges Verhalten definiert, aus dem Handeln der betroffenen Personen lässt sich folglich nicht explizit eine Erwartungshandlung ableiten, die gesetzeskonforme Amtsausübung wird demnach umgangen. Der Begriff der öffentlichen Position muss – der Vollständigkeit halber – weiter gefasst werden. Zunächst beinhaltet er sämtliche Positionen, die auf allen Ebenen der staatlichen Verwaltungshierarchie mit Beschluss- und Entscheidungslegitimation, einer Delegationsbefugnis, ausgestattet sind. Diese sind nicht nur auf Staatsbeamte begrenzt, sondern umfassen auch die Exekutive und Legislative, demnach die gewählten Politiker. Der Begriff der öffentlichen Position beschränkt sich jedoch keineswegs dabei nur auf den administrativ-staatlichen Bereich, sondern schließt ebenfalls die Ebene des privatwirtschaftlichen Sektors mit ein, wenn dieser unmittelbar im staatlichen Auftrag handelt oder wenn die Unternehmen eine Monopolstellung innerhalb eines Staates innehaben und Entscheidungen nicht nur Konsequenzen für die unmittelbar betroffenen Mitarbeiter des Konzerns haben. Letztendlich ist unter den privaten Zwecken die Inanspruchnahme von materiellen Leistungen zu sehen oder aber auch eine bewusste Begünstigung beziehungsweise Aufwertung des persönlichen wie des privaten Umfeldes. Insofern schließt dieser Begriff sowohl den direkten Nutzen des jeweiligen Amtsträgers mit ein, wie auch denjenigen von Dritten. Es muss also von einer Selbstbevorteilung wie auch von einer Bereicherung Dritter ausgegangen werden.

Ein weiteres Kriterium ist die damit einhergehende Intransparenz. Korruption blüht im Verdeckten. Ursache ist zum einen ein hohes Strafmaß für Amtsmissbrauch. Die Inanspruchnahme persönlicher Vorteile wird nur dann den größtmöglichen Nutzen einschließen, wenn gewährleistet werden kann, dass der gezielten Beeinflussung nicht eine öffentliche Debatte und Verurteilung folgt, was das mit der Korruption gezogene Kosten-Nutzen-Kalkül diskreditieren würde. Zum anderen ist die mit der Korruption einhergehende Einflussnahme nur dann von Erfolg gekrönt, wenn die üblichen Verfahrenswege umgangen werden. Ein öffentlicher Diskurs müsste das regelwidrige Handeln konterkarieren und hätte schließlich keine Nutzenmaximierung gegenüber dem normgeleiteten Agieren im öffentlichen Sektor zur Folge.

Im Allgemeinen wird in der Literatur hinsichtlich der Schwere und des Wirkungsradius zwischen der kleinen, der „petty corruption", und der großen, der „grand corruption", unterschieden. Dieser Differenzierung wird im Folgenden keine weitere Beachtung geschenkt, da im Hinblick auf die Fragestellung zunächst klar zwischen der Informationsdienstleistung des Lobbyismus und dem Amtsmissbrauch zu persönlichem Nutzen, der Korruption, unterschieden werden soll. Würde sowohl der Lobbyismus- als auch der Korruptionsbegriff eine Differenzierung nach Subtypen erfahren, wäre eine

---

3 Diese gewählte Begriffsdefinition umfasst zunächst die zentralen Aspekte der Korruption und ist für den weiteren Vergleich mit Lobbyismus – und der die beiden Begriffe verbindenden Grauzone – ausreichend. Eine ausführliche Differenzierung, Vertiefung und Definition des Korruptionsbegriffs findet sich bei Michael Johnston, Kapitel 2.1. in diesem Band.

ohnehin schon kaum eindeutige Trennlinie zwischen beiden Begriffen wesentlich schwieriger.

3. Zwischen Einfluss und Korruption

Um die Grauzone zwischen Lobbyismus und Korruption deutlich zu machen, ist es in einem nächsten Schritt wichtig, die Gemeinsamkeiten und Unterschiede der beiden Begriffe hervor zu heben. Beide können zunächst als Tauschgeschäft verstanden werden. Unterschiede treten hinsichtlich der Ressourcenverteilung auf. Ist im Bereich des Lobbyismus die „Information" als die zentrale Ressource zu nennen, sind es im Hinblick auf die Korruption „materielle Leistungen".

Als ursächlich müssen hier die divergierenden Motivationen der Adressaten genannt werden. Im Bereich des Lobbyismus handeln die Akteure, um Informationen zu gewinnen, die im legislativen und exekutiven Bereich im Zusammenhang der Gesetzgebungsverfahren von zentraler Bedeutung sind, um Argumente für geplante Vorhaben abrufen zu können und, um mögliche Konsequenzen des Handelns rechtzeitig erfassbar zu machen. Ziel ist meist ein Informationsvorsprung vor der politischen Konkurrenz. Des Weiteren ist eine Informationsmaximierung und -akkreditierung hinsichtlich der Spezialisierung von Politikfeldern unablässig, ebenso wie für die Erarbeitung von internationalen Verträgen und Regierungs- oder Parteiprogrammen. Ein gewünschter Nebeneffekt ist sicherlich die mit der exogenen Informationszufuhr einhergehende Entlastung des legislativen und exekutiven Sektors.

Im Bereich der Korruption begrenzt sich die Motivation der Adressaten meist ausschließlich auf finanzielle Anreize oder geldwerte Leistungen, die den Amtsträgern zur privaten Nutzung offen stehen oder schließen die Begünstigung unmittelbar Dritter mit ein. Dementsprechend müssen sich auch die Ziele der Einflussnahme unterscheiden. Der Lobbyist verfolgt primär das Interesse der Verhinderung oder gerade der Implementierung einer gesetzlichen Regelung im Ganzen oder richtet sein Augenmerk auf Teilaspekte einer geplanten Verordnung oder eines Gesetzes. Ziel ist die Einflussnahme während der Entscheidungsfindung. Lobby-Nebenschauplätze können die Erlangung von Subventionen und Fördermitteln sein. Hinzu kommt, dass die Lobbyisten zwingend auf Netzwerke angewiesen sind und der Kontaktaufnahme auch immer die Pflege persönlicher Bindungen voraus geht (und umgekehrt). Korruptes Verhalten hingegen hat meist gewünschte Ausnahmebestimmungen, Verfahrensbeschleunigungen, Auftragsgewinnung oder Bevorzugung vor der Konkurrenz zum Initial.

Während die Korruption keine demokratietheoretische Rechtfertigung erfährt, gilt dies zumindest für den Lobbyismus durch die Pluralismusdebatte. Korruption ist in demokratischen Gesellschaften nicht legitimierbar. Dennoch wird zumindest normativ zwischen unterschiedlichen Ausprägungen unterschieden. Dabei wird Bezug auf den jeweiligen durch die Korruption entstehenden Schaden für das Gemeinwohl genommen. Hinsichtlich des Lobbyismus muss das jeweilige Staats- und Zivilgesellschaftsverständnis beachtet werden. Ist die Souveränität des Staates und dessen Handeln das Primat aller Werte, wird Lobbytätigkeit als störendes Moment betrachtet. Partizipationsorientierte Konzepte betonen hingegen die Notwendigkeit des Lobbyismus für die zivilgesellschaftliche Interessenvertretung. Das deutsche Grundgesetz hat sich bewusst für eine pluralistische Gesellschaftsordnung entschieden. Deutlich wird dies zum einen durch das Grundrecht in Artikel 5 des Grundgesetzes. Hier sind die Freiheitsrechte festgeschrieben. Der Artikel dient der Verwirklichung der Geistesfreiheit. Jedem ist die Möglichkeit gegeben, sich ohne Fremdbestimmung für eine eigene Position zu entscheiden und für diese einzutreten. Die Äußerung von Meinungen ist geschützt. Daneben ist Artikel 9 Absatz 3 zentral für die Bildung von Lobby-Organisationen zu nennen. Dieser Artikel legt den Grundstein eines jeden Zusammenschlusses. Er gewährleistet allen „zur Wahrung und Förderung der Wirtschaftsbedingungen Vereinigungen zu bilden (Koalitionsfreiheit)" (Hesselberger 2003: 136). Generell ist eine Tendenz erkennbar, dass parlamentarische Systeme offener für externe Einflüsse sind, diese gar legalisieren und formalisieren. „Informelle Einflüsse sind zudem permanent durch die Rückkopplung der Politikformulierung an Parteitagsbeschlüsse und Parteigremien gegeben" (Beyme 1991: 39). Dies geht gerade mit einer Stärkung des Einflusses der Partei, mittels der innerparteilichen Demokratie, außerhalb des Parlaments auf die innerhalb des Parlaments agierenden Fraktionen einher.

Zwar unterscheiden sich Lobbyismus wie auch Korruption hinsichtlich der Motivation der Adressaten und im Ziel der Einflussnahme, doch sind auch sich überlappende Wesensmerkmale erkennbar. Beinhalten beide doch den Aspekt der gezielten Einflussnahme durch demokratisch nicht zwingend legitimierte Akteure. Wobei im Bereich des Lobbying gerade auch Mandatsträger gezielt als Multiplikatoren eingebunden werden, um einen verstärkten Einfluss auf das Primärziel Gesetzgebung zu haben.

Daneben ist die fehlende Transparenz des Handelns elementar, sowohl beim problematisierten indirekten Lobbying, als auch bei der Korruption. Gerade der Charakter des Agierens im Schattendasein der breiten Öffentlichkeit birgt das implementierte Demokratieproblem in sich. Durch das Aussparen der öffentlichen Meinung wird die demokratische Legitimation obsolet und eine Befähigung zur Etablierung dieser kann nicht erreicht werden.

Deutlich wurde, dass keine Unterschiede zwischen Lobbyismus und Korruption hinsichtlich der Handlungsintention (Beeinflussung) und nur marginal im Hinblick auf die Handlungsstrategie bestehen. Lobbyismus und Korruption fußen zunächst – völlig wertfrei – auf gleichen Säulen. Dementsprechend ist die Grauzone zwischen beiden Ebenen groß. Aufgrund ähnlicher Charaktereigenschaften kann von zwei ungleichen Geschwistern gesprochen werden.

4. Wo endet politischer Einfluss, wo beginnt Korruption?

Vorab: Eine eindeutige Beantwortung ist kaum möglich. Hintergrund ist die Überlappung der beiden Begriffen eigenen Charakteristik der gezielten Einflussnahme. Zwar sind jeweils Abstufungen erkennbar, doch die den beiden Termini implementierten Wesensmerkmale erschweren eine finale Abgrenzung (Abbildung 1). „Der große graue Bereich in der Mitte zwischen den beiden Extremen bleibt das spannendste Forschungsfeld der Politologen, da wo Licht und Schatten sich treffen" (Alemann 1994: 9). Eine Annäherung an eine gedachte Trennlinie ist indes möglich. Zwei Debatten

Abbildung 1: „Terra incognita Lobbyismus" – zwischen Einfluss und Korruption

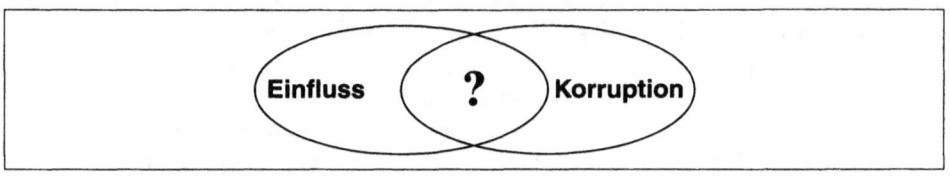

sind denkbar, um beide Dimensionen einzuengen – die rechtliche und die wertbezogene, die moralische.

Unter ersterer soll hier das – nicht unübliche – Postulat einer Betragsbemessungsgrenze verstanden werden. Ist demnach eine zu Beratungsgesprächen als Präsent mitgebrachte Weinflasche an einen Adressaten schlicht eine nicht strittige Aufmerksamkeit, die keiner näheren Erklärung bedarf, oder wird der Wein zum Medium unerlaubter Einflussnahme? Ist die Einladung zu einer Tasse Kaffee oder zu einem Abendessen erlaubt, und beginnt Korruption erst bei relevanten Geldbeträgen? Wann wird ein Präsent zur Bestechungshilfe? Die Fragen sind kaum eindeutig zu beantworten. Denn eine Betragsgrenze als Erklärungshilfe heranzuziehen scheint hier wenig hilfreich. Zwar ist es unstrittig, dass größere finanzielle Beträge schlechterdings nicht schlicht als kleine Aufmerksamkeit zu behandeln sind. Doch eine finanzielle Größenordnung zu bestimmen, ab derer Rahmenleistungen von Lobbyisten (wie die Einladung zu einem Abendessen) in Richtung Korruption umschlagen, ist schwerlich möglich und willkürlicher Art. Dies liegt wiederum im nackten Wesen der Korruption und des Lobbyismus selbst begründet. Während der Lobbyismus im Spiel des Tauschgeschäfts Argumente und Informationen als Joker einbringen kann, sind die Regeln bei der Korruption plumper, aber nicht minder wirkungsvoll: Wer das höhere finanzielle Blatt auf der Hand hat, bestimmt das Spiel. Dementsprechend muss postuliert werden, dass, wenn Informationen und Argumente als ausreichend zu bewerten sind, um die Handlungsweise des Adressaten beeinflussen zu können, die dabei mitgebrachte Weinflasche als unproblematisch betrachtet werden kann. Informationsgehalt ersetzt hier den Jahrgang. Sind für den Adressaten jedoch die geldwerten Vorteile höher einzustufen als die gewährten Informationen oder rücken diese sogar in den Hintergrund, hat Lobbyismus die Linie zur Korruption bereits überschritten. Doch ein zentrales Problem ist weniger die Differenzierung möglicher Präsente hinsichtlich ihres Wirkungsradius, als vielmehr die Tatsache, dass der Öffentlichkeit durch eine fehlende Publikation der Vorgänge die Möglichkeit genommen wird, sich selbst ein Urteil bilden zu können. Argumente und Methoden der Lobbyisten werden einem öffentlichen Diskurs entzogen und rücken somit per se wesentlich leichter in den Dunstkreis der Korruption. Hinzu kommt die zu problematisierende Tatsache, dass jede neue und zugleich stets mit dem Charakter der Beliebigkeit festgeschriebene rechtliche Restriktion lediglich eine andere, neue Gangart für korruptes Verhalten zur Folge hat. Die Landschaft der Einflussnahme ist zu weitläufig, als dass alle Trampelpfade des normabweichenden Verhaltens je gesperrt werden könnten. Dadurch wird das Problem weder gelöst, noch erscheint eine Erhellung der Grauzone erreichbar – der Schatten wandert eben mit dem Licht.

Einzig eine gesetzliche Überregulierung ist erkennbares und kritikwürdiges Resultat dessen. Sie kann nicht im Verhältnis zu ihrem möglichen Nutzen stehen. Denn komplexe Gesellschaften sind kaum bis in alle Ebenen hinein regulierbar. Soziale Systeme reagieren auf Kontrolle durch entweichen, daraufhin wird die Kontrolle wiederum verstärkt. Dieser Kreislauf gründet auf einer Kontroll-Illusion.

Deshalb stellt sich die Frage, ob im Allgemeinen eine Ausweitung rechtlicher Normen zur Abgrenzung des politischen Einflusses von der Korruption von Nöten ist? Sind Bemessungsgrenzen – die einen willkürlichen Charakter nicht verleugnen könnten – überhaupt sinnvoll? Beide Termini lassen sich zunächst auch in die Kategorien moralisch legitimiert und moralisch diskreditiert unterteilen. Daraus könnte gefolgert werden, dass sich der gewünschten Trennlinie eher mittels einer Wertedebatte genähert werden könne. Dabei ist vordem zu beachten, dass jedweder rechtstaatlichen Demokratie zugleich universale moralische Prinzipien zugrunde liegen. Schwan (2004: 33) benennt hier Tugenden wie Wahrheitsliebe, Bürgermut, Mäßigung und Empathie, als deren gesellschaftliches Primat die Prägung der demokratischen politischen Kultur genannt werden muss. Während rechtliche Normen zunächst den institutionellen Rahmen prägen, muss dieser „aber durch moralisch regelgeleitetes Handeln gefüllt werden (...), das demokratischen Zielen entspricht" (Schwan 2004: 35). Die Motivation für das demokratische Agieren und Partizipieren basiert primär auf demokratischer Vertrauenswürdigkeit. Diese wiederum werde gerade durch die Tugenden Achtung und Toleranz, Wahrhaftigkeit, Gerechtigkeitssinn, Offenheit, Mitmenschlichkeit und sachliche Kompetenz gestiftet (Schwan 2004: 36).

Insbesondere die Tugenden Wahrhaftigkeit, Offenheit und sachliche Kompetenz sind im Hinblick auf die Vertrauenswürdigkeit elementar für die Bewertung des demokratiegerechten Handelns im Zusammenhang mit Lobbyismus als Aspekt der politischen Einflussnahme. Im Allgemeinen ist zu beachten, dass die wertbezogenen Handlungsprozesse homogenen moralisch-demokratischen Ansprüchen gerecht werden müssen und für alle Akteure gleichermaßen Gültigkeit besitzen sollten. Doch was ist moralisches Handeln, wie sind demokratisch-gerechte Werte zu definieren? Das Definitionsspektrum ist allzu umfassend, „ein" moralisches Verhalten und Handeln kann schwerlich prima face auf komplexe Gesellschaften mit facettenreichen Motivationen und Adressaten übertragen und von diesen gefordert werden. Gerade dies macht Politik und Moral – beziehungsweise in diesem Kontext Lobbyismus (als Wesen des pluralistischen Demokratieverständnisses) und Moral – hinsichtlich der im Lobbyismus implementierten Nicht-Öffentlichkeit zunächst zu einem illusionären, ideellen Konstrukt. Wird diese jedoch durch mögliche – und teilweise mittels Medien und politische Debatten bereits gegebene – Transparenz aufgebrochen, bestehen hier gegensätzlich zur angesprochenen rechtlich motivierten Betragsbemessungsgrenze Ansätze einer möglichen Grenzziehung zwischen pro-demokratischem und anti-demokratischem Agieren, respektive zwischen Lobbyismus als legitimer politischer Einflussnahme und als Subtyp der Korruption. Denn durch die im Moralbegriff implementierten universellen Prinzipien und Tugenden, die sich im öffentlich-nachvollziehbaren Agieren manifestieren, gewinnt Lobbyismus als Medium der politischen Einflussnahme durch den darin betonten partizipationsorientierten, perspektivenreichen Charakter des Handelns an demokratiegerechter Relevanz.

Eine in diesem Zusammenhang nicht unwichtige Begleiterscheinung sind Sanktionsmöglichkeiten, die aus dem demokratisch-rechtlichen Rahmen heraus entspringen, moralisch motiviert sind und diesen zugleich wiederum legitimieren; demnach einen reziproken Mechanismus innehaben. Denn das oft in der Demokratietheorie postulierte skeptische Menschenbild kann nicht umhin, eine ständige Beweisaufnahme und Kontrolle seiner selbst zu erfahren. Moralische Tugenden zeichnen sich demnach durch eine beständige Modifikation ihrer selbst aus, implementiert in den sozio-kulturellen Wandlungsprozessen demokratischer Gesellschaften.[4] Dabei kann es eine schlicht starre Gute/Böse-Interessen-Dichotomie ebenso wenig wie eine eindeutige Betragsbemessungsgrenze geben.

Gerade Demokratie lebt und konstituiert sich durch die gesamtgesellschaftliche Kompromissbildung ständig neu.[5] Als Wegbereiter ihrer ist eine möglichst umfassende Faktenkenntnis – die Diskussion in der Öffentlichkeit – jedoch das unverzichtbare Korrektiv. Damit Demokratie nicht zum bloßen Regelwerk, zu einer partizipationsentleerten Hülle verkommt und das entscheidende Vertrauen in politische Prozesse durch intransparentes Handeln schwindet, muss sich jedoch die Politik, und hier Lobbyismus als Teil ihrer, wandeln: „Hin zu uns, zur Gesellschaft als mittuende, wachsam kontrollierende, als in unseren jeweiligen Arbeits- und Lebenszusammenhängen handelnde Bürger" (Schwan 2004: 39). Demnach ist nicht eine mittels eines komplexen rechtlichen Regelwerks legitimierte Sanktionsbemessungsgrenze ein möglicher Ausweg aus dem Abgrenzungsdilemma zwischen Einfluss und Korruption, sondern vielmehr diejenige Sanktion hilfreich, wirksam und demokratietheoretisch gewünscht, die auf einer moralischen Partizipationsorientierung basiert.

Dennoch ist ein ausschließlich demokratisch-moralisches Kontinuum noch zu eindimensional und unscharf, um die im Lobbyismus implementierte und zugleich problematisierte Grauzone zwischen gewünschtem Einfluss und Korruption erfassen zu können. Hier scheint das von Alemann in dessen Beitrag zur „Schattenpolitik" (1994) verwandte Polaritätenprofil eine sinnvolle Annäherung, indem dieser beide Ebenen, die rechtliche und die moralische, schematisch verbindet. Auf der einen Ebene findet sich die rechtliche Dichotomie zwischen legal und illegal und auf der anderen Seite die moralische zwischen den Polen legitim und illegitim (vgl. Abbildung 2). Denn im politischen Prozess ist es nicht ungewöhnlich, dass beide Ebenen eine gemeinsame Verknüpfung erfahren.

So kann ein Handeln durchaus legal eingestuft werden, aber dennoch zugleich illegitim sein (1. Konstellation; Abbildung 3). Beispiel Gerhard Glogowski: Der Nachfol-

---

[4] Als ein Beispiel des moralischen Wertewandels, getragen und geprägt durch die Gesellschaft, kann symbolisch der Salonwagen von Bundeskanzler Adenauer genannt werden. Dieser nutze den Zug für Staatsreisen ebenso wie für private Ausflüge oder gar Wahlkampfauftritte. Demnach machte er von dem vom Staat zur Verfügung gestellten Gefährt nicht nur für die Ausübung seiner Amtsgeschäfte, sondern auch für den Eigennutz und – was angesichts aktueller Debatten noch problematischer erscheint – für die eigene Partei aktiv Gebrauch. Das moralisch-gewandelte kritische Bewusstsein der bundesdeutschen Öffentlichkeit ließe dieses Verhalten heutzutage nicht mehr unsanktioniert.

[5] Wesentlich ist in diesem Zusammenhang die auf die Gesellschaft im Ganzen als demokratischer Souverän bedachte Kompromissfindung. Partikularinteressen werden in der Moraldebatte eben gerade nicht mit einbezogen. Eine individuelle Abgrenzung zwischen moralischem Verständnis auf der einen Seite und ökonomisch geleitetem Handeln auf der anderen ist demnach unzulässig (Löw 1993: 141).

Abbildung 2: Polaritätenprofil

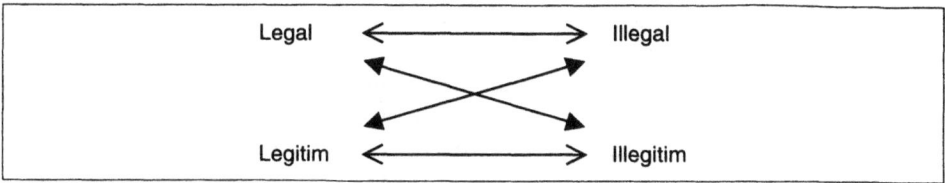

ger im Amt des Ministerpräsidenten von Gerhard Schröder trat nach nur einem Jahr zurück. Der Hintergrund: Glogowski ließ sich eine Feier im Freundeskreis von einer Brauerei finanzieren – ein privates Fest auf Kosten der Wirtschaft. Im Zusammenhang mit den hier von Dritten übernommenen Kosten sicherlich eher eine Petitesse, rechtlich betrachtet nicht als strafbare Bereicherung einzustufen. Folglich nicht illegal und dennoch durchaus instinktlos in Anbetracht seiner Position und damit illegitim. Umgekehrt sind Beispiele denkbar, die illegales Verhalten erfordern, das jedoch durchaus legitim scheint (2. Konstellation). Hier ist ein Journalist vorstellbar, der sich Informationen erkauft, welche zum Inhalt demokratiegefährdende Absichten der Exekutive haben können. Durch deren Publikation jene Pläne jedoch im Vorfeld diskreditiert und möglicherweise verhindert werden.

Die gewählten Beispiele lassen die Vermutung zu, dass die Öffentlichkeit sich stärker nach der moralischen Ebene orientiert. Das Legitimitätsempfinden ist subjektiv leichter nachvollziehbar und hat für das öffentliche Empfinden einen direkteren Zugang als oft komplexe Rechtsgrundsätze. Die jeweils eigene Handlungsmaxime stets erneut „abzufragen" entspricht dabei der individualisierten Orientierung moderner Gesellschaften. Verdeutlicht wird dies anhand der skizzierten Beispiele. In beiden Fällen lag die Handlungsmaxime auf der moralischen Ebene (Abbildung 3).

Abbildung 3: Legitimitätsorientierung in der öffentlichen Meinung

	rechtliche Ebene	moralische Ebene
1. Konstellation	0	1
2. Konstellation	0	1

Das Postulat einer schwierigen, wenn nicht unmöglichen eindeutigen Differenzierung zwischen politischem Einfluss und Korruption hat zunächst wenig an Gültigkeit verloren und muss dennoch eine Abmilderung erfahren. Sicherlich, die Grauzone, die beide Termini fest verbindet, kann bezüglich der gemeinsamen Wesensmerkmale nicht vollends erhellt werden. Dennoch sind unterschiedliche Schattierungen in der Bestandsaufnahme durchaus erkennbar. Dabei haben die gewählten Zugänge, der rechtlich-formale und der demokratisch-moralische, divergierende Wirkungsradien. Der erste Zugang hob die Beliebigkeit eines proklamierten Betragsgrenzwertes hervor und verdeutlichte zugleich das implementierte „Hase-und-Igel-Syndrom" – wo auch immer eine neue rechtliche Sanktion benannt wird, ist die Korruption längst da – jeglicher formalen Debatte. Hier gelang nicht zweifelsfrei die Annäherung an eine mögliche Trennlinie. Jene erfolgte primär über den zweiten Zugang der Differenzierung. Die der Moral innewohnenden Tugenden sind die Basis eines jeden demokratischen Prozesses, die den rechtlichen Rahmen mit Leben erfüllen. Durch den immer fortwährenden offenen und transparenten Diskurs und dem daraus erfolgenden Wertewandel der Gesellschaften werden Sanktionsmöglichkeiten je nach den sozialen Bedürfnissen und Wünschen aus der Mitte heraus gesteuert. Dies setzt jedoch Vertrauenswürdigkeit und die ihr entspringende Motivation zu demokratischem Handeln voraus. Erreicht wird jene durch eine verstärkte Miteinbeziehung aller betroffenen Akteure, qua eines verstärkten Partizipationsrechtes und -gebrauchs. Zwar bietet auch dieser Zugang keine abschließende Abgrenzung zwischen Einfluss und Korruption, doch dies ist nicht zwingend gewünscht. Vielleicht sogar unerwünscht, denn demokratischen Prozessen eigen ist ein permanenter Wertewandel – alles ist beständig im Fluss. Die Gesellschaft sollte die Definitionshoheit zur Abgrenzung zwischen Einfluss und Korruption haben, sie beständig überprüfen.

5. Ist eine Begrenzung der Lobbymacht überhaupt möglich?

Aber ist Transparenz der Lösungsansatz per se und wie viel Partizipation der Öffentlichkeit ist generell gewünscht und wird ihrer überhaupt gerecht? Welche Kontrollinstrumente sind sinnvoll? Betrachtet man Lobbyismus weiterhin als Spiel um Austausch von Informationen und Leistungen, könnte argumentiert werden, dass es in einem ersten Schritt vonnöten ist, die Mitspieler, die Akteure, zu kennen und sie zu benennen – Stichwort Lobbyliste des Deutschen Bundestags. Das deutsche Parlament hat seit 1972 eine Liste, auf der alle dort tätigen Lobbyisten akkreditiert sein müssen. Neben Name, Sitz und Größe der Organisation muss unter anderem die Zusammensetzung der Geschäftsführung und der Interessenbereich angegeben werden. Obwohl die Verordnung seit über 30 Jahren gemäß Anlage 2 der Geschäftsordnung des Bundestages besteht, muss sie im Vergleich der übrigen EU-Mitgliedsstaaten als Ausnahme angesehen werden (Europäisches Parlament 2005).[6] Keines der anderen Parlamente kennt eine Offenlegung der jeweiligen dort tätigen Interessenvertreter. Während auf nationaler Ebene das Transparenzgebot diesbezüglich nicht als Kontrollinstrument angesehen wird, verhält sich die Sachlage auf der supranationalen Ebene demgegenüber diametral entgegengesetzt: Auch das EU-Parlament kennt eine Lobbyliste, diese wird im Internet veröffentlicht. Zu Beginn 2005 waren hier 4.777 Organisationen registriert, übertragen auf die 732 Parlamentarier sind 6,52 Lobbygruppen pro Mandatsträger eingetragen (Europäisches Parlament 2005a).

Hintergrund dieser enormen Lobbytätigkeit ist, dass mit der Erweiterung und Vertiefung der EU die Zahl der Politikfelder und der daraus erwachsende Spezialisierungsgrad drastisch anstieg. Resultat ist eine Zerfaserung der europäischen Interessenvertretung (Eising/Kohler-Koch 1994). Die einzelnen nationalen und multinationalen Lob-

---

6 Auskünfte des Europäischen Parlaments beziehen sich auf die EU-Mitgliedsstaaten vor der Osterweiterung der Union im Mai 2004. Die übrigen Angaben entstammen den Informationen der Botschaften und der Parlamente der neuen EU-Mitglieder.

bygruppen bemühen sich um die erfolgreichsten Strategien und konkurrieren um größtmöglichen Einfluss. Daraus erwachsen letztendlich enorme Effektivitätsdefizite der Lobbygruppen, gepaart mit einem Demokratiedefizit hinsichtlich der nur schwer vermittelbaren und nachvollziehbaren Entscheidungsprozesse auf den jeweiligen administrativen Ebenen. Mittlerweile stammen ca. 80 Prozent der Gesetze, die von den einzelnen Parlamenten in Europa in nationales Recht umgesetzt werden, aus der Brüsseler Administration (Leif/Speth 2003: 18). Gerade die komplexe europäische Gesetzgebung mit ihrem ehrgeizigen Regelungsanspruch birgt in sich die bereits angesprochene Spezialisierung. Denn die kleinteiligen Arbeitsweisen und Entscheidungsfindungen der supranationalen Institutionen führen zu hochkomplexen Prozessen, die besonders für Außenstehende kaum durchschaubar sind. Hier können die Lobbyisten unbemerkt und dennoch mit einer großen Nähe zur politischen Macht wirken. Insofern bieten die europäischen Institutionen ein lobbyismusfreundliches Klima. Dem Politikberatungsmarkt gehören zahlreiche internationale wie auch europäische Dachverbände, Gewerkschaftsvertretungen, ebenso wie Beratungsfirmen und Unternehmens- wie Landwirtschaftsverbände an.

Obwohl die Anzahl der Lobbyisten stetig wächst, fehlt ein funktionierendes Kontrollinstrument der stillen Macht (Leif/Speth 2003). Dabei ist „diese Regulierung (...) umso notwendiger, weil sich lobbyistischer und demokratischer Prozess der Politikformulierung und Entscheidung in einem gefährlichen, demokratie-unverträglichen Ungleichgewicht befinden" (Leif/Speth 2003: 19). Die genannten Probleme und Defizite können und konnten die Lobby-Akkreditierungsregeln des EU-Parlaments bislang nicht befriedigend lösen. Auch für die Bundesrepublik kann trotz Lobbyliste nicht postuliert werden, dass die Lobbytätigkeit hier wesentlich transparenter verläuft. Dies hat sicherlich damit zu tun, dass die wesentlichen informellen Konsultationen fernab des Reichstages geschehen. Auch Lobby-Verbände ohne gültige Akkreditierung können als nicht weniger einflussreich charakterisiert werden.

Entscheidend für die Überbewertung der Lobbyliste und Anlass für die Kritik ihres vermeintlichen Wirkungsgrades liegt im Gesetzgebungsprozesses verankert. Dem Bundestag kommt hier eine untergeordnete Rolle zu. Die meisten Initiativen gehen von der Bundesregierung und nicht vom Parlament aus. Folglich werden einzelne Beschlussvorlagen und Gesetzesentwürfe auf der Referentenebene der jeweiligen Ministerien erarbeitet. Haben die Gesetzesvorlagen das Parlament und die Ausschüsse erreicht, besteht kaum noch Spielraum einzugreifen. Deshalb wirken Lobbyorganisationen gezielt auf alle Ebenen der Ministerialbürokratie. Die Gänge der Ministerien haben längst die Lobby des Parlaments ersetzt. Unlängst hat ein Prozess der Entparlamentarisierung eingesetzt. Neben der Ministerialbürokratie tritt in der Phase der Entscheidungsvorbereitung die Einbeziehung von – demokratisch nicht zwangsläufig legitimierten – Gremien. Dem Parlament bleibt meist lediglich der „formale Nachvollzug" (Morlok 2003: 39).

Hinzu kommt, dass die Lobbyliste lediglich für externe Lobbyisten gilt. Viele Mandatsträger sind Mitglieder in Verbänden oder stehen auf der Gehaltsliste unterschiedlicher Unternehmen. Doch kann sich ihre Lobbytätigkeit auch direkt am privaten Interesse des Abgeordneten ableiten lassen, denn nicht selten nutzen Parlamentarier ihre politische Erfahrung für private Beratungsfirmen im In- und Ausland – aktiv oder als

Teilhaber wie im Fall des ehemaligen Staatsministers im Auswärtigen Amt: Ludger Vollmer von den Grünen. Demgegenüber muss bezweifelt werden, ob die Akkreditierungsregeln alleine ein vernünftiges Kontrollinstrument darstellen.

In dieser Hinsicht kann der Bogen zu einem anderen Aspekt der Transparenz gezogen werden, zum „gläsernen Abgeordneten" – eine Forderung, die immer in Zeiten von Negativbeispielen, wie die Verstrickungen einzelner Abgeordneter in Nebentätigkeiten, besondere Konjunktur erfährt. Das Kalkül: Mittels Offenlegung sämtlicher Verdienste, Nebentätigkeiten und Kontakte könne der Sumpf des Lobbyismus trocken gelegt werden. Durch eine gegebene Nachvollziehbarkeit verliere das Negativimage des verdeckten Agierens zum eigenen Interesse an Bedeutung. Beispielhaft kann der eingangs erwähnte Fall des CDU-Generals Laurenz Meyer aufgegriffen werden. Im Zuge dessen sahen sich die Spitzen aller im Bundestag vertretenen Parteien genötigt, dem öffentlichen Druck nachzugeben. Veränderungen sollten her. SPD-Generalsekretär Benneter forderte umgehend eine „größtmögliche Transparenz", die Vorsitzende der Grünen, Claudia Roth, regte eine jährliche Veröffentlichung des Bundestagspräsidenten an, die enthalte, welcher Abgeordnete „wieviel von wem wie lange" bezogen habe.

Wie sieht es diesbezüglich im europäischen Vergleich aus? Im Folgenden wurde eine Auswahl von vier EU-Mitgliedstaaten getroffen, die im „Corruption Perception Index 2004" (CPI) (Transparency International 2004)[7] unterschiedlich gut positioniert sind. Das Interesse galt der Möglichkeit – unterteilt in vier Subkategorien – einer Nebentätigkeit für Abgeordnete (Abbildung 4). Finnland belegt im CPI den ersten (besten) Platz, Deutschland und Österreich liegen mit dem 15., beziehungsweise dem 13. eher im Mittelfeld und die Tschechische Republik (51) bildet hier das Schlusslicht. Prinzipiell besteht in den ausgewählten Staaten durchaus die Möglichkeit einer Nebentätigkeit für Abgeordnete. Interessant ist, dass die hier untersuchten EU-Mitgliedstaaten divergierende Regeln für die nationalen Mandatsträger erlassen haben. Es scheint diesbezüglich keinen direkten Zusammenhang zwischen den Möglichkeiten einer Nebentätigkeit nachzugehen und der Korruptionsanfälligkeit zu geben.[8] In diesem Zu-

---

7 „Der TI Corruption Perceptions Index (CPI) listet Länder nach dem Grad auf, in dem dort Korruption bei Amtsträgern und Politikern wahrgenommen wird. Es ist ein zusammengesetzter Index, der sich auf verschiedene Umfragen und Untersuchungen stützt, die von neun unabhängigen Institutionen durchgeführt wurden. Es wurden Geschäftsleute sowie Länderanalysten befragt und Umfragen mit Staatsbürgern im In- und Ausland miteinbezogen. Der CPI konzentriert sich auf Korruption im öffentlichen Sektor und definiert Korruption als den Missbrauch von öffentlicher Macht zu persönlichem Nutzen. In den Umfragen für den Index geht es meist um Fragen im Zusammenhang mit dem Missbrauch öffentlicher Macht zum privaten Vorteil. Besonderer Wert wird dabei beispielsweise auf Bestechung von Amtsträgern bei öffentlichen Ausschreibungen gelegt. Die Quellen unterscheiden nicht zwischen administrativer und politischer Korruption oder zwischen kleinerer und größerer Korruption" (Transparency 2004).

8 „Vergleichende Aussagen über das unterschiedliche Ausmaß von Korruption in verschiedenen Ländern lassen sich nur schwer auf objektive empirische Daten aufbauen, beispielsweise indem man die Anzahl von Ermittlungsverfahren oder von Gerichtsurteilen vergleicht. Diese ländervergleichenden Daten spiegeln nicht das tatsächliche Ausmaß der Korruption wider, sondern belegen vielmehr die Kompetenz der Strafverfolgungsbehörden, Gerichte und/oder der Medien, Korruption zu untersuchen und aufzudecken. Die einzige Methode zur Ermittlung vergleichbarer Daten ist daher, auf die Erfahrungen und Wahrnehmungen derer aufzubauen, die mit der Realität der Korruption am unmittelbarsten konfrontiert sind" (Transparency 2004).

Abbildung 4: Nebeneinkünfte von Abgeordneten im Vergleich

	Für Politiker besteht die Möglichkeit mehrerer Einkommen aus unterschiedlichen Quellen.	Einkommen von Politikern müssen in vollem Umfang veröffentlicht werden.	Politiker können Mitglieder in Aufsichtsräten der Privatwirtschaft sein.	Postenkumulation für Politiker ist generell erlaubt.
Deutschland	Ja	**Nein**	Ja	Ja
Finnland	Ja	**Nein**[3]	Ja	Ja
Österreich	Ja[1]	Ja	**Nein**	**Nein**[2]
Tschechien	Ja	Ja	Ja	Ja

[1] Der Unvereinbarkeitsausschuss des Nationalrates entscheidet fallbezogen, inwiefern es Politikern erlaubt ist, eine Nebentätigkeit auszuüben.
[2] Siehe 1.
[3] Finnische Abgeordnete müssen Angaben über den Besitz von Aktien & Eigentum sowie über Verbindlichkeiten ab einem Betrag von 100.000,- Euro machen.

sammenhang darf nicht übersehen werden, dass trotz des exklusiv auf die Mandatsträger bezogenen Verbots einer Nebentätigkeit dieses nicht jene der Ehepartner und Familienmitglieder mit einschließt. Hier klaffen Lücken, die eine Verbotsumgehung ermöglichen.

Wie bereits erwähnt, ist aus demokratietheoretischer Perspektive die Nicht-Öffentlichkeit des Lobbyismus ein Dilemma. Alleine diesbezüglich wäre es wünschenswert die Rolle der Öffentlichkeit zu stärken und ihr ein Kontrollinstrument an die Hand zu geben. Drei Szenarien sind denkbar:
1) die volle Veröffentlichung sämtlicher Bezüge der einzelnen Abgeordneten,[9]
2) die Veröffentlichungen der unterschiedlichen Bezüge ab einem bestimmten Wert oder
3) der Status quo, keine Änderung der bisherigen Praxis.[10]

Forderungen nach einer Publikation sämtlicher Bezüge der Abgeordneten sind verständlich und berechtigt. Gerade im Hinblick auf kommende Wahlen ginge davon zugleich eine präventive Wirkung aus. Jeder Mandatsträger weiß um die Empfindlichkeiten in der Bevölkerung bezüglich der Zusatzeinkommen. Diese ganz zu verbieten ist alleine hinsichtlich des freien Mandats kritisch, doch muss jeder die möglichen Folgekosten somit selbst tragen. Aber eine umfassende Veröffentlichungspflicht ist zugleich an ein anderes Dilemma gekoppelt: In der Bundesrepublik kommt dem Steuer- und Bankkontengeheimnis eine zentrale Bedeutung zu. Während in skandinavischen Ländern der freie Zugang zu finanziellen Daten unterschiedlicher Berufsgruppen Tradition hat,[11] gilt dies nicht für Deutschland. Die Veröffentlichung der Gesamteinkommen

---

9 Dies könnte beispielsweise auch Ehepartner einschließen. So müssen in den USA, gemäß des „Ethics in Government Act" Ehepartner und Kinder alle Einkünfte oder Schulden publizieren. Dies schließt auch Kosten für Reisen, Unterkünfte oder Mahlzeiten ein, für die sie nicht persönlich aufgekommen sind.
10 Bundestagsabgeordnete müssen nach bisheriger Regelung zusätzliche Einkünfte, die 3.000 Euro im Monat oder 18.000 Euro im Jahr übersteigen, dem Bundestagspräsidenten melden. Diese Informationen werden jedoch nicht veröffentlicht.
11 „In Schweden geht [beispielsweise] der Informationsanspruch gegen öffentliche Stellen (...) bis

von Abgeordneten entspräche somit einer ungleichen Behandlung (und Sanktionierung) der Repräsentanten. Daraus erfolgt ein weiteres Problem, die Sorge um die Auswahl qualifizierter Mandatsträger. Müssten Abgeordnete ihre Einkünfte im Unterschied zu anderen Berufsgruppen in vollem Umfang publizieren und erfolgte daraus gar die begrenzte Möglichkeit einer bezahlten Nebentätigkeit, zögen es sicherlich viele vor, ihr Geld in der freien Wirtschaft zu verdienen. Das zweite Szenario, eine Betragsgrenze, ab derer veröffentlicht wird, festzulegen korreliert mit den Bedenken des ersten Szenarios und beruht – wie bereits kritisiert – auf einer willkürlichen Betragsbestimmung.

Zudem muss kritisch die Frage gestellt werden, ob nicht sogar ein Übermaß an Transparenz zu weniger Transparenz führt. Denn eine Vielzahl verschiedener Informationen bringt wenig Licht ins Dunkel. Unterschiedliche Quellen und Publikationen bergen eher die Möglichkeit inmitten der Öffentlichkeit nicht gesehen zu werden. Transparenz ist ein Gegengift zur Nicht-Öffentlichkeit des Lobbyismus, es sollte jedoch gut dosiert werden, um nicht seine Wirkung zu verlieren. Insofern bietet es sich an, diese Informationen auf einer Liste zu bündeln. Durch unterschiedliche Publikationsmedien verliert das Kontrollinstrument an Schärfe.

Im Allgemeinen kann jedoch die Frage gestellt werden, ob ein solches Transparenz-Medium überhaupt dringend nötig ist. Birgt nicht die Parteiendemokratie per se effektive Sanktionsmöglichkeiten? Der Fall des Hermann-Josef Arentz zeigt, dass auch ohne Publikationspflicht Fehlverhalten bestraft wird – und zwar aus den eigenen parteipolitischen Reihen heraus. Eben diese Tatsache muss den Blick auf eine andere Form der Interessengruppen, die im Zuge der Debatte bislang nicht ausreichend angesprochen wurde, lenken: die Parteien. Auch sie sind Organisationen, die als Primat des Handelns die Maximierung ihres Einflusses verfolgen.

Als Adressaten der Lobbytätigkeit spielen sie aber eher eine sekundäre Rolle.[12] Diese Randstellung ist in ihrem Wesen begründet. Sie müssen sich eher langfristig an allgemeinen politischen Themen orientieren und sind demnach meist ungeeignet für das spontane und politikfeldbezogene Werben um Einfluss der Lobbyisten. Wie Lobby-Organisationen auch, müssen Parteien als „policy-seeking" betrachtet werden, doch zentrales Moment jedweder Partei ist die Wiederwahl. Sie werden (und sollten) die Interessen ihrer Wählerklientel berücksichtigen. Im Sinne einer gewünschten positiven Parteiorientierung müssen Partikularinteressen hinter einer Bündelung breiter und vielschichtiger politischer Zielsetzungen zurücktreten. Man kann deshalb bei Parteien „geradezu von Lobbybremsen" (Streit 2005) sprechen. Neben der parteieigenen Hürde des Lobbyeinflusses muss in diesem Zusammenhang noch die kritische Öffentlichkeit genannt werden, die hier nicht unwesentlich mit einspielt. Diese – aufgeschreckt durch parteipolitische Skandale der jüngeren Geschichte – reagiert mit Wahlentzug auf demokratie-unverträgliches Handeln der Politiker. Aus einer Auswahl an Entscheidungsalter-

---

auf das Jahr 1766 zurück und ist heute durch die Verfassung von 1975 als Grundrecht geschützt" (Transparency 2005b).

12 Beyme (1980: 195) sieht jedoch die Adressatenrolle der Parteien in dem Maße ansteigen, indem deren Rolle innerhalb eines politischen Systems wächst. Die starke Position der Parteien innerhalb des parlamentarischen Systems ändert jedoch wenig an deren Wesensmerkmalen, die sie zugleich an Relevanz, im Zusammenhang mit der Kontaktaufnahme von Interessengruppen, verlieren lassen.

nativen heraus, unter Berücksichtigung der jüngeren Erfahrungen der jeweiligen Parteipolitik, entscheiden sich die Wähler für eine politische Option. So musste die CDU in Folge des Spendenskandals Verluste bei den Landtagswahlen in Schleswig-Holstein und Nordrhein-Westfalen 2000 verkraften. Denn bei Wahlen fließt in nicht unerheblichem Maße die Außenwirkung, das Image, der Parteirepräsentanten in die Entscheidung mit ein. Jedes Fehlverhalten wird mit Mandatsentzug bestraft. „Das Verlangen nach Wiederwahl schränkt die Gier von Politikern ein" (Rose-Ackerman 2000: 73). Im Interesse ihrer „policy-seeking"-Funktion wird jede Partei darauf bedacht sein, abweichendes und schädigendes Verhalten nach externer Kritik intern zu sanktionieren. Ein Beispiel ist, wie erwähnt, Hermann-Josef Arentz, der nach Bekanntgabe seiner Nebeneinkünfte nicht mehr ins Präsidium der CDU gewählt wurde. Stabile demokratische Systeme verfügen demnach über zentrale Kontroll- und Sanktionsmechanismen, die der demokratische Markt mittels Wahlen reguliert. Wesentlich ist in diesem Zusammenhang die Unbestimmtheit der Wiederwahl, dies führe zu einem „Stabilitätsparadoxon" (Rose-Ackerman 2000: 73): Je größer die Wahrscheinlichkeit der erneuten Wahl ist, desto anfälliger sind die entsprechenden Politiker für korruptes Handeln. Eine zusätzliche Motivation zur Wahl einer Partei ist die Nachvollziehbarkeit der policy-Prozesse. Der Fokus wird hier primär auf die Beschlüsse der Abgeordneten gelegt. „Um staatliches Handeln aus dem pauschalen Missbrauchsverdacht zu befreien, müssen öffentliche Akteure stärker belegen, welche Interessen sie vor ihren Entscheidungen gehört und berücksichtigt haben" (Hart 2003: 63). Transparenz verkommt so zum politischen Eigeninteresse, es wird zum Motor der Partizipation.

Als ein weiteres Kontrollinstrument kann zudem die Fraktionsdisziplin darstellen. Sie „ist eine Funktionsvoraussetzung des parlamentarischen Regierungssystems" (Schmidt 2004: 235). Dadurch wird die Unabhängigkeit der einzelnen Mandatsträger nicht nur eingeschränkt, sondern auch gebündelt. Das erschwert den Einfluss externer Lobbyvertreter und begrenzt den Spielraum der internen Lobbyisten, den der Abgeordneten selbst. Es kann von den positiven Folgen der Fraktionsdisziplin auf die Beschneidung der Lobbymacht gesprochen werden (Kremendahl 1977: 454).

Abschließend soll der Blick auf die vielzitierte Verbandsfärbung des Deutschen Bundestages gelenkt werden. Die Befürchtung hier: Interessengruppen üben mittels der Mitgliedschaft von Mandatsträgern gezielt Einfluss auf politische Entscheidungen aus.[13] Die Folge: Politische Voten der einzelnen Abgeordneten würden maßgeblich durch die Verbundenheit zu einem Verband bestimmt. Der parlamentarische Alltag kann die Sorge um unkontrollierten Einfluss jedoch entkräften. Zunächst festzuhalten, dass jeder Abgeordnete meist Mitglied in mehreren Verbänden zugleich ist; gesellschaftliche Positionen ebenso berücksichtigt werden müssen, wie private Interessen. Kaum jemand wird primär durch ein singuläres Interesse geleitet, die Interessenorientierung wird bereits im Vorfeld dezentralisiert. Generell gilt jedoch auch hier, dass trotz des von den Verbänden sicherlich ausgeübten Drucks die längerfristigen Strategien der Parteien eine größere Rolle spielen (Alemann 1996). Beispielhaft kann das den Interes-

---

13 Der ehemalige stellvertretende Vorsitzende der Deutschen Postgewerkschaft und SPD-Abgeordneter Kurt Gscheidle sagte: „Wer nach der Interessenvertretung im Parlament fragt, muß sich im Klaren sein, daß es die Aufgabe von Abgeordneten ist, Interessen zu vertreten" (zitiert nach Alemann 1996).

sen der Gewerkschaften und deren Mitgliedern entgegenstehende Reformprojekt Agenda 2010 der Bundesregierung genannt werden. Mittels Parteiräson und Fraktionsdisziplin gelang es der rot-grünen Bundesregierung unter Einbeziehung der Regierungsfraktionen die Arbeitsmarktreform „Hartz IV" oder die Steuerreform gesetzlich zu verankern. Dieses Verhalten lässt keine wesentliche Auswirkung der Verbandsfärbung auf die Parlamente zu und entspricht primär der Aufgabe der Parteien. Als solche gilt „die mannigfaltigen sozialen Kräfte aufzufangen, zu formieren, auszugleichen und so die Sichtung und Vorformung der Grundfragen für die politische Entscheidung zu leisten" (Scheuner 1968: 416). Es ist das Primat allen parteipolitischen Handelns. Partikularinteressen haben demnach in den politischen Auseinandersetzungen wenig Relevanz. Abgeordnete treten hinter den Interessen von Fraktion und Partei zurück (Alemann 1996). Neben der zu berücksichtigenden innerparteilichen Willensbildung erwächst Abstimmungsbedarf „aus der Notwendigkeit, Koalitionen zur Unterstützung einer Regierung zu erhalten" (Morlok 2003: 42). Der Parteienstaat kann deshalb per se als wehrhaft genug charakterisiert werden. Der politische Einfluss des Lobbyismus im Parlament ist genuin einer Kontrollfunktion durch die Parteien ausgesetzt.

6. Fazit

Lobbyismus liegt zwischen den anfangs skizzierten Polen von politischem Einfluss und Korruption. Der Begriff beinhaltet somit zeitgleich eine demokratische Legitimation und Diskreditierung. Er bewegt sich auf einem Kontinuum zwischen normativ gewünschten und normativ sanktionierbaren Werten. Während die Extreme dessen folglich eindeutig benennbar sind, ist eine eindeutige Grenze, ein Umschwenken von einem zum anderen Pol, nicht zweifelsfrei möglich. Hintergrund sind die jeweiligen überlappenden Charakteristika, die eine finale Differenzierung blockieren. Zwei Ebenen, die rechtliche und die moralische, sind möglich, um sich der Trennlinie anzunähern. Während erstere mit einem willkürlichen Charakter der Einteilung belegt ist, könnte ein weiteres Dilemma als wesentlich gravierender bewertet werden: Kaum eine formal-rechtliche Abgrenzung, etwa das Bestimmen einer Beitragsgrenze, scheint den reellen Bedürfnissen nach Abgrenzung in der Bevölkerung gerecht zu werden. Und: Schwerlich ist als Ergebnis neuer gesetzlicher Vorschriften eine Eindämmung korrupten Verhaltens möglich – zumindest nicht ausschließlich. Eine Annäherung an die Grauzone, die beide lobbyistischen Subtypen verbindet, kann primär über die moralische Ebene erfolgen. Ihr sind die im Moralbegriff implementierten universellen Prinzipien und Tugenden eigen. Diese manifestieren sich im öffentlich-nachvollziehbaren Agieren. Lobbyismus gewinnt hier als Medium der politischen Einflussnahme durch den partizipationsorientierten, perspektivenreichen Charakter des Handelns an demokratiegerechter Relevanz. Moralische Tugenden basieren folglich primär auf einer steten Modifikation ihrer selbst, gegründet auf den sozio-kulturellen Wandlungsprozessen demokratischer Gesellschaften. Deren Folge ist es, dass es gerade keine starre regelgeleitete Definition einer Abgrenzung zwischen Einfluss und Korruption im Lobbyismusbegriff geben kann (und darf). Die Trennlinie ist nicht statisch, sondern wird durch einen kontinuierlichen Wertewandel und anhand von Beispielen durch die Gesellschaft selbst definiert. Die Öffentlichkeit tendiert zu fallbezogenen Entscheidungen und Abwägungen. An Gesetzen wird sich bei der subjektiven Einteilung nicht primär orientiert, die daraus erfolgende Überregulierung hätte höchstens abschreckenden Charakter. Daraus folgt: Legitimität politischen Handelns hat Vorrang vor der Legalität.

Vielmehr müssen (und können) die Werkzeuge der Parteidemokratie[14] genutzt werden. Im Zuge der Causae Meyer oder Arentz hat sich zudem gezeigt, dass die Öffentlichkeit durchaus kritischer ist als manch Kritiker zu bedenken gibt. Eine Lobbyliste alleine hilft kaum. Der demokratische Markt funktioniert. Ziel müsste die weitere Verstärkung der Zivilgesellschaft sein, mehr Partizipationsmöglichkeiten für die Bevölkerung könnten eher eine Option darstellen als stärkere Restriktionen. Mittels dieses Kontrollinstruments wäre zugleich ein äußerst flexibles und ein an die gesellschaftlichen Realitäten angepasstes gefunden. Die für demokratisch-moralisches Handeln unablässige Offenheit und Sachkompetenz orientiert sich stets aufs Neue an kritischen Sachverhalten und sanktioniert diese bei Bedarf – im Zusammenhang mit politischem Einfluss schlicht mit Wahlentzug. Lobbyismus wird so stets den Werten der Gesellschaft gerecht. Diese wird nicht mit neuen undurchsichtigen Vorschriften belastet und sanktioniert korrupte Ausprägungen der Einflussnahme gezielt.

Literatur

Alemann, Ulrich von, 1994: Schattenpolitik, Streifzüge in die Grauzonen der Politik, in: *Leggewie, Claus* (Hrsg.), Wozu Politikwissenschaft? Über das Neue in der Politik. Darmstadt.
Alemann, Ulrich von, 1996: Aktionsformen der Verbände, in: Interessenverbände, Informationen zur politischen Bildung, Heft 253. Bonn.
Alemann, Ulrich von, 2000: Vom Korporatismus zum Lobbyismus? Die Zukunft der Verbände zwischen Globalisierung, Europäisierung und Berlinisierung, in: Aus Politik und Zeitgeschichte 50, B 26/2.
Beyme, Klaus von, 1980: Interessengruppen in der Demokratie. 5. Auflage, München.
Beyme, Klaus von, 1991: Informelle Komponenten des Regierens, in: *Hartwich, Hans-Hermann/ Wewer, Göttrik* (Hrsg.), Regieren in der Bundesrepublik II. Formale und informale Komponenten des Regierens in den Bereichen Führung, Entscheidung, Personal und Organisation. Opladen.
Eising, Rainer/Kohler-Koch, Beate, 1994: Inflation und Zerfaserung: Trends der Interessenvermittlung in der Europäischen Gemeinschaft, in: *Streeck, Wolfgang* (Hrsg.), Staat und Verbände. Opladen.
Europäisches Parlament, 2005: Regelung der Tätigkeit von Interessenvertretern und inter-fraktionellen Arbeitsgruppen innerhalb der Parlamente der Mitgliedstaaten. <www.europarl.eu.int/workingpapers/pana/w5/default_de.htm>; 28.4.2005.
Europäisches Parlament, 2005: Beim Europäischen Parlament akkreditierte Interessenvertreter. <http://www2.europarl.eu.int/lobby/lobby.jsp?lng=de>; 28.4.2005.
Fischer, Klemens H., 1997: Lobbying und Kommunikation in der Europäischen Union. Berlin.
Fücks, Ralf, 2003: Lobbyismus und Demokratie, in: Forschungsjournal Neue Soziale Bewegungen 16(3).
Hart, Thomas, 2003: Mehr Transparenz für die stillen Mächtigen, in: *Leif, Thomas/Speth, Rudolf,* Die stille Macht. Lobbyismus in Deutschland. Wiesbaden.

---

14 Hier sind primär die Aufstellung von Kandidaten und die innerparteiliche Demokratie im Allgemeinen zu nennen. Diese orientiert sich dabei am öffentlichen Meinungsbild, um der „office-seeking"-Funktion in den Wahlen gerecht werden zu können.

Hesselberger, Dieter, 2003: Das Grundgesetz. Kommentar für die politische Bildung. Bonn.
Kremendahl, Hans, 1977: Pluralismustheorie in Deutschland. Leverkusen.
Leif, Thomas/Speth, Rudolf, 2003: Anatomie des Lobbyismus, in: *Leif, Thomas/Speth, Rudolf,* Die stille Macht. Lobbyismus in Deutschland. Wiesbaden.
Löw, Reinhard, 1993: Moral und Moralisierung, in: *Kemper, Peter* (Hrsg.), Opfer der Macht. Müssen Politiker ehrlich sein? Frankfurt a.M./Leipzig.
Mohn, Carel, 1998: Working Paper: Akteneinsichtsrecht. Transparency International. <http://www.transparency.org/working_papers/country/akteneinsichtsrecht.html>; 28.4.2005.
Morlok, Martin, 2003: Informalisierung und Entparlamentarisierung politischer Entscheidungen als Gefährdungen der Verfassung?, in: Veröffentlichungen der Vereinigung der Deutschen Staatsrechtler 62. Berlin.
Reutter, Werner, 2000: Organisierte Interessen in Deutschland, in: Aus Politik und Zeitgeschichte, B 26–27.
Rose-Ackerman, Susan, 2000: Politische Korruption und Demokratie, in: *Borchert, Jens/Leitner, Sigrid/Stolz, Klaus* (Hrsg.), Politische Korruption. Jahrbuch für Europa- und Nordamerika-Studien 3. Opladen.
Scheuner, Ulrich, 1968: Das repräsentative Prinzip in der modernen Demokratie, in: *Rausch, Heinz* (Hrsg.), Zur Theorie und Geschichte der Repräsentation und Repräsentativverfassung, Darmstadt. Zuerst veröffentlicht als: Verfassungsrecht und Verfassungswirklichkeit, Festschrift für Hans Huber. Bern 1961, 222–246.
Schmidt, Manfred G., 2000: Demokratietheorien. Opladen.
Schmidt, Manfred G., 2004: Wörterbuch zur Politik. Stuttgart.
Schwan, Gesine, 2004: Politik und Moral, in: *Marschall, Stefan/Strünck, Christoph* (Hrsg.), Grenzenlose Macht? Politik und Politikwissenschaft im Umbruch. Festschrift für Ulrich von Alemann zum 60. Geburtstag. Baden-Baden.
Speck, Bruno, 2004: Korruptionskontrolle. Eine Herausforderung der Außen- und Entwicklungspolitik. SWP-Studie 2004/S 13, April. Berlin.
Stein, Lorenz von, 1959: Geschichte der sozialen Bewegung in Frankreich. Darmstadt (zitiert nach: *Beyme, Klaus von,* 1980: Interessengruppen in der Demokratie. 5. Auflage, München.
Streit, Thilo, 2005: Entscheidung in eigener Sache. Dissertation. Düsseldorf (im Erscheinen).
Teuber, Jörg, 2001: Interessenverbände und Lobbying in der Europäischen Union. Frankfurt a.M.
Thunert, Martin, 2003: Internationale Erfahrungen mit Lobbyismus. Fachtagung Lobbyismus in Deutschland. Fünfte Gewalt unkontrolliert und erfolgreich? 24. bis 26. Januar, Berlin.
Transparency International: Corruption Perceptions Index 2004. <http://www.transparency.de/Tabellarisches_Ranking.542.0.html>; 28.4.2005.
Transparency International: Corruption Perceptions Index 2004 – Fragen und Antworten. <http://www.transparency.de/Fragen_und_Antworten.544.0.html>; 28.4.2005.

Die Öffentlichkeit der Korruption – Zur Rolle der Massenmedien zwischen Wächteramt, Skandalisierung und Instrumentalisierbarkeit

Frank Marcinkowski / Barbara Pfetsch

1. Einleitung

Die größte Herausforderung für die Pressefreiheit in der Welt ist die Korruption. Zu dieser Schlussfolgerung kommt Freimut Duve[1], der von 1998 bis Ende 2003 als erster OSZE-Beauftragter für die Freiheit der Medien die Entwicklung in den 55 Mitgliedsstaaten der Organisation beobachtete. Wie das Urteil aus berufenem Munde bestätigt, ist die politische Rolle der Massenmedien in Bezug auf das Phänomen der Korruption auch in den hoch entwickelten Demokratien als prekär einzuschätzen. Verschärfend wirkt der Umstand, dass die Mediensysteme in westeuropäischen Demokratien seit rund zwei Jahrzehnten in einem tiefgreifenden Strukturwandel begriffen sind, der durch Deregulierungspolitiken und durch die rasante Entwicklung der Informations- und Kommunikationstechnologien zusätzlich forciert wird. Damit verbunden ist ein grundlegender gesellschaftlicher Funktionswandel der Massenmedien, die die ihnen auferlegten anspruchsvollen demokratietheoretischen Normen nur noch in dem Maße zu erfüllen vermögen, wie sie sich ihren publizistischen und ökonomischen Eigeninteressen unterordnen lassen.

Im Lichte der Bedrohung der Medienfreiheit durch Korruption einerseits und des Strukturwandels der modernen westlichen Massenmediensysteme andererseits stellt sich die Frage nach der medienöffentlichen Bearbeitung des Phänomens der Korruption, die wir mit Bezug auf die Bundesrepublik Deutschland in diesem Beitrag diskutieren. Wir gehen in drei Schritten vor. Im ersten Abschnitt arbeiten wir in der Perspektive der politikwissenschaftlichen Beschreibung der Massenmedien in demokratischen Gesellschaften heraus, welche Funktionen diesen im Hinblick auf politische Korruption zugedacht wären. Hier zeigt sich zunächst, dass die normative Sicht auf die Massenmedien als Informations- und Aufklärungsinstanzen umso weniger realitätstüchtig ist, je mehr sich die Strukturbedingungen der Massenmedien sowie der Gesellschaften, in denen sie verbreitet sind, wandeln. Dies hat – wie wir im zweiten Teil argumentieren – Konsequenzen für die öffentliche Wahrnehmung und Bearbeitung von Phänomenen wie der Korruption. Denn wenn sich unter den Bedingungen moderner Kommunikationsgesellschaften die Medienrealität als Konstruktionsmechanismus der öffentlichen Wahrnehmung von Korruption erweist, dann unterliegt dieser Diskurs zwangsläufig der Aufmerksamkeitsökonomie der Massenmedien. Im dritten Teil arbeiten wir die spezifischen Bedingungen heraus, die der medialen Thematisierung von Korruption zugrunde liegen und versuchen, auf der Grundlage von empirischen Medieninhaltsanaly-

---

1 In einem Interview des Deutschlandfunkes am 13. Januar 2004 anlässlich der Verleihung des großen Bundesverdienstkreuzes der Bundesrepublik Deutschland durch Bundespräsident Johannes Rau infolge von Duves Tätigkeiten als Medienbeauftragter der OSZE.

sen[2] einige wesentliche Aspekte dieser Thematisierung in der bundesrepublikanischen Öffentlichkeit zu beschreiben. Vor dem Hintergrund des allgemeinen Strukturwandels sollen uns diese Analysen Einblick geben in die Leistungspotenziale wie Leistungsdefizite der gegenwärtigen Massenmedien im Umgang mit einer fundamentalen Herausforderung der Demokratie wie sie die Korruption darstellt.

2. Zum politischen Funktionswandel öffentlicher Kommunikation in der Mediengesellschaft

Seit den frühen 1960er Jahren wird die politikwissenschaftliche Sichtweise auf die Massenmedien von einer demokratietheoretisch begründeten funktionalistischen Perspektive geprägt. Ihre Kernannahme lautet: „Die Massenmedien üben, wie Parlament, Regierung, Staatsoberhaupt oder Gerichte Funktionen aus, ohne die demokratisches Regieren nicht möglich ist" (Kaltefleiter/Wildenmann 1965: 13). Von diesen Überlegungen ausgehend diskutieren Wildenmann und Kaltefleiter (vgl. auch Ronneberger 1964) im Kern drei politische Normen von Massenmedien:
- Information und Artikulation: In ihrer Funktion als gesellschaftliches und politisches Kommunikationsforum von Öffentlichkeit sollen die Massenmedien über Ziele, Programme und Maßnahmen politischer Akteure informieren und dafür um Zustimmung werben. Aufgrund der Offenheit des Massenmediensystems sollen gesellschaftliche Sprecher wie Bürger in die Lage versetzt werden, ihre Bedürfnisse, Interessen und Präferenzen zu artikulieren und als politische Forderungen an das Regierungssystem zu adressieren sowie die Handlungen der politischen Akteure vermittels der Massenmedien zu beobachten.
- Bildung und Sozialisation: Im Sinne der Norm gut informierter Bürger, auf die Demokratien in besonderem Maße angewiesen sind, sollen die Massenmedien das Interesse an demokratischer Politik wach halten und womöglich steigern, den Grad politischer Informiertheit in möglichst allen Teilen der Gesellschaft anheben und zur Verinnerlichung von Grundwerten und Spielregeln demokratischer Politik in der Gesellschaft beitragen.
- Kritik und Kontrolle: Schließlich sollen die Massenmedien als Teil des Systems demokratischer „checks and balances" funktionieren. In dieser Rolle haben sie auf die Einhaltung von Normen und Regeln des demokratischen Staates zu achten und Verstöße dagegen öffentlich anzuzeigen. Staatliche Institutionen sowie politische Mandatsträger sind daraufhin zu kontrollieren, ob sie sich gemäß der formalen Verfassung, aber auch den ungeschriebenen Spielregeln der Demokratie entsprechend verhalten.

Durch die letztgenannte Funktion ist die Rolle der Massenmedien im Zusammenhang mit dem Phänomen politischer Korruption klar markiert. In normativ-funktionaler Perspektive würde man von ihnen erwarten können, dass sie als „Entdecker" abweichenden Verhaltens politischer Akteure tätig werden, Fälle politischer Korruption von sich aus aufspüren und verfolgen, bei hinreichend eindeutiger Beweislage veröffentlichen und insoweit der politischen und rechtlichen Sanktion zugänglich machen. Im

---
[2] Die vorliegenden empirischen Analysen wurden von Stephanie Grübl berechnet, der wir an dieser Stelle für ihre Arbeit sowie wertvolle Anregungen und Kommentare danken.

Rahmen der Kontrollfunktion können die Massenmedien gar als Wächter der Gesellschaft gesehen werden, wobei ihre Rolle nicht nur auf die Beobachtung vollzogener Korruption beschränkt ist, sondern auch darin bestehen kann, über die Ursachen und Hintergründe korruptionsanfälliger Strukturen oder Maßnahmen der Korruptionsbekämpfung zu berichten und dadurch ihr Publikum für die Pathologie des Phänomens zu sensibilisieren.

Diese Interpretation der Normen setzt voraus, dass die Massenmedien in Ausübung ihrer Kontrollfunktion aus einer passiven Beobachterrolle heraustreten und aufgrund der ihnen eingeräumten Medienfreiheit selbst aktiv werden: Da Korruptionsbeziehungen – solange sie verdeckt gehalten werden können – meist opferlose Kontrolldelikte[3] und mithin eine Täter/Täter-Konstellation darstellen, fehlt in der Regel der typische Kläger bzw. Anzeigeerstatter. Dies gilt insbesondere in Fällen politischer Korruption, bei denen der kluge Geber allen maßgeblichen politischen Kräften ihren Teil zukommen lässt, so dass ein gemeinsames Interesse an der Nichtaufdeckung besteht. In dieser Situation wären die Massenmedien als publizistische *whistleblower* gefragt, die gleichsam advokatorisch für die geschädigte Allgemeinheit öffentlich Anzeige erstatten und dadurch eine Täter/Opfer-Konstellation schaffen. Da Korruption notwendig auf Geheimhaltung beruht (vgl. grundlegend Elster 1989: 270), stellt Öffentlichkeit, die von den Massenmedien hergestellt wird, eine latente Bedrohung korrupter Strukturen und Praktiken dar. Aggregatdatenanalysen in den neuen Demokratien Mittel- und Osteuropas (vgl. Delhey 2002) und darüber hinaus (Brunetti/Weder 2002; Reinikka/Svensson 2004) weisen tatsächlich auf einen positiven Zusammenhang zwischen der Unabhängigkeit der Massenmedien, der Macht von Medienöffentlichkeit und der Verbreitung politischer Korruption hin und lassen insoweit vermuten, dass diese positive Funktionszuschreibung durchaus nicht nur normativen Fiktionen entspringt. Das ist auch der Grund dafür, dass Medienschaffende gerade in Ländern ohne längere demokratische Tradition mit zum Teil massiver Behinderung – bis hin zu physischer Bedrohung – zu rechnen haben, wenn sie sich allzu intensiv für die Verstrickungen von Politik und Wirtschaft interessieren (vgl. Peters 2003). Auch aus der jüngeren deutschen Geschichte lassen sich zahlreiche Beispiele nennen – von den diversen Parteispendenskandalen bis zur Barschel-Affäre – in denen die Massenmedien Entscheidendes zur Aufklärung von Machtmissbrauch beigetragen haben (vgl. die Beispiele bei von Arnim 2001: 194). Gleichzeitig wird in dieser Betrachtung der Massenmedien auch deutlich, warum Korruption heute als eine große Herausforderung gerade für die Medienfreiheit gilt, wie der ehemalige OSZE-Massenmedienbeauftragte Duve betont.

Die bisher vorgetragene normative Funktionsbeschreibung der Massenmedien beruht freilich auf einer stark idealisierten Sichtweise der Bedingungen politischer Kommunikation, die durch sozial- und gesellschaftswissenschaftliche Forschungen in den vergangenen Jahren nicht unerheblich modifiziert und korrigiert worden ist. So legt unser verbessertes Wissen um die tatsächliche Funktionsweise von modernen Massenmedien inzwischen eine realistischere Perspektive auf die Möglichkeiten und Grenzen journalistischer Korruptionsbekämpfung nahe. Danach ist von einem grundlegenden

---

3 Selbstverständlich gibt es in jedem Fall faktisch Geschädigte, allerdings verteilt sich der Schaden in der Regel auf sehr viele Schultern und ist so schwer zurechen- und identifizierbar (vgl. von Arnim 2001: 178).

Strukturwandel der modernen Gesellschaften auszugehen, der mit dem enormen Wachstum, der Expansion und Differenzierung von Kommunikation sowie einem entsprechenden Wandel des Mediensystems einhergeht und dabei nicht zuletzt das Verhältnis von Massenmedien und Politik in all ihren Verästelungen grundlegend verändert hat (Blumler/Kavanagh 1999; Bennett/Entman 2001; Hallin/Mancini 2003). „Kommunikationsakzentuierte Gesellschaftscharakterisierungen" (Saxer 1998: 53), unter ihnen der neuerdings im deutschsprachigen Raum vermehrt verwendete Begriff der *Mediengesellschaft* (vgl. Saxer 1998; Jarren 2001; Imhof et al. 2004), verweisen in dem Zusammenhang insbesondere auf folgende Entwicklungen: Der Bedarf an technisch vermittelter Information und Kommunikation ist in den modernen Gegenwartsgesellschaften enorm angestiegen. Er wächst nicht nur linear, sondern exponenziell, weil moderne Gesellschaften immer mehr und immer spezialisiertere Handlungszusammenhänge und Funktionsbereiche ausdifferenzieren, deren interne Organisation ohne Kommunikation ebenso wenig bewältigt werden könnte, wie ihr gesamtgesellschaftliches Zusammenwirken. Infolgedessen haben die publizistisch tätigen Massenmedien einen Bedeutungsaufschwung erfahren. Der durch staatliche Deregulierungspolitiken im Verbund mit neuen technischen Möglichkeiten ausgelöste Expansionsprozess hat zu einer enormen Ausweitung der Massenmedienangebote, zur Vervielfachung der medialen Kanäle, zur Steigerung der Übertragungsgeschwindigkeit und -leistung, zur Entwicklung neuer Massenmedienformen und -formate und nicht zuletzt zu Veränderungen in den Massenmediennutzungsgewohnheiten der Menschen geführt. Die Zahl der Massenmedien und der medialen Angebotsformen ist stark gewachsen, was sich besonders deutlich im Bereich der Entwicklung des Fernsehens in den vergangenen 40 Jahren leicht nachvollziehen lässt. Innerhalb der einzelnen Mediengattungen greifen weitergehende Differenzierungsprozesse um sich: 24-Stunden-Vollprogramme, lokale Hörfunk- und Fernsehprogramme, nationale und internationale Spartenkanäle, aber auch eine wachsende Zahl sogenannter „Special Interest"-Zeitschriften prägen die Massenmedienmärkte der Gegenwart. Neben den herkömmlichen Massenmedien (Rundfunk, Zeitungen) und den klassischen Massenmedien der Individualkommunikation (Fernsprechen) haben sich neue Kommunikationsmedien etabliert, die weder der einen noch der anderen Kategorie eindeutig zuzuordnen sind. Prototypisch dafür stehen die Online-Medien (wie das Internet) als Mischform von Individual- und Massenkommunikation. Nicht zuletzt aufgrund dieser technischen Innovationen haben die Vermittlungsleistung und Vermittlungsgeschwindigkeit des Mediensystems insgesamt stark zugenommen. So stehen z.B. in spezialisierten Nachrichtenkanälen und im Internet die neuesten Nachrichten aus aller Welt praktisch rund um die Uhr zur Verfügung.

Während viele gesellschaftliche Institutionen wie die politischen Parteien, die Gewerkschaften und Kirchen an Bindungswirkung und Glaubwürdigkeit verlieren, gewinnen die Massenmedien aufgrund ihrer hohen Beachtung und des ihnen zugeschriebenen Wirkungspotenzials gesamtgesellschaftlich an Gewicht und Einfluss (Jarren 1994). Dieser soziale Bedeutungsgewinn führt dazu, dass die strukturellen Beziehungen von Massenmedien und den übrigen gesellschaftlichen Teilbereichen neu definiert werden. Das gilt nicht nur für das Verhältnis von Massenmedien und Politik, sondern auch für die Interaktion von Massenmedien und Wirtschaft, Wissenschaft, Recht, Religion u.a. In Bezug auf demokratische Politik zeigt sich der damit induzierte Funktionswandel nicht zuletzt daran, dass die Medien generell aus ihrer „dienenden Rolle" für das politische System – wie noch das Bundesverfassungsgericht formuliert – heraustreten oder sich jedenfalls immer weniger darauf verpflichten lassen. In der heraufziehenden Mediengesellschaft entwickeln sich Presse, Hörfunk und Fernsehen zu ebenso machtvollen wie eigensinnigen sozialen Akteuren, die primär von Eigeninteressen und eigenen Rationalitäten angetrieben werden und infolgedessen auf normativ-demokratietheoretische Erwägungen und Verpflichtungen nur in dem Maße reagieren, wie sie damit vereinbar erscheinen. Diese Eigeninteressen lassen sich im Falle kommerziell verfasster Massenmedien als ökonomische Interessen buchstabieren. Sie betreffen darüber hinaus die jeder Organisation inhärenten Meta-Interessen an Bestandserhaltung, Expansion der eigenen Funktion (hier: der Herstellung von Öffentlichkeit) und Ausweitung der eigenen Autonomie.

Betrachtet man Massenmedien in ihrer dualen Funktion als Forum und Akteur öffentlicher Kommunikation[4], so induziert der gesellschaftliche Strukturwandel eine Stärkung ihrer Rolle als eigenständige Kategorie des politischen Prozesses. Die politische Bedeutung der Massenmedien ist daher nicht nur an ihrer Funktion als Arena der politischen Auseinandersetzung und Legitimitätsbeschaffung zu bemessen. Sie wird vielmehr dadurch gesteigert, dass politische Akteure und Institutionen ihrerseits auf den Medienwandel reagieren, in dem sie sich den Spielregeln mediengenerierter Öffentlichkeit proaktiv anzupassen versuchen (Mazzoleni/Schulz 1999; Bennett/Entman 2001). Das Kennzeichen dieser „medienorientierten politischen Kommunikationskultur", deren Qualität und Ausmaß in unterschiedlichen westlichen Demokratien sicherlich variiert (Pfetsch 2003), ist, dass die „Politik der Medien" ihren Erfolg von der Aufmerksamkeitsökonomie der Massenmedien abhängig macht. Diese Aufmerksamkeitsökonomie beruht auf den medienbestimmten Selektionen der veröffentlichten Themen und Ereignisse aus der Summe der tatsächlich politisch relevanten Angelegenheiten. Die Auswahl orientiert sich an bestimmten Nachrichtenwerten des Ereignisses (Konflikt, Drama, Personalisierung), an Produktionsroutinen, Weltsichten und Konkurrenzen sowie Marktbearbeitungsstrategien moderner Medienorganisationen. Zudem werden in der Darstellung die „nachrichtenwerten" Eigenschaften des Ereignisses besonders betont. Eine Folge davon ist die „Spektakularisierung" (Mazzoleni/Schulz 1999: 251) von politischen Botschaften und Akteuren. Andere Autoren – wie Sarcinelli (2001: 138) – sprechen von Tendenzen der „Synchronisierung von politischer Logik und Medienlogik", die zu veränderten Legitimationsmechanismen führe, und die politische Akteure in der Mediengesellschaft unter verstärkten „Plebiszitarisierungsdruck" setze.

Insgesamt indiziert der Strukturwandel von Medienöffentlichkeit, dass die Massenmedien sich immer weniger auf die eingangs skizzierte Rolle als neutraler Mittler der Kommunikationsbedürfnisse von Politik festlegen lassen. Sie greifen vielmehr selbst in den politischen Prozess ein, indem sie ihre Thematisierungsfunktion selbst definieren, Erwartungen artikulieren, Parteien und Politiker unter Zeit- und Handlungsdruck setzen, Misserfolge skandalisieren etc. Es gehört gleichsam zur Logik der medienorientierten politischen Kommunikationskultur, dass die institutionellen Strukturen von Politik

---

4 Siehe zur Akteursrolle der deutschen Printmedien ausführlich Eilders/Neidhardt/Pfetsch (2004).

und deren Handlungszwänge in den Hintergrund geraten, wenn nicht sogar ganz ignoriert werden. Diese Tendenzen – und mögen sie auch nur im Ansatz entwickelt sein – prägen und modifizieren die Rolle der Massenmedien bei der öffentlichen Bearbeitung des Phänomens der Korruption.

3. Medienrealität als öffentliche Konstruktion von Korruption

Mit ihrer dem Wandel unterworfenen Rolle in der politischen Kommunikation erlangen die Massenmedien eine bedeutsame Stellung bei der gesellschaftlichen Realitätsdefinition. Dieser Sachverhalt wird in der Kommunikationswissenschaft insbesondere mit Blick auf das Potenzial der Massenmedien betont, den Interpretationsrahmen politischer Sachverhalte mitzubestimmen. Das so genannte „Framing" (vgl. zum Verständnis Entman 1993: 52) der Massenmedien dürfte auch die öffentliche Wahrnehmung von Korruption entscheidend prägen. Während die rechtlichen und politischen Definitionen von Korruption ein gleichsam schwieriges Terrain darstellen, das in jedem Einzelfall und in jeder Situation neu vermessen werden muss, verweist die „konstruktivistische Theorie der Korruption" (Blankenburg 1990) darauf, dass die gesellschaftlich vorherrschenden Vorstellungen davon, was überhaupt unter Korruption zu verstehen ist, flexibel sind. Nicht unerhebliche Prägewirkung ist dabei der öffentlichen Empörung zuzuschreiben, die sich am Einzelfall entzünden lässt, oder – wie Erhard Blankenburg bündig formuliert hat: „Der Erfolg des Skandals definiert die Korruption" (Blankenburg 1999: 357). Der Umstand verweist auf eine entscheidende Funktionserweiterung der Massenmedien, denn sie sind nicht mehr nur als Entdecker korrupter Strukturen und Beziehungen zu betrachten, sondern als Akteure, die an der Definition und Interpretation dessen, was als Korruption gilt, maßgeblich beteiligt sind (Höffling/Plass/Schetsche 2002).

Realistischerweise ist davon auszugehen, dass die Massenmedien aus eigener Kraft kaum in der Lage sind, veränderte Definitionen von Korruption allgemein durchzusetzen. Vielmehr agieren und reagieren sie im Zusammenspiel mit Justiz und Politik, da Korruption „stets in einem Bezugssystem von politischen, rechtlichen und moralischen Normen und Verfahren definiert" wird (Bluhm 2002: 167). Während sich die Justiz an nachvollziehbare Beweislagen hält, bestätigt die Öffentlichkeit „ein Gemeinschaftsgefühl des Publikums durch Moralisierung von Themen." (Neidhardt 2004: 229). Im Fall von Korruption sind aufmerksamkeitsoptimierende Massenmedien dann darauf ausgerichtet, die moralisierenden und skandalisierenden Aspekte zu betonen. Eine Konsequenz davon ist, dass sich in der öffentlichen Wahrnehmung ein eher unpräziser Begriff der Korruption herausbildet.[5] Weiterhin kann daraus folgen, dass in der Medienrealität jegliches unmoralische Verhalten der Politiker, darunter insbesondere die ver-

---

5 Von Arnim (2001: 177) schlägt als Minimaldefinition vor: (a) das Ausnutzen einer öffentlichen Machtstellung (b) zur Erlangung privater Vorteile (c) unter Abweichung von Recht, Moral oder einfach Angemessenheit. Die soziale Reichweite des populären Korruptionsverständnisses besteht darin, dass es über Beamte hinaus, auf die das Strafrecht fokussiert, verstärkt auf Politiker in Wahlämtern (namentlich Abgeordnete und Regierungsmitglieder) sowie auf Funktionsträger in den politischen Parteien abstellt.

schiedenen Formen der politischen „Klima-" und „Landschaftspflege", die Beschäftigung ohne Gegenleistung, das „Anfüttern" von Amtsträgern, alle Formen der Untreue u.a., als Korruption bezeichnet werden, auch wenn diese mit dem gültigen strafrechtlichen Normbestand nicht zu fassen sind.

Auf der anderen Seite aktualisiert jede Skandalisierung politisch unkorrekten Verhaltens zumindest implizit diejenigen Werte, Normen und Regeln, gegen die der Skandalisierte (vermeintlich) verstoßen hat. Denn jede Anklage setzt ja die Existenz und den Geltungsanspruch von Normen voraus. Das „normative System, relativ zu dem eine bestimmte Handlung oder Praxis als korrupt qualifiziert" wird, ist ein unverzichtbarer Bestandteil jeglicher Vorstellung von Korruption (vgl. Garzón-Valdés 2002: 117). Im Gegensatz zu den rechtlichen Vorstellungen, bei der die Anklage in einer Bringschuld ist, lebt die Interpretation von Korruption in den Massenmedien davon, dass die Normen der Anständigkeit undeutlich und vage sind. Da der Bezugsrahmen der öffentlichen Wahrnehmung durch moralische Empörung gestiftet wird, beruht die Thematisierung von Korruption auf der nicht weiter substantiierten Annahme, dass Korruption immer das öffentliche Interesse oder Gemeinwohl schädigt. Die Senkung der Anforderungen an das Verständnis von Korruption und die damit verbundene Inflationierung des Anspruchs politischer Korrektheit, prägt dann aber zwangsläufig einen Codex von Anständigkeit, der seinen Bezug zu realem politischen und wirtschaftlichen Handeln rasch verliert. Im Ergebnis schaffen sich die Massenmedien schon heute die Grundlagen für ihre Empörung von morgen, weil sie ihr Publikum daran gewöhnen, die Realität an Maßstäben messen, denen diese nicht genügen kann.

Massenmedien werden dadurch zum Katalysator einer im Wortsinne populären (und vielleicht nicht selten populistischen) Form der Normgenese, die sich gerade nicht auf spezifische Rechtsgrundlagen berufen muss, um etwas als anormales, kritikwürdiges politisches Verhalten zu charakterisieren. Massenmedien aktualisieren gerade in der Skandalisierung Normen, die vorher gar nicht formuliert wurden und die außerhalb des Systems medialer Thematisierung möglicherweise keine Geltung beanspruchen können (vgl. Luhmann 1993: 28). Wenn das aber so ist, dann bildet die Massenmedienberichterstattung über Skandale und Korruption den Ursprung für stets aufs Neue enttäuschte Erwartungen an die Selbstheilungskräfte des Systems. Denn nur zu leicht kann sich erweisen, dass die von den Massenmedien beanstandete Verhaltensweise in der politischen oder wirtschaftlichen Praxis keinerlei Sanktion zur Folge hat. Aufgrund der Empörungsdynamik, die im Vordergrund ihrer Interpretation von Korruption steht, erweisen sich die Massenmedien hier in Bezug auf die Normgenese und Normstabilisierung weit überfordert. Vielmehr erscheint die Stabilisierung der Normen gegen Korruption nur dann als glaubwürdig, wenn Verstöße als Einzelfälle behandelt werden, die in dem System, gegen dessen Prinzipien sie verstoßen, mit dessen Verfahren bearbeitet und ausgeräumt werden können. Das wiederum setzt voraus, dass die Berichterstattung nicht bei der Veröffentlichung des inkriminierten – vermeintlich korrupten – Verhaltens und ihrer Skandalisierung stehen bleibt, sondern auch die weitere Bearbeitung im System vermittelt, und diese Bearbeitung, sei sie mit juristischen Mitteln oder mit politischen Mitteln (Gesetzgebung, Untersuchungsausschuss), nicht selbst wieder als anrüchig, unehrlich und Teil der Verstrickung darstellt.

Angesichts der den Massenmedien innewohnenden Orientierung an der Logik der Aufmerksamkeitsökonomie stehen die Chancen dafür eher schlecht. Nachhaltigkeit gehört nicht zu den erwartbaren Strukturprinzipien medialer Aufmerksamkeitserzeugung. Öffentliche Aufmerksamkeit ist flüchtig und hat einen hohen Verfallswert. Der mediale Zwang zur Aktualität und Neuigkeit widerspricht einer anhaltenden Thematisierung von Korruption. Eine sich über Monate oder Jahre hinschleppende Aufarbeitung von Korruptionsfällen hat damit ausgesprochen schlechte Chancen auf publizistische Öffentlichkeit. Wahrscheinlicher ist die Entstehung medialer Aufmerksamkeitszyklen, die den Massenmedienausstoß unmittelbar nach der Erstveröffentlichung spektakulärer Korruptionsvorwürfe rapide ansteigen lassen, das Thema so lange am Leben erhalten, wie neue Anschuldigungen und Indizien nachgeliefert werden können und schließlich mit dem Bekanntwerden politischer, juristischer oder persönlicher Konsequenzen (in Ausnahmefällen auch mit der Rehabilitierung) ebenso rasch das Interesse verlieren. Der Aufregungsgehalt des allfälligen politischen und erst recht des juristischen Nachspiels wird demgegenüber in der Regel zu gering sein, um es über die medialen Aufmerksamkeitsschwellen zu schaffen. Wenn dann schließlich das Ergebnis eines Gerichtsprozesses oder parlamentarischen Untersuchungsausschusses bekannt wird, kann sich kaum noch jemand an den Auslöser erinnern. Die kathartische Wirkung dürfte dann eher schwach ausfallen.

Ambivalent ist das moralische Kapital der Massenmedien bei der Thematisierung von Korruption auch deshalb, weil die Beziehung von politischen und wirtschaftlichen Eliten und politischem Journalismus selbst ein System wechselseitiger „Vorteilnahme" darstellt: Politische Akteure und Journalisten tauschen Information, Indiskretion, Exklusivität, Prominenz u.a. gegen Publizität. In diesem System wechselseitiger Abhängigkeiten wird die Interaktion immer dann zur korruptiven Tauschpraxis, wenn sie mit Blick auf den privaten bzw. institutionellen Gewinn zu Lasten Dritter geschlossen und im Geheimen vollzogen wird. Was die Tauschgeschäfte aus Sicht des Alltagsverständnisses in die Nähe zur Korruption rückt ist der Umstand, dass die Journalistenrolle für das Publikum notwendig mit der „positionalen Pflicht" (vgl. Garzón-Valdés 2002: 118) bzw. der Erwartung der Unabhängigkeit gegenüber dem Gegenstand der Berichterstattung verbunden ist. Bei unangemessenen Vertraulichkeiten entsteht eine Grauzone, bei der die Integrität und Glaubwürdigkeit von Journalisten zur Disposition stehen.

„Der Bürger stellt sich den guten Journalisten als unbestechlichen und nur der Wahrheit verpflichteten Chronisten vor. Viele sind es, aber manche nicht. (...) Wenn Journalisten über die Korruption in Bereichen der Politik berichten, fällt auf, dass sich der moralische Rigorismus mit einem Schuss Selbstgerechtigkeit paart" (Leyendecker 2001: 19).

Welches Ausmaß und welche Formen der Vertraulichkeit können aber noch als professionelle Voraussetzung der journalistischen Berufsausübung gelten und wo beginnt die schwer zu ziehende Grenze zur Korruption? Auch diese Frage wird man im Einzelfall prüfen müssen, generell aber gilt, dass der Journalismus durch die Einbindung in potenziell korruptogene Strukturen selbst korrumpierbar wird. Insofern erscheint es nicht unbedingt beruhigend, wenn Journalisten wie Hans Leyendecker (2001: 19) „komplizenhafte Verstrickungen zwischen Wirtschaftsführern, Politikern, Werbeindustrie und Journalisten" feststellen und von einem Wandel der berufsethischen Grundsätze von

Journalisten in Deutschland sprechen. Dieses spezifische Nahverhältnis von Journalisten und Eliten gilt übrigens nicht nur für den Bereich der Politik, sondern auch für die Wirtschaft.. Mit Blick auf den Wirtschafts-, Pharma-, Reise-, Motor- und Sportjournalismus und dessen Verhältnis zu seinem Gegenstand, hat auch Siegfried Weischenberg (2002) von „struktureller Korruption" gesprochen (vgl. auch Backes/Robert 2003).

Für die öffentliche Wahrnehmung von Korruption hat die soziale Interaktion von Journalisten und Eliten zwei Konsequenzen: Zum einen wird die Grundsatzfrage nach Korruptionsanfälligkeit des Gesamtsystems und der Belastetheit der politischen bzw. wirtschaftlichen Elite insgesamt vermieden. Damit würde ein System in Frage gestellt, in dem sich die Akteure auf beiden Seiten komfortabel eingerichtet haben (vgl. von Arnim 2001: 194–195). Zum anderen sind Journalisten nicht frei, wenn es um politische und wirtschaftliche Instrumentalisierung geht. Dabei steht in der Regel die Schwächung der Machtposition des jeweiligen politischen Wettbewerbers im Zentrum des Interesses, im Extremfall Gewinn und Verlust politischer Führung. An den normalen Spielregeln demokratischen Machtwechsels vorbei wird der politisch motivierte und von den Massenmedien protegierte Korruptionsvorwurf zum routinisierten Mittel des Personal- oder Regierungswechsels (vgl. unter Bezug auf Russland und die USA Blankenburg 1999). Im Falle politischer Korruption entwickeln sich vergleichbare „symbiotische" Beziehungen auch zwischen Justiz und Massenmedien. Untersuchungsrichter (in Italien, Frankreich und Spanien) und Staatsanwälte (in Deutschland) nutzen die Medienaufmerksamkeit für „ihren" Fall, um etwa erlahmendes Interesse oder Verfahrenseinstellung durch Vorgesetzte zu verhindern und die öffentliche Empörung am Leben zu halten.[6] Das war zuletzt in Deutschland während des so genannten „Mannesmann-Prozesses" wieder eindrücklich zu erleben.[7] Zugleich sind lange andauernde, spektakuläre Verfahren – zumal wenn ihnen exklusive Informationen aus Ermittlungsakten zugespielt werden – für die Massenmedien ein lukrativer Glücksfall (vgl. Blankenburg 1999: 359–362).

Die gesellschaftlichen Folgen der medialen Bearbeitung von Korruption sind schwer abschätzbar. Wie jede Norm, so ist auch die Vorstellung, politische Entscheidungen sollten nicht auf dem Wege der Korruption zustande kommen, eine Formel für kontrafaktisches Erwarten, eine Verhaltenserwartung also, die auch dann noch durchgehalten wird, wenn sie wiederholt enttäuscht wurde (vgl. Luhmann 1983: 40ff.). Die entscheidende Frage lautet demnach, wie weit und wie lange diese Norm von der Gesellschaft getragen wird, wenn sie durch die mediale Thematisierung von Korruption sowie die Befürchtung, dass Journalisten Teil des Systems sind, regelmäßig enttäuscht wird. Wenn man davon ausgeht, dass Massenmedien durch ihre spezifische Interpretation von Korruption die gesellschaftlich dominante Vorstellung davon prägen, welche Instrumente und Formen der Interessendurchsetzung und des Machterwerbs in der Politik als erlaubt und akzeptiert gelten, dann wird fortgesetzte und intensivierte Korrup-

---

6 Anders als in Italien sind deutsche Staatsanwälte gegenüber ihren Vorgesetzten (bis zum Justizministerium) weisungsabhängig. Gegen das Abwürgen einschlägiger Ermittlungen können sie lediglich die medien-induzierte öffentliche Empörung mobilisieren.

7 Vgl. hierzu etwa das „persönliche Vorwort" zur Urteilsbegründung von Richterin Brigitte Koppenhöfer, dokumentiert in DIE WELT vom 23. Juli 2004, S. 3.

tionsberichterstattung das Publikum in dem Glauben bestärken, dass in der zeitgenössischen Demokratie vor allem jene Mittel zum Erfolg führen, die dem Ideal demokratischer Entscheidungsfindung gerade nicht entsprechen. Wie lange können sich aber die Bürger dagegen wehren, aus diesen Erfahrungen (aus zweiter Hand) zu lernen, dass ihre Erwartung an eine korruptionsfrei funktionierende Politik sinnvollerweise nicht mehr aufrechterhalten werden kann? Und welche Konsequenzen hat das für ihr politisches Verhalten? In der Literatur ist verschiedentlich die These vertreten worden, dass eine auf Dauerhaftigkeit angelegte mediale Korruptionsberichterstattung Gefahr läuft, Systemvertrauen und politische Unterstützung in der Bevölkerung zu unterminieren und möglicherweise sogar zur Verbreitung korrupten Verhaltens beiträgt, was demokratietheoretisch offensichtlich bedenklich wäre (vgl. Fischer 2002: 68; Figueroa 2001; Borchert 2000; della Porta/Vannucci 1999: 12). Auch wenn solche Vermutungen von Seiten der Medienwirkungsforschung bisher nicht untersucht wurden und mithin nicht als bestätigt gelten können, rechtfertigen sie es dennoch, die Intensität und Qualität medialer Korruptionsberichterstattung genauer in den Blick zu nehmen.

4. Die Thematisierung von Korruption in den Massenmedien der Bundesrepublik

Vor dem Hintergrund der bisher vorgestellten Problemskizze diskutieren wir im Folgenden die spezifischen empirischen Bedingungen auf Seiten der Massenmedien, die die Thematisierung von Korruption in der Bundesrepublik prägen. Angesichts des gesellschaftlichen und medienstrukturellen Wandels gehen wir davon aus, dass die demokratietheoretisch postulierte Kontrollfunktion der Massenmedien bzw. des Mediensystems eine Vereinfachung der Zusammenhänge darstellt. Vielmehr zeigen die bisher diskutierten Rahmenbedingungen auf der Makroebene, dass die Kommunikation über Korruption komplex und die Rolle der Massenmedien in vielerlei Hinsicht widersprüchlich sind. Im Weiteren wollen wir diese Aspekte konkretisieren, indem wir die zentralen Kriterien der Medienkultur und der Medienpraxis der Korruptionsberichterstattung in der Bundesrepublik erörtern und empirische Befunde über die Korruptionsberichterstattung in den Massenmedien der Bundesrepublik präsentieren.[8]

4.1 Medienstruktur und Medienkultur

Fragt man nach den konkreten Strukturbedingungen der Massenmedienberichterstattung über Korruption in der Bundesrepublik, so ist zunächst einmal festzuhalten, dass die Tradition und die grundlegenden Normen der journalistischen Kultur in der Bundesrepublik durch die weitgehende Abwesenheit des so genannten investigativen Journalismus geprägt ist (Scholl/Weischenberg 1998). Im Gegensatz zu den USA, wo der investigative Journalismus eine weit verbreitete Idealvorstellung von politischen Journa-

---

[8] Alle folgenden Berechnungen beruhen auf einem Datensatz, der im Rahmen der laufenden Medienanalysen von *Medien Tenor – Institut für Medienanalysen*, Bonn, erhoben wurde. Wir danken dem Geschäftsführer Roland Schatz und Dr. Christian Kolmer dafür, dass sie uns die Daten in großzügiger Weise für eigene Analysen zur Verfügung gestellt haben.

listen ist und die Distanz zwischen Journalisten und politischen Sprechern als wichtiger professioneller Grundsatz gilt, sind in der Bundesrepublik eher Stile der Verlautbarung und die Norm der sozialen Nähe zwischen politischen Quellen und Berichterstattern die Grundlagen der Beziehung (Pfetsch 2003).

Ein zweites Strukturmerkmal der Medienberichterstattung in Deutschland ist der föderale Aufbau des Mediensystems. Dieser drückt sich sowohl in der starken Stellung der Regional- und Lokalzeitungen im Printbereich wie auch durch die Länderanstalten der öffentlich-rechtlichen Fernsehanbieter sowie die medienpolitischen Bemühungen um die Förderung und Etablierung von Lokalradio aus. Im Gegensatz zu den lokalen und regionalen Massenmedien haben sich für die politische Kommunikation in Deutschland vor allem eine Handvoll publizistisch bedeutsamer überregionaler Tageszeitungen, Nachrichtenmagazine und Wochenzeitungen erwiesen, deren Themensetzung und Meinungsäußerungen die politische Diskussion in der Bundesrepublik beeinflussen und auch von der Elite überdurchschnittlich stark rezipiert werden. Darüber hinaus zeigt sich, dass sowohl politische Sprecher als auch Journalisten der Boulevardzeitung Bild eine wichtige Rolle in der politischen Kommunikation einräumen (Pfetsch 2003: 162). Die politische Medienkultur sowie die Strukturbedingungen des Mediensystems sind auch für die Berichterstattung über Korruption entscheidend. So wurden die wichtigsten Korruptionsaffären in Deutschland in erster Linie in den Nachrichtenmagazinen, den überregionalen Qualitätszeitungen und den politischen Magazinen der öffentlich-rechtlichen Fernsehanstalten aufgedeckt bzw. berichtet. Die Boulevardpresse hat Korruptionsvorwürfe fallweise aufgegriffen und populistisch umgemünzt. Bemerkenswert ist indessen, dass die Mehrheit der Regional- und Lokalzeitungen, die die breite Basis der Medienöffentlichkeit bilden, bei der Thematisierung von Korruption nicht auffällig wurde. Prägend für den Lokaljournalismus in Deutschland ist vielmehr eine kritik- und meinungslose Berichterstattung, die gerade über politische, ökonomische und gesellschaftliche Eliten im Nahfeld vorwiegend affirmativ berichtet und hier ausgeprägte Verlautbarungsstile pflegt (vgl. Jonscher 1995).

Die Gründe für die Abstinenz der Lokalpresse sind ökonomischer und sozialer Natur: So scheint die Ressourcenverteilung bei den Lokalzeitungen den Ausbau der nachhaltigen Strukturen der Recherche nicht zu erlauben. Viel entscheidender erscheint indessen, dass die in der politischen Kommunikationskultur der Bundesrepublik allseits geteilte Wertschätzung von sozialer Nähe zwischen Berichterstattern und ihren Quellen Harmoniebedürfnisse verstärkt und Anpassungsdruck erzeugt. Aufgrund dieser Bedingungen hat politische Korruption auf den nachgelagerten föderativen Ebenen des politischen Systems und vor allem in den Kommunen gute Chancen, von der bundesweiten Medienöffentlichkeit unbehelligt zu bleiben. Wenn Korruption überhaupt thematisiert wird, dann konzentrieren sich die Massenmedien auf Fälle, in die die politischen Eliten in Bund und Ländern verwickelt sind, während der Großteil möglicher Verfehlungen, die vorwiegend im lokalen Raum angesiedelt sind, kaum registriert wird. Die Ausnahmen, die diese Regel bestätigen, betreffen durchweg Großstädte wie Köln, Berlin und Frankfurt, die sich durch eine überdurchschnittlich vielfältige Medienstruktur auszeichnen. Unter den Bedingungen publizistischer Konkurrenz im Lokalen kann das „Wegschauen" eines Mediums den Anreiz einer anderen Redaktion steigern, umso genauer hinzusehen. Für die Fläche sind solche Annahmen aber nicht plausibel. Angesichts fortschreitender Konzentrationsprozesse im Sinne einer weiter abnehmenden Zahl selbstständiger publizistischer Einheiten ist hier eher von einer Verschärfung der Problemlage auszugehen. Der seit Mitte der 1980er Jahre verbreitete lokale Rundfunk, der zu einer Belebung der lokalpolitischen Öffentlichkeit beitragen sollte, ändert daran wenig, weil er genau diese Funktion bisher verfehlt hat (vgl. Pätzold/Röper/Volpers 2003).

Betrachtet man die Thematisierung von Korruption in den wichtigsten Massenmedien der Bundesrepublik, so zeigen unsere Analysen[9], dass sich in den Jahren 2003 und 2004 lediglich 15 Prozent der publizierten Thematisierungen von Korruption auf den lokalen Bereich beziehen (Tabelle 1). Ein besonders schwaches Interesse am lokalen Politikbetrieb als Ort politischer Korruption entwickeln dabei die Nachrichtenmagazine und Wochenzeitungen. Die Hälfte der Medienaufmerksamkeit richtet sich auf die deutsche Bundespolitik. Ein gutes Drittel der Korruptionsberichterstattung bezieht sich auf die deutschen Bundesländer, wobei im hier abgedeckten Untersuchungszeitraum

Tabelle 1: Geographische Bezüge der Korruptionsberichterstattung in deutschen Massenmedien von April 2003 bis Mai 2004

	Mediengattung							
	überregionale Tageszeitungen	regionale Tageszeitungen	Wochenzeitungen	Magazine	Boulevard-zeitungen	Fernsehnachrichten-sendungen	Fernsehmagazin-sendungen	Gesamt
geographischer Bezug	%	%	%	%	%	%	%	%
Bund, Deutschland allgemein	49,5	49,4	61,5	55,3	42,4	47,6	52,0	50,1
Bundesländer (davon NRW)	32,8 (10,6)	38,8 (5,6)	31,1 (12,2)	37,0 (11,0)	44,5 (13,3)	39,0 (13,3)	40,7 (11,8)	34,7 (10,1)
Deutsche Städte und Kommunen	17,7	11,8	7,4	7,6	13,1	13,4	7,4	15,2
Gesamt % N	100,0 10.447	100,0 2.492	100,0 688	100,0 956	100,0 481	100,0 912	100,0 204	100,0 16.180

---

9 Die vorliegenden empirischen Analysen beziehen sich auf die aktuelle innenpolitische und wirtschaftliche Berichterstattung in verschiedenen überregionalen Tageszeitungen (Frankfurter Allgemeine Zeitung, Frankfurter Rundschau, Süddeutsche Zeitung, Tageszeitung und Welt), regionalen Tageszeitungen (Berliner Zeitung und Sächsische Zeitung), Wochenzeitungen (Frankfurter Allgemeine Sonntagszeitung, Rheinischer Merkur, Welt am Sonntag und Zeit), Magazinen (Focus, Spiegel und Stern), Boulevardzeitungen (Bild, Bild am Sonntag und Super Illu), Fernsehnachrichtensendungen (Tagesschau, Tagesthemen, heute, heute journal, Berlin direkt, RTL AKTUELL, SAT.1 18:30 und Pro 7 Nachrichten) sowie Fernsehmagazinsendungen (Fakt, Frontal 21, Kontraste, Monitor, Panorama, Plusminus, Report (BR), Report (SWR) und WISO). Die zugrundeliegenden Analyseeinheiten sind Textpassagen von mindestens fünf Zeilen Spaltenlänge (bzw. fünf Sekunden Sendelänge), die eine soziale oder politische Einheit in Bezug auf das Thema Korruption beschreiben oder bewerten. Der Untersuchungszeitraum erstreckte sich von April 2003 bis Mai 2004.

2003/2004 vor allem Nordrhein-Westfalen für Schlagzeilen sorgte. Obwohl in dieser Auswertung nur zwei Regionalmedien enthalten sind, bestätigen dieses Zahlen die Vermutung, dass gerade dort, wo das Korruptionsproblem in besonderer Weise virulent wird, nämlich im lokalen politischen System, die Überwachungsfunktion der Massenmedien am schwächsten ausgeprägt ist.

4.2 Ökonomische Zwänge und Skandalisierung

In Zeiten von Auflagenrückgang, Inseratenschwund, einbrechenden Anzeigenerlösen und Personalabbau in den Redaktionen wird zeit-, personal- und kostenintensive Recherche zum unwahrscheinlichen Ausnahmefall. Journalistische „Sonderermittler", die im Alltagsgeschäft dauerhaft ausfallen, können sich auch die großen Zeitungen kaum noch leisten. Auch der öffentlich-rechtliche Rundfunk ist durch die private Konkurrenz unter Kostendruck geraten. Gerade die politischen Magazine von ARD und ZDF haben nach der Dualisierung an Zuschauern verloren. Einige Anstalten versuchen inzwischen, diese Sendungen durch soft-news Elemente und unterhaltsame Formate attraktiver zu machen. Wenn dennoch darauf verwiesen wird, dass „seit dem Lockheed-Skandal und dem Watergate-Skandal zu Beginn der siebziger Jahre (...) politische Magazine in Teams für aufwendige Langzeitrecherche (investigatory journalism) investiert" hätten (Blankenburg 1999: 358), so muss man sich davor hüten, Einzelfälle als Hinweis auf das Ganze zu nehmen und den Hintergrund solcher Beobachtungen zu optimistisch zu deuten. Angesichts der Medienkonkurrenz, die sich in den vergangenen Jahren drastisch verschärft hat, dürfte es sich bei der Recherche im Umfeld von Korruptionsvermutungen eher um die Suche nach neuem Stoff für Skandalisierung handeln, als um die Wahrnehmung eines publizistischen Gemeinwohlauftrags oder demokratische Verantwortung.

Da in der ökonomischen Logik von Medienorganisationen Recherchen, die keine zwingenden Beweise erbracht haben, als journalistische „Fehlinvestition" gelten, beschränkt sich die Berichterstattung häufig darauf, medienöffentliche „Anklagen" auf der Basis vorläufiger Verdachtsmomente zu erheben. Die Schwierigkeiten bei der eindeutigen, gerichtsfesten Identifizierung von Korruptionstatbeständen wirken zusätzlich problemverschärfend. Die Veröffentlichung spektakulärer (Bestechungs-)Vorwürfe am Rande des medienrechtlich Erlaubten und oft genug jenseits des medienethisch Wünschbaren sichern dagegen die kurzfristige Aufmerksamkeit, auch wenn der Beweis des Fehlverhaltens nicht angetreten werden kann (Lull/Hinerman 1997). Das ungesicherte „Verdachtschöpfen" auf der Basis von Indizien wird zum Alltagsgeschäft eines auf Sensation angelegten Enthüllungsjournalismus, der sich als investigativ geriert, dabei aber primär an Wettbewerbsvorteilen im Kampf um Aufmerksamkeit interessiert ist. Daher belohnt die Aufmerksamkeitsökonomie der Massenmedien eher die Skandalisierung von vermeintlichem Fehlverhalten als Informationsauftrag und Kontrollfunktion. Gerade im Bereich des Boulevardjournalismus sind Fälle eines „Hinrichtungsjournalismus" beobachtbar, nicht selten auf der Basis von Vorwürfen, die auch dann stehen bleiben, wenn sie sich später als unhaltbar erweisen.

4.3 Mediale Selektions- und Produktionsregeln

Die medialen Regeln der Nachrichtenauswahl und -präsentation, die die Praxis der politischen Berichterstattung moderner Massenmedien prägen, legt eine Darstellung von Korruption nahe, die – um es mit den Begriffen der Korruptionstheorie zu sagen – behavior-classifying definitions (Bluhm/Fischer 2002: 15) von Korruption in den Vordergrund rückt. Dies bedeutet, dass die Massenmedien sich insbesondere auf konkretes Handeln benennbarer Akteure konzentrieren und kaum an den grundlegenden Mechanismen, den systematischen Defiziten von korruptionsanfälligen Institutionen und strukturellen Verflechtungen interessiert sind. Enthüllungsstories über den aufsehenerregenden Bestechungsfall gelten in der Medienlogik als Erfolg versprechender als ausholende Abhandlungen über strukturell verfestigte Korruptionsgeflechte. Inwieweit die Massenmedien mit ihrer ereignisfixierten Beschreibung „falsch" liegen ist schwer zu sagen, für den Kern des Arguments aber unerheblich. Immerhin zeigt eine der wenigen empirischen Korruptionsstudien in Deutschland auf, dass die Mehrzahl der dort untersuchten Fälle (rund 60 Prozent) als „situative Korruption" zu klassifizieren sind, während nur ein kleiner Teil der aktenkundige Fälle (knapp 15 Prozent) auf „korruptive Netzwerke" verweist (vgl. Höffling 2002). Vor diesem Hintergrund muss es bei der Vermutung bleiben, dass die personen- und einzelfallorientierte Korruptionsberichterstattung der Massenmedien systematisch blinde Flecken im Bereich der opportunity structures politischer Korruption erzeugt.

Die Annahme lässt sich mit Blick auf die Struktur der Korruptionsberichterstattung deutscher Print- und Rundfunkmedien in den Jahren 2003/2004 eindrücklich bestätigen. Tabelle 2 weist dazu aus, dass sich mehr als zwei Drittel der thematisch einschlägigen Korruptions-Nennungen mit Ausmaß und Formen von Korruption beschäftigen,

Tabelle 2: Dimensionen des Themas Korruption in der Korruptionsberichterstattung über die BRD von April 2003 bis Mai 2004

	Mediengattung							
Dimensionen	überregionale Tageszeitungen	regionale Tageszeitungen	Wochenzeitungen	Magazine	Boulevardzeitungen	Fernsehnachrichtensendungen	Fernsehmagazinsendungen	Gesamt
	%	%	%	%	%	%	%	%
Ausmaß/Formen von Korruption	66,3	65,0	70,9	69,1	70,9	76,8	76,5	67,3
Ursachen und Bedingungen von Korruption	2,5	2,5	2,5	1,3	0,6	0,7	2,0	2,2
Folgen von Korruption	6,3	6,6	7,1	5,9	7,1	2,5	9,8	6,2
Maßnahmen gegen Korruption	25,0	25,9	19,5	23,7	21,4	20,1	11,8	24,3
Gesamt %	100,0	100,0	100,0	100,0	100,0	100,0	100,0	100,0
N	10.447	2.492	688	956	481	912	204	16.180

während die Ursachen und die Folgen dieser Strukturen kaum sichtbar sind. Neben der Erwähnung des einzelfall-orientierten Sachverhaltes thematisieren die Massenmedien allenfalls noch die Maßnahmen der Korruptionsbekämpfung. Diese Form der Darstellung kommt damit nicht zuletzt einem Publikumsbedürfnis entgegen, das Korruptionsmechanismen als situatives Alltagsphänomen zu betrachten weiß, nicht aber als Problem, das auf strukturelle Ursachen zurückgeführt werden kann und das benennbare Folgen für die Allgemeinheit hat. In diesem Stil der Berichterstattung gleichen sich die unterschiedlichen Massenmedien der Bundesrepublik in einem erstaunlichen Ausmaß. Weder die überregionalen Tageszeitungen noch die Wochenzeitungen oder Magazine unterscheiden sich in dieser Hinsicht von der Boulevardpresse oder den Fernsehnachrichten, denen man eine stark fallorientierte aktualitätsheischende Berichterstattung von vorneherein zutrauen würde. Unabhängig von den konkreten journalistischen Arbeitsbedingungen und den Spezifika des jeweiligen Falls wird hier eine generalisierte Logik medialer Korruptionsberichterstattung sichtbar, die den Tatbestand als solchen für die Erzeugung kurzfristiger Aufmerksamkeit ausbeutet, zur Aufklärung über dessen Ursachen aber wenig beizutragen hat.

Da Korruption von der Natur der Sache her sich hinter den politischen und wirtschaftlichen Vorderbühnen vollzieht, wäre eine lang anhaltende und persistente Beobachtung angemessen, die in Zeiten konkurrenzhungriger Neophilie und Aktualität meist schon redaktionsintern auf Widerstand stößt (vgl. Leyendecker 2002: 32–33). Unter diesen Bedingungen begnügen sich viele Massenmedien mit der Feststellung von Unredlichkeiten; die eigentliche Aufklärung wird vergleichsweise uninteressant. Wie unsere Medienanalysen zeigen, werden Ausmaß, Form und Verbreitung von Korruption in Deutschland in der Presse und im Fernsehen in den Jahren 2003 und 2004 vor allem mit Blick auf die Verstrickungen von Politik, Wirtschaft und Verwaltung thematisiert (Tabelle 3): Instruktiv ist hier, dass Interaktionsmechanismen wie Klüngel und Nepotismus genauso als Korruption interpretiert werden wie strafrechtlich manifeste Wirtschaftskorruption und Bestechung. Bei der Themensetzung der Massenmedien wird deutlich, dass die Hälfte aller Thematisierungen von Korruptionsarten sich auf Straftatbestände wie Korruption in der Wirtschaft, Korruption in der Verwaltung und Bestechung beziehen. Gleichzeitig fällt auf, dass die medialen Definitionen von Korruption weit über solche Straftatbestände hinausgehen, denn ein weiteres Viertel der Nennungen verweist auf Grauzonen und Gefahrenpotenziale unredlicher Verstrickungen von „Amigos" und „Vettern". In immerhin 9 Prozent der identifizierten Thematisierung wird ein Zusammenhang von Parteispenden und politischer Korruption hergestellt. Bemerkenswert ist auch hier, dass sich die unterschiedlichen Massenmedien in dieser Charakterisierung von Korruptionstatbeständen in einem erstaunlichen Ausmaß gleichen. Allenfalls zeichnen sich die Tageszeitungen durch ihr erhöhtes Interesse an Parteispenden aus.

Gerade bei Unredlichkeiten in Bezug auf die Parteienfinanzierung kommt die den Massenmedien innewohnende Kurzatmigkeit zum Tragen, die die Korruptionsberichterstattung prägt: So gilt das Ertapptsein durch die Veröffentlichung des Tatbestandes in den Massenmedien häufig schon als symbolische Bestrafung und wird als Erfolg verbucht. Als Beispiel kann hier der Fall des Altbundeskanzlers Helmut Kohl gelten: Nachdem einmal aufgedeckt war, dass er über Jahre nicht ordnungsgemäß verbuchte

Tabelle 3: Thematische Schwerpunkte in der Dimension Ausmaß/ Formen von Korruption

	Mediengattung							
Ausmaß/Formen von Korruption	überregionale Tageszeitungen	regionale Tageszeitungen	Wochenzeitungen	Magazine	Boulevardzeitungen	Fernsehnachrichtensendungen	Fernsehmagazinsendungen	Gesamt
	%	%	%	%	%	%	%	%
Grad der Korruption	13,4	14,1	17,6	16,0	10,0	4,4	12,2	13,1
Klüngel/Nepotismus	22,2	23,1	27,9	24,5	24,6	34,9	35,9	23,8
Bestechung	15,6	14,1	9,2	13,8	18,8	23,6	17,9	15,6
Charakterisierung von Betrug	1,8	2,6	1,2	2,3	1,5	1,7	0,0	1,9
Einschränkung der Pressefreiheit	0,1	0,1	0,0	0,2	0,9	0,3	0,0	0,1
Parteispenden	8,6	9,1	4,9	3,9	7,0	3,9	5,1	7,9
Korruption der öffentlichen Verwaltung	9,8	7,6	6,1	8,8	10,0	10,1	6,4	9,2
Wirtschaftskorruption	25,5	26,4	30,5	29,0	22,6	20,3	20,5	25,6
sonstiges Ausmaß	3,0	2,9	2,5	1,5	4,7	0,9	1,9	2,7
Gesamt %	100,0	100,0	100,0	100,0	100,0	100,0	100,0	100,0
N	6.929	1.620	488	661	341	700	156	10.895

Zuwendungen privater Spender angenommen hatte, begnügt man sich „mit der Bestätigung, dass die Verhältnisse so nebulös sind und bleiben, wie man es immer schon vermutet hat" (Fischer 2002: 70). Die Veröffentlichung der Spendernamen wird heute nicht einmal mehr öffentlich eingefordert. Vor diesem Hintergrund leistet die „mediale Vergessenheitsproduktion" (Rügemer 2003: 245) nicht nur der Vernachlässigung der strukturellen Grundlagen politischer Korruption Vorschub, sondern befördert den Umstand, dass unaufgelöste Korruptionsvermutungen ein alltäglicher Aspekt der Wahrnehmung von Politikern werden.

Zum „Alltagserlebnis" Korruption gehören nicht zuletzt auch die Darstellung von Maßnahmen der Korruptionsbekämpfung in der Öffentlichkeit, die von den Massenmedien in Deutschland insbesondere mit Blick auf die strafrechtliche Verfolgung beleuchtet werden (Tabelle 4). Der Schwerpunkt der Medienberichterstattung über die Korruptionsbekämpfung im eigenen Land konzentriert sich – wie unsere Auswertungen für 2003/2004 zeigen – mit 70 Prozent der einschlägigen Nennungen eindeutig auf die Bewältigung von Fehlverhalten mittels Strafverfahren. Wegen der leichten Nachvollziehbarkeit der Fragestellung (schuldig oder nicht?), der dem Verfahren innewohnenden Spannung (wie wird es ausgehen?), dem Reiz der Enthüllung des Innenlebens der Macht und der Prominenz der Protagonisten bedienen entsprechende Prozesse eine Vielzahl von Nachrichtenwerten und sind daher für die Massenmedien und ihr Publikum besonders attraktiv. Folgerichtig gleichen sich auch hier die Muster der Berichterstattung der unterschiedlichen Massenmedien stark. Insbesondere die Fernsehnachrich-

Tabelle 4: Thematische Schwerpunkte in der Dimension Maßnahmen gegen Korruption

	Mediengattung							
	überregionale Tageszeitungen	regionale Tageszeitungen	Wochenzeitungen	Magazine	Boulevardzeitungen	Fernsehnachrichtensendungen	Fernsehmagazinsendungen	Gesamt
Maßnahmen gegen Korruption	%	%	%	%	%	%	%	%
Maßnahmen allgemein	3,4	7,6	3,0	5,7	3,9	8,7	8,3	4,5
PR-Maßnahmen	5,3	6,7	10,4	5,3	4,9	0,0	0,0	5,4
Verwaltungsmaßnahmen	5,3	5,3	9,7	12,8	3,9	0,5	8,3	5,6
wirtschaftliche Maßnahmen	3,1	0,8	1,5	0,0	1,0	0,0	0,0	2,2
politische Maßnahmen	4,4	5,6	3,7	2,6	3,9	0,5	8,3	4,3
juristische Maßnahmen	5,0	5,1	7,5	6,2	4,9	2,2	4,2	5,0
Untersuchungen/Prozesse	70,8	64,9	57,5	64,8	73,8	83,6	58,3	69,6
sonstige Maßnahmen	2,8	4,2	6,7	2,6	3,9	4,4	12,5	3,3
Gesamt %	100,0	100,0	100,0	100,0	100,0	100,0	100,0	100,0
N	2.607	646	134	227	103	183	24	3.924

ten und der „Boulevard" kaprizieren sich fast ausschließlich auf Strafprozesse, wenn sie über Maßnahmen der Korruptionsbekämpfung berichten. Leider lässt sich den verfügbaren Daten nicht entnehmen, inwieweit die Berichterstattung in diesem Bereich noch weiter fokussiert, insbesondere auf spektakuläre Auftritte der Hauptbeteiligten vor Gericht, und darüber den Prozessalltag und insbesondere das schlussendliche Urteil deutlich weniger intensiv verfolgt. Politischen, administrativen und wirtschaftlichen Antikorruptionsmaßnahmen widmen die Massenmedien kaum Aufmerksamkeit, weil sie deutlich weniger massenattraktiv sind und geringeres Interesse beim Publikum erwarten lassen. Nur diejenigen Formate und Mediengattungen (Fernsehmagazine, Wochenzeitungen, Nachrichtenmagazine), die sich bewusst vertiefender Hintergrundberichterstattung verpflichten, reservieren auch Raum für andere Formen der Korruptionsbekämpfung, insbesondere in der öffentlichen Verwaltung und dem politischen System.

4.4 Personalisierung der Korruption

Wie die thematischen Schwerpunkte der Korruptionsdarstellung zeigen, legen die Massenmedien ihr Augenmerk bevorzugt auf Einzelfälle und deren strafrechtliche Bewältigung im Bereich der Wirtschaft. Dem Problem, dass Korruption ein Aspekt einer langfristig gewachsenen Pathologie darstellt, die kollektive Akteure ausbilden können, wird allenfalls mit Verweisen auf Klüngelwirtschaft begegnet. Diesem Bild trägt auch das Akteursensemble Rechnung, das die Berichterstattung über Korruption in den deutschen Massenmedien prägt. Für den Zeitraum von 2003/2004 zeigen unsere Analysen,

Tabelle 5: Akteure in der Korruptionsberichterstattung über die BRD von April 2003 bis Mai 2004

Akteure	Mediengattung							
	überregionale Tageszeitungen	regionale Tageszeitungen	Wochenzeitungen	Magazine	Boulevard-zeitungen	Fernsehnachrichten-sendungen	Fernsehmagazin-sendungen	Gesamt
	%	%	%	%	%	%	%	%
Nationale Regierung	3,7	4,6	6,1	5,5	5,6	5,0	5,9	4,2
nationales Parlament/Abgeordnete	0,8	1,3	0,4	3,3	0,2	1,3	2,5	1,0
regionale/kommunale Regierung	6,9	7,9	5,7	7,4	6,9	3,2	4,9	6,8
Justiz/Gerichte/Strafverfolgung	5,3	7,2	3,8	6,4	6,2	3,3	2,5	5,5
öffentliche Verwaltung/Behörden	4,1	3,6	4,1	3,5	11,9	8,0	5,4	4,5
Europäische Union	0,0	0,1	0,0	0,0	0,0	0,2	0,0	0,0
andere staatliche Akteure	3,4	3,7	3,8	1,9	6,9	1,6	3,4	3,4
politische Akteure allgemein	2,6	3,9	4,1	2,0	1,0	2,0	5,4	2,8
Parteien	4,6	5,5	4,2	3,6	4,2	2,3	1,0	4,5
einzelne Politiker	9,8	9,7	4,2	6,4	11,4	9,8	12,3	9,4
Volkswirtschaften	1,1	1,4	3,1	1,2	2,3	4,7	0,0	1,4
Wirtschaftsverbände/Gewerkschaften	0,7	0,8	1,3	1,3	0,8	0,1	0,0	0,8
Unternehmen	22,1	17,4	24,7	23,6	15,4	21,8	27,0	21,4
Manager/Vorstände	25,2	25,0	25,7	23,4	12,1	22,5	11,8	24,4
andere Wirtschaftsakteure	4,2	2,9	3,5	4,2	6,0	0,4	7,4	3,9
Gesellschaft/Bürger allgemein	2,5	2,0	2,2	2,6	2,9	6,3	8,8	2,7
NGOs	2,3	2,2	2,9	3,3	2,5	6,9	1,0	2,6
organisiertes Verbrechen	0,2	0,4	0,0	0,2	2,1	0,0	0,0	0,3
sonstige Akteure	0,4	0,4	0,3	0,2	1,7	0,5	1,0	0,4
Gesamt %	100,0	100,0	100,0	100,0	100,0	100,0	100,0	100,0
N	10.447	2.492	688	956	481	912	204	16.180

dass Akteure aus dem Bereich der Wirtschaft, d.h. Unternehmen und einzelne Manager in allen Massenmedien die mit Abstand am häufigsten genannten Protagonisten der Korruptionsberichterstattung waren. Mit Ausnahme der Boulevardzeitungen, die hier weniger Interesse signalisierten und ihrerseits stark auf die öffentliche Verwaltung fokussierten, betraf fast die Hälfte der Nennungen von Akteuren im Zusammenhang mit Korruptionsfällen einzelne Unternehmen und deren Vertreter.

Bei den Akteuren im politischen Bereich wird ein bemerkenswerter Befund auffällig: Hier stellen einzelne Politiker die am häufigsten genannte Akteurskategorie in den Massenmedien dar, während Parteien nur in etwa halb so vielen Fällen genannt wurden. Das heißt, wenn es um Korruption in der Wirtschaft geht, dann verteilen sich die

Verantwortungszuweisungen etwa gleich auf Wirtschaftsorganisationen und einzelne Manager, wenn es aber um Korruption in der Politik geht, dann stehen individuelle politische Akteure und nicht Parteiorganisationen im Vordergrund. Besonders markant ist die Konzentration auf einzelne Politiker in der Boulevardpresse sowie im Fernsehen, in den Massenmedien also, die generell ein hohes Maß personalisierter Berichterstattung aufweisen. Dieses Muster entspricht den medienspezifischen Aufmerksamkeitskriterien politischer Prominenz und Personalisierung, die auch und gerade die politische Medienberichterstattung prägen. Individuelle Zurechnungen von Fehlverhalten und Misserfolg einzelner Protagonisten bildet eine wesentliche Voraussetzung medialer Skandalisierung, während Missstände, deren Verantwortlichkeiten schwer identifiziert werden können, von den Massenmedien weniger beachtet bleiben (vgl. Käsler 1991; Kepplinger 2001). Insofern kann ein personenorientierter Korruptionsjournalismus im Einzelfall immer mit stärkerer öffentlicher Aufmerksamkeit rechnen als ein detailliert recherchierter Hintergrundbericht über strukturelle Verflechtungen, etwa zwischen Industrieunternehmen und Parteiorganisationen. Auch stehen die Chancen besser, dass öffentliche Aufmerksamkeit bei einem personalisierbaren Einzelfall stärkeren politischen und juristischen Handlungsdruck auslöst als die nüchterne Darlegung von korrupten Strukturen im Bereich von Politik und Wirtschaft. In gewisser Weise ist die personalisierte Korruptionsberichterstattung dann zweifach funktional: im Sinne der ebenfalls in den Massenmedien dargestellten kollektiven Mechanismen der Korruptionsbeseitigung und zugleich als Möglichkeit der Exkulpation der politischen Klasse als Kollektiv. Rechnet die Korruptionsberichterstattung den Tatbestand auf Einzelne und deren individuelles Fehlverhalten zu, gewinnt sie eine vergleichsweise hohe „Erfolgswahrscheinlichkeit" im Sinne individueller Bestrafung. Zugleich bietet sie dem beteiligten Umfeld aber die Gelegenheit, das Phänomen der Korruption als persönlichen Fehltritt einzelner „gefallener Engel" darzustellen, das mit deren Abgang gleichsam aus der Welt geschafft ist.

5. Schlussbetrachtung

Medienöffentlichkeit gilt der Korruptionstheorie nach als eine der wichtigsten Voraussetzungen wirksamer Korruptionsbekämpfung und -eindämmung. Ohne dieser Annahme grundsätzlich zu widersprechen, warnt der vorliegende Beitrag davor, die diesbezüglichen Erwartungen an die Funktionalität der Massenmedien in demokratischen Systemen allzu hoch zu veranschlagen. Der verschärfte Wettbewerb um das knappe Gut öffentliche Aufmerksamkeit ist in den deregulierten Mediensystemen westlicher Demokratien zur entscheidenden Strukturbedingung medialen Handelns geworden. Er hat nicht nur zum Wachstum und zur Ausdifferenzierung neuer Vermittlungskanäle beigetragen, sondern auch zur Ausbildung einer spezifischen Eigendynamik des Medienschaffens, die mit den demokratisch wünschbaren Soll-Anforderungen an die Massenmedien zumindest partiell in Konflikt gerät. Das kann man im Bereich der politischen Berichterstattung der Medien ebenso gut nachweisen wie im wachsenden Segment der Unterhaltungsformate.

Für die Wirksamkeit der Massenmedien als Mittel im Kampf gegen politische Korruption ergeben sich daraus widersprüchliche Konsequenzen. Auf der einen Seite ist die Produktion und soziale Verbreitung eines gesellschaftlich folgenreichen Verständnisses politischer Korruption heute nicht mehr auf den Bereich des Rechts beschränkt, sondern erfolgt zunehmend im Modus medialer Wirklichkeitskonstruktion. Dadurch kann sich ein breiteres Verständnis des Phänomens entwickeln und gesellschaftsweit durchsetzen, das auch für die Graubereiche und Randzonen regelkonformen politischen Verhaltens sensibilisiert. Weil Normabweichung ein zentraler Nachrichtenwert ist, ist die Wahrscheinlichkeit hoch, dass schon der geringe Verdacht Resonanz in den Massenmedien erzeugt. Dadurch kann auf der einen Seite im Einzelfall ein so hoher Druck aufgebaut werden, dass politische oder personelle Konsequenzen unumgänglich sind, auch wenn rechtliche Mittel nicht greifen würden. Insoweit kann Medienöffentlichkeit tatsächlich als Erweiterung der Möglichkeiten des Rechts begriffen werden, freilich mit allen negativen Begleiterscheinungen.[10]

Auf der anderen Seite steht zu vermuten, dass die Korruptionsberichterstattung der Massenmedien angesichts der genannten Bedingungen verstärkt auf skandalisierende und moralisierende Inszenierungstechniken setzt. Das würde bedeuten, dass die Medienaufmerksamkeit für Korruption sich diskontinuierlich, sprunghaft und auf den Einzelfall bezogen entwickelt. Nachhaltige Wirkung würde von ihr dann nicht ausgehen können, denn noch bevor der eine Sachverhalt abgehandelt oder gar aufgeklärt ist, wird die Öffentlichkeit, deren Interesse zu erlahmen droht, mit dem nächsten Verdacht geködert und zugleich vom vorherigen Fall abgelenkt. Das hat wenigstens zwei Konsequenzen. Zum einen werden die Massenmedien durch ihre dauerhafte Abhängigkeit von neuen Verdachtsmomenten selbst korrumpierbar und anfällig für strategische Instrumentalisierung. Zum anderen kann der Problemdruck auf Politik und Recht, von dem oben die Rede war, nur noch in Ausnahmefällen langanhaltenden öffentlichen Interesses entstehen, wenn etwa ranghohe Politiker in den Fall verwickelt sind. Die Inkompatibilität von kodifizierten Normen des Strafrechts und moralischen Urteilen der Massenmedien kann sich zudem zur Quelle für die andauernde Erzeugung politischer Frustration entwickeln. Schließlich werden Korruptionsfälle von den Massenmedien typischerweise individuell zugerechnet und sind damit in gewisser Weise „entschuldbar".

Mit Hilfe einer empirisch breit abgestützten Inhaltsanalyse konnte gezeigt werden, dass die Medienberichterstattung in Deutschland bereits in hohem Maße die erwartete Form angenommen hat. Medienaufmerksamkeit für politische Korruption hat blinde Flecken, vor allem im Bereich des Lokalen und generell hinsichtlich der Ursachen und Bedingungen von Korruption. Sie generiert ein weites Verständnis entsprechender Tatbestände, zeigt sich vornehmlich an der strafrechtlichen Bewältigung ihrer Folgen interessiert und fokussiert eher auf „Einzeltäter" als auf korruptogene Strukturen. Welche Folgen sich daraus für das Verhalten von Politikern und Bürgern ergeben, kann allein auf der Basis inhaltsanalytischer Befunde freilich nicht gesagt werden. Um in der Frage weiter zu kommen, wären vertiefende Fallstudien und die Verknüpfung mit Befunden der Mediennutzungs- und Wirkungsforschung notwendig.

---

10 Anders als bei Gericht gilt in den Medien nicht die Maxime „in dubio pro reo", sondern eher der Grundsatz „ein bisschen was bleibt immer kleben".

Literatur

Arnim, Hans H. von, 2001: Das System. Die Machenschaften der Macht. München.
Backes, Ernst/Robert, Denis, 2003: Das Schweigen des Geldes. Die Clearstream-Affäre. Zürich.
Bennet, Lance W./Entman, Robert M. (Hrsg.), 2001: Mediated Politics, Communication in the Future of Democracy. Cambridge/New York.
Blankenburg, Erhard, 1990: Korruption und Skandal – Zwei Seiten derselben Medaille, in: Oswald, Hans (Hrsg.), Macht und Recht. Festschrift für Heinrich Popitz zum 65. Geburtstag. Opladen, 458–474.
Blankenburg, Erhard, 1999: Der Aufstand der kleinen Richter gegen die Korruption der großen Politik, in: Kritische Justiz 3, 355–365.
Bluhm, Harald, 2002: Zwischen invisibler und visibler Macht, Machttheoretische Verortung politischer Korruption, in: Bluhm, Harald/Fischer, Karsten (Hrsg.), Sichtbarkeit und Unsichtbarkeit der Macht. Theorien politischer Korruption. Baden-Baden, 167–193.
Bluhm, Harald/Fischer, Karsten (Hrsg.), 2002: Einleitung. Korruption als Problem politischer Theorie, in: dies. (Hrsg.), Sichtbarkeit und Unsichtbarkeit der Macht. Theorien politischer Korruption. Baden-Baden, 9–22.
Blumler, Jay G./Kavanagh, Dennis, 1999: The Third Age of Political Communication: Influences and Features, in: Political Communication 16, 209–230.
Borchert, Jens, 2000: Von Berufskölnern, alten Römern und paradoxen Konsequenzen, in: Jahrbuch für Europa- und Nordamerika-Studien 3. Opladen, 7–17.
Brunetti, Aymo/Weder, Beatrice, 2002: Press Freedom and Corruption. A Free Press is Bad News for Corruption, in: Weder, Beatrice (Hrsg.), Five Essays on Economic Causes of Corruption, WWZ-Forschungsbericht 02/01. Universität Basel, 47–63.
Delhey, Jan, 2002: Korruption in Bewerberländern zur Europäischen Union. WZB Discussion Papers FS III 02–401.
Della Porta, Donatella/Vannucci, Alberto, 1999: Corrupt Exchanges, Actors, Resources, and Mechanisms of Politcal Corruption. New York/NY.
Eilders, Christiane/Neidhardt, Friedhelm/Pfetsch, Barbara, 2004: Die Stimme der Medien. Pressekommentare und politische Öffentlichkeit in Deutschland. Wiesbaden.
Elster, Jon, 1989: The Cement of Society. A Study of Social Order. Cambridge.
Entman, Robert M., 1993: Framing: Toward Clarification of a Fractured Paradigm, in: Journal of Communication 43, 51–58.
Figueroa, Silvana, 2001: Politische Korruption, Medien und Gesellschaft oder: der diskursive Kampf um ein Tabu in Argentinien. Herbolzheim.
Fischer, Karsten, 2002: Selbstkorrumpierung des Parteienstaates, in: Bluhm, Harald/Fischer, Karsten (Hrsg.), Sichtbarkeit und Unsichtbarkeit der Macht. Theorien politischer Korruption. Baden-Baden, 67–86.
Garzón-Valdés, Ernesto, 2002: Korruption. Zur systemischen Relativität eines universalen Phänomens, in: Bluhm, Harald/Fischer, Karsten (Hrsg.), Sichtbarkeit und Unsichtbarkeit der Macht. Theorien politischer Korruption. Baden-Baden, 115–138.
Hallin, Daniel C./Mancini, Paolo, 2003: Amerikanisierung, Globalisierung, Säkularisierung: Zur Konvergenz von Mediensystemen und politischer Kommunikation in westlichen Demokratien, in: Esser, Frank/Pfetsch, Barbara (Hrsg.), Politische Kommunikation im internationalen Vergleich. Grundlagen, Anwendungen, Perspektiven. Wiesbaden, 35–55.
Höffling, Christian, 2002: Korruption als soziale Beziehung. Opladen.
Höffling, Christian/Plaß, Christine/Schetsche, Michael, 2002 (Januar): Deutungsmusteranalyse in der kriminologischen Forschung [31 Absätze]. Forum Qualitative Sozialforschung / Forum: Qualitative Social Research [Online Journal], 3(1). Verfügbar über: <http://www.qualitative-research.net/fqs-texte/1-02/1-02hoefflingetal-d.htm> [21.07.2004].
Imhof, Kurt/Blum, Roger/Bonfadelli, Heinz/Jarren, Otfried (Hrsg.), 2004: Mediengesellschaft: Strukturen, Merkmale, Entwicklungsdynamiken. Wiesbaden.

Jarren, Ottfied, 1994: Mediengewinne – Institutionenverluste? Zum Wandel des intermediären Systems in der Mediengesellschaft, in: *Jarren, Otfried* (Hrsg.), Politische Kommunikation in Hörfunk und Fernsehen. Elektronische Massenmedien in der Bundesrepublik Deutschland. Gegenwartskunde Sonderheft 8. Opladen, 23–34.
Jarren, Otfried, 2001: Mediengesellschaft – Risiken für die politische Kommunikation, in: Aus Politik und Zeitgeschichte B 41/42, 10–19.
Jonscher, Norbert, 1995: Lokale Publizistik. Theorie und Praxis der örtlichen Berichterstattung. Opladen.
Kaiser-Rumstadt, Martina, 1997: Wer zahlt die Zeche?, in: journalist 5, 46–49.
Käsler, Dirk, 1991: Der politische Skandal. Zur symbolischen Qualität von Politik. Opladen.
Kepplinger, Hans-Matthias, 2001: Die Kunst der Skandalisierung und die Illusion der Wahrheit. München.
Leyendecker, Hans, 2001: Wie geschmiert. Nichts ist für Journalisten wichtiger als die Entscheidungsfreiheit – doch die berufsethischen Grundsätze wandeln sich, in: Süddeutsche Zeitung, 26. Juni, 19.
Leyendecker, Hans, 2002: Korruption und Journalismus, in: Korruption: Schatten der demokratischen Gesellschaft. Fakten – Trends – Gegenstrategien, hrsg. von *netzwerk recherche, Transparancy Interantional und Bund der Steuerzahler.* Wiesbaden, 29–34.
Luhmann, Niklas, 1983: Rechtssoziologie. Opladen.
Luhmann, Niklas, 1993: Gibt es in unserer Gesellschaft noch unverzichtbare Normen? Heidelberg.
Lull, James/Hinerman, Stephen (Hrsg.), 1997: Media Scandals. Morality and Desire in the Popular Culture Marketplace. Cambridge.
Mazzoleni, Gianpietro/Schulz, Winfried, 1999: „Mediatization" of Politics: A Challenge for Democary?, in: Political Communication 16, 247–261.
Neidhardt, Friedhelm, 2004: Gemeinwohlrhetorik vor großem Publikum. Formen und Funktionen von Moralisierung und Heuchelei, in: *Eilders, Christiane/Neidhardt, Friedhelm/Pfetsch, Barbara* (Hrsg.), Die Stimme der Medien. Pressekommentare und politische Öffentlichkeit in Deutschland. Wiesbaden, 229–251.
Pätzold, Ulrich/Röper, Horst/Volpers, Helmut (Hrsg.), 2003: Strukturen und Angebote lokaler Medien in Nordrhein-Westfalen. Opladen.
Peters, Bettina, 2003: The Media's Role: Covering or Covering up Corruption?, in: *Transparency International* (Hrsg.), Global Corruption Report 2003. London, 44–56.
Pfetsch, Barbara, 2003: Politische Kommunikationskultur. Politische Sprecher und Journalisten in der Bundesrepublik und den USA im Vergleich. Wiesbaden.
Reinikka, Ritva/Svensson, Jakob, 2004: The Power of Information: Evidence from Expenditure Tracking Surveys, in: *Transparancy International* (Hrsg.), Global Corruption Report 2004. London, 326–329.
Ronneberger, Franz, 1964: Die politischen Funktionen der Massenkommunikation, in: Publizistik 9, 291–304.
Rügemer, Werner, 2003: Global Corruption, in: PROKLA Zeitschrift für kritische Sozialwissenschaft 131 (Korruptes Empire), 235–265.
Sarcinelli, Ulrich, 2001: Politische Klasse und Öffentlichkeit, in: *von Arnim, Hans H.* (Hrsg.), Politische Klasse und Verfassung. Berlin, 123–144.
Saxer, Ulrich, 1998: Mediengesellschaft: Verständnisse und Missverständnisse, in: *Sarcinelli, Ulrich* (Hrsg.), Politikvermittlung und Demokratie in der Mediengesellschaft. Opladen/Wiesbaden, 52–73.
Scholl, Armin/Weischenberg, Siegfried, 1998: Journalismus in der Gesellschaft. Theorie, Methodologie und Empirie. Wiesbaden.
Weischenberg, Siegfried, 2002: Wahlverwandte, in: Journalist 8, 10–15.
Wildenmann, Rudolf/Kaltefleiter, Werner, 1965: Funktionen der Massenmedien. Demokratische Existenz heute: Schriften des Forschungsinstituts für politische Wissenschaft der Universität zu Köln, Heft 12. Frankfurt am Main/Bonn.

V.

Korruption in aller Welt: Fallstudien

Korruption und Entwicklungsforschung

Dirk Berg-Schlosser

> „You chop, I chop me self – palaver finish"
> Chinua Achebe, „The Man of the People"

1. Einleitung

Ulrich Menzel (1992) konstatierte, ich finde zu Recht, „das Scheitern der großen Theorien" in der Entwicklungsforschung. Dies gilt sowohl für die „Modernisierungstheorie" (stellvertretend seien hier Rostow 1960; Lerner 1958; Lipset 1960 genannt) als auch die „Dependenztheorie" (vgl. z.B. Frank 1967; Cardoso/Faletto 1976). Während die erstgenannte von einer lediglich „nachholenden" Entwicklung beim Übergang von der Tradition zur Moderne nach dem Muster des Westens als Vorbild für den Rest der Welt ausging, stellte die zweitgenannte ausschließlich Elemente der Abhängigkeit der „Dritten Welt" von den durch Kolonialismus und Imperialismus geprägten Weltwirtschaftsbeziehungen mit ihrer einseitigen Ausrichtung auf Rohstoffexporte für die Industriestaaten und die damit einhergehende fortdauernde und sich verschärfende „Entwicklung von Unterentwicklung" in den Vordergrund.

Beide großen Paradigmen, die lange Zeit die Debatten beherrschten, können heute, jedenfalls was ihren universalen Anspruch betrifft, als widerlegt gelten. So bestanden z.B. die durchaus erfolgreichen Entwicklungsstrategien der „Tigerstaaten" Ostasiens, aber auch schon Japans, nicht in der bloßen Nachahmung oder Wiederholung der europäischen und nordamerikanischen Industrialisierung (vgl. z.B. Draguhn 1991) und unter weitgehend identischen Weltmarktbedingungen haben sich sehr unterschiedliche, in erster Linie durch interne politische Bedingungen bestimmte Entwicklungsverläufe ergeben (vgl. z.B. Berg-Schlosser 1988). Zwar können Teilaspekte der „großen" Theorie, wie z.B. die Identifizierung gewisser charakteristischer „Entwicklungskrisen" durch Autoren die zur Modernisierungsschule zu rechnen sind (vgl. z.B. Binder et al. 1972), oder die weiter zu beobachtende Verschlechterung der „terms of trade" für viele Rohstoffe (vgl. z.B. Prebisch 1981), weiter eine gewisse Geltung beanspruchen. Sie sind aber insgesamt in ein wesentlich komplexeres Wirkungsgefüge, das endogene und exogene Faktoren und ihre Interaktionen angemessen berücksichtigt und unterschiedliche, auch „pfadabhängige" usw. Verläufe zeigt, einzubetten.

Mittlerweile hat sich die Debatte stärker auf Aspekte von Staatlichkeit bzw. „Staatsversagen" und konkretem Regierungshandeln verlagert (vgl. z.B. auch Apter/Rosberg 1994; Chazan et al. 1999). „Good governance", nicht selten verbunden mit direkten „Konditionalitäten" der wichtigsten internationalen Geberinstitutionen öffentlicher Entwicklungshilfe, ist zum vorherrschenden Schlagwort seit den 1990er Jahren geworden (siehe auch UNDP 2002; Kaufmann et al. 2003). Hierzu hat nicht zuletzt auch das Ende des Ost-West-Konflikts, in dessen Verlauf eher die „Freunde" im jeweiligen

Lager ungeachtet ihrer ökonomischen Ineffizienz oder einer stark repressiven Machtausübung unterstützt wurden, wesentlich beigetragen.

In diesem Zusammenhang hat auch das in vielen Entwicklungsstaaten relativ weit verbreitete Phänomen von klientelistischen Beziehungen und politischer Korruption verstärkt Beachtung gefunden. Fragen der jüngeren internen politischen Entwicklungen hin zu größerer Liberalisierung und Demokratisierung, aber auch die Verfügbarkeit von Ressourcen für „rentenabhängige" Regime spielen hierbei weiter eine erhebliche Rolle.

Im Folgenden sollen zunächst einige zentrale begriffliche Unterscheidungen und Abgrenzungen vorgenommen werden, um die weiteren Ausführungen entsprechend verorten zu können. Hieran schließt sich die Erörterung einiger zentraler „systemischer" Kontexte an, die für wichtige Regionen des Südens nach wie vor erhebliche Bedeutung haben. Erst so lässt sich ein angemesseneres Verständnis der zu beobachtenden Vorgänge und Konflikte gewinnen. Hieraus ergeben sich dann auch spezifische entwicklungspolitische Konsequenzen. Zum Schluss soll dann auf weiter reichende entwicklungstheoretische Aspekte und allgemeine normative Fragen hingewiesen werden.

2. Definitorische Unterscheidungen

Wie Michael Johnston (vgl. hierzu z.B. auch seinen Beitrag in diesem Band) zu Recht hervorhebt, handelt es sich bei politischer Korruption um einen sehr komplexen Tatbestand, der in allgemeinere „systemische" und historisch-regionale Kontexte eingebettet ist, letztlich aber auch zentrale entwicklungstheoretische und normative Fragen aufwirft. Zunächst ist zu unterscheiden zwischen der „petty corruption" auf der Alltagsebene und der „großen", das Staatsganze erfassenden Korruption.

Die erstgenannte entspricht noch am ehesten der gängigen Vorstellung von privater Bereicherung durch öffentliche Ämter oder wie Nye es in einer häufig zitierten Formulierung ausdrückte:

„[Corruption is] behaviour which deviates from the formal duties of a public role because of private-regarding (close family, personal, private clique) pecuniary or status gains; or violates rules against the exercise of certain types of private-regarding influence" (Nye 1967: 417).

Hierunter fallen also der Polizist, der bei der Führerscheinkontrolle einen eingelegten Geldschein erwartet, der Zollbeamte, der gegen ein kleines Entgelt beide Augen zudrückt, oder der Angehörige der Kommunalverwaltung, der für bestimmte „Aufmerksamkeiten" bei Baugenehmigungen fünf gerade sein lässt. Für solche Praktiken sind einige Länder wie Mexiko, Nigeria oder Bangladesh geradezu notorisch.

Solche individuellen korrupten Praktiken sind aber häufig Teil einer „Kultur der Korruption", die bis auf die höchsten Staatsebenen reicht. In solchen Fällen versagt in der Regel auch jegliche interne Kontrolle, da der Fisch ja bekanntlich vom Kopf zu stinken beginnt und die „großen Fische" meist nicht zu belangen sind. Weltweit besonders krasse Beispiele in dieser Hinsicht waren das Marcos-Regime auf den Philippinen, „Papa Doc" und „Baby Doc" in Haiti und Mobutus Zaire.

Hierbei verschwimmen aber auch die Grenzen zwischen unmittelbar korrupten Praktiken im Sinne eines direkten quid pro quo und allgemeinen klientelistischen Beziehungen. In vielen Staaten, insbesondere in Afrika und im Nahen Osten, aber auch anderswo, bestehen ausgedehnte Patronagenetzwerke, bei denen der „Patron", angefangen beim Lokalpolitiker bis unter Umständen zum Staatspräsidenten, seinen „Klienten" materielle Vergünstigungen im Austausch gegen politische Unterstützung verschafft (für eine detailliertere Erörterung solcher mehrstufigen, dyadischen, asymmetrischen Tauschbeziehungen vgl. z.B. auch Eisenstadt/Lemarchand 1981; Graziano 1983; siehe auch Berg-Schlosser 1987). Der Patron selbst benötigt hierfür aber wieder entsprechende Ressourcen, die ebenfalls häufig korrupten Praktiken oder ähnlichen Formen staatlicher Abschöpfung für persönliche Zwecke entstammen.

In diesem Kontext sind unter anderem staatlich kontrollierte Rohstoffressourcen, wie z.B. Rohöl oder wertvolle Erze und Mineralien, die gemeinsam mit multinationalen Konzernen erschlossen und vermarktet werden, von besonderer Bedeutung. Wenn diese in bestimmten regionalen „Enklaven" konzentriert sind, wie z.B. in Angola, Kongo/Zaire oder Nigeria, erleichtert das einerseits die Abschöpfung, führt aber auch nicht selten zu massiven Konflikten zwischen regional verankerten Patronen bis hin zu völligem Staatszerfall zwischen rivalisierenden „warlords", die sich jeweils auf solche Ressourcen stützen (vgl. z.B. auch Zartman 1995; Leonard/Straus 2003). Aber auch die Abschöpfung von Exporterlösen für agrarische Produkte durch staatliche oder parastaatliche „marketing boards" kann zur Alimentierung zentraler Patrone beitragen (vgl. z.B. auch Berg-Schlosser/Siegler 1988).

Bei der „großen" Korruption verschwimmt auch die Grenze zwischen formal-legalem und illegalem Handeln der Akteure. Wenn Staatschefs mehr oder minder willkürlich sich selbst und ihre Clique begünstigende Gesetze und Verordnungen erlassen oder ändern können, wenn Parlamentsabgeordnete sich einmütig und in großem Stil selbst bereichern, oder wenn Gerichte politisch abhängig oder selbst korrupt sind, wird der Aspekt formaler Legalität nebensächlich (vlg. hierzu z.B. auch Kibwana et al. 1996). Hier kommen allenfalls übergreifende normativ-ethische Maßstäbe ins Spiel, die aber, „wenn alle es tun", leicht in den Hintergrund geraten. Auch beruft man sich dann gerne auf kulturelle Unterschiede, „asiatische Werte" u.ä. (wie z.B. der malaysische Premierminister Mahatir), um Kritik von außen abzuweisen. Im Konflikt zwischen „Tradition" und „Moderne", insbesondere in ethnisch oder konfessionell stark fragmentierten Gesellschaften, überwiegen nicht selten Loyalitäten gegenüber der eigenen Großfamilie, dem Clan oder der ethnischen oder religiösen Gemeinschaft im Verhältnis zu legalen oder formal-bürokratischen Regeln. Aber auch in westlichen Demokratien wird ja nicht selten die Loyalität gegenüber der eigenen Partei, wie z.B. bei den Parteispendenskandalen in Deutschland, über die Beachtung selbst verabschiedeter Gesetze gestellt.

Dennoch ist bei den Betroffenen, auch in sehr unterschiedlichen Kulturen, nicht selten ein gewisses Unbehagen oder „schlechtes Gewissen" hinsichtlich der Unrechtmäßigkeit vieler Handlungen festzustellen. Die Brüchigkeit einer solchen doppelten Moral wird besonders dann deutlich, wenn bislang Nichtbevorzugte gegen solche Praktiken aufbegehren und die Legitimität eines solchen politischen Systems in Frage stellen. Spätestens im Falle eines Machtwechsels werden dann die bisher vorherrschenden Praktiken und ihre angeführten Rechtfertigungen auch öffentlich diskreditiert und nicht selten auch geahndet (wie z.B. bei der Verurteilung wegen Korruption zweier ehemaliger Staatspräsidenten in Südkorea).

Je nach politischem System verschwimmt auch die Grenze zwischen öffentlichem und privatem Handeln und den jeweiligen „Haushalten" der Herrschenden. So gibt es in absolutistischen Monarchien schon per definitionem keine Trennung zwischen dem privaten und dem öffentlichen Portefeuille des Königs („l'état c'est moi", Louis XIV). Auch ein Vorwurf der Korruption gegenüber dem Souverän wird dann formal haltlos („the king can do no wrong", C. J. Friedrich 1974), auch wenn der König sich von auswärtigen Mächten bestechen lässt (wie z.B. Ludwig II. in Bayern). Aber auch in so genannten „neo-patrimonialen" Regimen ist eine solche Nichtbeachtung der Trennung von staatlichen Einkünften und privater Verfügung der Herrschenden darüber festzustellen. Die Problematik der Stabilität und Legitimität solcher Systeme stellt sich in der heutigen Zeit allerdings verschärft. Hierauf geht der folgende Abschnitt näher ein.

Das Verhältnis von „großer" Korruption zu politischem Systemtyp ist dabei allerdings nicht immer eindeutig. So gab und gibt es (zumindest einige wenige) autoritäre Systeme, die auch nach heutigen, geschärfteren Maßstäben trotz eines hohen Personalisierungs- und Zentralisierungsgrades relativ wenig Korruption aufweisen. So war die „preußische" Tradition zumindest seit Ende des 18. Jahrhunderts durchaus an rechtsstaatliche Maßstäbe gebunden, was sich auch auf das „Ethos" des Beamtentums und des öffentlichen Sektors insgesamt bei relativ geringen Bezügen positiv auswirkte. Aber auch im heutigen Singapur setzte die „Lee-Dynastie" strenge Richtlinien, die sich nach wie vor im Transparency International-Index u.ä. Indikatoren widerspiegeln. Umgekehrt kann ein niedriges Maß an „kleiner" Korruption durchaus mit „systemischer" Korruptheit auf der obersten Ebene, teilweise im privaten Bereich, aber auch, insbesondere, bei der Parteienfinanzierung verbunden sein (vgl. hierzu z.B. Mény 1996).

Ich beschränke mich an dieser Stelle auf „politische Korruption" im engeren Sinne, also auf „public-office centered corruption" (vgl. Heidenheimer 1989), und vor allem auf „systemische" Formen von Korruption und Klientelismus. „Private" Korruption, also z.B. die Bestechung oder Begünstigung von Firmenangehörigen bei einer privaten Auftragsvergabe u.ä., oder nicht-öffentliche Formen der illegalen privaten Bereicherung durch „Schwarzgelder", Steuerhinterziehung, Betrug o.ä. bleiben also außen vor. Auch befasse ich mich in erster Linie mit den *politischen* Aspekten und Folgen von Korruption, makro-*ökonomische* Konsequenzen und die entsprechenden Debatten werden hier nur am Rande berührt (vgl. hierzu auch den Beitrag von Lambsdorff in diesem Band). Dennoch bleibt festzuhalten, dass auch in die „öffentliche" Korruption in der Regel private „Geber" und multinationale Firmen, die dies häufig noch in ihren Heimatländern als „verkaufsfördernde Maßnahme" steuerlich geltend machen können, involviert sind. Der „moralische Zeigefinger" sollte also immer auch in beide Richtungen gehen!

3. Konkrete Kontexte politischer Systeme

3.1 Regionale Aspekte

Gemäß den Vorgaben der Gliederung diese Bandes beschränke ich mich an dieser Stelle auf Staaten des „Südens" bzw. so genannte „Entwicklungsländer". Die westlichen Industriestaaten, einschließlich Japan und die mittel- und osteuropäischer Länder sowie die Territorien der ehemaligen Sowjetunion, bleiben an dieser Stelle ausgeklammert. Unter historisch-kulturellen Gesichtspunkten lassen sich bei den betrachteten Fällen, grob gesprochen, vier größere Regionen unterscheiden: Afrika südlich der Sahara, Asien, Lateinamerika und Karibik sowie Nordafrika und der Nahe Osten. Eine solche Einteilung ist nicht immer ganz trennscharf, z.B. bei der Zuordnung von Staaten wie Mauretanien oder Sudan, oder im Hinblick auf wichtige sub-regionale Differenzierungen, z.B. zwischen Süd-, Südost- und Ostasien. Dennoch ermöglicht sie einen ersten groben Überblick im Hinblick auf Entwicklungsstand und unterschiedliche Aspekte von Korruption und „good governance".

Die ausgewählten Entwicklungsindikatoren sind dem von UNDP jährlich zusammengestellten „Human Development Report" entnommen, wobei sich der „Human Development Index" (HDI) aus Indikatoren zum Pro-Kopf-Einkommen (gemessen nach Kaufkraftparitäten), zum Bildungsstand und zur durchschnittlichen Lebenserwartung zusammensetzt. Die „governance"-Daten entstammen den neuesten Analysen der Weltbank (s. Kaufmann et al. 2003) und beziehen sich auf „government effectiveness" (verstanden als „quality of the bureaucracy and public services"), „regulatory quality" („market-friendly policies, lack of price and trade controls"), „rule of law" („independence of the judiciary, enforceability of contracts") und „graft" („various forms of corruption, nepotism or clientelism") mit Werten jeweils von –2,5 bis +2,5. Die aktuellen Werte des „Corruption Perception Index" (CPI) von Transparency International (Werte von 1–10, 10 als bestem Wert) sind ebenfalls angeführt. Einen ersten Überblick vermittelt Tabelle 1.

Die verzeichneten Werte sind fast alle hoch signifikant, wenn auch innerhalb der Regionen erhebliche Differenzierungen (ausgedrückt durch die Werte der Standardabweichungen) bestehen. Im Lichte solcher Indikatoren ist Afrika deutlich der am geringsten „entwickelte" Kontinent, gefolgt von Asien und Lateinamerika. Der (ölreiche) Nahe Osten weist klar das höchste Pro-Kopf-Einkommen auf, im Hinblick auf Alphabetisierung und den Gesamt-HDI steht er jedoch hinter Lateinamerika zurück. Die Regierungs-„Qualität" ist ebenfalls in Afrika deutlich am niedrigsten, gefolgt von Lateinamerika und Asien sowie dem Nahen Osten mit erneut den besten Werten. Dies gilt für alle vier hier angeführten Weltbank-Indikatoren nahezu gleichermaßen. Die „regulatorische Qualität" ist allerdings in Lateinamerika etwas höher als in den übrigen Regionen. Die „wahrgenommene Korruption" (T. I.) differiert ebenfalls etwas und liegt für Lateinamerika höher als für Asien, die Signifikanz des CPI für diese regionale Unterscheidung ist allerdings, bedingt auch durch niedrigere Fallzahlen, deutlich geringer. Eine detaillierte Analyse möglicher Ursachen dieser Unterschiede kann an dieser Stelle nicht geleistet werden. Etwas näheren Aufschluss gibt allerdings bereits eine Unterscheidung nach politischen Systemtypen.

Tabelle 1: Entwicklungs- und „governance"- Indikatoren nach Regionen

Region		[1]	[2]	[3]	[4]	[5]	[6]	[7]	[8]	[9]
Afrika	Mittelwert	2860	59,5	48,2	0,479	-0,702	-0,650	-0,664	-0,594	3,15
	N	47	49	48	47	49	49	49	49	18
	Standardabweichung	3711	20,0	9,2	0,127	0,576	0,589	0,631	0,578	1,40
Asien	Mittelwert	5254	79,4	65,3	0,674	-0,101	-0,339	-0,187	-0,320	3,70
	N	24	28	30	24	29	29	29	29	13
	Standardabweichung	5722	21,8	7,6	0,124	0,883	0,930	0,800	0,800	2,08
Lateinamerika	Mittelwert	6697	89,3	70,5	0,759	-0,142	0,099	-0,116	-0,075	3,45
	N	33	33	33	33	33	33	33	33	21
	Standardabweichung	3446	10,6	5,4	0,076	0,693	0,643	0,775	0,780	1,32
Naher Osten	Mittelwert	9526	73,8	70,8	0,740	-0,038	-0,206	-0,048	0,094	4,48
	N	18	19	19	18	19	19	19	19	6
	Standardabweichung	6769	15,3	4,6	0,098	0,717	0,887	0,789	0,784	1,51
Insgesamt	Mittelwert	5352	73,6	61	0,632	-0,329	-0,326	-0,314	-0,301	3,52
	N	122	129	130	122	130	130	130	130	58
	Standardabweichung	5151	21,4	12,6	0,166	0,755	0,786	0,776	0,754	1,57
	Signifikanz	p<0,001	p<0,001	p<0,001	p<0,001	p<0,001	p<0,001	p<0,001	p<0,001	p>0,1

[1] Power Purchasing Parity 2001 (UNDP)
[2] Adult Literacy 2001 (UNDP)
[3] Life expectancy 2001 (UNDP)
[4] Human Development Index 2001 (UNDP)
[5] Government Effectiveness Score 2002 (World Bank)
[6] Regulatory Quality Score 2002 (World Bank)
[7] Rule of Law Score 2002 (World Bank)
[8] Control of Corruption 2002 (World Bank)
[9] Corruption Perception Index 2002 (Transparency International)

3.2 Politische Systemtypen

Angesichts der im einzelnen zu beobachtenden Systemvielfalt (vgl. z.B. Berg-Schlosser 1990) greife ich hier drei besonders charakteristische Systemtypen heraus, bei denen zumindest von unterschiedlichen Legitimitätsformen (und entsprechenden Konflikten!) gesprochen werden kann, und die in einigen Regionen auch eine gewisse chronologische Abfolge aufweisen. Dies sind noch bestehende Monarchien mit Formen „traditionaler" Legitimität im weberschen Sinne, „neo-patrimoniale" Regime, die zum Teil persönlichkeitsbezogene, „charismatische" Legitimitätsformen aufweisen (oder sich zumindest gerne mit einer solchen Aura umgeben), und die jüngeren Ansätze zu demokratisch („rational-legal", Weber 1922) legitimierten Herrschaftsformen (man könnte vielleicht auch von den „emerging democracies" analog zu den „emerging market economies" sprechen). In diesen drei Systemtypen stellen sich Probleme politischer Korruption (ihrer Definition, Erfassung und Konsequenzen) auf je besondere Weise. Auf Regime, deren Machtausübung vorwiegend auf Repression beruht, wie z.B. in Militärdiktaturen, wird daher an dieser Stelle nicht explizit eingegangen. Dies soll nicht heißen, dass dort keine Korruption anzutreffen sei, häufig sogar noch verstärkt, aber Machtmissbrauch, z.B. in Form von krassen Menschenrechtsverletzungen, und Ressourcenverschwendung in Form von privater Bereicherung und massiven Rüstungsaufwendungen sind dort oft so offensichtlich, dass sich die genannten Abgrenzungsprobleme gar nicht erst stellen (für entsprechende empirische Befunde siehe z.B. auch Berg-Schlosser 1986; Berg-Schlosser/Kersting 1996; Berg-Schlosser 2004).

3.2.1 Monarchien

Diese über Jahrtausende in weiten Teilen der Welt dominierende Herrschaftsform ist heute nur noch, jedenfalls im Sinne eines tatsächlich exekutiven Monarchen, in einigen Staaten des Nahen Ostens bzw. Nordafrikas (z.B. Saudi Arabien, Jordanien, Marokko sowie die Scheichtümer und Emirate der Golf-Region) und einigen Kleinstaaten (wie Swaziland) anzutreffen. Die Legitimitätsansprüche der Herrschenden beziehen sich auf ihre jeweilige dynastische Abkunft, im Falle der arabischen Monarchen auf die Erbfolge von den Sharifen, den Nachfolgern Mohammeds. In solchen Regimen von „großer" Korruption in einem streng legalen Sinne zu sprechen, verbietet sich aus den oben angeführten Gründen, zumal ein großer Teil der verbliebenen Monarchien sich auf erhebliche Öleinkünfte stützen kann. Das Ausmaß „kleiner" Korruption ist je nach innerstaatlicher Kontrolle sehr unterschiedlich, z.B. relativ hoch in einem Staat wie Marokko und (relativ) gering in Bahrain oder Katar.

Wie aber schon Huntington (1972) in einem „klassischen" Aufsatz feststellte, droht die ursprüngliche Legitimitätsbasis solcher Regime in der Moderne, trotz erheblicher finanzieller Abpufferung, brüchig zu werden. So verschwanden in den 1950er und 1960er Jahren die Monarchien in Ägypten, Syrien, dem Irak und Libyen, in den 1970er Jahren folgten ihnen die Dynastien in Äthiopien, Afghanistan und Iran. Da es sich bei all diesen Regimes um relativ stark zentralisierte und absolutistische Herrschaftsformen handelte, blieb ihnen der Weg eines allmählichen konstitutionellen

Übergangs zu einem demokratischen System, wie in den skandinavischen Staaten oder Großbritannien, weitgehend versperrt. Als Alternativen in den genannten Fällen blieben dann nur militärische Staatsstreiche oder, wie im Iran, die Machtübernahme durch fundamentalistisch-islamische Gruppen. In der Gegenwart ist zwar ein gewisser innerer und äußerer Demokratisierungsdruck in einigen Staaten, wie z.B. in Jordanien oder Marokko, zu beobachten, ihr weiterer politischer Werdegang und damit auch die Veränderungen „großer" und „kleiner" Korruption mit ihren entwicklungspolitischen Konsequenzen bleiben aber ungewiss.

3.2.2 Neo-patrimoniale Systeme

In Anlehnung an Max Weber (1922: Kap. VII, S. 679 ff.) werden hierunter Staaten verstanden, in denen ebenfalls keine Trennung zwischen der privaten Haushaltsführung der Herrschenden und der öffentlichen Finanzen besteht bzw. wo in der Praxis diese Grenze nahezu zur Unkenntlichkeit verschwimmt. Im Gegensatz zu traditionalen Formen patrimonialer Herrschaft, z.B. bereits im antiken Ägypten, können zeitgenössische Machthaber dieser Art sich nicht mehr auf transzendentale oder dynastische Wurzeln ihrer Herrschaft stützen. Es handelt sich hierbei um stark personalisierte, zentralisierte und auf ausgedehnten Patronageformen beruhende Systeme. Da in solchen Staaten zwar formal eine Grenze zum öffentlichen Budget, zur Zentralbank usw. besteht, diese in der Realität aber kaum beachtet wird, handelt es sich bei solchen Systemen sozusagen um die Inkarnation „großer Korruption" par excellence, aber auch die „kleine" Korruption ist meist allgegenwärtig. Die schon erwähnten krassen Beispiele der Philippinen unter Marcos, Mobutus Zaire usw. sind gewissermaßen Prototypen dieser Kategorie. Die Legitimität solcher Regime, im Sinne der breiteren Anerkennung und Respektierung durch die Bevölkerung, bezieht sich dabei allenfalls auf gewisse persönlichkeitsbezogene „charismatische" Elemente, wie z.B. bei Führern der Unabhängigkeitsbewegungen gegen die Kolonialmächte, die aber von der Natur der Sache her zwangsläufig relativ kurzlebig sind.

Neben solchen „zivilen", also nicht durch Militärherrscher ausgeübten Formen autoritärer und weitgehend klientelistisch strukturierter Präsidialsysteme (hierzu gehören z.B. auch die Elfenbeinküste unter Houphouet-Boigny, Kenya unter Kenyatta und Moi, Malawi unter Banda, Gabun, Kamerun, Togo usw., aber auch Indonesien unter Sukarno und Suharto, Ägypten unter Sadat und Mubarak, Tunesien unter Bourgiba, und viele andere) sind klientelistisch und weitgehend auf Korruption beruhende „neopatrimoniale" Praktiken auch in anderen Systemen, z.B. in „afrikanisch-sozialistischen" Staaten wie Kaundas Sambia oder Mugabes Simbabwe, in vielen Militärregimen, aber auch zahlreichen „neuen" Demokratien anzutreffen (auch „alte" Demokratien sind im Übrigen hiergegen nicht gefeit, vgl. z.B. auch die Beiträge von Rose-Ackerman et al. in diesem Band).

Um solche klientelistischen Systeme auf längere Zeit aufrechterhalten zu können, bedarf es allerdings einer erheblichen Ressourcenbasis. Diese besteht häufig in der Abschöpfung von „Renten" für wichtige für den Weltmarkt produzierte Rohstoffe wie landwirtschaftlich erzeugte Genussmittel, Edelmetalle, seltene Mineralien oder Erdöl.

Im internationalen Kontext, zu Zeiten des Ost-West-Konflikts, wurden sie häufig auch durch „Geber" des jeweiligen Lagers oder als Folge weiter bestehender neo-kolonialer Abhängigkeiten gegenüber der früheren Kolonialmacht (wie z.B. in der Mehrzahl der frankophonen afrikanischen Staaten) unterstützt. Verschwendung öffentlicher Mittel und andere korrupte Praktiken, zum Teil aber auch massive Menschenrechtsverletzungen, wurden dabei häufig toleriert und nur selten öffentlich angesprochen.

Da solche Regime aber auch häufig eine relativ einseitige ethnische oder regionale Basis in den meist ethnisch, religiös usw. stark fragmentierten Gesellschaften hatten, so dass entsprechende Pfründe sehr unterschiedlich verteilt wurden, war auch dies ein Element, das nach dem Absinken einer möglichen anfänglichen Legitimität zu erheblichen inneren Spannungen führte. Die innere Zerrüttung dieser Regime, beschleunigt durch den tendenziellen Verfall der Weltmarktpreise für viele Rohstoffe in der 1980er Jahren (wie z.B. für Kupfer, Kaffee, Kakao etc.) und das Ende des Ost-West-Konflikts nach 1990, führte dann zu zum Teil massiven Protestbewegungen und einer neuen „Welle" der Demokratisierung (siehe z.B. Huntington 1991; Bratton/van de Walle 1997). Im Extremfall kam es aber auch, angesichts erheblicher interner regionaler Spannungen, zu Staatsverfall und Staatskollaps, wobei unterschiedliche „warlords" sich dann der jeweiligen Pfründe in ihren Territorien (z.B. in Angola, Liberia, Sierra Leone usw.) bemächtigten (vgl. z.B. auch Zartman 1995; Leonard/Straus 2003). Nicht mehr Verschwendung, Korruption und Staatsversagen, sondern „peace-making" und staatliche Rekonstruktion wurden dann zum zentralen Problem.

3.2.3 Neue Demokratien

Die in der letzten Welle neu oder, in Lateinamerika bereits in der 1980er Jahren, wieder entstandenen Demokratien besitzen potenziell eine breitere, nunmehr „rational-legale" Legitimitätsbasis. Die Möglichkeiten zu einer größeren öffentlichen Kontrolle von Korruption auf allen Ebenen haben so erheblich zugenommen. Eine nunmehr auch legale Opposition, eine freiere und vielfältige Medienlandschaft und reguläre institutionelle Mechanismen, die nicht mehr von der Dominanz oder Willkür der Exekutive abhängig sind, wie eine unabhängige Justiz, ein Rechnungshof, parlamentarische Untersuchungsausschüsse usw., eröffnen nun die Chance einer größeren Transparenz und Kontrolle des Regierungs- und Verwaltungshandelns. Nicht zuletzt die so möglich gewordene regelmäßige Abwahl der Regierenden stellt ein ultimatives Kontrollinstrument dar.

Allerdings sind in dieser Hinsicht längst nicht alle Blütenträume gereift und nicht selten sind erneuter politischer Zynismus oder Apathie zu beobachten. Auch aus der vorherigen Opposition heraus zur Macht gelangte Politiker sind nicht über Nacht „bessere Menschen" geworden und unterliegen ähnlichen Versuchungen und historisch-kulturellen Einflüssen wie ihre Vorgänger. Autoren wie O'Donnell (1996) sprechen daher von einer häufig nur „delegativen" Demokratie, in der populistische und klientelistische Praktiken, wie z.B. in Menems Argentinien, Fujimoris Peru, Chavez' Venezuela usw., unter anderen formal-institutionellen Vorzeichen fortbestehen. Häufig ist so ein lediglich „kompetitiver Klientelismus" entstanden (vgl. z.B. auch Berg-Schlosser 2004).

Es wird daher darauf ankommen, diese Demokratien nicht nur formal-institutionell, sondern auch zivilgesellschaftlich und politisch-kulturell zu „konsolidieren" (siehe hierzu z.B. auch Linz/Stepan 1996, Diamond 1999). So wichtig die neuen institutionellen Mechanismen sind (und auch deren Funktionsfähigkeit ist bislang nicht immer gewährleistet), so wesentlich bleibt es, andere Aspekte öffentlicher Kontrolle zu stärken. Eine freie und pluralistische Medienlandschaft und vitale interne und externe zivilgesellschaftliche Organisationen, nicht zuletzt auch NGOs wie Transparency International, Amnesty International, IDEA etc., sind hierbei zentrale Elemente.

Aber auch auf der „Mikro"-Ebene individueller Einstellungen und Aktivitäten sind Änderungen der Verhaltensweisen nötig und unter den neuen Bedingungen leichter möglich. So kommt es darauf an, bisher eingespielte Praktiken des „Bakschisch", „chai" usw. anzuprangern und zu ändern und dabei die Initiative, wenn nötig, selbst in die Hand zu nehmen. So revoltierten z.B. die Benutzer von Sammeltaxis in Kenia gegen die üblichen polizeilichen Kontrollen, verprügelten einzelne Polizisten und nahmen ihnen die bereits eingenommen Schmiergelder wieder ab. Dies und die entsprechende Medienberichterstattung führten in kürzester Zeit zu einer erheblichen Reduzierung dieser Praxis.

Die unterschiedlichen Performanzdaten dieser Systemtypen sind in Tabelle 2 zusammengefasst.

Die (exekutiven, nicht lediglich konstitutionellen) Monarchien weisen das höchste Pro-Kopf-Einkommen auf, was in erster Linie auf ihre Konzentration im ölreichen Nahen Osten zurückzuführen ist. Im Hinblick auf Alphabetisierung und den Gesamt-HDI stehen sie allerdings deutlich hinter den „Polyarchien" (hier verstanden im Dahl'schen (1971) Sinne und operationalisiert durch Werte von < 3 auf dem Freedom House „political rights"-Index und positiven Werten auf dem Weltbank „voice and accountability"-Indikator) zurück. Die „neo-patrimonialen" Staaten haben im Hinblick auf alle „Entwicklungs"-Kategorien deutlich die schlechtesten Werte. Zur Ergänzung sind hier Werte für „prätorianische" Länder (Militärdiktaturen und Bürgerkriegsstaaten, zu diesem Begriff siehe auch Huntington 1968) und sozialistische bzw. kommunistische Regime (wie in China, Nordkorea, Kuba, Vietnam) ebenfalls aufgeführt. Die prätorianischen Staaten schneiden dabei von allen deutlich am schlechtesten ab, die sozialistischen Staaten hinken zwar beim Pro-Kopf-Einkommen hinterher, haben aber hohe Alphabetisierungs- und HDI-Werte.

Die Regierungsqualität schlüsselt sich ähnlich auf. Die „governance"-Indikatoren der Weltbank sind für die Monarchien durchweg positiv, gefolgt von den Polyarchien mit ebenfalls durchgängig positiven Werten (zu beachten ist hier allerdings, dass die „voice and accountability"-Werte der Weltbank im Falle der Monarchien negativ sind, und auch z.B. Aspekte der Beachtung von Menschenrechten hier nicht berücksichtigt werden). Die „neo-patrimonialen" Regime stehen ebenfalls wieder deutlich schlechter da, nur noch unterboten von den „prätorianischen" Staaten. Die sozialistischen Länder weisen ebenfalls negative Werte, vor allem im Bereich der Regulierungen und der Rechtsstaatlichkeit, auf. Die „wahrgenommene" Korruption ist in den Polyarchien relativ am geringsten, gefolgt von den Monarchien. Die „prätorianischen" Staaten haben hier erneut die schlechtesten Werte, gefolgt von den sozialistischen Ländern (bei allerdings sehr geringen Fallzahlen).

Tabelle 2: Performanz politischer Systemtypen

Region		[1]	[2]	[3]	[4]	[5]	[6]	[7]	[8]	[9]
Monarchie	Mittelwert	10422	72,9	67,9	0,698	0,315	0,205	0,355	0,499	3,30
	N	13	13	12	13	13	13	13	13	3
	Standardabweichung	7932	16,5	10,7	0,148	0,541	0,552	0,550	0,543	1,44
neo-patrimonial	Mittelwert	3685	69,6	57,7	0,575	-0,549	-0,532	-0,568	-0,617	3,00
	N	47	48	48	47	48	48	48	48	23
	Standardabweichung	3966	21,2	12,5	0,158	0,662	0,623	0,605	0,665	1,66
Polyarchie	Mittelwert	6813	83,3	66,6	0,715	0,035	0,132	0,133	0,065	4,16
	N	46	47	49	46	48	48	48	48	27
	Standardabweichung	4613	18,4	9,7	0,133	0,612	0,627	0,620	0,636	1,42
prätorianisch	Mittelwert	1506	53,9	48,5	0,453	-1,179	-1,270	-1,294	-0,981	2,33
	N	13	17	17	13	17	17	17	17	3
	Standardabweichung	771	17,5	10,2	0,119	0,432	0,551	0,435	0,323	0,55
sozialistisch	Mittelwert	3783	93,6	69,7	0,738	-0,533	-1,055	-0,638	-0,600	2,95
	N	3	4	4	3	4	4	4	4	2
	Standardabweichung	1608	5,8	5,5	0,061	0,858	0,659	0,391	0,447	0,78
Insgesamt	Mittelwert	5352	73,6	61	0,632	-0,329	-0,326	-0,314	-0,301	3,52
	N	122	129	130	122	130	130	130	130	58
	Standardabweichung	5151	21,4	12,6	0,166	0,755	0,786	0,776	0,754	1,57
	Signifikanz	p<0,001	p<0,001	p<0,001	p<0,001	p<0,001	p<0,001	p<0,001	p<0,001	p<0,1

[1] Power Purchasing Parity 2001 (UNDP)
[2] Adult Literacy 2001 (UNDP)
[3] Life expectancy 2001 (UNDP)
[4] Human Development Index 2001 (UNDP)
[5] Government Effectiveness Score 2002 (World Bank)
[6] Regulatory Quality Score 2002 (World Bank)
[7] Rule of Law Score 2002 (World Bank)
[8] Control of Corruption 2002 (World Bank)
[9] Corruption Perception Index 2002 (Transparency International)

Auch innerhalb der Regionen bleibt eine Differenzierung nach politischem Systemtyp hoch signifikant. Die Mittelwerte in Bezug auf Korruptionskontrolle (Weltbankindikator) sind in den „prätorianischen" Systemen jeweils deutlich am niedrigsten, gefolgt von den „neo-patrimonialen" Staaten. Polyarchien weisen fast durchweg positive Werte auf, lediglich in Asien bleibt der Mittelwert negativ. Monarchien kommen in etwas größeren Fallzahlen nur im Nahen Osten vor, dort haben sie deutlich positive Werte. Der CPI entspricht dem weitgehend, die Signifikanz bleibt allerdings bei nur etwa halb so viel erfassten Fällen gering.

Wenn man solche Werte nach unterschiedlichen „Entwicklungs"-Niveaus des HDI (abgestuft in Dritteln zu niedrig, mittel, hoch) kontrolliert, so bleibt eine Unterscheidung sowohl nach Region als auch nach politischem System jeweils hoch signifikant. Innerhalb der niedrigsten Kategorie hat Afrika deutlich den geringsten Wert. In der mittleren Kategorie stechen Asien und Lateinamerika negativ hervor, lediglich in der hohen Kategorie sind alle Werte positiv und gleichen sich etwas stärker an. Die prätorianischen Systeme weisen in der unteren und mittleren Entwicklungskategorie deutlich die negativsten Werte auf (in der höchsten sind sie nicht mehr vertreten). Die neo-patrimonialen Systeme haben dann jeweils die zweitschlechtesten Werte bzw. die schlechtesten in der höchsten Kategorie. Die Polyarchien liegen in den unteren und mittleren Kategorien ebenfalls noch im negativen Bereich, lediglich in der höchsten Kategorie sind sie deutlich positiv. Bemerkenswert bleibt, dass die Monarchien im Durchschnitt in den weniger entwickelten Kategorien jeweils die relativ besten Werte aufweisen, also nicht nur in den ölreichen Staaten des Nahen Ostens.

Diese relativ einfachen Gegenüberstellungen und Kontrollen zeigen bereits, dass die groben Einflussfaktoren „Region" (hier zu verstehen als „Kürzel" für spezifisch historisch-kulturelle Hintergründe), politisches System und Entwicklungsniveau jeweils einen eigenständigen signifikanten Einfluss auf das Korruptionsniveau haben. So gehen niedriger Entwicklungsstand und Korruption Hand in Hand und treten in prätorianischen und neo-patrimonialen Regimen in Afrika und dem Nahen Osten, aber auch in den neo-patrimonialen Systemen Lateinamerika sowie den prätorianischen Staaten und den Polyarchien Asiens relativ am stärksten auf.

Dies wird auch durch bivariate und partielle Korrelationsanalysen bestätigt. Ersetzt man die politische System-Variable durch den „voice and accountability"-Indikator der Weltbank, den man auch als relativen „Demokratisierungsgrad" oder zumindest als relatives Ausmaß breiter politischer Partizipation interpretieren kann, so ergeben sich hohe Korrelationen sowohl zwischen HDI und Korruptionskontrolle (0,60) als auch zwischen „voice and accountability" und Korruptionskontrolle (0,57). Auch wenn man diese Zusammenhänge jeweils mit dem dritten Faktor „kontrolliert", so bleiben die Korrelationen zwischen Entwicklungsstand und Korruption (0,47) bzw. Demokratisierung und Korruption (0,35) hoch signifikant. In einer Varianzanalyse aller drei Einflussfaktoren sind die eta-Werte für Entwicklungsstand am höchsten (0,97), gefolgt von politischem System (0,62) und Region (0,35).

Insgesamt ergibt sich so ein doch recht aufschlussreiches Bild, das auch von entwicklungspolitischer und entwicklungstheoretischer Bedeutung ist.

4. Entwicklungspolitische Konsequenzen

Das Aufbegehren gegen Misswirtschaft und Korruption in vielen Staaten und die externe (wenn auch nicht immer konsistente und angemessen durchgesetzte) Betonung von politischer Konditionalität und „good governance" hat unzweifelhaft auch unmittelbar entwicklungspolitische Konsequenzen. Dass die willkürliche Verwendung und Verschwendung von abgeschöpften „Renten", Entwicklungshilfegeldern usw. durch autoritäre Herrscher und ihre Klientel zu einer volkswirtschaftlichen Fehlallokation von Ressourcen führt, bedarf eigentlich kaum eines Nachweises. Auch „Prinzipal-Agent"-Modelle mancher Ökonomen, die fälschlicherweise häufig von einem „benevolenten", also selbst nicht von Korruption tangierten (vgl. z.B. Klitgaard 1988) Prinzipal ausgehen, helfen hier, wie in den aufgeführten Systemkontexten gezeigt, nicht weiter. Und es ist geradezu zynisch anzunehmen, dass ein „eigennütziger Prinzipal mit perfekter Durchsetzungsgewalt seine Macht im Einklang mit den Interessen der Gesellschaft ausübt" (McGuire/Olson 1996; siehe hierzu auch Lambsdorff in diesem Band).

Eine unter Entwicklungshelfern häufig kolportierte Anekdote (die Länderbeispiele sind hierbei austauschbar) verdeutlicht dies:

Ein Minister aus Zaire besucht seinen Kollegen auf den Philippinen. Dieser empfängt ihn in seiner großen, luxuriös ausgestatteten privaten Villa und zeigt dem Besucher stolz seine Liegenschaften. Auf die Frage, woher dieser Reichtum stamme, verweist er nur auf die nahe gelegene Autobahn und den Flughafen und sagt „10 Prozent". Beim Gegenbesuch des Philippino in Zaire empfängt ihn sein Kollege in einem noch weitaus üppigeren Palast mit allen erdenkbaren Annehmlichkeiten. Auf die Frage nach der Quelle seines Wohlstands zeigt er auf die umgebende öde Steppe und sagt „100 Prozent".

Solche Anekdoten werden in der Realität nicht selten noch von dem Erfindungsreichtum korrupter Machthaber und ihrer Günstlinge übertroffen. So offenbarte der „Goldenberg-Skandal" in Kenia (so benannt nach dem Exportunternehmen eines dort ansässigen indisch-stämmigen Geschäftsmanns, der früher in Deutschland studiert hatte und seiner Firma diesen vielversprechenden Namen gab), dass die kenianische Zentralbank an diese Unternehmen innerhalb weniger Jahre eine Summe von mehr als 400 Millionen US-Dollar als Exportsubvention für die Goldproduktion ausgezahlt hatte, wobei in Kenia allerdings bisher kein Gold (außer dem besagten „Goldenberg") gefunden wurde. Wie ein erst nach dem Regierungswechsel 2002 eingesetzter Untersuchungsausschuss jetzt auch offiziell feststellte, waren in diese Transaktionen der frühere Präsident Moi und etliche Angehörige seines engsten Zirkels von Anfang an in großem Maße einbezogen. Da solche Gelder, und in diesem Fall zweckmäßigerweise direkt als Devisen, zum größten Teil auf ausländischen Konten landen, braucht ihr „volkswirtschaftlicher" Nutzen wohl kaum noch diskutiert werden!

Aber auch gegenüber einigen pseudo-genauen makro-ökonomischen Zahlenspielen, die die durch Korruption großen Stils verursachten volkswirtschaftlichen Schäden berechnen wollen („Eine Verbesserung im Korruptionsindex (d.h. eine Verringerung der Korruption) um einen Punkt führt dabei zu vermehrten jährlichen Kapitalzuflüssen in Höhe von ca. 0,5 Prozent des Bruttoinlandsprodukts", Lambsdorff in diesem Band) ist eine gewisse Skepsis angebracht. Zum einen ist die „Transparency International"-Skala alles andere als eine „harte" Messgröße (die ja auf der subjektiven Einschätzung von Korruption beruht), zum anderen geben solche Berechnungen bestenfalls statistische Durchschnittswerte bei insgesamt relativ geringen Fallzahlen wieder. Plausible Argumente und konkrete Beispiele sind daher oft stichhaltiger als solche Berechnungen.

Eine durchgängige „Kultur der Korruption" unterhöhlt aber auch jedes Vertrauen in reguläre, legale Transaktionen und ihre Gewährleistung durch rechtsstaatliche Institutionen. Auch Entwicklungshilfeleistungen an öffentliche Körperschaften entziehen sich dann häufig einer externen Kontrolle, wenn z.B. Projektausschreibungen durch die lokalen Träger durch entsprechende Schmiergeldzahlung interessierter Auftragnehmer unterlaufen werden oder in der Umsetzung, z.B. im Straßenbau, de facto nur minderwertige Qualität zu geringeren Kosten geliefert wird, so dass in wenigen Jahren eine solche Straße wieder erneuerungsbedürftig ist.

Öffentliche Entwicklungszusammenarbeit sollte daher in solchen Fällen auf allen Stufen eines Projekts durch die externen Geber kontrollierbar bleiben. Andernfalls sollte die Hilfe an staatliche Stellen, wie z.B. von Danida schon praktiziert, ausgesetzt werden. Dann kommt allenfalls noch eine direkte Unterstützung auf der Ebene von NGOs oder z.B. auch Einrichtungen der großen Kirchen in Frage, bei denen eine Umsetzung vor Ort durch lokale vertrauenswürdige Partner gewährleistet ist (siehe hierzu z.B. auch Berg-Schlosser 1999).

Die verschärfte, in etlichen Fällen seit Beginn der 1990er Jahre praktizierte „politische Konditionalität" durch die multilateralen internationalen Geberorganisationen wie Weltbank, UNDP, EU usw. und ihre breitere Koordination im „Pariser Club" mit den wichtigsten liberalen Entwicklungshilfeinstitutionen hat sich im Großen und Ganzen bewährt. So wurde z.B. auch durch solch massiven Druck von außen die Rückkehr zu einem Mehrparteiensystem 1992 in Kenia herbeigeführt. Wenn dies auch nicht unmittelbar zu einem Regimewechsel führte (Moi wurde mit einer relativen Mehrheit angesichts einer zersplitterten Opposition wiedergewählt), so trug dies doch zu einer erheblich größeren Medienfreiheit und der Aufdeckung (und mittlerweile auch Ahndung) z.B. des erwähnten Goldenberg-Skandals bei.

Über solche direkte Einflussnahme der westlichen Geber hinaus ist in Zukunft der z.B. im Rahmen der „New Economic Partnership for African Development" (NEPAD) vereinbarte „peer review", also Inspektionen durch (weitgehend) unabhängige von der Afrikanischen Union (AU) eingesetzte Kommissionen, unter Umständen noch bedeutsamer. Da viele auch autoritäre Regierungen solche Abkommen unterzeichnet haben, wie z.B. auch Mugabe in Simbabwe, können sie sich solchen Inspektionen nicht entziehen. Auf dieser Basis hat z.B. die United Nations Economic Commission for Africa (UNECA) bisher umfangreiche Untersuchungen in mehr als 30 afrikanischen Staaten durchführen können. Der Vorwurf eines westlichen Imperialismus lässt sich hierbei nicht mehr erheben und die zugrundegelegten Standards an Regierungseffizienz, Korruptionskontrolle, Rechtsstaatlichkeit usw. sind durchaus universaler Art.

5. Schlussfolgerung

Aus dieser Darstellung ergeben sich einige, trotz der Komplexität der Materie, relativ klare Schlussfolgerungen. Aspekte politischer, und insbesondere „großer" Korruption stehen eindeutig im Kontext spezifischer und in den Regionen des „Südens" unterschiedlich relevanter Legitimitätsprobleme. Wie die angeführten Befunde ergeben haben, weisen die wohlhabenden „traditionellen" Monarchien des Nahen Ostens bisher ein relativ geringes Maß an politischer Korruption auf. Ihre Legitimität bleibt aber in der Gegenwart mit dem „klassischen" Modernisierungsdilemma konfrontiert, das Huntington (1968) bereits relativ früh formulierte. Eine „Auflösung" dieses Dilemmas in Richtung einer konstitutionellen, „rational-legalen", stärker demokratischen Legitimierung bleibt nach wie vor eher unwahrscheinlich. Die Alternativen wären dann, jedenfalls auf absehbare Zeit, eher „prätorianisch" oder islamisch-fundamentalistisch.

Bei den ohnehin meist nur schwach legitimierten „neo-patrimonialen" Systemen, insbesondere in Afrika und Teilen Asiens, stellen sich aktuelle Korruptionsprobleme dagegen in voller Schärfe. Diese meist in hohem Maße klientelistisch geprägten Staaten hängen stark von ihrer internen und externen Ressourcenbasis ab. Soweit diese rohstoff- und „renten"-abhängig bleiben und weiter tendenziell sich verschlechternden Weltmarktbedingungen ausgesetzt sind, wie bei der Mehrzahl der agrarischen und mineralischen Exportprodukte, waren und sind sie mit starken Verfallserscheinungen konfrontiert, die nicht zuletzt auch Ende der 1980er, Anfang der 1990er Jahre zur letzten „Demokratisierungswelle" beigetragen haben. In extremeren Formen, insbesondere bei starken ethnisch regionalen Spannungen auf der Basis konzentrierter „Exportenklaven", kann dies zu völligem Staatskollaps führen (vgl. z.B. auch Leonard/Straus 2003). Externe „Konditionalität" kann hierbei zu einem Systemwechsel und besserer „governance" erheblich beitragen. Auf der Basis eines regional verankerten, aber an universalen Prinzipien orientierten „peer review", wie ansatzweise bei NEPAD, kann dies auch erheblich an Glaubwürdigkeit und Akzeptanz gewinnen. Wo dies nicht gewährleistet ist, sollte externe öffentliche Entwicklungszusammenarbeit eher auf der sub-staatlichen und „zivilgesellschaftlichen" Ebene durch NGOs usw. ansetzen, um nicht manche Regime weiter zu stützen, aber auch nicht gleichzeitig die Bevölkerungen durch völligen Entzug von Hilfe „doppelt" zu bestrafen.

Die „neuen" Demokratien (oder bescheidener: „Polyarchien") sind allerdings vor andauerndem Klientelismus und erheblicher politischer Korruption auch nicht gefeit. Hier ist verstärkte demokratische „Wachsamkeit" durch Medien, Justiz usw., aber auch internationale Organisationen auf unterschiedlichen Ebenen angesagt. Häufig sind eher „defekte", aber durchaus zeitweilig stabile Formen von Demokratie (wie in Teilen Lateinamerikas und Asiens) oder lediglich „kompetitiver Klientelismus" (wie in zahlreichen afrikanischen Staaten) zu beobachten. Die Selbstreinigungskräfte demokratischer Prozesse sind hier, auch durch externe Unterstützung, weiter zu stärken. Gewisse regional-kulturelle „Besonderheiten" dürften aber auf absehbare Zeit bestehen bleiben. Auch Formen von „petty corruption" haben sich in vielen Staaten, vor allem auch in Afrika und Süd- und Südostasien, als relativ resistent erwiesen. Kulturelle Faktoren und Armutsprobleme gehen hier Hand in Hand. Die Bekämpfung von Korruption und die breitere Verankerung demokratischer Prozesse können aber auch hier zu einer längerfristig positiven Entwicklung beitragen.

Die Befassung mit politischer Korruption in ihren unterschiedlichen Formen und Kontexten weist aber auch, über ihre unterschiedlichen entwicklungs*politischen* Konsequenzen hinaus, auf wichtige entwicklungs*theoretische* Aspekte hin. Spezifische „Modernisierungs"- und „Dependenz"-Probleme stellen sich in dieser Hinsicht historisch-regional durchaus unterschiedlich und weisen häufig bestimmte „Pfad"-Verläufe auf. Die *politische* Dimension als eigenständiger Faktor, über vorwiegend makro-ökonomische oder weltwirtschaftliche Betrachtungsweisen hinaus, ist hierbei besonders zu beachten. Politisch-kulturelle Vielfalt und gewisse zumindest „minimale" universalistische Prinzipien von grundlegenden Menschenrechten und „good governance" stehen hierbei, wohl auf lange Zeit, in einem dynamischen, allenfalls schrittweise zu reduzierenden Spannungsverhältnis. Ein Ende solcher Prozesse, die keineswegs linear oder immer nur in eine Richtung verlaufen, ist auch im „Westen" oder „Norden" bei weitem nicht absehbar.

Literatur

Apter, David E./Rosberg, Carl G., 1994: Political Development and the New Realism in Sub-Saharan Africa. Charlottesville, VA.

Berg-Schlosser, Dirk, 1985: Leistungen und Fehlleistungen politischer Systeme der Dritten Welt als Kriterium der Entwicklungspolitik, in: Zeitschrift für Konjunkturpolitik 31, 79–114.

Berg-Schlosser, Dirk, 1987: Klientelismus, in: *Görlitz, Axel/Prätorius, Rainer* (Hrsg.), Handbuch Politikwissenschaft. Reinbek, 207–13.

Berg-Schlosser, Dirk, 1988: Politische Systemtypen als Determinanten wirtschaftlicher und sozialer Entwicklung in Afrika – vergleichende Fallstudien, in: *Schmidt, Manfred G.* (Hrsg.), Staatstätigkeit – International und historisch vergleichende Analysen. Sonderheft 19 der Politischen Vierteljahresschrift. Opladen, 330–359.

Berg-Schlosser, Dirk, 1990: Third World Political Systems – Classification and Evaluation 1960–1980, in: *Bebler, Anton/Seroka, Jim* (Hrsg.), Contemporary Political Systems. Boulder, CO, 173–201.

Berg-Schlosser, Dirk, 1999: Thesen zur „Förderung von Menschenrechten, Rechtssicherheit und Partizipation (Demokratie)", in: *Berg-Schlosser, Dirk*, Empirische Demokratieforschung, Exemplarische Analysen, Studien zur Demokratieforschung 3. Frankfurt am Main.

Berg-Schlosser, Dirk, 2004: Indicators of Democracy and Good Governance as Measures of the Quality of Democracy in Africa, in: Acta Politica 39(3), 248–278.

Berg-Schlosser, Dirk/Kersting, Norbert, 1996: Warum weltweite Demokratisierung? Zur Leistungsbilanz demokratischer und autoritärer Systeme, in: *Hanisch, Rolf* (Hrsg.), Demokratieexport in die Länder des Südens. Hamburg.

Berg-Schlosser, Dirk/Siegler, Rainer 1988: Politische Stabilität und Entwicklung – Eine vergleichende Analyse der Bestimmungsfaktoren und Interaktionsmuster in Kenia, Tansania und Uganda. Köln.

Binder, Leonard, et al., 1972: Crises and Sequences in Political Development. Princeton.

Bratton, Michael/van de Walle, Nicholas, 1997: Democratic Experiments in Africa: Regime Transitions in Comparative Perspective. Cambridge.

Cardoso, Fernando H./Faletto, Enzo, 1976: Abhängigkeit und Entwicklung in Lateinamerika. Frankfurt am Main.

Chazan, Naomi, et al., 1999: Politics and Society in Contemporary Africa. 3. Aufl., Boulder, CO.

Dahl, Robert A., 1971: Polyarchy. New Haven, CT.

Della Porta, Donatella, 1992: Lo scambio occulto. Casi di corruzione politica in Italia. Bologna.

Diamond, Larry J., 1999: Developing Democracy: Toward Consolidation. Baltimore, MD.
Draguhn, Werner, 1991: Asiens Schwellenländer: dritte Weltwirtschaftsregion? Zur wirtschaftlichen Entwicklung der „vier kleinen Tiger" sowie Thailands, Malaysias und Indonesiens. Mitteilungen des Instituts für Asienkunde Hamburg 195. Hamburg.
Eisenstadt, Samuel N./Lemarchand, René, 1981: Political Clientelism, Patronage, and Development. Sage Studies in Contemporary Political Sociology 3. Beverly Hills.
Frank, Andre G., 1967: Capitalism and Underdevelopment in Latin America. New York.
Friedrich, Carl J., 1974: Limited Government: A Comparison. Englewood Cliffs, N.J.
Graciano, L., (Hrsg.), 1983: Political Clientelism and Comparative Perspectives. International Political Science Review 4 (4).
Heidenheimer, Arnold J., 1989: Terms, Concepts, and Definitions: An Introduction, in: *Heidenheimer, Arnold J./Johnston, Michael* et al. (Hrsg.), Political Corruption: A Handbook. New Brunswick, NJ.
Heidenheimer, Arnold J./Johnston, Michael, 2002: Political Corruption – Concepts & Contexts. New Brunswick.
Huntington, Samuel P., 1968: Political Order in Changing Societies. New Haven.
Huntington, Samuel P., 1972: Die politische Modernisierung traditioneller Monarchien, in: *Berg-Schlosser, Dirk* (Hrsg.), Die politischen Probleme der Dritten Welt. Hamburg, 203–17.
Huntington, Samuel P., 1991: The Third Wave – Democratization in the Late 20th Century. Norman, OK.
Kaufmann, D./Kraay, A./Mastruzzi, M. 2003: Governance Matters III: Governance Indicators for 1996–2002. Draft Paper. Washington, DC.
<http://www.worldbank.org/wbi/governance/pubs/govmatters3.html>; 16.11.2004.
Kibwana, Kivutha/Wanjala, Smokin/Owiti, Okech, 1996: The Anatomy of Corruption in Kenya. Legal, Political and Socio-Economic Perspectives. Nairobi.
Klitgaard, Robert E., 1988: Controlling Corruption. Berkeley.
Leonard, David K./Straus, Scott, 2003: Africa's Stalled Development. Boulder, CO.
Lerner, Daniel, 1958: The Passing of Traditional Society: Modernizing the Middle East. Glencoe, Ill.
Linz, Juan/Stepan, Alfred, 1996: Problems of Democratic Transition and Consolidation. Baltimore, Maryland.
Lipset, Seymour M., 1960: Political Man. New York.
McGuire, Martin C./Olson, Mancur, 1996: The Economics of Autocracy and Majority Rule: The Invisible Hand and the Use of Force, in: Journal of Economic Literature 34, 72–96.
Menzel, Ulrich, 1992: Das Ende der Dritten Welt und das Scheitern der großen Theorie. Frankfurt am Main.
Mény, Yves, 1996: 'Fin de siècle' Corruption: Change, Crisis and Shifting Values, in: International Social Science Journal, 309–320.
Nye, Joseph S., 1967: Corruption and Political Development: A Cost-Benefit Analysis, in: American Political Science Review 61, 417–427.
O'Donnell, Guillermo A., 1996: Illusions about Consolidation, in: Journal of Democracy 7, 34–51.
Prebisch, Raúl, 1981: Capitalismo periférico. Crisis y transformación. México.
Rostow, Walt W., 1960: The Stages of Economic Growth. Cambridge.
Transparency International, 2003: Transparency International Corruption Perception Index, <http://wwwuser.gwdg.de/~uwvw/corruption.cpi_2003.html>; 18.11.2004.
UNDP, 2002: Human Development Report. New York.
United Nations Economic Commission for Africa (UNECA), 2004: African Development Forum, <http://www.uneca.org/adf/adfiv/index.htm>; 12.10.2004.
Weber, Max, 1922: Wirtschaft und Gesellschaft. Tübingen.
Zartman, William I., 1995: Collapsed States: the Disintegration and Restoration of Legitimate Authority. Boulder, CO.

Korruption in China

Thomas Heberer

Der *Corruption Perceptions Index* 2004 von *Transparency International* weist China Platz 71 unter 146 erfassten Staaten zu. Mit einem Index von 3,4 (wobei 10 korruptionsfrei, 0 absolut korrupt bedeutet), befindet sich China gleichauf mit Ländern wie Saudi-Arabien und Syrien und hinter Ländern wie Kolumbien, Kuba, Ghana, Mexiko oder Thailand.[1] Tatsächlich haben Zahl und Umfang der entdeckten Korruptionsfälle in China in den letzten Jahren deutlich zugenommen. 1999 wurde z.B. in der ostchinesischen Küstenstadt Xiamen einer der spektakulärsten Korruptions- und Schmuggelfälle aufgedeckt: Hunderte von Funktionären und eine Summe von über 12 Mrd. US-Dollar sollen in den Fall verwickelt gewesen sein, ein nicht nur für China unglaublich hoher Betrag. Spielte Korruption bis Anfang der 1980er Jahre eine eher geringe Rolle, so sieht sich China heute dem Vorwurf ausgesetzt, zu denjenigen Ländern Asiens zu gehören, in denen die Korruption am stärksten grassiert. Seit Jahren bezeichnet die Parteiführung Erfolg oder Misserfolg in der Korruptionsbekämpfung als Schicksalsfrage von Partei und Staat sowie als „Kampf der Partei auf Leben und Tod".[2]

Es ist vor allem die Korruption der Partei- und Verwaltungskader, die an der Legitimität der Partei nagt. Nicht der Machtmissbrauch Einzelner oder von Gruppen kennzeichnet diese Korruption, sie durchzieht vielmehr das gesamte System, so dass sich durchaus von systemischer Korruption sprechen lässt.[3] Hinzu kommen die zunehmenden Verflechtungen von Parteifunktionären mit kriminellen mafiösen Organisationen (Huang Renzong 2002: 72).

1. Die historische Dimension

Auch in China hat Korruption Geschichte. Bereits in den klassischen Schriften wurde das, was sich unter den heutigen Begriff fassen lässt, als moralische Verkommenheit der Regierung (und in deren Folge der Gesellschaft) gewertet, als Verfehlungen, die dem herrschenden Moralkodex zuwiderliefen. Ein Kaiser, der in diesem Sinne „korrupt" war, hatte sein „himmlisches Mandat" verwirkt. Ein Übermaß an öffentlicher Korruption war immer wieder Anlass für Rebellionen und Aufstände. Korruption wurde daher mit Phasen des politischen Niedergangs verbunden, in denen die Kontrollgewalten geschwächt oder außer Kraft gesetzt waren und die Zentralinstanz ihre gesellschaftliche Schutzfunktion eingebüßt hatte.

---

1 <http://www.transparency.de/Tabellarisches_Ranking.542.0.html>; 5.2.2005.
2 Beispielhaft: Cai/Ye/Liang (2001: 234ff.), Parteizentralorgan *Renmin Ribao* (Volkszeitung), 24.10.2003. Zur Korruption in China vgl. u.a. Heberer (1991), Lo Tit Wing (1993), Kwong (1997).
3 Zum Verhältnis von politischem System und Korruption vgl. Heilmann (2002: 174ff.) und Heberer (2003a).

Gegen das, was heute als Korruption bezeichnet wird, gab es in China bereits in früher Zeit strafrechtliche Bestimmungen. Schon der Strafkodex der Qin-Dynastie (221–207 v. Chr.) sah strenge Strafen bei „Pflichtverletzungen im Amt" vor. Dieses Delikt umfasste unter anderem die Annahme von Geschenken, die Gewährung persönlicher Vorteile, Bestechung und Unterschlagung. Die Strafen für derartige Delikte reichten vom Aussprechen einer Rüge bis hin zu Verbannung, Haft und körperlichen Strafen. Die gesamte Geschichte über ähneln sich die Amtsdelikte: Ausplünderung der Bauern durch illegitime Gebühren und Steuern, Unterschlagung öffentlicher Gelder, Vorteilsgewährung aufgrund von Bestechung oder Nepotismus. Auch in der ersten Hälfte des letzten Jahrhunderts durchwob Korruption das gesamte Verwaltungssystem. Die Schwere dieses Phänomens und die Unzufriedenheit der Bevölkerung damit trugen nicht unwesentlich zum Sieg der Kommunisten bei.

Auch in der Volksrepublik war Korruption ein durchgängiges Phänomen, das allerdings je nach politischer Zielsetzung periodisch unterschiedlich definiert wurde. In Zeiten politischer Radikalität wurde es mit ideologischer Abweichung, vermeintlich antisozialistischem oder bürokratischem Verhalten identifiziert. Schon kurz nach Gründung der Volksrepublik bemühte sich die Partei um Bekämpfung von Korruption, allerdings mit wechselnden Inhalten und Zielsetzungen: Richtete sich die Korruptionsbekämpfung in den 1950er Jahren gegen Kapitalisten und Bürokraten, so während der Kulturrevolution gegen „bürgerliches" oder „reaktionäres" Denken. Auf diese Weise ließ sich der Korruptionsvorwurf im Interesse der jeweiligen Führung politisch instrumentalisieren. Seit Ende der 1950er Jahre wurde versucht, Korruptionserscheinungen mit Hilfe politischer Kampagnen zu bekämpfen. Diesem Konzept lag die traditionelle Auffassung zugrunde, korrupte Verhaltensweisen seien auf persönliches Fehlverhalten sowie Charakter- oder Bewusstseinsschwäche zurückzuführen. Durch „ideologische Erziehung" und durch Umerziehung der Funktionäre mittels körperlicher Arbeit glaubte die Parteiführung, korruptem Verhalten entgegenwirken zu können. Das offensichtliche Scheitern dieses Konzepts führte Ende 1978 zur Wiedereinrichtung von Disziplinkontrollkommissionen auf allen Parteiebenen. Durch Parteisäuberungen, Antikorruptionsbewegungen, eine Vielzahl von Gesetzen sowie die Schaffung von Überwachungsorganen (u.a. Kontrollministerium und seine Untergliederungen) wird seitdem versucht, der Korruption Herr zu werden.[4]

In der Öffentlichkeit wurde das Thema Korruption bis Ende der 1970er Jahre weitgehend tabuisiert. Erst im Zuge der Reformpolitik durfte die Presse wieder über Korruptionsfälle berichten. Wurde zunächst die *Viererbande* (Protagonisten der Kulturrevolution, die 1976 nach Maos Tod verhaftet wurden) dafür verantwortlich gemacht, so verlangte der drastische Anstieg der Korruption neue Erklärungsmuster. Die Parteiführung sprach dann von „ungesunden Tendenzen", ehe sie Mitte der 1980er Jahre wieder von „Korruption" sprach.

Der chinesische Begriff für Korruption, *fubai*, kennzeichnet zunächst die Negativseiten eines Systems, einer Organisation, Struktur oder Maßnahme. Auf Menschen oder eine Regierung bezogen, meint *fubai* den (moralischen und sittlichen) Verfall. Der Begriff ist somit wesentlich moralisch besetzt, steht für all das, was mit der herrschen-

---

[4] Einen Überblick über die Korruptionsbekämpfungsmaßnahmen nach 1949 gibt der Band von Li Xueqin/Li Xuehui (1999).

den Moralauffassung nicht übereinstimmt. Dies kann von kriminellen Delikten von Partei- und Staatsfunktionären bis hin zu politischen und ideologischen Verfehlungen, Verstößen gegen Parteinormen oder gegen die gerade herrschende Parteilinie reichen. Dem westlichen Korruptionsbegriff ähnelt *tanwu*, d.h. die Ausnutzung eines öffentlichen Amtes zu eigener Bereicherung.

Ohne Frage haben die Reformen nach 1978 das Anwachsen von Korruption begünstigt. Die Ausweitung des Marktes und ökonomische Liberalisierung bei gleichzeitiger Beibehaltung des politischen Monopols der kommunistischen Partei ist hierfür der Hauptgrund. Darüber hinaus brachte diese Umbildung neue Wertvorstellungen und Wertesysteme mit sich, die mit den alten konkurrierten oder in Widerspruch zu ihnen gerieten (vgl. z.B. die Losungen „Lasst einige zuerst reich werden" oder „Egal, ob die Katze weiß oder schwarz ist, Hauptsache, sie fängt Mäuse"). Dies förderte die Unklarheit über Werte, Einstellungen, Verhalten und Rechte in der Gesellschaft.[5] Die Benachteiligung aufstrebender neuer (Privatunternehmer) und angestammter sozialer Gruppen (wie der Bauernschaft) wirkten ebenfalls korruptionsfördernd.

Bemerkenswert ist auch die Renaissance von Korruptionsformen, die im „alten China" existierten und nun zu neuem Leben erwacht sind wie der Kauf von Ämtern oder die Verringerung von Strafen durch Geldzahlungen. So nimmt der Kauf politischer Ämter, von Wählerstimmen und von Funktionären durch Privatunternehmer in den ländlichen Regionen immer ernstere Formen an, wobei sich diese Phänomene bereits in die Städte hinein ausbreiten. Ein Untersuchungsbericht aus dem Jahr 2000 belegt, dass Unternehmer Funktionäre oder deren Kinder „kaufen", lokale Parteiorganisationen Unternehmern gegen „Bezahlung" Führungsposten in den Gemeinden und Dörfern überlassen und Unternehmer über „Beziehungen" die Quoten für Delegierte aus ihren Reihen in den Parlamenten zu ihren Gunsten zu erhöhen suchen (Zhongguo siying jingji 2000: 252ff.). Selbst der wichtigste Unternehmerverband, die *Vereinigung für Industrie und Handel*, verlangt für einen Sitz im Ständigen Ausschuss des Landesvorstandes die Zahlung von 80.000 Yuan (ca. 9000 Euro) pro Jahr und für einen gewöhnlichen Vorstandsposten immerhin 20.000 Yuan, eine für China recht hohe Summe.[6] Berichtet wird auch über den Freikauf von der Todesstrafe durch Zahlung erheblicher Geldbeträge an Gefängnisbehörden und den weit verbreiteten Kauf und Verkauf akademischer Titel.[7]

2. Traditionale Momente politischer Kultur als Proto-Korruption

Als Korruption sind nicht nur strafrechtlich relevante Tatbestände zu fassen (wie Bestechung oder Unterschlagung), sondern auch „traditionale" Formen oder besser die

---

5 So ging etwa ein chinesischer Untersuchungsbericht der Frage nach, wie sich Reformmaßnahmen und Bestechung unterscheiden ließen, vgl. Shi gaige xingwei haishi danwei shouhui? (Reformverhalten oder Danwei-Bestechung?), in: Zhongguo Gongshang Bao (Zeitung für Chinas Industrie und Handel), 17.10.2000.
6 Interview mit zwei chinesischen Unternehmern am 3.1.2004 in Duisburg.
7 Vgl. dazu u.a. die Berichte in Xiangzhen Luntan ([Ländliches Forum] 8/2003: 17–19) und Shenyang Ribao (Tageszeitung von Shenyang) vom 15.3.2003.

Nicht-Markt-Korruption, wie die Nutzung von „sozialen Beziehungen" (chin.: *guanxi*) zu Funktionären, Patronage, Klientelbeziehungen, Seilschaften und Nepotismus, über die Individuen oder Gruppen Einfluss, Macht oder Vorteile zu erlangen suchen. Wechselseitige Unterstützung, auch im politischen Bereich, ist eine wichtige Funktion solcher Beziehungsnetzwerke, deren ausgeprägte Rolle aus dem Gefühl sozialer und politischer Unsicherheit resultiert. Zwar gibt es starke Berührungspunkte zwischen *Guanxi* und Korruption, beide Phänomene sind allerdings nicht identisch, weil die dahinterstehenden sozialen und ethischen Vorstellungen sich (zumindest theoretisch) unterscheiden. Im Gegensatz zur Korruption basiert *Guanxi* auf tatsächlichen oder ideellen Gemeinsamkeiten und ist daher mit persönlichen Emotionen verbunden. Dies beinhaltet, dass man sich um die betreffende Person persönlich sorgt und bereit ist, ihr zu helfen. Solche Gefühle lassen sich auch durch Gefälligkeiten und Geschenke pflegen und erweitern. Geschenkverhalten dieser Art findet sich im traditionalen Reservoir vieler Völker und wird erst in einem rationaleren Staatsgebilde zu einem Faktor von Korruption. Von daher sind solche Beziehungen keineswegs „typisch chinesisch".[8]

Guanxi oder „soziale Beziehungen" stellen ein wichtiges Konzept im alltäglichen Leben der Chinesen dar. Darüber wurden und werden sowohl individuelle als auch Gruppeninteressen durchgesetzt. Solche Beziehungen gründen sich auf bestimmte Gemeinsamkeiten, wie gemeinsame lokale Herkunft, gemeinsame Erfahrungen oder andere gesellschaftliche Verbindungen und entwickeln sich zunächst mit Personen, zu denen eine direkte Verbindung besteht. Der Klassenkamerad, Arbeits- oder Studienkollege, der Landsmann aus dem selben Dorf oder Kreis, sie alle stehen in besonderen Beziehungen zueinander. *Guanxi* bezieht sich aber auch auf die vermittelte Bekanntschaft durch Dritte oder eine über Bestechung hergestellte Beziehung. Und schließlich lassen sich solche Beziehungen auch über Geschenke, die Gewährung von Vorteilen oder Vermittlung durch Dritte aufbauen. Sie beinhalten wechselseitige Verpflichtungen und Erwartungen. Für jede Handlung wird eine Gegengabe erwartet. *Guanxi* ist weniger eine private Beziehung als vielmehr ein Rollenspiel, das aufgrund vergangener oder gegenwärtiger Umstände Erwartungen erzeugt.

Die Nutzbarmachung von *Guanxi* erfordert, dass beide Seiten etwas geben können (wie Einfluss, Protektion, Zugang zu knappen Gütern und Dienstleistungen, Aufstiegs- oder Gewinnchancen). Zu einflussreichen Personen, zu denen keine Verbindungen bestehen, werden Beziehungen „geknüpft", d.h. man sucht eine Person aus dem eigenen *Guanxi*-Netz, die über verschiedene Kanäle die gewünschte Verbindung herzustellen vermag. *Guanxi* erfüllt so auch die Funktion einer sozialen Investition, ist als Beziehung zwischen Personen oder Institutionen zu verstehen, die sich auf Austausch gründet und in der wohlverstandene Rechte und Verpflichtungen zwischen zwei Parteien eingegangen werden. Das Konzept ist von daher in ein Geflecht von wechselseitigen Verpflichtungen und emotionalen Komponenten eingebettet.

Soziale Beziehungen müssen gepflegt werden, durch Gefälligkeiten, Geschenke oder Bewirtungen, wobei je nach Tiefe einer Beziehung der materielle oder soziale Wert der Gefälligkeit und Gegengefälligkeit wächst. Freundschaft und soziale Beziehungen ziehen bestimmte Verpflichtungen nach sich, wie jederzeitige Bereitschaft zu Hilfe und

---

8 Zu Guanxi-Beziehungen vgl. u.a. Yang, M. M. (1994), Yan (1996), Kipnis (1997).

Unterstützung, nicht nur für die direkt in die Beziehung involvierte Person, sondern auch für ihre Familienangehörigen und Freunde. Die Verweigerung derartiger Hilfe wurde und wird gesellschaftlich negativ bewertet, als Fehlen jeder Form menschlicher Gefühle bzw. als Tatsache, dass jemand nicht diejenigen liebt, mit denen er durch natürliche Bande verbunden und damit zur Unterstützung verpflichtet ist. Beides galt als höchste Form der Inhumanität und als Verletzung der Moralgesetze.

Derartige Beziehungen spielen seit alters her eine zentrale Rolle. Hintergrund dafür bilden die bäuerlich geprägten Sozialstrukturen und der ländliche Raum mit seinen Verflechtungen von Verwandtschaft und wechselseitigen Verpflichtungen. Dies setzte und setzt sich in den Städten und ihren Eliten fort. So bestand z.B. schon in der Kaiserzeit bei Beamten, die die gleiche Prüfung des höchsten Grades bestanden hatten, eine lebenslange Bindung, die auch gegenseitige politische Loyalität beinhaltete. Zugleich hielten sie politisch loyal zu den höheren Beamten, die ihre Prüfer gewesen waren. Dies bildete eine wichtige Basis für das Entstehen von Seilschaften, die sich heute in der Loyalität gegenüber „Studienkollegen" oder den ehemals politischen Leitern fortsetzt. Und Personen aus dem gleichen Dorf oder der gleichen Provinz schlossen sich (und schließen sich heute wieder) in Orten außerhalb ihrer Heimat zu landsmannschaftlichen Vereinigungen zusammen, deren Mitglieder zu gegenseitiger Hilfe verpflichtet sind.

In der Volksrepublik wiederum entstand ein System der persönlichen Abhängigkeit von den Vorgesetzten, da diese gleichzeitig für Anstellung, Beförderung, Belohnung, Bestrafung oder Bewertung der politischen Haltung zuständig waren und daher über das gesamte Leben und den Werdegang ihrer Untergebenen entscheiden konnten. Dies wurde unter anderem dadurch begünstigt, dass die *Danweis*, die Arbeitseinheiten, nicht nur für Arbeitsfragen zuständig sind, sondern auch für die politischen, wirtschaftlichen und sozialen Belange ihrer Beschäftigten. Von daher waren die Beschäftigten vom Wohlwollen ihrer Leitungen abhängig. Auf diese Weise wurde eine Kultur der Autorität, wurden persönliche Loyalitätsbeziehungen und Seilschaften gefördert. *Guanxi* spielt hier eine besondere Rolle, zumal, wie vor den Reformen, Engpässe an vielen Gütern und Dienstleistungen herrschten, wobei der Staat diesen Mangel monopolistisch verwaltete und Privilegien den Beamten zugleich ermöglichten, über *Guanxi* all das zu beschaffen oder zu erreichen, was auf offiziellen Wegen nicht oder nur eingeschränkt erhältlich war.

Guanxi und Hintertür-Praktiken durchziehen nach wie vor das gesamte Gesellschaftsgefüge: vom Arbeits- (Erhalt oder Wechsel eines Arbeitsplatzes), über das Wirtschafts- und Finanz- (Erteilung von Gewerbescheinen, Zugang zu Krediten, Höhe der Steuerzahlungen, Erwerb von Boden) bis hin zum Alltagsleben (Vergabe von Wohnungen, Zugang zu guter medizinischer Behandlung), um nur einige Beispiele zu nennen. Nahezu jeder ist darauf angewiesen, um reibungslose Lebens- und Arbeitsabläufe sicherstellen zu können. Die Reformära hat zugleich zu einer signifikanten Ausweitung der *Guanxi*-Beziehungen geführt. Unter stärker marktwirtschaftlich geprägten Bedingungen bei gleichzeitiger Aufrechterhaltung des Machtmonopols einer Partei haben die Pflege und Entwicklung von *Guanxi* eine Explosion im Geschenk- und Bewirtungsverhalten mit sich gebracht, mit signifikant steigenden Kosten für Individuen und Institutionen.

Grundursache der Dominanz sozialer Beziehungen ist das Moment institutioneller Unsicherheit, besonders wenn andere Sicherungsstrukturen wie Clan oder Dorfgemeinschaft keine soziale Schutzfunktion mehr wahrzunehmen vermögen. Die davon Betroffenen streben auf diese Weise nach persönlichem Schutz und Protektion, vor allem unter Bedingungen politischer und rechtlicher Unsicherheit. Aufgrund fehlender formeller Partizipationsmöglichkeiten und schwach ausgeprägter institutioneller Durchsetzungsmechanismen werden solche Beziehungen zu einem Mittel der Beeinflussung von Politik und politischen Entscheidungen. Da informelle Gruppen oder Beziehungsnetzwerke zur Erlangung von Macht oder Vorteilen sich über staatlich gesetzte, ethisch-moralische, gesellschaftliche oder politische Normen hinwegsetzen und den darin Involvierten auf diese Weise Vorteile entstehen, begünstigt dieses Verhalten Korruption und vermengt sich zum Teil mit dieser. Gleichzeitig existieren sich widerstreitende Rechtsvorstellungen, nämlich staatliches Recht, das die oben genannte Verhaltensmuster als Korruption ächtet und traditionelle Normen, die in der Pflege und Nutzung von Beziehungen eine Form sozialer Verpflichtung sehen.

Zwar spielen soziale Beziehungen auch in westlichen Gesellschaften eine wichtige Rolle. Der Unterschied zu Ländern wie China besteht allerdings darin, dass sie dort das gesamte Gesellschaftsgefüge durchziehen und damit als Proto-Korruption, d.h. als Korruptionspotenzial wirken, während in demokratisch verfassten Gesellschaften solchen Beziehungen durch das Recht und demokratische *Checks and Balances* enge Grenzen gesetzt sind.

Allerdings lassen sich *Guanxi*-Netzwerke auch institutionentheoretisch verorten. Schramm und Taube weisen z.B. darauf hin, dass solche Netzwerke ein konkurrierendes Ordnungssystem gegenüber der Rechtsverfassung darstellen. Korrupte Transaktionen könnten aufgrund ihres illegalen Charakters nicht im formellen Ordnungssystem vorgenommen werden, *Guanxi*-Netzwerke stellten daher die Infrastruktur für korrupte Praktiken. Auf diese Weise lassen sich die notwendigen Transaktionskosten senken (Schramm/Taube 2003: 278ff.). Die Parallelität von rechtlichen Institutionen und *Guanxi* bewirken, dass Verträge mit Hilfe von *Guanxi* umgangen werden und so das Rechtssystem unterhöhlt wird. Die Verrechtlichung wird zugleich dadurch erschwert, dass Akteure vorab erheblich in *Guanxi* investiert haben und daher stärker an Vorteilen aus diesen Investitionen interessiert sind als an rechtlichen Verfahrensmodalitäten.

Auch wenn in unserer Darstellung die Gleichsetzung von *Guanxi*-Netzwerken und Korruption undifferenziert zu sein scheint, weil *Guanxi* und Korruption nicht identisch sind, so weist die Argumentation gleichwohl auf die Tatsache hin, dass *Guanxi*-Netzwerke nicht als gesondertes „kulturelles" Moment begriffen werden dürfen, sondern als ein Alternativsystem, in das sich korrupte Praktiken einbetten lassen.

3. Gibt es kulturelle und regionale Unterschiede?

Die Diskussion über „kulturelle" Faktoren hat international eine Diskussion aufkommen lassen, ob es kulturspezifische Formen der Korruption (ostasiatische, chinesische, japanische) gibt, die sich von anderen (etwa „westlichen" oder „afrikanischen") grundlegend unterscheiden. Da, etwa in den internationalen Wirtschaftsbeziehungen, Korruption zunehmend als wachsendes Problem für ausländische Geschäfts- und Investitionstätigkeiten wahrgenommen wird, haben sich internationale Experten in den letzten Jahren mit kulturvergleichender Korruptionsforschung befasst. So behauptet z.B. eine von Weltbankfachleuten veröffentlichte Studie, Untersuchungen unter westlichen Unternehmen hätten ergeben, dass Korruption in Afrika als größeres Problem für Investitionsentscheidungen angesehen würde als in Ostasien. Begründet wird dies mit signifikanten Unterschieden zwischen beiden Regionen. So zähle Korruption in Asien zu den fixen Kosten; sie sei kalkulierbar. Durch Bestechung würden persönliche Beziehungen hergestellt, Vertrauen würde so geschaffen, und es entstünden Normen wechselseitiger Verpflichtung. In Afrika hingegen würden weder enge soziale Bindungen noch Vertrauen entstehen, so dass immer wieder willkürlich Zahlungen zu leisten seien. Von daher seien Bestechungsgelder dort den variablen Kosten zuzurechnen. Als Gründe hierfür werden genannt, dass die Institutionen und Bürokratien in Ostasien relativ stabil seien und Probleme informell geregelt würden. In Afrika hingegen existierten instabile Institutionen, Regierungen und Bürokratien wechselten häufig. Auch gebe es deutliche Schwankungen bei den Gewinnen, die Bestechungszahlungen in Afrika nicht immer gewinnträchtig machten. Überdies sei in Ostasien ein größeres Wirtschaftswachstum zu verzeichnen, und es gebe trotz der Korruption signifikante Erfolge bei der Armutsbekämpfung. Von daher beeinträchtige Korruption das Engagement westlicher Unternehmen in Afrika stärker als in Ostasien.[9]

Für den chinesischen Zusammenhang ist dies insofern von Interesse, als das hohe Maß an Korruption der Investitionstätigkeit ausländischer Unternehmen bislang keinerlei Abbruch getan hat. Entsprechend argumentieren Tay und Seda, der Fall China beweise nicht nur, dass es keiner *clean government* bedürfe, um erfolgreiche Entwicklung in Gang zu setzen. Korruption stelle für ausländische Investoren offensichtlich auch keinen Grund dar, von Investitionen in China abzusehen. Im Gegenteil. Selbst UNCTAD-Schätzungen zufolge werden sich die ausländischen Direktinvestitionen in China im Jahre 2006 auf mehr als 100 Milliarden US-Dollar verdoppeln, und dass trotz eines hohen Grades an Korruption.[10]

Ganz ähnlich und gleichsam im Sinne der funktionalistischen Korruptionstheorie behauptet der in den USA lehrende Yan Sun, die Korruption in China wirke in geringerem Maße destruktiv und verursache weniger Kosten als die in Russland. Die Zerstörung der alten politischen Institutionen und der politischen Autorität in Russland bei gleichzeitiger ökonomischer Schocktherapie hätten zu einem unkontrollierten Anwachsen der Korruption geführt. Der dadurch entstandene schwache Staat tue sich schwer mit der Korruptionsbekämpfung; Wirtschaftswachstum und ein geregelter Übergang zu Marktverhältnissen würden dadurch behindert. In China hingegen seien die politischen Institutionen intakt und der Staat stark geblieben. Über Korruption seien reformfeindliche Kräfte zu Unterstützern der Reformpolitik geworden, gesellschaftliche Akteure, die bislang von der politischen Macht ausgeschlossen gewesen seien, hätten sich auf diese Weise Macht kaufen können (Yan 1999: 1–20). Obgleich die Folgen von Korruption in beiden Ländern ähnlich sind, besteht meines Erachtens der entscheidende Unterschied darin, dass sich die politische Führung Chinas auf ökonomische Erfolge

---

9 Reja/Talvitie (1998). Zur Korruption in Afrika vgl. Mbaku (2000).
10 Vgl. Tay/Seda (2003: 40ff.); zu den Auslandsinvestionen vgl. UNCTAD (2000).

und weitgehende politische Stabilität berufen kann, während es Russland an beidem mangelt. Zwar besitzt das politische System in China eine stärkere Legitimationsbasis in der Bevölkerung, an den ökonomischen und politischen Kosten der Korruption in beiden Ländern ändert sich dadurch allerdings nichts.

4. Systemimmanente Komponenten

Es sind weniger die „kulturellen" als systemimmanente Faktoren (Monopolstellung der Partei, fehlende Gewaltenteilung sowie unklare Trennung von öffentlichen und privaten Räumen), ökonomische (staatliche Kontrolle der Ressourcen) und das Bewusstsein betreffende Faktoren (Scheitern des revolutionären Modells, Wertewandel) sowie Entwicklungsdisparitäten (Stadt-Land und regionales Gefälle), die Korruption begünstigen. Gerade die Einleitung von Reformen hat Momente freigesetzt, die der Korruption förderlich sind (Dezentralisierung, Außenöffnung, Ausweitung der Marktmechanismen, Wanderungsbewegungen, Diversifizierung der Eigentumsstruktur u.a.). Da das Machtmonopol der Partei nicht angetastet und effektive Instrumente zur Kontrolle der Funktionäre bislang nicht installiert wurden, können diese aufgrund der Monopolstellung der Partei und ihrer Verfügungsgewalt über Ressourcen und Güter ihre Macht relativ ungehindert zur Eigenbereicherung nutzen. Dabei müssen die Funktionäre das einträgliche Korruptionsgeschäft keineswegs selbst betreiben. Ein Untersuchungsbericht des Parteiorgans *Volkszeitung* hat z.B. festgestellt, dass in manchen Provinzen in über 90 Prozent der Korruptionsfälle die Ehefrauen hoher lokaler Funktionäre diese Geschäfte abwickelten und sprach von einer „Familisierung" der Korruption (Renmin Ribao, 15.11.2000).

Auch der Wegfall des ideologischen Leitbildes spielt beim Anstieg der Korruption eine Rolle. Parteimitgliedschaft ist nicht mehr zielbestimmt im Sinne eines politischen Ziels, sondern zweckbestimmt im Sinne der Möglichkeit, durch Mitgliedschaft Aufstieg und persönliche Vorteile zu erlangen sowie erworbene Macht zu vermarkten. Dieser Wandel in der Parteifunktion verstärkt korruptes Verhalten unter Funktionsträgern.

Die Kosten der Korruption sind hoch: allgemeines Misstrauen gegenüber Funktionären und damit gegenüber Partei und Staat, Verschwendung öffentlicher Ressourcen, politische Instabilität, Umgehen von Regierungspolitik, Dämpfung von Unternehmens-, Innovations- und Investitionsinitiativen. Korruption fördert wachsende Einkommensdisparitäten und nicht gewünschte Verteilungseffekte. Der Herrschaftsanspruch der KP wird dadurch zunehmend brüchig. Letzteres wird auch durch die Tatsache verstärkt, dass die Korruption in China sich weniger auf Einzelpersonen bezieht, die strafrechtlich verfolgt oder moralisch geläutert werden könnten, vielmehr dominiert die Organisationskorruption. In 60 Prozent der zwischen 1995 und 1997 verfolgten Korruptionsfälle waren öffentliche Institutionen (Ämter, Organisationen, Staatsbetriebe) verwickelt (Xiaobo Lu 2000: 273–294).

Aufgrund der massiven Unzufriedenheit in der Bevölkerung und weil die Parteiführung durchaus begriffen hat, dass dieses Phänomen ihre Glaubwürdigkeit und Legitimität grundsätzlich bedroht, werden kontinuierlich Antikorruptionskampagnen durchgeführt. Die Bevölkerung bleibt zu Recht skeptisch gegenüber offiziellen Erfolgsmeldungen in solchen Kampagnen. Alle bisherigen Bekämpfungsmaßnahmen verhinderten nicht eine weitere Zunahme. Die Einstufung der Korruption primär als ideologisches und nicht als juristisches Problem trägt dazu bei, dass Korruptionsfälle häufig als moralisch-ideologische Verfehlungen angesehen werden und nicht als Straftatbestände. Die Bekämpfung wird zusätzlich dadurch erschwert, dass ohne Zustimmung höherer Parteiorgane keine Strafverfahren gegen Funktionäre möglich sind, die Rechts- und Untersuchungsorgane keine Zugriffsmöglichkeiten haben, weil Parteigremien die Schuldigen gegen die Justizorgane oftmals in Schutz nehmen.

Die Parteiführung versucht heute, sich als einzige Kraft gegen Korruption zu legitimieren. Aber ihre Maßnahmen müssen letztlich halbherzig bleiben, weil die Systemimmanenz und die Korruption auf höchster Ebene immer noch weitgehend thematisch tabuisiert sind. Die Bekämpfung wird exemplarisch nur auf der unteren und mittleren Ebene geführt. Für die politische Elite gilt ohnehin, dass aufgrund ihrer Macht und vielfältiger (legaler) Privilegien direkte Korruption für diesen Personenkreis eher uninteressant ist. Von daher ist die strafrechtlich relevante Korruption bislang auch stärker außerhalb der Führungsschicht zu suchen, obgleich es vereinzelt immer wieder spektakuläre Fälle gibt (wie der des 1998 zu einer hohen Haftstrafe verurteilten Politbüromitglieds und Parteichefs von Peking Chen Xitong, der Fall des im August 2000 wegen schwerer Korruption hingerichteten Vizevorsitzenden des Nationalen Volkskongresses Cheng Kejie oder die Verurteilung des ehemaligen Parteisekretärs der Provinz Hebei (Cheng Weigao 2003). Sämtliche Antikorruptionskampagnen konnten bislang allerdings nicht verhindern, dass das Übel sich immer weiter ausbreitete. Im Frühjahr 2000 erklärte der damalige Vorsitzende der Disziplinkontrollkommission des Zentralkomitees der KPCh Wei Jianxing, dass die „Partei in ihrem Bemühen, die chronische Ausbreitung der Korruption einzudämmen, gescheitert" sei (International Herald Tribune, 3.3.2000).

Die Dichotomie der Korruption, nämlich einerseits eine staatlich geächtete, die die Gesetze verletzt, andererseits eine staatlich gebilligte, die sich im Rahmen des Erlaubten abspielt (Privilegien, Seilschaften) erschwert zusätzlich eine effektive Bekämpfung. Korruption wird nicht „an sich" bekämpft, sondern nur funktional, d.h. soweit sie die Legitimität der herrschenden Elite in Frage stellt. Die Bekämpfung der Korruption auf der unteren soll von der Korruption auf höherer Ebene ablenken und den Bürgern demonstrieren, die Parteiführung sei ein entschiedener Gegner dieses Phänomens. Die kontinuierliche Ausarbeitung immer neuer gesetzlicher Bestimmungen, die bis in kleinste Details und sogar auf Lokalitäten und Institutionen bezogen der Korruption einen Riegel vorschieben sollen, wird die Probleme nicht lösen. Nicht das Fehlen gesetzlicher Bestimmungen, sondern das politische, gesellschaftliche, wirtschaftliche und soziale System (traditionale Muster einbezogen) begünstigen Korruption. Effiziente Bekämpfung würde gesellschaftliche Transparenz, öffentliche und soziale Kontrolle der Funktionsträger (u.a. Pressefreiheit) und unabhängige Gerichtsbarkeit voraussetzen. Es bedürfte von daher eines Korbs grundlegender Veränderungen in politischer, wirtschaftlicher, sozialer, gesellschaftlicher und rechtlicher Hinsicht; notwendig wären etwa die Schaffung einer Öffentlichkeit als zivilgesellschaftliche Kontrollinstanz in Form von Nichtregierungsorganisationen, die Etablierung unabhängiger Rechtsinstitutionen sowie ein Wandel in den Denk- und Verhaltensstrukturen der Gesamtgesellschaft. Zwar erhielten die Medien in den letzten Jahren größeren Spielraum bei der Aufdeckung von Korruptionsfällen: Beherzte Journalisten und Fernsehteams gehen heute vor allem auf der lokalen Ebene Korruptionsfällen nach und Fernsehsendungen wie das Drama *Schwarzes Loch* (Erstausstrahlung Dezember 2001) oder die ab März 2002 ausgestrahlte Suchsendung „Chinas meistgesuchte korrupte Funktionäre" stehen symbolisch für verstärkte Korruptionsbekämpfung, aber der Fall des Journalisten Jiang Weiping, der auf eigene Faust Korruptionsfälle zahlreicher mächtiger Funktionäre aufdeckte und im September 2001 unter dem Vorwand des „Verrats von Staatsgeheimnissen" in einem Geheimprozess zu neun Jahren Gefängnis verurteilt wurde, zeigt, dass die Rolle der Medien in dieser Hinsicht beschränkt ist und eine unabhängige, unkontrollierte Berichterstattung nach wie vor nicht gewünscht wird.[11]

5. Innerchinesische Korruptionsdiskurse und ihre Verbindung mit den Diskursen über politische Reformen

Die Diskussion über Ursachen und Bekämpfung der Korruption in Wissenschaft und Politik hat ein interessantes Phänomen hervorgebracht. Im Namen des „Korruptionsdiskurses" wird nämlich eine Auseinandersetzung über politische Reformen und Demokratisierungsmechanismen geführt, die wir im Folgenden kurz skizzieren wollen.

Zahlreiche chinesische Intellektuelle und Funktionäre haben den Zusammenhang von Korruptionsbekämpfung und politischen Reformen durchaus begriffen. So klagte etwa der Pekinger Ökonom Cao Siyuan, einer der Protagonisten stärkerer Transparenz und politischer Reformierung, die Zahl der verhafteten korrupten Funktionäre bleibe weit hinter den tagtäglich begangenen neuen Korruptionsdelikten zurück. Ohne freie Presse, unabhängiges Recht und autonome gesellschaftliche Kontrolle sei der Korruption nicht beizukommen.[12] Dies wurde 2003 von Cao noch einmal bekräftigt: Mit einem Zehn-Punkte-Vorschlag rief er unter anderem dazu auf, alle marxistischen und anderen ideologischen Faktoren aus der Verfassung zu streichen, auf allen Ebenen Direktwahlen einzuführen, die Medien zu privatisieren und die bürgerlichen Freiheiten auf allen Ebenen zu erweitern (Gadsden 2003: 26). Und die Journalistin He Qinglian hatte bereits 1998 in einem viel beachteten Werk die Verschmelzung von politischer Macht und organisierter Kriminalität prognostiziert (He Qinglian 1998). Der Übergang von der Plan- zur Marktwirtschaft habe eine hybride „Machtwirtschaft" hervorgebracht, innerhalb derer sich die Funktionäre schamlos bereicherten. In einem 1999 von Liu Fengzhi herausgegebenen Band über Fragen politischer Reformen setzen sich eine ganze Reihe namhafter Autoren mit Fragen der Korruptionsbekämpfung auseinander. Wang Guixiu, Professor für Politik und Recht an der Zentralen Parteihochschule, optiert z.B. für eine Ausweitung der Wahlen und öffentliche Kontrolle über Funktionäre; Guo Dahui, ein renommierter Rechtswissenschaftler, fordert ein unabhängiges Recht als Voraussetzung für eine effiziente Korruptionsbekämpfung, Sun Xupei schlägt die Einbeziehung der Öffentlichkeit und eine unabhängigere Rolle der Medien vor. Der

---

11 Vgl. dazu Xiaobo Lu (2003).
12 Cao Siyuan, op. cit. in China Info Flash (2000: 2).

Rechtswissenschaftler He Weifang argumentiert, um Korruption im Rechtsraum einzudämmen, müssten sich Richter mit rechtlichen Mitteln gegen äußere Einmischung in die unabhängige Rechtssprechung zur Wehr setzen (Ma/He 1998: 243).

Der Ökonom Yang Fan wiederum prognostiziert eine ernste Krise, wenn es nicht innerhalb von fünf Jahren gelinge, die Korruption in den Griff zu bekommen. Demokratische Strukturen und unabhängige Kontrollorgane seien dafür die Voraussetzung.[13] Ähnlich argumentiert Liu Junning, für den allein die Einführung von Demokratie die erfolgreiche Bekämpfung von Korruption ermöglicht (Liu Junning 1999: 9). Tao und Chen wiederum fordern ein höheres Maß an politischer Partizipation der Bürger und die damit verbundene Schaffung öffentlicher Kontrolle als Kerninstrumente der Korruptionseindämmung (Tao/Chen 1998). Die Verbindung von politischen Reformen und Korruptionsbekämpfung bestimmt auch den Band *Politisches China*. Darin fordern verschiedene Autorinnen und Autoren die Ausweitung politischer Partizipation der Bürger und die verfassungsmäßige Verankerung von Partizipationsrechten, Basisdemokratie, allgemeine und demokratische Wahlen, öffentliche Kontrolle der Politik sowie freie Medien (Dong/Shi 1998).

Der chinesische Diskurs, den wir hier beispielhaft, aber in seiner intellektuellen Hauptströmung wiedergeben, verdeutlicht, dass die innerchinesische Diskussion um Ursachen und Folgen der Korruption partiell abgeschlossen ist, auch wenn es gegenwärtig drei Hauptstränge zu geben scheint: den *Transformationsstrang*, dessen Vertreter im gegenwärtigen sozialen Veränderungsprozess die Ursache sehen, den *systemischen Strang* (Systemimmanenz der Korruption als Ursache und politische Reformen als Bekämpfungsstrategie) und den *Akteurstrang* (Kaderkorruption).

Selbst die parteikonforme bzw. -nahe Argumentation gerät immer mehr ins Wanken. Noch 1997 hatte eines der bislang umfassendsten Werke über die chinesische Korruption von Yang Jiliang in nahezu traditionalistischer Weise die lange „feudalistische" Tradition, den moralischen Verfall unter Funktionären und den weit verbreiteten Bürokratismus für die gegenwärtige Korruption verantwortlich gemacht und die Hoffnung verbreitet, die Parteiführung werde alles wieder ins rechte Lot bringen (Yang 1997). Und ein im Jahre 2001 von der Zentralen Parteihochschule in Peking herausgegebenes Werk machte „feudale und kapitalistische Überreste", Versuche der „Verwestlichung" und Unterwanderung durch den Westen, aber auch die Marktwirtschaft für Korruption verantwortlich (Cai/Ye/Liang 2001: 242ff.). Auch wenn in der parteiinternen Diskussion noch immer eher traditionelle Momente der Korruptionsbekämpfung diskutiert werden wie verstärkte politisch-ideologische Erziehung, Selbsterziehung führender Funktionäre, Erhöhung des Bewusstseins der Kader, bessere und striktere Kaderauswahl und stärkere parteiinterne Kaderkontrolle,[14] werden mittlerweile selbst in den Parteiorganen weitergehende Maßnahmen gefordert wie öffentliche Kontrolle, Transpa-

---

13 Vgl. Wang Guixiu (1999: 69–77), Guo Daohui (1999: 223–248), Sun Xuepei (1999: 278–300), Yang Fan (1999: 127–136).
14 Vgl. z.B. Wei Jianxing (2000: 6–14); Li Xueqin (2000: 41–43); vgl. dazu auch den rigiden Katalog, den die Parteiführung in ihren „Leitlinien zur Vertiefung der Reform des Kadersystems" im Herbst 2000 aufgestellt hat, zusammengefasst von Jing Dali (2000). Vgl. auch Li Junru (2002: 249ff.). Entsprechende Argumente wurden bekräftigt in Zhongguo fantan diaocha (2003); vgl. auch Teng Jiuming (2003).

renz politischer Entscheidungen und Eingrenzung von Machtbefugnissen.[15] So hat unter anderem der Sekretär des Sekretariats des Zentralkomitees und stellvertretende Vorsitzende der für Korruptionsbekämpfung innerhalb der Partei zuständigen „Zentralen Disziplinkontrollkommission" He Yong Ende 2003 hervorgehoben, die Medien stellten einen zentralen Faktor der Korruptionsbekämpfung dar. Daher müsse deren Macht ausgeweitet werden (Renmin Ribao, 30.10.2003). Und ein von Rong Shixing und Zhong Min herausgegebener Band über „demokratische Kontrolle" fordert Kontrolle auch von Phänomenen der Korruption durch die Politischen Konsultativkonferenzen, die nicht-kommunistischen Parteien, die Massenorganisationen sowie Personen aus allen Sphären der Gesellschaft. Das Interessante daran ist, dass diese Kontrolle zwar systemimmanent bleibt, aber durch Organisationen und Personen ausgeübt werden soll, die Sphären außerhalb der Partei bzw. nicht die Partei selbst repräsentieren (Rong/ Zhong 1998: 2ff.).

Zunehmend rücken Fragen der politischen Schlussfolgerung aus der Diskussion der letzten Jahre über Ursachen und Folgen der Korruption in den Mittelpunkt öffentlicher Diskurse. Hier ist erkennbar, dass das Moment der Demokratie, konkret in Form öffentlicher Kontrolle, die Schaffung einer Öffentlichkeit im Habermas'schen Sinne sowie die Etablierung eines unabhängigen Rechtssystems von intellektuellen Diskursteilnehmern als einzig gangbarer und erfolgversprechender Weg für eine effektive Korruptionsbekämpfung angesehen wird. Damit wird in der akademischen Debatte Korruption als politisches und zugleich systemisches und – im Unterschied zur offiziellen Linie der Partei – nicht mehr als moralisches oder individuelles Phänomen begriffen. In dem Maße wie die Korruptionsdebatte den innerchinesischen Diskurs über politischen Wandel und Demokratisierung stärkt, ließe sich unter Umständen auch der Sichtweise Yufan Haos zustimmen, dass die innerchinesische Auseinandersetzung über Korruption und deren bewusste Erkennung und Bekämpfung letztlich den Umbau zu einer rationalen, auf einem Rechtssystem fußenden Gesellschaft begünstigt (Hao 1999). Allerdings scheinen die Konsequenzen der gegenwärtigen Debatte weit darüber hinauszugehen. Nicht das Rechtssystem, sondern zunehmend die politischen Strukturen (und damit letztlich die Fundamente des politischen Systems selbst) stehen im Mittelpunkt der Kritik, auch wenn dies nicht immer so offen formuliert wird. Die offiziell gezogene Akzeptanzgrenze, der „Vertrag" zwischen Parteiführung und Intellektuellen, dass die Herrschaft der KP und das politische System nicht direkt in Frage gestellt werden dürfen, d.h. *political correctness* im chinesischen Sinne gewahrt werden muss, wird gegenwärtig von den meisten Diskursteilnehmern noch eingehalten. Und doch treibt die Argumentation darüber hinaus, etwa wenn der Regierungsberater Yu Keping schreibt, das politische System bilde die strukturelle Grundlage für politische Korruption. Ohne Kontrolle durch die Bürger, offene politische Informationskanäle und politischen Wettbewerb sei Korruption nicht eindämmbar (Yu Keping 2003a: 170). Auf diese Weise wird der Korruptionsdiskurs zu einem wichtigen Teilelement des Diskurses über politischen Wandel und Demokratisierung in China. Dies wird teilweise auch schon so geäußert. Ke Lin etwa erklärt, die Korruption sei eng mit der Frage der politischen Strukturen und des politischen Systems in China verbunden, von daher

---

15 Li Tongshu (2000: 49–51); vgl. z.B. Li Xueqin (2001), Li Liangdong (2001), He Zengke (2002).

sei die Korruptionsbekämfung auch ein Kampf in Richtung größerer Demokratisierung. Ohne grundlegende politische Reformen sei diesem Übel nicht grundlegend beizukommen (vgl. Ke Lin 1997: 51ff.).

Auch Rückzugsgefechte der Parteipropagandisten, die argumentieren, Korruption sei keineswegs ein dem sozialistischen System immanentes Produkt, Korruptionsbekämpfung in China sei erfolgreicher als im Kapitalismus und der Kampf der Partei gegen das Phänomen werde letztlich siegreich bleiben, ändern nichts an der Tatsache, dass das Korruptionsproblem im intellektuellen Diskurs weitgehend mit der Demokratisierungsfrage verbunden wird. Am Ende seines Buches gesteht ein Vertreter dieser Argumentation dann aber doch ein, dass eine öffentliche Kontrolle, Antikorruptions-NGOs und Meinungsfreiheit für eine effektive Bekämpfung von Korruption „nützlich" seien (Huang Bailian 1997). Ein 1999 erschienenes Buch, das auf fast 400 Seiten den permanenten und kontinuierlichen Kampf der Partei gegen die Korruption zwischen 1949 und 1998 zu dokumentieren versucht, im Sinne des Argumentes, dass die KP schon immer Korruption bekämpft habe, gesteht im Nachwort die interessante Tatsache ein, dass „die Geschichte der Volksrepublik China eine Geschichte der Korruptionsbekämpfung" sei (Li Xueqin/Li Xuehui 1999: 397). Da die gegenwärtige Phase in China allgemein als „Hochkonjunktur" der Korruption bezeichnet wird, muss dem Leser die Geschichte der Volksrepublik vom Blickwinkel der Korruptionsbekämpfung aus als gescheitert erscheinen.

Kang Xiaoguang (Qinghua-Universität) warnt allerdings vor allzu schneidigem Vorgehen gegen Korruption: Korruption sei zwar ein Destabilisierungsfaktor, ein allzu entschiedenes Vorgehen dagegen könne jedoch das Elitenbündnis beeinträchtigen, weil viele mittlere und untere Kader dann einkommensmäßig Nachteile zu erwarten hätten (Kang 2002: 1–15).

Huang Renzong (Peking Universität) votiert für sofortige politische Reformen, weil ansonsten die Gefahr einer Wirtschaftsstagnation steige und die Korruption an der Legitimität des Systems nage. Die Erfahrungen der Sowjetunion lehrten, dass der gefährlichste Faktor sei, „die Herzen der Menschen zu verlieren". Korruption trage vehement dazu bei. Realiter sei dies entscheidend gewesen für den raschen Zusammenbruch der Sowjetunion (Huang Renzong 2002: 72ff.).

Wang Yongcheng (Shenzhen Universität) argumentiert, die Eindämmung der Korruption sei wichtiger als die Entwicklung politischer Demokratie und die Erhöhung der Staatskapazität müsse Priorität gegenüber der Ausweitung politischer Partizipation besitzen (Wang Yongcheng 2002: 40–48).

Letztlich kann die Entwicklung eines solchen Diskursprozesses auch als Zeichen wachsender politischer Reife der Gesellschaft begriffen werden. Unterschiede zwischen öffentlichem und privatem Raum werden erkannt und die Ziehung von rechtlichen und administrativen Grenzen gefordert. Dahinter steht, so Rose-Ackerman, zugleich das wachsende Verlangen, der Staat habe primär den allgemeinen und öffentlichen Interessen zu dienen (1999: 225–226).

6. Das Dilemma der gegenwärtigen Korruptionsbekämpfung

Zwar hat die Zahl der Gesetze und Verordnungen gegen die Marktkorruption in den letzten Jahren signifikant zugenommen, doch werden nur Einzelfälle schwer bestraft. Das Risiko der Korrumpierten liegt daher weniger in der Bestrafung nach dem Gesetz, als vielmehr in der politischen Ächtung durch Parteiausschluss oder durch disziplinarische Maßnahmen, die der politischen Karriere und damit der vermarktbaren Machtbefugnis ein Ende setzen könnten. Soweit der Identifikationsgrad mit der Partei nicht mehr sonderlich groß ist (und dies ist heute überwiegend der Fall), die Partei weitgehend nur noch als Aufstiegsleiter begriffen wird, weitere Aufstiegsmöglichkeiten aber keinen finanziellen Anreiz darstellen, erscheint das Risiko des Einzelnen begrenzt. Dies umso mehr, als ein Parteiausschluss durch private, finanziell meist profitablere Wirtschaftstätigkeiten kompensiert werden kann. Die Gefahr einer Entdeckung und strafrechtlichen Belangung ist vergleichsweise gering und steht daher in keinem Verhältnis zu dem zu erwartenden Gewinn eines Funktionärs durch wirtschaftliche Transaktionen. Soweit es sich nicht um sensiblere Bereiche handelt, die sich negativ auf die Gesamtpolitik der Zentrale auswirken oder die Interessen rivalisierender Seilschaften beeinträchtigen, ist, besonders wenn der Schutz eines Patrons gegeben ist, eine öffentliche Verfolgung eher unwahrscheinlich. Verfolgt werden dann in der Regel diejenigen, die über keine ausreichende Protektion mehr verfügen oder Machtkämpfe auf zentraler, regionaler oder lokaler Ebene verloren haben und daher von rivalisierenden Seilschaften mit Hilfe von Korruptionsvorwürfen von Machtpositionen entfernt werden. Zudem werden hin und wieder auch an Führungsfunktionären Exempel statuiert, um besonders krassen Bereicherungsfällen ein Ende zu setzen oder den Säuberungswillen der politischen Führung zu dokumentieren. Die politische Elite ist nicht gegen Korruptionsbekämpfung, sie fürchtet vielmehr die Folgen für ihre eigene Legitimität. Von daher gibt es durchaus Entschlossenheit, gegen das Übel vorzugehen. Nur vermag die Führung mit traditionellen Instrumenten ihr Ziel aufgrund der systemischen Barrieren und Hindernisse nicht zu erreichen.

7. Korruption – größtes Übel für Bevölkerung

Doch selbst wenn man der Auffassung regionaler Unterschiede beipflichtet, so bleibt die Tatsache, dass das Phänomen von der Bevölkerung als politisches und gesellschaftliches Krebsgeschwür empfunden wird. Kaum ein Gespräch, bei dem chinesische Gesprächspartner nicht von sich aus auf dieses Übel und seine negativen Auswirkungen zu sprechen kämen. Die chinesische Presse ist voll von Meldungen über Korruptionsfälle, obgleich nur die Spitze des Eisberges sichtbar wird. Die ermittelte Zahl der Fälle hat höhere Zuwachsraten zu verzeichnen als das Bruttoinlandsprodukt. Von daher wundert es nicht, dass chinesische Meinungsumfragen seit Jahren immer das gleiche Ergebnis zeigen: Korruption wird sowohl von der Bevölkerung als auch von leitenden Funktionären als größtes soziales Übel eingestuft.[16]

---

16 Das bestätigte sich in den letzten zehn Jahren durchaus kontinuierlich, vgl. z.B. Qing Lianbin (2003: 128) und Xu Xinxin (2003: 122).

Ende der 1990er Jahre erklärten bei einer landesweiten Befragung 89,1 Prozent aller Befragten Korruption zum gesellschaftlichen Hauptübel. Damit nahm dieses Phänomen mit Abstand den ersten Platz unter allen als Übel empfundenen Faktoren ein, über alle Bildungsgrade und Berufe hinweg und ungeachtet der Tatsache, ob es sich bei den Befragten um Parteimitglieder oder Parteilose, hohe oder niedrige Funktionäre handelte (Xu/Zhi 1999: 87–89). Eine Umfrage im Jahre 1999 bestätigte dieses Ergebnis (Qing/Xie 2000: 101–103). Umfragen vom Herbst 2000 belegten neuerlich, dass die Befragten in allen chinesischen Provinzen, in denen danach gefragt wurde, was die Menschen am unzufriedensten mache, die Unzufriedenheit mit Korruption an erster Stelle genannt wurde. Direkt danach kam die Unzufriedenheit mit „Funktionärsprivilegien", ein Phänomen, das ebenfalls mit Korruption zu tun hat. Erst danach kamen Unzufriedenheit mit der Polarisierung arm/reich (Platz 3), mit dem sozialen Klima bzw. sozialer Sicherheit (Platz 4) und mit dem schleppenden Aufbau von Demokratie und Rechtssystem (Platz 5). Entsprechend schlecht wurde die Arbeit von Funktionären und Verwaltungen bewertet. Zwischen 51 und 58 Prozent der Befragten bewerteten diese als „mangelhaft", nur 11 bis 14 Prozent als „gut".[17]

8. Korruption, Modernisierungsprozesse und Demokratie

Korruption erhöht nicht nur die Kosten für wirtschaftliche Transaktionen und mindert jegliche Effizienz, sondern bewirkt bei der Bevölkerung zugleich Apathie und Indifferenz gegenüber dem System, seiner Ideologie und seinen Normen. Es fördert dadurch langfristig den Niedergang eines solchen Systems, erweist sich von daher als Beschleunigungsfaktor von Krisen. Korruption, so der Entwicklungsforscher Franz Nuscheler,

„mag die ‚politischen Maschinen' schmieren, streut aber auch Sand in ihr Getriebe, weil ohne sie ‚nichts läuft'. Sie entzieht dem ‚schwachen Staat' die letzten Reste von Legitimität. Seine Schwäche resultiert nicht nur aus Organisationsmängeln und technokratischen Funktionsstörungen, sondern nicht minder aus diesem Mangel an Legitimität und Massenloyalität" (Nuscheler 1991: 127).

Genau dies ist der Grund dafür, dass autoritäre Staaten wie China so massiv gegen Korruption vorzugehen versuchen und dieses Phänomen als existenzbedrohend für ihre Herrschaft ansehen. Doch letztlich ist eine effiziente Bekämpfung ohne demokratische Instrumente auf Dauer unmöglich. Von daher wundert es nicht, dass demokratische Staaten in der Regel ein geringeres Korruptionsvolumen aufweisen als autoritäre Staaten (mit Ausnahme Singapurs) oder Militärdiktaturen. Denn die *civil society*, d.h. die Trennung von Staat und Gesellschaft im Sinne einer gesellschaftlichen Kontrolle über den Staat in Form der Öffentlichkeit, der Medien, von Nichtregierungsinstitutionen, eines unabhängigen Rechts und eines Systems von *Checks and Balances* verhindern zwar nicht Korruption, tragen aber dazu bei, sie einzudämmen.[18] Diese Instrumente fördern die Glaubwürdigkeit des Staates und erhöhen seine Legitimität, jedenfalls solange sie effizient sind und funktionieren. Aber zur Korruptionseindämmung gehört mehr als

---

17 Aus: <http://www.ahk-china.org/70-30-No.10.html>; 11.02.2004.
18 Allerdings sind die Medien nicht selten ebenfalls korrumpiert. Zur Korruption im chinesischen Journalismus vgl. etwa Zhao, Yuezhi (1998: 72ff.).

nur öffentliche, demokratische Kontrolle und demokratische Institutionen, nämlich die Schaffung eines demokratischen, korruptionsfeindlichen Bewusstseins der Bürger sowie Politiker, die eine Politik der Moral verfolgen. Korruptes Verhalten der Politiker ist deshalb so gefährlich, weil es Korruption auch im Bewusstsein der Bürger gesellschaftsfähig macht und damit die Legitimität eines Systems untergräbt. Ohne Kontrolle von unten kann aber keine gegen Korruption gerichtete Moral entstehen.

Transparency International argumentiert, man dürfe die Bekämpfung der Korruption nicht den Strafverfolgungsbehörden allein überlassen, vielmehr müssten alle Beteiligten, Staat, Zivilgesellschaft und privater Sektor, einbezogen werden. Überdies müsse Korruptionsbekämpfung ein internationales Projekt werden. Als erste Schritte sollten in allen Staaten „Inseln der Integrität" geschaffen werden, wobei einzelne Sektoren bewusst Antikorruptionsmaßnahmen in Angriff nehmen sollten (wie öffentliche Erklärungen, Antikorruptionspakte oder Transparenz bei Auftragsvergabe).[19] Letztlich muss die Eindämmung der Korruption als Teil nicht nur von *good governance*, sondern auch von nachhaltiger Entwicklung begriffen werden. Zunehmend gewinnt diese Denkweise auch in Ländern wie China an Bedeutung. Ohne *good governance*, schreibt Regierungsberater Yu Keping, worunter er die Faktoren Legitimität (des Systems), Transparenz (politischer Entscheidungen und Abläufe), Berechenbarkeit und Effizienz (der Bürokratie), Gesetzesherrschaft, Ordnung und Stabilität (der Gesellschaft) versteht, sei die weitere politische Entwicklung Chinas in Frage gestellt. *Good governance* sei ein globaler Trend, dem sich kein Staat entziehen könne. Dies beinhalte die Rückgabe der Macht vom Staat an die Gesellschaft und eine deutliche Ausweitung der Partizipation der Bevölkerung sowie die Herausbildung einer Zivilgesellschaft. Ohne eine starke Zivilgesellschaft und ohne Umwandlung von „Massen" zu Bürgern sei *good governance* unmöglich. Dazu gehörten auch das Recht zu wählen und die Kontrolle der Regierung durch die Bürger. Letztlich aber könne es ohne Demokratie keine *good governance* geben. Beide gehörten untrennbar zusammen. Dies zu erreichen, müsse erklärtes Ziel chinesischer Politik sein.[20]

Auch aus der Bevölkerung heraus wächst der Druck, politisch gegen Reformen vorzugehen. Umfragen chinesischer Soziologen belegen, dass die allgemeine Unzufriedenheit zunimmt und die Menschen daher neue Wege der Transparenz und Partizipation suchen. So antworteten auf die Frage, welche Maßnahmen die (städtischen und ländlichen) Befragten gegen „Faktoren gesellschaftlicher Instabilität" (gemeint sind Ereignisse, die Unzufriedenheit hervorrufen, wie z.B. korruptes Verhalten) ergreifen würden: 73,9 Prozent im urbanen und 57,4 Prozent im ländlichen Raum würden sich damit an die Medien wenden; 72,5 Prozent (Stadt) bzw. 56,7 Prozent (Land) den Rechtsweg einschlagen (Ding/Zhou 2002: 20).

Auch private Unternehmer sind im Interesse der Reduzierung von Unsicherheit, der Korruptionsbekämpfung und der Minimierung der Transaktionskosten an einer Stärkung von Recht und Rechtssicherheit interessiert. Eine chinesische Umfrage unter Unternehmern, welche Sorgen sie am meisten plagten, ergab, dass die Hauptsorge der Existenz des Unternehmens galt, an zweiter Stelle jedoch das Problem der *Guanxi*-Be-

---

19 Frankfurter Allgemeine Zeitung, 4.8.1998. Vgl. dazu auch die *Lima Declaration against Corruption* (1997: 4/5).
20 Vgl. Yu Keping (2003b: 148ff.); eine ältere englische Fassung: Yu Keping (2000).

ziehungen genannt wurde und an dritter Stelle die Korruption.[21] Dies belegt, dass Korruption bzw. korruptionsnahe Phänomene als massive Belastung empfunden werden.

9. Fazit

Korruption, so zeigt die politische Entwicklung in vielen Entwicklungsländern, unterminiert die Herrschaft von Eliten, weil sie zu Loyalitätsverlusten und Entfremdung zwischen einem Staat und seinen Bürgern führt. Vor allem unter Bedingungen systemischer Korruption bedarf es struktureller und institutioneller Reformen (dazu: Johnston 1998: 85–104). Dabei können negative Erfahrungen mit Korruption in starken Staaten durchaus funktional wirken, indem nämlich das Problembewusstsein geschärft, Ursachen analysiert werden und Veränderungsdiskurse Druck auf die Herrschenden ausüben, ein größeres Maß an Transparenz, die Etablierung von Rechtsinstrumenten und die Herstellung von Öffentlichkeit im Sinne öffentlicher Kontrolle herzustellen. Auf diese Weise könnte der gesellschaftliche Korruptionsdiskurs durchaus *Spillover*-Effekte in Richtung grundlegender politischer Veränderungen bewirken. Obgleich die chinesische Parteiführung die Gefahrendimension der Korruption begriffen hat und der Diskurs Veränderungsdruck erzeugt, befindet sich die politische Führung in dem Dilemma, einerseits die Korruption bekämpfen zu müssen, andererseits aber das Übel in der Partei selbst nicht effektiv bekämpfen zu können jedenfalls solange am Grundproblem der monopolisierten Herrschaft festgehalten wird.

Ernst zu nehmende Versuche der Bekämpfung und Eindämmung gibt es durchaus. Auf der *Policy*-Ebene wird durch die Einrichtung immer neuer Überwachungsgremien, das Bemühen um Rationalisierung der Bürokratie sowie durch Verrechtlichung versucht Schranken zu ziehen. Auf der Basisebene sollen zugleich größere Transparenz und Mitgestaltung erreicht werden: Durch Einführung gesetzlich geregelter Wahlen der Dorfleitungen oder die Reorganisation der städtischen Wohnviertel auf der Basis von Wahlen und Rechenschaftspflicht soll über ein größeres Maß an politischem Wettbewerb, Rechenschaftspflicht und Transparenz das Moment der Kontrolle durch die Bevölkerung gestärkt werden. Ergänzt wird dies durch Parallelmaßnahmen auf der Stadtebene: Behörden der Stadtverwaltung wurden für jedermann zugänglich, die Namen, Zuständigkeiten und Pflichten der jeweiligen Beamten für Behördenbesucher transparent gemacht, Ausschreibungen von Beamtenstellen erfolgen zunehmend öffentlich und im Prüfungsverfahren und das Internet bietet immer mehr Informationen über öffentliche Ausschreibungen und Vergaben an. Meine eigenen Untersuchungen in China zeigen: Auch wenn dies bei weitem noch nicht überall funktioniert, so ist gleichwohl ein Trend erkennbar, nicht nur von oben (durch parteiinterne „Disziplinkontrollkommissionen" und andere Kontrollinstitutionen von Partei und Staat) tätig zu werden, sondern auch die Bevölkerung einzubeziehen.

In jüngster Zeit hat die Korruptionsbekämpfung auch eine regionale Komponente erhalten, durch die sich unter Umständen Synergieeffekte erzielen lassen (vgl. Kidd/

---

21 Zhongguo Qiyejia ([Chinas Unternehmer] 9/1999: 78).

Richter 2003). Der mittlerweile nicht unwichtige regionale Diskurs über Korruption und Korruptionsbekämpfung ist durchaus auch für China von Belang. So argumentiert z.B. der malaysische Sozialwissenschaftler Syed Hussein Alatas, es bedürfe eines tiefgehenden Wandlungsprozesses, nämlich einer Transformation wie der in Europa und Nordamerika im 18. Jahrhundert In Asien sei eine Massenbewegung vonnöten, ähnlich der französischen Revolution, in deren Verlauf eine soziale Ordnung geschaffen werde, die auf Menschenrechten und sozialer Gerechtigkeit basiere, moderne westliche Institutionen mit asiatischen Traditionen verbinde und so Armut, Korruption, Despotismus, Unterdrückung und Ungerechtigkeit ausmerze. Die Intellektuellen in Asien stünden vor der Aufgabe, dies philosophisch und intellektuell vorzubereiten (Alatas 1999: 132–133). Und der malaysische Premierminister Datuk Seri Abdullah Ahmad Badawi hat Ende 2003 den Ausbau der „Anti-Korruptions-Akademie" in Kuala Lumpur zu einer regionalen Antikorruptionsagentur angeregt, an der sich nicht nur die ASEAN-Staaten, sondern auch Japan, letztlich aber auch China, beteiligen sollen. Die Agentur solle zu einer regionalen Einrichtung werden, die Führungskräfte für die Korruptionsbekämpfung ausbilden und gemeinsame Bekämpfungs- und Präventionsmaßnahmen entwickeln soll.[22] Auch in der internationalen Korruptionsforschung setzt sich zunehmend der Gedanke durch, dass ein größeres Maß an internationaler und auch regionaler Integration den ökonomischen und normativen Druck gegen Korruption in einzelnen Ländern erhöht, vor allem, wenn internationale und regionale staatliche und nichtstaatliche Akteure in dieser Hinsicht kooperieren (vgl. z.B. Sandholtz/Gray 2003). Von daher könnte eine regionale Zusammenarbeit durchaus das für eine Korruptionsbekämpfung notwendige partizipative Moment stärken und damit auch zu einem graduellen Wandel des politischen Systems in China beitragen.

Literatur

Alatas, Syed Hussein, 1999: Corruption and the Destiny of Asia. Petaling Jaya.
Cai Changshui/Ye Wuxi/Liang Yanhui, 2001: Dang de jianshe lishi jingyan yu redian wenti (Die historischen Erfahrungen und „hot topics" des Parteiaufbaus). Beijing.
Cao Siyuan 2000, op. cit. in China Info Flash, hrsg. von Delegation of the German Industry and Commerce, 3/2000: 2.
Chen Feng, 1999: Shenhua dangqian fubai wenti yanjiu de sange shijiao (Drei Perspektiven, die bei der Erforschung der gegenwärtigen Korruption zu berücksichtigen sind), in: Shehuixue Yanjiu (Soziologische Studien) 6, 118–120.
Cong Riyun, 2001: Minzhu zhidu de gongmin jiaoyu gongneng (Funktion der Erziehung von Bürgern in demokratischen Systemen), in: Zhonggong Tianjin Shiwei Dangxiao Xuebao (Zeitschrift der Parteischule des Parteikomitees der KP von Tianjin) 1, 39–43.
Ding Yuanzhu/Zhou Yongping, 2002: Zhongguo jumin shehui xingtai genzong fenxi (Eine Analyse, in welcher Weise Chinas Bewohner die gesellschaftliche Lage verfolgen), in: *Ru Xin/Lu Xueyi/ Li Peilin* (Hrsg.), Shehui lanpi shu 2002 nian: Zhongguo shehui xingshi fenxi yu yuce (Blaubuch der Gesellschaft 2002: Analyse und Prognose der Lage der chinesischen Gesellschaft). Beijing, 19–30.
Dong Yuyu/Shi Binhai (Hrsg.), 1998: Zhengzhi Zhongguo (Politisches China). Beijing.

---

22 The Star (Malaysia) und New Straits Times (Malaysia), 13.12.2003.

Eeja, Binyam/Talvitie, Antti, 1998: The Industrial Organization of Corruption: What is the Difference in Corruption Between Asia and Africa, *World Bank* (Hrsg.). Washington D.C.

Gadsden, Amy E., 2003: New Diplomacy, Old Politics, in: Far Eastern Economic Review vom 27. November, S. 26.

Guo Daohui, 1999: Shixing sifa duli yu ezhi sifa fubai (Die Unabhängigkeit des Rechts implementieren und Korruption im Bereich des Rechtswesens unter Kontrolle bringen), in: *Liu Zhifeng* (Hrsg.), 1978–1999 Zhongguo zhengzhi tizhi gaige wenti baogao (Bericht über Fragen der politischen Strukturreformen 1978–1999). Beijing, 223–248.

Hao, Yufan, 1999: From Rule of Man to Rule of Law: an Unintended Consequence of Corruption in China in the 1990s, in: Journal of Contemporary China 8, 405–423.

He Qinglian, 1998: Xiandaihua de xianjing (The Pitfall of Modernization). Beijing.

He Zengke, 2002: Fan fu xin lu (Neue Wege der Korruptionsbekämpfung). Beijing.

Heberer, Thomas, 1991: Korruption in China. Analyse eines politischen, ökonomischen und sozialen Problems. Opladen.

Heberer, Thomas, 2001: Unternehmer als Strategische Gruppen. Zur sozialen und politischen Funktion von Unternehmern in China und Vietnam. Hamburg.

Heberer, Thomas, 2003a: Das politische System der VR China im Prozess des Wandels, in: *Derichs, Claudia/Heberer, Thomas* (Hrsg.), Einführung in die politischen Systeme Ostasiens. VR China, Hongkong, Japan, Nordkorea, Südkorea, Taiwan. Opladen.

Heberer, Thomas, 2003b: Private Entrepreneurs in China and Vietnam. Social and Political Functioning of Strategic Groups. Leiden/Oxford.

Heilmann, Sebastian, 2002: Das Politische System der Volksrepublik China. Opladen.

Hu Angang, 2001: Zhongguo: tiaozhan fubai (China: die Herausforderung Korruption). Hangzhou.

Huang Bailian, 1997: Xiezhi fubai. Minzhu jiandu de chengxu yu zhidu yanjiu (Korruption eindämmen. Untersuchung über demokratische Strukturen und Systeme). Beijing.

Huang Renzong, 2002: Zhongguo de zhengzhi tizhi gaige guan (Über die Reform der politischen Strukturen Chinas), in: Zhanlüe Yu Guanli (Strategie und Management) 2, 72–82.

Huntington, Samuel, 1968: Political Order in Changing Societies. New Haven/London.

Huntington, Samuel, 1997: Democracy for the Long Haul, in: *Diamond, Larry/Plattner, Marc F./Chu Yun-han/Tien, Hung-mao,* (Hrsg.), Consolidating the Third Wave Democracies. Themes and Perspectives. Baltimore/London, 3–13.

Jing Dali, 2000: Xiezhi fubai de zhiben zhi ce (Grundlegende Politik zur Eindämmung von Korruption), in: Renmin Ribao (Volkszeitung), 9.11.2000.

Johnston, Michael, 1998: Fighting Systemic Corruption: Social Foundations for Institutional Reform, in: The European Journal of Development Research 1, 85–104.

Kang Xiaoguang, 2002: Weilai 3–5 nian Zhongguo dalu zhengzhi wendingxing fenxi (Analyse der politischen Stabilität auf dem chinesischen Festland), in: Zhanlüe Yu Guanli (Strategie und Management) 3, 1–15.

Ke Lin, 1997: On China's Corruption Problem, in: China Strategic Review 5, 47–53.

Kidd, John/Richter, Frank-Jürgen (Hrsg.), 2003: Fighting Corruption in Asia. Causes, Effects and Remedies. New Jersey u.a.

Kipnis, Andrew B., 1997: Producing Guanxi. Sentiment, Self, and Subculture in a North China Village. Durham/London.

Kwong, Julia, 1997: The Political Economy of Corruption in China. Armonk/London.

Li Junru (Hrsg.), 2002: „Sange daibiao" sixiang jiaocheng (Ideologisches Lehrbuch zu den „Drei Vertretungen"). Beijing.

Li Liangdongm, 2001: Zhongguo minzhu wenti yanjiu (Studien über Chinas Demokratische Probleme). Beijing.

Li Tongshu, 2000: Zhili fubai bixu cong yuantou zhuaqi (Die Beseitigung der Korruption muss an den Ursprüngen ansetzen), in: Qiushi (Wahrheit) 7, 49–51.

Li Xueqin, 2000: Jiaqiang sixiang zhengzhi gongzuo yu fan fubai (Die politisch-ideologische Arbeit intensivieren und Korruption bekämpfen), in: Qiushi 14, 41–43.

Li Xueqin, 2001: Minzhu yu gaige (Demokratie und Reform). Beijing.

Li Xueqin/Li Xuehui (Hrsg.), 1999: Xin Zhongguo fan fubai dashi jiyao (Überblick über Highlights der Korruptionsbekämpfung in China). Tianjin.
Liu Junning, 1999: Daolun: Minzhuhua zai xingdong (Ratschlag: Demokratisierung in Bewegung), in: *Liu Junning* (Hrsg.), Minzhu yu minzhuhua (Demokratie und Demokratisierung). Beijing.
Lo Tit Wing, 1993: Corruption and Politics in Hong Kong and China. Buckingham.
Ma Wei/He Weifang, 1998: Fangtan 7: Zouxiang qinglian zhilu. Fang Beijing Daxue sifa yanjiu zhongxin fuzhuren He Weifang (Interview Nr. 7: Den Weg der Sauberkeit und Nicht-Korruption gehen. Interview mit dem Vizedirektor des Zentrums für Rechtsforschung an der Peking Universität He Weifang), in: *Wang Zhoubo* (Hrsg.), Shiji maibo. Zhonggong de fanglüe yu Zhongguo de zouxiang (Am Puls des Jahrhundertwechsels. Strategie der KPCh und der Weg Chinas). Beijing, 238–246.
Matthias Schramm/Markus Taube, 2001: Institutionenökonomische Anmerkungen zur Einbettung von Korruption in das Ordnungssystem chinesischer Guanxi-Netzwerke. Duisburger Arbeitspapiere zur Ostasienwirtschaft No. 60. Duisburg.
Mbaku, John Mukum, 2000: Bureaucratic and Political Corruption in Africa: The Public Choice Perspective. Aldershot.
Nuscheler, Franz, 1991: Lern- und Arbeitsbuch Entwicklungspolitik. Bonn.
Oi, Jean, 1989: State and Peasant in Contemporary China: The Political Economy of Village Government. Berkeley.
Qing Lianbin/Xie Zhiqiang, 2000: Dangzheng lingdao ganbu dui 1999–2000 nian shehui xingshi de kanfa (Ansichten führender Kader von Partei und Staat im Hinblick auf die gesellschaftliche Lage in den Jahren 1999–2000), in: *Ru Xin/Lu Xueyi/Dan Tianlun* (Hrsg.), 2000 nian shehui lanpi shu: Zhongguo shehui xingshi fenxi yu yuce (Blaubuch der Gesellschaft von 2000: Analyse und Prognose der gesellschaftlichen Situation in China). Beijing, 95–112.
Qing Lianbin, 2003: Zhongguo dangzheng lindao ganbu dui 2002–2003 nian shehui xingshi de jiben kanfa (Prinzipielle Einstellungen führender Partei- und Staatskader Chinas hinsichtlich der sozialen Situation in den Jahren 2002–2003), in: *Ru Xin/Lu Xueyi/Li Peilin* (Hrsg.), Shehui lanpi shu 2003 nian: Zhongguo shehui xingshi fenxi yu yuce (Blaubuch der Gesellschaft 2003: Analyse und Prognose der Lage der chinesischen Gesellschaft). Beijing, 124–139.
Quah, Jon S.T., 2003: Curbing Corruption in Asia. London u.a.
Redding, S. Gordon, 1990: The Spirit of Chinese Capitalism. New York.
Renmin Ribao (Volkszeitung), Beijing.
Reja, Binyam/Talvitie, Antti (1998): The Industrial Organization of Corruption: What is the Difference in Corruption Between Asia and Africa, hrsg. von World Bank, Washington.
Rong Shixing/Zhong Min (Hrsg.), 1998: Minzhu jiandu (Demokratische Kontrolle). Beijing, 2–15.
Rose-Ackerman, Susan, 1999: Corruption and Government: Causes, Consequences, and Reform. Cambridge.
Sandholtz, Wayne/Gray, Mark M., 2003: International Integration and National Corruption, in: International Organization 4, 761–800.
Schramm, Matthias/Taube, Markus, 2003: The Institutional Economics of Legal Institutions, Guanxi, and Corruption in the PR of China, in: *Kidd, John/Richter, Frank-Jürgen* (Hrsg.), Fighting Corruption in Asia. Causes, Effects and Remedies. New Jersey u.a., 271–296.
Senz, Anja D., 2003: Korruption in Hongkong. Eine Analyse zum Zusammenhang von Souveränitätswechsel und Korruptionsentwicklung. Hamburg.
Sun Xuepei, 1999: Kaifang yulun, jiandu fubai (Die öffentliche Meinung öffnen, Korruption kontrollieren), in: *Liu Zhifeng* (Hrsg.), 1978–1999 Zhongguo zhengzhi tizhi gaige wenti baogao (Bericht über Fragen der politischen Strukturreformen 1978–1999). Beijing, 278–300.
Tao Dongming/Chen Mingming, 1998: Dangdai Zhongguo zhengzhi canyu (Gegenwärtige politische Partizipation in China). Hangzhou.
Tay, Simon S./Seda, Maria (Hrsg.), 2003: The Enemy within. Combatting Corruption in Asia. London u.a.

Teng Jiuming, 2003: Fan fu chang lian gongzuo de genben zhizhen (Grundlegende Richtlinie für die Bekämpfung von Korruption und die Förderung einer sauberen Arbeit), in: Renmin Ribao, 7.11.2003.

Transparency International (Hrsg.), 1997: Lima Declaration against Corruption, TI Newsletter, December, S. 4/5.

UNCTAD 2000: World Investment Report 2000. New York/Geneva.

Walder, Andrew G., 1986: Communist Neo-Traditionalism: Work and Authority in Chinese Industry. Berkeley.

Wang Guixiu, 1999: Luoshi minzhu jiandu zhidu, yi quanli zhiyue quanli (Ein demokratisches Kontrollsystem implementieren, Macht durch Macht eindämmen), in: *Liu Zhifeng* (Hrsg.), 1978–1999 Zhongguo zhengzhi tizhi gaige wenti baogao (Bericht über Fragen der politischen Strukturreformen 1978–1999). Beijing, 69–77.

Wang Yongcheng, 2002: Lun dangqian Zhongguo zhengzhi fazhan mubiao de cixu he shixian celüe (Über die Reihenfolge der Ziele und die Taktik der gegenwärtigen politischen Entwicklung Chinas), in: *Huang Weiping* (Hrsg.), Dangdai Zhongguo zhengzhi yanjiu baogao (Forschungsbericht über die gegenwärtige chinesische Politik), I. Beijing, 40–48.

Wei Jianxing, 2000: Jianding xinxin, jiada lidu shenru tuijin dangfeng lianzheng jianshe he fan fubai douzheng (Das Vertrauen stärken, die Entwicklung eines sauberen Arbeitsstils der Partei vorantreiben und Korruption bekämpfen), in: Qiushi 5, 6–14.

Xiaobo Lu, 2000: Booty Socialism, Bureau-preneurs, and the State in Transition, in: Comparative Politics, April, 273–294.

Xiaobu Lu, 2003: East Asia, in: *Transparency International* (Hrsg.), Global Corruption Report 2003. Berlin, 128–139.

Xie Zhiqiang/Qing Lianbin, 2001: 21 shiji chu shehui xingshi zouxiang de ruogan panduan (Beurteilungen im Hinblick auf Trends in der sozialen Lage zu Beginn des 21. Jh.), in: Zhongguo Dangzheng Ganbu Luntan (Forum für Partei- und Staatskader Chinas) 1, 10–14.

Xu Xinxin, 2003: 2002 nian Zhongguo chengxiang jumin shehui taidu, zhiye pingjia yu zeye quxiang diaocha (Soziale Einstellungen und Berufswünsche der chinesischen Bürger in Stadt und Land), in: *Ru Xin/Lu Xueyi/Li Peilin* (Hrsg.), Shehui lanpi shu 2003 nian: Zhongguo shehui xingshi fenxi yu yuce (Blaubuch der Gesellschaft 2003: Analyse und Prognose der Lage der chinesischen Gesellschaft). Beijing, 111–123.

Xu Xinxin/Zhi Bi, 1999: 1998–1999: Zhongguo shimin de guanzhu qiaodian yu weilai yuce (Was Chinas Bürger für wichtig erachten und ihre Zukunftsprognose), in: *Ru Xin/Lu Xueyi/Dan Tianlun* (Hrsg.), 1999 nian shehui lanpi shu: Zhongguo shehui xingshi fenxi yu yuce (Blaubuch der Gesellschaft von 1999: Analyse und Prognose der gesellschaftlichen Situation in China). Beijing, 84–100.

Yan Sun, 1999: Reform, State, and Corruption. Is Corruption Less Destructive in China than in Russia?, in: Comparative Politics, October, 1–20.

Yan, Yunxiang, 1996: The Flow of Gifts: Reciprocity and Social Networks in a Chinese Village. Stanford.

Yang Fan, 1999: Zhongguo de weiji – quanli ziben exing pengzhang (Chinas Krise – die bösartige Wucherung des Machtapparates), in: *Liu Zhifeng* (Hrsg.), 1978–1999 Zhongguo zhengzhi tizhi gaige wenti baogao (Bericht über Fragen der politischen Strukturreformen 1978–1999). Beijing, 127–136.

Yang Jiliang, 1997: Fubai lun (Über Korruption). Beijing.

Yang, Mayfair Mei-hui, 1994: Gifts, Banquets and the Art of Social Relationships in China. Ithaca/London.

Yu Keping, 2000: Toward an Incremental Democracy and Governance: Chinese Theories and Assessment Criteria. Project Discussion Paper 3, Discourses on Political Reform and Democratization in East and Southeast Asia. Duisburg.

Yu Keping, 2003a: Quanli zhengzhi yu gongyi zhengzhi (Politik der Rechte und Politik öffentlicher Güter). Beijing.

Yu Keping, 2003b: Zengliang minzhu yu zhanshi (Graduelle Demokratie und good governance). Beijing.

Yufan Hao, 1999: From Rule of Man to Rule of Law: an Unintended Consequence of Corruption in China in the 1990s, in: Journal of Contemporary China 8, 405–423.

Zhao, Yuezhi, 1998: Media, Market, and Democracy in China. Between the Party Line and the Bottom Line. Urbana/Chicago.

Zhonggong Hunan shengwei zuzhibu ketizu (Arbeitsgruppe der Organisationsabteilung des Parteikomitees Hunan), 2001: Xin xingshi xia dang qun gan qun guanxi de diaocha he sikao (Überlegungen zu den Beziehungen zwischen Partei und Massen sowie Kader und Massen), in: Zhonggong zhongyang zuzhibu ketizu, a.a.O., 121–139.

Zhonggong zhongyang zuzhibu ketizu (Arbeitsgruppe der Organisationsabteilung des Zentralkomitees), 2001: Zhengque renshi he chuli xin xingshi xia renmin neibu maodun (Die neuen Formen von Widersprüchen innerhalb des Volkes korrekt erkennen und behandeln), in: *dies.* (Hrsg.), 2000–2001 Zhongguo diaocha baogao. Xin xingshi xia renmin neibu maodun yanjiu (Untersuchungsbericht über China 2000–2001. Untersuchungen zu neuen Formen von Widersprüchen innerhalb des Volkes). Beijing, 62–120.

Zhongguo fantan diaocha (Untersuchung der Korruptionsbekämpfung in China), 2003, herausgegeben von einem Autorenkollektiv der Obersten Staatsanwaltschaft. Beijing.

Zhongguo siying jingji nianjian, 2000 (Jahrbuch der chinesischen Privatwirtschaft), *Li Ding/Bao Yujun* (Hrsg.). Peking.

Politische Korruption in der Europäischen Union und der Fall Italien*

David Nelken

In ihrem zehnten Jahresbericht zum Thema „Fight against corruption" (EU-Commission 2000) äußerte die Europäische Kommission wieder einmal ihre Vorschläge zur Verteidigung der – in ihren Worten – Interessen der Gemeinschaft gegenüber den Aktionen gut organisierter Straftäter oder sogar des Organisierten Verbrechens, welche nicht nur Europas Finanzen betreffen, sondern ebenso die Legitimität bestimmter grundsätzlicher politischer Handlungsweisen der Gemeinschaft beeinträchtigen, die einzelnen nationalen Ökonomien gefährden und die Glaubwürdigkeit der europäischen Integration untergraben. Dem entsprechend tat der Bericht sein Bestes dazu, den Eindruck zu erwecken, dass der lang andauernde Kampf gegen Kriminelle, welche das Budget der Gemeinschaft bedrohen, planmäßig vonstatten geht. Er bot die übliche Aktualisierung der Aktivitäten, welche von der Kommission und von anderen seit dem letzten Bericht unternommen worden waren, wobei die Zahlen die Berichte über so genannte „Unregelmäßigkeiten" im Finanzjahr 1998 zusammenfassten, und machte ambitionierte Vorschläge für rechtliche und technische Verbesserungen in der Zukunft.

In einigermaßen inkongruenter Weise allerdings erklärte der Bericht ebenso, dass die Veröffentlichung dieser Ausgabe von „Kampf gegen den Betrug" durch den Rücktritt der gesamten Kommission verzögert worden sei, der auf die Weigerung des Europäischen Parlamentes folgte, am 31. März 1998 den Haushalt zu verabschieden. Dies hatte zur Einsetzung eines Ad-hoc-Komitees aus unabhängigen Experten geführt, welche Vorwürfen von Korruption und Misswirtschaft im Arbeitsbereichen bestimmter Kommissionsmitglieder nachgehen sollten, wie auch zu einer eher allgemein gehaltenen Kritik am Apparat der Betrugsbekämpfung innerhalb und außerhalb der Brüsseler Bürokratie. In seinem ersten Bericht bestätigte das Komitee die Feststellung von Günstlingswirtschaft im Arbeitsbereich des französischen Kommissions-Mitglieds Edith Cresson und stellte fest, dass einige der anderen Kommissions-Mitglieder ebenfalls nicht den vorgeschriebenen Prozeduren bei der Abwicklung ihrer Programme gefolgt waren. In seinem zweiten, späteren Bericht legte das Komitee Vorschläge bezüglich des vorhandenen Instrumentariums zum Umgang mit Betrug und Korruption in der Union vor. Eine neue Kommission unter Führung des ehemaligen italienischen Premierministers Romano Prodi erhielt dann das Mandat zur Umsetzung dieser Vorschläge.

Diese Ereignisse stellen einen passenden Ausgangspunkt für die Themen dar, welche in diesem Kapitel angesprochen werden sollen. Die meisten Schifften über Betrug im Rahmen der EU beruhen auf offiziellen Veröffentlichungen. Da, wo empirische Untersuchungen durchgeführt werden, neigen sie dazu, sich auf die Fragen zu beschränken, die sich mit Art und Umfang des Betruges beschäftigen (sowie mit der Verlässlichkeit offizieller und akademischer Annahmen diesbezüglich). Doch – wie diese

---

* Zuerst veröffentlicht in *Bull, M./Newell, J.* (Hrsg.), 2003: Corruption and Scandal in Contemporary Politics. London, 220196233.

jüngsten Entwicklungen vermuten lassen – sind solche Fragen mittlerweile in zunehmendem Maße verbunden mit Fragen, welche die Fähigkeit und den Willen derjenigen Institutionen betreffen, deren Aufgabe es ist, solches Fehlverhalten in effektiver Weise einzuschränken. Dementsprechend soll das Phänomen des Betrugs im Rahmen der EU und seiner Kontrolle hier in Form einer Fallstudie für denjenigen beschrieben werden, der sich mit Korruption befasst. Um diesem Thema näher zu kommen, werden wir uns einer offensichtlichen, aber üblicher Weise vernachlässigten Schwierigkeit stellen müssen, nämlich inwieweit man offiziellen Veröffentlichungen vertrauen kann angesichts deren Notwendigkeit zu zeigen, dass das Problem des Betrugs unter Kontrolle ist? Um einen Hintergrund zu bieten, werde ich zunächst einiges zur Natur des Betrugs im Rahmen der EU und zu denjenigen feststellen, die für diese Kontrolle verantwortlich sind. Ich werde dann dazu übergehen, die potenziellen Verbindungen zwischen EU-Betrug und Korruption zu analysieren und anschließend darstellen, was wir über solche Verbindungen herausfinden können, indem wir Informationen sowohl aus offiziellen als auch aus inoffiziellen Quellen zusammenstellen.

1. Betrug im Rahmen der Europäischen Union und seine Kontrolle

Im Laufe der Jahre hat Betrug zuungunsten der EU einige tausend Millionen Pfund gekostet. Weniger bemerkt wird die Tatsache, dass als Resultat betrügerischer Machenschaften auch regelmäßig Menschen zu Tode kommen oder verletzt werden, sei es im Rahmen von Bandenkriegen, sei es um Gesetzeshüter oder Zeugen auszuschalten, oder als Ergebnis gesundheitlicher Bedrohung, wenn Betrug bei der Veränderung von Lebensmitteln zu weit getrieben wird. Doch obwohl die Nutznießer wissen, um wen es sich handelt, fördert dieser Betrug an der Gemeinschaft nur in seltenen Fällen identifizierbare, einflussreiche und selbstbewusste Opfer zu Tage. Ebenso bedeutungsvoll ist es, dass viele derer, die in derartigen Betrug verwickelt sind, dies genauso sehr aus einem Gefühl der Verpflichtung und Loyalität gegenüber kleineren Gruppen tun als zum Zwecke des persönlichen Gewinns.

Der meiste Betrug, zumindest bis vor ganz kurzer Zeit, nutzte das komplizierte System von Korrekturen und Subventionen, das auf Grund der Gemeinsamen Landwirtschaftspolitik zur Verfügung stand. Weit verbreiteter Betrug umfasst Übertreibungen bezüglich bewirtschafteten Landes bzw. entsprechender Produkte, die Überschreitung von Quoten oder die Nichteinhaltung vorgeschriebener Bedingungen. Auf einer raffinierteren Ebene lassen sich Hunderttausende damit verdienen, dass Art oder Qualität des Produktes falsch deklariert werden, für das man Subventionen in Anspruch nimmt. Export, Rück-Export oder (ganz allgemein) Transitbetrug dienen dazu, die Vorschriften der Landwirtschaftspolitik zu manipulieren, die bestimmt sind, den landwirtschaftlichen Binnenmarkt vor billigen Auslandsimporten zu schützen und den Export von Überschüssen in weniger gut versorgte Länder zu subventionieren. Der wohl bekannte Karussell-Betrug zum Beispiel besteht in wiederholtem Export und Rück-Export falsch bezeichneter Produkte, deren Export stark subventioniert wird und deren Import-Tarife niedrig sind (bzgl. detaillierter Debatte siehe Perduca 1995).

Eine weitere Art von Betrug in ernst zu nehmender Größenordnung, der mit der Ausweitung der Union in Richtung Osten zunehmen dürfte, betrifft die Ausnutzung von Struktur-Fonds. Diese Fonds, die zur Zeit etwa ein Drittel des EU-Haushaltes ausmachen, stehen für die Modernisierung von Infrastrukturen und die Schaffung neuer Arbeitsplätze zur Verfügung. Aufgrund der Art und Weise, in der das Geld verwaltet und gelenkt wird sowie der Tatsache, dass eine effektive Entwicklung häufig lokale Macht-Eliten bedrohen würde, können derartige Zuwendungen schlichtweg in der Schaffung von Überkapazitäten enden, in unbenutzten und nicht nutzbaren Industrieanlagen (so genannte Wüsten-Kathedralen) oder in Straßen, die ins Nichts führen.

Ein dritter wichtiger Bereich des EU-Betrugs ist derjenige zuungunsten so genannter Eigenressourcen, d.h. Einkünfte aus Zöllen und indirekten Steuern der Union und der Nationalstaaten. Der Nachweis der berichteten Fälle legt die Annahme nahe, dass als Ergebnis der engeren Kontrolle des Zahlungsausgangs für Zuwendungen und andere Fonds nunmehr der Betrug bei den Einnahmen die anderen überholt (Savona 1998a). Alle drei Arten des Betrugs lassen sich in jedem Fall in höchst profitabler Weise kombinieren. So kann man beim Landwirtschaftsbetrug Strukturfonds plündern, um nutzlose Getreidesilos zu bauen. Und der bei irgend einem Betrug erzielte Gewinn lässt sich durch kombinierte Umgehung von Zollverpflichtungen, Steuer- und Mehrwertsteuerzahlungen sowie durch unvollständige Rückzahlungen vervielfachen. Alle miteinander bieten die Gelegenheit, Geld zu waschen, das aus einer Vielzahl illegaler Aktivitäten stammt.

Eine große Anzahl nationaler und EU-Einrichtungen ist dafür zuständig, derartigen Betrug zu verhindern, darüber zu berichten oder ihn mit Sanktionen zu belegen. Dazu gehören nationale Parlamente und das Europäische Parlament, nationale Rechnungsprüfungsbehörden und die Europäische Rechnungsprüfungsbehörde, diverse Polizei-Einrichtungen, Strafverfolger und Richter, Zollbeamte, Gesundheits-Inspektoren, Veterinäre sowie weitere Funktionsträger, regionale und andere Erzeugergemeinschaften, nationale Auszahlungsbehörden und nicht zuletzt die UCLAF, die eigene Behörde der Europäischen Kommission zur Koordinierung des Kampfes gegen den Betrug. Kürzlich in OLAF umbenannt, soll sie nun ihren Mitarbeiter-Stab auf 300 erhöhen und möglicherweise als Embryo eines neuen, europaweiten Strafverfolgungsdienstes dienen, der schließlich sogar für übernationale Verbrechen zuständig sein soll, welche nicht die EU-Fonds betreffen.

2. Die Verbindung zur Korruption: Definition des Problems

Trotz der großen Zahl primärer und sekundärer Erörterungen des EU-Betrugs ist es schwierig, irgendwelche wissenschaftlichen Studien zu finden, welche sich mit der Frage der Verbindung zwischen EU-Betrug und Korruption beschäftigen, und es handelt sich hierbei offensichtlich um ein diffiziles Forschungsthema.

Betrug und Korruption können sich überlappen, doch sie müssen es nicht. Allerdings stellt EU-Betrug sicherlich häufig einen bequemen Weg zur Zahlung von Bestechungsgeldern dar, ganz so wie Korruption ein essenzielles Mittel für geheime Absprachen ist, welche den Betrug ermöglichen. Korruption kann dort ansetzen, wo es darum geht zu entscheiden, wer Zuwendungen erhält (oder wer über die Empfänger entscheiden soll), bei der Überwachung oder Nicht-Überwachung des Betrugs, bei der Entscheidung darüber, wer derartige Kontrollen durchführen soll, bei der Verzögerung oder Abwendung von Sanktionen oder bei Forderungen nach Rückzahlung.

Dementsprechend kann eine große Zahl sozialer Akteure beteiligt sein. Manchmal reichen die Verbindungen bis in die Spitze. Griechische Minister waren in den berühmten Mais-Fall verwickelt (einen Karussellexport-Betrug, den sie zu decken versuchten), und im Jahre 1999 trat die gesamte Kommission Santer zurück. Routinemäßiger gehört die Korruption auf der Ebene höhere oder mittlerer Beamter und Verwalter dazu, von Professionellen oder der Bandbreite derjenigen, die mit der Zulassung, Beglaubigung oder dem Transport von Waren, welche EU Subventionen oder Zuwendungen unterliegen, befasst sind.

Zur Verknüpfung der beiden Phänomene lässt sich aus dem Studium der Methoden, die bei erfolgreichen Betrugsfällen angewandt wurden, viel lernen. Korruption erscheint als Teil einer großen Bandbreite von Techniken, wie zum Beispiel Desinformation, Fälschung, Nutzung legaler Schlupflöcher, Lobbyarbeit, Bestechungsgelder und letztendlich die Anwendung von Gewalt, welche alle angewandt werden, um ungesetzliche Ziele zu erreichen (Sieber 1998: 9). Grundsätzlich gilt allerdings, dass EU-Zahlungen und nationale Zahlungen für Projekte, wie auch die Prozeduren für die Erhebung von Steuern und Beiträgen, auf Millionen von Zertifikaten beruhen. Vom kriminellen Standpunkt her ist die Fälschung oder Anerkennung falscher Dokumente eine saubere Angelegenheit, für die allgemein gesagt wenig Gewalt, aber eine Menge Korruption erforderlich ist (Savona 1998b: 273).

Bis hierher haben wir festgestellt, dass Betrug zuungunsten der EU nicht notwendigerweise erfordert, dass all diejenigen, welche mit der Auszahlung von Fonds befasst sind, tatsächlich hereingelegt wurden. Sie können genauso gut – in stärkerem oder geringerem Ausmaß – an Absprachen beteiligt sein. Doch ab wann sollten wir von Korruption sprechen? Muss unsere Definition von Korruption vom Bruch der Gesetze gegen korrupte Praktiken abhängen? Die EU-Länder unterscheiden sich bezüglich der Art und des Wirkungsbereiches der entsprechenden Gesetzgebung (und die meisten haben keine unionsweiten Protokolle zu diesem Thema unterzeichnet). Unabhängig von ihrem rechtlichen Status, sollte man unter Korruption die Nutzung (bzw. den Missbrauch) öffentlicher Einrichtungen zum Zwecke privaten Gewinns verstehen? Doch in vielen Fällen mag die Unangemessenheit oder die schlechte Verwaltung von EU-Fonds dazu führen, dass die Ansprüche eines eher lokalen, aber immer noch öffentlichen Interesses bevorzugt behandelt werden. In einem noch weiteren Sinne: Sollten wir alle Fälle als Korruption ansehen, in denen Ressourcen nicht nach überpersönlichen Kriterien verteilt werden? Doch wie können wir dann Korruption von (absichtlicher) Verschwendung trennen?

In der Praxis ist die Trennung zwischen dem, was als Korruption gilt und dem, was nicht als solche gilt, nicht festgelegt. Sie wird hergestellt und aufs Neue hergestellt von denen, die an der Anti-Korruptionsarbeit beteiligt wird, zum Beispiel von Politikern, Bürokraten, Strafverfolgern, den Medien, Zuträgern oder von anderen moralisch Interessierten, deren (wechselnde) Möglichkeiten zur Initiative und deren eigene spezielle Interessen in den Rahmen jeder umfassenden Korruptions-Forschung einbezogen werden müssen (Nelken/Levi 1996). Wir müssen dann fragen, welches die Gruppen sind, die an der materiellen oder ideologischen Auseinandersetzung zu diesem Thema beteiligt sind, welche diejenigen sind, die auf Veränderung drängen – und in welche Richtung – und welche dem widerstreben? Einige Beispiele sind offensichtlich. Das Europäische Parlament hat das Thema Betrug für seinen Versuch benutzt, mehr Kontrolle über die Kommission zu erlangen (obwohl einige seiner Mitglieder nicht der Kritik an ihrer eigene Ausgabengestaltung entgangen sind). Der Rechnungshof kritisiert die Kommission für ihr Versagen dabei, das Problem des Betrugs unter Kontrolle zu halten, selbst dort, wo er darauf besteht, dass Rechnungsprüfung nicht mit Politik vermischt werden sollte. Die Kommission ihrerseits kritisiert den Ministerrat für seine Kompromisse in letzter Minute, die es unmöglich machen, die daraus resultierende Gesetzgebung betrugsfest zu formulieren.

3. Offizielle, nicht-offizielle und anti-offizielle Berichte

Welchen Quellen sollten wir uns zuwenden bei unseren Bemühungen, etwas über derartige Auseinandersetzungen zum Thema der Definition zu erfahren? Wie bereits festgestellt, beruhen die meisten Diskussionen des Problems EU-Betrug sehr stark auf offiziellen Veröffentlichungen. Die Behauptung, die hier aufgestellt wird, ist dass offizielle Veröffentlichungen als ein Teil des zu untersuchenden Phänomens gesehen werden müssen. Dementsprechend ist die Art, in der sie die (sich verändernde) Trennungslinie zwischen Betrug und Korruption ziehen, eher selbst ein Beispiel für die Auseinandersetzung über Definitionsfragen anstatt einfach eine Quelle für Datenmaterial, die wir zur Bewertung des Prozesses heranziehen könnten. Es ist von entscheidender Wichtigkeit, über solche offiziellen Berichte hinauszugehen, wenn wir eine tiefere Einsicht in die laufenden Vorgänge gewinnen wollen.

4. Der offizielle Diskurs über EU-Betrug: Das Lesen zwischen den Zeilen

In der Vergangenheit waren offizielle Berichte extrem zugeknöpft, soweit es Korruption betraf, und wenn sie das Thema ansprachen, dann konzentrierten sie sich eher auf die Kriminellen, von denen die Bestechung ausging, als auf diejenigen Amtsträger, die bestochen wurden. Allmählich wird die Tatsache der Verstrickung von Amtsträgern im Bereich der Überlappung von Betrug und Korruption eingestanden und die Kommission unterstützt in zunehmender Weise entsprechende Konventionen und Gesetzgebungen innerhalb der Europäischen Union. Allgemein gesehen allerdings, müssen diejenigen, welche für die Berichterstattung darüber verantwortlich sind, in welcher Weise sie mit EU-Betrug umgehen, grundsätzlich zwei organisatorischen Anforderungen entsprechen. Um ihre eigene Rolle zu rechtfertigen und um umfangreichere Ressourcen einfordern zu können, werden sie wahrscheinlich zugeben, dass das Problem nicht völlig unter Kontrolle zu bringen ist und sich sogar verschlimmern könnte (tatsächlich hat die Anzahl der Leute, die zur Betrugsbekämpfung in Brüssel angestellt sind, im Laufe des letzten Jahrzehnts sprunghaft zugenommen). Ihre wichtigste Botschaft muss allerdings sein, dass der EU-Betrug weitgehend unter Kontrolle ist in dem Sinne, dass sie alles tun, was von ihnen bezüglich dieses Problems erwartet werden kann. Wenn es denn zu periodischer Besorgnis darüber kommt, dass der Betrug außer Kontrolle geraten könnte, dann muss dies so weit wie möglich dem Mangel an Kontrolle oder Nach-Kontrolle zugeschrieben werden, für den man andere Länder oder andere Behörden verantwortlich machen kann. Die Mitgliedsstaaten, der Europäische Rechnungshof und das Europaparlament machen regelmäßig die Kommission verantwortlich, während die Kommission sowohl den Ministerrat als auch die Mitgliedsstaaten verantwortlich macht, die jeweilige politische Opposition macht ihre Regierung verantwortlich und jeder macht die mangelnde Mitarbeit anderer verantwortlich. Eine Sache, die mit Sicherheit niemals diskutiert wird, ist der Beitrag, den diese bürokratische Praxis des Hin- und Herschiebens und der Zerstückelung der Verantwortung zum Problem selbst leistet.

Offizielle Berichte zum Thema EU-Betrug mobilisieren daher den eigenen Ansprüchen entsprechende Darstellungen der Natur des Problems, seines Ausmaßes, seiner Ursachen und möglicher Lösungen, welche bestimmt sind durch den bürokratischen Kontext ihrer Herstellung, durch die Zwecke, zu denen sie geschrieben wurden sowie für wen sie geschrieben wurden. Absichtlich oder nicht, offizielle Berichte werden im gleichen Maße verbergen, in dem sie enthüllen.

Das vielleicht deutlichste Beispiel für die Schwierigkeit, auf offizielle Veröffentlichungen zu vertrauen, lässt sich an der Art und Weise zeigen, in welcher die jährlichen Berichte der letzten zehn Jahre immer die Anzahl der Unregelmäßigkeiten enthalten, so, wie sie der Kommission von den Nationalstaaten mitgeteilt werden. Die Zahlen, die für das Jahr 1998 zur Verfügung stehen, sind in Tabelle 1 aufgeführt.

Tabelle 1: EAGG-Unregelmäßigkeiten im Jahre 1998 (ausgewählte Länder)

Land	Anzahl der Fälle	Schadenssumme in ECU
Deutschland	501	39.623.402
Griechenland	163	8.784.048
Spanien	294	10.588.940
Frankreich	141	37.402.327
Italien	443	150.391.570
Niederlande	78	9.220.515
Vereinigtes Königreich	328	16.241.275
Gesamt	2.412	284.841.275

Quelle: EU-Kommission

Angesichts der Tatsache, dass es nichts Besseres gibt, verspürt man eine starke Versuchung, aus diesen Zahlen allerhand herauszulesen. Es erscheint logisch, dass Italien angesichts seiner Probleme mit der organisierten Kriminalität so viele Fälle berichtet. Aber inwieweit können diese Zahlen wirklich dafür verwendet werden, uns zu sagen, in welchem Land es mehr Betrug gibt, welche Arten von EU-Fonds am anfälligsten für Betrug sind, oder welche Zahlen sich nach oben oder nach unten bewegen? Der Einwand besteht nicht nur darin, dass diese Statistik eher die Aktivität der Strafverfolgungsbehörden darstellt anstatt des Betrugsverhaltens als solchem (White 1998), denn die Kommission ist noch nicht einmal in der Lage, die Fakten bezüglich polizeilicher und Zoll-Ermittlungen darzulegen (derartige Zahlen wären weit höher), sondern sie enthält nur die Zahlen derjenigen Fälle, von denen jedes Land weiß und welche es entschieden hat, weiterzugeben. Außerdem, da die Kommission in gleichem Maße daran interessiert ist, die Berichterstattung zu ermutigen, wie sie daran interessiert ist, zum Zwecke der Rückerstattung gegen die Länder vorzugehen, die nicht genug getan haben, um Betrug zu unterbinden, zieht sie es vor, nur allgemein von Unregelmäßigkeiten zu wissen anstatt tatsächlich von Betrug. Seit den Berichten der Expertenkomitees gibt die Kommission nun offen die Begrenztheit ihrer Zahlen zu – obwohl sie natürlich wie üblich die Nationalstaaten verantwortlich macht. In ihrem Jahresbericht für 1998 versuchte die Kommission zum ersten Mal zu verdeutlichen, was die Zahlen aussagen sollten – indem sie feststellte, dass nicht mehr als 20 Prozent aller berichteten Fälle den Verdacht eines Betruges zuungunsten des EU-Haushaltes begründeten. Doch warum werden nur so wenige Betrugsfälle berichtet? Fehlende Information kann auch zur Desinformation werden, wenn die italienische Auszahlungsbehörde – angesichts der Notwendigkeit, sich der Attacken der ex-kommunistischen Opposition zu erwehren – die Fallzahlen, welche sie selbst entschieden hat, der Kommission zu melden, als objektiven Nachweis dafür verwendet, wie niedrig doch der prozentuale Anteil der Unregelmäßigkeiten in Italien ist!

Und Lösungen? Seit einiger Zeit schon ist die Behauptung ein wichtiges Thema vieler offizieller Diskussionen, dass ein Haupthindernis beim Kampf gegen Betrug aus den Schwierigkeiten bei der Zusammenarbeit entstehe, welche aus dem Fortbestand getrennter nationalstaatlicher Strafgesetzgebung innerhalb der Europäischen Union resultieren. Besonders die Einrichtung des Binnenmarktes im Jahre 1992 und der konsequente Abbau der Zollkontrollen haben angeblich übernationalen Kriminellen den großen Vorteil verschafft, dass sie ohne Einschränkung die Grenzen überschreiten können, während die Strafverfolger langatmige und komplizierte Vereinbarungen aushandeln müssen, bevor sie sie dem Arm des Gesetzes übergeben können. Wieder einmal, während einige Wahrheit in dieser Argumentationslinie steckt, gibt es zur gleichen Zeit vieles, das in die Irre führen kann. Viele der Faktoren, welche Betrug und Korruption florieren lassen, dürften selbst durch eine vollständige Harmonisierung des Strafrechts kaum beeinträchtigt werden. Warum versagen die Techniken der Rechnungsprüfung bei der Verhütung von Betrug, obwohl sie nicht an nationale Rechtsprechung gebunden sind? Es ist nicht plausibel, anzunehmen, dass rechtliche Harmonisierung (selbst wenn sie wünschenswert wäre) soziale und kulturelle Unterschiede ausgleichen könnte. Dieses Argument berücksichtigt nicht das Betrugspotenzial zwischen den europäischen Außengrenzen und Drittländern (eine der Hauptquellen des Betrugs). Was allerdings unbestreitbar ist, ist die Nützlichkeit der Diskussion dieser Lösungsweise aus politischer und bürokratischer Sicht: Sie orientiert sich eher an der Zukunft als an der Gegenwart und erfordert noch stärker die Hinzuziehung von Experten, intensivere Konsultation einer Reihe von offiziellen und halboffiziellen Einrichtungen mit dem endgültigen Ziel, mehr Gesetze und Regulationen zu erlassen – alles, außer einem Frontalangriff auf tief liegende politische und ökonomische Interessen.

5. Vertraulich: Korruption in Italien als Fallstudie

Um über offizielle Veröffentlichungen hinauszugelangen (und um zu lernen, wie man sie benutzt, indem man zwischen den Zeilen liest), müssen wir diejenigen Berichte über EU-Betrug verwenden, welche vertraulich sind. Solche Berichte werden häufig von denen geliefert, die der eben dargestellten Bürokratie kritisch gegenüber stehen. Doch der Unterschied zwischen offiziellen und inoffiziellen Berichten beruht eher auf den Umständen und der Funktion der Kommunikation als auf der Identität des jeweiligen Autors. Wichtig ist, dass wir, aus welchem Grund auch immer, Zugang zu Darstellungen und Einschätzungen bekommen, die nicht der üblichen bürokratischen Anforderung unterliegen, zeigen zu müssen, dass das Problem unter Kontrolle ist.

Ein erfolgreiches Forschungs-Interview wird man in diesem Kontext an seiner Kapazität erkennen, eher zu enthüllen als die üblichen bürokratischen Anforderungen zu respektieren. Britische Zollbeamte, die im Rahmen dieses Projektes interviewt wurden, betonten den Mangel an Ressourcen, um gegen EU-Betrug anzugehen, und dass diese Aufgabe als langweilig und mit geringem Prestige versehen angesehen werde. Sie stellten fest, dass das Niveau der Personalausstattung nicht die öffentliche Darstellung widerspiegele, nach der mehr getan werden müsse, selbst in Zeiten, in denen Margaret Thatcher am lautesten war. In jüngerer Zeit drückte ein höherer Rechnungsprüfer seine Insidermeinung aus, dass selbst der Expertenbericht über die Fehlleistungen der Kommission bei der Betrugskontrolle viele erhellende Details ausgelassen habe. Er beschrieb Fälle, in denen die französische Regierung Druck auf höchster Ebene ausgeübt habe, um die Beschlagnahme von Banksicherheiten zu verhindern, welche von einer des Betrugs angeklagten großen nationalen Firma hinterlegt worden waren, und solche, in denen das Vereinigte Königreich sich geweigert habe, bekannte Kriminelle auszuliefern.

Im Laufe der vielen Jahre, in denen ich diese Befragungen durchgeführt habe, hatte ich auch zahlreiche Gelegenheiten, unter eher informellen Umständen Bekenntnisse zu sammeln. Zu Beginn der 1990er, bei einem Workshop zum Thema Kontrolle des EU-Betrugs erklärte mir ein mittlerer Beamter der italienischen Finanzpolizei, dass es nach seiner Meinung in der italienischen Politik einen implizierten Pakt zwischen Regierung und Mitgliedern der Geschäftswelt gebe. Vorausgesetzt, Letztere würden nicht daran gehindert, Steuerzahlungen in großem Stil zu umgehen, würden sie nicht gegen ineffiziente und klientelistische Methoden der Regierung protestieren.

Einige dieser Geständnisse grenzen ans Konspirative. In einem frühen Stadium meiner Forschungsarbeit wurde mir zum Beispiel eine recht umfangreiche, abgeschlossene Ermittlungsakte übergeben, und zwar von einem höheren Strafverfolger, der frustriert war, dass der Fall ihm aus den Händen genommen worden war (der Fall wird in voller Länge dargestellt in Passas/Nelken 1993). Die Ereignisse im Umfeld dieses Falls vermitteln uns einen seltenen Schimmer dessen, was selbst hinter den routinemäßigsten Fällen von Strafverfolgung (oder Nicht-Verfolgung) liegen kann. Jemand aus dem Bereich des organisierten Verbrechens, der begonnen hatte, mit den Richtern zusammen zu arbeiten, wurde schnell ermordet – der Fall wurde dann an einen Gerichtshof in der Region Kampanien übergeben, in dem einer der neuen Richter angeblich mit einem der Angeklagten verwandt war. Man hörte anschließend nichts mehr davon. Darüber hinaus behauptete mein Informant auch, dass zur Sicherstellung der Immunität der in den Fall Verwickelten die Regierung ein neues Gesetz gegen EU-Betrug erlassen hätte, dessen Bestimmungen weniger strikt waren als in entsprechenden Fällen von Betrug im Inland, und dass Angeklagte in Italien grundsätzlich von den jeweils günstigsten Bestimmungen profitierten, selbst wenn diese erst nach dem Zeitpunkt des Gesetzesverstoßes in Kraft träten. Das Ergebnis war, dass der Angeklagte in diesem Fall nicht vor Gericht erscheinen musste. Während diese Geschichte kaum glaubhaft zu sein scheint, erzählte mir der Strafverfolger von einem nahen Kollegen, der gerade von der Regierung seines heiklen richterlichen Postens der Verantwortung für Fälle politischer Korruption enthoben werden sollte – und das fand dann auch tatsächlich statt.

Was auch immer an den Behauptungen meiner Informanten Wahres sein mag, diese Episode macht deutlich, dass nur eine langfristige Vertrautheit mit den sozialen und kulturellen Verhaltensmustern in einem gegebenen Land die Basis sein kann für vernünftig begründete Vermutungen bezüglich der wahrscheinlichen Verbindungen zwischen Betrug und Korruption. Aus offensichtlichen Gründen politischer Vorsicht sagen offizielle EU-Veröffentlichungen nur wenig über die Unterschiede zwischen Ländern beim jeweiligen Umgang mit Betrug aus, wobei selbst solche Länder gleich behandelt werden, welche von Akademikern als Hort systematischer im Gegensatz zu gelegentlicher Korruption angesehen werden (Savona 1998). Tatsächlich ist es am Besten, anzunehmen, dass jedes Land unterschiedlich ist. Meine Nachweise stammen hauptsächlich aus Italien, wo ich mittlerweile lebe und arbeite und wo ich die Möglichkeit habe, in der Rolle des beobachtenden Teilnehmers etwas über die Gesellschaft zu lernen (Nelken 2000). Dementsprechend ist das, was ich zu sagen habe, in keiner Weise allgemein anwendbar, andere müssen versuchen, die Verbindungen an anderen Orten so offen zu legen, wie sie sich dort darstellen bzw. verbergen.

Für unsere Zwecke mag Italien auch aus anderen Gründen von Interesse sein. Die Schwierigkeiten, die das Land mit der Kontrolle des Betrugs hat, repräsentieren in einem Mikrokosmos viele derjenigen, welche die EU selbst betreffen. Es verfügt über eine zentrale Verwaltung mit schwacher Legitimität, weist eine enorme regionale Vielfalt auf mit Problemen bei der polizeilichen Kontrolle entlegener Gebiete, und setzt Systeme der Subventionen und Zuwendungen eher aufgrund politischen Kalküls ein als auf Grund ihres ökonomischen Nutzens. Es weist auch eine Fülle von einander überlappenden und in gegenseitigem Wettbewerb stehenden Kontrollinstanzen auf. Andererseits verfügt Italien über viele hingebungsvolle und mutige Richter, Polizisten, Anti-Betrugs-Inspektoren und Verwaltungsbeamte, die an der Front stehen bei dem Versuch, das zu verbreiten, was sie die Kultur der Legalität nennen – selbst in den Klauen eines undankbaren Staates. Das undankbare Verhalten der EU gegenüber dem Informanten, dessen Aktivitäten zum Rücktritt der Kommission führten, ist beklagenswert ähnlich.

Wird EU-Betrug gegen den italienischen Staat oder durch den Staat betrieben? Ergibt diese Frage überhaupt einen Sinn? Alle Wege führen nach Rom. Insbesondere der Schlüssel für die Frage, in wie weit EU-Fonds in korrupter Weise verteilt wurden (und werden), liegt im Verhalten der Verwaltungsbüros der auszahlenden Behörde, AIMA (mittlerweile, bei formaler rechtlicher Eigenständigkeit, in EIMA umbenannt) – wie auch in ihrer kürzlich eingerichteten Aufsichtsbehörde. Giovanni Goria (ehemaliger italienischer Premierminister) beschrieb die Arbeit der AIMA als eines der vielen unangenehmen Dinge, denen man im Leben begegnen kann. Jahr um Jahr beklagte der italienische Rechnungshof (Corte dei Conti) in seinen Jahresberichten das Durcheinander und den Mangel an Genauigkeit im Finanzgebahren der Organisation sowie das Missmanagement bei seinen Aufgaben. Vor allem kritisierte er stark das Fehlen irgendeiner Aufsichtsbehörde, die der Organisation übergeordnet wäre, und das stattdessen in die Nutznießer gesetzte Vertrauen, wie zum Beispiel Regionalräte oder Produzentengenossenschaften, bei der Verteilung und Überprüfung von Subventionen selbst in Fällen, in denen sie sich bereits als ineffizient und unehrlich erwiesen hatten.

Angesichts der Art, in der die Ressourcen in Kanäle geleitet werden, könnte man erwarten, dass Fälle offenen Betrugs eher die Ausnahme als die Regel wären. Doch sie erscheinen regelmäßig genug. Ein enger Freund und Verbündeter der ehemaligen christdemokratischen Parteigrößen Antonio Gava (damals Innenminister) und Cirino Pomicino (damals Finanzminister) baute ein großes Getreidegeschäft auf (Italgrani), das im sich Verlaufe der 1980er von einem Umsatz von 500 Millionen Lira zu 2 Milliarden Lira entwickelte und schließlich zur größten Gruppe in Süditalien wurde. Ein Dokument unter dem Titel „Im Schatten der AIMA" (PDS 1992), veröffentlicht von der ehemaligen kommunistischen Partei auf dem Höhepunkt der Tangentopoli (Schmiergeldstadt-)Untersuchungen, berichtete von Behauptungen, dass die Firma in Exportbetrügereien verwickelt gewesen sei, wie zum Beispiel in den Versand von 3200 Tonnen wurmverseuchten Getreides nach Peru, subventioniert durch Fonds für humanitäre Zusammenarbeit und andere Zuwendungen durch AIMA.

Der Staat ist nicht nur in der Hand solcher Figuren. Im Verlaufe der 1980er und 1990er versuchten Strafverfolger, die offensichtlichsten Fälle von Korruption in den Griff zu bekommen, indem sie die Minister für Landwirtschaft bzw. diejenigen, welche für AIMA verantwortlich waren, vor Gericht brachten unter der Anklage, ihre Ämter missbraucht zu haben. Doch sie hatten nur begrenzten Erfolg. Einem Leiter der AIMA, der versuchte, dem Staat 530 Milliarden Lira zurückzuzahlen, wurde gesagt, er solle das Geld behalten. Ein anderer angeklagter Minister endete im Straßburger Parlament. Und während eines Großteils dieser Zeit bestand der Chefbuchhalter der Regierung darauf, es habe einen heiligen Eifer gegeben, um sicherzustellen, dass die Abrechnungen der AIMA korrekt abgewickelt würden.

6. Betrug unter Freunden: Die Banalität des organisierten Verbrechens

Die offizielle Literatur zur Diskussion des EU-Betrugs versucht um des eigenen Vorteils willen, den offensichtlichen Abstand zwischen den Kontrolleuren und denen, welche sie ausstechen wollen, zu maximieren. Am anderen extremen Ende versuchen diejenigen, welche sich aktiv mit dem EU-Betrug beschäftigen, nach Kräften zu argumentieren, dass jeder (oder beinahe jeder) korrupt ist – oder zumindest korrumpierbar. Bei dem Versuch, die Kritiker zu kritisieren (Sykes/Matza 1957) übernehmen sie ein umfassendes Konzept von Korruption, wobei sie sogar die EU als solche als einen einzigen gigantischen Betrug darstellen (siehe Nelken 1997a). Doch der wichtigste Eindruck, den diese Informationsvermittler zu erwecken versuchen, ist derjenige, dass jeder eine

Rolle im Rahmen einer gut geölten Maschine spielt (die Analogie, welche sie selbst verwenden), in der es nur darum geht, das angemessene Niveau an persönlichen und technischen Fähigkeiten zu erreichen, mit dem sich die komplizierten Arrangements herstellen lassen, die für das Gelingen des Betrugs als eines fortlaufenden Projektes notwendig sind. Das Öl stellt selbstverständlich die Korruption dar.

Die folgenden Auszüge sind einer Reihe von Interviews entnommen, die mit Angehörigen von durch die Camorra geleiteten Betrugsorganisationen in Neapel geführt wurden. Ein führendes, auf der Flucht befindliches Mitglied der Camorra war bereit, sich in einem sicheren Haus zu einem von ihm bestimmten Zeitpunkt interviewen zu lassen. Es wurde gefragt:

F. Warum beteiligen sie alle sich am Betrug zu Lasten der EU?
A. Die Freunde beteiligen sich an allem, was mit Geschäft zu tun hat. Wo wir Profit machen können oder anderen dabei helfen können, Profit zu machen, da werden wir sein. Ansonsten käme es zu einer beachtlichen Anarchie, wie Sie es ausdrücken würden. Wir schaffen Ordnung. In dieser Weise sorgen wir dafür, dass jeder weiterhin glücklich ist.
F. Was genau tun Sie? Wie operieren Sie?
A. Unsere Aufgabe ist es, die notwendige Unterstützung dort sicherzustellen, wo sie erforderlich ist. Wir schmieren diejenigen, bei denen es möglich und von entscheidender Wichtigkeit ist, sie zu schmieren, und wir überzeugen (= zwingen) diejenigen, welche etwas widerstrebender sind (d.h. diejenigen, welche nicht korrumpiert werden wollen).

In späteren Interviews wurden Angehörige zweier Camorra-Familien über die Arbeitsteilung innerhalb der Familien befragt, wenn ein Betrug organisiert werden soll. Der erste von ihnen antwortete: Sicher hat jeder seine exakte Aufgabe: Da ist derjenige, welcher die Kontakte mit den Anwälten und dem Buchhalter zu organisieren hat, der, der gebeten wird, sich um Kontakte zu Politikern zu bemühen, derjenige für das Ministerium (für Landwirtschaft) und derjenige, der die Dinge mit Brüssel regelt.

Im Verlaufe eines Gruppen-Interviews mit einem Beschäftigten der Europäischen Bank in Brüssel (= B), einem Regionalpolitiker (= Pol.), einem Funktionär (= F) und einem Inspektor (= Insp.) der Auszahlungsbehörde AIMA sowie einem Buchhalter (= Buch.), der dazu gebracht worden war, die Camorra zu unterstützen, erklärte der Bankmitarbeiter:

(B) Wenn es eine Gans gibt, die goldene Eier legt, dann bedient sich jeder, der dazu in der Lage ist. Die Landwirtschaftsminister, die Minister für den Süden (Mezzogiorno), Unterstaatssekretäre, Regionalpräsidenten; jeder, mancher mehr, mancher weniger, hat schon Eier von dieser Gans genommen ... nicht nur das organisierte Verbrechen.

Der Interviewer fragte daraufhin:
Aber hier in der Gegend ist das organisierte Verbrechen doch in jedem Fall mit Politikern verbunden?
(Pol.) Finden Sie mir mal einen Politiker, der das nicht ist. Das gesamte System hier ist durchtränkt vom organisierten Verbrechen.

Eine gewisse Vorstellung von dem Gemisch an Motiven, das zur Rechtfertigung der Zusammenarbeit mit dem organisierten Verbrechen herangezogen wird, lässt sich durch den folgenden Gedankenaustausch gewinnen:

F.   Bekamen Sie Hilfe bei der Erlangung des Postens, den Sie nun innehaben?
(B.)   Na ja, eine Hand wäscht die andere ... solche Positionen werden immer an jemanden vergeben, der eines Tages nützlich werden könnte.
(Pol.)   Der Politiker muss seine Wahl immer sehr sorgfältig treffen. Wenn er einem seiner Freunde nicht hilft, wird es für ihn schwierig werden, im Sattel zu bleiben ...
(F.)   Wir sind einfach die Rädchen im Inneren der Maschine ... und jeder von uns sorgt für die nächste Umdrehung. Anderenfalls würde die gesamte Maschine blockieren und zum Stillstand kommen. Es ist nicht so sehr eine Frage des Geldes, sondern es geht vor allem darum, für sich selbst eine Rolle zu finden, mit der Möglichkeit, Befehle geben zu können, etwas bewilligen zu können ...
(Pol.)   Das Geld dient dazu, einem größeres Gewicht zu verleihen, Prestige in dieser Gesellschaft ...
(Buch.)   Ohne Geld ist man ein Niemand und muss sich ständig dem Willen anderer unterwerfen, derer, die Geld haben. Aber in jedem Fall ist es unmöglich, von der (geringen) staatlichen Pension zu leben ... weswegen wir in dieser Weise auch unseren Kindern eine bessere Zukunft garantieren können, damit sie einmal die Instrumente besitzen können, die sie brauchen, um die Dinge wirklich zu ändern.
(B.)   Und außerdem, wer ist denn in diesem System wirklich ehrlich? Und was bedeutet Ehrlichkeit heutzutage überhaupt noch. Nicht mehr als ein hübsches Wort ...

Der Buchhalter wurde gebeten, einige Details der offiziellen Verbindungen zu nennen, die nötig sind, um einen EU-Betrug voranzubringen. Er antwortete:

Die Verbindungen bestehen alle innerhalb der AIMA selbst. Es sind die Funktionsträger der AIMA, welche die notwendigen Dokumente decken und weiter reichen (durch die entsprechenden Kanäle). Mehr noch, es sind häufig eben diese Funktionsträger, die dem Hersteller den Betrug vorschlagen. Derselbe wendet sich dann an den Landwirtschaftsminister. Und an die Europäische Bank.

Der Interviewer fuhr mit der Frage fort:
   Und gilt das auch für die Finanzpolizei (Guardia di Finanza) und die Carabinieri?
(Buch.)   Es gilt auch für die Finanzpolizei, aber in keiner Weise für die Carabinieri. Allerdings wird ein Angehöriger der Finanzpolizei nur bezahlt, wenn es nötig ist zu vermeiden, dass die allzu gründliche Kontrollen der Dokumente vornehmen.
F.   Aber Kontrollen werden durchgeführt? Welcher Art?
(Buch.)   Routinekontrollen (nach Augenschein) werden vorgenommen.
F.   Wann wird dann überhaupt ein Betrug entdeckt?

(Buch.) Die einzige Möglichkeit, einen Betrug überhaupt zu entdecken, besteht darin, dass jemand der Polizei Informationen gibt. In diesem Fall wird die Polizei in der Tat verpflichtet sein, eine Gegenkontrolle der Finanzdokumente vorzunehmen, um die Glaubwürdigkeit der vorgenommenen Rechnungsstellung zu überprüfen. Doch bedenken Sie, dass die Angelegenheit (der Betrug) technisch so gut organisiert ist, dass sie geradezu unmöglich aufzudecken ist. Und so habe ich in den 30 Jahren, in denen ich in diesem Beruf bin, niemals erlebt, dass jemand für diese Art von Verbrechen ins Gefängnis gekommen wäre.

Der Interviewer stellte dann die entscheidende Frage nach dem Preis für die Zusammenarbeit.

F. Wie viel verlangt ein Funktionsträger, damit er etwas übersieht oder an einem Betrug teilnimmt?

(Buch.) Sieben bis zehn Prozent der Gesamtsumme.

Besonders interessant ist die Geschichte, die der für die Betrugskontrolle bei der AIMA verantwortliche Inspektor erzählte.

F. Was ist Ihr Verantwortungsbereich?

(Insp.) In der Theorie soll ich kontrollieren, ob ein gegebener Hersteller so viel von dem landwirtschaftlichen Produkt (für welches Subventionen beansprucht werden) produziert, wie im Subventionsantrag erklärt wird. Ich müsste überprüfen, dass sein Antrag sämtlichen von der AIMA erlassenen Bestimmungen entspricht. Ich sollte dann untersuchen, wer diesen Anforderungen entspricht und wer nicht.

F. Nun, das ist die Theorie. Andererseits, wie steht es mit der Praxis? Was passiert wirklich?

(Insp.) Was passiert, ist dass man die Anträge als korrekt zertifizieren muss, zu denen man hingeleitet wird.

F. Aber Sie wissen, dass Sie da etwas Illegales tun?

(Insp.) Ich habe keine Wahl. Ob es nun dieser Job ist oder ein anderer, die Geschichte wäre überall die gleiche ... Wir leben hier nicht im Norden. Hier muss man sich denen beugen, die das Sagen haben, wenn man genug zu essen haben will.

F. Was machen Sie mit dem Geld (das Sie für diese Dienste erhalten)?

(Insp.) Tatsächlich bekommen wir Geschenke. Was ich tue, tue ich für diejenigen Freunde, die mir zu einem sicheren Job für den Rest meines Lebens verholfen haben.

7. Die Zukunft des EU-Betrugs

Diese Interviews stammen von Anfang bis Mitte der 1990er, und seitdem ist viel geschehen. Können wir mittlerweile sagen, dass EU-Betrug und Korruption unter Kontrolle sind? Ist das Ausmaß des Fehlverhaltens geringer geworden? Vielleicht noch wichtiger: Gibt es eine geringere gesellschaftliche Toleranz für solches Fehlverhalten? Es wäre unklug, eine allzu selbstbewusste Antwort auf diese Fragen zu geben. Im Jahre 2000 zum Beispiel gaben Schweinefarmer in England zu, dass sie Schweine aus Gegenden, welche als Schweinepest verseucht erklärt werden sollten, heraus verlegten (mit dem Risiko, dass sich die Seuche im ganzen Land verbreitete), da die Ausgleichszahlungen der Regierung für die Schlachtung dieser Schweine ihnen nicht hoch genug waren (dies noch nachdem der BSE-Skandal hunderte Millionen Pfund als Ausgleich für geschlachtete Kühe gekostet hatte – einschließlich eines Anteils an still toleriertem EU-Betrug).

Sicherlich üben sich verändernde Umstände einen wichtigen Einfluss aus. Wie das Komitee der unabhängigen Experten (1999) feststellte: Die Kommission wurde in den 1990ern vom Vorschlaggeber der Politik zum Politik-Anwender umgewandelt, doch ihre administrative und finanzielle Kultur, das Gespür für individuelle Verantwortung unter den Mitarbeitern und das Bewusstsein für die Notwendigkeit, sich an die Regeln eines ordentlichen Finanz-Managements zu halten, haben sich nicht im selben Tempo entwickelt. Besonders die höhere Ebene der Hierarchie befasst sich mehr mit den politischen Aspekten der Kommissionsarbeit als mit Management ... im Licht der neuen Managementaufgaben hat die Kommission die Pflicht, Prioritäten zu setzen, etwas bei dem sie bisher versagt hat, indem sie es vorzog, Fonds der Gemeinschaft (manchmal in illegaler Weise) zu benutzen, um den Gleichstand zwischen den zu erreichenden Zielen und den dafür einzusetzenden Ressourcen zu erreichen.

Die Gelegenheiten für die Nutznießer der Freigiebigkeit der EU verändern sich ebenfalls, oder sie lassen sich verändern. Die Betrüger versuchen bewusst, den Veränderungen immer einen Schritt voraus zu sein bei der Organisation von Programmen für Landwirtschafts- und andere Subventionen, indem sie ihre Aufmerksamkeit auf andere Schwachstellen verlagern (wie zum Beispiel die Organisation der Mehrwertsteuer). Sowohl Korruptions- als auch Anti-Korruptions-Kampagnen unterliegen Zyklen. Wenn die 1980er eine Wachstumsperiode darstellten, dann sahen die 1990er eine Reaktion darauf – und das nächste Jahrzehnt? EU-Betrug ist ein Symptom für den Mangel an einer starken Loyalität gegenüber einem supranationalen Europa-Ideal. Subventionsprogramme mögen dabei geholfen haben, die Gemeinschaft zusammenzuhalten in der Zeit zwischen der Bestialität des Zweiten Weltkrieges und der Entwicklung neuer Bande durch den Binnenmarkt und das kollektive Eigeninteresse der Festung Europa. Doch sie stellen eine zweischneidige Erbschaft dar. Was Penelope tagsüber webt, zerstört sie in der Nacht.

Anmerkungen

Bei der Sammlung von Beweisen sind die Ermittler der Gemeinschaft in sehr starkem Maße externen Faktoren unterworfen, wie zum Beispiel politischen oder kommerziellen Interessen, der Effektivität des örtlichen Rechtssystems sowie der Effektivität und dem guten Willen der örtlichen Verwaltung (EU-Kommission 2000).

Neben anderen Problemen kann es durchaus der Fall sein, dass die Zahlen für ein bestimmtes Jahr mehrere Jahre betreffen, Klassifikations-Praktiken variieren unter den Staaten und verändern sich im Laufe der Jahre (in den 1980ern entschied Deutschland, viele geringfügigere Fälle zu berichten, da es mit den anderen Mitgliedsstaaten nicht mehr auf gleicher Höhe war).

Die Interviews wurden von einem Forschungsassistenten durchgeführt, und zwar im Rahmen eines Projektes zum Verhältnis verschiedener Formen von Vertrauen, Verbrechen und Strafrecht (siehe Nelken 1994).

Literatur

Committee of Independent Experts, 1999: First Report on the Allegations Regarding Fraud, Mismanagement and Nepotism in the European Commission: <http://www.europarl.eu.int/experts/en/default.htm>; 15.03.1999.

Committee of Independent Experts, 1999: Second Report on the Reform of the Commission Analysis of Current Practice and Proposals for Tackling Mismanagement, Irregularities and Fraud, <http://www.europarl.eu.int/experts/en/default.htm>; 10.09.1999.

EU Commission, 2000: The Fight against Fraud. Luxembourg.

European Court of Auditors, 1998: Special Report No 8/98 on the Commission's Services Specifically Involved in the Fight Against Fraud, notably the ‚unité de coordination de la lutte anti-fraude' (UCLAF), together with the Commission's replies, EU. Luxembourg.

Nelken, David, 1994: Whom Can you Trust? The Future of Comparative Criminology, in: *Nelken, David* (Hrsg.), The Futures of Criminology. London, 220–244.

Nelken, David, 1997: The Globalization of Crime and Criminal Justice: Prospects and Problems, in: *Freeman, Michael* (Hrsg.), Law and Opinion at the End of the 20th Century. Oxford, 251–279.

Nelken, David, 2000: Virtually there, Researching there, Living there, in: *Nelken, David* (Hrsg.), Contrasting Criminal Justice. Aldershot, 23–48.

Nelken, David/Levi, Michael, 1996: The Corruption of Politics and the Politics of Corruption, in: Journal of Law and Society 23(1), 1–18.

Passas, Nikos/Nelken David, 1993: The Thin Line between Legitimate and Criminal Enterprises: Subsidy Frauds in the European Community, in: Crime, Law and Social Change 19, 223–243.

PDS group of MP'S, 1992: All ombra dell AIMA: frodi, truffe, sprecchi clientilismo negli aiuti all agriculture, unpublished paper.

Perduca, Alberto, 1995: La giostra delle Carni: Appunti su un caso giudiziario di frode in danno degli interessi finanziari comunitari. Paper presented at the Incontro sulla tutela penale degli interesse finanziari delle comunità Europée held at Ostia Lido, 12–14 October.

Savona, Ernesto, 1998a: Economic Crime in Europe: Interdependencies among Fraud, Money Laundering and Corruption: Analysis and Responses. Paper presented at the conference on fraud, money laundering and corruption Trento, 21-23 October.

Savona, Ernesto, 1998b: L'azione Internazionale contro il riciclaggio, in: *Violante, Luciano* (Hrsg.), Mafia e Società Italiana – Rapporto 98. Rome.

Savona, Ernesto, 1998: La Corruzione. Rome.

Sieber, Ulrich, 1998: Euro Fraud: Organised fraud against the financial interests of the European Union, Crime, Law and Social Change 30, 1–42.

White, Simone, 1998: Protection of the Financial interests of the European communities: The Fight against Fraud and Corruption. Deventer.

Analytische Schattenspiele: Konturen der Korruption in Frankreich

Sabine Ruß

1. Frankreich zur Jahrtausendwende: die Virulenz politischer Korruption

Noch 1989 konstatierte eine Studie zur Korruption für Frankreich ein lediglich sporadisches, individueller Schwäche und kriminellem Fehlverhalten geschuldetes Auftreten von Korruption. Eine gewisse regionale Ausnahme von diesem Befund wurde allerdings mit dem Hinweis auf klientelistische Strukturen im Süden und auf Korsika festgestellt (Bellers 1989: 115–121). Doch zum Zeitpunkt der Veröffentlichung hatte eine drastische Wahrnehmungsveränderung eingesetzt. Die Häufung von Korruptionsaffären, vor allem aber auch die Prominenz des darin verwickelten politischen Personals, sorgten seit der – vor allem zweiten – Präsidentschaft Mitterrands beinahe durchgängig für eine hohe Sichtbarkeit des Themas. Nach dem *Corruption Perceptions Index* von Transparency International rangierte Frankreich im letzten Jahrzehnt mit Italien, Portugal und Griechenland unter den Schlusslichtern der EU. Eine im Land selbst viel beachtete wissenschaftliche Studie sprach von der „Korruption der Republik" (Mény 1992).

In der Arena der Politik nutzte der seit 1984 wahlpolitisch erfolgreiche *Front national* Le Pens das Thema weidlich für seine rechtspopulistische Agitation gegen das politische Establishment aus und sprach von „ripoublique" (ripoux: Schurke). Die offizielle Politik reagierte. 1992 erklärte der damalige sozialistische Premierminister Pierre Bérégovoy die Korruptionsbekämpfung zur Priorität seiner Regierungspolitik. Tragischerweise war er wenig später tot, er hatte sich wegen des in den Medien gegen ihn vorgebrachten Verdachts persönlicher Vorteilsnahme in Form eines Kredits für seinen Hausbau umgebracht.

Mit dem deklarierten Ziel der „Moralisierung des öffentlichen Lebens" kam es zu einer Welle von Reformgesetzen (Gesetze von 1988, 1990, 1993 und 1995), mit denen der Gesetzgeber verspätet die zuvor fast gänzlich fehlende Regelung der Finanzierung des politischen Wettbewerbs schuf.[1] Doch nach den Reformen ebbten die Korruptionsaffären nicht ab. Ein weiterer Höhepunkt in der öffentlichen Aufmerksamkeit wurde erreicht, als der derzeit amtierende Präsident Jacques Chirac im Zusammenhang mit der illegalen Finanzierung seiner gaullistischen Partei auf die Verdächtigenliste der Untersuchungsrichter geriet, jedoch dank der vom Verfassungsrat für den Präsident bestätigten Immunität nie auch nur als Zeuge gehört werden konnte. Der von Chirac selbst als Kronprinz aufgebaute ehemalige Premierminister Alain Juppé freilich musste sich in der Sache vor Gericht verantworten und bekam im Januar 2004 in erster Instanz seine

---

[1] In anderen westlichen Demokratien gab es solche Regelungen schon früher: 1966 Dänemark und Schweden, 1967 Bundesrepublik Deutschland, 1969 Finnland, 1974 Italien und USA, 1975 Österreich, 1976 Portugal, 1984 Griechenland, 1985 Belgien und Spanien.

Wählbarkeit für zehn Jahre aberkannt, weil er dem Richterspruch zufolge „das Vertrauen des souveränen Volkes missbraucht" hatte.[2]

Jenseits der Fieberkurven politischer Skandale sind die Strukturen hinter den Turbulenzen der Ereignisgeschichte von politikwissenschaftlichem Interesse. So versteht sich die folgende qualitative Kurzanalyse des Falls Frankreich als paradigmatische Übung gemäß der Beobachtung von Yves Mény, dass „Korruption sich auf Mechanismen, Werte und Regeln stützt, die im System als legitim gelten. (...) Die Korruption ist keineswegs am Rande des Systems angesiedelt, sondern gedeiht in Symbiose mit ihm, nährt sich an seinen Schwächen und setzt sich in seinen Fugen fest" (Mény 1992: 23).

2. Korruptionsanalyse als analytisches Schattenspiel

Die Analyse politischer Systeme hat neben der formalen, also normierten, institutionellen und öffentlichen Seite des Regierens die informale Seite zu berücksichtigen, zu der das Phänomen der politischen Korruption gehört. Darunter soll, unabhängig von der in der Praxis vorhandenen rechtlichen Ausdifferenzierung in unterschiedliche Straftatbestände, die Ausübung eines öffentlichen Amtes verstanden werden, bei der ein Amtsinhaber unter Ausschluss der Öffentlichkeit zu seinem eigenen Vorteil gegen die normativen Verhaltensvorgaben dieses Amtes verstößt und damit Dritte, im Falle der politischen Korruption die Bürger als Steuerzahler und Wähler, schädigt – auch wenn diese dies unmittelbar nicht bemerken, sodass es sich um ein „Verbrechen ohne Opfer" zu handeln scheint.

Dass Ausmaß und Formen der Korruption unbenommen der prinzipiellen Universalität des Phänomens[3] offenkundig in verschiedenen politischen Systemen sowie verschiedenen Zeitpunkten unterschiedlich ausfallen, bedarf der Erklärung. Und dies um so mehr, als die Konsequenzen politischer Korruption das politische System in Kernbereichen treffen: Auf der Politics-Ebene verzerren solche verborgenen sozialen Tauschvorgänge den Wettbewerb um Macht und den politischen Willensbildungsprozess, auf der Policy-Ebene verursacht die Verteilung von Gütern entgegen offiziell beschlossener Zielvorgaben der Allgemeinheit Zusatzkosten, und auf der Polity-Ebene bedrohen systemische Formen politischer Korruption die symbolische und offizielle Ordnung und damit die Systemlegitimation.

Trotz der Relevanz der mit dem Phänomen Korruption verbundenen Fragen sorgt der Charakter der Korruption als ein im Verborgenen vorgenommener Tausch dafür, dass sie sich aufgrund des fehlenden unmittelbaren Zugriffs auf zuverlässige empirische Daten der Komparatistik als Untersuchungsgegenstand eher sperrt.

---

2 Dieses Urteil wurde vom Berufungsgericht in Versailles am 2.12.2004 mit der Begründung auf eine einjährige Sperre abgemildert, dass man Juppé nicht „zum Sündenbock" für eine weiter verbreitete Praxis machen wolle (Le Monde, 3.12.2004: 11).

3 Für diese nennt Michael Johnston zwei Gründe: Die grundsätzlich vorhandene Knappheit der Güter, die über die Politik bereitgestellt oder verteilt werden, sowie die Unsicherheit darüber, wer wann und wie viel dieser Güter schließlich erlangen wird, bieten hinlänglich Anreiz dafür, durch Sonderabsprachen die eigene Teilhabe sicherzustellen (Johnston 1986: 18).

Und doch lässt sich politische Korruption als „Schattenpolitik" (von Alemann 1989, 1994, 2004) unter der Bedingung analysieren, dass man dem „Schattencharakter" des Phänomens Rechnung trägt. Im Bewusstsein der Tatsache, dass der Korruptionsbefund einer Gesellschaft nur als „Schatten" erkennbar ist, kann man erstens fragen, welche Strukturen die Umrisse des Schattens bestimmen und zweitens, wo die Lichtquelle liegt, ohne die von der Korruption noch nicht einmal der Schatten sichtbar würde. Die Kenntnis der Lichtquelle(n) bzw. ihre Stärke erklären den Umfang des Schattens und verweisen eventuell auf gewisse Verzerrungen der Konturen. Das heißt:

– Die in den Kontrollarenen des politischen Systems, nämlich dem Gerichtssystem, den Medien und schließlich auch dem Parlament bzw. seinen Untersuchungsausschüssen entdeckten Tatbestände von Korruption stellen zwar nur einen Teil der Korruptions-Wirklichkeit dar, doch der vorliegende „Schattenumriss" lässt sich in Kenntnis der formalen und der öffentlich sichtbaren informalen Elemente des politischen Systems auf seine Ursachen hin interpretieren. Im Sinne des Neoinstitutionalismus wird davon ausgegangen, dass Institutionen eine Gelegenheits- und Anreizstruktur darstellen, die die Strategien der Akteure – darunter eventuell deren Entscheidung für korruptes Verhalten – beeinflusst.

– Zugleich ist der politische Prozess in den Kontrollarenen selbst zu untersuchen, denn das durch diesen Prozess erzeugte „Licht" hängt ab von den institutionellen Kontrollmöglichkeiten und den Interessen der auf den Kontrollpositionen befindlichen Akteure. Zu beachten ist, dass dieser Prozess häufig in weiten Teilen einer spezifischen Form des Machtkampfs entspricht, nämlich dem des politischen „Skandals".

Abbildung 1: Qualitative Analyse von Korruptionsfaktoren

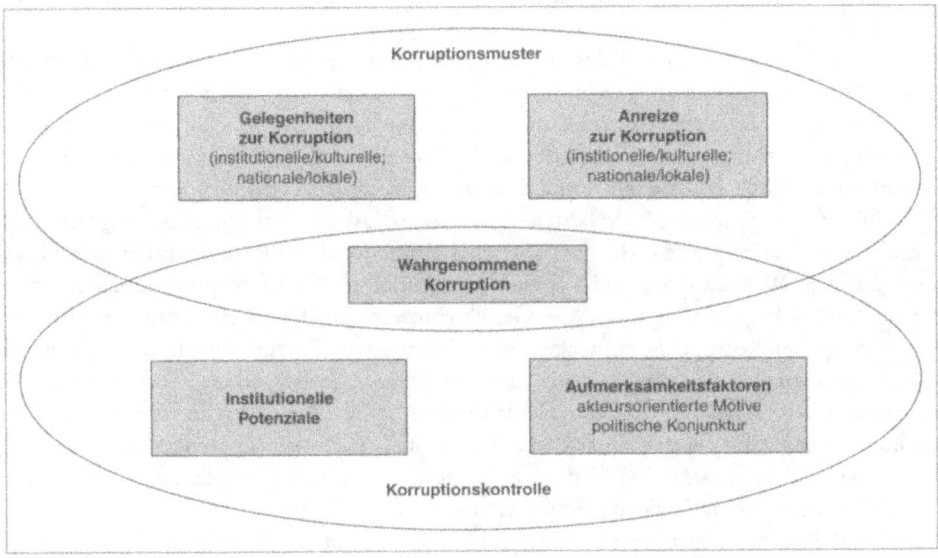

Aus diesen Überlegungen folgt, dass die Kausalitäten für die Häufung von Korruptionsfällen im französischen Fall und anderswo grundsätzlich wie folgt gelagert sein können:
a) Umfang und Frequenz von Korruption nehmen zu, weil die Anreize und/oder Gelegenheiten (mehr „Tauschobjekte", weniger oder schwächere Kontrollinstanzen) zur Korruption zunehmen.
b) Es werden mehr Korruptionsfälle bekannt, weil sich die Kontrolle gegenüber Korruption verschärft hat und mehr Kontrollinstrumente und/oder mehr Interesse an ihrer Nutzung vorhanden sind.

3. Schattenrisse: Muster und Ursachen der Korruption in Frankreich

3.1 Die Tabuisierung von Geld und Interessen in der französischen Tradition

1970 stellte der französische Politikwissenschaftler Jean Charlot für Frankreich den Befund relativer Korruptionsfreiheit aus und schrieb dies einer spezifischen politischen Kultur zu, die sich wie eine Schutzfolie um das öffentliche Amt lege (Charlot 1970). Als kennzeichnend für die französische republikanische Tradition gilt das Bestreben, die Herrschaftsausübung von Partikularinteressen möglichst abzuschotten, damit die volonté générale der Nation verwirklicht werden kann. Deswegen existiert beim französischen Parlament bis heute anders als in den USA oder in der Bundesrepublik Deutschland auch keine Lobby-Liste. Dass die öffentliche Verwaltung generell als wenig korruptionsanfällig gilt, wird dem ausgeprägten leistungsorientierten Amtsethos der französischen Ministerialbürokratie zugeschrieben, das durch die strenge Selektion über Elitehochschulen anerzogen und durch das hohe Sozialprestige des öffentlichen Dienstes gratifiziert wird.

Da die Verfassung der Fünften Republik unter der Maßgabe der Gewährleistung von Regierbarkeit konzipiert wurde und so ein exekutivlastiges System mit vergleichsweise schwachen Gegengewichten und Kontrollmechanismen geschaffen hatte, kommt es letztlich darauf an, dass die Inhaber der politischen und administrativen Spitzenpositionen tatsächlich von diesem republikanischen Ethos durchdrungen sind.

Die in den späten 1980er Jahren einsetzende Kaskade von Untersuchungsverfahren und Skandalen zeigte jedoch, dass wie in anderen westlichen Demokratien die Finanzierung von Wahlkämpfen und Parteien zum Einfallstor für Korruption in die französische Republik geworden war. Wie Gerichtsprozesse zu Tage beförderten, hatten sich Muster grauer Korruption entwickelt, also Formen von Korruption, die zwar gesetzlich geahndet, von bestimmten Gruppen der Gesellschaft, insbesondere Eliten nicht als regelverletzend betrachtet wurden (Heidenheimer 1970: 27). Für die direkt beteiligten Akteure gehört sie zu den Spielregeln ihres Alltags und zum operativen Erfolgskodex, auch wenn diese strategische Ordnung der normativen und symbolischen Orientierung der Gesamtgesellschaft widersprechen (Becquart-Leclerc 1989: 202).

Zwei allgemeine strukturelle Entwicklungen erklären die Bedeutung dieser Korruptionsarena: Die Verflechtung von Staat und Wirtschaft im modernen Interventionsstaat schafft die notwendigen Gelegenheiten, und die steigenden Kosten einer immer stärker professionalisierten politischen Kommunikation begründen die Bedeutungszunahme finanzieller Ressourcen für den politischen Wettbewerb und schaffen somit den Anreiz, notfalls auch illegale Wege der Mittelbeschaffung zu wählen. In Frankreich sind beide Punkte besonders ausgeprägt zu beobachten. Bekanntlich besteht das spezifisch französische Modell in einer vorherrschenden Rolle des Staates in der Wirtschaft, die auch durch die in den letzten zwei Jahrzehnten erfolgten Privatisierungen vormalig staatlicher Großunternehmen nicht beendet, sondern modifiziert wurde. Zudem wurde die Demokratie abgesehen von dem schon erwähnten Wandel der politischen Kommunikation dadurch teurer, dass sich die Fünfte Republik mehr Wettbewerb und Wahlen leistete: seit 1962 die direkten Präsidentschaftswahlen, seit 1979 die Europawahlen und schließlich seit 1986 die Regionalwahlen. Dadurch, dass die in den achtziger Jahren eingeleitete Dezentralisierung von Kompetenzen auf die Gebietskörperschaften lokale Ämter zudem attraktiver machte, wurde der Wettbewerb ebenfalls verschärft.

Das Besondere an Frankreich im internationalen Vergleich ist, dass es, wie bereits erwähnt, diese Kosten der Demokratie bis zum Ende der achtziger Jahre äußerst rudimentär geregelt hatte. Es gab lediglich genau normierte Wahlplakate und Werbezettel für die Kandidaten, Gratis-Sendezeiten für Wahlwerbung im Fernsehen und eine bescheidene öffentliche Subvention für den Wahlkampf der Präsidentschaftskandidaten. Rechenschaftspflichten für Parteien und Kandidaten oder eine rechtliche Grundlage für Unternehmensspenden fehlten. Offiziell wurde die Finanzierung des politischen Wettbewerbs durch die Mitgliedsbeiträge der Parteien und Spenden von Sympathisanten getragen. Aufgrund der Mitgliederschwäche der französischen Parteien kann aber davon ausgegangen werden, dass diese sich nur zu maximal 20 Prozent über Beiträge finanzieren konnten, der Rest blieb dem „système D", dem System „débrouille" (in etwa: Improvisation) überlassen.

Die Tabuisierung der Interessen- und Geldfrage der Demokratie hängt mit der beschriebenen hohen Erwartung an den Staat in der republikanischen Tradition zusammen. Traditionell war neben der als verderblich betrachteten „Macht" bis in die jüngste Vergangenheit auch der Begriff des Geldes in der französischen Kultur negativ besetzt. Beides kann historisch dem Einfluss des Katholizismus zugeschrieben werden. Dies hat sich erst im Laufe der 1980er Jahre hinsichtlich der Einstellung zum Geld abgeschwächt.

Der virulente Finanzbedarf, das lange bestehende normative Vakuum und die kulturell bedingte Tabuisierung des Geldes in der Politik stellen den ersten korruptionsbegünstigenden Faktorenkomplex dar. Wer im Verborgenen handelt und in den Grauzonen von Recht und Unrecht operiert, übertritt die Grenze zur Illegalität leichter.

3.2 Gelegenheitsstrukturen auf nationaler Ebene

Aus den prominentesten Korruptionsfällen der letzten beiden Jahrzehnte werden nun rekurrente Elemente herausgearbeitet und die sichtbar gewordenen Korruptionsmuster mit den Strukturen des politischen Systems in Beziehung gesetzt. Dabei unterteilt die Darstellung in korruptive Tauschnetzwerke, deren Ressourcen an

– nationale Ämter gebunden sind (Affäre Carrefour/Nucci, Affäre Luchaire, Affäre Elf),
– lokale Ämter gebunden sind und
  a) als materielle und politische Wettbewerbsvorteile auf der nationalen Ebene eingesetzt werden und meist Parteien zugute kommen (Affäre Urba/Sozialisten, Affäre Gifco/Kommunisten, Affäre Rathaus Paris sowie Sozialwohnungen (HLM)/Neogaullisten, Affäre der Gymnasien in der Region Ile de France/Absprache zwischen Parteien RPR, PR. PS)
  oder
  b) dem Ausbau einer lokalen Machtbastion für die Ambitionen eines einzelnen Politikers oder eines Clans und seines klientelistischen Systems dienen (Medecin/Nizza, Carignon/Grenoble, Noir/Lyon, Mouillot/Cannes).

Zum Verständnis der französischen Praxis ist allerdings darauf zu verweisen, dass es sich um ein reines Darstellungsraster handelt. Im politischen Prozess und Wettbewerb sind nationale und lokale Ebene insofern nicht voneinander geschieden, als die Kumulierung politischer Mandate die Regel darstellt, also die gleichzeitige Ausübung von Wahlämtern auf verschiedenen Ebenen des Systems. Diese Praxis hatte sich im Zentralstaat zum einen zugunsten der Vertretung lokaler Interessen auf nationaler Ebene herausgebildet, sodass politische Akteure durch ihre Präsenz auf mindestens zwei Ebenen die langen Verwaltungswege des Zentralstaats informell verkürzen konnten. Zum anderen war die Ämterkumulierung auch ein Weg der politischen Professionalisierung und (auch finanziellen) Absicherung. Infolge der Dezentralisierung und den gewachsenen Kompetenzen der Gebietskörperschaften stieg das Bewusstsein für mögliche Interessenkonflikte oder Kontrolldefizite, die solch eine Praxis mit sich bringt. So wurden mit den Gesetzen von 1985 und 2000 Kumulierungsbeschränkungen erlassen. Insbesondere ist heute die Kombination von Bürgermeisteramt und Ministeramt nicht mehr möglich, die in der Vergangenheit wiederholt zu offen klientelistischen Praktiken geführt hatte.

Ein korruptionsbegünstigender Zug der französischen Politik auf nationaler Ebene resultiert aus dem Umstand, dass Frankreich eine Exportnation und der Staat oft gleichsam als interessierter Handelsvertreter mit von der Partie ist. Nach den Worten von Anne-José Fulgéras, der ehemaligen Leiterin der Finanzsektion der Pariser Staatsanwaltschaft, ist davon auszugehen, dass „Korruption für den internationalen Handel das ist, was Doping im Hochleistungssport ist" (Le Monde, 6.11.2004: 16). Erst 1997 wurde in der französischen Rechtsprechung mit der Praxis gebrochen, dass von französischen Firmen im Ausland gezahlte Schmiergelder als „Sonder- und Werbekosten" toleriert und von der Steuer abgesetzt werden konnten. Auf aufschlussreiche Weise ambivalent war die französische Regierungspolitik bei der Umsetzung der OECD-Konvention zur Korruption von Vertretern ausländischer Regierungen von 1997, die Frankreich im Jahr 2000 ratifiziert hatte. Dabei ging es darum, die Möglichkeit zur Strafverfolgung von durch Vertreter anderer Staaten begangene Korruptionstatbestände zu schaffen und damit die Praxis von Exportfirmen, sich den Zugang zu Märkten zu erkaufen, zu unterbinden. Dies wurde zwar nach einigem Hin und Her in Gesetzesform gegossen, doch mit dem vieldeutigen Appell an das Justizministerium verbunden, allgemeine Richtlinien zu entwerfen, die die Benachteiligung und Bestrafung französischer Firmen verhindern (Lascoumes 2001: 58).

Der Bereich des Außenhandels ist im Fall Frankreich als Gelegenheitsstruktur besonders zu beachten, weil die französische Exportindustrie in heiklen Bereichen wie der Rüstungs- und Luft- bzw. Raumfahrtindustrie, Telekommunikation und Nuklear- und Ölindustrie ihre Schwerpunkte hat. Zudem ist der Staat in diesen Bereichen, auch nach der Privatisierungswelle des letzten Jahrzehnts, mehr oder weniger direkt als Anteilseigner engagiert und ist oder besitzt über personelle Verknüpfungen Einflussmöglichkeiten (FAZ, 8.11.1994: 18). Der Handel in den genannten Bereichen berührt außenpolitische und sicherheitspolitische Interessen. Bekanntlich stellt jedoch die Außen- und Verteidigungspolitik den für die Öffentlichkeit am wenigsten transparenten Bereich der Regierungspolitik dar. In Frankreich gilt dies in besonderer Weise. Erstens ist die Mauer der Macht besonders hoch und die Geheimhaltung streng; das „secrét-défense" setzt Ermittlungen von Justizbehörden und Untersuchungsausschüssen anders als etwa in den USA (Irangate) rigide Grenzen. Das „Staatsgeheimnis" schützt auch den im Haushalt des Premierministers enthaltenen Reptilienfonds, aus dem seit Jahrzehnten Gelder an die Parteien fließen. Zweitens beinhaltet das in der Gegenwart fortwirkende gaullistische Projekt der Sicherung der nationalen Unabhängigkeit und Größe eine industrielle, energiepolitische und territoriale Dimension, die spezifische Korruptionsgelegenheiten schafft. Drittens existiert in Frankreich eine personelle Verflechtung zwischen hoher Politik, Verwaltung und wirtschaftlichen Großunternehmen. Diese Elemente treten in der Affäre Luchaire (Mitte der achtziger Jahre) und der Affäre Elf (Ende der neunziger Jahre) zutage.

Die Affäre Luchaire stellt sozusagen das französische Analogon zum amerikanischen Irangate dar und war Auslöser der ersten Parteienfinanzierungsreform von 1988. In den Jahren 1986 und 1987 waren in der französischen Presse Berichte aufgetaucht, denen zufolge trotz des Waffenembargos gegen den Iran Rüstungsgüter der französischen Firma Luchaire dorthin geliefert worden waren. Dies war einem verwaltungsinternen Bericht des Armee-Inspekteurs Barba zu entnehmen, der von der Tageszeitung Le Figaro am 4.11.1987 publiziert wurde. Der Manager des Unternehmens Daniel Dewarin bestätigte gegenüber dem Untersuchungsrichter die Exporte, bestand jedoch darauf, von Regierungsseite grünes Licht für die Transaktion erhalten zu haben. Eine offizielle Exportlizenz existierte zwar nur für die betrügerisch angegebenen Bestimmungsländer. Die Untersuchung förderte aber zutage, dass die Regierung jedenfalls (auch) von der Admiralität darüber informiert worden war, dass die angegebenen Bestimmungsländer falsch sein mussten. Alles deutete auf eine Art bewusstes Im-Ungefähren-lassen (Lascoumes 1999: 84–103). Barba äußerte in seinem Bericht die Vermutung, dass bei dieser Gelegenheit auch Kommissionen zugunsten der sozialen Partei geflossen seien. Dieser Verdacht konnte jedoch nie bestätigt werden. Die bürgerlichen Parteien insistierten nicht lange auf Untersuchungen, denn es stellte sich heraus, dass die Waffenlieferungen während der Kohabitationsphase mit der bürgerlich-konservativen Regierung Chirac weitergelaufen waren. Am 16. Juni 1989 wurde das Verfahren aus Mangel an Beweisen unter dem Hinweis „der beklagenswerten offenkundigen Mängel im Verwaltungskontrollverfahren" eingestellt.

Am Kontrolldefizit bei Waffenexporten zeigen sich die Nachteile des in Frankreich vorhandenen Personalkarussells zwischen Verteidigungsministerium und Armee auf der einen und Rüstungsindustrie auf der anderen Seite.

Weiteres Anschauungsmaterial für Korruptionsrisiken lieferte der in den Jahren 1997 bis 2000 laufende Prozess gegen den Ölkonzern Elf-Aquitaine, Frankreichs größtes Unternehmen, das 1994 privatisiert wurde. Der Staatskonzern wuchs und gedieh vor allen Dingen in seiner Sonderbeziehung zu Afrika. Unter de Gaulle wurde der Konzern in Rivalität zur amerikanischen Ölindustrie aufgebaut, er wurde nicht nur zum Teil der französischen Afrika-Politik, sondern auch zum inoffiziellen Nachrichtendienst der Regierung in den Ölstaaten (Glaser/Smith 1997; Shaxson 2004). 1995 wurden Ermittlungen gegen Konzernmitarbeiter eingeleitet. Loik Le Floch-Prigent, den Präsident François Mitterrand selbst 1989 gegen Widerstand für eine zweite Amtszeit als Konzernchef durchgesetzt hatte, beschrieb vor Gericht das Funktionieren des Elf-Sonderfonds. Obwohl das System eigentlich für die gaullistische Partei installiert worden sei, habe er den Präsidenten Mitterrand informiert. Dieser habe angewiesen, gleichmäßiger zu verteilen, ohne aber die RPR zu vernachlässigen (Shaxson 2004: 68).

Nicht diese verdeckte Parteienfinanzierung wurde allerdings zum politischen Skandal, sondern der mit Hilfe von Elf-Mitarbeitern eingefädelte Verkauf von sechs Fregatten durch den französischen Rüstungskonzern Thompson nach Taiwan, der wegen der offiziellen Linie der China-Politik eigentlich keine Exportgenehmigung hätte erhalten dürfen. Der ehemalige Außenminister und damalige Vorsitzende des Verfassungsrats Roland Dumas wurde der Vorteilsnahme bezichtigt, weil er zur fraglichen Zeit eine Beziehung zu einer auf der Honorarliste von Elf stehenden Frau unterhalten und von dieser kostspielige Geschenke angenommen hatte (FAZ, 25.3.1999: 16 und 25.11.2002: 11).

Welche korruptionsbegünstigenden Strukturen abgesehen von den Versuchungen des Außenhandels auf nationaler Ebene noch existieren, zeigte beispielhaft der Fall Christian Nucci bzw. „Carrefour du Développement". Bei Letzterem handelte es sich um einen Verein, der 1983 unter der sozialistischen Regierung auf Initiative des Ministeriums für Zusammenarbeit gegründet worden war, um schnell und unbürokratisch Hilfe und Politik in Afrika zu finanzieren. Die öffentlichen Gelder dazu liefen über einen vom Kooperations- und Wirtschaftsministerium gespeisten Fonds. Vorsitzender des Vereins war Yves Chalier, der Direktor des „cabinet ministériel" von Minister Nucci. Die so genannten Ministerialkabinette stellen einen vom jeweiligen Minister persönlich ausgewählten Stab von etwa einem Dutzend Mitarbeitern dar, der mit ihm kommt und geht und von den hohen Beamten als Durchlauferhitzer für ihre politischen Karrieren angesehen wird. 1986 wurde nach dem Regierungswechsel vom liberal-konservativen Nachfolger Nuccis festgestellt, dass nicht nur ein unglaublich kostspieliges Staatstreffen in Burundi über diesen Verein finanziert worden war, sondern Chalier sich persönlich bereichert und Nucci Vereinsgelder für Wahlkämpfe und klientelistische Zuwendungen in seiner Gemeinde benutzt hatte, wo er – vor der Beschränkung der Ämterkumulierung – Bürgermeister war.

Bemerkenswert an diesem Fall sind die Rolle des Ministerialkabinetts sowie die Instrumentalisierung eines Vereins. Gerade weil die französische Bürokratie über effiziente interne Kontrollregelungen verfügt, wird in bestimmten Bereichen, etwa dem der sozialen Dienste und der Kulturarbeit, häufig auf die Rechtsform des Vereins zurückgegriffen, die weniger strengen Vorschriften unterliegt. Wie weiter unten gezeigt wird, spielt die Instrumentalisierung von Vereinen insbesondere für die Korruption auf lokaler Ebene eine wesentliche Rolle.

Ministerialkabinette sind Teil des Phänomens, das in Frankreich unter dem Stichwort Politisierung der Verwaltung bzw. Verbeamtung der Politik diskutiert wird. Wer in der obersten Verwaltung schnell Karriere machen möchte oder von der obersten Verwaltung in die hohe Politik quer einsteigen will, bemüht sich um die persönliche Zuarbeit für einen Minister. Er ist dann kein reiner Bestandteil der Administration mehr, sondern muss auch (partei-)politisch denken. Das eingangs gezeichnete Bild einer ausschließlich der „volonté générale" verpflichteten Verwaltung ist nicht nur deshalb eine Illusion. Dazu kommt auch noch das im Fall Luchaire bereits erwähnte Phänomen des Personalkarussells zwischen öffentlichem und privatem Sektor, das sich in Frankreich typischerweise genau in diese eine Richtung dreht. In den letzten zwei Jahrzehnten hat die so genannte „pantouflage" zugenommen, der Wechsel von Spitzenbeamten in die Wirtschaft. Zwar sieht das französische Recht Beschränkungen zur Vermeidung offensichtlicher Interessenkonflikte vor, doch anscheinend fanden diese Vorschriften in der Praxis wenig Beachtung: Als Konsequenz befürchtet Yves Mény „subtile Formen der Korruption", die „eher in Form von Komplizenschaft als von Verträgen (Nicht-)Entscheidungen beeinflussen" (Mény 1992: 137).

3.3 Die illegale Nutzung der Ressourcen lokaler Ämter

3.3.1 Die Dezentralisierung als Verstärker vorhandener Praktiken

Der Großteil der bekannten Korruptionsfälle gehört zur Kategorie „Nutzung der Ressourcen lokaler Ämter" für den politischen Wettbewerb auf nationaler Ebene. Dass für die Parteienfinanzierung Gelder sozusagen von unten nach oben gepumpt wurden, liegt nahe, weil – insbesondere nach der in Frankreich seit 1982 eingetretenen Dezentralisierung – ein Großteil der Investitionen der öffentlichen Hand von den Gebietskörperschaften, also den Gemeinden, Departements und Regionen getätigt wird. Für den Urbanismus sind die Gemeinden zuständig, die Departements für Investitionen im Gesundheits- und Sozialbereich, also auch für die Ausrüstung von Krankenhäusern und Kliniken, für die Instandhaltung von Schulen die Regionen. Schon vor der Dezentralisierung war es ein offenes Geheimnis, dass die 1973 verabschiedete Lex Royer, die den Rathäusern die Genehmigung von Großhandelsketten übertrug und den Schutz des Kleinhandels zum Ziel hatte, nach dem viel zitierten Wort von Michel-Edouard Leclerc, Besitzer der gleichnamigen Supermarktkette, das erste französische „Parteienfinanzierungsgesetz" darstellte.

Die Kontrollinstanzen auf Gemeindeebene sind schwach: Die Möglichkeiten der Opposition im Gemeinderat sind begrenzt, die Mobilisierung der Bürgerschaft etwa bei Anhörungen zu Bebauungsplänen eher gering, und die seit der Dezentralisierung von den Präfekten, also den lokalen Vertretern des Staats, ausgeübte Ex-post-Aufsicht und Legalitätskontrolle der lokalen Politik gilt als wenig detailliert. Allgemein ist die

Entdeckung illegaler Finanzpraktiken wegen der Undurchsichtigkeit des Markts öffentlicher Aufträge, die häufig durch den gemeinwirtschaftlichen oder öffentlich-privaten Mischcharakter der beteiligten Firmen auf diesem Markt noch undurchsichtiger wird, alles andere als einfach. Wenn in der jüngeren Vergangenheit trotz aller Undurchsichtigkeit Korruptionsfälle bekannt wurden, so lag dies meist am „Kommissar Zufall", etwa wenn die Steuerfahndung bei Konkursen Ungereimtheiten in den Büchern fand, aber auch an den regionalen Rechnungshöfen, die inzwischen eine echte Kontrollinstanz im dezentralisierten System bilden.

Sowohl Parteien des linken als auch des rechten Lagers bedienten sich bei öffentlichen Ausschreibungen und der Vergabe von (Bau-)Genehmigungen selbst, wobei die linken Parteien ein stärker zentralisiertes Finanzierungssystem verwendeten, das vermutlich auch deshalb eher entdeckt wurde. Am systematischsten erfolgte dies bei der kommunistischen Partei über den Parteiapparat selbst, beim Parti socialiste verfügten bezeichnenderweise die wichtigsten Parteiströmungen über eigene Finanzierungskanäle. Ansonsten zeigt sich der in der französischen Politik ausgeprägte Personalismus auch bei den verborgenen und korrupten Finanzierungsnetzwerken, die im Wesentlichen über direkte Kontakte und persönliche Loyalitäten funktionieren. Wie Yves Mény schon 1992 beschrieben hat, spielen dabei Parteietiketten durchaus eine Rolle als Türöffner, doch beruhen die um bestimmte prominente Persönlichkeiten zentrierten verborgenen Tauschnetze auch auf anderen Zugehörigkeiten, seien es alte Kontakte aus dem gemeinsamen Studium an Elitehochschulen oder lokale Klientel-Strukturen.

Kein verborgenes Finanzierungssystem wurde so vollständig aufgedeckt wie das seit den siebziger Jahren vorhandene System der Sozialisten, das über im ganzen Land verteilte Beraterfirmen Zuwendungen an die Parteizentrale einsammelte. Die Finanztransfers von den Unternehmen zu den Parteien erfolgten in diesem Fall wie auch generell über überhöhte oder gänzlich fiktive Rechnungen oder über direkte Sach- und Dienstleistungen der Unternehmen an die Parteien (Ruß 1993: 59ff.). Das Agentur-Netz Urba (Urba-Graccho, Urba-Technic) versorgte offensichtlich den Mitterrand-Flügel, für die Minderheitenflügel von Rocard oder Poperen war seit 1973 die kleinere Firma SAGES zuständig. Als Daseinszweck gaben die Gutachterbüros die Herstellung direkter Kontakte zwischen den verschiedenen Partnern von Bauvorhaben aller Art an. So richtete sich das Interesse von Urbatechnic ebenso auf Großprojekte wie die neue Oper an der Pariser Bastille oder das neue Finanzministerium im Pariser Osten wie auf bescheidene Bauten in der Provinz. Firmen, die auf einen Auftrag hofften, mussten sich von dieser Firma vermitteln lassen. Die Vermittlungsgebühr ging zu Lasten des Kunden, also letztlich zu Lasten des Steuerzahlers, weil die Baufirmen die von ihnen zu zahlende Vermittlungsgebühr natürlich in ihren Preis einkalkulierten oder aber an der Qualität der Ausführung sparten. Die Steuerfahndung hatte 1989 in Marseille das penibel geführte Notizbuch des Verwaltungsdirektors Joseph Delcroix sichergestellt, das, vergleichbar mit der Buchführung von Brauchitschs über die „Bonner Landschaftspflege" in der Flickaffäre in Deutschland, eine Rekonstruktion der Tätigkeiten erlaubte. Gérard Monate, der Chef von Urba-Technic, verteidigte die Arbeit in einem Interview:

„Wir machen ganz normale professionelle Arbeit. Wir sind Handelsvertreter auf höchstem Niveau. Eine Provision erhalten wir nur, wenn der Geschäftsabschluss zustande kommt, und ohne dass es dabei unbedingt um verbotene Einflussnahme ginge. Meine 18 Regionalvertreter haben mit Parteienfinanzierung nichts zu tun, bemühen sich nur, dass den Handel zustande zu bringen. Der Rest betrifft sie nicht. Das passiert hier in Paris. Das Geld der Provisionen kommt zurück zu mir in einen Topf. Mit dem Einverständnis des Parteischatzmeisters kümmere ich mich dann um das, was ich Sponsoring nenne: (...) Ein Mandatsträger, der mit Graccho zusammengearbeitet hat, kann uns natürlich Rechnungen schicken, die ich dann begleiche. Aber bei den letzten Kommunalwahlen habe ich auch 10 Millionen Francs für PS-Kandidaten investiert, die noch gar kein Mandat hatten und schon deshalb gar kein Geld bei uns gut haben konnten" (Le Monde, 6.12. 1989: 7).

Monate plädierte sogar dafür, dass Parteien sich durch solche Firmen ihr eigenes Geld verdienen dürfen sollen. Dass die Arbeit eines Beratungsbüros, dessen Gewinne einer Partei zugute kommen, auf eine ständige Wettbewerbsverzerrung hinausläuft, hatte er offensichtlich völlig verdrängt. Bei Monate wird deutlich, dass sich die strategische Norm der Kostendeckung vor die allgemeine Normordnung geschoben hatte.[4]

„Une affaire Urba pour la droite", titelte Le Monde am 29.3.1994, als bekannt wurde, dass gegen drei Minister der Regierung Balladur, alle Mitglieder des kleinen Koalitionspartners PR, ermittelt wurde. Es ging um die Werbeagentur „Groupement des régies unis", die fiktive Rechnungen zugunsten der Partei ausgestellt hatte. Der Industrieminister sah sich zum Rücktritt gezwungen, wurde aber später freigesprochen. Dass auch die bürgerliche CDS ihre schwarze Kasse – und zwar in der Schweiz – hatte, bestätigte das Geständnis des Leiters des parteieigenen Gutachterbüros SARL „Stratégies et Méthodes" in einem Ende 1999 eröffneten Gerichtsprozess. Allerdings sieht es so aus, als ob die CDS die rote Linie zur Korruption im engeren Sinne im Gegensatz zu den anderen Parteien nicht überschritten hat. Denn sie hatte keine Kommissionen kassiert, sondern das Gutachterbüro genutzt, um in der Schweiz gehortete Spenden von großen französischen Unternehmen wie Continent, Bouyges, Promodes oder Castorama über fiktive Rechnungen auszubezahlen. Damit sollte die damals geltende Beschränkung (heute gilt ein Verbot) von Unternehmensspenden umgangen werden.

1998 kam durch einen neuerlichen Prozess ans Tageslicht,[5] dass die großen Parteien bisweilen auch in gemeinsamer Absprache lokale Ressourcen nutzten – eine dem italienischen System der „lottizzazione" vergleichbare Praxis (Pujas/Rhodes 1999). In der Region Ile-de-France wurden von allen Betrieben des Baugewerbes, die an öffentlichen Aufträgen zur Instandhaltung der regionalen Oberschulen teilhatten, zwei Prozent der Ausschreibungssumme einkassiert. Das Geld ging in erster Linie an die Neogaullisten, aber auch an die kleine republikanische Partei und die Sozialisten. Zwischen 1989 und 1996 sollen dies 28 Milliarden Francs gewesen sein (Le Monde, 10.12.1998: 1, 6, 7). Die Erkenntnisse der Justizbehörden bestätigten damit teilweise die posthum veröffentlichten, auf Video aufgezeichneten Geständnisse und Beschuldigungen des RPR-Financiers Jean-Claude Mérys, der ein ausgedehntes Kommissionssystem beschrieben und damit das Staatsoberhaupt Chirac, den früheren Bürgermeister von Paris und Parteivorsitzenden der Neogaullisten, schwer belastet hatte (FAZ, 4.12.2000: 2). Aufgrund sei-

---

4 Im Fall Urba kam es zu den bisher strengsten Sanktionen. Dem sozialistischen Spitzenpolitiker und Parlamentsvorsitzenden Henri Emmanuelli wurden für zwei Jahre die bürgerlichen Rechte aberkannt und er musste sein Abgeordnetenmandat im Februar 1997 niederlegen.
5 Die Vize-Vorsitzende des Regionalrats Ile-de-France hatte die illegalen Finanzierungspraktiken öffentlich angeprangert, was das Ende ihrer Parteikarriere in der RPR bedeutete.

ner Immunität als Staatsoberhaupt äußerte sich dieser jedoch nie als Zeuge zur Sache. Sein Nachfolger im Bürgermeisteramt, Jean Tibéri, musste sich dagegen dafür verantworten, dass die gaullistische Partei an Baumaßnahmen für Pariser Sozialwohnungen mitverdient und zudem fiktive Arbeitsverträge im Rathaus zur Parteiarbeit eingesetzt hatte.

In der Tibéri-Affäre trat auf karikaturistische Art und Weise ein weiterer Zug des französischen Systems hervor, der in der Vergangenheit illegale Praktiken der Wahlkampf- oder Parteienfinanzierung zu einem kalkulierbaren Risiko gemacht hat. Ein Regierungshubschrauber holte, als sich die Ermittlungen gegen die Frau des Bürgermeisters richteten, den zuständigen Staatsanwalt aus dem Urlaub im Himalaja zurück – sein Stellvertreter war offensichtlich als politisch weniger loyal eingeschätzt worden. Die Unabhängigkeit der Justiz ist in Frankreich in Verfassungsartikel 64 verankert, erschien jedoch in der Verfassungswirklichkeit oftmals prekär. Aus einem Bericht des Senatsausschusses zur Justizreform aus dem Jahr 1990 (Sénat française 1990: 166–172) war zu entnehmen, dass 52 Prozent der Justizbeamten (Richterschaft und Staatsanwaltschaft) die Frage bejahten, ob in der französischen Justiz Druck von Vorgesetzten ausgeübt würde. 48 Prozent bejahten die Frage nach einer Einflussnahme durch die Regierung. Dass unter Justizminister Pierre Méhaignerie Ermittlungen gegen dessen eigene Partei stattfinden konnten, wertete die französische Presse als Novum. Die sozialistische Justizministerin Elisabeth Guigou erklärte 1997, dass das Ministerium künftig der Staatsanwaltschaft bei der Entscheidung über die Einleitung eines Verfahrens freie Hand lassen werde. Doch im Zusammenhang mit der Affäre gegen den – letztlich zurückgetretenen – Finanzminister Dominique Strauss-Kahn und seine illegale Bezahlung aus der Kasse des Studentenhilfswerk MNEF äußerte die Richterin Anne-José Fulgéras den Vorwurf, sie sei aus der Finanzsektion der Pariser Staatsanwaltschaft entfernt worden, als sie auf unliebsame Informationen gestoßen sei (Garrigues 2004: 419).

Die offensichtlichste formale Abhängigkeit der Justiz von der Exekutive besteht im „Hohen Richterrat", der die obersten Richterämter besetzt und eine Art Disziplinarrat bildet. In ihm führt der Präsident der Republik den Vorsitz und der Justizminister vertritt ihn. Die Justizvertreter im Rat geben bei den Ernennungen der Staatsanwälte durch den Präsidenten (nicht Generalstaatsanwälte) vorab ihre Meinung ab, der normalerweise gefolgt wird. Doch offenbar kommt es auf die Einstellung der Vertreter der Exekutive an, denn zwischen 1995 und 1997 wurde diese Meinung in sieben von fünfzehn Fällen übergangen (Pujas 2000: 55).[6] Mehr noch als die Organisation an der Spitze scheint das gegenüber der Politik traditionell geringere Ansehen der Justiz und ihrer Vertreter sowie Defizite hinsichtlich der Karriere- und Arbeitsbedingungen die Kontrollfähigkeit der dritten Gewalt zu schmälern. Seit napoleonischen Zeiten ist die Richterlaufbahn hierarchisch nach Graden organisiert. Dies bedeutet, dass Berufsneulinge zunächst auf Posten der untersten Grade kommen, zu denen – bis zur jüngsten Reform von 2003 – der des Untersuchungsrichters gehört. Nun sind aber Untersuchungsrichter von der Staatsanwaltschaft abhängig und meist zu mehreren an einem Gericht tätig. Daraus folgt, dass sie unter Umständen je nach Wohlverhalten interes-

---

6 Allerdings lässt sich darüber streiten, ob eine rein korporativ – in Frankreich somit von den verschiedenen Richtergewerkschaften – geregelte Personalpolitik eine sichere Garantie für die Unabhängigkeit der einzelnen Richter böte.

santere oder weniger interessante Fälle zugeteilt bekommen. Dies wurde jedenfalls vom Pariser Gerichtshof berichtet, der bei Staatsaffären eine Schlüsselrolle spielt (N'guyen 1989: 15–26). Vor allem aber förderte die jährliche Benotung durch die direkten Vorgesetzten nach Meinung von Kritikern einen gewissen Opportunismus, der im Widerwillen resultiert sich heikler Akten anzunehmen. Grundsätzlich beklagen Kritiker, dass in Frankreich für die Einleitung eines Verfahrens nicht das Legalitätsprinzip gilt, wie in Italien oder prinzipiell auch in Deutschland, sondern das Opportunitätsprinzip, der Staatsanwaltschaft also ein Ermessensspielraum bleibt. Hinsichtlich der Verfolgung von Korruptionsdelikten litt die Unabhängigkeit der Justiz zudem daran, dass die mit der Ermittlung betrauten Inspektoren letztlich nicht dem verantwortlichen Staatsanwalt unterstehen, sondern dem Innenministerium. Dort können politische Loyalitäten eine Rolle spielen. Im Zusammenhang mit der Urba-Affäre wurde dieser Umstand von der Presse am Fall des Inspektors Gaudino, der die Delcroix-Hefte entdeckt hatte, aber an weiteren Ermittlungen gehindert wurde, skandalisiert.

3.3.2 Die Rathäuser als zentrale Parteienfinanzierungsquelle

Relativ zu seinem Handlungsumfeld gesehen ist es wahrscheinlich das Bürgermeisteramt, das in Frankreich die größte Machtfülle bzw. die wenigsten Gegengewichte kennt. Das wichtigste Rezept, um ein Rathaus zu einer Machtbastion auszubauen lautet: die Pflege der Vereinslandschaft. Dies hat a priori noch nichts mit Korruption zu tun. Doch für ein politisches Klientelsystem bieten sich Vereine in Frankreich an, weil sie zum großen Teil von Steuergeldern leben. Dieses Phänomen hängt historisch damit zusammen, dass dem Staat als Träger der volonté générale selbst für die Zivilgesellschaft die Rolle als Legitimations- und Versorgungsinstanz zukommt.[7] Erst in jüngerer Zeit setzte eine Politik der Förderung der Privatinitiative ein. Die bestehende Abhängigkeit von öffentlichen Geldern jedoch

„verstärkt die oligarchische Tendenz dieser Organisationen mit einer schwachen Basis und einem übergewichtigen engen Führungszirkel an der Spitze zu funktionieren. Ihre Finanzierung hängt oft von politischen Entscheidungsträgern ab. Aus diesem Grund tendieren Vereine dazu, Satelliten von Parteinetzwerken und politischen ‚Maschinen' zu werden" (Becquart-Leclerc 1989: 197).

Für Politiker und Parteien sind Vereine aller Art interessant, weil sie zusätzliche quasi öffentliche Ämter schaffen, die mit Parteigetreuen besetzt werden können. Sie bieten also Möglichkeiten zur Patronage. Die im Vereinsvorstand platzierten Parteigetreuen können sich dann revanchieren, indem sie etwa Wahlkampfmaterial als Büromaterial verbuchen. Anschauungsmaterial für die vielfältigen Möglichkeiten bietet Paris unter seinem Bürgermeister Jacques Chirac.[8] Der Rechnungshof hatte sich mit Blick auf die

---

7 Erst seit jüngerer Zeit bemüht man sich auch in Frankreich um die Förderung der Privatinitiative, etwa durch die steuerliche Begünstigung von Stiftungen.
8 Chirac war beispielsweise auch im Jahr seiner Präsidentschaftskandidatur 1988 Vorsitzender des Vereins „Pour l'information municipale", den die Stadt mit zehn Millionen Francs unterstützte, sodass er sein Hochglanzmagazin günstig verkaufen konnte. Die Werbeeinnahmen des

Vereine in seinem Bericht vom 23. September 1986 zu dem Hinweis veranlasst gesehen, dass nichtkommerzielle Vereinigungen, die zu mehr als sechzig Prozent öffentlich subventioniert werden, nicht von Abgeordneten geleitet werden dürfen. Diese weit verbreitete Praxis wurde zunehmend verpönt, nachdem große Korruptionsaffären im Süden sie ins Zwielicht gerückt hatten: In Nizza hatte der Bürgermeister Jacques Medecin ein klientelistisches Netzwerk aufgebaut und Haushaltsgelder zu politischen und persönlichen Zwecken entfremdet. Wurde dieser Fall noch als Beleg für das Fortdauern einer regionalen politischen Kultur angesehen – schon Medecins Vater hatte Nizza regiert –, war die Öffentlichkeit schockiert, als Nachwuchspolitiker aus der ersten Garde wegen Korruption verurteilt wurden, insbesondere Alain Carignon, der Bürgermeister von Grenoble, und Michel Noir, der Bürgermeister von Lyon. Neben den kriminellen „Paten" des Südens entdeckte man die Barone der Dezentralisierung (FAZ, 9.6. 1995: 14).

Wie der Regionale Rechnungshof konstatierte, hatte Carignon die Privatisierung des Wassermarktes von Grenoble genutzt, um gegen angeblich 540.000 Millionen Francs Schmiergeld den Markt „seiner" Stadt an das Unternehmen „La Lyonnaise" zu verkaufen. Der Fall Carignon zeigt beispielhaft, wie ein einzelner Mann als lokaler Baron den Entscheidungsprozess vor Ort dominieren kann. Er war Bürgermeister, Vorsitzender des Verbands des Ballungsraums Isère und des Département-Rats und wurde schließlich Minister. Freundschaftliche Bande zwischen Politikern und Justizangehörigen sollen im Fall Grenoble die Ermittlungen verzögert haben (Descamps 1997: 18–19).

Im Fall Noir waren in die Korruptionsermittlungen auch prominente Fernsehjournalisten Frankreichs verwickelt, so der Star Patrick Poivre d'Arvor vom Sender TF1. Damit rückt eine weitere Rahmenbedingung politischer Korruption in das Blickfeld: Ein Teil der Angehörigen des journalistischen Feldes, insbesondere die Star-Präsentatoren der eher auf Infotainment ausgerichteten Politiksendungen der Fernsehsender, ist mit Politikern durch enge persönliche Kontakte ähnlich verbunden. Dies wurde bereits weiter oben hinsichtlich der Beziehung von Wirtschaftselite, oberste Verwaltung und Politik beschrieben. Der Grund dafür ist, dass trotz aller Dezentralisierung der nationale politische Kosmos und die Medienbühne klein und auf Paris konzentriert sind. Zudem besuchen angehende Journalisten ebenso wie Politiker oder Spitzenbeamte in spe elitäre Bildungseinrichtungen wie das Pariser Institut d'Etudes politiques und sind so durch gemeinsame Bildungswege verbunden. Offenbar treffen sich Journalisten und Politiker immer öfter auch privat, weil erstere häufig Mitglieder in politischen Klubs werden. Zumindest ein Teil der Akteure des journalistischen Feldes fällt deswegen als Kontrolleur politischer Korruption wegen zu großer sozialer Nähe aus (Pfister 1988; Halimi 1997).

Magazins wurden auf 19 Millionen Francs, der erzielte Nettogewinn für den Verein auf neun Millionen Francs geschätzt.

4. Lichtquellen und Kontrollinstanzen

Dass Muster grauer Korruption wie im Fall der Parteienfinanzierung in den letzten zwei Jahrzehnten in Frankreich sichtbar wurden, lag am Engagement und der Zusammenarbeit von Akteuren aus zwei klassischen Arenen der Korruptionskontrolle: Einerseits der Justiz, andererseits der Medien. Und das, obwohl deren Schwächen, wie oben beschrieben, in der Vergangenheit zu den Gelegenheitsstrukturen der Korruption beigetragen haben. In Frankreich hatte, genährt vom literarischen Kultur- und Bildungsverständnis des Landes, lange ein Meinungsjournalismus, dessen prestigeträchtigstes Genre der Kommentar war, dominiert. Abgesehen davon verfügt die französische Presse bis in die Gegenwart über schlechte wirtschaftliche Voraussetzungen für investigativen Journalismus, denn der feste Leser- und Käuferkreis ist kleiner, und die Werbeeinnahmen sind geringer als in vergleichbaren Ländern wie etwa Deutschland. Auch die Abhängigkeit französischer Medienunternehmen von branchenexternen Geldgebern kann eine unabhängige Berichterstattung behindern, wenn wirtschaftliche sich mit politischen Interessen kreuzen (Halimi 1997: 39).

Die Monopolisierungstendenzen im Mediensektor, der heute von der Hersant-Gruppe dominiert wird, stellen für den kritischen Journalismus eine Bedrohung dar. Zudem kann es angesichts einer wenig offenen Verwaltungskultur und der Tatsache, dass Staat und Regierung traditionell mit einem höheren Prestige behaftet sind als Journalisten, nicht erstaunen, dass Journalisten sich selbst lange lieber als Experten und Informationsvermittler denn als Enthüller und Kontrolleure zu profilieren suchten.

„In der angelsächsischen Kultur ist es üblich, dass die Verantwortlichen eine Erklärung liefern müssen, wenn eine Information über Missstände auftaucht. In Frankreich bekommen wir einfach ein Dementi und es heißt: ‚Seht ihr, sie haben dementiert! Wie steht ihr jetzt da!'" (Plenel 1990: 28).

Mit dem Satireblatt Le Canard enchaîné existiert in Frankreich zwar schon seit 1913 ein Forum für Enthüllungen von Missständen (und Abrechnungen innerhalb von Regierungskreisen). Ihm kommt aber eher eine Ventil- als eine Kontrollfunktion zu. Eine echte Zäsur in der Geschichte des französischen Journalismus stellt deswegen die Entscheidung zugunsten des investigativen Journalismus durch Le Monde dar. Das Blatt ist unbestritten das wichtigste Referenzorgan der französischen Presse- und Medienlandschaft und befindet sich nicht zufällig im Besitz einer von den Redakteuren selbst geführten Aktiengesellschaft. Die Entscheidung für die neue offensive, investigative Redaktionslinie fiel 1985 zur Überwindung der Glaubwürdigkeits- und Absatzkrise, in die das Blatt infolge seiner regierungsfreundlichen Berichterstattung nach dem Machtwechsel von 1981 geraten war. Daneben leistet die Tageszeitung Libération investigative Arbeit sowie die Nachrichtenmagazine Le Nouvel Observateur, Le Point, L'Express und L'Evenement du jeudi.

Dieser Wandel hat mehrere Wurzeln: Erstens eine Wirtschaftliche, denn die Konkurrenz zwischen den Medien verschärfte sich, und zweitens handelt es sich um eine Generationenfrage, denn in den achtziger Jahren rückten die 68er in die Führungspositionen ein. Für diese stellt „Watergate" einen berufsständischen Mythos dar. So konstatiert eine neuere Studie zum journalistischen Selbstverständnis bei der jüngeren Generation eine größere Bereitschaft zu investigativer Arbeit (Preisinger 2002: 206). Zur Jahrhundertwende besserten sich für diese endlich auch die rechtlichen Rahmenbedingungen unter europäischem Einfluss, als ein Urteil des europäischen Gerichtshofs vom 21. Januar 1999 zugunsten der Pressefreiheit die Tradition der restriktiven französischen Rechtsprechung durchbrach.[9]

Das erwachte Interesse an der Investigation aufseiten der Presse traf auf eine neue Generation von Untersuchungsrichtern, die bereit waren, riskante Ermittlungen zu tätigen, und sich die Medien als Verbündete suchten. Freilich galt dies auch umgekehrt, was zu problematischen Verletzungen des Ermittlungsgeheimnisses und somit des Prinzips der Unschuldsvermutung führte.[10]

Auch wenn die offensiv ermittelnden Untersuchungsrichter Einzelfälle darstellen, ermittelten sie am Rande des verfahrensrechtlich Möglichen im Wissen um eine positive Resonanz in den eigenen Reihen. In den späten achtziger Jahren befand sich das französische Justizsystem nämlich in einer offenen Krise. Die materiellen Arbeitsbedingungen der Justiz hatten sich bei zunehmender Arbeitslast deutlich verschlechtert, prestigeträchtige Streitfälle jedoch zudem zunehmend aus den Gerichten verlagert.[11] Als es infolge der im Parteienfinanzierungsgesetz von 1988 und 1990 vorgesehenen Amnestieregelungen zu Freisprüchen in Korruptionsprozessen kam, löste das eine breite Protestwelle in der Justiz aus, bei der erstmals alle drei Gewerkschaften mitmachten. Die Protestierenden sahen wieder einmal die Autorität der Richterschaft den Interessen der Politik unterlegen. Man kann vom Unbehagen eines ganzen Berufsstandes sprechen, das der Generalstaatsanwalt Pierre Arpaillange 1987 mit seinem Wort von den Richtern als den „Narren (bouffons) der Republik" auf den Punkt gebracht hatte. Die Strafverfahren zur politischen Korruption wurden zur Machtprobe[12] zwischen Exekutive und Judikative (Ruß 1993: 120–139). Gefördert wurde der Konflikt durch mehrere Umstände:

– Die Richterschaft gehört infolge ihres gesonderten Ausbildungsgangs, der nicht über die prestigeträchtigen Elitehochschulen läuft, nicht zum Elitennetzwerk. Außerdem unterscheidet sich die Richterschaft von der administrativ-politischen Elite auch durch ihre soziale Zusammensetzung: Sie hat einen höheren Frauenanteil und entstammt eher der unteren Mittelschicht. Die daraus entstehende soziale Distanz begünstigt eine kritische Einstellung zur politischen Klasse.

---

9 In diesem Urteil wurde die Verurteilung von Journalisten des Canard enchaîné als Verstoß gegen die Menschenrechtskonvention aufgehoben. Der Canard hatte im Zusammenhang mit einem Streit über verweigerte Lohnerhöhungen bei Renault durch die Veröffentlichung einer Steuererklärung nachgewiesen, dass sich das Management selbst solche Lohnerhöhungen gegönnt hatte. In seiner Bedeutung wird das Urteil mit dem Spiegel-Urteil in Deutschland verglichen (Preisinger 2002: 103).

10 Mit dem Reformgesetz vom 15.6.2000 sollte diese Unschuldsvermutung besser geschützt werden. Gleichzeitig wurde aber auch das Presserecht liberalisiert und das Delikt der Beleidigung und üblen Nachrede nicht länger mit Freiheitsstrafen bedroht.

11 Im Handelsrecht werden Konflikte zwischen Anwälten direkt ausgehandelt, Medien-, Wettbewerbs- und Börsenrecht obliegen zunehmend unabhängigen Verwaltungsbehörden.

12 In der Justiz selbst scheint ein sozialer Konflikt zwischen der Pariser Richterschaft, die durch persönliche Kontakte (auch in Parteien) mit den Spitzenpolitikern verbunden sind, und den Richtern der „Provinz" zu bestehen, die sich selbst als moralische Instanz innerhalb der Richterschaft sehen.

– Der frühere Hoffnungsträger der reformerischen Kräfte innerhalb der Justiz, nämlich der Parti socialiste, war nun Teil der Regierung und enttäuschte manche Erwartungen, was eine verstärkte Suche nach einer eigenen institutionellen Identität gerade bei linken Richtern verstärkt haben könnte. Dies passt etwa zum Richter Thierry Jean-Pierre, dem auffälligsten Einzelakteur der oben dargestellten Affäre Urba.

Außerdem spielten für das neue Selbstbewusstsein der Richterschaft externe Einflüsse eine Rolle, so das Beispiel der italienischen Richter im Rahmen der Korruptionsbekämpfung „mani pulite" und die zunehmende Kenntnis fremder Rechtssysteme.

Die durch die Zusammenarbeit von Journalisten und einzelnen Richtern bewirkte Publikation von Korruptionsfällen traf schließlich in der politischen Konjunktur des ausgehenden Jahrhunderts auf höchste Aufmerksamkeit. Man kann für diese Zeit von einer gewachsenen Legitimationsempfindlichkeit der Politik ausgehen, wie sie sich immer dann einstellt, wenn inhaltliche Alternativen in der Politik unklarer und Steuerungsprobleme offenkundiger werden. Dies war im Frankreich dieser Jahre in ausgeprägter Weise der Fall. Vor 1981 hatte es keinen Regierungswechsel zwischen den politischen Lagern gegeben, aber eine hohe Ideologisierung der Parteien, die hohe Erwartungen geschürt hatte. Die Desillusionierung über die ausbleibenden Wirkungen von Regierungswechseln war im Alltag deshalb besonders groß. Dazu kam die Entzauberung der Handlungsfähigkeit des Staates in diesem etatistisch geprägten Land. Wo die Demokratie sich nicht mehr über ihren Output rechtfertigen kann, ist die Öffentlichkeit weniger geneigt, über Verstöße gegen Verfahrensregeln hinwegzusehen.

Es war dieser Kontext, der die beschriebenen Umbrüche in Justiz und Medien verursachte. Er besorgte die neue Beleuchtung von Korruptionspraktiken und sorgte für erheblichen Reformdruck, der auch tatsächlich zu Reformen im Justizsystem und in den Regeln der Parteienfinanzierung führte.

5. Fazit

Die systemstrukturelle Analyse der bekannten Korruptionsfälle in Frankreich macht die Annahme plausibel, dass sowohl die Zahl der Korruptionsfälle selbst als auch die ihrer Enthüllung in den letzten zwanzig Jahren zugenommen haben. Gleichzeitig hat sich gezeigt, dass aus einer solchen qualitativen Analyse von Korruptionsmustern und ihrer Wahrnehmung das Profil der institutionellen Kräfteverhältnisse und ihrer Verschiebungen im politischen System entsteht: Die Einbeziehung der „Schattenpolitik" schärft den Blick für die in und außerhalb von Institutionen ausgetragenen Konflikte um Führungs- und Machtansprüche.

Inwieweit haben sich infolge dieser Verschiebungen und der von ihnen bewirkten Reformen zur Korruptionsbekämpfung[13] die Gelegenheitsstrukturen der Korruption verändert? Ohne diese Frage an dieser Stelle im Detail erörtern zu können, scheint es wenig wahrscheinlich, dass die beschriebenen Muster schon morgen der Vergangenheit angehören. Was die Gesetze zur Transparenz und Finanzierung des politischen Lebens

---

13 Einen guten Überblick über die ergriffenen Maßnahmen bietet *Alt, Eric/Luc, Irène* (1997): La lutte contre la corruption. Paris.

betrifft, so haben sie sicherlich durch eine weitgehende offizielle Subventionierung und somit Etatisierung der Einkommensstrukturen (Ruß 2000) den Kostendruck auf Politiker und Parteien reduziert und so einen elementaren Korruptionsanreiz zumindest entschärft. Doch von einer strengen Kontrolle der Parteifinanzen kann nicht die Rede sein, weil u.a. die offen zu legenden Parteihaushalte nach Aussage der Parteien selbst die lokalen Gliederungen unvollständig erfassen und die Kontrollkommission eine rein buchhalterische Überprüfung vornimmt. Bei der 1993 gegründeten interministeriellen Dienststelle zur Korruptionsprävention (SCPC) schließlich handelt es sich lediglich um eine Art verwaltungsinterne Forschungs- und Analyseeinheit. Ihre ursprünglich vorgesehenen eigenständigen Untersuchungsrechte wurden unter Verweis auf die mögliche Gefährdung individueller (Eigentums-)Rechte wieder gestrichen (Lascoumes 1999: 131–146).

Fragwürdig in seinen Konsequenzen scheint zudem der Versuch, durch das im Gesetz von 1995 verhängte grundsätzliche Verbot von Unternehmensspenden das Korruptionsrisiko im politischen Wettbewerb zu beseitigen. Diese Maßnahme erinnert insofern an alte Zeiten, als auf Kosten der Transparenz wieder einmal ein Tabu über die Frage von Interessen und ihrem Einfluss verhängt wird. Diesbezüglich scheint ein berühmtes Wort aus Tocquevilles Werk über das Ancien Regime für die Charakterisierung der Konturen der Korruption in Frankreich zu taugen: „Die Regel ist streng, die Praxis flexibel." Was für diese Flexibilität sorgt, ist freilich durch die Schaffung neuer Normen oder Institutionen so schnell nicht in den Griff zu bekommen: Persönliche und freundschaftliche Kontakte zwischen der politischen, wirtschaftlichen, administrativen und journalistischen Elite sowie eine Mentalität, die Staat und Verwaltung gegenüber den Bürgern eher verschließt als öffnet.

Das Elitennetzwerk stellt insofern ein (Korruptions-)Risiko dar, als es die bereits vorhandenen formalen Machtkonzentrationen der Republik – bei der Exekutive auf nationaler und ebenso lokaler Ebene – verfestigt und abdichtet. Durch einen Tugend-Appell an die Eliten wird sich daran nichts ändern lassen.

Es bleibt der lange Marsch über Stückwerk-Reformen, um das System in Bewegung zu versetzen: Dabei ist nicht nur an unmittelbar für die Prävention von Korruption relevante Maßnahmen wie die 2003 erfolgte Reform zugunsten einer besseren Kontrolle der Finanzmärkte oder die laufende Reform der Vergaberegeln für öffentliche Aufträge zu denken.[14] Mittelfristig können institutionelle Neuerungen, wie das Gesetz zum vereinfachten Zugang zu Verwaltungsdokumenten vom 12.4.2001 oder der Titel IV des Gesetzes zur lokalen Demokratie vom 27.2.2002, der Bürgerbeteiligung für Großprojekte vorsieht, einen Verhaltens- und Mentalitätswandel befördern.

---

14 Der erste, zu Recht gescheiterte Regierungsentwurf wäre allerdings geradezu kontraproduktiv gewesen, weil er die Vergaberegeln auf Kosten der Kontrolle vereinfachte (Doublet 2004).

Literatur

Alemann, Ulrich von, 1989: Korruption – ein blinder Fleck in der Politikwissenschaft, in: Die Neue Gesellschaft/Frankfurter Hefte 10, 198–212.
Alemann, Ulrich von, 1994: Schattenpolitik. Streifzüge in die Grauzonen der Politik, in: *Leggewie, Claus* (Hrsg.), Wozu Politikwissenschaft? Darmstadt.
Alemann, Ulrich von, 2004: The Unknown Depths of Political Theory: The Case for a Multidimensional Concept of Corruption, in: Crime, Law and Social Change 42, 25–34.
Alt, Eric/Luc, Irène, 1997: La lutte contre la corruption. Paris.
Becquart-Leclercq, Jeanne, 1989: Paradoxes of Political Corruption: A French View, in: *Heidenheimer, Arnold* (Hrsg.), Political Corruption. New Brunswick, N.Y., 191–213.
Bellers, Jürgen, 1989: Korruption in Frankreich, in: *Bellers, Jürgen* (Hrsg.), Politische Korruption, Vergleichende Untersuchungen. Münster, 115–121.
Charlot, Jean, 1970: La corruption dans la culture politique française. Unpubl. Bericht für die VIII. Weltkonferenz der Politikwissenschaft in München.
Descamps, Philippe, 1997: Grenoble: une leçon inachevée, in: Le monde diplomatique, 18–19.
Doublet, Jean-Maire, 2004: France, in: Transparency International: Global Corruption Report 2004, 67–72, http://www.globalcorruptionreport.org/download/gcr2004/Country_reports_A_K.pdf, 10.12.2004.
Dupin, Eric, 2001: La corruption politique. Un mal français, in: French Politics, Culture and Society 19(1), 42–48.
Ebbinghaus, Rolf, 1989: Skandal und Krise. Zur gewachsenen Legitimationsempfindlichkeit staatlicher Politik, in: *Ebbinghaus, Rolf/Neckel, Sighard* (Hrsg.), Anatomie des politischen Skandals. Frankfurt a.M., 171–201.
Garrigues, Jean, 2004: Les scandales de la République. De Panama à l'affaire Elf. Paris.
Glaser, Antoine/Smith, Stephen, 1997: Ces messieurs d'Afrique 2: Des réseaux aux lobbies. Paris.
Halimi, Serge, 1997: Les nouveaux chiens de garde. Paris.
Heidenheimer, Arnold J., 1970: Perspectives on the Perception on Corruption, in: Political Corruption, Readings in Comparative Analysis. New York, 18–32.
Johnston, Michael, 1986: Systemic Origins of Fraud, Waste and Abuse, in: *Johnston, Michael/ McKinney, Jerome*, (Hrsg.), Fraud, Waste and Abuse in Government. Philadephia, 15–29.
Lascoumes, Pierre, 1999: Corruptions. Paris.
Mény, Yves, 1992: La corruption de la République. Paris.
N'guyen, Frédéric, 1989: Faut-il supprimer le juge d'instruction?, in: Revue politique et parlementaire 937, 5–26.
Plenel, Edwy et al., 1990: Quel journalisme d'investigation? Table ronde, in: Esprit 167, 18–35.
Preisinger, Irene, 2002: Information zwischen Interpretation und Kritik. Wiesbaden.
Pujas, Véronique, 2000: Les pouvoirs judiciaires dans la lutte contre la „corruption politique" en France, en Espagne et Italie, in: Droit et société 44/45, 41–60.
Pujas, Véronique/Rhodes, Marc, 1999: Party Finance and Political Scandal in Italy, Spain and France, in: West European Politics 2, 41–63.
Ruß, Sabine, 1993: Die Republik der Amtsinhaber. Politikfinanzierung als Herausforderung liberaler Demokratien am Beispiel Frankreichs und seiner Reformen von 1988 und 1990. Baden-Baden.
Ruß, Sabine, 2000: Von der Improvisation zur Etatisierung. Die Finanzierung der französischen Parteien und Wahlkämpfe, in: *Ruß, Sabine/Schild, Joachim/Schmidt, Jochen/Stephan, Ina* (Hrsg.), Parteien in Frankreich. Opladen.
Sénat français, 1990: Arthuis, Jean (1990/1): Rapport de la commission de contrôle chargée d'examiner les modalités d'organisation et les conditions de fonctionnnement des services relevant de l'autorité judiciaire, n° 357.
Shaxson, Nicholas, 2004: Elf Aquitaine: Political Corruption in the Oil Industry, in: Transparency International: Global Corruption Report 2004, 67–72, http://www.globalcorruptionreport.org/download/gcr2004/06_corporate_money.pdf, 10.12.2004.
Thierry, Pfister, 1988: Le charme discret du journalisme politique, in: Médiaspouvoirs 9, 135–140.

Partei- und Wahlkampfspenden –
Erfahrungen aus der BRD und den USA

Andrea Römmele

1. Spenden als Einnahmequelle – wo liegt das Problem?

Parteienfinanzierung ist ohne Zweifel ein skandalträchtiges Thema. Bestehende Regelungen werden immer wieder hintergangen und verletzt. Folge hiervon sind politische Skandale, denen der Ruf nach einer Verschärfung bzw. Veränderung der Gesetze folgt. Die Parteispendenskandale der CDU, der FDP sowie der Kölner SPD haben diesen Sachverhalt in jüngster Vergangenheit wieder einmal verdeutlicht – das Parteienfinanzierungsgesetz wurde hiernach erneut überarbeitet und erstmals um Strafbestimmungen erweitert.

Doch wo genau liegt die Achillesferse im System der Parteien- und Wahlkampffinanzierung? Über Geldspenden lässt sich Zugang zur politischen Macht bzw. Einfluss auf diese erkaufen – und hier betreten wir das Feld der politischen Korruption (ausführliche Definitionen zur politischen Korruption aus unterschiedlichen Perspektiven geben Heidenheimer/Johnston 2002). Betrachten wir uns die Etymologie des Wortes genauer: Korruption entstammt dem lateinischen *corrumpere* und bedeutet soviel wie „aufblähen, verzerren, verderben". Im übertragenen Sinne wird durch Korruption der demokratische Grundsatz „Jeder hat eine Stimme" verzerrt. In repräsentativen Demokratien haben Bürger in regelmäßigen Abständen bei Wahlen die Möglichkeit, ihre Stimme einer der miteinander konkurrierenden Parteien bzw. Kandidaten zu geben. Hierbei gilt das Prinzip „one man one vote". Des Weiteren haben Bürger die Möglichkeit, sich in Parteien und anderen politischen Organisationen zu engagieren und so politisch zu partizipieren. Auch hier gilt der demokratische Grundsatz, dass jeder Bürger die gleichen Partizipationszugänge hat.

Auch Geld kann politischen Zugang schaffen. Geldspenden sind eine Form politischer Partizipation. Wie amerikanische Forschungsarbeiten belegen, besteht ein enger Zusammenhang zwischen Wahlkampfausgaben und Wahlerfolg (Jacobson 1976; Pattie et al. 1995). Spenden können mit Erwartungen verbunden werden. In manchen Fällen sind die Erwartungen, die mit einem solchen Tauschgeschäft verbunden sind, sehr klar und deutlich. So verlangte in North Carolina 1887 eine Baufirma ihr Geld zurück, nachdem sie nicht die erwarteten Vergünstigungen als Gegenleistung erhalten hatte. Im Kanada des frühen zwanzigsten Jahrhunderts gewährten Unternehmen finanzielle Wahlkampfhilfen an politische Kandidaten – als Gegenleistung für deren Unterstützung bei der Erlangung von Regierungsgeschäften. In Japan erwarten Politiker, die lokalen Unternehmen bei der Auftragsbeschaffung behilflich sind, angeblich einen bestimmten Prozentsatz der Vertragssumme als Gegenleistung (Rose-Ackerman 2000: 79). Auch die Erkenntnisse in der Flick-Affäre haben gezeigt, dass es Großspendern nicht nur um die „Pflege der politischen Landschaft", sondern um die Beeinflussung konkreter Entscheidungen geht. All diese Beispiele machen das Spannungsverhältnis zwischen Gruppen bzw. Personen, die über erhebliche finanzielle Ressourcen verfügen, und dem grundsätzlichen demokratischen Prinzip „Jeder hat eine Stimme" deutlich. Über Spenden, vor allem über hohe Spenden, lässt sich politischer Einfluss erkaufen.

Welche Rolle spielen Spenden in der Einnahmenstruktur der Parteien? In den meisten etablierten Demokratien finanzieren sich Parteien im Wesentlichen aus drei Quellen: aus Mitgliedsbeiträgen, einer öffentlichen Finanzierung sowie durch Spenden. Die Finanzierung aus Mitgliedsbeiträgen ist unter demokratietheoretischem Blickwinkel unproblematisch, da sie vorrangig aus allgemeiner Zustimmung zur Politik einer bestimmten Partei gegeben werden und prinzipiell mit freier Mitarbeit gleichzusetzen sind. Zahlungen aus öffentlichen Mitteln, d.h. die staatliche Parteienfinanzierung, gestaltet sich schon problematischer; die mögliche Loslösung der Parteien von der Basis wird häufig als Problem angesehen. Ferner kann eine direkte Zuwendung staatlicher Mittel die Parteien in die Abhängigkeit des Staates bringen. Die Schwierigkeiten im Hinblick auf die dritte Einnahmequelle, die Spenden, ist unmittelbar einsichtig: Es ist die Verbindung zwischen Macht und Geld. Vor allem größere Spenden werden in Verbindung mit dem Versuch politischer Einflussnahme gebracht. In seiner mittlerweile klassischen Studie zu Korruption notiert Etzioni (1984), dass Mitglieder des amerikanischen Kongresses sich nicht mehr am Willen der Wähler, sondern am Willen der Geldgeber orientieren.

„The flow of private money into legislators' campaign chests frequently leads them to vote not what they believe is morally right and in line with their public mandate, but what has been written with private-interest-dollars" (Etzioni 1984: 23).

Während Kleinspenden an Parteien als eine Form politischer Partizipation angesehen werden können, verstoßen Großspenden ganz klar gegen das Gebot „one man one vote". Bei Großspenden besteht der Anfangsverdacht, dass durch sie Einfluss auf konkrete Einzelentscheidungen genommen werden soll oder dass es sich um Provisionszahlungen für bereits geleistete Hilfe handelt (Naßmacher 2000: 19). Spenden juristischer Personen, die keine Stimme im politischen Willensbildungsprozess besitzen, sind schließlich die gefährlichste Form der Politikfinanzierung.

Unbestritten ist, dass die Parteitätigkeit ausreichende Mittel erfordert; diese sollen den Parteien und Kandidaten aber möglichst mit Zustimmung der Bevölkerung zufließen. Dabei dürfen die Finanzquellen weder Abhängigkeiten von den Geldgebern hervorrufen noch einzelne Akteure derartige Startvorteile verschaffen, dass dadurch die Chancengleichheit im Parteienwettbewerb beeinträchtigt wird (Heard 1960: 430–431). Auch die Chancengleichheit der Bürgerinnen und Bürger muss gewährleistet sein. In Anlehnung an den wirtschaftspolitischen Sprachgebrauch könnte man von einem magischen Viereck der Parteienfinanzierung sprechen: Alle Teilpostulate zu erfüllen ist bei der Parteienfinanzierung nicht weniger schwierig als in der Wirtschaftspolitik (Naßmacher 1991: 1).

Tabelle 1 weist aus, wie hoch der Anteil der Spendeneinnahmen der bundesrepublikanischen Parteien ist. Während die SPD im Jahre 2001 nur zehn Prozent ihrer Einnahmen aus Spenden bezieht, sind es bei den anderen Parteien deutlich mehr: Bei der CDU, den Grünen und der PDS immerhin ca. ein Fünftel der Einnahmen, bei der

Tabelle 1: Einnahmequellen der im Bundestag vertretenen Parteien 2001 (in Prozent)

	SPD	CDU	CSU	Grüne	FDP	PDS
Beiträge	49	44	37	38	22	44
Spenden	10	19	32	22	42	18
Staatl. Mittel	30	32	27	33	30	35
Sonstige	11	5	4	7	6	3

Quelle: Rechenschaftsberichte der Parteien 2001, <http://www.bundestag.de>; 30.12.2004.

CSU ein Drittel. Bei der FDP stellen die Einnahmen aus Spenden mit 42 Prozent die Haupteinnahmequelle der Partei dar.

Ziel dieses Artikels ist es, die Rolle und Bedeutung von Spenden in der Politikfinanzierung darzustellen. Wie werden bzw. wurden sie in der Bundesrepublik reguliert? Welche Rolle spielten Anreize, Verbote und eine Veröffentlichungspflicht als Regelungsmechanismen? In einem zweiten Teil der Analyse sollen Erfahrungen aus den USA mit Parteispenden erörtert werden. Der Vergleich soll Gemeinsamkeiten und Unterschiede herausarbeiten. Welches Regelungssystem ist „erfolgreicher" in der Erfüllung der oben genannten Kriterien? Gibt es in der US-amerikanischen Regelung mögliche Ansatzpunkte für die BRD?

2. Spendenregulierung in der BRD – ein historischer Vergleich

2.1 Spendenregelung über Anreize

Die wissenschaftliche Diskussion hat sich mehrfach für verschiedene Varianten von Spendenverboten ausgesprochen. Während Christine Landfried (1994), Karl-Heinz Naßmacher (1992) und die Autorin selbst (1995, 2000) ein Spendenverbot lediglich für juristische Personen fordern, geht Theodor Eschenburg sogar weiter: Er plädiert eindringlich für die Streichung aller Spendeneinnahmen (1961). Ein generelles Spendenverbot bzw. eine Spendenlimitierung bestand jedoch nie.

Da Fragen der Parteienfinanzierung in der BRD häufig vom Bundesverfassungsgericht entschieden werden, empfiehlt es sich die zentralen Urteile zur Parteienfinanzierung auf den Aspekt des Spendenverbotes bzw. der Spendenregulierung hin abzuklopfen (vgl. auch Römmele 2000). Weitere wichtige Vorboten einer sich ändernden Rechtsprechung sind ferner die Berichte der Sachverständigenkommissionen aus den Jahren 1983 und 1993. Häufiger Streitpunkt in den Auseinandersetzungen der Karlsruher Richter war die steuerliche Begünstigung von Spenden, und es waren nicht immer die Spender der mittleren Einkommensklassen, die durch steuerliche Anreize zur finanziellen Unterstützung der Parteien animiert werden sollten! Die von 1954 bis 1957 geltende Möglichkeit, Spenden bis zur Höhe von fünf vom Hundert des Einkommens und zwei vom Tausend der Summe aller Umsätze steuerlich geltend zu machen, war durch die Finanznöte der Koalitionsparteien, vor allem der Union, motiviert worden. Mit steuerlichen Vergünstigungen, die vor allem für Großspender attraktiv waren, sollte der Fluss von Spendengeldern angeregt werden. Diese Praxis wurde von den Karlsruher Richtern nach einer Klage der hessischen Landesregierung 1958 aufgrund der Prämierung der Einkommensteuerpflichtigen mit großem Einkommen jedoch für verfassungswidrig erklärt (BVerfG 8: 51). Das Gericht sah sowohl die Chancengleichheit der Bürger als auch die der Parteien verletzt. Die Steuerprogression, so die Urteilsbegründung, erlaube es Personen mit hohem Einkommen, einen größeren Einfluss auf die politische Willensbildung zu nehmen als Personen mit niedrigerem Einkommen. Mit dem Parteiengesetz von 1967 sicherten sich die Parteien staatliche Gelder, die so genannte Wahlkampfkostenerstattung. Ferner wurde wieder eine Steuerbegünstigung von Spenden an Parteien eingeführt. Beiträge und Spenden konnten bis zu einer Höhe von 600 DM (1.200 DM bei Zusammenveranlagung von Ehegatten) steuerlich abgesetzt werden. Hier wird der Unterschied zur späteren Entwicklung besonders deutlich: Sowohl der begrenzte Betrag als auch die Argumente, die selbst gegen eine derart geringe steuerliche Absetzbarkeit von Spenden vorgebracht wurden, zeigen noch eine völlig andere Einstellung der politischen Akteure zur Spendenpolitik. So begründete die SPD ihren Antrag auf Streichung der bisher bestehenden Steuerbegünstigungen mit dem

„Grundsatz der Gleichbehandlung jedes Bürgers vor der Wahl. Hier sind (...) die Antragsteller der Meinung, dass auch bei einer Begrenzung auf 600 DM jährlich eine Verletzung des Grundsatzes der formalen Gleichbehandlung aller Staatsbürger im Vorfeld der Wahl vorliegt, weil die Empfänger größerer Einkommen gegenüber denjenigen kleinerer Einkommen privilegiert sind" (Stenografische Berichte über die Verhandlungen des Deutschen Bundestages, 5. Wahlperiode, 116. Sitzung, 28. Mai 1967: 5799).

Eine komplette Kehrtwendung in der Spendenpolitik leiteten die Vorschläge der Sachverständigenkommission 1983 ein (Kommissionsbericht 1983). Das Tor für Großspenden wurde wieder weit geöffnet. Parteien wurden auf der Grundlage der Vorschläge der Sachverständigen gemeinnützigen Vereinen gleichgestellt, Beiträge und Spenden konnten nunmehr bis zu fünf Prozent des Einkommens und bis zu zwei vom Tausend der Umsätze der Löhne und Gehälter von der Einkommensteuer bzw. Körperschaftssteuer abgezogen werden. Die *absolute* Obergrenze für Spenden wurde also durch eine *relative* ersetzt. Die Kommission hielt fest,

„dass private Spenden an politische Parteien auch weiterhin steuermindernd berücksichtigt werden sollen. Sie stützt sich dabei auf die Tatsache, dass in Anbetracht der vielfältigen und qualitativ wie quantitativ noch wachsenden Aufgaben der Parteien ihr Finanzbedarf einerseits durch Mitgliedsbeiträge allein nicht befriedigt werden kann, andererseits auch nicht überwiegend durch den Staat gedeckt werden darf, also private Spenden weiterhin unentbehrlich bleiben und deshalb im Interesse der Gesamtheit gefördert werden müssen" (Kommissionsbericht 1983: 194).

In einer erneuten Änderung des Parteiengesetzes ergaben sich 1988 weitere Akzentverschiebungen in der Spendenpolitik. Die steuerliche Absetzbarkeit von Spenden wurde auf 60.000 DM gesenkt. Auf den ersten Blick wird mit diesem Schritt die Privilegierung von Großspenden verringert – allerdings muss diese Änderung im Zusammenhang mit der gleichzeitig geänderten Veröffentlichungspflicht gesehen werden, auf die an späterer Stelle noch eingegangen wird.

Das Urteil des Bundesverfassungsgerichtes zur Parteienfinanzierung 1992 (BverfG 85: 264), welches die Basis des Parteien(finanzierungs)gesetzes von 1994 bildet, verlangte eine grundlegende Kurskorrektur der Parteienfinanzierung. In der Spendenpolitik wird die Chancengleichheit der Bürger wieder ernster genommen. Bei der steuerlichen Begünstigung von Parteispenden wird darauf geachtet, dass die Mehrzahl der Steuerpflichtigen die Möglichkeit besitzt, die Vergünstigungen auch tatsächlich in Anspruch zu nehmen. Für juristische Personen wurde auf eine steuerliche Absetzbarkeit von Spenden ganz verzichtet. Die Prognose Inge Wettig-Danielmeiers, Schatzmeisterin der SPD, betrifft alle Parteien:

„Die Abhängigkeit von wirtschaftlichen Interessen wird (...) dadurch reduziert, dass es keinerlei Steuervorteile mehr für Industriespenden geben wird. Die Steuerabzugsmöglichkeiten für private Spenden werden auf weniger als ein Zehntel des bisherigen Betrages gesenkt. Mit dieser Regelung wird eindeutig die Einflussspende zurückgedrängt" (Stenografischer Bericht über die Verhandlungen im Deutschen Bundestag, 12. Wahlperiode, 180. Sitzung, 1.10.1993: 16410).

Ferner werden Parteien für die Einwerbung von Kleinspenden – „big money in little sums" – durch ein *matching* belohnt: Für jeden Euro, den sie als Zuwendungen erhalten, werden momentan 0,38 Euro (bis zu einer Höhe von 3.300 Euro) ausgezahlt. Somit soll die Verwurzelung der Parteien innerhalb der Gesellschaft gefördert werden.

Mit der jüngsten Gesetzesnovelle (§ 25 Abs. 2, Nr. 5 Parteiengesetz) wird erstmalig ein Spendenverbot ausgesprochen und zwar für Spenden von öffentlichen Unternehmen. Dies geschah auf die klare Empfehlung der Sachverständigenkommission hin. Zwar sprach sich auch diese Kommission klar gegen ein Spendenverbot juristischer Personen aus,[1] beurteilt die Spenden von öffentlichen Unternehmen allerdings anders. Gegen die Zulässigkeit von Spenden öffentlicher Unternehmen spricht, dass es sich unmittelbar um Gelder handelt, die den Staat bzw. der öffentlichen Hand zuzurechnen sind. Dies führt faktisch zu einer Erhöhung des Gesamtvolumens der staatlichen Finanzierung. Eine Spendenlimitierung für Großspenden wurde trotz heftiger Diskussion zwischen den Sachverständigen nicht vorgeschlagen (S. 34–35). Außerdem wurde ein Verbot für Barspenden über 1.000 Euro eingeführt (§ 25 Abs. 1 Satz 2 Parteiengesetz). Welche Auswirkungen dieses Verbot haben wird, bleibt abzuwarten.

2.2 Spendenregelung über Veröffentlichung?

Im Grundgesetz bestimmt Art. 21 Abs. 1 Satz 4, dass Parteien „über die Herkunft und die Verwendung ihrer Mittel sowie über ihr Vermögen öffentlich Rechenschaft geben" müssen. Auch das Bundesverfassungsgericht hat schon frühzeitig auf den Zusammenhang zwischen Spenden und deren Veröffentlichung hingewiesen:

---

1 „Ein Verbot von Spenden juristischer Personen wäre (...) ein erheblicher Eingriff in die Chancengleichheit derjenigen Parteien, die mit ihrem Programm vor allem auch Wirtschaftsunternehmen und -verbände ansprechen, die in der Regel als juristische Personen organisiert sind. Solche Unterschiede in der vorgefundenen Wettbewerbslage darf der Staat nicht verfälschen" (BT 14/6170: 33–34).

„Der Wähler soll über die Kräfte unterrichtet werden, die die Politik der Partei bestimmen, und er soll die Möglichkeit haben, die Übereinstimmung zwischen den politischen Programmen und dem Verhalten derer zu prüfen, die mit Hilfe finanzieller Mittel auf die Parteien Einfluss zu nehmen suchen" (BVerfG 24, 300: 356).

Doch kamen die Regierungsparteien erst 1967 ihrem Verfassungsauftrag nach. Besonders die bürgerlichen Parteien wehrten sich zum Teil vehement gegen eine Rechenschaftslegung, da diese die Gefahr eines empfindlichen Rückganges von Spenden aus der Wirtschaft in sich barg (Eschenburg 1964: 213).

Seit 1967 waren Parteien dazu verpflichtet, Spenden ab 20.000 DM mit Name und Adresse des Spenders sowie Höhe der Spende im Rechenschaftsbericht zu veröffentlichen. Diese Grenze wurde – in gleichem Atemzug übrigens mit der Senkung der steuerlichen Absetzbarkeit von Spenden – 1983 auf 40.000 DM angehoben. Momentan müssen nach letztem Stand des Parteiengesetzes – nach den Erfahrungen der jüngsten Spendenskandale – Spenden und Mandatsträgerbeiträge an eine Partei über 10.000 Euro mit Name, Anschrift des Spenders sowie der Gesamthöhe der Spende im Rechenschaftsbericht verzeichnet werden. Spenden über 50.000 Euro sind dem Präsidenten des Bundestages unverzüglich anzuzeigen. Er veröffentlicht die Spende unter Angabe des Spenders zeitnah als Bundestagsdrucksache. Ferner sind Bargeldspenden nur noch bis zu einer Höhe von 1.000 ? zulässig. Sämtliche Spenden, die als Gegenleistung oder in Erwartung eines konkreten politischen oder wirtschaftlichen Vorteils gegeben werden, sind unzulässig.

Für die Bundesrepublik lässt sich also Folgendes zusammenfassen: Nach einem langen Weg des „trial and error" finden wir in der heutigen Regelung zur Spendenpolitik eine Kombination aus Anreiz und Abschreckung. Vor allem kleine Spender sollen durch Steuergutschriften zu einer Spende ermutigt werden, für die politischen Akteure besteht der Anreiz, Kleinspenden einzuwerben in einem *matching*. Ziel dieser doppelten Belohnung ist „big money in little sums". Großspenden sollen vor allem mit einer pragmatischen Veröffentlichungsregelung eingedämmt werden. Insgesamt kann das geltende Parteien- und Steuerrecht als ein „Regelwerk mit Augenmaß" (Naßmacher 2000: 20) bezeichnet werden, dass eine höchst differenzierte Balance zwischen Anreiz und Abschreckung schafft.

Blicken wir nun auf die USA. Wie wird dort mit Spenden umgegangen, welches Regelwerk ist dort realisiert?

3. Internationale Erfahrungen: USA

3.1 Spendenregulierung

Während in der Bundesrepublik Spenden in erster Linie über steuerliche Anreize reguliert werden, wurde in den USA schon früh ein Verbot für Spenden juristischer Personen erlassen, auch wurden Spenden insgesamt limitiert. Doch der Reihe nach: Im ersten Gesetz zur Regulierung der Wahlkampffinanzierung, dem so genannten *Tilman Act*, wurden Unternehmenszuwendungen verboten. Im *Federal Corrupt Practices Act* wurden 1925 außer Geldspenden auch andere Zuwendungen („contributions of valuable property other than money") wie beispielweise großzügige Geschenke, die Übernahme von Reisekosten etc. in das Verbot mit eingeschlossen (Römmele 1995: 33). Um auch den Einfluss von Großspenden zu schmälern, wurden im *Hatch Act* 1940 zusätzlich zum existierenden Verbot von Unternehmensspenden auch Spendenlimits für Individuen eingeführt. Bürger durften nicht mehr als 5.000 US-Dollar pro Person und Jahr an einen Kandidaten spenden.

Diese schon früh verabschiedeten Maßnahmen hatten alle eines gemeinsam: Sie waren ineffektiv. Es fehlte insgesamt an der konsequenten Durchsetzung der Gesetze, keinerlei Strafen waren bei Gesetzesmissachtung vorgesehen, eine Kontrolle wurde nur sporadisch durchgeführt. Der Tilman Act sowie der Hatch Act hatten bis zum Erlass des Federal Election Campaign Act (FECA) im Jahre 1971 Bestand. In den USA sind die heute geltenden Regelungen zur Wahlkampffinanzierung im FECA aus dem Jahr 1971 aufgeführt, der mittlerweile mehrfach ergänzt (1974, 1976 und 1979) und erweitert wurde. Ursprüngliche Zielsetzung des Gesetzes war es, den Einfluss weniger, aber finanzstarker Geldgeber auf den Präsidentschafts- und Kongresswahlkampf zu verringern. Wie in der Bundesrepublik waren die Regelungen zur Wahlkampffinanzierung auch in den USA Gegenstand der Verhandlungen im Obersten Gerichtshof, dem Supreme Court. In dem häufig zitierten Urteil *Buckley vs. Valeo* ging es – Nuancen und Details beiseite gelassen – um die Limitierung von Spenden und Wahlkampfausgaben. Richter Potter stellte die Schlüsselfrage während einer öffentlichen Anhörung: „Is money speech and speech money?" Während der US Supreme Court zwar die Limitierung von Ausgaben der Kandidaten als rechtswidrig erachtet, ist eine gleichzeitige Begrenzung der Spenden von Individuen und Interessengruppen an Kandidaten aus dem Grunde verfassungskonform, als es sich bei diesen um eine Form indirekter Rede handelt:

„A contribution serves as a general expression of support for the candidate and his views, but does not communicate the underlying basis for the support (...) While contributions may result in political expression if spent by a candidate or an association to present views to voters, the transformation of contributions into political debate involves speech by someone other than the contributor" (424 U.S. 1, 1976: 21).

Anfangs wurden Spenden von Individuen auf 1.000 US-Dollar begrenzt, diese Grenze wurde mittlerweile auf 2.000 US-Dollar angehoben.

Wirtschaftliche Verbände sind von einer direkten Wahlkampffinanzierung ausgeschlossen, können aber über Political Action Committees (PACs) an „ihre" Kandidaten spenden. Zwar ist auch die Spende an ein PAC auf 5.000 US-Dollar begrenzt, allerdings besteht keine Begrenzung in der Anzahl der PACs (vgl. auch www.opensecrets.org des unabhängigen Center for Responsive Politics (CRP)).

Unklarheiten bestehen auch im Hinblick auf die Unterscheidung zwischen *hard money* und *soft money*. Als hard money werden lediglich Finanzmittel angesehen, die unmittelbar für eine Beeinflussung des Wahlausgangs – d.h. für den Wahlkampf im engeren Sinn – vorgesehen sind. Hard Money fällt auch unter die FECA-Beschränkungen. Zusätzlich gibt es jedoch soft money, das nicht bewilligungs- bzw. offenlegungspflichtig ist und das laut Gesetz nur für Party Building-Aktivitäten, Wählerinformationen als Politische Bildung und Wählerregistrierung der nationalen Pateiorganisationen Verwendung finden darf. Hard Money, das von den Parteien in Wahlkämpfen eingeworben wurde, erhöhte sich von 1991/92 bis 1999/2000 um 70 Prozent, gleichzeitig ergab sich jedoch für soft money eine Steigerungsrate von 466 Prozent (Filzmaier/Plasser 2000: 120–121)! Als soft money ist außerdem Corporate Money von Arbeitgeber- und Arbeitnehmerinteressen zulässig. Ungeachtet der rechtlichen Beschränkungen ist ein exponentielles Wachstum der indirekten Wahlkampfspenden für Party Building-Aktivitäten zu beobachten, wobei es sich zumeist um Spender mit unmittelbar wirtschaftspolitischen Interessen handelt. 1997/98 waren unter anderem der Tabakkonzern Philip Morris und die Telefongesellschaft AT&T führende Organisatoren von PACs gewesen. Ein noch recht junges Beispiel sind die Spenden der Rüstungsindustrie und der Energiekonzerne, denen ein sehr enger Kontakt zur Bush-Regierung nachgesagt wird. So hat das Energieunternehmen Enron Bush im Verlauf seiner politischen Karriere mit mehr als einer halben Millionen Dollar unterstützt. Gleichzeitig hat Enron im letzten Wahlkampf über zwei Millionen Dollar an Politiker gespendet. Dass mit diesen Geldern Politik gekauft wird, macht eine Entscheidung des Kongresses aus dem Jahre 2000 deutlich, die den größten politischen Erfolg von Enron-Chef Lay markiert. Ein neues Gesetz, der „Commodity Futures Modernization Act" regelt eine Nische des Derivatehandels: den Handel mit spekulativen Termingeschäften auf Rohstoffe und Energie. Bei Branchenkennern war das Gesetz bald als „Enron Provision" bekannt (Esterhazy/Sosalla 2002).

Die 2002 verabschiedete Reform der Wahlkampffinanzierung (BCRA 2002 oder auch McCain-Feingold-Reform) sieht ein Verbot dieser soft-money-contributions vor. Konkret verbietet es Bundesparteien, Bundeskandidaten oder gewählten Vertretern, soft money zu sammeln oder auszugeben. Außerdem verbietet es den Parteien auf bundesstaatlicher und kommunaler Ebene, weiches Geld für Aktivitäten im Bundeswahlkampf auszugeben. Mehr als zehn Jahre wurde für diese Reform im amerikanischen Kongress gekämpft, sie scheiterte wiederholt im Senat. Je näher der Gesetzentwurf einer Verabschiedung kam, desto stärker rückte die Frage der Verfassungsmäßigkeit in den Vordergrund der Debatte – immerhin handelte es sich in der Logik des Buckley-Valeo-Urteils um eine Begrenzung der Redefreiheit. Im Frühjahr 2003 wurde die Reform vom Supreme Court mit einem knappen Votum für verfassungskonform erklärt. Die Gesetzesbestimmungen wurden erstmals im Wahlzyklus 2003/04 wirksam.

Verstärkt wird die Abhängigkeit der Kandidaten von Spendengeldern durch die nur in der heißen Phase des Präsidentschaftswahlkampfes existierende staatliche Finanzierung (ausführlich Filzmeier/Plasser 2000: Kap. 4). In den Primaries sowie den Wahlen zum amerikanischen Kongress sind die Kandidaten nahezu vollständig auf Spenden angewiesen. Zwar werden Kandidaten durch ein matching kleiner Spenden zur Akquise kleinerer Beiträge animiert, jedoch macht sie die große Abhängigkeit von Spenden anfällig und offen für Großspenden. Die Ausgaben der Wahlkämpfe, die in Tabelle 2 aufgeführt sind, unterstreichen diesen Sachverhalt.

Tabelle 2: Die zehn teuersten Kongresswahlkämpfe 2002
(Ausgaben in Millionen US-Dollar, gerundet)

	Senat		House
North Carolina	27	West Virginia District 2	11
Missouri	21	Florida District 7	6
Texas	19	Maryland District 8	6
Georgia	18	Florida District 24	6
Louisiana	15	Connecticut District 5	6
Iowa	14	Georgia District 11	5
New Jersey	13	Rhode Island District 1	5
South Dakota	13	Michigan District 9	5
Minnesota	12	Kentucky District 3	5
Colorado	11	Mississippi District 3	5

Quelle: Center for Responsive Politics (CRP), <http://www.opensecrets.org>; 30.12.2004.

3.2 Rechenschaftslegung

Die USA kennen die wohl strengste Veröffentlichungspflicht. Die als Konsequenz aus der Watergate-Affäre 1974 gegründete Bundeswahlbehörde (FEC/Federal Election Commission) veröffentlicht in regelmäßigen Abständen Berichte der Kandidaten und Parteien zur Wahlkampffinanzierung. Kandidaten müssen alle Zuwendungen von Einzelpersonen, Parteien und Political Action Committess (PACs) sowie alle Ausgaben von mehr als 200 US-Dollar offen legen. Demokratietheoretische Grundlage ist hier die Annahme, dass Wähler über die Höhe und Herkunft der Geldmittel von Politikern und Kandidaten informiert sein müssen, um das Verhalten des Politikers – etwa bei Abstimmungen im Kongress – beurteilen zu können (Filzmaier/Plasser 2000: 116).

Wir finden in den USA also eine gänzlich andere Regelung der Spendenpraxis vor als in der Bundesrepublik. Individualspenden werden streng limitiert, Unternehmensspenden gar verboten, außerdem werden schon kleinste Spenden von einer unabhängigen Kommission veröffentlicht. Zahlreiche legale Schlupflöcher untergraben diese strengen Regelungen jedoch.

4. Spenden – Anreize schaffen oder verbieten?

Welche Schlüsse können wir nun abschließend aus den beiden sehr unterschiedlichen Regelungen zur Spendenpraxis ziehen? Was zeigen uns die bundesrepublikanischen sowie die amerikanischen Erfahrungen?

Unstrittig ist Spenden als Form der politischen Partizipation anzusehen. Spenden stellen eine Form der Verankerung der Parteien in der Gesellschaft dar, sie bilden ein *linkage* (Lawson 1980) zwischen Bürgern und Parteien. Allerdings muss dabei die Chancengleichheit gewahrt werden. Aus diesem Grunde erscheinen Höchstgrenzen für Spenden gerechtfertigt, um eine korrupte Einflussnahme zu unterbinden. Während solche Grenzen in den USA zumindest de jure existieren, wurde eine solche Limitierung in der BRD nie ernsthaft diskutiert. In den USA zeigt hingegen die Praxis, dass strikte rechtliche Schranken geheime illegale Transfers fördern. Der Anreiz für Kleinspenden gekoppelt mit einer Rechenschaftspflicht, die auch eine Öffentlichkeit erreicht, scheinen – so die Erfahrungen der Bundesrepublik – erfolgversprechend.

Problematisch wird weiterhin der Bereich der Spenden zwischen 5.000 Euro und 20.000 Euro bleiben, bei denen der amerikanische Politikwissenschaftler Herbert Alexander immer wieder darauf hingewiesen hat, dass mit ihnen kein konkreter Einfluss bzw. kein konkretes Projekt unterstützt wird, sondern der Wunsch zum Ausdruck gebracht, sich den persönlichen Zugang zu Politikern zu verschaffen oder zu erhalten (Alexander/Corrado 1995: 100–101).

Eine Veröffentlichungspflicht kann nur dann eine Wirkung auf die Spendenbereitschaft (großer) Spender haben, wenn eine Öffentlichkeit damit erreicht wird. Karl-Heinz Naßmacher bezeichnet die Rechenschaftsberichte deutscher Parteien als „öffentlichstes Geheimdokument" (2000: 20). In den USA erschlägt die Masse an Detailinformation. In beiden Fällen wäre der Zwang zu einer verdaulichen Aufbereitung des Materials in regelmäßigen Abständen beispielsweise in überregionalen Zeitungen eine Verbesserung. An dieser Stelle ist der lobenswerte Vorschlag der jüngsten Sachverständigenkommission zu erwähnen, welche die Transparenz in weiteren Bereichen der Politikfinanzierung durch einen Politikfinanzierungsbericht fordert. „Nach Auffassung der Kommission ist ein Grund für das (...) Misstrauen gegenüber der Politikfinanzierung die mangelnde Transparenz dieses weiter gefassten Politikbereiches. Es geht einher mit fehlendem Wissen über und fehlender Einsichtsmöglichkeit in die Vielfältigkeit und Komplexität des ‚Politikbetriebes'. Deshalb sollte auch hinsichtlich der Finanzierung dieses weiteren Politikbereichs mehr Transparenz geschaffen werden. Das mag im Einzelnen ‚unbequem' sein, wird aber auf Dauer Misstrauen in das Funktionieren der Parteiendemokratie abbauen können" (BT-Drucksache 15/3140: 27).

Abschließend soll noch der Aspekt der Ausgabenbegrenzungen mit in die Diskussion aufgenommen werden. Wenn lediglich ein festgelegter Betrag für die politische Arbeit ausgegeben werden darf, ist die Suche nach großen, dauerhaften und finanzträchtigen Geldgebern hinfällig. In den USA (bei Präsidentschaftswahlen) und Kanada wurde zum Teil mit dem „Zuckerbrot" der öffentlichen Finanzierung auch die „Peitsche" der Ausgabenlimitierung als Radikalmaßnahme gegen ausufernde Kosten der Demokratie eingesetzt. Dieser Ansatz müsste konsequenter verfolgt werden. Helmut Schmidt ist hier zuzustimmen:

„(...) Die immer oberflächlicher werdenden Materialschlachten dienen nicht der Aufklärung, sie sind Verschwendung von Steuergeldern. Die Qualität der politischen Arbeit steigt nämlich nicht proportional zur Höhe der Ausgaben!" (2000: 5)[2]

---

2 Zwar weist Karl-Heinz Naßmacher darauf hin, dass die Begrenzung der Wahlkampfausgaben in Kanada und Großbritannien nie richtig gegriffen habe bzw. immer umgangen wurde, dies kann jedoch kein Argument gegen eine Einführung einer solchen Regelung sein.

Literatur

Alexander, Herbert E./Corrado, Anthony, 1995: Financing the 1992 Election. New York.
Bericht zur Neuordnung der Parteienfinanzierung 1983: Vorschläge der vom Bundespräsidenten berufenden Sachverständigen-Kommission. Köln.
Bipartisan Campaign Reform Act (BCRA) of 2002.
Boyken, Friedhelm, 1998: Die neue Parteienfinanzierung, Entscheidungsprozeßanalyse und Wirkungskontrolle. Baden-Baden.
Deutscher Bundestag, 14. Wahlperiode, Drucksache 14/6170.
Deutscher Bundestag, 15. Wahlperiode, Bericht der Kommission unabhängiger Sachverständiger zu Fragen der Parteienfinanzierung 2004, Drucksache 15/3140.
Entscheidungen des Bundesverfassungsgerichts, Bde. 8, 20, 24, 52, 57, 73 und 85.
Empfehlungen der vom Bundespräsidenten berufenen Kommission unabhängiger Sachverständiger zur Finanzierung der Parteien (1993).
Eschenburg, Theodor, 1964: Zur politischen Praxis in der Bundesrepublik, Kritische Betrachtungen 1957–1961. München.
Etzioni, Amitai, 1984: Capital Corruption. San Diego.
Federal Corrupt Parctices Act of February 28, 1925, ch. 368.
Heard, Alexander, 1960: The Costs of Democracy. Chapel Hill, NC.
Heidenheimer, Arnold J./Johnston, Michael (Hrsg.), 2002: Political Corruption. Concepts and Contexts. New Brunswick, NJ.
Filzmaier, Peter/Plasser, Fritz, 2000: Wahlkampf um das Weiße Haus. Presidential Elections in den USA. Opladen.
Jacobson, Gary C., 1978: The Effects of Campaign Spending on Congressional Elections, in: American Political Science Review 72, 469–491.
Klein, Hans-Hugo/Landfried, Christine/Naßmacher, Karl-Heinz/Roellecke, Gerd, 2000: Welche Finanzierung für die Parteien? Broschürenreihe herausgegeben von der Konrad-Adenauer-Stiftung e.V. Sankt Augustin.
Landfried, Christine, 1994: Parteifinanzen und politische Macht. Eine vergleichende Studie zur Bundesrepublik Deutschland, zu Italien und den USA. Baden-Baden.
Lawson, Kay (Hrsg.), 1980: Political Parties and Linkage. Yale.
Naßmacher, Karl-Heinz, et al., 1991: Bürger finanzieren Wahlkämpfe. Anregungen aus Nordamerika für die Parteienfinanzierung in Deutschland. Baden-Baden.
Naßmacher, Karl-Heinz, 2000: Parteienfinanzierung in der Bewährung, in: Aus Politik und Zeitgeschichte B16, 15–22.
Pattie, Charles J./Johnston, Ronald J./Fieldhouse, Edward A., 1995: Winning the Local Vote: The Effectiveness of Constituency Campaign Spending in Great Britain, 1983–1992, in: American Political Science Review 89 (4), 969–983.
Römmele, Andrea, 1995: Unternehmensspenden in der Parteien- und Wahlkampffinanzierung. Die USA, Kanada, die Bundesrepublik Deutschland und Großbritannien im internationalen Vergleich. Baden-Baden.
Römmele, Andrea, 2000: Parteispenden in der Krise?, in: Aus Politik und Zeitgeschichte B16, 23–30.
Rose-Ackerman, Susan, 2000: Politische Korruption und Demokratie, in: *Zentrum für Europa- und Nordamerikastudien* (Hrsg.), Politische Korruption. Opladen, 73–92.
Schmidt, Helmut, 2000: Interview in: „DIE ZEIT" am 23. März 2000, S. 5.

VI.

Strategien der Korruptionsbekämpfung

Nationale Strategien zur Bekämpfung der politischen Korruption

Michael Wiehen

1. Einleitung

Die Erscheinungsformen der politischen Korruption unterscheiden sich zwar im Detail von Land zu Land, je nach Struktur der Rechtssysteme und der politischen Institutionen, aber in den wesentlichen Punkten sind sie sich global sehr ähnlich. Die hier vorgeschlagenen nationalen Strategien zu ihrer Bekämpfung beziehen sich vornehmlich auf die Bundesrepublik Deutschland, sind aber *mutatis mutandis* auch in anderen Ländern anwendbar.[1]

Für den nachfolgenden Beitrag ist *politische Korruption* eher eng definiert: Aktive und passive Einflussnahme auf Parteien oder einzelne Politiker oder Politikerinnen (vor oder während ihrer Mandats- oder Amtsausübung) im Hinblick auf ihre Entscheidungen, aber auch Fehlentscheidungen von PolitikerInnen bei Interessenkollisionen (vor, während und nach ihrer Mandats- oder Amtsausübung). *Einflussnahme* kann sich auf den Kauf bestimmter Entscheidungen wie auch auf den Kauf von Zugang zu Entscheidungsträgern beziehen. Als *PolitikerInnen* werden vor allem gewählte Abgeordnete (auf Bundes-, Länder-, Kommunal- oder Europa-Parlaments-Ebene), aber mit Einschränkung auch politische, bestellte Beamte einschließlich der politisch eingesetzten leitenden Mitarbeiter oder Mitarbeiterinnen bestimmter öffentlicher Unternehmen verstanden. Ein wichtiger Aspekt der Korruption hinsichtlich bestellter PolitikerInnen ist die Art ihrer Auswahl und Bestellung.

Initiator oder Initiatorin der korrupten Handlung (oder Unterlassung) kann der Politiker/die Politikerin selbst oder ein Dritter/eine Dritte sein. Eine Vorteils- oder Bestechungsannahme durch eine(n) PolitikerIn wird zwar allgemein als *passive* Korruption bezeichnet, kann aber in der Realität eine höchst aktive kriminelle Bereitschaft reflektieren.

Jede Bekämpfungsstrategie muss repressive wie auch präventive Elemente enthalten. Zu den repressiven gehören vor allem die Strafbewehrung und konsequente Strafverfolgung, Bußgelder, Verlust von Rechten, sowie Sperren und Ausschlüsse. Prävention kann auf vielerlei Art versucht werden. Zu den wirksamsten präventiven Instrumenten gegen Korruption gehören die Transparenz von Verwaltungsvorgängen und die Offenlegung potenzieller Interessenkollisionen. Ein ganz wichtiger Bestandteil eines guten Präventionskonzepts ist auch die Schulung und Aufklärung im weitesten Sinne: Schulung der Menschen im eigenen Handlungsumfeld über Einfallstore und Gefahren der

---

[1] Für eine Darstellung der globalen Situation der Bekämpfung der politischen Korruption siehe den TI Global Corruption Report 2004, einschließlich einer Liste der global erkennbaren Haupttypen von Korruption im Zusammenhang mit Parteienfinanzierung (S. 20), wichtigen Gesetzgebungsentwicklungen im Jahre 2003 (S. 28) und einer vom World Economic Forum herausgegebenen vergleichenden Darstellung der Merkmale politischer Korruption in den Ländern der Welt (S. 30ff).

Korruption, die Möglichkeiten der Vermeidung und Bekämpfung, sowie Aufklärung der Öffentlichkeit allgemein über die Schädlichkeit von Korruption und über die negativen Auswirkungen auf die Volkswirtschaft, insbesondere auf die sozial schwächere Bevölkerung. So wichtig eine wirksame Repression ist, die Anstrengungen zur Eindämmung der politischen Korruption sollten sich im Wesentlichen auf die Prävention konzentrieren.

Neben den üblichen Akteuren der Korruptionsbekämpfung sollten die Medien eine besonders wichtige Rolle spielen, und zwar hinsichtlich vier wichtiger Aspekte: Die Berichterstattung über die Aufdeckung und Verfolgung einzelner Korruptionsfälle, die Stärkung und Unterstützung investigativer Journalistinnen und Journalisten, die Förderung von Präventionsprogrammen und -maßnahmen, einschließlich gesetzgeberischer Initiativen, und die allgemeine Stärkung der Wahrnehmung in der Öffentlichkeit von Korruption und der durch sie angerichteten Schäden.

Zu den Erscheinungsformen politischer Korruption, die in Deutschland in jüngerer Zeit besonders viel Aufsehen erregt haben, gehören die undurchsichtige Parteienfinanzierung, die mangelnde Bereitschaft von PolitikerInnen, potenzielle Abhängigkeiten und Interessenkollisionen offen zu legen, und der irreguläre (nicht den normalen Regeln für das Verwaltungshandeln entsprechende) Umgang von PolitikerInnen mit Unternehmen und Unternehmern, insbesondere bei der Vergabe öffentlicher Aufträge.

Dem in diesem Zusammenhang relevanten Straftatbestand der Abgeordnetenbestechung entspricht sozusagen auf der „aktiven Seite" im Strafgesetzbuch die Wählernötigung, Wählertäuschung und Wählerbestechung, also der Stimmenkauf durch PolitikerInnen. Während eine solche Praxis des „Stimmenkaufs" sicherlich in manchen Ländern akut betrieben wird,[2] sind derartige Fälle in Deutschland in jüngeren Jahren nicht evident geworden, wenn man von den strafrechtlich kaum fassbaren Wählergeschenken absieht. Dementsprechend ist dieser Beitrag in drei Hauptkapitel gegliedert: Parteienfinanzierung, die Rolle der gewählten Mandatsträger und politischen Beamten sowie Integrität bei Auftragsvergabe.

2. Parteienfinanzierung

Parteien spielen eine unverzichtbare Rolle bei der politischen Willensbildung, und sie brauchen Geld für ihre Arbeit. Das in Deutschland geltende System, unter dem sich Parteien aus öffentlichen Zuwendungen der Staatskasse, Mitgliederbeiträgen und Spenden finanzieren, ist gut und richtig, solange dabei die Grundregel beachtet wird, dass Geld nicht Einfluss kaufen darf.[3]

---

[2] Siehe hierzu das Kapitel „Vote Buying" im Transparency International Global Corruption Report (2004: 76ff.).

[3] Eine Untersuchung der einschlägigen Gesetze zur Finanzierung politischer Parteien in 60 Ländern und eine Matrix solcher Regeln in ca. 100 Ländern findet sich im Handbook on Funding of Political Parties and Election Campaigns, herausgegeben im Februar 2004 von dem in Stockhom/Schweden ansässigen IDEA-International Institute for Democracy and Electoral Assistance, <http://www.idea.int>.

Die Parteienfinanzierung in Deutschland ist geregelt im Gesetz über die politischen Parteien (Parteiengesetz – PartG) vom 24. Juli 1964 (BGBl. I: 773), zuletzt geändert durch das 8. Änderungsgesetz zum Parteiengesetz vom 28. Juni 2002 (BGBl. I: 2268). Das 9. Änderungsgesetz zum Parteiengesetz befindet sich zurzeit in der letzten Gesetzgebungsphase. Das Parteiengesetz ist vielfach geändert worden und hat im Laufe der Zeit vier Sachverständigenkommissionen beschäftigt, zuletzt die von Bundespräsident Johannes Rau im Februar 2000 eingesetzte *Rau-Kommission*. Bundespräsident Rau hatte „vor dem Hintergrund der im Winter 1999/2000 bekannt gewordenen Fälle von Fehlverhalten im Umgang mit Parteigeldern und Parteispenden der Kommission (...) den umfassenden Auftrag erteilt zu prüfen, ob – und wenn ja welche – Änderungen auf dem Gebiet der Parteienfinanzierung sinnvoll oder nötig" seien.[4]

Die Rau-Kommission hat sich große Mühe gegeben (auf der Grundlage verschiedener Rechtsgutachten, von Vorschlägen des Bundesrechnungshofs und aus den Parteien sowie Vorschlägen von Transparency International, Deutsches Chapter e. V., der einzigen Nichtregierungsorganisation, die konkrete Änderungsempfehlungen unterbreitet hatte), einen reichhaltigen Empfehlungskatalog für dieses „für die parlamentarische Demokratie zentrale Gesetz" (Ipsen, 2002: 1915) zu erarbeiten. Ihre 79 Empfehlungen beziehen sich auf die Grundsätze und den Umfang der staatlichen Finanzierung, Probleme der Eigenfinanzierung der Parteien, die Rechnungslegung der Parteien, das Prüfungs- und Festsetzungsverfahren der mittelverwaltenden Stelle und Sanktionen. Der Bericht der *Rau-Kommission* wurde am 18. Juli 2001 dem Bundespräsidenten und dem Präsidenten des Deutschen Bundestages übergeben. Nach nur wenigen Monaten, in denen kaum eine öffentliche Diskussion stattfand, wurde am 17. April 2002 ein interfraktioneller Entwurf (mit Ausnahme der PDS) eines 8. Änderungsgesetzes eingebracht, der bereits am 19. April 2002, also zwei Tage später, in zweiter und dritter Lesung einmütig verabschiedet wurde.

Es ist bedauerlich und schwer nachvollziehbar, dass von den vielen überzeugend begründeten Änderungsempfehlungen der *Rau-Kommission* nur eine Hand voll (darunter allerdings einige wichtige) von dem interfraktionellen Entwurf aufgegriffen wurden und nun im Gesetz verankert sind. Noch bedauerlicher ist die Tatsache, dass die Fraktionen ihren gemeinsamen Entwurf (der wenig von den Vorschlägen widerspiegelte, die die einzelnen Parteien im Jahre 2000 und der ersten Jahreshälfte 2001 veröffentlicht hatten) durchpeitschten, ohne der Öffentlichkeit irgendeine Möglichkeit der Diskussion oder der Einbringung von Vorschlägen zu geben. „Das Gesetzgebungsverfahren folgte damit dem bekannten Muster eines ‚coup-artigen' Vorgehens und entbehrt gerade jener Transparenz, der die Parteiengesetzgebung insgesamt zu dienen bestimmt ist" (Ipsen 2002: 1909). Dieses Vorgehen ist nur so zu erklären, dass die Parteien/Fraktionen in großer Einmütigkeit offenbar eine weitergehende Stärkung und Verbesserung der Parteienfinanzierungsregeln mit allen Kräften verhindern wollten. Entsprechend wurde das Vorgehen als „Alibi-Gesetzgebung", die von den Schatzmeistern der Parteien „ausgekungelt" worden sei, bezeichnet,[5] oder auch als „Kosmetik"[6].

---

[4] Bericht der Rau-Kommission (2004: 25) und Bulletin der Bundesregierung vom 10. Februar 2000 (2000: 46–47).
[5] Hans Herbert von Arnim lt. FAZ vom 27. April 2002.
[6] Christine Landfried lt. Tagesspiegel vom 5. April 2002.

Die *Rau-Kommission* hat am 10. Mai 2004 ihren Abschlussbericht veröffentlicht, in dem eine Reihe ihrer alten Forderungen wiederholt und einige neue aufgestellt wurden. Die im Gesetzentwurf eines 9. Gesetzes zur Änderung des Parteiengesetzes vorgesehenen Änderungen sind nicht sehr weit reichend, aber im Wesentlichen als positiv einzustufen, einschließlich der Wiedereinführung einer Haftungsbestimmung für Wirtschaftsprüfer, die die Rechenschaftsberichte der Parteien prüfen. Erwähnenswert aus dem Abschlussbericht ist der Vorschlag, regelmäßig einen „Politikfinanzierungsbericht" zu erstellen, in dem dann auch die staatlichen Zahlungen an die parteinahen Stiftungen transparent gemacht werden sollten.

Von den Vorschlägen, die TI Deutschland der *Rau-Kommission* unterbreitet hatte, waren die meisten schon dort nicht berücksichtigt worden; diese fanden sich erklärlicherweise dann auch im Gesetz nicht wieder. Aus der Sicht von TI Deutschland ist das Parlament also bisher zu kurz gesprungen. Es erscheint aber nicht sehr sinnvoll, die unberücksichtigt gebliebenen Empfehlungen in diesem Beitrag noch einmal im Einzelnen vorzustellen. Stattdessen sollen die wesentlichen Lücken im Gesetz aufgezeigt werden, um dabei zu helfen, sie sobald wie möglich zu schließen. Nach wie vor ist es notwendig, Parteienfinanzierungsregeln parlamentarisch zu verabschieden, die Manipulationen und Korruption weitgehend ausschalten.

Die noch immer notwendigen Änderungen kann man in vier Kategorien gruppieren: Angemessene Höchstgrenzen für Spenden, bessere Transparenz, zuverlässigere Kontrollen und adäquate Sanktionen.

2.1 Angemessene Höchstgrenzen für Spenden

Als wichtigste Forderung ist festzuhalten, dass es für Spenden einer juristischen oder natürlichen Person an eine Partei eine jährliche Höchstgrenze geben sollte. Eine solche Begrenzung sollte auf der einen Seite hoch genug angesetzt werden, dass sie den Bürgerinnen und Bürgern ausreichende Gelegenheit gibt, sich durch eine Spende politisch zu engagieren; auf der anderen Seite niedrig genug, dass sie verhindert, dass einzelne Spender übermäßig großen Einfluss auf die Politik nehmen können. Entgegen der Meinung der *Rau-Kommission* (Bericht der Rau-Kommission 2004: 14) ist die Rechenschaftspflicht allein mit Sicherheit kein ausreichendes Mittel gegen unzulässige Einflussnahme durch Großspender. Für Spenden an eine Partei erscheint eine Höchstgrenze von 100.000 Euro pro Jahr (kumulativ für alle Teilgliederungen der Partei) angemessen. Dieser Betrag mag manchem hoch erscheinen, weil offenbar schon sehr viel niedrigere Beträge „etwas bewegen" können. Sofern nur die notwendige Transparenz gesichert ist, sollte man die Spendentätigkeit jedoch nicht unnötig beschränken.

Es wird immer wieder überlegt, ob man Spenden juristischer Personen generell untersagen sollte. Ein solches Verbot würde dem Demokratieprinzip gerechter werden, das die Gleichheit der Wählerstimmen gebietet. Nur natürliche Personen haben ein Wahlrecht, und durch die Einflussnahme juristischer Personen wird das Gewicht der dahinter stehenden natürlichen Personen überproportional verstärkt. Dieses Verbot erscheint jedoch nicht praktikabel und würde sehr wahrscheinlich nur zu einem Anstieg der Verschleierungsmechanismen führen.

Für Barspenden ist durch das 8. Änderungsgesetz zum Parteiengesetz endlich eine Obergrenze gesetzt worden, die allerdings mit 1.000 Euro sehr großzügig ausgefallen ist. Wenn man mit dieser „Bagatellgrenze" (Bericht der Rau-Kommission 2004: 15) so genannte „Tellersammlungen" bei Parteiveranstaltungen ermöglichen wollte, hätte auch eine Obergrenze von 200 Euro oder 300 Euro ausgereicht. Bedauerlicher ist die Tatsache, dass (wie noch auszuführen sein wird) eine Überschreitung dieser Obergrenze nicht wirklich „verboten" und entsprechend nicht strafbewehrt ist.

Für Sachspenden (kostenfreie oder unter Marktwert abgerechnete Anzeigenschaltungen oder Dienstleistungen, Leihwagen, Empfänge, Essen etc.) sollten dieselben Regeln, Rechenschafts- und Veröffentlichungspflichten gelten wie für Geldspenden, einschließlich der Identifizierung der Sachspender. Zu den Sachspenden sollte man auch eine bei Darlehen u.U. eingeräumte Zinsersparnis rechnen.

2.2 Bessere Transparenz der Spendentätigkeit

Die vom Parteiengesetz festgelegte Veröffentlichungspflicht für Spenden eines Spenders über 10.000 Euro pro Jahr erscheint zu lasch und nicht ausreichend differenziert. Spenden eines Spenders an eine Bundespartei sollten im jährlichen Rechenschaftsbericht bereits aufgeführt werden müssen, wenn sie kumulativ 5.000 Euro pro Jahr übersteigen, unter Angabe des Namens und der Anschrift des Spenders. Spenden auf Landes- oder Kommunalebene, die wegen der unterschiedlichen Finanzkraft der jeweiligen Parteiorganisationen unterschiedliche Bedeutung haben, sollten bereits bei geringeren Schwellenwerten im Rechenschaftsbericht namentlich aufgeführt werden müssen.

Großspenden (mit einem Wert, der kumulativ 50.000 Euro im Jahr übersteigt) sollten nicht nur unverzüglich an den Bundestagspräsidenten gemeldet,[7] sondern auch ins Internet gestellt werden. Bei solchen Großspenden ist die Einflussgefahr naturgemäß besonders hoch.

Schließlich sollte die Transparenz der Rechenschaftsberichte verbessert werden, wie im einzelnen im Bericht der *Rau-Kommission* empfohlen (z.B. detaillierte Berichte über Beteiligungen der Parteien an Wirtschaftsunternehmen und eine klare Zusammenfassung des Berichts mit Vergleichswerten des Vorjahres und den zehn oder zwanzig größten Spenden (Bericht der Rau-Kommission 2004: 18)). Die in der am 9. Dezember 2003 unterzeichneten „Konvention gegen Korruption" der Vereinten Nationen[8] vereinbarte „erhöhte Transparenz hinsichtlich der Finanzierung von Kandidaten (auf ein Wahlamt) und politischen Parteien" ist leider zu vage, um in diesem Zusammenhang hilfreich zu sein.[9]

---

7 So sieht es jetzt § 25 Abs. 2 Nr. 8 vor; Verstöße gegen diese Regel sind allerdings nicht strafbewehrt.
8 UN Convention against Corruption vom 1. Oktober 2003, UN General Assembly Dokument A/58/422, unterzeichnet am 9. Dezember 2003 in Merida/Mexiko.
9 Siehe in diesem Zusammenhang auch den *Rutelli-Bericht* des Europäischen Parlaments vom 4. Dezember 2003 (Bundesratsdrucksache 36/04 vom 9. Januar 2004), in dessen Punkt 25 das Europäische Parlament „(...) mit der Europäischen Kommission überein(stimmt), dass es notwendig ist, die höchstmögliche Transparenz bei der Finanzierung der Parteien und den Wahlausgaben zu gewährleisten und (...) die Kommission auf(fordert), Vorschläge zur Einführung

Zusätzlich zur Transparenz ihrer Spendeneinkünfte könnten die Parteien einen wichtigen Beitrag zur Transparenz ihrer finanziellen Strukturen und Aktivitäten, und damit zur Integrität der Parteienfinanzierung, leisten, wenn sie zu Beginn eines Wahlkampfs ihr Wahlkampfbudget veröffentlichen würden. Es wäre sehr aufschlussreich, wenn die Bürgerinnen und Bürger wüssten, wofür die Parteien ihre „Kriegskassen" verwenden wollen. Alternativ könnten die Parteien, insbesondere auch auf Kommunalebene, ihre Ausgaben nach Beendigung eines Wahlkampfs veröffentlichen.

Man sollte sogar überlegen, ob es nicht vernünftig wäre, die Mobilisierung exzessiver Spendenbeträge zur Wahlkampffinanzierung (und damit die Wahrscheinlichkeit manipulativer Einflussnahmen) dadurch einzugrenzen, dass man Obergrenzen für Ausgaben im Zusammenhang mit Wahlen festlegt, wie im April 2003 vom Council of Ministers des Europäischen Rats empfohlen wurde.[10] Dies wäre allerdings schwer zu kontrollieren und würde wahrscheinlich auch zu Verschleierungs- und Umgehungsmaßnahmen führen.

2.3 Zuverlässigere Kontrollen

Dem Wirtschaftsprüfer ist mit der Prüfung des Rechenschaftsberichts einer Partei eine besonders verantwortungsvolle Aufgabe zugewiesen. Gerade in Anbetracht von Berichten aus jüngster Zeit über fragwürdige Praktiken von Wirtschaftsprüfern sollte das Parteiengesetz zumindest zwei zusätzliche Sicherheitsfaktoren einbauen: Erstens sollten die Parteien zu Rotation gezwungen werden, also spätestens alle fünf Jahre (besser: alle drei Jahre) einen anderen Wirtschaftsprüfer bestellen, um damit zu enge Beziehungen zwischen Prüfer und Parteifunktionären zu verhindern. Zweitens sollten die Auswahl und Bestellung des Wirtschaftsprüfers durch die Mitgliederversammlung der Partei (den Parteitag), nicht durch den Parteivorstand erfolgen.

Die bisher der Institution des Parlamentspräsidenten obliegende[11] Kontrollaufgabe, nämlich festzustellen, ob ein Rechenschaftsbericht inhaltlich und formal richtig ist und den Vorschriften des Parteiengesetzes entspricht, sollte einem zwar beim Bundestagspräsidenten angesiedelten, aber weisungsunabhängigen Kontrollgremium übertragen werden, das ungehinderten Zugang zu allen Finanzunterlagen der Parteien haben müsste. Damit wäre auch der letzte Verdacht einer potenziellen Interessenkollision bei der Prüfung durch den (schließlich einer Partei angehörenden) Bundestagspräsidenten und damit jeder Anlass für politisch motivierte Kritik ausgeräumt.

Man könnte auch überlegen, das Recht zur Bestellung des Wirtschaftsprüfers von der Partei auf den Bundestagspräsidenten oder das (oben vorgeschlagene) Kontrollgremium zu übertragen. Auf diese Weise könnte die Unabhängigkeit der Prüfer von den Parteien am zuverlässigsten gesichert werden.

---

von Normen und gute Praxis auszuarbeiten, um für Transparenz bei der Finanzierung der Parteien und den Wahlausgaben zu sorgen und Interessenkonflikten (...) vorzubeugen".

10 „Recommendation Rec (2003)4 of the Committee of Ministers to member states on common rules against corruption in the funding of political parties and electoral campaigns", adopted by the Committee of Ministers on 8 April 2003 at the 835th meeting of the Ministers' Deputies, Appendix, Article 9.

11 § 23 Abs. 3 PartG.

2.4 Adäquate Sanktionen

Die durch das 8. Änderungsgesetz eingeführte Strafbewehrung für von einem weiten potenziellen Täterkreis vorsätzlich begangene Handlungen wie Verfälschung eines Rechenschaftsberichts, Spendenstückelung oder Nichtweiterleitung bestimmter Spenden war überfällig und ist zu begrüßen, auch wenn die angedrohte Freiheitsstrafe von bis zu drei Jahren sehr moderat ausgefallen ist. Eine Höchststrafe von fünf Jahren wäre nicht „unverhältnismäßig" hoch and hätte ein klareres Signal über die Verwerflichkeit solcher Handlungen gesendet.

Darüber hinaus sollte jedoch bei besonders schweren Fällen auch der Verlust des passiven Wahlrechts und damit des Mandats angedroht werden.[12] Gegen diese zusätzliche Strafmaßnahme sind verfassungsrechtliche Bedenken angeführt worden (Bericht der Rau-Kommission 2004: 22), die aber nicht überzeugend sind: Wer vorsätzlich („in besonders schweren Fällen") die Grundregeln der parlamentarischen Demokratie außer Kraft setzt, der sollte auch daran gehindert werden können, selbst auch noch Nutzen daraus zu ziehen. Er/sie stellt eine Gefahr für die demokratische Willensbildung dar.

Wie oben bereits angedeutet ist es inkonsequent, nicht verständlich und enttäuschend, dass die Annahme von Barspenden oberhalb der Bagatellgrenze nicht mit Strafe bewehrt ist. Es gibt aus der jüngsten Vergangenheit genügend Beispiele der Weiterleitung großer Summen in bar, auch gerade im Zusammenhang mit der Parteienfinanzierung, so dass diese Praxis, die nur dem Zweck der Verschleierung dienen kann, nicht aus der Strafbewehrung ausgelassen werden darf. Gerade auf der Kommunalebene können Bauunternehmer oder Handwerksbetriebe mit Barspenden auch unter 1.000 Euro durchaus Einfluss kaufen, und jede Überschreitung der Obergrenze sollte entsprechend sanktioniert werden können.

3. Die Rolle der gewählten Mandatsträger und politischen Beamten

Außer bei der Parteienfinanzierung findet politische Korruption vor allem im Umfeld des einzelnen Mandatsträgers/der einzelnen Mandatsträgerin oder der KandidatInnen auf ein öffentliches Wahlamt statt. Sachkundige MandatsträgerInnen in den einschlägigen Ausschüssen (Wirtschaft, Verteidigung, Bau, Gesundheit, Verkehr) sind auf allen parlamentarischen Ebenen permanentem Druck direkter Beeinflussungsversuche durch Unternehmen und Verbände ausgesetzt. Die Versorgung mit Informationen und Material aus den Unternehmen und ihren Fachverbänden, die für eine sachgerechte Arbeit der Abgeordneten in den Ausschüssen sinnvoll und nötig sind, werden oft begleitet von der Gewährung materieller Vorteile wie z.B. Reisen und gehen bis zu Beraterverträgen, der Beauftragung mit Gutachten und ähnlichen Vergünstigungen. Damit begeben sich die MandatsträgerInnen bei Abstimmungen und anderen Entscheidungen zumindest in Interessenkollisionen; mitunter geben sie ihre Unabhängigkeit gar völlig

---

12 So auch Bündnis 90/Die Grünen lt. FAZ vom 11. November 2000; die FDP lt. „Mehr Demokratie wagen – Vom Parteienstaat zur Bürgerdemokratie", Beschluss des Ordentlichen Parteitages der FDP, Nürnberg, 16./17. Juni 2000, und Christine Landfried lt. Tagesspiegel vom 5. April 2002.

auf. Zur Vermeidung solcher Interessenkollisionen und Abhängigkeiten sind klare Verhaltensregeln und insbesondere klare Transparenzvorschriften am ehesten geeignet. Sie sollten in den Parteistatuten der Parteien, aber auch in Vorschriften der Fraktionen auf der jeweiligen Parlamentsebene eindeutig gefasst werden und von den MandatsträgerInnen zu unterschreiben sein.

Die Rechte, Pflichten und allgemeinen Rechtsverhältnisse der Mitglieder des Deutschen Bundestages sind im so genannten Abgeordnetengesetz (AbgG)[13], der Geschäftsordnung des Deutschen Bundestages (GO)[14] und vor allem den der Geschäftsordnung als Anlage 1 beigefügten „Verhaltensregeln für Mitglieder des Deutschen Bundestages"[15] geregelt. Die Verhaltensregeln wiederum werden ergänzt durch Ausführungsbestimmungen des Bundestagspräsidenten[16], in denen wichtige Dinge wie Details der Anzeige- und Veröffentlichungspflichten und deren Schwellenwerte festgelegt werden. Diese Regeln sind im Großen und Ganzen vernünftig und praktikabel, sollten allerdings an einer Reihe von kritischen Stellen verbessert und verstärkt werden, insbesondere im Hinblick auf eine verstärkte Transparenz. Die Öffentlichkeit darf nach den nicht endenden Skandalen inzwischen mit Recht ein lückenloses Sicherheitsnetz gegen Korruption vom Parlament erwarten. Bisher ist nur ein einziger Sachverhalt hinsichtlich korrupter Tätigkeiten von Mandatsträgern, nämlich § 108e StGB über die Abgeordnetenbestechung, strafbewehrt. Dies ist völlig unzulänglich und dieser Paragraph muss dringend neugefasst werden.

Man muss in diesem Zusammenhang auch mit der bis heute von Spendenempfängern häufig gehörten Erklärung abrechnen, das Geld sei doch vom Empfänger an die Partei weitergeleitet worden und deshalb könne der Empfänger nicht zur Rechenschaft gezogen werden. Auch wer Spendengelder annimmt und sie vollständig an die Partei weiterleitet (und nicht einen Teil in die eigene Tasche steckt), hat einen eigenen Vorteil daraus, dass seine Partei jetzt finanziell gestärkt ist. Auch vollständige Weiterleitung ist keine akzeptable Entschuldigungserklärung.

3.1 Interessenkollisionen

Das Vorliegen von Interessenkonflikten bei Mandatsträgern ist schon deswegen programmiert, weil z.B. viele Mitglieder des Bundestages, die nicht Beamte sind, in der Regel auch während des Mandats entweder ihren Beruf voll weiterführen (als Rechtsanwälte, Notare, Berater etc.) oder zumindest Kontakt zu ihrem privaten Beruf halten, weil sie nach Ende ihres Mandats wieder im selben Beruf arbeiten, möglicherweise sogar in ihre ehemalige Stellung zurückkehren möchten. Darüber hinaus gibt es sicherlich viele Interessenkollisionen, wenn Mandatsträger oder Beamte Aufsichtsrats-, Bei-

---

13 Gesetz über die Rechtsverhältnisse der Mitglieder des Deutschen Bundestages vom 18. Februar 1977, in der Fassung der Bekanntmachung vom 21. Februar 1996 (BGBl I S. 326), zuletzt geändert durch Artikel 1 des Gesetzes vom 25. März 2004 (BGBl. I S. 459).
14 In der Fassung vom 30. April 2003.
15 Zuletzt geändert durch Bekanntmachung vom 17. September 2002, BGBl. I S.3759.
16 Ausführungsbestimmungen des Präsidenten des Deutschen Bundestages vom 26. Juni 1987 zu den Verhaltensregeln, zuletzt geändert durch Bekanntmachung vom 23. Oktober 2002, BGBl. I: 4208.

rats- oder Beraterpositionen in Wirtschaftsunternehmen bekleiden. Zweck der Verhaltensregeln ist es, „den Abgeordneten Pflichten zur Offenlegung denkbarer Interessenkollisionen zwischen Mandat und wirtschaftlicher Betätigung aufzulegen" (Ritzel/Bücker/Schreiner 2002: § 18c, S. 2). Interessenkollisionen müssen erkannt, offengelegt, nach Möglichkeit vermieden und auf alle Fälle aktiv gemanagt werden.

3.2 Anzeige- und Offenlegungspflicht

Nach den derzeitigen Vorschriften müssen Mitglieder des Bundestages sowohl die Weiterführung ihres Berufs wie auch alle Mitgliedschaften in Vorständen, Aufsichtsräten, Verwaltungsräten, Beiräten und ähnlichen Gremien von Unternehmen oder Körperschaften sowie in Verbänden zur Veröffentlichung im Amtlichen Handbuch des Bundestages anzeigen. Dieses Handbuch ist der Öffentlichkeit zugänglich, auch im Internet. Diese öffentlich zugänglichen Informationen sagen allerdings wenig über die wirklichen Interessenkonflikte aus.

3.3 Spenden

Spenden (und andere geldwerte Zuwendungen) an einen Mandatsträger oder eine Mandatsträgerin oder an KandidatInnen für ein öffentliches (Bundes-)Wahlamt müssen dem Bundestagspräsidenten vom Empfänger angezeigt werden, wenn sie von einem Spender kumulativ 5.000 Euro im Kalenderjahr übersteigen. Sie werden vom Bundestagspräsidenten unter Angabe ihrer Höhe und Herkunft veröffentlicht, wenn sie (kumulativ für einen Spender) 10.000 Euro im Jahr übersteigen. Diese Veröffentlichungsschwelle sollte auf 5.000 Euro pro Jahr herabgesetzt werden, da eine Einflussnahme sicher spätestens bei 5.000 Euro vermutet werden kann.

Darüber hinaus sollte eine Höchstgrenze für Spenden eines Spenders an einzelne MandatsträgerInnen oder KandidatenInnen in Höhe von insgesamt 25.000 Euro pro Jahr festgelegt werden. Oberhalb dieser Grenze ist mit Sicherheit eine Rücksichtnahme des Empfängers auf den Spender zu erwarten.

Es ist vorgeschlagen worden,[17] Direktspenden juristischer und natürlicher Personen an MandatsträgerInnen oder KandidatInnen ganz zu untersagen. Solche Direktspenden tragen sicherlich eine erhöhte Beeinflussungsgefahr in sich, aber auch hier ist es fraglich, ob ein solches Verbot praktikabel wäre; außerdem wäre es eine ernste Benachteiligung parteiloser MandatsträgerInnen oder KandidatInnen. Man sollte zumindest Spenden natürlicher Personen an MandatsträgerInnen und KandidatInnen zulassen, aber ernsthaft überlegen, Spenden juristischer Personen wegen des damit begründeten erhöhten Abhängigkeitspotenzials zu verbieten.

Darüber hinaus müssen gemäß den Ausführungsbestimmungen des Bundestagspräsidenten[18] auch Informationen über den Bestand von Beraterverträgen, Gutachtertätig-

---

17 U. a. von der CSU-Fraktion 2000.
18 Ausführungsbestimmungen des Präsidenten des Deutschen Bundestages vom 26. Juni 1987 zu den Verhaltensregeln, in der Fassung vom 23. Oktober 2002, BGBl. I: 4208.

keiten, Beteiligungen an Kapital- oder Personengesellschaften (wenn mehr als 25 Prozent der Stimmrechte gehalten werden) sowie die Einkünfte aus solchen Nebentätigkeiten und Vereinbarungen angezeigt werden, wenn die Einkünfte kumulativ 3.000 Euro im Monat oder 18.000 Euro im Jahr übersteigen. Aber diese Angaben werden bisher vertraulich behandelt und nur dem Bundestagspräsidenten zugeleitet.

Natürlich können sich gerade hinter diesen Fakten Abhängigkeiten und Interessenkollisionen verstecken, und nur ihre völlige Offenlegung und Transparenz würde den entsprechenden Verdacht ausräumen (oder bestätigen) können. In der Literatur ist häufig eine weitergehende Veröffentlichungspflicht diskutiert worden. So hat man überzeugend argumentiert, dass sich der Bürger oder die Bürgerin „nur bei einer Kenntnis der neben dem Mandat ausgeübten Tätigkeiten und der daraus erzielten Einnahmen ein zutreffendes Bild über mögliche Interessenverknüpfungen von Abgeordneten machen und dieses seiner Wahlentscheidung zugrunde legen"[19] könne. Auf der anderen Seite hat man argumentiert, solche Veröffentlichung sei ein Eingriff in das Grundrecht der Berufsfreiheit, könne dem Abgeordneten Wettbewerbsnachteile gegenüber seinen Berufskollegen bescheren, sei insgesamt unzumutbar und würde das Interesse der Angehörigen freier Berufe an einem Bundestagsmandat weiter einschränken[20] und damit den Weg zum „Beamtenparlament" weiter beschleunigen.

Diese Argumente gegen Transparenz erscheinen weit hergeholt, aber der Widerstand gegen solche Veröffentlichungen scheint hoch zu sein. Wenn der Bundestag demgemäß einen solchen Schritt scheut, aus welchen Gründen auch immer, dann sollte jedenfalls im Büro des Bundestagspräsidenten eine Stelle eingerichtet werden, die mit der fachlichen Kompetenz und genügend Ressourcen diese vertraulichen Angaben tatsächlich sachlich prüft und gegebenenfalls hinterfragt. Eine pure Mitteilung an den Bundestagspräsidenten ist nutzlos, wenn diese dort nicht gewertet, sondern nur zu den Akten genommen wird. Die weitaus bessere und überzeugendere Lösung wäre natürlich die völlige Transparenz solcher Informationen, wie sie auch im *Rutelli-Bericht* des Europäischen Parlaments gefordert wird.[21]

Es ist schwer nachzuvollziehen, dass im Deutschen Bundestag nicht möglich sein soll, was für das Europäische Parlament gilt.[22] Dort wird ein öffentliches Register geführt, für das alle Mitglieder ihre beruflichen oder sonst gegen Entgelt ausgeübten Funktionen oder Tätigkeiten sowie jegliche finanzielle, personelle oder materielle Unterstützung angeben müssen, die ihnen zusätzlich zu den vom Parlament bereitgestellten Mitteln im Rahmen ihrer politischen Tätigkeit von Dritten gewährt wird. Die Identität dieser Dritten ist offen zu legen. Das Register ist öffentlich und wird einmal jährlich aktualisiert. Die Aktualisierung könnte natürlich über das Internet viel effizien-

---

19 Darstellung der Diskussion bei Braun/Jantsch/Klante (2002: 431).
20 Darstellung bei Braun/Jantsch/Klante (2002: 432ff.).
21 Siehe Fußnote 9; in Punkt 26 sagt der Bericht, dass das Europäische Parlament „(...) der festen Überzeugung [ist], dass das politische Leben transparenter sein sollte, wozu ein öffentliches Register der finanziellen und anderen Interessen aller politischen Amtsinhaber in der Europäischen Union, auf nationaler, regionaler und lokaler Ebene gehört; dies sollte im weiteren Sinne auch für Mitglieder der Justiz und Amtsinhaber in halbstaatlichen Organisationen gelten".
22 Bestimmungen zur Durchführung von Art. 9 Abs. 1 der Geschäftsordnung des Europäischen Parlaments – „Transparenz und die finanziellen Interessen der Mitglieder", der Geschäftsordnung als Anlage 1 beigefügt, 14. Oktober 2003.

ter und zeitnaher geschehen; das ist offenbar derzeit in Vorbereitung. Die Einhaltung dieser guten Regeln lässt noch sehr zu wünschen übrig, aber jedenfalls hat man die rechtliche Grundlage für weitgehende Transparenz geschaffen.

Eigentlich sollte man ernsthaft überlegen, alle Nebeneinkünfte aus Arbeitsverhältnissen pauschal zu untersagen und damit die mit ihnen zusammenhängenden tatsächlichen oder potenziellen Interessenkollisionen einzuschränken. Das sollte möglich sein, wenn die Diäten und Zusatzzahlungen in einer Höhe festgesetzt werden, dass auch Gutverdienende bereit sind, für ein oder zwei Wahlperioden auf solche Nebeneinkünfte zu verzichten.

3.4 Ausschussarbeit

Ein wichtiges Konfliktpotenzial besteht bei so genannter Interessenverknüpfung bei der Arbeit in den Bundestagsausschüssen. Über die schriftlichen „Angaben gemäß den Verhaltensregeln" hinaus ist ein Mitglied des Bundestages, das „beruflich oder auf Honorarbasis mit einem Gegenstand beschäftigt ist, der in einem Ausschuss des Bundestages zur Beratung ansteht", als Mitglied dieses Ausschusses verpflichtet, „eine Interessenverknüpfung offen zu legen, soweit sie nicht aus den gemäß § 3 veröffentlichten Angaben ersichtlich ist".[23]

Diese Regelung muss erweitert und ergänzt werden. Erstens kann man wirklich nicht davon ausgehen, dass Ausschussmitglieder die von ihren Ausschusskollegen und -kolleginnen veröffentlichten Arbeits- und Beschäftigungsinformationen kennen und präsent haben. Man sollte verlangen, dass solche etwas euphemistisch „Interessenverknüpfungen" genannten Konflikte im Einzelfall vor der Beratung offengelegt werden[24] und der/die betroffene Abgeordnete bestenfalls an der Beratung, nicht aber an der Abstimmung teilnimmt. Insofern kann der von Braun/Jantsch/Klante vorgetragenen Meinung, nach Offenlegung könne der Abgeordnete voll an der Beratung und der Abstimmung teilnehmen (Braun/Jantsch/Klante 2002: 428), nicht gefolgt werden. Außerdem sollten derartige Interessenverknüpfungen naher Familienangehöriger solcher Abgeordneter gleichfalls zu Offenlegung und Abstimmungsenthaltung führen. Es ist interessant, dass Art. III der Verhaltensregeln der Bremischen Bürgerschaft ein Mitwirkungsverbot bei Beratung und Entscheidungen enthält, die dem Mitglied der Bürgerschaft oder seinen Verwandten „unmittelbaren Vorteil oder Nachteil bringen können"[25]. Dies beruht auf der Befangenheitsvorschrift in Artikel 84 der bremischen Verfassung (Braun/Jantsch/Klante 2002: 436).

Mitglieder der Bundesregierung, die nicht Abgeordnete sind, sollten denselben Offenlegungspflichten unterliegen wie Abgeordnete. Dies sollte auch für politische Beamte gelten. Ähnliche Regeln über die Offenlegung potenzieller Interessenkollisionen soll-

---

23 § 6 der Verhaltensregeln.
24 So ist es im Europaparlament und seinen Ausschüssen vorgesehen, Geschäftsordnung des Europaparlaments: <http://www2.europarl.eu.int/omk/sipade2?PROG=RULES-EP&L=DE&REF=TOC>; 22.01.2005.
25 <http://www.bremische-buergerschaft.de/inhalt.php?navi=parlament2&npoint=2,8,2>; 22.01.2005.

ten auch für politisch eingesetzte Leiter oder Leiterinnen oder leitende Mitarbeiter oder Mitarbeiterinnen von Unternehmen oder Institutionen gelten, die öffentliche Aufgaben wahrnehmen, unabhängig von ihrer Rechtsform. „Offenlegung" sollte in der Regel bedeuten, dass solche Informationen der Öffentlichkeit leicht und ohne Kosten zugänglich sind, etwa über das Internet. Solche Personen sind in der Regel Amtsträger und unterliegen auch den Bestimmungen der im Juni 1998 vom Bundesinnenministerium für die Mitarbeiter der Bundesverwaltung erlassenen Richtlinie zur Korruptionsprävention.[26]

3.5 Ämterpatronage

Für letzteren Personenkreis muss man auf ein weiteres wichtiges Korruptionspotenzial hinweisen, nämlich die Ämterpatronage bei ihrer Bestellung. Mit der weiterhin zunehmenden Verlagerung vieler früher hoheitlich ausgeführter Aufgaben in das private oder semi-private Vorfeld (Wasser- oder Elektrizitätsversorgung, Abwässer- oder Abfallentsorgung, Verkehrs- oder Messegesellschaften, Wohnungsbaugenossenschaften, Sparkassen etc.) lassen sich aus den regionalen Parlamenten heraus viele leitende Positionen besetzen, für die man die Qualitätsvoraussetzungen öffentlich-rechtlicher Besetzungen umgehen kann. Immer wieder hat das krasse Missmanagement in öffentlichen Unternehmen gezeigt, dass nicht die fachlichen Kompetenzen und Qualifikationen der KandidatInnen zur Berufung auf den Posten geführt hatten, sondern viel zu oft das Parteibuch. Drei Viertel der deutschen Großstädte besetzen Führungspositionen in öffentlichen und semi-öffentlichen Unternehmen ohne klare Profile für die fachlichen Anforderungen an die Stellenbewerber zu haben. Dies hat eine Studie von TI Deutschland im Jahre 2000 ergeben.[27]

Die öffentlichen und semi-privaten Unternehmen und die sie tragenden Gebietskörperschaften nähren den Verdacht auf Patronage-Kungelei durch in-transparente Verfahren und eine geheimniskrämerische Öffentlichkeitsarbeit. Die TI Deutschland Studie hat auch ergeben, dass Vorstandsmitglieder und Geschäftsführer solcher Unternehmen höchst zurückhaltend mit Informationen über ihre Ausbildung, berufliche Entwicklung und vorherige Beschäftigungen sind. „Die Informationspolitik dieser Unternehmen bleibt weit hinter dem zurück, was in Privatunternehmen mittlerweile als Selbstverständlichkeit betrachtet wird. Diese Zurückhaltung ist gerade bei öffentlichen Unternehmen kritisierenswert, weil die Existenzberechtigung dieser Unternehmen als ‚öffentliche' Unternehmen letztlich nur aus ihrem Allgemeinwohlauftrag und der damit verbundenen Wahrnehmung öffentlicher Aufgaben begründet werden kann."[28] Solchen Verdacht kann man nur ausschalten, wenn man die Auswahlverfahren nach rein fachli-

---

26 Richtlinie der Bundesregierung zur Korruptionsprävention in der Bundesverwaltung, 17. Juni 1998, veröffentlicht im Bundesanzeiger vom 14. Juli 1998: 9665.
27 Transparency International Deutschland 2000: „Ämterpatronage, Machtmissbrauch und Korruption" <http://www.transparency.de/Tagungsbericht_Aemterpatronage.72.0.html>; 23.2.2005.
28 Prof. Manfred Röber, der wissenschaftliche Leiter der TI-Deutschland Studie 2000.

chen Kriterien und in aller Öffentlichkeit, in der Regel nach öffentlicher Ausschreibung, durchführt.

3.6 Karenzzeit bei Ausscheiden aus dem Amt

Für alle PolitikerInnen und politische BeamtInnen ist auch der Zeitpunkt des Ausscheidens aus dem Mandat oder dem politischen Amt ein neuralgischer und korruptionsanfälliger Moment: Zu häufig sehen wir PolitikerInnen nahtlos von ihrer politischen Position in eine hochdotierte Position in der Wirtschaft (als leitender Mitarbeiter oder Berater) wechseln, auch zu Unternehmen, die von den früheren Entscheidungen des Politikers oder der Politikerin direkt betroffen waren. Hier ist kaum eine Frage, dass die internen Kenntnisse und Beziehungen des Politikers der Hauptgrund für die hohe Dotierung sind und dass durch die Vermittlung dieses neuen Mitarbeiters oder Beraters bevorzugte Behandlung und Zugang zu den Behörden erwartet werden. Man kann solche Arbeitsplatzwechsel nicht verhindern, aber man sollte gesetzlich ausreichend lange Karenzzeiten zwischen zwei solchen Tätigkeiten zwingend vorschreiben, wie es inzwischen auch die UN-Konvention gegen Korruption vorsieht.[29] Für PolitikerInnen und politische BeamtInnen sollten mindestens zwei bis drei Jahre Wartezeit zwischen dem Ausscheiden aus dem Mandat oder öffentlichen Amt und der Aufnahme jeglicher Tätigkeit für ein Wirtschaftsunternehmen liegen, wenn sie in ihrer früheren Verantwortlichkeit im Tätigkeitsbereich dieses Unternehmens Entscheidungskompetenz hatten.

3.7 Kommunale Abgeordnete

Entsprechend den Verhaltensregeln für Mitglieder des Bundestages gibt es in den meisten Bundesländern ähnliche Bestimmungen für Mitglieder der Landtage. Sehr lückenhaft dagegen sind Verhaltensregeln für Mitglieder gewählter kommunaler Volksvertretungen. Jede Kommune sollte daher klare und adäquate Verhaltensregeln aufstellen, in Form eines Ehrenkodexes oder ähnlichen Dokuments. Der Ehrenkodex oder die Selbstverpflichtungserklärung der einzelnen Abgeordneten sollten das Thema Korruption ausdrücklich ansprechen, die Verpflichtung enthalten, das Mandat uneigennützig und zum Wohle der Stadt auszuüben, Korruption als Missbrauch einer anvertrauten Stellung zum persönlichen Nutzen oder Vorteil strikt ablehnen, und den Einsatz der Abgeordneten für die Bekämpfung und Prävention von Korruption in der Gemeinde und in deren Umfeld verlangen. Der Kodex sollte Transparenz und Öffentlichkeit als die sicherste Garantie gegen Korruption betonen, er sollte klare Regeln z.B. für die Annahme von Geschenken und Vorteilen aller Art enthalten und adäquate Sanktionen für Verstöße vorsehen und ihre Anwendung absichern.

---

29 Siehe Fußnote 8.

3.8 Diäten

Die Bezahlung von Abgeordneten schließlich ist ein Thema, das nicht unmittelbar etwas mit Korruption zu tun hat, obwohl die Medien es oft so darstellen. Dieses Thema hat aber die Öffentlichkeit immer wieder beunruhigt und könnte doch auf die einfachste Weise entschärft werden: Abstimmungen über Abgeordnetenbezüge sollten nie nach einer Wahl von den Abgeordneten für ihre eigene Mandatszeit entschieden werden, sondern immer nur mit Wirksamkeit für die Mitglieder des Parlaments nach der nächsten Wahl. Diäten-"Anpassungen" direkt nach einer Wahl sind nicht wirklich kontrollierbar, weil sie von den Wählern bis zur nächsten Wahl vergessen werden. Nur Erhöhungen der Bezüge vor einer Wahl unterliegen einer echten Kontrolle der Wähler (von Arnim 2003: 236).

3.9 Abgeordnetenbestechung

Wie bereits angedeutet ist die Strafbewehrung für die Bestechung von Abgeordneten (§ 108e StGB) völlig unzureichend. Abgeordnete zumindest auf Bundes- und Länderebene werden in Deutschland bisher nicht als Amtsträger angesehen und unterliegen deshalb nicht den verschiedenen Amtsdelikten des Strafgesetzbuchs. Mitglieder von Gemeinderäten auf der anderen Seite gelten unter bestimmten Umständen als Amtsträger[30] wie Minister und politische Beamte und können demnach sowohl gemäß den Amtsdelikten wie auch nach § 108e StGB verfolgt werden. § 108e StGB ist also der einzige auf Bundestags- oder Landtagsabgeordnete anwendbare Bestechungstatbestand. Das ist schon deswegen inkonsequent und absurd, als durch das Internationale Bestechungsgesetz[31] in § 2 ausdrücklich die Bestechung ausländischer Abgeordneter im Zusammenhang mit internationalem geschäftlichem Verkehr unter Strafe (bis zu 5 Jahren) gestellt wird. Es gibt kein Argument dafür, die Bestechung von Mitgliedern ausländischer gesetzgebender Gremien unter Strafe zu stellen, die Bestechung deutscher Bundestags- und Landtagsabgeordneten jedoch freizustellen.

Der derzeitige Tatbestand der Abgeordnetenbestechung, 1953 aus dem Strafgesetzbuch entfernt und erst 1994 wieder eingeführt, ist unzulänglich und untauglich aus mehreren Gründen: § 108e StGB greift nur, wenn ein Dritter einem Abgeordneten Geld dafür verspricht (und somit mit diesem eine konkrete Unrechtsvereinbarung trifft), dass dieser in einer Plenarabstimmung über eine bestimmte Gesetzesvorlage gegen sein Gewissen im Interesse des Dritten stimmt. „Verbindungen zwischen Abgeordneten und Dritten, die durch langjährige, beständige Existenz dazu führen, dass der Abgeordnete gar nicht mehr frei sein kann, in Abstimmungen gegen die Interessen des Dritten zu votieren (Beispiele: Industrie-Syndikus auf der einen, Gewerkschaftssekretär auf der anderen Seite), oder Beeinflussungen des Abgeordneten, die sich nicht auf eine konkrete Stimmabgabe, sondern nur auf die ‚Pflege der politischen Landschaft' bezie-

---

30 Siehe den Beschluss des Landgerichts Köln vom 28. Mai 2003, 114 Qs 5/03.
31 Gesetz zu dem Übereinkommen vom 17. Dezember 1997 über die Bekämpfung der Bestechung ausländischer Amtsträger im internationalen Geschäftsverkehr (Gesetz zur Bekämpfung internationaler Bestechung – IntBestG) vom 10. September 1998, BGBl. II: 2327.

hen (...) fallen damit aus dem Bereich der Strafbarkeit heraus" (Barton 1994: 1099). Solche undifferenzierten, klaren Fälle wie § 108e StGB sie voraussetzt, sind aus der Vergangenheit nicht bekannt. Es wird sie auch in Zukunft nicht geben.

Das Merkmal des „Kaufs" bzw. „Verkaufs" der Stimme eines Abgeordneten ist nicht klar bestimmt, weder vom Gesetzgeber noch von der Rechtsprechung. Darüber hinaus muss es sich um ein Versprechen vor der Tat handeln; ein nachträgliches Dankeschön-Geschenk reicht nicht aus. Und besonders gravierend: § 108e StGB bezieht sich nur auf Abstimmungen im Plenum, nicht jedoch auf Entscheidungen in Ausschüssen oder in Fraktionen, „wo die eigentliche Meinungsbildung erfolgt, wo also korruptes Verhalten am ehesten zum Ausdruck kommt" (Barton 1994: 1100).

Es gibt Stimmen, die aus diesen Gründen die Existenz des § 108e StGB in seiner jetzigen Form ganz in Frage stellen: Ein unzulänglicher Straftatbestand erwecke den Eindruck, dass der Gesetzgeber ein bestimmtes unsoziales Verhalten mit Strafe bewehrt habe, während in Realität den Abgeordneten keinerlei Grenzen gesetzt würden. Damit verkehre sich das Ziel des Gesetzes, einen Beitrag zur Ehrlichkeit in der Politik zu leisten, ins Gegenteil (Barton 1994: 1100).

Dieses Problem kann man auf zweierlei Weise angehen: Man kann den § 108e StGB wieder abschaffen oder man kann ihm Inhalt geben und ihn wirksam machen. Abschaffung würde ein fatales Signal senden und ist deshalb keine wirkliche Alternative. Eine Stärkung dagegen sollte kein unüberwindbares Hindernis bedeuten. Die Schwachstellen des derzeitigen Textes sind erkannt und können ohne große Schwierigkeiten beseitigt werden: „Kauf" und „Verkauf" einer Abgeordnetenstimme, und damit die Grenze zu politisch adäquatem Verhalten, müssen breiter und klarer definiert werden; das Vorliegen einer konkreten Unrechtsvereinbarung muss abgeschafft werden; Bestechungshandlungen vor und nach der Tat müssen erfasst und insbesondere der Tätigkeitsort muss von der Abstimmung im Plenum auf Abstimmungen und Meinungsbildungen aller Art im parlamentarischen Betrieb insgesamt ausgedehnt werden. Ähnliche Änderungen, vor allem hinsichtlich der Unrechtsvereinbarung und der nachträglichen „Dankeschön"-Belohnung, sind auch in anderen die Bestechung und andere Amtsdelikte betreffenden Gesetzen vorgenommen worden und dürften deshalb keine rechtssystematischen Bedenken aufwerfen. Der wirkliche Test wird sein, ob Abgeordnete bereit sind, sich zusätzlich zu den Verhaltensregeln, die nicht strafbewehrt sind, auch einem konkreten Straftatbestand zu unterwerfen.

3.10 Unternehmensstrafrecht

Besonders wirksam wäre eine solche Stärkung des Verbots der Abgeordnetenbestechung, wenn sie mit der Einführung eines Unternehmensstrafrechts in Deutschland Hand in Hand ginge. Das Ordnungswidrigkeitengesetz[32] erlaubt in § 30 zwar die Ver-

---

32 Gesetz über Ordnungswidrigkeiten (OWiG) vom 19. Februar 1987, BGBl. I: 602, zuletzt geändert durch das Fünfunddreißigste Strafrechtsänderungsgesetz zur Umsetzung des Rahmenbeschlusses des Rates der Europäischen Union vom 28. Mai 2001 zur Bekämpfung von Betrug und Fälschung im Zusammenhang mit unbaren Zahlungsmitteln vom 22. Dezember 2003, BGBl I: 2003.

hängung einer Geldbuße gegen juristische Personen und Personenvereinigungen, wenn vertretungsberechtigte Personen solcher Unternehmen eine Straftat oder Ordnungswidrigkeit begehen und damit eine Pflicht des Unternehmens verletzen oder das Unternehmen bereichern wollen. Aber erstens ist der Kreis der potenziellen Täter sehr stark eingeschränkt, zweitens ist die Höchstgrenze der Buße (1 Million Euro) für viele Straftaten und Täter zu niedrig, um wirksam und abschreckend zu sein, drittens schließt die Verhängung einer Buße den gleichzeitigen Verfall der durch die Straftat erlangten Werte aus, und viertens unterliegt die Verhängung einer Buße dem Ermessen der zuständigen Behörde und ist nicht zwingend vorgeschrieben, d.h. es gilt das Opportunitätsprinzip und nicht das Legalitätsprinzip. Im Übrigen hat eine Buße für eine „Ordnungswidrigkeit" eine sehr viel geringere Öffentlichkeitswirkung und damit geringeren Abschreckungswert als eine Strafe. Die Einführung eines Unternehmensstrafrechts in Deutschland wird nicht nur von der Europäischen Kommission empfohlen, sondern auch von der OECD gefordert.[33]

3.11 UN Konvention gegen Korruption

Für eine Reihe der in diesem Kapitel angesprochenen Problempunkte könnte und sollte die Umsetzung der kürzlich verabschiedeten UN Konvention gegen Korruption[34] in deutsches Recht Abhilfe bringen. Die vielleicht wichtigste Neuerung besteht darin, dass gewählte MandatsträgerInnen zumindest auf der höchsten nationalen Ebene eines Staates (also in Deutschland des Bundestags) als „Amtsträger" eingestuft und voll als solche behandelt werden müssen.[35] Noch wenige Monate vor der Verabschiedung des endgültigen Textes hatte die deutsche Delegation bei den Verhandlungen in Wien für Irritation gesorgt, weil sie diese Ausweitung des Amtsträgerbegriffes partout nicht akzeptieren wollte. Der schließlich auch von Deutschland mitverabschiedete Text wird zu einer Änderung des § 108e StGB und anderer Bestimmungen des Strafgesetzbuchs führen müssen.

Andere für die Situation in Deutschland besonders relevante Bestimmungen der UN-Konvention gegen Korruption sind die folgenden:

---

33 Paragraph 162, OECD Directorate for Financial, Fiscal and Enterprise Affairs, Phase 2, Report on the Application of the Convention on Combating Bribery of Foreign Public Officials in International Business Transactions and the 1997 Recommendation on Combating Bribery in International Business Transactions vom 4. Juni 2003.
34 Siehe Fußnote 8.
35 Kapitel I Art. 2 der UN Konvention gegen Korruption: „For the purposes of this Convention, (a) ‚Public Official' shall mean (i) any person holding a legislative, executive, administrative or judicial office of a State Party, whether appointed or elected, whether permanent or temporary, whether paid or unpaid, irrespective of that person's seniority; (ii) any other person who performs a public function, including for a public agency or public enterprise, or provides a public service, as defined in the domestic law of the State Party and as applied in the pertinent area of law of that State Party; (iii) any other person defined as a ‚public official' in the domestic law of a State Party (...)."

(i) gemäß Kapitel II Art. 8 (2) der Konvention muss es Codes of Conduct (also Verhaltensregeln) für alle Amtsträger und MandatsträgerInnen geben;[36]
(ii) die Notwendigkeit, Informationsfreiheit zu installieren (über dessen zentrale Rolle bei der Korruptionsbekämpfung noch zu sprechen sein wird) ist in Kapitel II Art. 10(a) und 13(b) der Konvention angemahnt;
(iii) gemäß Kapitel II Art. 12(e) der Konvention sollen beim Wechsel aus einem öffentlichen Amt oder Mandat in den Privatsektor „vernünftige Karenzzeiten" greifen, wenn das frühere Amt und die spätere private Tätigkeit direkt miteinander zu tun haben;[37]
(iv) die Straftatbestände der Strafvereitelung[38] und der Strafvereitelung im Amt[39] müssen gemäß Kapitel III Art.25 der UN Konvention dahingehend geändert werden, dass die reine Vereitelungshandlung auch ohne subjektive Besserstellungsabsicht strafbewehrt ist;
(v) die straf- und zivilrechtliche Verantwortlichkeit juristischer Personen muss „wirksam, verhältnismäßig und abschreckend" sein[40] – was man von dem derzeitigen § 30 OWiG nicht sagen kann;
(vi) der derzeit sehr weitgehende Genehmigungsvorbehalt hinsichtlich der Aussage von Beamten[41] muss gemäß Kapitel III Art. 30 (2) der Konvention eingeschränkt werden;
(vii) gemäß Kapitel II Art. 6 der Konvention sollte eine zentrale Stelle im Staat für die Korruptionsbekämpfung zuständig sein.

Darüber hinaus mahnt die UN-Konvention gegen Korruption lobenswerterweise Regeln hinsichtlich „Einflusshandel"[42], „Amtsmissbrauch"[43] und den „Schutz von Whistleblower und Hinweisgebern"[44] an.

Man wird den Gesetzesentwurf zur Ratifikation der UN Konvention und ihrer Umsetzung in deutsches Recht sorgfältig beobachten müssen, um sicher zu stellen, dass diese für das deutsche Rechtssystem zum Teil neuen Konzepte wirksam und voll umgesetzt werden.

---

36 Kapitel II, Art. 8 (2): „In particular, each State Party shall endeavour to apply, within its own institutional and legal systems, codes or standards of conduct for the correct, honourable and proper performance of public functions."
37 Kapitel II, Art. 12 (e): „(...) preventing conflicts of interest by imposing restrictions, as appropriate and for a reasonable period of time, on the professional activities of former public officials or on the employment of public officials by the private sector after their resignation or retirement, where such activities or employment relate directly to the functions held or supervised by those public officials during their tenure."
38 § 258 StGB.
39 § 258a StGB.
40 Art. 26 (1) „Each State Party shall adopt such measures as may be necessary, consistent with its legal principles, to establish the liability of legal persons for participation in the offences established in accordance with this Convention" und (4) „Each State Party shall, in particular, ensure that legal persons held liable in accordance with this article are subject to effective, proportionate and dissuasive criminal or non-criminal sanctions, including monetary sanctions."
41 § 61 Bundesbeamtengesetz.
42 „Trading in Influence", siehe Kapitel III Art. 18.
43 „Abuse of Functions", siehe Kapitel III Art. 19.
44 „Protection of reporting persons", siehe Kapitel III Art. 33.

In diesem Zusammenhang muss auch darauf hingewiesen werden, dass die Bundesrepublik Deutschland mehrere innerhalb des Europäischen Rats ausgehandelten Konventionen zur Korruptionsbekämpfung schon vor Jahren mit verabschiedet und unterzeichnet, aber unverständlicherweise bisher nicht ratifiziert hat.[45] Die Umsetzung auch dieser Konventionen sollte zügig durchgeführt werden, so dass Deutschland Regeln umsetzt, die den in anderen europäischen Ländern gültigen Regelungen angepasst sind und entsprechen.

3.12 Internationale Zusammenarbeit

Internationalen Austausch von Erfahrungen und Ideen zur Bekämpfung der politischen Korruption bietet die im Oktober 2002 in Ottawa, Kanada, gegründete *Global Organisation of Parliamentarians against Corruption* (GOPAC). Ziel der Vereinigung ist es, Abgeordneten oder gewählten Mandatsträgern und -trägerinnen in aller Welt Hilfe bei ihrem Kampf gegen die Korruption zu leisten und sie mit internationalen Erfahrungen („best practices") in ihren Bemühungen zu stärken und zu unterstützen. GOPAC versteht sich als Dachorganisation und arbeitet hin auf die Einrichtung nationaler und regionaler Verbände zur Bekämpfung der Korruption und Stärkung von „good governance".[46] Es ist bedauerlich, dass sich bisher in Deutschland kein nationales Chapter von GOPAC (oder etwas Ähnliches) gebildet hat.

4. Wahrung der Integrität bei Auftragsvergabe[47]

Die Vergabe von Aufträgen für die Lieferung von Gütern, für Bauleistungen und für andere Dienstleistungen wie technische, finanzielle oder organisatorische Beraterleistungen wird in der Regel auf der Verwaltungsebene betrieben und gehört dementsprechend nicht ohne Weiteres in einen Beitrag über *politische Korruption*. Auf der anderen Seite hat sich in den letzten Jahren in Deutschland die Praxis entwickelt, dass gerade auf der Gemeindeebene politische Mandatsträger oder -trägerinnen in die Entscheidungsprozesse, beginnend mit dem Beschluss, ein bestimmtes Vorhaben durchzuführen, über die Auswahl des Lieferanten oder Dienstleisters und seine Vergütung, bis zur Überwachung und Kontrolle der Durchführung voll involviert sind. Gleichzeitig haben sich gerade diese Prozessentscheidungen als besonders korruptionsanfällig erwiesen. Der Kölner Müllverbrennungsanlagen-Skandal, der bis heute nicht in allen Einzelheiten und Verästelungen aufgeklärt ist, bietet ein eklatantes Beispiel dafür, wie ein ganzer Investitionsprozess von der fehlerhaften Bedarfsfeststellung bis hin zur Nutzung der Anlage gegen das Gemeininteresse und zum Nutzen einzelner Personen durchgeführt wer-

---

45 Zum Beispiel die Criminal Law Convention on Corruption, angenommen durch den Ministerrat des Europa-Rats am 27. Januar 1999 (CoE Treaty Series Nr. 173) und die Civil Law Convention on Corruption, angenommen durch den Ministerrat des Europa-Rats am 4. November 1999 (CoE Treaty Series Nr. 174).
46 Informationen über GOPAC sind über Email verfügbar. Anfragen an Meaghan Campbell unter campbme@parl.gc.ca.
47 Siehe hierzu auch Wiehen: „Auftragsvergabe" in Pieth/Eigen (1999: 492ff.).

den kann, ohne dass die normalen Kontrollinstanzen die korrupten Manipulationen erkennen und abstellen. Möglich ist das offenbar nur deshalb gewesen, weil die Entscheidungen nicht (oder jedenfalls nicht nur) auf der fachlichen Ebene getroffen wurden, sondern unter direkter Beteiligung mehrerer Ratsmitglieder. Hier liegt der Bezug zur politischen Korruption.

4.1 Der Vergabe-Prozess

Der Vergabe-Prozess beginnt normalerweise mit der Bedarfsfeststellung: Wird eine Anlage „X" (oder eine Dienstleistung) überhaupt gebraucht – und wenn ja, in welcher Größe bzw. mit welcher Kapazität? Die meisten Auftraggeber benötigen schon für diesen ersten Schritt einen technischen und/oder wirtschaftlichen Berater. Mit der Auswahl dieses Beraters werden häufig bereits die Weichen für eine ungerechtfertigte und unwirtschaftliche Investition gestellt – wenn man nämlich einen Berater auswählt, dessen Haupttätigkeit es ist (oder seines Partners oder seiner Muttergesellschaft), solche Anlagen zu bauen. Dieser Gefahr kann man dadurch entgehen, dass man den Berater im Wettbewerb sucht, nur wirklich unabhängige Berater zum Wettbewerb zulässt, sich zusätzlich von den ausgewählten Beratern absolute Integrität zusichern lässt (abgesichert durch passende Sanktionen), und dass man den gesamten Prozess der Bedarfsfeststellung öffentlich zugänglich macht, bei geeigneten Projekten auch öffentliche Anhörungen abhält. Die Öffentlichkeit, d.h. der Steuerzahler, der für die finanziellen Belastungen aufkommen muss, hat das Recht, voll über alle Aspekte der geplanten Investition informiert zu werden. Gerade angesichts der „Beraterschwemme", mit der sich in jüngster Zeit SpitzenpolitikerInnen in Politik und Verwaltung teuren und nicht immer guten Rat holen, kann der Ruf nach einer soliden Bedarfsfeststellung, nach penibler Einhaltung der Vergaberegeln und nach größter Transparenz gar nicht laut genug sein.

Am besten geschieht das über eine positive Informationspolitik der Verwaltung, die mit den heutigen elektronischen Möglichkeiten ohne großen Mehraufwand möglich ist, aber zumindest muss die Verwaltung Informationsfreiheit einrichten, d.h. jeder Person auf Wunsch Einblick in die relevanten Verwaltungsunterlagen gewähren.

4.2 Informationsfreiheitsgesetze

Vier Bundesländer (Brandenburg, Berlin, Schleswig-Holstein und Nordrhein-Westfalen, in der Reihenfolge der entsprechenden Gesetze) haben solche Informationsfreiheitsgesetze verabschiedet und gute Erfahrungen damit gemacht. In den Koalitionsvereinbarungen zwischen der SPD und Bündnis 90/Die Grünen von 1998 und 2002 ist jeweils die Verabschiedung eines solchen bundesweit geltenden und verbindlichen Informationsfreiheitsgesetzes vorgesehen. Nach mehreren vergeblichen Ansätzen hat der Bundestag am 18.12.2004 in erster Lesung einen Gesetzesentwurf gebilligt, der trotz vieler Schwächen dazu beitragen sollte, dass Korruption und Ämterpatronage leichter aufgedeckt oder schon von vornherein verhindert werden können.[48]

---

48 Für weitere Informationen zu diesem Gesetzentwurf und die teilweise recht herbe Kritik aus

4.3 Vergaberegeln

Nachdem diese Berater (oder die eigenen Fachabteilungen) das Investitionsobjekt (die Anlage „X") in allen technischen Einzelheiten definiert und beschrieben und klare, nicht interpretationsbedürftige Ausschreibungsunterlagen angefertigt haben, sollte die Auswahl des Lieferanten, des Bauunternehmers oder des Gesamtunternehmers wiederum im Wege der öffentlichen Ausschreibung erfolgen. Die rechtlichen Vorschriften über solche Auswahlverfahren (insbesondere die Vergabeverordnung[49] und die verschiedenen Verdingungsordnungen, nämlich für Bauleistungen – VOB, für Leistungen – VOL und für Freiberufliche Leistungen – VOF) sind insgesamt recht gut, außer dass sie mehr Transparenz vorschreiben sollten, aber sie werden viel zu häufig nicht korrekt angewendet. Bei freihändiger oder anderer nicht-öffentlicher Vergabe ist die Gefahr groß, dass statt eines aus Wettbewerb hervorgegangenen moderaten Preises ein überhöhter Preis vereinbart wird (der dann zu Kickbacks führen kann), dass Berater oder Lieferanten mit Abhängigkeiten ausgewählt werden und insgesamt nicht der „wirtschaftlichste" Anbieter zum Zuge kommt.

Das wichtigste Prinzip sollte sein, dass wirklich alle Ausschreibungen mit einem Wert über den in den rechtlichen Vorschriften festgelegten Schwellenwerten öffentlich ausgeschrieben werden. Die Durchführung einer öffentlichen Ausschreibung ist der beste Garant dafür, dass das „wirtschaftlichste" Angebot für den ausgeschriebenen Auftrag gefunden wird. Das gängigste Argument für freihändige Vergabe ohne Ausschreibung ist eine (von den Vergaberegeln ermöglichte) behauptete „Dringlichkeit" oder „Eilbedürftigkeit". In der Mehrzahl der Fälle besteht aber entweder überhaupt keine Dringlichkeit oder sie ist selbstverschuldet, etwa durch mangelnde Vorplanung. Manchmal wird die „Dringlichkeit" sogar absichtlich herbeigeführt oder auch nur behauptet, um die öffentliche Ausschreibung vermeiden zu können. Wirkliche Dringlichkeit oder Eilbedürftigkeit besteht normalerweise nur dann, wenn unvorhersehbare Ereignisse wie Sturm- oder Wasserschäden oder Erdbeben prompte Erledigung notwendig machen. Alle Dringlichkeitsentscheidungen sollten schriftlich dokumentiert werden müssen, damit sie von den Kontrollinstanzen nachgeprüft werden können.

Es ist nicht akzeptabel, dass der Bundesrechnungshof in seinem Jahresbericht 2000 von einer Überprüfung der Vergabepraxis der Bundesverkehrsverwaltung in den Jahren 1995 bis 1998 (11.000 Vergabeverfahren) berichtet und sagen muss: „Die Abweichung vom grundsätzlichen Gebot der Öffentlichen Ausschreibung ist im Bereich der Bundesverkehrsverwaltung fast als Regelfall anzusehen, ohne dass überzeugende Begründungen dies auch nur annähernd rechtfertigten".[50] Es ist deshalb ein erfreulicher Fortschritt, dass der Bundesrechnungshof in jüngster Zeit die Vergabepraxis bei der Bundesagentur für Arbeit und bei der Bundeswehr geprüft und gerügt hat und dass sich inzwischen

---

den Reihen der Zivilgesellschaft siehe
<http://www.transparency.de/2004-12-18_IFG.392.0.html>.
49 Verordnung über die Vergabe öffentlicher Aufträge (Vergabeverordnung – VgV) vom 9. Januar 2001 BGBl. I: 110, zuletzt geändert durch Art. 1 der Verordnung vom 7. November 2002, BGBl. I: 4338.
50 Bemerkungen des Bundesrechnungshofes 2000 zur Haushalts- und Wirtschaftsführung: 268.

auch der Rechnungsprüfungsausschuss des Bundestages für diese „verschwenderischen" Gepflogenheiten interessiert.[51]

Ebenso wichtig ist, dass die Vergabevorschriften dahingehend geändert werden, dass der gesamte Auswahlprozess transparent gemacht wird. Mit Ausnahme der (in der Realität sehr selten vorliegenden) „Betriebsgeheimnisse" eines Anbieters, wenn solche sich denn in den Bewerbungsunterlagen befinden, sollten alle Schritte des Prozesses offengelegt werden, insbesondere die Evaluierung und Bewertung der verschiedenen Angebote, sodass klar zu erkennen ist auf welcher Grundlage und warum der Sieger des Auswahlverfahrens ausgewählt wurde. Das Internet bietet hervorragende Möglichkeiten, alle relevanten Ausschreibungsinformationen kostengünstig öffentlich bekannt zu machen.[52] Ein begrüßenswerter, aber nicht ausreichender Schritt in diese Richtung ist die in § 13 der Vergabeverordnung neuerdings vorgeschriebene Pflicht des Auftraggebers, alle Bieter, „deren Angebote nicht berücksichtigt werden sollen, über den Namen des Bieters, dessen Angebot angenommen werden soll und über den Grund der vorgesehenen Nichtberücksichtigung ihres Angebots" zu informieren. Das muss mindestens 14 Tage vor Vertragsunterzeichnung stattfinden, weil man mit Recht davon ausgeht, dass Beschwerden nach Vertragsunterzeichnung kaum Aussicht auf Erfolg haben. Verträge, die ohne Einhaltung dieser Informationspflicht abgeschlossen werden, sind nichtig.[53] Es wäre sehr viel besser, wenn die Entscheidungsgrundlagen nicht nur den Verlierern des bestimmten Beschaffungsprozesses „auf Wunsch", sondern der Öffentlichkeit allgemein zugänglich gemacht würden. Nur wenn auch das geschieht, kann man von einem transparenten Prozess reden. Das gegen eine solche Offenlegung oft vorgebrachte Argument, man würde damit den Verlierern nur Argumente für eine Anfechtung der Vergabeentscheidung liefern, kann wirklich nicht überzeugen.

Im Herbst 2004 hat das Bundesministerium für Wirtschaft und Arbeit (BMWA) Vorschläge für eine tiefgreifende Reform der Vergaberegeln vorgestellt und damit eine heftige öffentliche Diskussion ausgelöst. Die darin u.a. vorgesehene Einschränkung der öffentlichen Ausschreibung kann nur dann zu einer Verbesserung der Vergabepraxis führen, wenn sie mit einer massiven Erhöhung der Transparenz einhergeht.[54]

4.4 Durchführung des Auftrags

Neben der korrekten Auswahl des besten und „wirtschaftlichsten" Anbieters ist eine sorgfältige Kontrolle der Durchführung des Auftrags durch interne und externe Kontrollinstanzen unerlässlich. Vor allem Preiserhöhungen, Erhöhungen der verbauten Massen (mehr Kubikmeter Erdreich entfernt als im Leistungsverzeichnis festgelegt, mehr Felsen bei Tunnelarbeiten angetroffen als erwartet, mehr Kilometer Kabel verlegt, mehr Zement verbraucht...) und angeblich notwendige Änderungen der Leistungsbe-

---

51 ZDF WISO am 9. Februar 2004.
    <http://www.zdf.de/ZDFde/inhalt/25/0,1872,2103353,00.html>; 22.01.2005.
52 Dies geschieht in musterhafter Weise u. a. in Chile, Mexiko, Kolumbien und in Seoul/Korea.
53 Vergabeverordnung § 13. <http://bundesrecht.juris.de/bundesrecht/vgv_2001/index.html>;
    22.01.2005.
54 Der Gesetzesentwurf des BMWA war zunächst auf der Website des BMWA einsehbar, wurde aber leider wieder zurückgezogen.

schreibung sollten Alarmsignale aussenden und zusätzliche Kontrollen initiieren. Angesichts der Praxis, dass Preiserhöhungen oft in vielen kleinen Schritten durchgeführt werden, die möglicherweise alle im Ermessensrahmen des Baustelleningenieurs liegen, sollten alle Preiserhöhungen, die kumulativ einen bestimmten Prozentsatz des Gesamtpreises (etwa 15 Prozent) übersteigen, der Genehmigung durch höhere Gremien bedürfen.

4.5 Andere Präventionsmaßnahmen

Andere wichtige, jeder Verwaltung zur Verfügung stehende Präventionsmaßnahmen gegen Korruption auch bei großen Aufträgen sind die Einführung größerer Transparenz in den Entscheidungsprozessen allgemein (Gardiner/Lyman 1989: 830ff.), Funktionstrennung in der Verwaltung des Auftraggebers (es darf nicht dieselbe Abteilung für die Vorbereitung eines Investitionsprojekts, die Auswahl der Berater und Bauunternehmen, die Überwachung der Projektdurchführung und die Endkontrolle und Abrechnung zuständig sein), regelmäßige Rotation von Personal in besonders korruptionsgefährdeten Positionen, die Nutzung des Vier-Augen-Prinzips, wirksame und klare Regeln über den Umgang mit Interessenkonflikten sowie eine mit der Qualitätssicherung voll integrierte entsprechende Ausbildung und Sensibilisierung der Mitarbeiter einer Behörde für ethische Werte (Rose-Ackerman 1989: 803ff.).

4.6 Kontrollen und Hinweisgeber-Schutz

Ebenso wichtig ist die Verbesserung der internen und externen Kontrollen: Bewährt haben sich neben den traditionellen Revisions- und Prüfungsgremien auch so genannte „fliegende Prüfteams" (deren Kontrollbesuche unvorhersehbar sind) sowie interne „Korruptionsbeauftragte" und ein extern angesiedelter „Ombudsman". Vor allem der Ombudsman spielt oft eine sehr wirksame Rolle, weil er für Hinweise von Menschen aufgeschlossen ist, die den einzelnen Vorgang aus der internen Erfahrung gut kennen und Missstände unmittelbar erfahren. Die Stelle eines Ombudsmans kann Hinweisgebern Vertraulichkeit zusagen und doch der gemeldeten Verfehlung nachgehen. Gleichermaßen haben sich Hotlines durchgesetzt, die von Hinweisgebern geschätzt werden, weil auch durch sie ihre Anonymität geschützt ist. Es ist nicht leicht, Hinweisgeber zu animieren, ihre Informationen preiszugeben. Zu viele von ihnen haben ihre Bereitschaft, gegen Vorgesetzte oder Kollegen auszusagen, mit Strafversetzung, Mobbing und Verlust des Arbeitsplatzes bezahlt. Hinweisgeber werden noch immer von vielen als Denunzianten angesehen, obwohl sie zur Aufdeckung einer Straftat beitragen und damit ohne Frage etwas staatsbürgerlich Positives tun. Hier muss der Gesetzgeber tätig werden und wirksamen Hinweisgeber- (auch „Whistleblower-")Schutz bieten.

Das von der Business Keeper AG kommerziell angebotene Business Keeper Monitoring System (BKMS)[55] bietet Unternehmen und Behörden die Möglichkeit, mit Hin-

---

55 Business Keeper AG in Potsdam. <http://www.business-keeper.com/bkweb/pages/ger/310>; 22.01.2005.

weisgebern unter absoluter Wahrung der Vertraulichkeit (und wenn vom Hinweisgeber gewünscht, auch der Anonymität) in Verbindung zu treten und auf diese Weise Informationen zu erhalten und zu mobilisieren, auf die man normalerweise keinen Zugriff hätte. Das Landeskriminalamt Niedersachsen hat mit dem BKMS für einige Monate experimentiert, mit guten Erfahrungen, und hat es dann fest eingeführt.[56] Auch andere Bundesländer untersuchen zurzeit, ob sie das BKMS einführen sollen.

Präventionsmaßnahmen wie die im vorhergehenden Paragraphen genannten sind natürlich nicht ohne Mitteleinsatz zu haben. Aber wenn man an die massiven Schäden durch Korruption denkt (erhöhte Kosten, Produkt- oder Leistungsmängel etc.) und diese quantifiziert, dann sind alle Präventionsmaßnahmen eine gute und preiswerte Rückversicherung, und schon deshalb muss die Prävention eine sehr hohe Rangstelle in der Korruptionsbekämpfung bekommen.

4.7 Zentralregister korrupter Unternehmen

Eine andere wichtige und notwendige Gesetzesinitiative in Deutschland ist die Einrichtung eines zentralen Korruptionsregisters, in das bereits wegen Korruption von der öffentlichen Auftragsvergabe ausgeschlossene Unternehmen eingetragen werden und für einen bestimmten Zeitraum zu öffentlichen Aufträgen in Deutschland allgemein nicht eingeladen oder zugelassen werden dürfen. Mehrere Bundesländer arbeiten mit solchen Registern, die allerdings nicht flächendeckend und auch für die Kommunen nicht verbindlich sind. Nach der unglücklichen und ganz unpassenden Verknüpfung des Zentralregistervorschlags mit Tariftreuebestimmungen im Jahre 2002 wurde der Entwurf dann im Bundesrat abgelehnt. Die Regierungskoalition hat in der letzten Koalitionsvereinbarung erneut die Einrichtung eines solchen bundesweit verbindlichen Zentralregisters beschlossen, aber bisher trotz vieler Mahnungen keinen neuen Gesetzentwurf vorgelegt.

4.8 Neue Präventionsinstrumente

In den vergangenen Jahren sind mehrere Instrumente entwickelt worden, mit denen Auftraggeber bei Großaufträgen Integrität absichern und insbesondere Korruption weitgehend ausschalten können. Hierzu zählt die Integritätsklausel, die vom Auftraggeber/ Bauherrn den Bewerbern und dem ausgewählten Auftragnehmer auferlegt wird. Auch der von Transparency International entwickelte Integritätspakt zwischen dem Auftraggeber und allen Bewerbern hat sich als wirksames Instrument etabliert.

Ein Beispiel der ersteren Art ist die von der Deutschen Bahn AG seit August 2003 angewendete „Integritätsklausel", in der sich Auftraggeber und Auftragnehmer verpflichten, „alle erforderlichen Maßnahmen zur Vermeidung von Korruption und anderen strafbaren Handlungen zu ergreifen".[57] Im Falle einer schweren Verfehlung durch einen Auftragnehmer fällt eine Vertragsstrafe zwischen zwei und sieben Prozent der Ab-

---

56 LKA Niedersachsen, <http://www.lka.niedersachsen.de>.
57 Integritätsklausel, unveröffentlichtes Dokument.

rechnungssumme an, je nachdem, wer für die Verfehlung verantwortlich war. Die wichtigere Sanktion allerdings ist die Androhung einer Sperre für zukünftige Aufträge.[58]

Ein weiteres Beispiel der ersteren Art ist die Integritätsklausel, die seit dem 5. September 2000 von der Beschaffungskommission der schweizerischen Regierung angewendet wird und bei Verstößen eine Konventionalstrafe in Höhe von zehn Prozent der Vertragssumme vorsieht.[59]

4.9 Der TI Integritätspakt

Der Integritätspakt auf der anderen Seite ist eine vertragliche Vereinbarung zwischen dem Auftraggeber und allen Bewerbern um einen bestimmten Auftrag, in der sich beide Seiten dazu verpflichten, Bestechung, Bestechlichkeit oder andere Formen der Korruption weder zu begehen noch zu tolerieren. Bei Verfehlungen greifen Sanktionen wie Verlust des Auftrags und etwaiger Bietersicherheiten, pauschalierter Schadensersatz/Vertragsstrafe und Auftragssperre für eine der Schwere der Tat entsprechende Zeit.[60] Bei der Überwachung der Einhaltung dieser gegenseitigen Verpflichtungen wird entweder ein unabhängiger Monitor oder Kontrolleur oder die Zivilgesellschaft direkt eingeschaltet, letztere etwa vertreten durch die Nationale Sektion von TI in dem betreffenden Land. Der Monitor muss freien Zugang zu allen Unterlagen und Aktivitäten haben und zeigt Verstöße gegen die Vereinbarungen zunächst den Beteiligten, bei Nichtkorrektur den Strafverfolgungsbehörden und unter Umständen auch der Öffentlichkeit an. Der Integritätspakt ist mit großem Erfolg zunächst in einer Reihe von Entwicklungsländern[61] angewendet worden und wird vor allem von den Anbietern begrüßt, die auf diese Weise auf teure und riskante Bestechungspraktiken verzichten können. In Deutschland wird der Integritätspakt derzeit beim Projekt Großflughafen Berlin-Schönefeld und von der Rhein-Sieg Abfallverwertungsgesellschaft (RSAG) in Siegburg eingesetzt.

---

58 Konzernrichtlinie der Deutschen Bahn AG, Nr. 165.0001.
59 „Integritätsklausel: Die Anbieterin und die Auftragnehmerin verpflichten sich, alle erforderlichen Maßnahmen zur Vermeidung von Korruption zu ergreifen, so dass insbesondere keine Zuwendungen oder andere Vorteile angeboten oder angenommen werden.
Bei Missachtung der Integritätsklausel hat die Anbieterin der Auftraggeberin eine Konventionalstrafe zu bezahlen. Diese beträgt 10 % der Vertragssumme, mindestens 3.000 Franken pro Verstoß.
Die Anbieterin nimmt zur Kenntnis, dass ein Verstoß gegen die Integritätsklausel in der Regel zur Aufhebung des Zuschlags sowie zu einer vorzeitigen Vertragsauflösung aus wichtigen Gründen durch die Auftraggeberin führt." Siehe Beschaffungskommission des Bundes, <http://www.admin.ch/beschaffung>; 22.01.2005.
60 <http://www.transparency.org/integrity_pact/index.html>; 22.01.2005.
61 Etwa in Mexiko, Kolumbien, Argentinien, Chile, Ekuador, Pakistan, Korea, Italien.

4.10 Rolle der Rechnungshöfe

Abgesehen von der Überprüfung der Vergabepraxis der Bundesverkehrsverwaltung durch den Bundesrechnungshof[62] und den jüngsten Interventionen des Bundesrechnungshofes bei der Bundesagentur für Arbeit und der Bundeswehr[63] sind die deutschen Rechnungshöfe sehr zurückhaltend bei der Kontrolle auf Korruption. Eine 1999 abgeschlossene Studie „Rechnungshof und Korruptionsbekämpfung" von Ina-Marie Blomeyer zeichnet ein bedauerliches Bild: Die Rechnungshöfe leiten überwiegend Hinweise auf Korruption, auf die sie bei ihrer Prüfung stoßen, nicht an die Strafverfolgungsbehörden weiter und lehnen Amtshilfe ab. Sie begründen dies damit, dass Korruptionsbekämpfung nicht ihre Aufgabe sei, dass es die Gefahr der Beeinträchtigung ihrer Unabhängigkeit gebe und dass sie selten klare Hinweise auf Straftaten fänden (Blomeyer 1999: 222ff.). Angesichts der weiten Kontroll- und Prüfungsmöglichkeiten der Rechnungshöfe und der Wahrscheinlichkeit, dass sie bei ihren normalen Prüfungen ohne weitere Anstrengung auf Korruptionshinweise stoßen, lässt man ein wirksames und kostengünstiges Instrument zur Aufdeckung ungenutzt.

Hier sollte Abhilfe geschaffen und den Rechnungshöfen von den Gesetzgebern aufgegeben werden, Korruptionsbekämpfung als eine ihrer Aufgaben zu sehen. Darüber hinaus sollten Rechnungshöfe angehalten werden, fertiggestellte Investitionen zu überprüfen, u.a. auf ihre Gesamtkosten im Vergleich zu den bei der ursprünglichen Investitionsgenehmigung angenommenen Schätzkosten. Bei Vorliegen großer Diskrepanzen sollte der Rechnungshof dann nachprüfen, ob die erhöhten Gesamtkosten das Resultat bewusster Verschleierung zur Zeit der Investitionsgenehmigung (weil bei Angabe realistischer Gesamtkosten die Genehmigung versagt worden wäre) oder nachvollziehbarer und legitimer Kostenerhöhungen (z.B. wegen nachträglicher Änderungen des Leistungsverzeichnisses) waren oder ob Korruptionsverdacht besteht. Weiterhin sollten die Rechnungshöfe jedenfalls bei größeren Investitionen die Wirtschaftlichkeitsberechnung nachprüfen und die ursprünglich geschätzten und vorausgesagten Ergebnisse mit den realen Ergebnissen vergleichen. Auch dabei kann es Korruptionshinweise geben. Es ist daher sehr zu begrüßen, dass der Bundesrechnungshof im Januar 2004 angekündigt hat, dass er die von Bundesministerien vergebenen Beraterverträge auf ihre Rechtmäßigkeit prüfen wird. Solche Prüfung sollte auch auf Investitionsaufträge ausgeweitet werden.

Eine Stärkung und Ausweitung der Prüfungstätigkeit der Rechnungshöfe macht natürlich nur dann Sinn, wenn die Parlamente, denen diese Berichte vorgelegt werden, und dort vor allem die Haushaltsausschüsse, diese Berichte ernst nehmen und Konsequenzen ergreifen. Verfehlungen müssen mit Korrekturen und Sanktionen beantwortet werden, andernfalls wird die Prüfungstätigkeit schnell wieder zurückgehen. Die bisherige Praxis in Deutschland muss in dieser Beziehung dringend verbessert werden.

Man könnte auch überlegen, den Präsidenten des Bundesrechnungshofes ex-officio zum „Beauftragten des Bundestages für Wirtschaftlichkeit und Integrität der Verwaltung" zu machen und damit die Mitverantwortung der Rechnungshöfe für die Korruptionsbekämpfung festschreiben.

---

62 Siehe oben Bundesrechnungshof, S. 416.
63 Siehe oben, S. 416.

4.11 Die Verantwortung der privaten Unternehmen

Den Präventionsbemühungen auf der Auftraggeberseite durch Gesetze und Verordnungen sollten natürlich auch Eigenanstrengungen der Unternehmen zur Vermeidung von Korruption gegenüberstehen. Eine eingehende Befassung mit dieser Thematik würde den Rahmen dieses Beitrags sprengen. Es sei hier nur angedeutet, dass zu diesem Zweck sowohl unternehmensbasierte wie auch verbands- oder sektorbasierte Initiativen in Frage kommen. Viele Unternehmen, insbesondere solche, die auch im Ausland operieren, haben so genannte Wertemanagement-Systeme mit Unternehmensleitlinien, Geschäftsprinzipien oder Codes of Conduct mit praktischen Umsetzungsregeln (so genannten Compliance Programs) eingeführt. Sie können sich dabei auf die *OECD Leitsätze für multinationale Unternehmen*[64] sowie auf verschiedene hilfreiche Modelle wie die von der International Chamber of Commerce herausgegebenen *Rules of Conduct to combat Extortion and Bribery in International Business Transactions*[65] oder die von Transparency International und Social Accountability International gemeinsam mit einer Reihe führender multinationaler Unternehmen erarbeiteten und 2003 veröffentlichten *Business Principles for Countering Bribery*[66] stützen. Hinzuweisen ist in diesem Zusammenhang auch darauf, dass der von den Vereinten Nationen erarbeitete UN Global Compact[67] im Sommer 2004 durch Hinzufügung eines zehnten „Prinzips", nämlich der Bekämpfung der Korruption[68], erweitert und verstärkt wurde.

Unternehmensinterne Selbstverpflichtungen haben natürlich den Nachteil, dass sie die Wettbewerbsposition des Unternehmens gegenüber weniger zimperlichen Wettbewerbern belasten können; daher empfehlen sich industrie-, sektor- oder verbandsbasierte gemeinsame Selbstverpflichtungen, durch die ein „level playing field" für alle wesentlichen Wettbewerber in einem Markt geschaffen werden kann. Einen ersten zaghaften Versuch dieser Art gibt es im Ethikmanagementsystem der bayerischen Bauindustrie[69] und in jüngster Zeit eine gemeinsame Anti-Korruptions-Verpflichtung 19 globaler Unternehmen aus dem Bau- und Anlagenbausektor.[70]

---

64 OECD Guidelines for Multinational Enterprises – Revision 2000; die deutsche Fassung herausgegeben vom (damaligen) Bundesministerium für Wirtschaft und Technologie im Januar 2001; <http://www.oecd.org/document/28/0,2340,en_2649_34889_2397532_1_1_1_1,00.html>; 22.01.2005.
65 Extortion and Bribery in International Business Transactions – Rules of Conduct, 1996 Revision, <http://www.iccwbo.org/home/statements_rules/rules/1999/briberydoc99.asp>; 22.01.2005; siehe auch Vincke/Heimann, Fighting Corruption – A Corporate Practices Manual, mit vielen Beispielen.
66 Business Principles for Countering Bribery – An Initiative by Transparency International and Social Accountability International, June 2003, <http://www.transparency.org/building_coalitions/private_sector/business_principles/dnld/business_principles2.pdf>; 22.01.2005.
67 Siehe <http://ww.unglobalcompact.org>.
68 Siehe <http://www.unglobalcompact.org>.
69 Ethikmanagementsystem der Bauwirtschaft, Bayerischer Bauindustrie-Verband, <www.bauindustrie-bayern.de>.
70 Global Engineering and Construction Firms adopt Anti-Corruption Principles, Presseerklärung des World Economic Forum, Davos, vom 26. Januar 2004, <http://www.weforum.org>.

Die in der *International Federation of Consulting Engineers* (FIDIC)[71] zusammengeschlossenen Ingenieur-Beratungsfirmen haben sich einem Integritätsstandard mit ganz konkreten Verpflichtungen unterworfen, der auch anderen Bereichen der Beratungsbranche durchaus als Muster dienen könnte.

Leider haben sich mit Ausnahme des Bayerischen Bauindustrie-Verbands die deutschen Verbände einer solchen Initiative bisher verschlossen. Man sollte aber öffentlichen wie privaten Auftraggebern empfehlen, von Bewerbern, insbesondere bei öffentlichen Ausschreibungen, das Vorliegen eines unternehmensinternen oder branchenweiten Code of Conduct zu verlangen, in dem die Ächtung von Korruption explizit angesprochen ist.

Literatur

Arnim, Hans Herbert von, 2003: Die Besoldung von Politikern, in: Zeitschrift für Rechtspolitik, 235–236.
Barton, Stefan, 1994: Der Tatbestand der Abgeordnetenbestechung (§ 108e StGB), in: NJW, 1098ff.
Blomeyer, Ina-Marie, 1999: Rechnungshof und Korruptionsbekämpfung. Aachen.
Braun, Werner/Jantsch, Monika/Klante, Elisabeth, 2002: Kommentar zum Abgeordnetengesetz. Berlin/New York.
Bericht der Kommission unabhängiger Sachverständiger zu Fragen der Parteienfinanzierung, 2002: Empfehlungen für Änderungen im Recht der Parteienfinanzierung. Baden-Baden.
CSU Fraktion „Transparenz – Chancengerechtigkeit – Bürgerbeteiligung", Vorschläge der Kommission zur Reform der Parteienfinanzierung der CSU, dem Parteivorstand vorgelegt am 11. Dezember 2000, www.csu.de/upload/150/1211parteienfinanzierung.
Gardiner/Lyman, 1989: The Logic of Corruption Control, in: *Heidenheimer, Arnold J./Johnston, Michael/LeVine, Victor T.*, (Hrsg.), Political Corruption – A Handbook. New Brunswick/London, 830ff.
Heidenheimer, Arnold J./Johnston, Michael/LeVine, Victor T. (Hrsg.), 1989: Political Corruption – A Handbook. New Brunswick/London.
International Institute for Democracy and Electoral Assistance (IDEA), 2004: Handbook on Funding of Political Parties and Election Campaigns, www.idea.int/publications/funding_parties.
Ipsen, Jörn, 2002: Das Neue Parteienrecht, in: Neue Juristische Wochenschrift, 1909.
Pieth, Mark/Eigen, Peter (Hrsg.), 1999: Korruption im Internationalen Geschäftsverkehr – Bestandsaufnahme, Bekämpfung, Prävention. Frankfurt a.M./Basel.
Ritzel/Bücker/Schreiner, 2002: Handbuch für die Parlamentarische Praxis.
Rose-Ackerman, Susan, 1989: Which Bureaucracies are Less Corruptible?, in: *Heidenheimer, Arnold J./Johnston, Michael/LeVine, Victor T.*, (Hrsg.), Political Corruption – A Handbook. New Brunswick/London, 803ff.
Rutelli, Francesco, 2004: Berichterstatter, Entschließung des Europäischen Parlaments zu der Mitteilung der Kommission an den Rat, das Europäische Parlament und den Europäischen Wirtschafts- und Sozialausschuss „Eine umfassende EU-Politik zur Bekämpfung der Korruption", verabschiedet vom Europäischen Parlament am 4. Dezember 2003, wiedergegeben in: Bundesratsdrucksache 36/04 vom 9. Januar 2004.
Transparency International, 2004 – Global Corruption Report 2004 – Special Focus: Political Corruption. London/Sterling, VA.
Vincke, François/Heimann, Fritz (Hrsg.), 2003: Fighting Corruption – A Corporate Practices Manual, herausgegeben von der International Chamber of Commerce. Paris.

---

71 Siehe <http://www.fidic.org>.

Die UN-Konvention gegen Korruption – Wegweiser für eine Revision der deutschen Strafvorschriften?*

Mark Deiters

Deutschland hat am 11. Dezember 2003 die von der Generalversammlung der Vereinten Nationen angenommene, bislang aber noch nicht in Kraft getretene,[1] Konvention gegen Korruption[2] unterzeichnet. Ratifiziert der Gesetzgeber das Übereinkommen vorbehaltlos, wäre Deutschland völkerrechtlich verpflichtet, den gegenwärtig sehr eng gefassten Tatbestand der Abgeordnetenbestechung (§ 108 e StGB) zu erweitern. Dagegen bestünde bezüglich der allgemeinen Bestechungstatbestände der §§ 331ff. StGB, anhand derer sich insbesondere die Strafbarkeit von Amtsträgern der Verwaltung beurteilt, kein unmittelbarer Handlungsbedarf. Insoweit kann der deutsche Gesetzgeber für sich in Anspruch nehmen, die punitiven Mindeststandards der Konvention nicht nur zu erfüllen, sondern sogar zu übertreffen.

Das klingt positiv, ist bei näherer Betrachtung aber das eigentliche Problem des deutschen Korruptionsstrafrechts. Infolge unscharfer Unrechtsbeschreibungen enthalten die allgemeinen Bestechungstatbestände verdeckte Lockerungen der Beweisanforderungen, die zum Teil sogar über den in Art. 20 der Konvention enthaltenen – völkerrechtlich nicht verbindlichen – Vorschlag einer generellen Beweislastumkehr für besonders augenfällige Verdachtsfälle hinausgehen. Die nach der Konvention zu restriktive Fassung des Tatbestandes der Abgeordnetenbestechung erweist sich vor diesem Hintergrund allenfalls als Randproblem. Dessen Lösung könnte aber den Weg zu einem insgesamt vernünftigeren Korruptionsstrafrecht ebnen, wenn sich der deutsche Gesetzgeber bei der parlamentarischen Diskussion der Konventionsvorgaben nicht nur an den punitiven Mindeststandards, sondern auch an der Systematik der dort enthaltenen Regelungen orientierte, denen im Gegensatz zum deutschen Strafrecht eine Differenzierung von politischer und staatlicher Korruption fremd ist.

1. Die „Privilegierung" politischer Korruption im gegenwärtigen deutschen Strafrecht

Die Korruption von Abgeordneten galt in Deutschland lange Zeit nicht als strafbares Unrecht. Als im Jahr 1971 im Anschluss an das überraschend gescheiterte Misstrauensvotum gegen den damaligen Bundeskanzler Willy Brandt der Verdacht aufkam, Mitglieder des Deutschen Bundestages seien bestochen worden, war dieser Vorwurf zwar politisch brisant, strafrechtlich aber bedeutungslos (Schulze 1973: 485). Abgeordnete

---

* Das Manuskript wurde am 30.6.2004 fertig gestellt. Später erschienene Literatur konnte nur noch ausnahmsweise berücksichtigt werden.
1 Die Konvention tritt gemäß Art. 68 I am neunzigsten Tag nach der Hinterlegung der dreißigsten Ratifikationsurkunde in Kraft.
2 <http://www.bundesregierung.de/Anlage575535/UN-Konvention.pdf>; 30.01.2005.

sind nach deutscher Rechtstradition keine tauglichen Täter der allgemeinen Bestechungstatbestände und ein eigener Tatbestand der Abgeordnetenbestechung fand sich im damaligen Strafgesetz nicht. Auf der Grundlage des gegenwärtigen Rechts wäre der historische Fall anders zu beurteilen. Mit dem 28. Strafrechtsänderungsgesetz vom 13. Januar 1994[3] beseitigte der Gesetzgeber die immer wieder kritisierte[4] Straflosigkeit der Abgeordnetenbestechung und erklärte sie in ihrer aktiven wie passiven Erscheinungsform im neu eingefügten § 108e StGB zu strafbarem Unrecht. Wäre dieses Gesetz schon 1971 in Kraft gewesen, hätte der Verdacht, dass der damalige parlamentarische SPD-Fraktionsgeschäftsführer Wienand den CDU-Abgeordneten Steiner durch Zahlung von 50.000 DM zu seinem Stimmverhalten bewogen habe, nicht nur der politischen Aufarbeitung durch einen Untersuchungsausschuss, sondern auch einer strafgerichtlichen Klärung bedurft.

Strafbar macht sich nach § 108e StGB, wer es unternimmt, für eine Wahl oder Abstimmung in einer Volksvertretung eine Stimme zu kaufen oder verkaufen. Vom Kauf oder Verkauf einer Stimme kann nur die Rede sein, wenn die Zuwendung nach der Vereinbarung der Beteiligten eine notwendige Bedingung für die Stimmabgabe darstellt.[5] Es liegt auf der Hand, dass dieser Kausalzusammenhang bzw. ein auf ihn bezogener Vorsatz dem Beweis nur schwer zugänglich ist.[6] Abgeordnete sind bei ihrer Entscheidung ausschließlich dem eigenen Gewissen unterworfen, weshalb ihr äußeres Stimmverhalten keine verlässlichen Rückschlüsse auf die ihm zugrunde liegenden Motive erlaubt. Die gelegentlich anzutreffende Behauptung, es sei für die Strafbarkeit wegen Abgeordnetenbestechung unerheblich, ob die Stimmabgabe unabhängig von gewährten Vorteilen im Ergebnis der Überzeugung des Abgeordneten entspricht,[7] ist deshalb in dieser Allgemeinheit nicht zutreffend. Finanzielle Belohnungen der richtigen politischen Überzeugung erfasst § 108 e StGB gerade nicht.

Die Beurteilung strafbarer Korruption bei Amtsträgern der Exekutive erweist sich im Tatsächlichen als weniger problematisch. Entscheidungen der Verwaltung sind das Ergebnis der Anwendung von Gesetzen. Ihre Rechtmäßigkeit lässt sich deshalb am Ergebnis der Entscheidung messen. Kam es im Vorfeld einer offenkundig rechtswidrigen Entscheidung zu finanziellen Zuwendungen an den Amtsträger, so liegt der Kausalzusammenhang zwischen dem Vorteil einerseits und der Entscheidung andererseits auf der Hand. Praktisch kann die Käuflichkeit der Entscheidung eines Amtsträgers der Verwaltung infolge dessen – zumindest in bestimmten Konstellationen – einfacher nachgewiesen werden als die Käuflichkeit der Entscheidung eines Abgeordneten (Ran-

---

3 BGBl. I: 84.
4 Siehe Erdsiek (1959: 25 [26]), Schulze (1973: 485), Klein (1979: 174), von Arnim (1990: 1014 [1017]), Grüll (1992: 371 [372]); gegen den bisweilen erhobenen Vorwurf, die Politik habe sich absichtlich vor einer gesetzlichen Regelung gedrückt Dürr (1979: 264).
5 Eser (2001: § 108e Rn. 9), Rudolphi (2001: § 108e Rn. 13), Lackner/Kühl (2004: § 108e Rn. 3), Schlüchter (1995: 713 [730]).
6 Zu überspitzt dürfte allerdings die Einschätzung von Barton (1994: 1098 [1100]) sein, dass für die Praxis nahezu ausgeschlossen werden könne, dass es Abgeordnete oder Lobbyisten gibt, die zugleich so töricht und so dreist sind, in einer derart plumpen Art und Weise zur Bestechung zu schreiten. Das historische Beispiel der Steiner-Wienand-Affäre belegt, dass solche Fälle – wenngleich selten – durchaus vorkommen können.
7 Laufhütte/Kuschel (2001: § 108e Rn. 7), Becker (1998: 13), Epp (1997: 343– 344).

siek 1996: 446, 452). Umso erstaunlicher ist es, dass ausgerechnet die Strafbarkeit des Amtsträgers nach geltendem Recht den Nachweis der Käuflichkeit gar nicht voraussetzt: Für die Verwirklichung der Tatbestände der Bestechung (§ 334 StGB) und Bestechlichkeit (§ 332 StGB) reicht es aus, dass der fragliche Vorteil als Gegenleistung für eine bereits vorgenommene rechtswidrige Handlung angenommen respektive gewährt wird. Und eine Strafbarkeit wegen Vorteilsannahme (§ 331 StGB) und Vorteilsgewährung (§ 333 StGB) ist sogar schon immer dann gegeben, wenn eine Vorteilszuwendung nur allgemein „für die Dienstausübung" erfolgt. Ein Zusammenhang zu einer Entscheidung des Amtsträgers muss nicht bestehen.[8]

Angesichts dieser Regelungen erweist sich der Tatbestand des § 108 e StGB in zweifacher Hinsicht als normative Privilegierung von Abgeordneten. Er beschränkt die Strafbarkeit auf die Fälle einer echten Käuflichkeit (im Sinne eines synallagmatischen Bedingungsverhältnisses zwischen Leistung und Gegenleistung) und erfasst dabei zusätzlich nur eine spezifische, in der Ausübung des Stimmrechts bestehende Form der Mandatsausübung. Bedenkt man, dass Abgeordnete, wie dargelegt, auch noch faktisch gegenüber Amtsträgern privilegiert sind, weil der Nachweis der Käuflichkeit mit erheblichen Beweisproblemen belastet ist, lässt sich der in der Öffentlichkeit verbreitete Eindruck nur schwer von der Hand weisen, die Abgeordneten hätten sich in eigener Sache ein ungerechtfertigtes Privileg eingeräumt.[9] Abhilfe verheißt die rechtspolitische Forderung, den Tatbestand der Abgeordnetenbestechung zu erweitern (etwa Schaupensteiner 1996: 409, 415) und die Parlamentarier künftig denselben Maßstäben zu unterwerfen, wie sie für Amtsträger gelten.[10]

Zwingend ist diese Schlussfolgerung nicht. Alternativ mag man den Nachweis der Käuflichkeit als unverzichtbare Voraussetzung strafbarer Korruption von Abgeordneten bewerten und die praktischen Beweisschwierigkeiten als unvermeidbare Nebenfolge einer rechtsstaatlichen Anforderungen genügenden Kriminalisierung der Abgeordnetenbestechung ansehen.[11] Entsprechendes gilt für die Beschränkung des Strafbaren auf den besonderen Fall des Stimmenkaufs, die sich auch als erforderliche Präzisierung des Strafbaren verstehen lässt, um hinreichende Rechtssicherheit zu verbürgen. Unterstellt man, dass beide Argumente stichhaltig sind, so würde die Problematik des gegenwärtigen Strafrechts nicht in einer ungerechtfertigten Privilegierung von Abgeordneten bestehen. Es bedürfte jedoch der Darlegung, warum beide Gesichtspunkte nicht auch eine entsprechende Beschränkung der Strafbarkeit von Amtsträgern erfordern. Will der Gesetzgeber in Zukunft dem Anspruch genügen, in sich konsistentes Recht zu setzen, sollte er die Vorgaben der UN-Konvention deshalb zum Anlass nehmen, die Strafwürdigkeit der Beeinflussung staatlicher und politischer Entscheidungen im Zusammenhang zu beurteilen. Eine Gegenüberstellung der Vorgaben der Konvention mit der Entwicklungsgeschichte des deutschen Strafrechts verdeutlicht insoweit einerseits, dass es an einer Rechtfertigung für eine Differenzierung zwischen politischer und staatlicher Korruption fehlt, weshalb der deutsche Gesetzgeber gut daran täte, die verbindlichen

---

8 Rudolphi/Stein (2003: § 332 Rn. 1).
9 Siehe dazu die exemplarische Berichterstattung im Spiegel vom 23.6.2003 unter der Überschrift „Parlamentarier. Die Vettern der Wirtschaft".
10 Dies ist insbesondere die Konsequenz des Reformvorschlags von Heisz (1998: 145).
11 In diese Richtung Ransiek (1996: 446 [452]).

Vorgaben der Konvention für eine Erweiterung des Tatbestandes der Abgeordnetenbestechung umzusetzen.

Darüber hinaus offenbart die Gegenüberstellung von Konventionsvorgaben und historischer Entwicklung des deutschen Korruptionsstrafrechts aber auch, dass sich der Gesetzgeber in der Vergangenheit bei der „Bekämpfung" der Korruption von einem – auch die Konvention teilweise prägenden – Verständnis kriminalpolitischer Effizienz hat leiten lassen, das kritischer Überprüfung nicht standhält. Deshalb erschiene es sinnvoll, sich auch bei den allgemeinen Bestechungsdelikten am insoweit unproblematischen völkerrechtlich verbindlichen Minimum der Konvention zu orientieren und die weit extensivere Fassung des gegenwärtigen deutschen Rechts zu revidieren.

2. Die Vorgaben der UN-Konvention

2.1 Überblick

Im Gegensatz zum deutschen Strafrecht unterscheidet die UN-Konvention gegen Korruption entsprechend der Systematik zahlreicher anderer Rechtsordnung[12] nicht zwischen Amtsträgern und Abgeordneten. Stattdessen fallen Abgeordnete nach der Legaldefinition des Art. 2 (a) unter den dort verwandten Begriff des *public official*.[13] Soweit sich die Konvention mit der Frage der von den Vertragsparteien im Bereich des Strafrechts umzusetzenden Regelungen befasst, sind im vorliegenden Kontext insbesondere Art. 15 und Art. 18 bis 20 von Bedeutung. Die übrigen Regelungen befassen sich entweder mit Strafvorschriften, die nicht den Bereich des Korruptionsstrafrechts im engeren Sinne betreffen, oder sie haben prozessualen Charakter und liegen deshalb außerhalb der behandelten Thematik. Die Konvention unterscheidet zwischen völkerrechtlich verbindlichen Mindeststandards[14] und im Ermessen der Vertragsparteien stehenden Vorschlägen.[15] Art. 15 enthält zunächst die völkerrechtlich verbindliche Verpflichtung, Bestechung und die Bestechlichkeit nationaler Amtsträger (*Bribery of national public officials*) unter Strafe zu stellen. Im Ermessen der Vertragsparteien steht hingegen die Umsetzung der in Art. 18 bis 20 der Konvention enthaltenen Vorgaben:

Nach Art. 18 sollen die Vertragsparteien erwägen, ob auch die Gewährung bzw. Annahme eines unangemessenen Vorteils strafbar sein soll, mit der jenseits der Amtsausübung die Geltendmachung von Einfluss seitens des Amts- oder Mandatsträgers erstrebt wird (*Trading in influence*). Art. 19 sieht einen eigenen Tatbestand des Amtsmissbrauchs (*Abuse of functions*) vor. Und Art. 20 enthält den Vorschlag, als strafbares Unrecht bereits die signifikante Zunahme des Vermögens eines Amts- oder Mandats-

---

12 Becker (1998: 60), Erdsiek (1959: 15), Schlüchter (1995: 713 [724 Anmerkung 76]).
13 Wörtlich: „Any person, holding a legislative (...) office of a State Party."
14 Vgl. die u.a. in Art. 15 der Konvention verwandte Formulierung: „Each Party shall adopt such legislative and other measures as may be necessary to establish as criminal offences (...)."
15 Vgl. die u.a. in Art. 18–20 der Konvention verwandte Formulierung: „Each Party shall consider adopting such legislative and other measures as may be necessary to establish as criminal offences".

trägers zu bewerten, wenn dieser nicht in der Lage ist, den Vermögenszuwachs in Verhältnis zu seinem rechtmäßigen Einkommen plausibel zu erklären (*Illicit enrichment*).

Der in Art. 18 vorgeschlagene Straftatbestand des *Trading in influence*[16] stellt sachlich nur eine Erweiterung des in Art. 15 enthaltenen Tatbestandes der Bestechung dar. Im Hinblick auf die allgemeinen Bestechungsdelikte des gegenwärtigen deutschen Strafrechts wird von der Rechtsprechung schon heute solches Verhalten als Dienstausübung gewertet, das durch die dienstliche Stellung lediglich ermöglicht wird.[17] Ob auf der Grundlage dieser, bislang lediglich auf den strafbaren Amtsmissbrauch bezogenen Erwägungen auch die durch ein Amt erst ermöglichte Einflussnahme dienstlichen Charakter im Sinne der §§ 331ff. StGB aufweist, wäre näherer Überlegung wert, betrifft indes nicht die zentralen Weichenstellungen des Korruptionsstrafrechts. Entsprechendes gilt für die im Zusammenhang mit Art. 19 der Konvention zu thematisierende Frage, ob der rechtswidrige Missbrauch des Amtes oder Mandats auch in Deutschland einer eigenständigen Regelung bedarf oder angesichts der erwähnten Rechtsprechung bereits durch den Tatbestand der Bestechlichkeit (§ 332 StGB) hinreichend abgedeckt wird. Im Folgenden konzentrieren sich die Erörterungen auf die Vorgaben von Art. 15 und 20 der Konvention, denen für den Charakter des Korruptionsstrafrechts eine zentrale Bedeutung zukommt.

2.2 Der Tatbestand der Bestechung in Art. 15 der UN-Konvention

Nach Art. 15 (a) der Konvention[18] soll es strafbar sein, wenn jemand einem Amts- oder Mandatsträger einen unangemessenen Vorteil für sich selbst oder einen Dritten verspricht, anbietet oder gewährt, damit dieser eine zu seiner Dienst- oder Mandatsausübung gehörende Handlung vornimmt oder unterlässt. Spiegelbildlich hierzu wird als Straftat bewertet, wenn der Amtsträger einen entsprechenden Vorteil annimmt, damit er eine zu seiner Dienstausübung gehörende Handlung vornimmt oder unterlässt,

---

16 Art. 18 [Trading in influence]: „Each State Party shall consider adopting such (...) measures as may be necessary to establish as criminal offences, when committed intentionally: (a) The promise, offering or giving to a public official or any other person, directly or indirectly, of an undue advantage in order that the public official or the person abuse his or her real or supposed influence with a view to obtaining from an administration or public authority of the State party an undue advantage for the original instigator of the act or any other person; (b) The solicitation or acceptance by a public official or any other person, directly or indirectly, of an undue advantage for himself or herself or another person in order that the public official abuse his or her real or supposed influence with a view to obtaining from an administration or public authority of the State Party an undue advantage."
17 BGHSt 4, 293 (294); 11, 125 (127); 14, 123 (125); siehe auch die Darstellung bei Kuhlen (2001, § 331 Rn. 69–70 m.w.N.); dagegen zutreffend Rudolphi/Stein (2003: § 331 Rn. 10e).
18 Art. 15 [Bribery of national public officials]: „Each State Party shall adopt such legislative and other measures (...) to establish as criminal offences, when committed intentionally: (a) The promise, offering or giving, to a public official, directly or indirectly, of an undue advantage for the official himself or herself or another person or entity in order that the official act or refrain from acting in the exercise of his or her official duties; (b) The solicitation or acceptance by a public official, directly or indirectly, of an undue advantage, for the official himself or herself or another person or entity, in order that the official act or refrain from acting in the exercise of his or her official duties."

Art. 15 (b). Die von den Beteiligten ins Auge gefasste Diensthandlung muss im Unterschied zu den §§ 332, 334 StGB nicht pflichtwidrig sein. Unter der Bezeichnung *Bestechung* werden nach der Systematik der Konvention infolgedessen auch die im deutschen Recht gesondert geregelten Tatbestände der Vorteilsannahme (§ 331 StGB) und Vorteilsgewährung (§ 332 StGB) erfasst. Diese Systematik ist unvermeidbar, weil Art. 15 entsprechend der Definition des *public official* in Art. 2 (a) auch die Strafbarkeit von Abgeordneten regelt, bei denen die Rechtswidrigkeit der Mandatsausübung nur aus einer Verknüpfung mit einer unzulässigen Gegenleistung folgen kann, ohne dass die Rechtswidrigkeit der Mandatsausübung gesondert festgestellt werden könnte.

Betrachtet man die Unterschiede zur gegenwärtigen Regelung der aktiven wie passiven Abgeordnetenbestechung (§ 108e StGB), so gehen die inhaltlichen Vorgaben des Art. 15 in zweifacher Hinsicht signifikant über den Anwendungsbereich des § 108e StGB hinaus: *Erstens* erfasst die Regelung nicht nur den Stimmenkauf, sondern die Käuflichkeit jeder beliebigen zur Mandatsausübung gehörenden Handlung oder Unterlassung. *Zweitens* reicht es aus, wenn sich die Unrechtsvereinbarung im Gegensatz zur gegenwärtig wohl überwiegenden Deutung des § 108e StGB[19] auch auf die Gewährung von Vorteilen an Dritte erstreckte.[20] Im Vergleich mit den allgemeinen Bestechungsdelikten des gegenwärtigen StGB erweisen sich die Vorgaben indes als restriktiver. Zunächst muss sich die Vereinbarung zwischen Vorteilsgeber und Vorteilsnehmer auf eine zukünftige Amtsausübung beziehen; die nachträgliche Belohnung ist im Gegensatz zu den Wertungen der §§ 331 ff. StGB nicht als strafwürdiges Unrecht erfasst. Und im Unterschied zu den Straftatbeständen der Vorteilsannahme (§ 331 StGB) und Vorteilsgewährung (§ 333 StGB) genügt es nicht, wenn der Vorteil allgemein für die Dienstausübung gewährt respektive angenommen wird. Stattdessen wird vorausgesetzt, dass der Vorteil nach der Vorstellung der Beteiligten in einem synallagmatischen Bedingungsverhältnis zu einem hinreichend bestimmbaren zukünftigen Handeln des Amts- oder Mandatsträgers steht.

2.3 Die Umkehr der Beweislast in Art. 18 der Konvention

Während Art. 15 im Verhältnis zum gegenwärtigen deutschen Strafrecht deshalb eine vergleichsweise restriktive Beschreibung korruptiven Unrechts enthält, soll nach der in

---

19 Lackner/Kühl (2004: § 108e Rn. 3), Laufhütte/Kuschel (2001: § 108e Rn. 6).
20 Einen weiteren Unterschied mag man darin sehen, dass der Begriff des undue advantage prinzipiell auch immaterielle Vorteile erfassen kann, die nach gegenwärtig ganz herrschender Meinung zu § 108 e StGB gerade keine taugliche Gegenleistung im Bereich der Abgeordnetenbestechung darstellen (siehe Eser 2001: § 108e Rn. 8; Lackner/Kühl 2004: § 108 e Rn. 3; beide m.w.N.). Allerdings sind die Fallgestaltungen, derentwegen die Rechtsprechung bei den allgemeinen Bestechungsdelikten ursprünglich auch immaterielle Vorteile als taugliche Gegenleistung ansah, ohne Weiteres ohne diesen Umweg lösbar, wenn man bereits die Zuwendung an Dritte ausreichen lässt; dazu Bernsmann (2003: 521 [526]). Etwas anderes gilt, wie Schwieger (1996: 175) herausarbeitet, nur für Konstellationen, in denen der Vorteil in der Gelegenheit zum nicht kommerzialisierten sexuellen Kontakt gesehen werden mag. Diese Fälle dürften jedoch nicht besonders praktisch sein, sodass sie vorliegend vernachlässigt werden.

Art. 20 der Konvention vorgeschlagenen Regelung des *Illicit Enrichment*[21] allein der signifikante Vermögenszuwachs eines Amts- oder Mandatsträgers als widerlegliche Vermutung für das Vorliegen korruptiven Unrechts gewertet werden. Der Beschuldigte muss den Vermögenszuwachs danach im Verhältnis zu seinen rechtmäßigen Einkünften plausibel erklären können, will er der Bestrafung entgehen. Art. 20 der Konvention enthält damit in der Sache den Vorschlag einer Beweislastumkehr, mit der augenscheinlich dem immer wieder beklagten Umstand Rechnung getragen werden soll, dass sich Korruption in der Praxis nur schwer beweisen lässt, weil durch sie keine natürliche Person geschädigt wird.[22] Einer Bewertung der Vorschrift als Beweislastregel steht nur scheinbar entgegen, dass die Strafbarkeit vom Erfordernis vorsätzlichen Handelns abhängen soll. Die Vermögensmehrung als für sich genommen wertneutraler Zustand vermag – auch wenn sie sich bewusst, also vorsätzlich vollzieht – schwerlich als strafwürdiges Unrecht angesehen werden, weshalb Art. 20 für die Strafbarkeit in der Sache den (signifikanten) Verdacht korruptiven Unrechts ausreichen lässt.

Die praktischen Auswirkungen dieser Regelung wären gravierender als es auf den ersten Blick scheint. Man wird sie so deuten müssen, dass der beschuldigte Amts- oder Mandatsträger zunächst darlegen muss, inwieweit seine als Vergleichsmaßstab zugrunde gelegten Einkünfte tatsächlich rechtmäßig sind. Weil sich rechtmäßige Einkünfte eines hauptberuflichen Amts- und Mandatsträgers nicht notwendig in seinem beruflichen Einkommen erschöpfen müssen, sondern beispielsweise auch Einkünfte aus privaten Schenkungen oder nebenberuflicher Tätigkeit umfassen, wäre er zu seiner wirksamen Entlastung darauf verwiesen, für jeden Bestandteil seiner Einkünfte positiv nachzuweisen, dass sie keine Gegenleistung für eine bestimmte Amts- oder Mandatsausübung darstellen. Noch problematischer wird die Situation beim lediglich ehrenamtlichen Amts- und Mandatsträger. Hier sind durchaus Konstellationen denkbar, in denen die Eröffnung einer hauptberuflichen Einnahmequelle die Gegenleistung für eine bestimmte Amts- oder Mandatsausübung darstellt. Lässt man entsprechend der in Art. 20 vorgeschlagenen Regelung des *Illicit Enrichment* allein den Verdacht für die Strafbarkeit ausreichen, hätte dies für ehrenamtliche Amts- und Mandatsträger eine kaum erträgliche Rechtsunsicherheit zur Folge.[23]

Die Übernahme einer entsprechenden Regelung in das deutsche Strafrecht dürfte mit der in Art. 6 II EMRK gewährleisteten Unschuldsvermutung kaum in Einklang zu bringen sein. Wohl deshalb wurde ihre Realisierung nach dem Text der Konvention nicht nur ins Ermessen der Vertragsparteien, sondern zusätzlich noch unter den Vorbehalt gestellt, dass Verfassung und fundamentale Prinzipien der nationalen Rechtssysteme eine entsprechende Regelung überhaupt erlauben. Aus Art. 20 der Konvention er-

---

21 Art. 20 [Illicit Enrichment]: „Subject to its constitution and the fundamental principles of its legal system, each State Party shall consider adopting such (...) measures as may be necessary to establish as criminal offence, when committed intentionally, illicit enrichment, that is a significant increase in the assets of a public official that he or she cannot reasonably explain in relation to his or her lawful income."
22 Dölling (1996: C 13 ff., 16).
23 Weil die gegenwärtigen §§ 331ff. StGB, wie später zu zeigen sein wird, verdeckte Beweislockerungen enthalten, stellt sich dieses Problem im deutschen Strafrecht schon heute, wenn man etwa ehrenamtlich tätige Ratsmitglieder als Amtsträger im Sinne des § 11 I Nr. 2 c StGB ansieht; siehe dazu Deiters (2003: 453).

gibt sich deshalb für den deutschen Gesetzgeber kein Handlungsbedarf. Im Gegenteil: Wäre die Regelung als völkerrechtlich verbindliche Vorgabe konzipiert, müsste ihm dringend angeraten werden, die Konvention allenfalls unter entsprechenden Vorbehalten zu ratifizieren. Wie noch zu zeigen sein wird, sind allerdings auch die gegenwärtigen Bestechungsdelikte des StGB zum Teil so konzipiert, dass sie partiell auf eine Umkehr der Beweislast zum Nachteil des Betroffenen hinauslaufen. Insoweit lässt sich an der Entstehungsgeschichte dieser Delikte nachweisen, dass die dem Problem der Korruption immanente Beweisproblematik auch in Deutschland seit 1975 zu Änderungen geführt hat, die der Regelung des Art. 20 in ihrer kriminalpolitischen Ausrichtung verwandt sind.

3. Historische Entwicklung des Korruptionsstrafrechts in Deutschland

Strafgesetze, die gleichermaßen die Korruption von Abgeordneten wie die von Amtsträgern der Exekutive erfassen, sind dem deutschen Recht seit je her fremd. Schon das Reichsstrafgesetzbuch (RStGB) von 1871 unterschied zwischen den für Beamte geltenden Straftaten der §§ 331ff. RStGB, die sich auch heute noch im Abschnitt über die *Straftaten im Amt* finden, und dem Tatbestand des § 109 RStGB, der seinerzeit unter der Rubrik *Verbrechen und Vergehen in Beziehung auf die Ausübung staatsbürgerlicher Rechte* die aktive wie passive Bestechung von Abgeordneten erfasste. Infolge dieser Differenzierung nahm die Entwicklung der entsprechenden Strafvorschriften einen unterschiedlichen Verlauf.

3.1 Historische Entwicklung der für Amtsträger geltenden Strafvorschriften

Das Reichsstrafgesetzbuch von 1871 kannte betreffend die Korruption von Beamten zunächst die Straftatbestände der passiven Bestechung im weiteren (§ 331 RStGB) und im engeren Sinne (§ 332 RStGB).[24] § 331 RStGB bewertete das Annehmen, Fordern oder Sichversprechenlassen von Vorteilen durch einen Beamten als strafbares Unrecht, wobei der Vorteil – im Unterschied zum heutigen Tatbestand der Vorteilsannahme – für eine konkrete Diensthandlung gewährt werden musste. Die passive Bestechung im engeren Sinne (§ 332 RStGB) unterschied sich hiervon nur durch die Pflichtwidrigkeit der vereinbarten Diensthandlung. Im Hinblick auf die aktive Bestechung befand der historische Gesetzgeber in § 333 RStGB zwar das Anbieten, Versprechen oder Gewähren von Vorteilen, um einen Beamten zu einer *pflichtwidrigen* Diensthandlung zu veranlassen, für strafbar, hielt eine dem heutigen Tatbestand der Vorteilsgewährung entsprechende Regelung indes nicht für erforderlich. Diese Systematik der Bestechungsdelikte blieb im Wesentlichen bis 1975 unverändert.[25]

Die augenfälligste, mit dem am 1. Januar 1975 in Kraft getretenen Einführungsgesetz zum Strafgesetzbuch von 1974 (EGStGB 1974) erfolgte Änderung des Korrup-

---

24 Zur Entstehungsgeschichte siehe den Überblick bei Kuhlen (2001, § 331 Rn. 1ff. m.w.N.).
25 Zu den die Grundkonzeption nicht betreffenden Änderungen Kuhlen (2001, § 331 Rn. 2).

tionsstrafrechts ist die Ergänzung der Straftatbestände durch die Einführung eines eigenen Tatbestandes der Vorteilsgewährung (§ 333 StGB). Schon angesichts dieser Erweiterung des Strafbaren ist es nicht unproblematisch, wenn die Neufassung der §§ 331ff. StGB durch das EGStGB 1974 bisweilen lediglich als „systematische Glättung, Verfeinerung und Abrundung der Strafvorschriften des RStGB und der Bestechungsverordnung" (Dölling 1996: C 37) eingeordnet wird. Im vorliegenden Zusammenhang bedeutsamer erscheint jedoch, dass die Tatbestände der Vorteilsannahme und Bestechlichkeit in ihrem Wortlaut insofern eine nicht unerhebliche Änderung erfahren haben, als sie nunmehr auch die Annahme eines Vorteils als (nachträgliche) Gegenleistung für eine in der Vergangenheit liegende dienstliche Handlung erfassten.

Rechtsprechung[26] und die herrschende Lehre[27] waren freilich schon vor dieser Reform der Ansicht, die Annahme des Vorteils müsse der Diensthandlung nicht notwendig vorausgehen. Ungeachtet der hier nicht weiter zu vertiefenden Frage, ob die vor 1975 geltenden Strafvorschriften einer solchen Auslegung zugänglich waren, ist mit der Einbeziehung auch solcher Fälle, in denen die Vorteilsgewährung lediglich eine nachträgliche Belohnung für eine Diensthandlung darstellt, eine nicht unerhebliche Änderung des Charakters der Korruptionsdelikte verbunden. Während das Unrecht der Bestechlichkeit an sich schon dem Begriffe nach voraussetzt, dass der Vorteil den Amtsträger zur Vornahme der Diensthandlung bestimmen soll und also ein synallagmatisches Bedingungsverhältnis zwischen Vorteil und Diensthandlung besteht[28], ist bei dem 1975 ausdrücklich ins Gesetz aufgenommenen und vorher schon durch die Auslegung der Rechtsprechung einbezogenen Fall nachträglicher Zuwendung die Käuflichkeit der Diensthandlung gerade kein Wesensmerkmal der Bestechlichkeit mehr. Stattdessen reicht der durch die nachträgliche Belohnung erweckte Eindruck der Käuflichkeit staatlichen Handelns[29]. Insoweit lässt sich die Einbeziehung nachträglicher Zuwendungen als erster Schritt einer Lockerung der Anforderungen des Nachweises korruptiven Verhaltens deuten, der im Grundsatz demselben kriminalpolitischen Anliegen entsprang[30], wie der Vorschlag einer umfassenden Beweislastumkehr in Art. 20 der Konvention gegen Korruption.

Diese Entwicklung fand in dem Gesetz zur Bekämpfung der Korruption vom 13. August 1997 ihre konsequente Fortsetzung. Vor dem Hintergrund der in den 90er Jahren des letzten Jahrhunderts vorherrschenden Einschätzung, dass Korruption in Deutschland zunehmend um sich greife, fanden sich politische Mehrheiten dafür, die Voraussetzung des synallagmatischen Bedingungsverhältnisses zwischen Vorteil und Diensthandlung weiter zu lockern. Dem entsprechend werten die §§ 331, 333 StGB in der auch heute noch geltenden Fassung des Korruptionsbekämpfungsgesetzes von 1997 jede Annahme respektive Gewährung eines Vorteils für die Dienstausübung als straf-

---

26 RGSt 2, 129; RGSt 63, 367.
27 Dazu Baldus (1977: § 331 Rn. 22 und § 332 Rn. 12 jeweils mit weiteren Nachweisen).
28 Binding (1905: 727, 731).
29 So in der Sache auch Schwieger (1996: 90).
30 Lehrreich ist insoweit, dass das Reichsgericht in der Entscheidung RGSt 63, 367 die Notwendigkeit der Bestrafung auch nachträglicher Zuwendungen an den Beamten mit den praktischen Schwierigkeiten des Nachweises einer vorhergehenden Vereinbarung begründet hatte (RGSt 63, 370).

rechtlich relevantes Verhalten. Daneben wurde die Eigennützigkeit als Wesensmerkmal der Bestechungsdelikte abgeschafft, indem man es für die Zukunft ausreichen ließ, dass der Vorteil einem Dritten und nicht notwendig dem Amtsträger selbst gewährt wird.[31]

Dass die mit dem Korruptionsbekämpfungsgesetz von 1997 erfolgte Lockerung des Erfordernisses der Unrechtsvereinbarung in der Sache nichts anderes als eine Lockerung der Beweisanforderungen darstellt, tritt auf den ersten Blick nicht so offen zutage wie bei dem in der Konvention vorgeschlagenen „Straftatbestand" des *Illicit Enrichment*. Zwar wollten die Befürworter dieser Regelung explizit auch dem Umstand Rechnung tragen, dass sich die auf Käuflichkeit der konkreten Amtshandlung abzielende Unrechtsvereinbarung wegen der Notwendigkeit, Zuwendung und Diensthandlung einander zuzuordnen, in der Praxis des Strafverfahrens nur schwer beweisen lasse (Dölling 1996: C 63; Schaupensteiner 1996: 409, 411–412). Darüber hinaus sollten künftig aber auch jene Fälle strafbar sein, bei denen die Zuwendung nachweislich keine Gegenleistung für eine Diensthandlung darstellte, sondern allein dazu diente, sich im Sinne einer so genannten „Klimapflege" die Gewogenheit von Amtsträgern für mögliche zukünftige Amtshandlungen zu sichern (Dölling 1996: C 63; Schaupensteiner 1996: 409, 411–412). Das Nebeneinander beider Argumente erweckt bis heute den Eindruck, als sei die Lockerung der Beweisanforderungen nur ein willkommener Nebeneffekt, während es eigentlich darum ging, die Strafbarkeit auf bislang nicht erfasste, aber strafwürdige Sachverhalte zu erstrecken.

Tatsächlich diente das zweite Argument nur der Verschleierung der kriminalpolitisch erwünschten, rechtsstaatlich aber zweifelhaften Lockerung der Beweisanforderungen. Die Gewährung eines Vorteils, mit der die Gewogenheit eines Amtsträgers bei noch nicht vollständig konkretisierten künftigen Diensthandlungen erstrebt wird, war nämlich schon nach altem Recht strafbares Unrecht, sodass es zur Erfassung dieser Fälle einer Reform der §§ 331f. StGB gar nicht bedurft hätte. Auch in dieser Fallgestaltung stellt sich der Vorteil als Gegenleistung für eine zukünftige Diensthandlung dar. Die Rechtsprechung hielt es für die Verwirklichung des Tatbestandes der Vorteilsannahme und Vorteilsgewährung seinerzeit mit Recht für ausreichend, wenn sich das Einverständnis der Beteiligten darauf bezog, dass der Amtsträger innerhalb eines bestimmten Aufgabenbereiches in eine bestimmte Richtung hin tätig werden sollte.[32] Die Existenz einer solchen Einigung lag, wie der BGH in einer Entscheidung aus dem Jahre 1984 ausdrücklich hervorhob (BGHSt 32, 290, 291), schon dann nahe, wenn ein Verhältnis zwischen dem dienstlichen Zuständigkeitsbereich des Amtsträgers einerseits und der Berufs- oder Geschäftstätigkeit des Vorteilsgebers andererseits nachgewiesen wurde, das Rückschlüsse auf die Art der mit dem Vorteil zu erkaufenden Diensthandlung gestattete und deshalb dem Tatgericht die Überzeugung vom Vorliegen einer Unrechtsvereinbarung vermittelte.

Eine Erweiterung der Strafbarkeit auf jene Fälle, in denen die „Klimapflege" sich nicht einmal vage auf zukünftige Diensthandlungen bezieht, war hingegen nicht das Anliegen der Reform. So sollte etwa das traditionell üppige Trinkgeld für die Mitarbeiter der Müllabfuhr keine Strafbarkeit wegen Vorteilsannahme oder Vorteilsgewährung

---

31 Lackner/Kühl (2004: § 331 Rn. 6 m.w.N.).
32 BGHSt 32, 290 (291) m.w.N. zur ständigen Rechtsprechung und seinerzeit herrschenden Lehre.

begründen können, obwohl selbstverständlich auch diese Zuwendung gerade für die Dienstausübung, aber eben nicht in der Erwartung zukünftiger Gegenleistung, gewährt wird.[33] Die Lockerung des Erfordernisses der Unrechtsvereinbarung diente deshalb entgegen der diesen Umstand verdunkelnden Argumentation der Reformbefürworter ausschließlich dazu, die Beweisanforderungen zu reduzieren. In der Praxis des Strafverfahrens bedarf es seitdem praktisch nur des Nachweises einer vereinbarten Vorteilszuwendung, von der mangels plausibler Erklärung der Beteiligten nicht ausgeschlossen werden kann, dass sie im Hinblick auf bestimmte künftig vorzunehmende Diensthandlungen erfolgte.[34] Auch die Neuregelung der §§ 331, 333 StGB erweist sich damit als Beweislastumkehr zuungunsten des Beschuldigten (vgl. auch Hettinger 1996: 2263, 2268).

Sind die gegenwärtig in Deutschland geltenden Tatbestände der Vorteilsannahme und Vorteilsgewährung deshalb in ihrem Grundgedanken der in Art. 20 der Konvention vorgeschlagenen Vorschrift des *Illicit Enrichment* verwandt, so sollen die gleichwohl teils erheblichen Unterschiede der verschiedenen Regelungen nicht geleugnet werden. Zunächst ist in Art. 20 der Konvention die Beweislastumkehr nur für die Strafbarkeit des Amtsträgers vorgesehen, während sie im deutschen Recht auch die Strafbarkeit wegen Vorteilsgewährung betrifft. Dafür reicht die Beweislastumkehr in den §§ 331, 333 StGB weniger weit als nach der in Art. 20 der Konvention vorgeschlagenen Regelung, weil eine Strafbarkeit wegen Vorteilsannahme gemäß § 331 StGB zumindest voraussetzt, dass Zuwendungen an den Amtsträger nachgewiesen werden, während für den Tatbestand des *Illicit Enrichment* lediglich ein nicht plausibel erklärbarer Vermögenszuwachs verlangt wird. Schließlich ist Art. 20 der Konvention aber wiederum insoweit enger, als *signifikante* Vermögenszuwendungen vorausgesetzt werden, während die Tatbestände der §§ 331, 333 StGB jenseits des nicht besonders trennscharfen Bereichs der Sozialadäquanz selbst geringfügige wirtschaftliche Vorteile erfassen – auch wenn in der Praxis des deutschen Strafverfahrens schon wegen der chronischen Arbeitsüberlastung kaum ein Staatsanwalt auf den Gedanken kommen dürfte, bei nicht signifikanten Zuwendungen tätig zu werden.

3.2 Historische Entwicklung der für Abgeordnete geltenden Strafvorschriften

Begünstigt durch die im RStGB von 1871 angelegte systematische Trennung des Problems der Korruption von Beamten und Abgeordneten, nahm die Entwicklung der für Abgeordnete geltenden Grundsätze einen völlig anderen Verlauf. Zunächst bewertete § 109 des RStGB von 1871 das Verhalten desjenigen als strafbar, der in öffentlichen Angelegenheiten eine Wahlstimme kauft oder verkauft. Damit war eine Strafbarkeit wegen aktiver oder passiver Abgeordnetenbestechung – vergleichbar der seinerzeit gel-

---

33 Treffend Ransiek (1996: 446 [451]) für das Beispiel des dem (beamteten) Postboten gewährten Trinkgeldes.
34 Wer zur Verwirklichung des Merkmals für die Dienstausübung in §§ 331, 333 StGB prozessual mehr verlangt, muss zu dem Ergebnis gelangen, dass die 1997 erfolgte Lockerung der Unrechtsvereinbarung praktisch gar keine Auswirkungen hat; siehe etwa Wolters 1998: (1100 [1105]).

tenden Regelung der Beamtenbestechung – an die Voraussetzung einer Unrechtsvereinbarung geknüpft, bei der sich die Beteiligten darüber einig sein mussten, dass die Abgabe einer Wahlstimme die Gegenleistung für einen materiellen Vorteil war. Unterschiedlich beurteilt wurde allerdings die Frage, in welchem Umfang § 109 RStGB die Bestechung von Abgeordneten des Reichstages erfasste. Zum Teil wurde die Auffassung vertreten, der Begriff der Wahlstimme beziehe sich nur auf die Wahl von Personen, während das Reichsgericht in einer zu § 108 RStGB ergangenen Entscheidung auch Abstimmungen zu Sachfragen dem Begriff der Wahl subsumierte, weshalb die Gegenmeinung dasselbe auch für § 109 RStGB annehmen wollte.[35] In der Praxis musste diese Frage, mangels einschlägiger Strafverfahren, nicht entschieden werden.[36]

1953 schränkte der Gesetzgeber den Anwendungsbereich der inzwischen als Straftaten gegen das Wahl- und Stimmrecht bezeichneten Delikte, einschließlich des § 109 StGB, dann generell auf die Wahlen und Abstimmungen zu den Volksvertretungen und für sonstige Wahlen des Volkes ein.[37] Damit entstand jene Strafbarkeitslücke, die trotz zahlreicher parlamentarischer Anläufe (Grüll 1992: 372) erst 1994 durch die Einführung des § 108e StGB geschlossen wurde. Dabei stellte der Gesetzgeber eingedenk des früheren Streits bei § 109 StGB a.F. klar, dass der Kauf respektive Verkauf einer Stimme sich sowohl auf eine (Personen-)Wahl als auch auf eine Abstimmung über eine Sachfrage beziehen konnte. Im Übrigen hielt er aber strikt an dem Erfordernis einer Unrechtsvereinbarung zwischen Gebendem und Nehmendem fest und schloss insbesondere eine Strafbarkeit bei lediglich nachträglicher Belohnung – anders als bei den seinerzeit geltenden Amtsträger-Delikten – aus. Als der Gesetzgeber 1997 die Strafbarkeit wegen Vorteilsannahme und Vorteilsgewährung im Sinne der §§ 331, 333 StGB unter erweiterten Voraussetzungen zuließ, stand eine entsprechende Änderung des Tatbestandes der Abgeordnetenbestechung nicht zur Diskussion.

Ein Kuriosum der geschichtlichen Entwicklung des deutschen Korruptionsstrafrechts stellt schließlich der 1998 eingeführte Straftatbestand des § 2 IntBestG[38] dar, der die aktive Bestechung ausländischer Abgeordneter unter Strafe stellt und dabei im Unterschied zu dem ausschließlich deutsche Abgeordnete erfassenden Tatbestand des § 108e StGB nicht nur den Stimmenkauf, sondern schon das Anbieten, Versprechen und Gewähren eines Vorteils als Gegenleistung für eine lediglich mit dem Mandat oder den Aufgaben eines Parlamentariers zusammenhängenden Handlung oder Unterlassung pönalisiert. Angesichts des auf Ebene der OECD am 17. Dezember 1997 geschlossenen Übereinkommens zur Bekämpfung der Bestechung ausländischer Amtsträger im internationalen Geschäftsverkehr,[39] sah sich der deutsche Gesetzgeber nicht nur der internationalen Verpflichtung ausgesetzt, die aktive Bestechung ausländischer Abgeordnete künftig überhaupt unter Strafe zu stellen, sondern hierfür auch weniger restriktive Maßstäbe anzulegen, als sie bislang für die Bestechung deutscher Abgeordneter galten.

---

35 Darstellung des historischen Streitstandes bei Becker (1998: 9 m.w.N.).
36 Siehe Becker (1998: 22–23), Schlüchter (1995: 713 [724]).
37 Siehe dazu Schulze (1973: 485), Klein (1979: 174), Becker (1998: 17).
38 Gesetz zur Bekämpfung internationaler Bestechung vom 10. September 1998, BGBl II: 2327, abgedruckt bei Lackner/Kühl (2004: StGB, Anhang V).
39 Abgedruckt mit amtlicher Übersetzung in BT-Drs. 13/10428: 9 ff.; dazu Zieschang (1999: 105 [106]), Korte (wistra 1999: 81 [85]), Gänßle (1999: 543 passim).

Statt eine für deutsche wie ausländische Abgeordnete gleichermaßen geltende Regelung zu schaffen, begnügte er sich aber damit, in § 2 IntBestG die Bestechung ausländischer Abgeordnete gesondert zu regeln, sodass gegenwärtig die Integrität ausländischer Abgeordnete weitergehenden strafrechtlichen Schutz genießt als die der deutschen Abgeordneten selbst. Dem schon seinerzeit angemerkten Harmonisierungsbedarf[40] ist der Gesetzgeber bis heute nicht nachgekommen.

4. Leitlinien für die rechtspolitische Diskussion

4.1 Vorläufiges Resümee

Bevor wir zur Ausgangsfrage, ob die im deutschen Strafrecht angelegte Differenzierung zwischen politischer und staatlicher Korruption sachgerecht ist, zurückkehren, gilt es zunächst die Erkenntnisse zu resümieren, die aus der Gegenüberstellung der Entstehungsgeschichte des deutschen Korruptionsstrafrechts mit den inhaltlichen Vorgaben der UN-Konvention gewonnen werden können. Dabei sind zwei Gesichtspunkte bedeutsam:

Erstens herrscht offenbar weitgehend Konsens, dass nur die Käuflichkeit konkreter staatlicher oder politischer Entscheidungen – unabhängig davon, ob die erstrebte staatliche Handlung an sich rechtmäßig oder aber rechtswidrig ist[41] – strafwürdiges Unrecht darstellt. Diese Annahme lag einerseits – in Bezug auf die politische Korruption indes nur teilweise – der ursprünglichen Konzeption des RStGB von 1871 zugrunde und lässt sich anderseits auch Art. 15 der UN-Konvention gegen Korruption entnehmen. Zusammenfassend lässt sich deshalb vorläufig davon ausgehen, dass das strafwürdige Unrecht der Korruption in einer regelwidrigen[42] Kommerzialisierung konkreter staatlicher, aber auch politischer Entscheidungen besteht.

Zweitens werden Strafgesetze, die den Nachweis des so beschriebenen korruptiven Unrechts voraussetzen, aber nicht als ausreichend erachtet, Korruption effektiv zu unterbinden. Diese kriminalpolitische Einschätzung lässt sich einerseits in den seit 1975 in Deutschland erfolgten Reformen der allgemeinen Bestechungsdelikte nachweisen und stand schließlich auch Pate für den in Art. 20 der Konvention enthaltenen Vorschlag einer Beweislastumkehr bei signifikanter Vermögenszunahme.

Angesichts dieser Zielvorgaben steckt die Strafgesetzgebung in einem politischen Dilemma. Schafft sie Strafgesetze, die präzise das Strafwürdige erfassen, verfehlt sie die

---

40 Zieschang (NJW 1999: 105 [107]), Korte (wistra 1999: 81 [87]).
41 Diese Einsicht gilt unabhängig von der im Einzelnen umstrittenen Frage des Rechtsgutes der Bestechungsdelikte. Wer dieses entgegen einer vor allem früher herrschenden Meinung nicht in der Unkäuflichkeit von Amtshandlungen selbst erblickt, sondern statt dessen auf die Sachlichkeit der Amtsführung abstellt, muss hinsichtlich des Tatbestandes der Vorteilsannahme eine weite Vorverlagerung der Strafbarkeit konzedieren, weil insoweit nur die Motivation des Amtsträgers unsachlich ist; siehe etwa Schwieger (1996: 81); insoweit den Tatbestand der Vorteilsannahme ablehnend Kargl (2002: 763 [793]).
42 Dass Korruption bei ökonomischer Betrachtung ihrem Wesen nach durch einen regelwidrigen Austausch von Vorteilen gekennzeichnet ist, hat insbesondere Volk (1999: 419 [421ff.]) näher dargelegt.

Messlatte kriminalpolitischer Effizienz. Orientiert sie sich hingegen an eben dieser Richtschnur, muss sie schon den Verdacht der Korruption und damit lediglich den „Anschein der Kriminalität"[43] als strafbares Unrecht bewerten. Im Hinblick auf das deutsche Recht ist dabei besonders erstaunlich, dass der Gesetzgeber zwar bei den allgemeinen Bestechungsdelikten in zunehmendem Umfang dem Ziel kriminalpolitischer Effizienz den Vorzug eingeräumt hat, im Hinblick auf den Tatbestand der Abgeordnetenbestechung des § 108 e StGB aber nicht einmal den Kernbereich korruptiven Unrechts mit Strafe bewehrt, sondern im Vergleich zu Art. 15 der Konvention allein den Stimmenkauf unter Strafe stellt. Mustert man die 1994 vom Gesetzgeber angegebenen Gründe für die restriktive Fassung des § 108e StGB kritisch durch, so zeigt sich schnell, dass sie im Rahmen des durch Art. 15 der Konvention vorgegebenen Kernbereichs korruptiven Verhaltens eine Differenzierung zwischen politischer und staatlicher Korruption nicht rechtfertigen, dafür aber beachtliche Erwägungen enthalten, warum der Gesichtspunkt kriminalpolitischer Effizienz die Strafgesetzgebung nicht dazu veranlassen sollte, auf den vollständigen Nachweis des Kerngehalts korruptiven Unrechts zu verzichten.

4.2 Der berechtigte Kern der gegenwärtigen „Privilegierung" politischer Korruption

a) Beschränkung auf den Stimmenkauf

Soweit § 108 e StGB die Strafbarkeit wegen Abgeordnetenbestechung auf die Konstellation des Stimmenkaufes beschränkt, hat der Gesetzgeber diese Restriktion damit begründet, dass es beim Träger eines Abgeordnetenmandats, anders als beim Beamten (Amtsträger), bereits an einem „genau umgrenzten Pflichtenkreis" (BT-Drs. 12/5927: 5) fehle. Es kann dahinstehen, ob diese Annahme der Realität des Handelns von Amtsträgern gerecht wird. Unabhängig davon erscheint es trotz der unbestreitbaren Vielfalt von zur Mandatsausübung gehörenden Handlungen strafwürdig, wenn ein Abgeordneter als Gegenleistung für ein zur Mandatsausübung gehörendes Verhalten Vorteile entgegennimmt. Hierdurch bietet er seine politische Entscheidung als kommerzialisierte Ware feil, und es ist nicht einzusehen, warum dieser Sachverhalt anders zu bewerten sein soll als beim Amtsträger der Verwaltung, der dazu berufen ist, die von Abgeordneten beschlossenen Gesetze auszuführen. Im Gegenteil erscheint der gesellschaftliche Schaden, den der Amtsträger anzurichten vermag, vergleichsweise gering, weil er zumeist nur über Einzelfälle befindet, während der Abgeordnete über generell-abstrakte Regelungen entscheidet, deren Wirkungskreis ungleich größer ist.

Der Strafwürdigkeit solchen Verhaltens steht auch nicht entgegen, dass der Abgeordnete – worauf die Gesetzesbegründung mit Recht aufmerksam macht – seiner Funktion nach auch parteiischer Interessenvertreter ist, während der Beamte stets unparteiisch seine Amtsführung wahrzunehmen habe (BT-Drs. 12/5927: 5). Vielmehr

---

43 So Kargl (2002: 763 [793]) in Bezug auf den Tatbestand der Vorteilsannahme. Dabei schießt er nach hiesiger Auffassung allerdings über das Ziel hinaus, weil er nicht die Käuflichkeit, sondern die Unsachlichkeit staatlicher Entscheidung als Kern des strafwürdigen Unrechts ausmacht.

würde ein Abgeordneter durch die Kommerzialisierung seines Mandats gerade das demokratische Prinzip der Interessenvertretung in Frage stellen, weil nicht mehr die Bindung an die ihn wählenden Bürger, sondern die wirtschaftliche Stärke bestimmter Gruppen über die Art seiner Interessenwahrnehmung entschiede.

Als problematisch mag man es allerdings ansehen, im Rahmen der Abgeordnetenbestechung in Zukunft auch die Gewährung von Drittvorteilen ausreichen zu lassen, während die Merkmale des *Kaufs* und *Verkaufs* im gegenwärtigen § 108e StGB überwiegend so verstanden werden, dass der Tatbestand eigennütziges Verhalten des Abgeordneten voraussetzt.[44] Weil der Abgeordnete auch parteiischer Interessenvertreter ist, kann es zu Situationen kommen, in denen er sich zu Recht von der Erwägung leiten lässt, dass bestimmte Personengruppen durch seine Entscheidung einen wirtschaftlichen Vorteil erhalten. Es wäre verfehlt, wollte man Politikern in solchen Konstellationen korruptives Verhalten vorwerfen.

Bei näherer Betrachtung führten die Vorgaben der UN-Konvention allerdings auch nicht zu solchen Konsequenzen. Sofern der Abgeordnete sich bei seiner Entscheidung davon leiten lässt, dass die von ihm repräsentierten Bevölkerungsteile durch sie wirtschaftlich besser gestellt werden, ist dies unproblematisch, so lange diese Erwägung als Faktor im Rahmen der persönlichen Gewissensentscheidung den Ausschlag gibt. Der Vorteil steht dann nicht in einem synallagmatischen Bedingungsverhältnis zu der Entscheidung, sondern ist deren notwendige Folge. Nur wenn der Abgeordnete sich bei seiner Entscheidung von inkonnexen Vorteilen leiten lässt, die mit der Entscheidung selbst nicht notwendig verknüpft sind, setzt er sich dem Vorwurf der Bestechlichkeit aus. Im Übrigen ist entgegen der wohl überwiegenden Meinung schon angesichts der heutigen Fassung des § 108e StGB nicht einzusehen, warum der Verkauf einer Stimme nicht auch in der Weise erfolgen können soll, dass der „Kaufpreis" an einen Dritten fließen soll. Der Wortlaut der Regelung lässt sich hierfür jedenfalls kaum in Anspruch nehmen.[45]

b) Beschränkung auf die Strafbarkeit nachgewiesener Käuflichkeit

Berechtigt erscheint hingegen das Argument, der Tatbestand der Abgeordnetenbestechung könne dem der *Beamtenbestechung* deshalb nicht nachgebildet werden, weil dies zu erheblichen Abgrenzungsproblemen bei der vom Abgeordnetenrecht nicht ausgeschlossenen Nebentätigkeiten führe (BT-Drs. 12/5927: 5). Das wäre in der Tat der Fall, wenn man die Gewährung eines jeden allgemein für die Mandatsausübung gewährten Vorteils ausreichen lassen wollte (vgl. Haffke 1995: 25). Der Gesetzgeber ging hier in seiner Argumentation offenbar von der – seinerzeit nicht zutreffenden – Vorstellung aus, beim Amtsträger reiche für die Strafbarkeit jeder generell für die Dienstausübung gewährte Vorteil. Im Hinblick auf die gegenwärtige Fassung der Tatbestände der Vorteilsannahme (§ 331 StGB) und Vorteilsgewährung (§ 332 StGB) erweist sich diese Argumentation nachträglich betrachtet als überaus vorausschauend. Sie rechtfer-

---

[44] Lackner/Kühl (2004: § 108e Rn. 3), Laufhütte/Kuschel (2001: § 108e Rn. 6).
[45] So auch Becker (1998: 42–43), die im Ergebnis allerdings der überwiegenden Ansicht folgt, weil nach der Gesetzesbegründung für die Strafbarkeit eigennütziges Verhalten erforderlich sein soll.

tigt allerdings – entgegen den Vorstellungen des Gesetzgebers – nicht die differenzierte Behandlung politischer und staatlicher Korruption, sondern belegt die Fragwürdigkeit von Straftatbeständen, die in ihrer Reichweite über den konsentierten Kern korruptiven Unrechts, wie er etwa in Art. 15 der UN-Konvention beschrieben wird, hinausgehen.

Ist die Ermöglichung einer entsprechend lukrativen Nebentätigkeit, etwa in Gestalt von Beraterverträgen, Aufsichtsratsposten oder einer vergüteten Vortragstätigkeit, die Gegenleistung für eine konkrete zur Mandatsausübung gehörende Handlung, muss auch dies wegen der Kommerzialisierung der politischen Entscheidung als strafwürdig angesehen werden. Fragwürdig würde eine strafrechtliche Regelung der Abgeordnetenbestechung erst, wenn sie es ausreichen ließe, dass die Ermöglichung entsprechender Tätigkeiten mit der Stellung des Abgeordneten allgemein zusammenhängt. Dies führte faktisch zu einem nicht gewollten Verbot der Aufnahme von Nebentätigkeiten, weil diese in der Praxis natürlich immer einen inneren Bezug zur Mandatsausübung aufweisen. Diese Konsequenz gilt allerdings nicht nur in Bezug auf Abgeordnete, sondern auch bei Amtsträgern der Exekutive. Auch ihnen ist die Aufnahme von Nebentätigkeiten nicht prinzipiell durch das Dienstrecht untersagt, sodass identische Probleme entstehen, wenn man – wie das gegenwärtige Recht – schon jeden allgemein für die Dienstausübung gewährten und angenommenen Vorteil ausreichen lässt und damit schon den bösen Anschein unter Strafe stellt.[46]

Damit haben die vom Gesetzgeber im Hinblick auf die restriktive Fassung des § 108e StGB geltend gemachten Erwägungen durchaus Gewicht. Sie rechtfertigen aber keine Sonderbehandlung von Abgeordneten, sondern sprechen gegen die vom Gesetzgeber 1975 begonnene und mit dem Gesetz zur Bekämpfung der Korruption von 1997 fortgeführte Lockerung der Strafbarkeit vom Kriterium der Unrechtsvereinbarung bei den allgemeinen Bestechungstatbeständen. Sofern man den Nachweis verlangt, dass der Vorteil für eine bestimmte zur Amts- oder Mandatsausübung gehörende Handlung angenommen oder gewährt wurde, erscheint die in der Art. 2 a der UN-Konvention gegen Korruption eingeforderte Gleichbehandlung aller Personen, die infolge ihrer Stellung mit der Ausübung staatlicher Gewalt betraut sind, einleuchtend.[47] Sobald von dem Erfordernis des Nachweises dieser Unrechtsvereinbarung aber Abstriche gemacht werden, verschwimmen ungeachtet des Personenkreises, den die Regelung erfasst, die Konturen des Strafbaren.[48]

---

46 Besonders verhängnisvoll ist insoweit, dass die gegenwärtige Praxis der Genehmigung einer Nebentätigkeit nicht zugleich die genehmigende Wirkung im Sinne des § 331 III StGB zuerkennt; siehe nur Tröndle/Fischer (2004: § 331 Rn. 25 b).
47 Insoweit im Ausgangspunkt übereinstimmend Heisz (1998: 113), die allerdings eine Gleichstellung auf der Grundlage der Maßstäbe der gegenwärtigen §§ 331ff. StGB einfordert.
48 So im Ergebnis auch Volk (1999: 419 [431]), der aber – unverständlicherweise – die vom Gesetzgeber 1997 vorgenommenen Änderungen als brauchbar und vernünftig bewertet.

4.3 Die scheinbare kriminalpolitische Problematik einer restriktiven Regelung

Für ein künftiges Korruptionsstrafrecht erscheint es von daher tunlich, sich ausschließlich an dem in Art. 15 der Konvention niedergelegten völkerrechtlich verbindlichen Minimum zu orientieren, was einerseits eine Erweiterung der Strafbarkeit der Abgeordnetenbestechung, andererseits aber eine restriktivere Fassung der allgemeinen Bestechungsdelikte bedeuten würde. Gegen letztere Konsequenz mag man einwenden, hierdurch werde das Rad der strafrechtspolitischen Entwicklung weitgehend auf den Stand vor 1975 zurückgedreht. Von der ursprünglichen Konzeption des RStGB von 1871 unterscheidet sich der in Art. 15 der Konvention vorgeschlagene Straftatbestand der aktiven und passiven Bestechung nationaler Amtsträger in der Tat nur dadurch, dass auch Dritten gewährte Vorteile die Strafbarkeit begründen können und die Strafbarkeit des Gebers der des Nehmers spiegelbildlich entspricht. Das Ziel kriminalpolitischer Effizienz, das die 1975 und vor allem 1997 ins Werk gesetzten Änderungen der Korruptionsdelikte in Deutschland veranlasst hat,[49] scheint dabei zu wenig berücksichtigt.

Eine dieses Problem scheinbar lösende Beweislastumkehr, wie sie dem in Art. 20 der Konvention enthaltenen Tatbestand des *Illicit Enrichment*, aber teilweise auch den gegenwärtigen Tatbeständen der Vorteilsannahme (§ 331 StGB) und Vorteilsgewährung (§ 333 StGB) in Gestalt von verdeckten Beweislockerungen zugrunde liegt, erweist sich bei näherer Betrachtung allerdings nur vordergründig als kriminalpolitisch effizient. Eine solche Regelungstechnik muss der Natur der Sache nach dazu führen, auch solches Verhalten zu kriminalisieren, das zwar den Anschein des Unrechts erweckt, in Wirklichkeit aber kein Unrecht darstellt. Zwar wird als Rechtsgut der Bestechungsdelikte heute vielfach nicht mehr die Lauterkeit der Amtsausübung selbst, sondern das *Vertrauen der Allgemeinheit* in eben diese Lauterkeit ausgegeben,[50] weshalb es nahe liegt, schon den Anschein der Unlauterkeit als materielles Unrecht aufzufassen. Tatsächlich wird bei dieser Rechtsgutsbeschreibung aber schon die Abwesenheit eines Verdachtes zum strafrechtlich schutzwürdigen Interesse erhoben und die für das Strafrecht in Art. 6 II EMRK verbürgte Unschuldsvermutung damit zum funktionslosen Rechtsinstitut abgewertet. Wenn man deshalb, wofür rechtspolitisch Einiges spricht, Regelungen vorsehen möchte, die schon dem Anschein der Unlauterkeit vorbeugen, ist das Strafrecht nicht geeignet, diese Leistung zu erbringen. Präventive Kontrollmechanismen innerhalb der Verwaltung und Transparenzregeln im Hinblick auf die Nebeneinkünfte von Abgeordneten erweisen sich insoweit rechtspolitisch als Erfolg versprechendere Alternative.[51]

Das Dilemma, in dem sich die Strafgesetzgebung zu befinden scheint, wenn von ihr einerseits verlangt wird, Strafgesetze ausschließlich am wirklich Strafwürdigen auszurichten, andererseits aber eine effiziente Unterbindung korruptiven Verhaltens zu er-

---

49 Siehe dazu insbesondere Dölling (1996: C 7), Schaupensteiner (1996: 409, 411–412), Hettinger (1996: 2263 ff.).
50 RGSt 39: 193 (201); BGHSt 10: 237 (241); 15, 88 (96–97); 30, 46 (48); Cramer (2001: § 331 Rn. 3), Jescheck (1997: vor § 331 Rn. 17); die Kritik zu dieser Rechtsgutsbestimmung zusammenfassend etwa Jaques (1996: 47ff.).
51 Ransiek (1996: 446 [453]). Das Disziplinarrecht beruht im Gegensatz zum Strafrecht deshalb zu Recht auf dem Gedanken, dass schon der Anschein der Unlauterkeit zu vermeiden sei; siehe dazu Haffke (1995: 11ff.).

möglichen, beruht in der Sache auf einer Überschätzung der Möglichkeiten des Strafrechts. Strafrecht ist – kurzfristig – niemals effektiv.[52] Die spezifischen Leistungen, die es zu erbringen vermag, bestehen in einer langfristigen Wirkung auf das durch moralische Überzeugungen konstituierte Rechtsbewusstsein der Bevölkerung.[53] Daneben kann es in Teilbereichen abschreckend auf diejenigen einwirken, die von diesem moralischen Konsens nicht erreicht werden.[54] Beide Wirkungen hängen davon ab, dass das Strafrecht Normenklarheit verbürgt. Unklare Regelungen sind weder geeignet, auf das Rechtsbewusstsein einzuwirken, noch taugen sie dazu, potenzielle Täter abzuschrecken. Schließlich können unklare Strafgesetze, weil sie selbst keine wertbildenden Maßstäbe enthalten, die moralische Überzeugen mittelfristig sogar schwächen. Die Beschränkung der Strafbarkeit auf den durch Art. 15 der UN-Konvention beschriebenen Kern korruptiven Unrechts bedeutete infolge dessen – trotz damit einhergehender Beweisschwierigkeiten im Einzelfall – kein Weniger, sondern ein Mehr an kriminalpolitischer Effizienz.

5. Die UN-Konvention als Wegweiser?

Auf den ersten Blick scheint es widersinnig, die UN-Konvention gegen Korruption zum Anlass einer partiellen Beschränkung des deutschen Strafrechts nehmen zu wollen. Die Konvention verfolgt nicht das Ziel, den Anwendungsbereich strafrechtlicher Regeln zu reduzieren, sondern international noch nicht anerkannte punitive Mindeststandards zu etablieren. So weit eine Vertragspartei über diese hinausgeht, ergibt sich aus der Konvention deshalb kein unmittelbarer Handlungsbedarf. Allein durch eine Erweiterung des Tatbestandes der Abgeordnetenbestechung würde Deutschland dem Geist der Konvention gleichwohl nicht gerecht. Im Unterschied zum gegenwärtigen deutschen Recht unterscheidet die Konvention bei den strafrechtlichen Verhaltensregeln nicht zwischen Abgeordneten und Amtsträgern, sondern bezieht Abgeordnete von vorne herein in den Amtsträgerbegriff mit ein. Diese Gleichbehandlung ist Ausdruck eines in der Präambel der Konvention angesprochenen Verständnisses vom Unrechtsgehalt korruptiven Verhaltens. Korruption wird danach vor allem als eine Bedrohung für die demokratischen Institutionen und Werte verstanden. Vor diesem Hintergrund ist selbstverständlich, dass es im Grundsatz keinen Unterschied machen kann, ob das Verhalten von Abgeordneten oder Amtsträgern der Exekutive in Rede steht.

Der deutsche Gesetzgeber ist deshalb aufgerufen, für staatliche und politische Entscheidungen ein einheitliches Korruptionsstrafrecht zu schaffen. Bei der Berücksichtigung dieser Maßgabe stünden die Chancen nicht schlecht, dass künftig der Anschein

---

52 Zu weitgehend scheint mir demgegenüber die insbesondere von Lüderssen beständig verfochtene These, Strafen seien allgemein ineffektiv (und inhuman); siehe etwa Lüderssen (1995: 410). Der wahre Kern dieser provokativen Feststellung scheint mir aber darin zu liegen, dass eine Kriminalpolitik, die den Einsatz des Strafrechts um kurzfristiger Effizienz willen erwägt, dessen Leistungsfähigkeit falsch einschätzt.
53 Dies ist der gemeinsame Kern der heute vorherrschenden Theorien positiver Generalprävention; siehe statt vieler Roxin § 3 Rn. 26 ff.; Jakobs 1. Abschn. Rn. 4ff.
54 Zu diesem negativen Aspekt der Generalprävention statt vieler nur Roxin § 3 Rn. 22 ff.; 25.

der Käuflichkeit staatlicher Entscheidung allein strafrechtliches Unrecht nicht mehr zu begründen vermag. Jedenfalls ist nicht zu erwarten, dass Abgeordnete die Regeln der §§ 331, 333 StGB auf sich selbst angewendet wissen wollen. Denn dies würde nicht nur Fälle wie die Wienand-Steiner-Affäre einer strafrechtlichen Klärung zuführen, sondern überdies auch manche (neben-)berufliche Tätigkeit von Abgeordneten in anderem Licht erscheinen lassen.[55] Insoweit erweisen sich die völkerrechtlich verbindlichen Vorgaben der Korruption im Hinblick auf den Tatbestand der Abgeordnetenbestechung gemäß § 108e StGB unmittelbar als Wegweiser für eine Reform des insoweit zu restriktiven deutschen Strafrechts. Indirekt könnten die Maßstäbe des Art. 15 der UN-Konvention aber auch für eine Revision der zu extensiv geratenen allgemein Bestechungsdelikte wegweisend sein, wenn der Gesetzgeber sich endlich dazu durchringen sollte, für staatliche und politische Entscheidungen ein einheitliches Korruptionsstrafrecht zu schaffen.

Literatur

Arnim, Hans Herbert von, 1990: Abgeordnetenkorruption, in: Juristenzeitung (JZ), 1014.
Baldus, Paulheinz, 1977: Kommentierung zu § 331 und § 332 StGB, in: *Baldus, Paulheinz/Willms, Günther* (Hrsg.), Leipziger Kommentar zum Strafgesetzbuch. 9. Auflage, Berlin/New York.
Barton, Stephan, 1994: Der Tatbestand der Abgeordnetenbestechung (§108e StGB), in: Neue Juristische Wochenschrift (NJW), 1098.
Becker, Michaela, 1998: Korruptionsbekämpfung im parlamentarischen Bereich. Dissertation Bonn.
Bernsmann, Klaus, 2003: Die Korruptionsdelikte (§§ 331 ff. StGB) – Eine Zwischenbilanz, in: Strafverteidiger (StV), 521.
Binding, Karl, 1905: Lehrbuch Besonderer Teil, Neudruck der 1. Aufl. Leipzig 1905. Aalen 1969.
Cramer, Peter, 2001: Kommentierung zu § 331 StGB, in: *Schönke, Adolf/Schröder, Horst*, Kommentar zum StGB, München.
Deiters, Mark, 2003: Zur Frage der Strafbarkeit von Gemeinderäten wegen Vorteilsannahme und Bestechlichkeit, in: Neue Zeitschrift für Strafrecht (NStZ), 453.
Dölling, Dieter, 1996: Empfehlen sich Änderungen des Straf- und Strafprozessrechts, um der Gefahr von Korruption in Staat, Wirtschaft und Gesellschaft wirksam zu begegnen? Gutachten C zum 61. Deutscher Juristentag. München.
Dürr, Hermann, 1979: Lücken oder Sackgasse – Strafvorschriften gegen Fehlverhalten von Abgeordneten, in: Zeitschrift für Rechtspolitik (ZRP), 264.
Epp, Ursula, 1997: Die Abgeordnetenbestechung – §108e StGB. Frankfurt a.M.
Erdsiek, o. A., 1959: Umwelt und Recht, in: Neue Juristische Wochenschrift (NJW), 25.
Eser, Albin, 2001: Kommentierung zu §108e StGB, in: *Schönke, Adolf/Schröder, Horst*, Kommentar zum StGB. München.
Gänßle, Peter, 1999: Das Antikorruptionsstrafrecht, in: Neue Zeitschrift für Strafrecht (NStZ), 543.
Grüll, Stefan, 1992: Strafbarkeit der Abgeordnetenbestechung, in: Zeitschrift für Rechtspolitik (ZRP), 371.

---

55 Im Hinblick auf die berufliche Tätigkeit von ehrenamtlichen Mitgliedern der Gemeindevertretungen ist dies, soweit sie als Amtsträger im Sinne des § 11 I Nr. 2c StGB angesehen werden (so insbesondere LG Krefeld, NJW 1994: 2036 (2037); LG Köln, StV 2003: 364; dagegen Deiters (2003: 453 [457–458]), Marel 2003: 259 [262]), schon heute für manchen Selbstständigen ein heikles Problem.

Haffke, Bernhard, 1995: Politik und Korruption. Strafrechtliche Notizen zu den jüngsten Bestechungsskandalen, in: *Tondorf, Günter* (Hrsg.), Staatsdienst und Ethik, Korruption in Deutschland. Baden-Baden, 11.
Heisz, Janina, 1998: Die Abgeordnetenbestechung nach §108e StGB – Schließung einer Regelungslücke. Aachen.
Hettinger, Michael, 1996: Das Strafrecht als Büttel?, in: Neue Juristische Wochenschrift (NJW), 2263.
Jakobs, Günther, 1991: Strafrecht Allgemeiner Teil. Die Grundlagen und die Zurechnungslehre. 2. Auflage, Berlin/New York.
Jaques, Henning, 1996: Die Bestechungstatbestände unter besonderer Berücksichtigung des Verhältnisses der §§ 331ff. StGB zu §12 UWG. Frankfurt a.M.
Jescheck, Hans-Heinrich, 1997: Kommentierung zu § 331, in: *Jähnke, Burkhard/Laufhütte, Heinrich Wilhelm/Odersky, Walter* (Hrsg.), Leipziger Kommentar zum Strafgesetzbuch. 25 Lieferung der 11. Auflage. Berlin/New York.
Kargl, Walter, 2002: Über die Bekämpfung des Anscheins der Kriminalität bei der Vorteilsannahme (§331 StGB), in: Zeitschrift für die gesamte Strafrechtswissenschaft (ZStW) 114, 763.
Klein, Rolf, 1979: Straflosigkeit der Abgeordnetenbestechung, in: Zeitschrift für Rechtspolitik (ZRP), 264.
Korte, Matthias, 1999: Der Einsatz des Strafrechts zur Bekämpfung der internationalen Korruption, in: Zeitschrift für Steuer- und Wirtschaftsstrafrecht (wistra), 81.
Kuhlen, Lothar, 2001: Kommentierung zu § 331 StGB, in: Nomos Kommentar zum StGB, 14. Lieferung 2003. Baden-Baden.
Lackner, Karl/Kühl, Kristian, 2004: Strafgesetzbuch mit Erläuterungen. 25. Auflage, München.
Laufhütte, Heinrich Wilhelm/Kuschel, Annette, 2001: Kommentierung zu §108e StGB in: *Jähnke, Burkhard/Laufhütte, Heinrich Wilhelm/Odersky, Walter* (Hrsg.), Leipziger Kommentar zum Strafgesetzbuch, 38. Lieferung zur 11. Auflage 1992. Berlin/New York.
Lüderssen, Klaus, 1995: Abschaffen des Strafens. Frankfurt a.M.
Marel, Knut, 2003: Die Strafbarkeit kommunaler Mandatsträger gem. §§ 331, 332 StGB, in: Strafverteidiger-Forum (StraFo), 259.
Ransiek, Andreas, 1996: Strafrecht und Korruption – Zum Gutachten C für den 61. Deutschen Juristentag, in: Strafverteidiger (StV), 446.
Roxin, Claus, 1997: Strafrecht Allgemeiner Teil. 3. Auflage, München.
Rudolphi, Hans-Joachim, 2001: Kommentierung zu §108e StGB in: *Rudolphi, Hans-Joachim* (Gesamtredaktion), Systematischer Kommentar zum StGB. Neuwied/Kriftel.
Rudolphi, Hans-Joachim/Stein, Ulrich, 2003: Kommentierung § 331 und 332 StGB, in: *Rudolphi, Hans-Joachim* (Gesamtredaktion), Systematischer Kommentar zum StGB. Neuwied/Kriftel.
Schaupensteiner, Wolfgang, 1996: Gesamtkonzept zur Eindämmung der Korruption, in: Neue Zeitschrift für Strafrecht (NStZ), 409.
Schlüchter, Ellen, 1995: Zur (Un-)Lauterkeit in den Volksvertretungen, in: *Schlüchter, Ellen* (Hrsg.), Kriminalistik und Strafrecht. Festschrift für Friedrich Geerds zum 70. Geburtstag. Lübeck, 713.
Schulze, Burkhard, 1973: Zur Frage der Strafbarkeit der Abgeordnetenbestechung, in: Juristische Rundschau (JR), 485.
Schwieger, Dirk, 1996: Der Vorteilsbegriff in den Bestechungsdelikten des StGB. Frankfurt a.M.
Tröndle, Herbert/Fischer, Thomas, 2004: Strafgesetzbuch und Nebengesetze. 52. Auflage, München.
Volk, Klaus, 1999: Merkmale der Korruption und Fehler bei ihrer Bekämpfung, in: *Gössel, Karl-Heinz* (Hrsg.), Gedächtnisschrift für Heinz Zipf. Heidelberg, 419.
Wolters, Gereon, 1998: Die Änderung des StGB durch das Gesetz zur Bekämpfung der Korruption, in: Juristische Schulung (JuS), 1100.
Zieschang, Frank, 1999: Das EU-Bestechungsgesetz und das Gesetz zur Bekämpfung internationaler Bestechung, in: Neue Juristische Wochenschrift (NJW), 105.

Internationalisierung von Anti-Korruptionsregimen

Holger Moroff

Einleitung

Korruption ist zunächst ein systeminternes Problem des Einzelstaates, seiner Regierung und Verwaltung.* Erst wenn ausländische Firmen in einem Staat aktiv werden, haben sie und ihre Heimatregierungen ein Interesse daran, dass sie nicht von der inländischen oder anderer ausländischer Konkurrenz übervorteilt werden, weil jene aktiv bestechen. Gesamtwirtschaftlich betrachtet, und das heißt hier globalwirtschaftlich, kommt es so zu Ressourcenverschwendung durch Fehlallokationen, da Güter und Dienstleistungen über dem Marktpreis verkauft werden, um Bestechungsgelder zahlen zu können. Darüber hinaus kann ein Übermaß an systemischer Korruption zum Staatszerfall beitragen und somit ein Sicherheitsrisiko darstellen. Dies gilt sowohl in Hinblick auf die interne Stabilität eines Landes, da die Regierung an Legitimität verliert, als auch für das internationale System, indem es der international organisierten Kriminalität Unterschlupf oder gar eine staatliche Plattform bietet. Sowohl die negativen wirtschaftlichen als auch politischen Konsequenzen der Korruption sind evident. Warum waren dann erst in den 90er Jahren des 20. Jahrhunderts die Bemühungen von internationalen Organisationen und Einzelstaaten, das Problem durch globale Anti-Korruptionsmaßnahmen zu bekämpfen, erfolgreich?

In diesem Aufsatz soll gezeigt werden, wie Korruption zum Gegenstand der internationalen Beziehungen wurde. Wann wurde es von wem wo und mit welchem Erfolg auf die Tagesordnung gesetzt? Welche Prozesse der Normbildung und Normdurchsetzung waren zu beobachten und wodurch wurden sie begünstigt? Wer waren dabei die Hauptakteure und welche konkreten Politiken verfolgten sie? Anschließend soll ein Überblick über die bestehenden Anti-Korruptionsregime wichtiger internationaler Organisationen wie OECD, Weltbank, IWF und UN anhand ihrer Funktionslogiken gegeben werden.[1] Dabei wird auch die Definition von Korruption, die sich in der internationalen Politik durchgesetzt hat, problematisiert und als zentral für die aus ihr abgeleiteten Maßnahmen begriffen. Aus politikwissenschaftlicher Sicht wird die Definition von Joseph S. Nye als Ausgangspunkt zugrunde gelegt:

---

* Für hilfreiche Kommentare und konstruktive Kritik danke ich besonders Ulrich von Alemann, Nathalie Behnke, Lars Berger, André Hertel, Markus Kaim, Mareike Kleine, Manfred Möhrenschlager, Mark Philp, Kai Riewe, Ingeborg Tömmel und Tatjana Noëmi Tömmel.
1 Nach der klassischen Definition von Krasner sind internationale Regime „sets of implicit or explicit principles, norms, rules, and decision-making procedures around which actors' expectations converge in a given area of international relations" (Krasner 1982: 186). Diese Definition wird hier um Rittbergers Forderung ergänzt, dass nur solche Regelwerke als Regime bezeichnet werden sollen, die ein gewisses Maß an beobachtbarer Verhaltensorientierung bewirken (1993: 9–10).

„Corruption is behavior which deviates from the formal duties of a public role because of private-regarding (personal, close family, private clique) pecuniary or status gains; or violates rules against the exercise of certain types of private-regarding influence" (Nye 1967: 284).

Der Aufsatz bietet drei Interpretationshypothesen des sich formierenden Politikfeldes aus drei Sichtweisen auf die internationalen Beziehungen, nämlich aus einer Werte-, einer Ordnungs- und einer Machtperspektive. Abschließend wird auf andere Politikfelder verwiesen, in denen ähnliche Normbildungsprozesse stattgefunden haben und die aufgrund ihrer Akteurskonstellationen Analogien mit der Anti-Korruptionspolitik aufweisen.

1. Strukturdynamik des internationalen Systems

Mittels eines historischen Drei-Phasen-Vergleichs sollen die Bedingungen, unter denen eine erfolgreiche internationale Anti-Korruptionspolitik betrieben werden kann, beschrieben werden. Als erfolgreich wird hier nicht die Effektivität der Politikinstrumente verstanden, dafür liegen bisher zu wenige Erfahrungswerte vor, sondern das Zustandekommen internationaler Kooperation in diesem neuen Politikfeld. Ausgehend von der Annahme, dass intensive globale Wirtschaftsverflechtungen ausschlaggebend sind, um Handlungsbedarf zu erzeugen, stellen sich die folgenden Fragen: Warum wurden ausgerechnet in den 70er Jahren des 20. Jahrhunderts die ersten vergeblichen Versuche unternommen, Bestechung im grenzüberschreitenden Geschäftsverkehr international zu sanktionieren und weshalb wurde während der ersten Globalisierungsphase, also des halben Jahrhunderts vor dem ersten Weltkrieg, das Problem nicht thematisiert? Warum und wie sich dann die neue Anti-Korruptionsnorm in den 90er Jahren durchsetzten konnte, soll im letzten Abschnitt dieses Kapitels beschrieben werden.

1.1 Phase der ersten Globalisierung 1870 – 1914 ohne Normbildung

Während der ersten wirtschaftlichen Globalisierung in der zweiten Hälfte des 19. Jahrhunderts bis 1914, die in Tiefe und Breite der globalen Wirtschaftsverflechtung mit der zweiten Globalisierung seit den 90er Jahren des 20. Jahrhunderts vergleichbar ist[2], gab es keinerlei Bestrebungen, einheimische Unternehmer[3] zu bestrafen, wenn sie im Ausland Amtsträger bestachen, um Aufträge zu erlangen. Dies ist insofern überraschend, als das Hauptargument aus heutiger Sicht für eine globale Anti-Korruptionspolitik die Globalisierung selbst ist und wir durchaus internationale Standards während jener ersten Phase der weltwirtschaftlichen Integration und des relativen Freihandels

---

2 Das System der wirtschaftlichen Verflechtungen und die aus ihr resultierende politische Interdependenz im 19. Jahrhundert analysierte Karl Polanyi (1944) als erster in seiner ganzen Komplexität. Siehe auch Bairoch (1996: 179) und Heidenheimer/Moroff (2001: 946).
3 Auf dem europäischen Kontinent gab es noch keine Rechtsprechung, die eine Bestrafung von Unternehmen erlaubte, wie dies seit 1840 in England und später auch in den USA grundsätzlich möglich war. Deshalb kann man hier nur von der natürlichen Person des Unternehmers, nicht aber von der juristischen des Unternehmens, sprechen.

vorfinden, wie zum Beispiel den Goldstandard und das Kreditwesen. Wie ist das zu erklären? Ein Contrafaktum zu begründen, also warum etwas nicht passiert ist, obwohl die vermeintliche Hauptbedingung erfüllt war, nämlich „Globalisierung", ist immer schwierig und teilweise spekulativ. Auch ist diese Phase nicht minder komplex interdependent als es für die zweite Hälfte es 20. Jahrhunderts angenommen wird (Keohane/ Nye 2001). Aus konstruktivistischer Sicht könnte angemerkt werden, dass im Zeitalter des Imperialismus merkantilistische Denkmuster und Ideen das Handeln der Staatseliten leiteten. In diesem Gedankengebäude war die Korruptionsanfälligkeit und damit die Schwäche der Verwaltung[4] eines anderen Staates die eigene Stärke, ganz gemäß der Vorstellung des internationalen Handelssystems als Nullsummenspiel, indem der Exporterfolg eines Landes der Misserfolg eines anderen war und sich das importierende Land mit seinem Handelbilanzdefizit in eine souveränitätsbeschneidende Abhängigkeit gegenüber den Ländern mit Handelsbilanzüberschüssen begab. Handel wurde eher als Wettstreit der Nationen, denn als sinnvolle Arbeitsteilung, die das globale Gemeinwohl erhöht, begriffen.

Diese Vorstellungswelt war sicherlich ein Grund dafür, dass sich kein Staat veranlasst sah, Bestechungsdelikte der eigenen Bürger und Unternehmen im Ausland unter Strafe zu stellen. Die Idee universeller Gültigkeit von Rechtsprinzipien wie z.B. die der Menschenrechte hatte sich noch nicht durchgesetzt. Wohl aber gab es zum Ende dieser Phase der ersten Globalisierung Bestrebungen, die marktbeherrschende Stellung von Monopolgesellschaften zu beschneiden und gleiche Chancen für Mitkonkurrenten, also ein „level playing field", zu schaffen. Diese Überlegungen nationaler Wettbewerbspolitik, die sich am stärksten in der amerikanischen Progressiven Periode nach 1900 und ihrer Anti-Trust-Politiken niederschlug (Hofstadter 1948: 230–235), sollten während der zweiten Globalisierung ab den 90er Jahren international wieder stärker in den Vordergrund treten.[5]

Über diese ideenbezogenen Faktoren hinaus können weitere „realweltliche" Gründe dafür angeführt werden, weshalb das Problem der grenzüberschreitenden Korruption generell nicht als solches wahrgenommen wurde. Zunächst ist hier die deutlich geringere Staatsaktivität zu nennen, und zwar sowohl was die Staatsquote, also den Anteil des Staatskonsums und der Staatsinvestitionen an der gesamten Volkswirtschaft, als auch was die Regelungsdichte für jedwede wirtschaftliche Aktivität betrifft. Beides, eine hohe Staatsquote und Regelungsdichte, bieten Anreizstrukturen dafür, dass Amtsinhaber bestochen werden, um Aufträge zu vergeben oder Vorschriften, deren Befolgung für Unternehmen kostenintensiv sind, nicht durchzusetzen.

---

4 Der staatstragende Aspekt der Korruptionsbekämpfung stand gegenüber Wettbewerbsüberlegungen immer im Vordergrund. So wurde die aktive Bestechung vielfach milder und in einem geringeren Umfang bestraft als die passive. Die ordentliche Funktionsfähigkeit staatlicher Institutionen sollte in erster Linie durch einen entsprechend sanktionierten Loyalitätsethos der Funktionsträger erreicht werden. Nach dieser Logik reichte die Verfolgung nationaler Amtsträger aus, um auch die Bestechung durch Ausländer zu unterbinden.

5 Siehe die Anti-Dumping-Verfahren innerhalb der WTO oder die zentrale Bedeutung von Fragen unzulässiger Staatsbeihilfen in der EU. Die wechselseitige Anerkennung zahlreicher wettbewerbsbehördlicher Entscheidungen der USA und der EU sind ein weiteres Zeichen für konvergierende Vorstellungen von fairem Wettbewerb in und zwischen interdependenten Marktwirtschaften.

Im internationalen Bereich dominierten damals wie heute privatwirtschaftliche Akteure die Weltwirtschaft. Sie dominierten allerdings auch die politischen Systeme vieler schwacher Staaten wie etwa die United Fruit Company die „Bananenrepubliken" Mittel- und Südamerikas oder die britische und niederländische Ostindienkompanie die Staaten in Südostasien. Die eigenen Wirtschaftssubjekte wurden von den Imperialmächten als dominierende und korrumpierende Akteure in anderen Ländern nicht nur geduldet, sondern in diesen Bestrebungen auch unterstützt. Sie waren somit integraler Bestandteil des imperialen Systems. Was allerdings den Handel unter den Industrie- und Imperialmächten selbst betrifft, so wäre es undenkbar gewesen, dass ein Land seine Unternehmen dafür bestraft, dass es in einem anderen Land Amtsträger bestochen hat. Dies wäre schon an der mangelnden Kooperation nationaler Justizbehörden gescheitert, sowie an dem heute noch genauso geltenden Problem grenzüberschreitender Ermittlungen. Eine generelle Verrechtlichung der internationalen Beziehungen ist also Grundvoraussetzung für eine Internationalisierung von Anti-Korruptionsmaßnahmen. Dies setzt auch effektive internationale Organisationen voraus, die ein Anti-Korruptionsregime hätten vermitteln und überwachen können – also eine institutionalisierte und permanente internationale Verhandlungsinfrastruktur, die erst nach dem Ende des ersten Weltkrieges aufgebaut wurde.

Ein weiterer und wahrscheinlich ausschlaggebender Grund dafür, weshalb die erste Globalisierungswelle keine Anti-Korruptionsnorm hervorgebracht hat, liegt in der engen Verflechtung von Wirtschaft und Politik in den Regierungssystemen jener Zeit. Gemeint ist hier nicht nur die informelle Verflechtung, die sich im Rahmen von Parteienfinanzierung und persönlicher Netzwerkbildung, aber auch in Form von Adels-, Kasten-, Eliten- und Cliquenherrschaft manifestierte, sondern vielmehr die Vorstellung, dass jene, die den Staat mit ihren Steuern finanzierten, auch mehr über ihn bestimmen sollten als jene, die nichts oder wenig zur Staatsfinanzierung beitrugen. Als Beispiele können das Drei-Klassen-Wahlrecht, das in Preußen bis 1918 in Kraft war (Boldt 1990: 109 und 176), sowie die in republikanischer Tradition stehende Forderung des „no taxation without representation" angeführt werden. Letztere ist zwar nicht exklusiv zu verstehen, aber sie war doch eine Hauptforderung der amerikanischen Kolonien Englands, die eine angemessene Vertretung im Unterhaus verlangten, da sie ja auch Steuern an die Krone abführten. Diese Forderung und ihre Nichterfüllung war somit eine treibende legitimatorische Kraft im Unabhängigkeitskampf der USA. Beide Vorstellungen legitimieren mithin einen Nexus von Geld und Politik, der erst im Laufe des 20. Jahrhunderts vollständig aufgelöst wurde, als die Gewichtung der Stimmen in der Politik von einer partiell materiellen auf eine rein personale Basis gestellt wurde, im Sinne des „one man, one vote" (Moroff 2004: 95).

Für ein besseres Verständnis des Anti-Korruptionsdiskurses der 90er Jahre des letzten Jahrhunderts, der den Hauptgrund für internationale Maßnahmen in der Globalisierung sieht, wäre es wichtig zu klären, weshalb es während der Globalisierung in der Zeit vor 1914 keinen solchen Diskurs gab, obwohl die theoretischen Einsichten zu den negativen Folgen der Korruption schon damals durchaus vorhanden waren. Sechs Hauptgründe für eine Nicht-Problematisierung wurden hier aufgezeigt: Dominanz merkantilistischer Denkmuster, relativ geringe wirtschaftliche Staatsaktivität, korrumpierende privatwirtschaftliche Akteure als Bestandteil der imperialen Kolonialsysteme, mangelnde internationale Kooperation der Justiz und fehlende internationale Organisationen sowie ein legitimer Nexus von Geld und Politik durch Verbindung von Steuern mit politischem Einfluss. Die hier gemachten Ausführungen können nur einen Plausibilitätshorizont aufreißen, dessen Validität durch weitere empirische Forschung zu belegen wäre. Welche Umstände haben sich verändert oder sind in den 1970er und 1990er Jahren hinzugekommen, um eine Anti-Korruptionsnorm international herausbilden und durchsetzen zu können?

1.2 Phase der Normbildung ab 1970

Anlass für die Herausbildung einer internationalen Anti-Korruptionsnorm war der politische Ethikdiskurs in den USA nach dem Watergate Skandal und der anschließenden Untersuchung von Geschäftspraktiken amerikanischer Unternehmen im Ausland durch die Börsenaufsicht der USA, der *Security and Exchange Commission* (SEC), im Jahr 1976. Im Verlauf dieser Untersuchung stellte sich heraus, dass mehr als 600 US-Firmen im Ausland aktiv bestochen hatten, um Aufträge zu erlangen. Die größte Medienwirkung entfaltete dabei der Lockheedskandal (Rosenthal 1989: 704). Das Rüstungsunternehmen Lockheed hatte zahlreiche westliche Regierungen bestochen, um Großaufträge zu erlangen. Hochrangige Politiker in Japan, Italien, Belgien, Australien, den Niederlanden und der Bundesrepublik Deutschland waren involviert und mussten teilweise zurücktreten, wie etwa der japanische Premier Kakuei Tanaka.[6] Der Imageverlust der USA als politische Führungsmacht des Westens war enorm. Es handelte sich hier um einen eklatanten Fall von „grand corruption" – also um systematische Korruption auf höchster politischer Ebene von großer politischer Symbolwirkung. Um die Reputation der USA wieder herzustellen, bedurfte es also einer ebenso symbolträchtigen Gegenmaßnahme.

Der *Foreign Corrupt Practices Act* (FCPA) sollte die politische und moralische Glaubwürdigkeit der USA wieder herstellen. Das neue Gesetz stellte das Bestechen ausländischer Amtsträger durch US-Firmen unter Strafe und wurde im Kongress einstimmig angenommen (Rosenthal 1989: 705). Da nun aber amerikanische Firmen gegenüber ihren ausländischen Konkurrenten einen Wettbewerbsnachteil zu erleiden drohten, veranlassten sie die US-Regierung, sich dafür einzusetzen, dass andere Länder und internationale Organisationen ihrem Beispiel folgten. Die Bemühungen, den FCPA zu internationalisieren und andere große Exportnationen zu überzeugen, ähnliche Gesetze zu verabschieden, scheiterten allerdings.[7]

---

[6] Der japanische Premierminister wurde sogar zu vier Jahren Freiheitsstrafe verurteilt, allerdings wurde das Urteil nicht rechtskräftig, da Tanaka vor der Entscheidung durch das höchste Gericht starb.

[7] In der Bundesrepublik Deutschland ist schon 1957 im vierten Strafrechtsänderungsgesetz zum Schutz der Vertragsstaaten des Nordatlantikpaktes eine Regelung eingeführt worden, die ausschließlich die aktive Bestechung von Soldaten, Beamten und sonstigen Bediensteten der Nato-Truppen in der BRD unter Strafe stellte, also für ausländische „Amtsträger" in der Bundesrepublik galt. Desgleichen gab es bilaterale Verträge, nach denen im Grenz- bzw. Zollbereich die Bestechungen von Amtsträgern benachbarter Staaten erfasst werden konnte.

Obwohl in der Situation des nuklearen Patts zwischen den beiden Supermächten Anfang der 1970er Jahre der internationale Sicherheitsdiskurs stark erweitert wurde, die vier Ps (pollution, population, poverty, proliferation) auch von „Realisten" wie Henry Kissinger als relevante Themen internationaler Politik angesehen wurden und die Menschenrechts- und Umweltbewegungen stark an Bedeutung zunahmen (Moroff 2002: 24), gab es keinen weitreichenden Konsens in der Frage der internationalen Korruptionsbekämpfung. In den Vereinten Nationen wurde zwar eine Arbeitsgruppe eingerichtet, doch war die Angst davor, dass Korruption als ein Scheinargument und Vorwand für die Einmischung in innere Angelegenheiten und als ein neues Politikfeld für die Stellvertreterkonflikte des Kalten Krieges dienen könnte, zu groß, als dass sich andere Staaten dafür eingesetzt hätten. So war es vor allem die Uneinigkeit mit der Dritten Welt über die Reichweite einer solchen Konvention, die sie zu Fall gebracht hat.[8] Mit der Wiederaufnahme des Wettrüstens unter Präsident Reagan verengte sich der globale Sicherheitsdiskurs zudem zunehmend auf militärische Aspekte des Mächtegleichgewichts. Andere Probleme internationaler Politik wurden wieder verdrängt. Erst Anfang der 90er Jahre verloren mit dem Zusammenbruch der Sowjetunion die großen militärischen Fragen erneut an Bedeutung (Moroff 2002: 27).

Ein weiterer Grund für die ablehnende Haltung der internationalen Staatengemeinschaft gegenüber dem Versuch, Anti-Korruptionsnormen zu etablieren, lag in der in dieser Frage gespaltenen *epistemic community*.[9] Ein nicht unbedeutender Teil von Wissenschaftlern glaubte an die Funktionalität von Korruption in überregulierten autoritären Systemen und Planwirtschaften. Korruption wurde so auch als Schmiermittel verstanden, welches das Funktionieren der Wirtschaft in verkrusteten traditionellen Gesellschaften erleichtert und ihre Modernisierung beschleunigt (Huntington 1968) bzw. als Partizipationsmittel für vom politischen Prozess ausgeschlossene, aber wohlhabende gesellschaftliche Gruppen, wie etwa die chinesische Minderheit in Indonesien.[10]

Fünf Umstände prägten also die Phase der partiellen Normbildung: Skandalisierung am Beispiel Lockheeds, Gegenmaßnahme durch den FCPA, ein erweiterter internationaler Sicherheitsdiskurs auf der einen Seite, Souveränitätsschutz und Ablehnung der Einmischung in innere Angelegenheiten sowie eine gespaltene „epistemic community" auf der anderen Seite.

1.3 Phase der Normdurchsetzung ab 1990

Nachdem die Regierung Carter in den 70er Jahren vergeblich versucht hatte, den FCPA zu internationalisieren, ruhte das Thema während der folgenden zwölf Jahre unter den republikanischen Präsidenten Reagan und Bush. Dies lag einerseits an der sich

---

8 Korrespondenz mit Manfred Möhrenschlager, der für das Bundesministerium der Justiz an den Beratungen teilnahm.
9 Epistemic communities sind „Denkgruppen" in gleicher Zeit, die für das Handeln führender Akteure entscheidend sind. Sie sind von epochendominierenden Paradigmen im Sinne Kuhns zu unterscheiden (Haas 1992).
10 Zum großen Spektrum des Fragenkomplexes der Funktionalität und Dysfunktionalität von Korruption siehe Heidenheimer/Johnston (2001: 195–375).

wieder anspannenden internationalen Sicherheitslage und andererseits daran, dass die amerikanische Industrie ihren vermeintlichen Wettbewerbsnachteil nun eher durch eine Abschwächung des FCPA als durch seine Internationalisierung ausgeglichen sehen wollte. Die Arbeitsteilung zwischen Demokraten und Republikanern schien zu funktionieren. Die Ersteren traten für eine Verrechtlichung der internationalen Beziehungen auch im Bereich der Korruption ein, die Letzteren, die der amerikanischen Industrie näher stehen, für eine Abmilderung des FCPA. So konnte man den FCPA erst entschärfen (Sheffet 1995) und das Thema dann durch eine neue Demokratische Regierung unter Bill Clinton mit hoher Glaubwürdigkeit wieder auf die internationale Agenda setzen.

Einerseits wurde mit dem Ende des Ost-West-Konflikts der Sicherheitsbegriff in den internationalen Beziehungen wieder weiter gefasst, andererseits hat die doppelte Transformation der vormals kommunistischen Länder hin sowohl zur liberalen Demokratie als auch zur Marktwirtschaft dem internationalen System neue Impulse gegeben und seine Struktur von einem bipolaren zu einem unipolar-multipolaren Gefüge verändert. Der erweiterte Sicherheitsbegriff schloss nun wieder viele Themen zur „human security" der 1970er Jahre ein und ergänzte sie um Konzepte wie „good governance", Rechtsstaatlichkeit und den damit verbundenen Kampf gegen die Korruption. Dies geschah nicht nur um den Welthandel zu befördern, sondern auch um zu vermeiden, dass sich schwache oder „failed states" zu Zentren der internationalen Kriminalität sowie zu Flüchtlings- und Kriegsherden entwickeln.

Ein weiterer Wandel vollzog sich in den 1990er Jahren innerhalb der „epistemic community". Aus der nun dominanten funktionalistischen Perspektive ist Korruption ein großes Wachstumshemmnis für die Entwicklungsländer. Auch ist Korruption modelltheoretisch gänzlich ineffizient in den sich weltweit durchsetzenden Systemen der freien Marktwirtschaft und Demokratie, zumal diese mit einer allgemeinen Tendenz zur Deregulierung und Liberalisierung verbunden sind. Diese Sichtweise wurde nicht zuletzt von vielen internationalen Plattformorganisationen[11] wie OECD, Weltbank, IWF, Europarat, und UNO durch ihre Forschungsabteilungen oder -programme sowie durch ihre zahlreichen Konferenzaktivitäten, Deklarationen und extensive Öffentlichkeitsarbeit verbreitet. Dabei spielten NGOs wie Transparency International, die 1993 von Peter Eigen, einem ehemaligen Weltbankdirektor für Afrika, gegründet wurde, eine wichtige Rolle. Sie repräsentierten die zivilgesellschaftliche Seite und waren ein wichtiger Koalitionspartner der USA im Bemühen um Meinungshoheit mittels öffentlichkeitswirksamer Diplomatie („public diplomacy") und normverfechtender Wissenschaft („advocacy scholarship").

Der vermutlich stärkste Anlass für das wieder erstarkte Engagement der USA bei der Internationalisierung ihres eigenen Anti-Korruptionsregimes scheint eine Mischung aus drei Faktoren gewesen zu sein: Erstens wuchs die Bedeutung ausländischer Direktinvestitionen in den Entwicklungsländern stark und übertraf Anfang der 90er Jahre erstmals das Finanzvolumen staatlicher Entwicklungshilfe (Elliott 1997: 204). Entwicklungshilfe war während des Ost-West-Konflikts auch Teil des Systemwettbewerbs, was deren relative Rückläufigkeit nach dem Ende des Kalten Krieges erklärt. Zweitens gal-

---

11 Zum Begriff der Plattformorganisationen siehe Finnemore/Sikkink (1998: 899 ff.)

ten sowohl die Transformationsländer inklusive China, das wenn auch keine politische, so doch eine wirtschaftliche Transformation durchlief, als auch viele Entwicklungs- und Schwellenländer als Märkte mit besonders hohen Wachstumschancen und wurden als „big emerging markets" bezeichnet (U.S. Department of Commerce 1995). In den meisten dieser Länder war und ist Korruption ein weit verbreitetes Phänomen und stellt auch für ausländische Investoren eine Hürde da, zumal wenn ihnen ihr Heimatstaat – wie z.B. die USA – das Bestechen von Amtsträgern im Ausland strafrechtlich untersagt. Drittens waren und sind darüber hinaus die größten Investitionen im Infrastrukturbereich dieser Länder zu erwarten, also dort, wo der Staat oder seine Agenturen den Großteil der Aufträge selbst vergeben. Diese so genannten „big emerging sectors" waren von hoher Regelungsdichte und Staatsaktivität geprägt und boten daher viele Möglichkeiten der informellen Einflussnahme. Sowohl die „big emerging markets" als auch die in ihnen am meisten Profit für ausländische Investoren versprechenden „big emerging sectors" sind also besonders anfällig für Korruption.

In einem Bericht des US-Handelsbeauftragten wurde der Regierung daher empfohlen, die Chancengleichheit im Wettbewerb mit ausländischen Konkurrenten auf diesen Wachstumsmärkten und Sektoren zu verbessern, indem erneut versucht werden sollte, das Bestechungsverbot zu internationalisieren und so ein „level playing field", also gleiche Bedingungen für alle international aktiven Firmen herzustellen. Den Auftakt für dieses Vorhaben bildete ein Bericht aus dem Jahr 1995, der unter Rückgriff auf Materialien des CIA verfasst und dem US-Senat vorgelegt wurde (Elliott 2001: 935). In ihm hieß es, dass der US-Wirtschaft jährlich Aufträge in Höhe von 50 Milliarden US-Dollar entgingen, weil Konkurrenten aus anderen Industrieländern die ausländischen Entscheidungsträger bestochen hätten. Mit diesem Bericht untermauerte der Geheimdienst die Klagen der US-Wirtschaft und des Handelsministeriums über unlautere Wettbewerbspraktiken ausländischer Konkurrenz und eröffnete zugleich ein neues Betätigungsfeld für sich selbst.[12]

Es ist wahrscheinlich, dass es sich hier, ebenso wie bei der durch die Dienste mitforcierten Ausdehnung des Sicherheitsbegriffs in den 1990er Jahren, um die Reaktion von Einrichtungen handelte, denen ihr vormaliges Aufgabengebiet, nämlich die Feindaufklärung im Kalten Krieg, größtenteils abhanden gekommen war. Gemäß dem Mülleimermodell (Seibel 1992: 135) haben sich auch hier Lösungen ihre Probleme gesucht und die Dienste neue Aufgabenfelder für ihr Problemlösungsinstrumentarium. Wie der ehemalige und langjährige CIA-Chef, James Woolsey (2000: 10), freimütig in einem Zeitungsartikel bekannte, haben die US-Dienste mittels des Echelon-Überwachungssystems ihre „Verbündeten und Freunde ausspioniert", weil ihre Unternehmen unlauteren und korrupten Praktiken bei ihren Auslandsaktivitäten nachgingen.[13] So kann auch

---

12 Auch 1998 wurden während der Senatsanhörung zur Ratifizierung der OECD-Anti-Bestechungskonvention auf Erkenntnisse der Dienste zurückgegriffen (Heidenheimer/Moroff 2001: 959).
13 Da hier private Firmen Ziel amerikanischer Aufklärungsmaßnahmen waren, fällt es schwer, eine genaue Abgrenzung zur Wirtschaftsspionage zu ziehen. Dass Geheimdienstmaterial zur Begründung von Handlungsbedarf herangezogen wurde, könnte ein Indikator für zukünftige Überprüfungspraktiken der nun gültigen Anti-Korruptionskonventionen sein. Dabei steht außer Frage, welcher Staat die größten Aufklärungskapazitäten besitzt und welche Staaten – auch zu ihrer eigenen Sicherheit – von dieser amerikanischen Dienstleistung partiell abhängig sind.

die CIA als ein weiterer Normunternehmer in diesem Prozess charakterisiert werden, allerdings eher als ein interesse- denn als ein überzeugungsgeleiteter.

Zusammengenommen ergibt sich folgendes Bild: Anfang der 90er Jahre stiegen mit dem internationalen Geschäftsverkehr auch die ausländischen Direktinvestitionen weltweit stark an, sowohl unter den Industrieländern als auch zwischen diesen und den Entwicklungs- und Transformationsländern. Letztere werden als neu entstehende und schnell wachsende Märkte betrachtet, in deren Infrastruktursektoren potenziell zahlreiche Großaufträge an ausländische Unternehmen, vorrangig aus den Industrieländern, zu vergeben sind. Die Gefahr, dass nicht-amerikanische Firmen bei der Vergabe dieser Aufträge Bestechungsgelder zahlen und so die amerikanische Konkurrenz schädigen, wurde durch einen CIA-Bericht eindrücklich dargestellt. In diese Phase fällt die Gründung einer internationalen Nicht-Regierungsorganisation, Transparency International, die sich des Themas der Korruptionsbekämpfung angenommen hat und vor allem auf die verheerenden Konsequenzen der Korruption für Entwicklungsländer aufmerksam macht. Auf europäischer Seite erhöhen Korruptionsskandale in Italien, Spanien, Frankreich und Deutschland die Medienaufmerksamkeit und verleihen dem Thema eine deutlich höhere Dauerpräsenz.[14] Dies kann sowohl auf die Verbreitung neuer Informationstechnologien wie dem Internet zurückgeführt werden als auch auf die sich im Zuge der Privatisierung verstärkende Fokussierung auf Skandalnachrichten sowie den damit verbundenen investigativen Journalismus. Die sich schnell durchsetzende Pressefreiheit in den Transformationsländern Osteuropas und eine politisch autonomere Justiz (z. B. in Italien, Frankreich und Spanien) haben ebenfalls zur dauerhaften europaweiten Skandalisierung von Korruptionsfällen beigetragen.

Zugleich erfordern die stärkere Finanzmarktintegration in der EU, der Wegfall der Grenzkontrollen in den Schengen-Staaten und Veruntreuungsfälle gegen den EU-Haushalt grenzüberschreitende Maßnahmen gegen Geldwäsche, Kriminalität und – darin eingeschlossen – auch Korruption. Im Zuge der EU-Osterweiterung wird das ursprüngliche Liberalisierungs- und Privatisierungsprimat zunehmend von dem der Rechtsstaatlichkeit in den Hintergrund gedrängt (Moroff 2005) und Fragen guter Regierungsführung sowie der Korruptionsbekämpfung werden Teil der „weichen Sicherheitspolitik" der EU gegenüber ihren östlichen Beitrittskandidaten und Nachbarn (Moroff 2002). So verfolgen sowohl die USA als auch die EU und die Mehrzahl ihrer Mitgliedstaaten ab Mitte der 90er Jahre das gleiche Ziel der Korruptionsbekämpfung, allerdings aus unterschiedlichen Interessen und Motiven sowie mit anderen Schwerpunkten.

Normbildend und normverstärkend wirken alle beteiligten Akteure vor allem durch Ächtung und kontinuierliche Thematisierung der Korruption. In der öffentlichen Debatte wird so mit den Mitteln des „agenda setting" und des „awareness building" das Problembewusstsein geschärft. Die USA können als treibender hegemonialer Akteur bei der Internationalisierung von Anti-Korruptionsregimen charakterisiert werden. Die Motivlagen hierfür sind allerdings nicht immer eindeutig zu bestimmen. Trotz des hohen moralischen Sendungsbewusstseins der US-Regierungen wäre es naiv, ihrer „Präambelrhetorik" – in der es üblicherweise heißt „to make the world a better place for de-

---

14 Diese starke mediale Präsenz ist auch weltweit zu verzeichnen (Moroff/Blechinger 2001: 899–902).

mocracy, human rights, and development" – unhinterfragt zu glauben. Allerdings können sich vor allem nationalstaatliche Akteure in solch einer von ihnen mitgetragenen und propagierten Rhetorik verfangen und zum Handeln gezwungen werden.[15] Auch die OECD-Konvention umhüllt sich mit solcher Rhetorik und will durch Bestrafung korrupter Praktiken internationaler Unternehmen den Entwicklungsländern bei ihrer Korruptionsbekämpfung helfen und so eine indirekte Entwicklungshilfepolitik durch internationale Ordnungs- und Strafrechtspolitik betreiben. Doch gerade die Entwicklungsländer tun sich schwer damit, der OECD-Konvention beizutreten. Sie haben im Gegenteil zur selben Zeit, als die OECD-Konvention unterzeichnet wurde, ein noch weiter reichendes Vorhaben der OECD, das generelle Investitionsregeln für international agierende Unternehmen festschreiben wollte (Multinational Agreement on Investment – MAI), abgelehnt und damit zu Fall gebracht.[16]

2. Hauptakteure und ihre Instrumente

Anfang der 90er Jahre sind beiderseits des Atlantiks unabhängig voneinander die ersten Versuche unternommen worden, regionale Anti-Korruptionsregime einzurichten. Auf europäischer Seite spielten dabei zwei Faktoren eine entscheidende Rolle. Zum einen erforderte die Vollendung des gemeinsamen EU-Binnenmarktes, der immer mehr Kapitalfreiheit und grenzüberschreitende Investitionen mit sich brachte, Regelungen zur Geldwäsche (EU Council Directive 1991) und zum Schutz der wirtschaftlichen Interessen der EU vor Betrug und Korruption (EU Council Regulation 1995) sowie zur Kriminalisierung grenzüberschreitender aktiver und passiver Bestechung innerhalb der EU (EU Convention 1997). Zum anderen wurde die Förderung von Anti-Korruptionsprogrammen Teil der EU-Hilfspolitik für die Transformationsländer Osteuropas (Frisch 1999). Gerade in den Fortschrittsberichten der EU-Kommission zum Stand der Beitrittsreife der Kandidatenländer wurde der Korruption große Aufmerksamkeit geschenkt und die Implementation von nationalen Anti-Korruptionsmaßnahmen eingefordert.[17] Die Anti-Korruptions- und Geldwäschepolitik für ganz Europa wurde maßgeblich vom Europarat mit seinem Aktionsprogramm von 1996 sowie den Zivil- und Strafrechtskonventionen von 1999 geprägt.[18]

Jenseits des Atlantiks versuchten die USA in ihrer primären Einflusszone, der westlichen Hemisphäre, einen Präzedenzfall für die Internationalisierung des FCPA zu schaffen. Als Plattforminstitution diente hierfür die Organisation Amerikanischer Staa-

---

15 Schimmelfennig zeigt anhand der EU-Osterweiterung anschaulich auf, wie rhetorisches Handeln zu realem Handeln zwingen kann: „To provide the missing link between egoistic preferences and a norm-conforming outcome, I introduce ‚rhetorical action', the strategic use of norm-based arguments" (2001: 76).
16 Interviews mit Verhandlungsteilnehmern in Paris 1998. Siehe auch The Economist (1998).
17 Als für alle Fortschrittsberichte beispielhaft kann hier der Kommissionsbericht zu Lettland (EU-Kommission 2003: 17ff.) angeführt werden, siehe auch Dobryninas (2002: 98).
18 Sicherlich sind diese Maßnahmen auch unter dem Eindruck des *mani pulite* Skandals in Italien, der eine ganze politische Parteienlandschaft veränderte, ergriffen worden und haben so in Europa sowohl die Aufmerksamkeit für das Thema geweckt als auch die vormals tendenziell ablehnende Haltung gegenüber internationalen Anti-Korruptionsmaßnahmen verändert.

ten (OAS), die 1996 die erste internationale Anti-Korruptionskonvention verabschiedete. Zeitgleich setzte die Clinton-Administration das Thema auf die aktive Tagesordnung der OECD, denn es ging ja vor allem darum, andere Industrieländer, die als Konkurrenten und Geber von Bestechungsgeldern auftraten, in ein globales Anti-Korruptionsregime einzubinden. Hierbei wurde sowohl die sich verändernde Einstellung der Europäer unter dem Eindruck größerer Korruptionsskandale Mitte der 90er Jahre genutzt als auch die Kooperation mit Transparency International gesucht (Heidenheimer/Moroff 2001: 950).

Eine besonders medienwirksame Form der „public diplomacy" bot die Skandalisierung der Absetzbarkeit von Bestechungsgeldern. Sowohl in Deutschland als auch in Frankreich und anderen Staaten konnten Firmen Bestechungsgelder, die im Ausland gezahlt wurden, als Betriebsausgaben von der Steuer absetzen. Transparency International nutzte diese Gesetzeslage, um auf die eklatanten moralischen Widersprüche dieser Praxis aufmerksam zu machen, indem es Steuererklärungen bei deutschen Finanzämtern einreichte, in denen diese Ausgaben klar als Bestechungszahlungen ausgewiesen wurden. Der positive Steuerbescheid wurde sodann medienwirksam eingesetzt, um auf diesen unhaltbaren Zustand hinzuweisen und die öffentliche Meinung dahingehend zu beeinflussen, dass sich kein Politiker öffentlich gegen Vorhaben, wie das der OECD zum Verbot von Bestechung ausländischer Amtsträger, äußern würde. Diese Konstellation von Interessen, Akteuren und öffentlicher Meinung hat maßgeblich dazu beigetragen, dass die OECD-Konvention gegen Bestechung im internationalen Geschäftsverkehr 1999 in Kraft treten konnte.[19]

Auch andere internationale Organisationen haben in diesem Zeitraum eine aktive Anti-Korruptionspolitik entwickelt. Als erstes ist hier die Weltbank zu nennen, die trotz des Verbots der Einmischung in innere Angelegenheiten anderer Länder einschließlich ihrer Schuldner seit dem Amtsantritt James Wolfensohns ein indirektes Konditionalitätsregime eingeführt hat (Marquette 2004). Darüber hinaus setzten Organisationen wie die WTO, die UNO sowie Regionalorganisationen Maßnahmen zur Korruptionsbekämpfung auf ihre Agenda. In den folgenden Abschnitten sollen zunächst die Akteure im historischen Kontext der Normentstehung analysiert werden und im Anschluss die Instrumente übersichtsartig vorgestellt und anhand ihrer Funktionslogiken sowie ihrer Zielgruppen kategorisiert werden.

2.1 Chronologie konkreter Maßnahmen zur internationalen Korruptionsbekämpfung

Die Chronologie von internationalen Anti-Korruptionsbestrebungen in den 90er Jahren zeigt, dass es zunächst regionale Regierungsorganisationen waren, die eine Institutionalisierung von Anti-Korruptionsregimen forcierten. Zum einen sind hier der Europarat und die EU zu nennen, zum anderen die Organisation Amerikanischer Staaten. Während sich für die Europäer der Kampf gegen die Korruption als ein weiterer Schritt aus der Sachlogik sowohl der Marktintegration innerhalb der EU (EU Council

---

19 Zur Analyse des Verhandlungsprozesses und einzelner Vertragsbestimmungen siehe Heidenheimer/Moroff (2001) und Metcalfe (2000).

1995) als auch der Bekämpfung organisierter Kriminalität (EU Council 1991) indirekt ableiten ließ, stand die Korruptionsbekämpfung und Internationalisierung des FCPA von Anfang an im Vordergrund der OAS-Initiativen (Manfroni 1997). So befassten sich die relevanten Europaratsresolutionen und -konventionen zunächst mit Problemen der Geldwäsche und die Verordnungen der EU mit Fragen transparenter Auftragsvergabe im öffentlichen Sektor der Mitgliedstaaten sowie mit Betrugsdelikten, die den Gemeinschaftshaushalt betreffen. Erst im Zuge der Debatte um gute Regierungsführung und mangelnde Rechtsstaatlichkeit in den östlichen Transformationsländern, die sich in ihrer Mehrzahl um die Aufnahme in die EU bemühten, und vor dem Hintergrund massiver Korruptionsskandale in einigen EU-Ländern selbst, rückte der Aspekt der Korruptionsbekämpfung in den Vordergrund. Grenzüberschreitende Korruptionsbekämpfung resultierte für die EU-Mitgliedstaaten also erstens aus einem „spill-over"-Effekt der Marktintegration[20] und zweitens aus einem Echoeffekt, der von den Mitgliedern erwarten lässt, dass sie dieselben Standards erfüllen, die sie für die östlichen Kandidatenstaaten einfordern.[21]

Auch in internationalen Organisationen wie der OECD lag das ursprüngliche Aktionsfeld im Bereich der Geldwäschebekämpfung durch die Financial Action Task Force (FATF), die bereits 1989 eingerichtet wurde.[22] Dort waren es größtenteils dieselben Personen, die sich zuerst mit dem Problem der Geldwäsche und nachfolgend mit dem der Korruption befassten (Heidenheimer/Moroff 2001: 958). Allerdings wurden bereits 1994 durch eine Ministerempfehlung die Grundlagen für die Verhandlungen um ein Anti-Korruptionsregime gelegt.[23] Dieses trat dann mit der „Anti-Bestechungskonvention" 1999 in Kraft. Die Verbindung von Konventionen gegen Geldwäsche, Betrug, organisierte Kriminalität und Korruption verweist auf eine „Konventionsfamilie", deren „Mitglieder" sich gegenseitig stützen und auf einander beziehen.[24]

Die Vereinten Nationen verabschiedeten 1996 eine Erklärung gegen Korruption und Bestechung im internationalen Geschäftsverkehr[25] und beauftragten ECOSOC (Wirtschafts- und Sozialausschuss der UNO) mit der Ausarbeitung weiterer Vorschläge

---

20 Zum Begriff des spill-over aus funktionalistischer und integrationstheoretischer Sicht siehe Mitrany (1975) sowie Haas (1996).
21 Einen solche Rückwirkung beschreibt Eva Heidbreder (2004: 248 ff.) beispielsweise für Fragen des Minderheitenschutzes.
22 Zur Entstehungsprozess und Umsetzung der OECD-Konvention siehe Pieth et al. (2002: 351).
23 Die 1994er Empfehlungen sind dann 1997 weiter konkretisiert worden und mündeten letztlich in der OECD-Konvention (1997). Dieser Prozess ist beispielhaft dafür wie aus „soft law" (Empfehlungen) rechtsverbindliches „hard law" (Konventionen) werden kann. Anfänglich bemühten sich die US-amerikanischen Unterhändler ausschließlich um eine „soft law"-Lösung, die Europäer drängten allerdings auf eine rechtsverbindliche Konvention (Heidenheimer/Moroff 2001: 948).
24 Beziehungen zwischen sich neu formierenden Normen kommen auch in den internationalen Rechtsinstrumenten zum Ausdruck, in denen sie verregelt werden (Finnemore/Sikkink 1998: 908). Sie formieren sich so um einen gemeinsamen Normen-Cluster.
25 Diese Formulierung ist von der OECD in der Hoffnung übernommen worden, dass mehr Entwicklungsländer ihrer Konvention beitreten, um dem Argument des kulturellen Relativismus zu begegnen und zu demonstrieren, dass es sich nicht nur um eine Politik des „Westens" handelt (Heidenheimer/Moroff 2001: 954).

zur Eindämmung illegaler Zahlungen und internationaler Geldwäsche (McCoy/Heckel 2001: 82). Das Entwicklungsprogramm der UNO hat im selben Jahr eine „Aid Accountability" Initiative gestartet, die Transparenz- und Offenlegungsvorschriften für die Verwendung von Hilfsgeldern in den Entwicklungsländern forderte (UNDP 1996). Am 9. Dezember 2003 wurde dann die UN-Konvention gegen Korruption unterzeichnet und eben dieser Tag zum jährlichen Anti-Korruptionstag erklärt. Darüber hinaus wurde die Bekämpfung der Korruption als zehntes Prinzip in den „Global Compact" aufgenommen.

Auf der Seite der internationalen Finanzinstitutionen (IFIs) waren Weltbank und IWF durch gemeinsame Publikationen zu den negativen Auswirkungen von Korruption auf das Wirtschaftwachstum und die politische Stabilität vor allem in Entwicklungsländern zu Hauptakteuren der Normverbreitung geworden (McCoy/Heckel 2001: 78). Eine ihrer Studien von 1996 quantifizierte die Korrelation von Korruption und Wirtschaftswachstum dahingehend, dass eine Verbesserung um zwei Punkte auf der Zehn-Punkte-Skala des Korruptionswahrnehmungsindexes von Transparency International mit einem vierprozentigen Anstieg der Investitionen und einem jährlich um 0,5 Prozent höheren Wachstum des Bruttoinlandprodukts einhergingen (Mauro 1996). Zu dieser Zeit richtete die Weltbank ein „Anti Corruption Knowledge Center" ein und baute Kontakte zur UNO, zu NGOs, internationalen Unternehmerverbänden wie der Internationalen Handelskammer (International Chamber of Commerce – ICC) sowie zu regionalen Regierungsorganisationen auf, um sich in ihren Anti-Korruptionsbemühungen zu vernetzen. Der Weltbankpräsident James Wolfensohn eröffnete das jährliche Treffen von IWF und Weltbank 1996 mit der Aufforderung, sich dem Krebsgeschwür der Korruption zu widmen und richtete anschließend die „Corruption Action Plan Working Group" ein (Wesberry 1998: 501). Im darauf folgenden Jahr wurde ein Richtliniendokument entwickelt, in dem die künftige aktive Politik der Weltbank festgelegt wurde (World Bank 1997).

Gleichzeitig vollzog auch der IWF diese Wende von der Normgenerierung hin zur Normumsetzung durch aktive Korruptionsbekämpfung. So zirkulierte der damalige Direktor des IWF, Michel Camdessus, eine Mitteilung, in der er alle Mitgliedstaaten aufforderte, keinerlei Toleranz gegenüber Korruption zu zeigen. Im August 1997 schufen dann sowohl der Währungsfonds als auch die Weltbank einen Präzedenzfall, indem sie ihre Kreditvergabe an Kenia stoppten, weil es keine effektiven Anti-Korruptionsmaßnahmen ergriffen hatte. Dem folgten die Kreditsperrungen für Kambodscha, Nigeria, Sudan und Afghanistan aus denselben Gründen (McCoy/Heckel 2001: 83). Regionale Entwicklungsbanken haben daraufhin begonnen, Unternehmen, die als Auftragnehmer mit ihren Krediten bezahlt werden, erklären zu lassen, dass sie in den letzten fünf Jahren nicht wegen Bestechung verurteilt wurden und eigene interne Anti-Bestechungsregeln eingeführt haben.

Dieser letzte Punkt, der auf die Selbstregulierung von Unternehmen mittels eines Verhaltenscodexes abstellt, verweist auf die freiwilligen Selbststeuerungsmodi, die der ICC 1996 überarbeitet hat und durch die Einrichtung nationaler Komitees zu verbreiten sucht. Als die Weltunternehmerorganisation ist der ICC offiziell bestrebt, eine reibungslos funktionierende und effiziente Weltwirtschaft zu gestalten. Gleichwohl wendet er sich, wie auch viele nationale Unternehmerverbände, gegen die Einführung von schwarzen Listen, auf denen jene Unternehmen eingetragen werden, die der Korruption überführt wurden und deshalb für eine bestimmte Zeit von Aufträgen der öffentlichen Hand ausgeschlossen werden. Federführend bei den Anti-Korruptionsbemühungen des ICC waren vor allem große multinationale Unternehmen, die zum Teil selbst in erhebliche Korruptionsskandale verwickelt waren wie z.B. General Electric und Siemens (Heidenheimer/Moroff 2001: 952). Die Vermutung liegt daher nahe, dass ein gewisses Maß an Imagereparatur und -pflege mit diesem Engagement verbunden war. Dies gilt auch für die ostentative Mitgliedschaft bei und Unterstützung von TI durch große Unternehmen.[26] 1999 veröffentlichte der ICC einen Bericht zu „extortion and bribery", dessen Titel bereits die spezifische Unternehmersicht auf Korruptionsdelikte verdeutlicht, denn diese werden meist als Erpressungsversuche der Politiker und Beamten gegenüber ehrlichen Geschäftsleuten interpretiert.[27]

Als eine weitere wichtige internationale Organisation der Weltwirtschaft hat die WTO ihr Abkommen über Regeln der staatlichen Auftragsvergabe und des Beschaffungswesens dahingehend überarbeitet, dass nun auch Bestechung als unlautere Praktik aufgenommen wurde. Dieses Abkommen trat 1996 in Kraft. Allerdings ratifizierten es nur wenige Industriestaaten, so dass selbst in diesem marginalen Bereich der Korruptionsbekämpfung die OECD-Konvention deutlich mehr Länder umfasst (Arrowsmith 2003).

Ebenfalls als internationaler Akteur der Korruptionsbekämpfung hat sich die nationale Finanzaufsicht in den USA, die *Security and Exchange Commission* (SEC), etabliert. Da sie sowohl für die Einhaltung des FCPA als auch der Offenlegungs- und Transparenzpflichten aller Unternehmen, die auf dem amerikanischen Aktienmarkt gehandelt werden, zuständig ist, kann sie Korruptionsvorgänge ahnden, die weltweit von diesen Unternehmen begangen werden. So kam es dazu, dass eine italienische Aktiengesellschaft sanktioniert wurde, weil sie italienische Politiker und Beamte bestochen hatte (Deming 1998: 18). Der Anleger konnte ja nicht wissen, dass die gute Auftragslage des Unternehmens nicht auf dessen Wettbewerbsfähigkeit und der Güte seiner Produkte und Dienstleistungen beruhte, sondern auf illegalen Praktiken und Bestechungsvorgängen. Die Risikobewertung des Unternehmens war also verzerrt, da sich bei Entdeckung und Ahndung dieser illegalen Geschäftspraktiken Auftragslage und Gewinn beträchtlich verringert hätten.[28]

2.2 Instrumente, Regeln und Prinzipien

Eine grobe Einteilung wichtiger und international relevanter Akteure lässt sich anhand ihrer Regelwerke und Instrumente sowie ihrer Zielgruppen vornehmen. Internationale

---

26 Als ein Beispiel sei hier der langjährige Vorsitzende von TI Frankreich genannt, Michel Bon, der als France Telecom Chef wegen dubioser Geschäftspraktiken in die Schlagzeilen geriet.
27 Siehe zum Beispiel von Brauchitschs (2000) Bezeichnung der Bestechungsgelder in der Flickaffäre als „Schutzgeldzahlungen".
28 Die Position des SEC wurde weiter durch den Sarbanes-Oxley Act gestärkt, der als Reaktion auf den Kollaps von Enron und Worldcom die Transparenz- und Buchhaltungsvorschriften verschärfte. Für die internationalen Auswirkungen besonders für europäische Firmen siehe Heeren/Rieckers (2003).

Tabelle 1: Organisation, Instrumente und Zielgruppen der Korruptionsprävention

Organisationen	Instrumente / Logiken	Zielgruppe
Weltbank / IWF	– Konditionalität bei Kreditvergabe; Politikberatung	– primär Entwicklungs-, Schwellen und Transformationsländer (indirekt auch Unternehmen)
UNO	– rechtsunverbindliche Deklarationen und Konventionen (soft law)	– wie oben, mit besonderem Fokus auf „failed states"
OECD	– verbindliche Strafrechtskonvention (hard law); – Regulierung der Geberseite von Bestechungsgeldern; – Internationalisierung des FCPA; – erwirkt Einhaltung durch weiche Steuerungselemente: Berichtspflicht, monitoring, peer review, bench marking, best practices → policy learning, Politikberatung	– Unternehmen der Industrieländer, primär, aber nicht ausschließlich, OECD-Länder
Europarat	– ähnlich den OECD-Instrumenten plus Zivilrechtskonvention und einem höher entwickelten Überwachungssystem GRECO	– Europaratsmitglieder, bildet eine Klammer um Industrie- und Transformationsländer
SEC (Security and Exchange Commission)	– Logik des Anlegerschutzes, Instrument der Offenlegungs- und Bilanzvorschriften mit hartem Sanktionsregime	– Alle Unternehmen, deren Aktien in den USA gehandelt werden
Transparency International	– Mobilisierung nationaler und internationaler Öffentlichkeit; – Normbefolgung durch „blaming and shaming"; – advocacy scholarship, Politikberatung	– Korrupte Akteure, Staaten, Unternehmen, Internationale Organisationen
ICC (International Chamber of Commerce)	– freiwillige Selbstregulierung der Unternehmen durch Verhaltenskodizes	– International agierende Unternehmen

Korruptionsbekämpfung wird auf allen Ebenen staatlicher, zwischenstaatlicher und nichtstaatlicher Organisationen betrieben.[29] Die oben stehende Tabelle bietet eine Kurzübersicht und Kategorisierung dessen, was in diesem Kapitel im Einzelnen dargestellt werden soll.

Die Instrumente und Handlungslogiken der genannten Akteure beeinflussen ihre Wirkungsweisen und Effektivität nachhaltig. So können harte von weichen Instrumenten und starke von schwachen Umsetzungs- und Überwachungsregimen unterschieden

---

29 Also durch Internationale Finanzierungsinstitutionen (IFIs), Internationale Regierungsorganisationen (IRO), Internationale Nicht-Regierungsorganisationen (INRO) sowie durch Regionale Regierungsorganisationen (RRO).

werden. Auch die Zielgruppen der jeweiligen Akteure divergieren stark. Während einige global agieren, beziehen sich andere auf einen regionalen Rahmen. Wiederum andere haben primär die Unternehmen der Industrieländer als Geber von Bestechungsgeldern im Visier, andere richten ihr Augenmerk auf die Regierungspraxis in Entwicklungsländern.

Die oben aufgeführte Skizzierung von internationalen Anti-Korruptionsakteuren, die keineswegs vollständig ist, sondern exemplarisch den möglichen Aktionsrahmen aufspannen soll, lässt vier Abstufungen von Sanktionsmitteln zu, die in finanzielle, rechtliche, öffentlichkeitswirksame und freiwillig selbstverpflichtende unterteilt werden können. Diese Sanktionsmittel können auch innerhalb des Anti-Korruptionsregimes eines internationalen Akteurs kombiniert werden und abhängig vom Grad der Skandalisierung und der Medienmobilisierung öffentlichen Druck erzeugen. Im Folgenden werden diese Akteure und ihre Instrumente in der Reihenfolge, wie sie in der Tabelle aufgeführt sind, diskutiert.

Die Weltbank und der IWF haben ein klares Konditionalitätsregime, das die Sperrung von Krediten vorsieht, falls Empfängerländer keine hinreichenden Anti-Korruptionsmaßnahmen ergreifen. Darüber hinaus sind auch Unternehmen Teil der Zielgruppe, denn ihre Vorschriften zur Auftragsvergabe verlangen, dass Unternehmen während eines bestimmten Zeitraums vor Auftragsvergabe nicht wegen Korruption verurteilt wurden. Intern prüft und überwacht ihre Innenrevision Verdachtsfälle von korruptem Umgang mit und Veruntreuung von ihren Mitteln. Allerdings werden die Ergebnisse dieser Prüfungen nicht immer mit objektiven Maßstäben bewertet, sondern sind oft politisch motiviert.[30] Ein Beispiel für politisch gewollte Nicht-Verurteilung mögen die Ende der 90er Jahre durch Korruption des Jelzin-Clans veruntreuten Milliarden des IWF sein. Konkrete finanzielle Sanktionen folgten nicht. Dieser Fall unterstreicht ebenfalls, dass sich WB und IWF in ihrer Anti-Korruptionspolitik primär auf Entwicklungs- und Schwellenländer konzentrieren. Politisch gewichtige Transformationsländer wie Russland oder China bleiben tendenziell unbehelligt. Darüber hinaus wirken WB und IWF durch ihre Forschungsabteilungen, welche die negativen Konsequenzen der Korruption zu quantifizieren versuchen und Mittel zu ihrer Bekämpfung aufzeigen. Beides wird im Zuge der Politikberatung vor allem den Empfängerländern von Krediten vermittelt und empfohlen.

Wo IWF und Weltbank ihre finanziellen Sanktionen als ein Anreizsystem anlegen, das Staaten zur Verbesserung ihrer Regierungspraxis anhalten soll, da setzen die finanziellen Sanktionen der SEC auf Bestrafung und Abschreckung. Die Konsequenzen für Unternehmen, die Aufträge mittels Korruption erhalten, sind beträchtlich, da sie sowohl gegen den FCPA als auch gegen Bilanz- und Transparenzvorschriften verstoßen und damit das Primat des Anlegerschutzes in den USA verletzen. Es handelt sich hierbei um finanzielle oder sogar strafrechtliche Sanktionen auf gesetzlicher Grundlage, die somit in beide Kategorien fallen, die der rechtlichen und die der finanziellen Sanktionsmittel. Eine möglichst objektive Risiko- und Leistungsbewertung der Aktiengesellschaft wird durch illegale Erschleichung von Aufträgen erheblich erschwert. Die Ziel-

---

30 Wie die interne Korruptionsaufklärung und -Ahndung inerhalb der Welt Bank organisiert ist beschreibt Rose-Ackerman (2002.)

gruppe der SEC sind daher international tätige Unternehmen, die ihre Aktien in den USA handeln lassen.

Ein weiteres rechtliches Sanktionsregime sind die internationalen Konventionen, deren Antikorruptionsbestimmungen in nationales Straf- und/oder Zivilrecht umgesetzt werden müssen. Hier sind vor allem die OECD-Konvention gegen Bestechung im internationalen Geschäftsverkehr sowie die Europarats-Konventionen gegen Korruption und Geldwäsche zu nennen. Wo die erstere hauptsächlich die Internationalisierung des FCPA vorantreibt und ihr primäres Ziel die Unternehmen der Industrieländer sind, schließt die Gruppe der Europaratsmitglieder sowohl westeuropäische Industrienationen als auch osteuropäische Transformationsländer ein. Auch ihre Bestimmungen sind insofern breiter angelegt, als sie auf die Verbesserung der Regierungspraxis allgemein abstellen. Entscheidend für die Konventionen beider Organisationen ist deren Umsetzung in nationales Recht, weshalb die Bestimmungen zur Einhaltung der Konventionen besonders wichtig sind. Hier kommen weiche Steuerungselemente zum Tragen. Ganz wesentlich sind die Berichtspflicht und das gegenseitige Überwachungsverfahren der Unterzeichnerstaaten, auch *peer review* genannt. Beides kann über das bloße *monitoring* hinaus zur Verbreitung der sich am besten bewährten Anti-Korruptionspraktiken *best practices* und eines neuen informellen *bench marking* im Sinne des gemeinsamen Ziele-Steckens führen. Diese Art der Politikdiffusion unter den in ständiger Kommunikation miteinander stehenden Staaten macht sowohl die OECD als auch den Europarat zu Katalysatoren im System lernender Anti-Korruptionsakteure und Institutionen.[31]

Als funktional eigenständiges Instrument dient die Evaluation zur Umsetzung der OECD-Konvention. Die erste Evaluationsrunde fand bereits 1999 für Deutschland, Norwegen und die USA statt. Weitere 16 Staaten folgten im Jahre 2000. Derzeit läuft die Phase II der Evaluationen, die sich vor allem mit der praktischen Anwendung auslands- und nationalbezogener Bestechungsdelikte befasst. Die Umsetzung der Europarats-Konventionen evaluieren die GRECO-Staaten (Groupe d'Etats Contre la Corruption) ebenfalls gleichberechtigt untereinander.[32] Dabei spielen die „Leitprinzipien" des Europarates zur Korruptionsbekämpfung eine zentrale Rolle. Es wird nicht nur die Umsetzung von Straf- und Zivilrechtskonventionen, sondern vor allem die Effektivität und Autonomie von Ermittlungs- und Verfolgungsbehörden sowie die grenzüberschreitende justizielle und polizeiliche Zusammenarbeit bewertet. Die erste Runde dieser reziproken Begutachtungen wurde Ende 2002 mit 27 Länderberichten abgeschlossen. Eine zweite Evaluationswelle wird Mitte 2005 abgeschlossen. Obwohl GRECO Pionierarbeit auf dem Gebiet der wechselseitigen Begutachtung von Anti-Korruptionsmaßnahmen souveräner Staaten leistet und damit eine Vorbildfunktion sowohl für die OECD als auch die OAS erfüllt, wird häufig bemängelt, dass weite Teile der Länderberichte vertraulich sind und somit kein erhöhter Kontrolldruck durch eine größere Öffentlichkeit hergestellt werden kann.[33] Hier gilt es abzuwägen, ob Geheimhaltungs-

---

31 Zu den Wirkungsweisen solcher weichen Steuerungsinstrumente im nicht-hierarchischen globalen Governancesystem siehe Risse (2004).
32 Die Bezeichnung GRECO steht für einen Evaluationsmechanismus, der 1999 ins Lebengerufen wurde und mittlerweile über 30 Staaten umfasst. Siehe die Informationen unter: <www.greco.coe.int/info/AproposE.htm>
33 Die Länderberichte sind auf der Internetseite des Europarates einzusehen: <http://www.greco.coe.int/evaluations/cycle1/Eval1Reports.htm>

pflichten zu mehr Offenheit unter den Staaten selbst führen und somit das wechselseitige Lernen voneinander und Vertrauen zueinander befördern, oder aber eine harte Anti-Korruptionsrhetorik nach außen durch relativ nachsichtige Beurteilungen nach innen entschärft wird.

Rechtlich unverbindliche Deklarationen und Absichtserklärungen, die wegen ihrer mangelnden Durchsetzbarkeit auch als „soft law" bezeichnet werden, stellen das schwächste Mittel in der internationalen Korruptionsbekämpfung dar. Sie sollten in ihrer Signalwirkung und Bedeutung für die Normfestigung aber nicht unterschätzt werden. Die UNO hält in diesem Bereich neben der erwähnten Erklärung von 1996 weitere Dokumente bereit. So ist zum Beispiel in den „Millennium Goals" (siehe Ausführungen unter 2.1.) aus dem Jahre 2000 von Korruptionsbekämpfung die Rede. Im weitesten Sinne können diese Bemühungen als Teil des Programms zur „menschlichen Sicherheit"[34] verstanden werden. Denn schließlich bedeutet Korruptionsfreiheit auch Freiheit von staatlicher Willkür bzw. von der Willkür, die von einzelnen Staatsdienern ausgeübt wird. Diese UN-Erklärungen zielen meist auf schlechte Regierungspraktiken in Entwicklungs-, Schwellen- und Transformationsländern, berücksichtigen aber auch die besonderen Bedingungen, unter denen Korruption in so genannten „failed states" bekämpft werden kann. Im Dezember 2003 ist eine UN-Konvention zur Korruptionsbekämpfung unterzeichnet worden, deren Regelungen über die Bestechung ausländischer Amtsträger weitgehend der OECD-Konvention entsprechen. Sie wird, sobald 30 Staaten die Konvention ratifiziert haben, weltweit Anwendung finden. Allerdings fehlt ihr ein der OECD oder GRECO vergleichbares Überwachungsverfahren und sie ist in weiten Teilen eine „soft law"-Konvention, da sie überwiegend Kann- und Sollbestimmungen enthält.[35]

Ein Beispiel für freiwillige Selbstregulierung potenziell korrumpierender Akteure stellt der ICC dar, der mit seinem Verhaltenskodex versucht, Unternehmen weltweit zu ermuntern, ein internes Anti-Korruptionsregime aufzubauen. Die wichtigste NGO im Bereich der internationalen Korruptionsbekämpfung ist zweifellos TI. Obwohl sie nicht selbst investigativ tätig ist, schafft sie es mit Mitteln der aktiven Öffentlichkeitsarbeit – des „blaming and shaming" – die öffentliche Meinung zu mobilisieren und als Referenzorganisation für die Berichterstattung über Korruption weltweit zu fungieren. Die Imageverluste bzw. -gewinne für Staaten und ihre Regierungen können immens sein, wenn sie im Corruption Perception Index (CPI) auf- oder absteigen. Der CPI bildet auch eine Grundlage zur Beurteilung von Investitionsklima, politischer Stabilität und Qualität der Regierungsführung. So finden sich z.B. in den Fortschrittsberichten der

---

34 Human security ist ein Begriff, der von der UNO erstmals 1994 aufgegriffen und seitdem regelmäßig zur Rechtfertigung vieler ihrer Aktivitäten verwendet wird.

35 Über die erwähnten internationalen Bemühungen zur Korruptionsbekämpfung hinaus sind der Vollständigkeit halber noch folgende Initiativen zu nennen: Die Anti-Korruptionskonvention der Afrikanischen Union von 2003, der eine Konvention von 2001 seitens der südafrikanischen Entwicklungsgemeinschaft vorangegangen ist. Für Südosteuropa ist auf die Bemühungen von SPAI (Stability Pact Anti-Corruption Initiative) hinzuweisen. Wegen ihrer zentralen Rolle als Kommunikationszentrum im globalen Anti-Korruptionsdiskurses sind sowohl das Global Forum zu nennen, was bisher dreimal tagte (Washington, Den Haag, Seoul), sowie die bedeutenste internationale Strafrechtsorganisation AIDP, die sich im September 2004 in Peking mit dem Thema befasst und dazu eine Resolution verabschiedet hat.

EU-Kommission über ihre Beitrittskandidatenländer regelmäßig Verweise auf das Ranking des CPI.

2.3 Definitionspolitik

Der Aufbau von internationalen Anti-Korruptionsregimen mit Hilfe von Verhaltenskodizes und vor allem durch rechtsverbindliche Konventionen setzt einerseits eine Standardisierung von Begriffen, Deliktdefinitionen und Rechtsnormen voraus. Andererseits ist Korruption ein „fluides" Phänomen, das sowohl auf den Abbau von Anreizsystemen, wie etwa das der steuerlichen Absetzbarkeit von im Ausland geleisteten Bestechungszahlungen, als auch auf den Aufbau von Sanktionsregelwerken flexibel reagieren kann. Korruption ist somit auch immer ein relationaler Begriff, der sich veränderten rechtlichen Konstruktionen anzupassen vermag und neue Hindernisse umgehen wird. Drei ausgewählte Beispiele sollen die Schwierigkeiten bei der Definition gemeinsamer Normen anhand der OECD-Konvention illustrieren.

Wer ist ein öffentlicher Amtsträger, ein „public official"? Auf diese Frage gibt die Konvention folgende Antwort: „... officials in all branches of government whether appointed or elected; any person exercising a public function, including public agency of public enterprise; and any official or agent of an international organization." Trotz dieser scheinbar sehr umfassenden Definition eines Amtsträgers ist sie im Vergleich zu der des FCPA die restriktivere Variante. Denn letztere schließt auch Parteifunktionäre ein, die selbst kein Staatsamt bekleiden, und spiegelt damit die formal strengeren amerikanischen Regeln zur Parteienfinanzierung wider.[36] Um die Frage, ob Parteiämter auch öffentliche Ämter seien und damit unter die Konvention fallen, ist während der Verhandlungen eine starke Kontroverse zwischen den USA und den meisten anderen Ländern, geführt von Frankreich und Deutschland, ausgebrochen. Um nicht das Scheitern des gesamten Vertragswerkes zu riskieren, lenkten die USA ein und stimmten der engeren Auslegung des Amtsträgerbegriffes zu (Metcalfe 2000: 137ff.).

Ob Zahlungen an politische Parteien ebenfalls als Quellen internationaler Korruption berücksichtigt werden sollten, war ein weiterer Streitpunkt. Während die amerikanischen Unterhändler argumentierten, dass etwa ein Fünftel aller Bestechungsgelder über Parteikassen flössen, waren die europäischen Vertreter sehr zurückhaltend, den großen Komplex der illegalen Parteienfinanzierung einem internationalen Standard zu unterwerfen. Alle Regelungen, die über ein direktes quid pro quo hinausgingen, wurden von Letzteren abgelehnt und damit weiterhin die Möglichkeit zur politischen Landschaftspflege durch gezielte Parteienfinanzierung und langjährige Spendenpraxis an alle großen und potenziell regierungsrelevanten Parteien des politischen Spektrums beibehalten. Auch hier setzte sich die engere Auslegung durch und Parteienfinanzierung wurde im Primärtext der Konvention nicht mehr erwähnt (Deming 1998: 33).

Für die im Ausland agierenden Unternehmen aus den Ländern, die der OECD-Konvention beigetreten sind, ist ein wichtiger Aspekt dafür, ob ihr Verhalten als korrumpierend gebrandmarkt wird oder nicht, inwieweit sie Bestechungsgelder gezahlt ha-

---

36 Dabei sind die zahlreichen Schlupflöcher, die durch Political Action Committees (PACs) und das so genannte „soft money" geschaffen wurden, nicht problematisiert worden.

ben, um neue Aufträge zu erlangen oder nur um laufende Geschäfte reibungsfreier abzuwickeln. Wie unterscheidet man zwischen „business facilitation payments" im letzteren und „business procurement payments" im ersteren Fall? Das ist eine schwierige Gratwanderung, die größeren Interpretationsspielraum lässt und somit den fluiden Praktiken der Korruption Umgehungsmöglichkeiten eröffnet. Als „facilitation payments" und damit nicht ahndenswürdige Bestechungsgelder werden jene Zahlungen gewertet, die entrichtet werden, um das Zahlen von Steuern und Zöllen zu umgehen sowie sich bestimmten regulativen Auflagen zu entziehen.[37] Ein führender Vertreter von TI sah dieses Schlupfloch für Bestechungszahlungen als durchaus gerechtfertigt an und argumentierte, dass in Fällen, in denen „... small payments to low level officials expedite routine approvals ... it may be better to provide some administrative flexibility than to ignore the problem" (Heimann 1997: 151).[38]

Diese Probleme bei der Interpretationspraxis im Rahmen von internationalen Anti-Korruptionsbestrebungen sind lediglich ein kleiner Ausschnitt einer sehr komplexen Materie, die hier nur exemplifiziert werden soll. Denn es geht ja auch um das Selbstverständnis von Politik und Verwaltung und damit sowohl um abstrakt theoretische Fragen als auch um historisch praktische Erfahrungen und Traditionen in den politischen Systemen der Einzelstaaten. Diese demokratietheoretischen Überlegungen sollen hier nicht weiter verfolgt werden.[39] Stattdessen soll im Folgenden versucht werden, die internationalen Akteure und ihre Rollenvorstellungen im System internationaler Beziehungen herauszuarbeiten, um ihr Handeln in Fragen der Korruptionsbekämpfung besser verstehen zu können.

3. Denkgebäude und Akteure – Versuch einer theoretischen Einordnung

Denkgebäude oder Theorien sollen auf abstrakter Ebene das Bewusstsein und Denken über internationale Korruptionsbekämpfung bei den wesentlichen Akteuren widerspiegeln. Da Theorien Annahmen über die Welt darstellen und auch alle Akteure solche Annahmen haben und damit Erwartungen an die Wirklichkeit, verändern sie diese im Sinne ihrer Annahmen. Ihre Denkfiguren spiegeln also gleichzeitig Argumentationsmuster wider, denen die handelnden Akteure folgen, und zwar unabhängig davon, ob die Annahmen der unterschiedlichen Theorien über die „wirkliche Welt", in diesem Fall die der Korruption, empirisch untermauert wurden oder nicht. Dennoch ändern die Akteure die wirkliche Welt in dem Sinne der Annahmen ihrer Theorien – auch wenn sie diese nicht Theorien nennen sollten. Daher geht es weniger um die Validität der Denkmuster und Theorien selbst, als vielmehr um ihre Wirkungskraft gemäß dem

---

37 Dies entspricht in Teilen den funktionalistischen Argumenten, die Korruption als hilfreiches Schmiermittel in überregulierten Märkten verstehen, siehe Huntington (1968).
38 Routineaufgaben zu beschleunigen fällt im deutschen Recht unter den Begriff Vorteilsgewährung bzw. Vorteilsnahme. Sie beziehen sich auf gesetzmäßige Handlungen des Amtsträgers, die Teil seiner Aufgaben sind. Die OECD- und andere internationale Konventionen treffen allerdings keine Unterscheidung zwischen Vorteilsnahme und Bestechlichkeit, so dass sich auch hier die genaue Interpretation der „facilitation payments" mit der zu erwartenden Rechtsprechung erst noch entwickeln muss.
39 Diese Fragen werden eingehender erörtert in Moroff (2004).

Thomas-Theorem, das feststellt, „if men define situations as real, they are real in their consequences".[40] Auch der Gebrauch von Macht durch Staaten oder andere international agierende Organisationen folgt nicht unbedingt einer Zwangslogik, sondern entspringt oft der Anschauung der Akteure selbst.[41] Ihre Korruptionspolitiken lassen sich nicht aus vermeintlich objektiven, berechen- und quantifizierbaren rationalen oder institutionellen Interessen ableiten. Diese Interessen sind vielmehr selbst Ergebnis von komplexen Kommunikationsprozessen.

Drei theoretische Blickwinkel werden dazu umrissen. Hierbei scheint die Werteperspektive vielen zivilgesellschaftlichen Organisationen zu eigen, die Ordnungsperspektive den großen internationalen Organisationen und die Machtperspektive meist den nationalstaatlichen Akteuren. Umgekehrt könnte man formulieren, dass mit den jeweiligen Sichtweisen das Verhalten dieser Akteure am besten beschrieben und erklärt werden kann. Diese Einteilung ist natürlich eine stark vereinfachende. So kann ein Akteur auch die unterschiedlichen Perspektiven kombinieren und eigene Handlungsmaximen daraus ableiten. Die Grundunterscheidung in eine „Denktrias" dient hier also der idealtypischen Veranschaulichung, um die wesentlichen Argumentationsstränge in einem schematisch vereinfachten Raster trennen und bewerten zu können.

Für die Durchsetzung einer internationalen Anti-Korruptionsnorm in den 90er Jahren kann mittels dieser Betrachtung eine Konvergenz der Interessen und Ziele unterschiedlicher Akteure festgestellt werden. Wobei Akteure auch aus divergierenden Interessenlogiken heraus gleiche Ziele verfolgen können (für die USA und die EU siehe die Ausführungen unter 2.1). Die im ersten Kapitel beschriebenen Akteurskonstellationen und Motivlagen, die zu bestimmten Phasen eine Normbildung und Normdurchsetzung zuließen, werden hier in eine theoretische Perspektive gesetzt. Aus diesen Theorieblickwinkeln können so Hypothesen zur Politikfeldformation und -transformation abgeleitet werden.

3.1 Analyseraster anhand dreier Denkmuster

Die folgende Tabelle bietet eine Kurzübersicht und Kategorisierung von Denkansätzen und Handlungslogiken, die aus drei stark verdichteten und auf das Korruptionsproblem bezogenen Weltsichten abgeleitet werden können.

Die in der Tabelle umrissenen „Denkmodelle" beziehen sich vor allem auf die Handlungsweisen, die sich aus den theoretischen Grundannahmen ableiten lassen. Ausgehend von einem frei postulierten und nicht hinterfragten ex-ante-Primat werden Ethiknormen entwickelt, die wiederum bestimmten Handlungsmaximen zugrunde liegen und bei der Politikzielbestimmung maßgebend sind. Die Instrumente und Mittel, mit denen diese Ziele dann erreicht werden sollen, unterscheiden sich ebenfalls für die

---

40 Das Thomas-Theorem wurde von den amerikanischen Soziologen W.I. and D.S. Thomas (1928: 572) aufgestellt und kann wie folgt ins Deutsche übersetzt werden: Wenn Menschen eine Gegebenheit als real ansehen, dann werden sie so handeln, als sei sie real, und insofern kommt es zu realen Konsequenzen einer möglicherweise objektiv nicht gegebenen Tatsache.
41 So könnte man mit Alexander Wendt (1992) postulieren: „Corruption is what states make of it."

Tabelle 2: Werte-, Ordnungs- und Machtperspektive

	Werteperspektive	Ordnungsperspektive	Machtperspektive
ex-ante-Primat:	Normenprimat	Stabilitätsprimat	Nutzenprimat
Ethiknorm:	Gesinnungsethik / Prinzipienlogik (Kant)	Verantwortungsethik / Konsequenzlogik (Pragmatismus/Weber)	Ethik des Eigennutzes / Konsequenzlogik (A. Smith)
Handlungsmaximen:	Gleichbehandlungsgrundsatz / Amtsethos	Maximierung des Weltgemeinwohls	Maximierung des Nationalgemeinwohls
Ziele:	nicht-zweckgebundener kommunikativer Prozess über universelle Ziele und Werte an sich	Steuerung und Stabilität des internationalen Systems per se	Freies Spiel der Kräfte/ Mächte, Recht des Stärkeren
Mittel:	Verrechtlichung	Verregelung (prozedural)	Vermeidung (der Internationalisierung aus Sicht der nicht-hegemonialen Einzelstaaten)
Internationale Kooperation durch:	Überzeugung, geteilte Normen	Überwindung von Trittbrettfahrerproblemen bei gemeinsamen Interessen	Übertragung durch hegemonialen Akteur
Zuordnung der Akteure:	Normunternehmer 1. NGOs / Transparency International 2. Wissenschaft in Tradition der universalistischen Aufklärung 3. Internationale Organisationen	Plattformorganisationen 1. Internationale Organisationen 2. NGOs/TI 3. Unternehmen 4. Wissenschaft in funktionalistischer Tradition	Nationale Regierungen 1. staatliche Akteure 2. Unternehmen 3. Wissenschaft in funktionalistischer Tradition

drei Perspektiven. Auch findet internationale Kooperation aus unterschiedlichen Motiven statt. In einem letzten, aber für die Analyse der Akteurskonstellationen und der durch sie begünstigten Normdurchsetzung wichtigen Schritt wird versucht aufzuzeigen, welche Akteure am ehesten den drei Denk- und Handlungsmustern zugeordnet werden können. Dabei ist es möglich, dass die gleichen internationalen Akteure in mehr als einer Kategorie zu verorten sind. Alle Akteure können bestimmte Argumentationsmuster aller drei Sichtweisen übernehmen, allerdings in unterschiedlich starkem Maße, so dass eine klare Hierarchie festgelegt werden kann, die aufzeigt, welche Akteure am stärksten den verschiedenen Perspektiv- und Rollenmustern entsprechen.

Welchen Primat kann man für die drei Sichtweisen jeweils als Ausgangspunkt setzen? Wo man für die Werteperspektive (WP) ein Normenprimat postulieren kann, in dem es um Regelsetzung nach universalen Gerechtigkeitsprinzipien geht, kann für die Ordnungsperspektive (OP) ein Stabilitätsprimat angenommen werden, der vor allem die politische und wirtschaftliche Stabilität des Weltsystems im Auge hat. Für die Machtperspektive (MP) hingegen scheint der Nutzenprimat des einzelnen Akteurs und damit vor allem für den international souverän handelnden Staat im Mittelpunkt zu stehen.

Aus diesen Grundannahmen lassen sich drei unterschiedliche Ethiknormen ableiten. Zum einen für die Werteperspektive eine Gesinnungsethik, die einer Prinzipienlogik folgt, nach der es um die Einhaltung einmal als inhärent richtig und gut erkannter Prinzipien geht. Sie orientiert sich damit an Kants Vorstellung vom Richtigen und Guten an und für sich, gegen das nicht verstoßen werden soll, und zwar auch dann nicht, wenn es unerwünschte Folgen hat.[42] Demgegenüber schaut sowohl die Ordnungs- als auch die Machtperspektive vor allem auf die Konsequenzen des Handelns internationaler Akteure. Beiden liegen also die Prinzipien der Verantwortungsethik näher.[43] Wo es bei der Ordnungsperspektive allerdings primär um die Konsequenzen für das globale Gesamtsystem geht, beschränkt sich die Machtperspektive auf die Konsequenzen für den jeweiligen Einzelstaat.

Hier steht also die Prinzipienlogik einer Gesinnungsethik zwei unterschiedlich ausgeformten Konsequenzlogiken einer Verantwortungsethik gegenüber. Die Ordnungsperspektive sieht ihre Verantwortung im absichtsvollen Handeln, das dem Erhalt oder der Herstellung der Stabilität des internationalen Systems dient. Daraus beziehen internationale Organisationen letztlich ihre Legitimität, das ist ihr *raison d'être*. Die Machtperspektive sieht ihre Verantwortung primär in der Stärkung der einzelnen, souveränen Akteure in diesem System, also der Staaten selbst. Ihre Vertreter, also die Regierungen, beziehen ihre Legitimität und sichern ihren Machterhalt in erster Linie aus dem Nutzen für das eigene Gemeinwesen. Wo sich die Machtperspektive auf reine Eigenverantwortung beschränkt, verweist die Ordnungsperspektive auf die globale Gesamtverantwortung und die Werteperspektive auf die argumentative Überzeugungskraft der sich in Kommunikationsprozessen herausbildenden universalen Normen, Werte und Prinzipien.

Als Handlungsmaximen folgen aus diesen Annahmen, dass sich die Werteperspektive im Kampf gegen die Korruption eher auf Prinzipien wie den Gleichbehandlungsgrundsatz, die Ablehnung von Willkür und einen damit verbundenen Amtsethos beruft.[44] Die Ordnungsperspektive hat die Maximierung des „Weltgemeinwohls" im Blick und geißelt vor allem die wachstums- und entwicklungshemmende Wirkung der Korruption. Die Machtperspektive stellt die Maximierung des einzelstaatlichen Eigennutzes in den Vordergrund und fordert dann ggf. das Recht des Stärkeren im freien Spiel der Kräfte. Diesem Ziel stellt die Ordnungsperspektive die aktive, intentionale Steuerung des internationalen Systems zwecks Stabilitätsgewinn gegenüber und die Werteperspektive sieht das Ziel internationaler Politik in einem nicht-zweckgebundenen Kommunikationsprozess über Werte und Normen an sich (Risse 2000). Das Mittel, um die dann als universal erkannten und intersubjektiv geteilten Werte zu institu-

---

42 So gibt es keine Rechtfertigung für „Notlügen", auch wenn sie vielleicht etwas verhindern, was schlimmer als der punktuelle Verstoß gegen das Wahrheitsgebot ist (Birnbacher/Hoerster 1976: 230).

43 So wie sie Max Weber und der amerikanische Pragmatismus beschreiben (Joas 1999).

44 Normintrinsische Gründe für eine erfolgreiche internationale Durchsetzung werden bei Finnemore/Sikkink (1998: 907) als Teil einer Weltkultur beschrieben, die fünf Prinzipien beinhaltet: „universalism, individualism, voluntaristic authority, rational progress, and world citizenship".

tionalisieren, ist die Verrechtlichung. Während der Ordnungsperspektive eine Verregelung reicht, in der keine gemeinsamen Prinzipien für die Politikinhalte anerkannt werden müssen, aber Regeln zur friedlichen Beilegung von Konflikten geschaffen werden sollen. Die Machtperspektive lehnt dagegen eine Internationalisierung, ob durch Rechts- oder Regelwerke, tendenziell als souveränitätsbeschneidend und daher die realen Machtverhältnisse verzerrend ab.

Warum kommt es nun doch zur internationalen Kooperation bei der Korruptionsbekämpfung? Aus der Machtperspektive könnte einzig ein hegemonialer Akteur sein eigenes Anti-Korruptionsregime auf andere zu übertragen versuchen, so wie es die USA mit dem FCPA getan haben. Doch dürfte der hegemoniale Akteur selbst kaum ein Interesse daran haben, seine Souveränität einzuschränken; es sei denn, er ist durch einen innenpolitisch irreversiblen Beschluss gebunden, wie die USA durch die einstimmige Verabschiedung des FCPA oder weil dieser ebenfalls über die größten Aufklärungskapazitäten verfügt und somit über einen komparativen Vorteil, die ausländische Konkurrenz korrupter Praktiken zu überführen. Aus der Ordnungsperspektive kommt es zur Kooperation, weil allen Akteuren ein gemeinsames Interesse an gleichen Wettbewerbsbedingungen und stabilen politischen und wirtschaftlichen Systemen zu eigen ist. Wenn allerdings nur ein Land seine Unternehmen bestraft, so kommt es zum „free rider-" oder Trittbrettfahrerverhalten, indem sich Unternehmen aus anderen Staaten diesen Nachteil der Konkurrenz zu nutze machen und selbst umso mehr bestechen. Die Werteperspektive setzt gemeinsam geteilte Normen voraus, auf deren Grundlage internationale Kooperation stattfindet.

3.2 Denk- und Rollenmuster der Akteure

Welche Akteure folgen nun verstärkt welchen Argumentations- und Denkmustern bzw. welchem spezifischen Mix dieser Muster? Welche Auswirkungen haben diese Akteurs- und Argumentationskonstellationen für eine eventuelle Handlungs-, Interessen- und Zielkonvergenz im Prozess der Internationalisierung von Anti-Korruptionsregimen? Diese Fragen führen zurück zu den Anfangsüberlegungen, welche Akteure und Umstände zur Normbildung und letztlich zur Normdurchsetzung beigetragen haben.

Die dominanten Akteure, die der Prinzipienlogik der *Werteperspektive* am ehesten folgen, sind die Normunternehmer[45], die durch gesinnungsethische Überzeugungsarbeit weltweit eine Allianz der Normträger schmieden wollen, so wie die *abolitionists* die Sklaverei um ihrer selbst und um der Gültigkeit eines bestimmten Gerechtigkeitsprinzips willen abschaffen wollten, also ohne die Absicht, damit eine Wohlstandssteigerung oder höhere Stabilität eines gefährdeten politischen Systems zu erreichen.[46] Ähnliches kann für die Emanzipationsbewegungen, wie zum Beispiel die Erkämpfung des Frauenwahlrechts, gesagt werden (Finnemore/Sikkink 1998: 890). Ein Vergleich sowohl der

---

45 Finnemore/Sikkink (1998: 897) beschreiben den Begriff in Anlehnung an Ethan Nadelmann als „transnational moral entrepreneurs who engage in moral proselytism."
46 Im Gegenteil haben sie sogar eine existenzielle Gefährdung des Systems durch den amerikanischen Bürgerkrieg in Kauf genommen. So sieht Noonan (1984: 684) eine Parallele zwischen den Bemühungen, die Sklaverei abzuschaffen und denen, die Korruption zu bekämpfen.

zivilgesellschaftlichen Akteure als auch der Politik der Staaten und Internationalen Organisationen bietet sich daher vor allem für die Politikfelder Menschenrechte, Umweltschutz und Armutsbekämpfung an.[47] Ein großer Unterschied zu den genannten Politikfeldern besteht allerdings darin, dass Korruption binnenstaatlich schon früh in fast allen Gemeinwesen sanktioniert war, also nicht etwa wie die Sklaverei erst verboten werden musste. Es geht hier also nicht so sehr um eine Normgenerierung als vielmehr um ihre Ausweitung auf Auslandsaktivitäten sowie um ihre konsequente Durchsetzung.

Natürlich nutzen auch Anti-Korruptions-NGOs utilitaristische Argumente, um ihre Positionen zu rechtfertigen. Denn die wirtschaftliche Entwicklung wie die politische Legitimität sind durch Korruption gefährdet, und damit auch die Stabilität des Systems. Aber dies sind Sekundärüberlegungen, die der Verwerflichkeit der Korruption an sich nachgeordnet sind und aus ihr folgen. Schließlich muss erst ein allgemeines Unrechtsbewusstsein für Korruption geschaffen werden[48], damit von Korruption eine delegitimierende Wirkung ausgehen kann. Andererseits ist die Wirkung von Korruption auf die Wirtschaftsleistung, bei allem methodologisch-technischen Fortschritt der Wissenschaft, immer noch schwierig nachzuweisen und gegen qualitative Überlegungen der funktionalistischen Schule zu verteidigen, die Korruption als Schmiermittel in überregulierten Märkten sieht. Auch aus wirtschaftshistorischer Sicht könnte kritisch gefragt werden, warum ausgerechnet zur Zeit des Ämter- und Stimmenkaufs, des Drei-Klassen-Wahlrechts und der für ihre Patronage bekannten Jacksonian-Democracy und später der Herrschaft der Monopolgesellschaften, die Industrialisierung und damit die höchsten Wachstumsraten in England, Deutschland und den USA erzielt wurden.[49] Was die politische Entwicklung angeht, so stellte J. S. Nye fest:

„Corruption has probably been, on balance, a positive factor in both Russian and American economic development. At least two very important aspects of British and American political development – the establishment of the cabinet system in the eighteenth century and the national integration of millions of immigrants in the nineteenth century – were based in part on corruption."[50]

---

47 In diesen drei Feldern können ähnliche Akteurskonstellationen, Motivlagen, Politikinstrumente und Zielgruppen wie bei der Korruptionsbekämpfung ausgemacht werden. Alle drei Bereiche sind stark normen- und wertegeprägt. Darüber hinaus ähnelt sich die Organisationsstruktur ihrer führenden NGOs. Sowohl Amnesty International als auch Greenpeace und zahlreiche Entwicklungshilfe-NGOs sind nicht als zentral agierende, hierarchische Institutionen aufgebaut, sondern wirken durch jeweils national organisierte Komitees („Chapters") als Netzwerk. Sie sehen ihr Hauptinstrument im Einfluss auf die öffentliche Meinung sowohl durch Informationsarbeit als auch durch spektakuläre und darum medienwirksame Aktionen. Parteien, nationale Regierungen und internationale Organisationen nehmen ihre Anliegen in einem inkrementellen Prozess auf und engagieren sich in vergleichbarer Weise in diesen „neuen" Politikfeldern.
48 Hiermit sind vor allem Fragen des kulturellen Relativismus verbunden.
49 Natürlich soll hier keine positive Korrelation oder gar Monokausalität behauptet werden. Doch falls Korruption ein so großes Wachstumshemmnis darstellt, wie jüngste Korrelationsstudien behaupten, bleibt zu erklären, wieso es vermutlich wenig Einfluss auf das Wachstum während der Phase der Industrialisierung hatte. Mit Max Weber könnte man auch vermuten, dass das Wachstum ohne diese systemische Korruption noch höher ausgefallen wäre und das „die USA so reich sind, dass sie sich Korruption leisten können".
50 Siehe Nye (1967: 282). Bei dieser Gegenüberstellung geht es nicht um einen Validitätstest, also

Die von der epistemic community seit den 90er Jahren postulierte eindeutig negative Korrelation von Entwicklung und Korruption setzt somit ein tendenziell normengeleitetes Erkenntnisinteresse voraus, und ist für eine advokatisch auftretende Wissenschaft, wie sie sowohl von TI, der Weltbank, dem IWF und anderen Organisationen im Bereich der Korruptionsforschung betrieben wird, unerlässlich.[51] Diese rein deskriptiven und in keiner Weise wertenden Überlegungen verweisen auf den großen Nutzen konstruktivistischer Theoriezugänge bei der näheren Analyse dieses und der oben erwähnten vergleichbaren Politikfelder, wo gerade die legitimatorische Rolle der Wissenschaft als *sciencia* für die handlungsleitende *doxa* der Politiktreibenden von großer Bedeutung ist. Daher zählen zu den Hauptakteuren in diesem Bereich auch die nicht-positivistischen Wissenschaftler, die in der Tradition der universalistischen Aufklärung stehen. Internationale Organisationen machen sich in ihren Dokumenten deren Argumente und Normrechtfertigungen oft zu eigen, ohne dass sie letztlich die Hauptmotive für ihr Handeln sind. Daher können die internationalen Organisationen nur an dritter Stelle als nach Maßgaben der Werteperspektive handelnde Akteure verstanden werden.

Internationale Organisationen nehmen allerdings eine herausragende Position als Akteure mit *Ordnungsperspektive* ein, da ihr Kerninteresse die Verregelung im Sinne einer Stabilisierung und Befriedung des Weltsystems ist – so zumindest die Rhetorik, in die sich ihr Tun kleidet und der sich die Mehrheit der sie konstituierenden Einzelstaaten anschließt. Der Handlungsdruck, der aus diesen Forderungen folgt, muss nicht im – wie auch immer generierten – Interesse eines jeden Einzelstaates liegen. Das rhetorische Handeln kann dann aber sehr wohl Einzelstaaten zu tatsächlichem Handeln im Sinne rhetorisch guter Absichten zwingen (Schimmelfennig 2001). Auch NGOs bedienen sich der utilitaristischen Argumente, die sich aus der Ordnungsperspektive für den Kampf gegen die Korruption anführen lassen. Ebenso verweisen Unternehmen in ihren Verhaltenskodizes auf die negativen Wirkungen von Korruption in Bezug auf Marktposition, Effizienz und Image. Nicht zuletzt versuchen Wissenschaftler in positivistisch-funktionalistischer Tradition signifikante Korrelationen zwischen Korruption und anderen negativen Phänomenen mittels empirischer Methoden oder theoretischer Modelle zu belegen (Mauro 1996). Rein normative Gerechtigkeitsüberlegungen sind dann allerdings nicht Gegenstand ihrer Arbeiten, können aber durchaus den normativen

---

darum nachzuweisen, welche der funktionalistischen Schulen Recht hat, die, die eine positive Korrelation zwischen Korruption und Entwicklung postuliert oder jene, die eine negative Verknüpfung herstellt. Es geht einzig darum, den Perspektivwechsel der dominanten Schule aufzuzeigen.

51 Gerade seit Mitte der 80er Jahre hat im Zuge der neuen Wachstumstheorien ein Umdenken darüber stattgefunden, was wirtschaftliche Entwicklung determiniert. Wo die klassische Ökonomie nur die Determinanten Arbeit und Kapital sah, beziehen die neuen Theorien Institutionen, Eigentumsrechte, Sozialkapital und viele verhaltensbestimmende Faktoren mit ein (siehe Roma 1986; North 1992; Putnam 2002). Organisationsgrad oder religiöse Vorstellungen einer Gesellschaft finden sich natürlich schon bei Max Weber als Bestimmungsfaktoren der wirtschaftlichen Entwicklung. Soziologie und Politikwissenschaft hatten so schon länger ein umfassenderes Verständnis von Entwicklungzusammenhängen, sie galten und gelten aber nicht als maßgebende Orientierungswissenschaften für die mit der Anti-Korruptionspolitik befassten internationalen Organisationen, deren Personal und Forschungsabteilungen sich maßgeblich aus Ökonomen rekrutiert, so zumindest bei der OECD, dem IMF und der Weltbank (siehe Miller-Adams 1999).

Ausgangspunkt bzw. das im Hintergrund wirkende Erkenntnisinteresse ausmachen. Ihre Erkenntnisse dienen dann den anderen Akteuren als Argumentationshilfen, um Handlungsdruck aufzubauen. Daher sind sie in dieser Spalte der Tabelle als letzte genannt, denn die öffentlichkeitswirksame Verwertung ihrer Studien im Prozess der Internationalisierung von Anti-Korruptionsnormen wird von anderen Akteuren betrieben.

Natürlich können positivistisch-funktionalistisch arbeitende Wissenschaftler auch versuchen, gegenteilige Korrelationen nachzuweisen. Doch selbst falls ihnen dies gelingen sollte, wären sie nur begrenzt verwertbar. Schließlich wird kein politisch relevanter Akteur der Korruption das Wort reden können. Dies ist schon aus rein normativen Gründen nicht möglich, denn ihre Sanktionierung ist ja schon lange eine binnenstaatliche Norm.[52] Widersprüchliche wissenschaftliche Erkenntnisse können lediglich von als „Realisten" auftretenden Regierungen dazu genutzt werden, Handeln zu unterlassen.[53]

Allerdings haben die Gründe, die gegen die Internationalisierung von Anti-Korruptionsmaßnahmen von „Realisten" angeführt werden, weniger mit umstrittenen oder ungeklärten Konsequenzen der Korruption zu tun, als vielmehr mit den unintendierten Folgen globaler Anti-Korruptionsregime. In dieser letzten Kategorie der Trias, also der *Machtperspektive*, treten fast ausschließlich staatliche Akteure in Form von Regierungsvertretern in Erscheinung. Sie wehren sich sowohl gegen die normativen wie utilitaristischen Gründe des hegemonialen Akteurs USA, den FCPA zu internationalisieren, indem sie darauf verweisen, dass sich hiermit ein weiteres Themenfeld für die Einmischung in innere Angelegenheiten souveräner Staaten eröffnet. Da Korruption, wie alle illegalen Geschäfte, verdeckt stattfindet, kann man sie häufig nur mit Methoden der verdeckten Ermittlung nachweisen. Dass sich hier ein neues Feld für Geheimdienste auftun könnte, indem sie ausländische Unternehmen daraufhin ausspionieren, ob sie in Drittländern bestechen, wird vor allem von jenen Staaten befürchtet, die den Aufklärungskapazitäten der USA nichts entgegenzusetzen haben. Hier kann der Schritt von der Überwachung und Sicherstellung der Wettbewerbsgleichheit und eines „level playing field" hin zur Wirtschaftsspionage sehr klein sein. Darüber hinaus findet sich das machtperspektivische Argument, dass die USA aufgrund ihres politischen Gewichts Aufträge im Ausland – vor allem für ihre Rüstungsindustrie – leichter und jenseits von marktwirtschaftlichen Regeln sowie gleicher und fairer Wettbewerbsbedingungen akquirieren könnten.[54] Das Hauptargument auf dieser Seite der Internationalisierungs-

---

52 Siehe den gescheiterten Versuch der deutschen und französischen Finanzverwaltung, mit juristisch-technischer Spitzfindigkeit die steuerliche Absetzbarkeit von im Ausland geleisteten Bestechungszahlungen zu verteidigen. Genauso wenig kann man öffentlich für Umweltverschmutzung eintreten, auch wenn das im Zuge des Handels mit Emissionsrechten den Anschein hat. Doch geht es auch hierbei immer um die Verringerung der weltweit absoluten Schadstoffmenge.
53 So kann eine Minderheit von seriösen Wissenschaftlern, die entweder die negativen Konsequenzen oder gar das Phänomen der Erderwärmung gänzlich bestreiten, durchaus ausreichen, um nationalstaatlichen Akteuren genügend Grund zum Nicht-Handeln zu geben und sich damit gegen die Empfehlung der Mehrheit der „epistemic community" zu entscheiden. Siehe das Nicht-Handeln der USA im Hinblick auf das Kioto-Protokoll (The Economist 2004).
54 So einige Delegationsmitglieder von kleineren Staaten bei der OECD, Interviews, Paris 1998.

gegner ist jedoch die geringe Effektivität des FCPA, der in über 20 Jahren lediglich zu 26 Verurteilungen geführt hat (Sheffet 1995).

Bei allen drei Perspektiven können die gegenwärtig dominanten Interpretationen der Korruption – als dysfunktional und schädlich – möglichen funktionalen Interpretationen des Phänomens gegenübergestellt werden, so dass es in keinem dieser Denkgebäude eine rein normative oder modelltheoretische Ablehnung von Korruption geben kann, sondern immer auch Ausnahmen und Gegenbeispiele denkbar bleiben.[55]

3.3 Perspektivverschiebung und -konvergenz

Der Versuch einer theoretischen Einordnung der Argumente für und gegen eine internationale Bekämpfung der Korruption sowie ihre Zuordnung zu einzelnen Akteuren in diesem Prozess war Gegenstand dieses Kapitels. Aus den angestellten Überlegungen lassen sich folgende Hypothesen für die Politikfeldformation und -transformation entwickeln: Erstens, Grundvoraussetzung für eine erfolgreiche Regimedurchsetzung ist ein breiter Normenkonsens, der von einer dominanten *epistemic community* untermauert und von Normunternehmern wie TI, die nicht im Verdacht stehen, anderen Interessen zu dienen, getragen und verbreitet wird. In einem zweiten Schritt müssen Plattformorganisationen der internationalen Staatenwelt diesen Normenkonsens aufnehmen und seiner politischen Durchsetzung Priorität einräumen. Dabei kann, drittens, ein hegemonialer nationalstaatlicher Akteur, wie die USA, als treibende Kraft wirken und die Katalysatorfunktion von internationalen Plattformorganisationen zur Regimedurchsetzung gegenüber anderen ablehnenden Mitgliedstaaten nutzen. Sobald der Normenkonsens von NGOs, internationalen Organisationen und mächtigen Einzelstaaten getragen

---

[55] Für die normengeleitete Werteperspektive verdeutlicht dies das Beispiel des KZ-Häftlings, der den Wärter besticht, um zu fliehen. Denn wenn höhere Gerechtigkeitsnormen gebrochen werden, dürfen niederrangige verletzt werden, um die Folgelasten der Ersteren zu mildern. Aus der stabilitätsgeleiteten Ordnungsperspektive kann die Korruption im Dienste der Stabilität des internationalen Systems toleriert oder gar betrieben werden. Beispiele hierfür sind die von westlichen Staaten unterstützten Oppositionsparteien in Spanien, Portugal und Griechenland während der dortigen Diktaturen oder die Geldmittel der Westmächte, und vor allem der USA, für die bürgerlichen Parteien in Deutschland und Italien in den Anfangsjahren des Ost-West Konflikts, um zu verhindern, dass sozialistische/kommunistische Parteien an die Regierung kommen und so das globale Mächtegleichgewicht verändern. Auch wenn in beiden Fällen nicht immer persönliche Bereicherung der geförderten oder „bestochenen" Politiker damit verbunden war, so dienten diese Zahlungen ihrem Machtausbau oder Machterhalt und so zumindest indirekt auch persönlich materiellen Vorteilen. Die eigennutzgeleitete Machtperspektive sieht die Durchsetzung der materiellen Interessen aller Akteure der internationalen Beziehungen mit fast allen Mitteln, also auch durch korrupte und illegale Einflussnahme, als Grundlage für ein Mächtegleichgewicht, das der realen Machtverteilung entspricht. Sie betrachtet internationale Politik als freies Spiel der Kräfte, so wie es die Ökonomen der klassischen liberalen Schule für die Marktwirtschaft tun. Natürlich könnte auch „realistisch" argumentiert werden, dass gerade Korruption die tatsächlichen Machtvektoren verzerren kann und somit Entscheidungen begünstigt, den materiell realen Gegebenheiten nicht gerecht werden.

und forciert wird, setzt ein Dominoeffekt ein, der den Druck auf jene Länder beständig erhöht, die sich nicht an Anti-Korruptionsregimen beteiligen wollen.[56]

Eine solche Zielkonvergenz kann auf zwei Faktoren zurückgeführt werden, nämlich zum einen auf eine Perzeptionskonvergenz, die sich auf die oben skizzierte Normendiffusion und Akteurskonstellation stützt, und zum anderen auf eine bestimmte Interessenkonstellation zwischen den USA und Europa. Wo die USA in der Erwartung großer Aufträge in den „big emerging sectors" der „big emerging markets" verstärkt auf eine Internationalisierung ihres nationalen Regimes, des FCPA, drängten, erforderte sowohl die Vertiefung des Binnenmarktes als auch die Erweiterung um neue, politisch noch ungefestigte Staaten eine über die einzelstaatlichen Grenzen der EU-Mitglieder hinausgehende Anti-Korruptionspolitik. Diese sich in den 90er Jahren formierende Interessenparallelität konnte dann geschickt von der OECD aufgegriffen und verknüpft werden. Unter ihrem Dach wurde das erste Vertragswerk zur Korruptionsbekämpfung, das alle Industriestaaten einschloss, verhandelt und abgeschlossen.

Der Politikwandel kann also nicht nur aus einer Perspektive heraus verstanden und erklärt werden, weil sich die Grundbedingungen aus allen drei Blickwinkeln verändert haben und es somit empirisch keine ceteris paribus Situation gab, durch die eine der drei Perspektiven als mögliches Erklärungsmodell hätte getestet werden können. Denn der Internationalisierung ist sowohl ein Werte-, ein Institutionen- als auch ein Akteurswandel vorausgegangen; ersterer durch die Diskursverschiebung in der epistemic community und der NGO-Aktivitäten. Zweitens haben sich internationale Institutionen dahingehend gewandelt, dass sie sich im Zuge der Globalisierung und nach dem Ende des Ost-West-Konflikts Problemen der „guten Regierungsführung" zugewandt haben und von den Einzelstaaten nun verstärkt als Koordinierungsstellen für Fragen erhöhter wirtschaftlicher Interdependenz akzeptiert werden, mittels derer Gefangenendilemmata oder Trittbrettfahrerprobleme einvernehmlich gelöst werden können. Schließlich hat sich die globale Akteurskonstellation von einer bipolaren Welt zweier Hegemonialmächte in eine multipolare Welt mit einem globalen Hegemonialakteur gewandelt. Also muss für den Politikwandel in diesem Bereich ein multikausales Zusammenwirken vieler Faktoren angenommen werden, deren Gewichtung nicht genau bestimmt werden kann.

4. Schlussbetrachtung

Korruption ist der illegitime Nexus von Geld und Politik. Was als illegitim empfunden und als illegal festgeschrieben wird, verändert sich im Lauf der Geschichte und kann sich von einem politischen System zum anderen erheblich unterscheiden. Mit dem Ende des Ost-West Konflikts hat sich ein globaler Konsens über politische und wirtschaftliche Grundparameter durchgesetzt. Liberale Demokratie und freie Marktwirtschaft kennzeichnen zumindest formal das Wesen fast aller global relevanten Staaten. Eine intensivierte internationale Wirtschaftsverflechtung wirft nun die Frage auf, wie

---

56 Finnermore/Sikkink (1998: 895) verweisen in diesem Zusammenhang auf den Begriff der „Normkaskade" von Cass Sunstein.

der Nexus zwischen einer sich integrierenden Weltwirtschaft und den einzelstaatlichen politischen Systemen ausgestaltet wird. Einen Aspekt dieser Schnittstelle bildet die Sanktionierung internationaler politischer Korruption. Die binnenstaatlichen Sanktionsregime reichen nicht aus, da die ausländischen Geber von Bestechungsgeldern von ihrer heimischen Justiz unbehelligt bleiben. Darüber hinaus werden die Rechtssysteme in vielen Drittstaaten – vor allem den Transformations- und Entwicklungsländern – als zu schwach eingeschätzt, um selbst Korruption effektiv zu verfolgen.

Der historische Drei-Phasen-Vergleich zeigt, dass sowohl ein Normenkonsens, eine tragfähige Infrastruktur internationaler Organisationen als auch ein Mindestmaß an Interessenparallelität zwischen den führenden Industriestaaten gegeben seien muss, um ein internationales Anti-Korruptionsregime zu errichten. Die relevanten Akteure lassen sich anhand ihrer Sanktionsregime unterscheiden. Zum einen verbinden die internationalen Finanzorganisationen ihre Kreditvergabe mit Auflagen zur Korruptionsbekämpfung, zum anderen verfolgen die Industriestaaten ihre Unternehmen strafrechtlich, wenn sie ausländische Amtsträger bestechen. Instrumente wie Transparenzvorschriften der Börsenaufsichtsbehörden, die auch für ausländische Unternehmen gelten, wenn sie ihre Aktien international handeln, Mobilisierung der Öffentlichkeit durch NGOs wie Transparency International oder freiwillige Selbstregulierung von Unternehmen durch Verhaltenskodizes ergänzen das Sanktionsspektrum. Aus theoretischer Perspektive können drei Argumentationsmuster ausgemacht werden die sich in eine Werte-, Ordnungs-, und Machtmatrix einordnen lassen. Eine erfolgreiche Internationalisierung beruht somit auf einer Perzeptionskonvergenz sowohl für die normen- und stabilitäts-, als auch für die eigennutzgeleiteten Akteure und mündet bei entsprechender Interessenparallelität in das gemeinsame Politikziel der internationalen Korruptionsbekämpfung.

Literatur

Abbott, Kenneth, 2001: Rule-making in the WTO: Lessons from the Case of Bribery and Corruption, in: Journal of International Economic Law 4(2), 274–296.
Arrowsmith, Sue, 2003: Transparency in Government Procurement: The Objectives of Regulation and the Boundaries of the World Trade Organization, in: Journal of World Trade 37, 283–303.
Bairoch, Paul, 1996: Globalization Myths and Realities: One Century of External Trade and Foreign Investment, in: *Boyer, Robert/Drache, Daniel* (Hrsg.), States Against Markets: The Limits of Globalization. London, 153–186.
Birnbacher, Dieter/Hoerster, Norbert (Hrsg.), 1976: Texte zur Ethik. München.
Brauchitsch, Eberhard von, 2001: Der Preis des Schweigens. Berlin.
Boldt, Hans, 1990: Deutsche Verfassungsgeschichte – Band 2: Von 1806 bis zur Gegenwart. München.
Deming, Stuart H., 1998: The Foreign Corrupt Practices Act and the Emerging International Norms. Interne Studie der Inman Deming Rechtsanwaltskanzlei. Washington, D.C.
Dobryninas, Aleksandras, 2002: Corruption and Transparency in the Baltic States, in: *Moroff, Holger* (Hrsg.), European Soft Security Policies: The Northern Dimension. Berlin/Helsinki, 89–106.
Elliott, Kimberly Ann (Hrsg.), 1997: Corruption and the Global Economy. Washington.
Elliott, Kimberly Ann, 2001: Corruption as an International Policy Problem, in: *Heidenheimer, Arnold/Johnston, Michael* (Hrsg.), Political Corruption: Concepts and Contexts. New Brunswick, 925–941.

Finnemore, Martha/Sikkink, Kathryn, 1998: International Norm Dynamics and Political Change, in: International Organization 52(4), 887–917.
Frisch, Dieter, 1999: Fighting Corruption: What Remains to Be Done at EU Level, in: TI Working Papers, <http://www.transparency.org/working_papers/country/brussels_memorandum.html>; 10.12.2004.
Geo-Jala, Macleans A., 2000: The Foreign Corrupt Practices Act's Consquences for U.S. Trade: The Nigerian Example, in: Journal of Business Ethics 24(3), 245–255.
Haas, Ernst B., 1996: The Uniting of Europe: Political, Social and Economic Forces. Ann Arbor.
Haas, Peter, 1992: Introduction: Epistemic Communities and International Policy Coordination, in: International Organisation, 46(1), 1–35.
Heeren, Kai-Alexander/Rieckers, Oliver, 2003: Legislative Responses in Times of Financial Crisis – New Deal Securities Legislation, Sarbanes-Oxley Act and Their Impact on Future German and EU Regulation, in: European Business Law Review 14(5), 595–628.
Heidbreder, Eva G., 2004: Die Kommission und die Kopenhagener Kriterien: Erweiterte Handlungskapazität jenseits des Beitritts, in: *Bauer, Patricia/Voelzkow, Helmut* (Hrsg.), Die Europäische Union – Marionette oder Regisseur? Wiesbaden.
Heidenheimer, Arnold/Johnston, Michael (Hrsg.), 2001: Political Corruption: Concepts and Contexts. New Brunswick.
Heidenheimer, Arnold/Johnston, Michael/LeVine, Victor T. (Hrsg.), 1989: Political Corruption: A Handbook. New Brunswick.
Heidenheimer, Arnold/Moroff, Holger, 2001, Controlling Business Payoffs to Foreign Officials: The 1999 OCED Anti-Bribery Convention, in: *Heidenheimer, Arnold/Johnston, Michael* (Hrsg.), 2001: Political Corruption: Concepts and Contexts. New Brunswick, 943–960.
Heimann, Fritz, 1997: Combating International Corruption: The Role of the Busniess Community, in: *Elliott, Kimberly Ann* (Hrsg.), Corruption and the Global Economy. Washington, Kapitel 8.
Hofstadter, Richard, 1948: The American Political Tradition. New York u.a.
Huntington, Samuel P., 1968: Political Order in Changing Societies. New Haven. Exzerpt „Modernization and Corruption", in: *Heidenheimer, Arnold/Johnston, Michael* (Hrsg.), 2001: Political Corruption: Concepts and Contexts. New Brunswick, 253–263.
Joas, Hans, 1999: Pragmatismus und Gesellschaftstheorie. Frankfurt a.M.
Keohane, Robert O./Nye, Joseph S., 2001: Power and interdependence. New York.
Krasner, Stephen D., 1982: Structural Causes and Regime Consequences: Regimes as Intervening Variables, in: International Organization 36(2), 185–205.
Manfroni, Carlos, 1997: La Convencion Interamericana Contra la Corrupcion. Buenos Aires.
Marquette, Heather, 2004: The Creeping Politicisation of the World Bank: The Case of Corruption, in: Political Studies 52(3), 413–430.
Mauro, Paulo, 1996: Effects of Corruption on Growth, Investment and Government Expenditurte, in: IMF Working Paper Series. Washington.
McCoy, Jennifer/Heckel, Heather, 2001: The Emergence of a Global Anti-corruption Norm, in: International Politics 38, 65–90.
Metcalfe, David, 2000: The OECD Agreement to Criminalize Bribery: A Negotiation Analytic Perspective, in: International Negotiation Journal 5(1), 129–155.
Miller-Adams, Michelle, 1999: The World Bank: New Agendas in a Changing World. London.
Mitrany, David, 1975: The Functional Theory of Politics. London.
Moroff, Holger, 2001: American and German Fundraising Fiascoes and their Aftermath, in: *Heidenheimer, Arnold/Johnston, Michael* (Hrsg.), Political Corruption: Concepts and Contexts. New Brunswick, 689–712.
Moroff, Holger/Blechinger, Verena, 2001: Corruption Terms in the World Press: How Languages Differ, in: *Heidenheimer, Arnold/Johnston, Michael* (Hrsg.), Political Corruption: Concepts and Contexts. New Brunswick, 887–907.
Moroff, Holger (Hrsg.), 2002: European Soft Security Policies: The Northern Dimension. Berlin/Helsinki.

Moroff, Holger, 2004: A Polychromatic Turn in Corruption Research?, in: Crime, Law, and Social Change 42(1), 83–97.
Moroff, Holger, 2005: Die Politik der EU gegenüber Russland: Kohärenz in der Vielfalt?, in: *Jopp, Mathias/Schlotter, Peter* (Hrsg.), Europäische Außen- und Sicherheitspolitik – Intergouvernementaler Club oder Kollektiver Akteur? Im Erscheinen.
Noonan, John T., 1984: Bribes. New York.
North, Douglass, 1990: Institutions, Institutional Change and Economic Performance. Cambridge.
Nye, Joseph S., 1967: Corruption and Political Development: A Cost-Benefit Analysis, in: American Political Science Review LXI(2), 417–427; abgedruckt in: *Heidenheimer, Arnold/Johnston, Michael* (Hrsg.), 2001: Political Corruption: Concepts and Contexts. New Brunswick, 281–300.
Pieth, Mark/Aiolfi, Gemma, 2002: How to Make a Convention Work: The OECD Recommendation and Convention on Bribery as an Example of a New Horizon in International Law, in: *Fijnaut/Hubertus* (Hrsg.), Corruption, Integrity and Law Enforcement. Den Haag, 349–381.
Polanyi, Karlm, 1944: The Great Transformation – The Political and Economic Origins of our Time. New York.
Putnam, Robert D. (Hrsg.), 2002: Democracies in Flux: The Evolution of Social Capital in Contemporary Society. Oxford/New York.
Risse, Thomas, 2000: Lets Argue: Communicative Action in World Politics, in: International Organization 54(4), 1–39.
Risse, Thomas, 2004: Global Governance and Communicative Action, in: Government and Opposition 39(2), 288–313.
Rittberger, Volker, 1993: Research on International Regimes in Germany. The Adaptive Internalization of an American Social Science Concept, in: *Rittberger, Volker* (Hrsg.), Regime Theory and International Relations. Oxford, 3–22.
Romer, Paul Michael, 1986: Increasing Returns and Long-run Growth, in: The Journal of Political Economy 94(5), 1002–1037.
Rose-Ackerman, Susan, 2002: „Grand" Corruption and the Ethics of Global Business, in: Journal of Banking & Finance 26(9), 1889–1918.
Rosenthal, Michael, 1989: An American Attempt to Control International Corruption, in: *Heidenheimer, Arnold/Johnston, Michael/LeVine, Victor T.* (Hrsg.), Political Corruption: A Handbook. New Brunswick, 701–715.
Schimmelfennig, Frank, 2001: The Community Trap: Liberal Norms, Rhetorical Action, and the Eastern Enlargement of the European Union, in: International Organisation 55(1), 47–80.
Seibel, Wolfgang, 1992: Das Mülleimermodell in der Verwaltungspraxis – oder wie sich Lösungen ihre Problem suchen, in: *Benz, Arthur/Seibel, Wolfgang* (Hrsg.), Zwischen Kooperation und Korruption. Abweichendes Verhalten in der Verwaltung. Baden-Baden, 135–173.
Sheffet, Mary Jane, 1995: The Foreign Corrupt Practices Act and the Omnibus Trade and Competitiveness Act of 1988: Did They Change Corporate Behaviour?, in: Journal of Public Policy and Marketing 14(2), 290–300.
Thomas, William I./Thomas, Dorothy Swaine, 1928: The Child in America: Behaviour Problems and Programs. New York.
U.S. Department of Commerce, 1995: The Big Emerging Markets: 1996 Outlook and Sourcebook. Washington.
Wendt, Alexander, 1992: Anarchy is what States Make of it: The Social Construction of Power Politics, in: International Organization 46(2), 391–425.
Wesberry, James, 1998: International Financial Institutions Face the Corruption Eruption, in: Northwestern Journal of International Law and Business 18(2), 498–523.
Williams, James W., 1999: The Business of Bribery: Globalization, Economic Liberalization, and the „Problem" of Corruption, in: Crime, Law and Social Change 32(2), 115–146.
Woolsey, James, 2000: Eure Unternehmen arbeiten mit Bestechung, in: DIE ZEIT, Nr. 14, vom 30.3.2000, 10.
The Economist, 1998: An Investment Treaty in Trouble: An International Agreement on Foreign Investment has Slipped out of Reach. What Went Wrong?, 2.3.1998.

The Economist, 2004: Climate Change – A Canary in the Coal Mine, 13.11.2004, 89–90.

Dokumente

EU Commission 2003, Framework Decision Criminalising Corruption in the Private Sector, in: Official Journal L 192/54, 31/07/2003.
EU Convention 1997, Convention on the Fight against Corruption Involving Officials of the European Communities or Officials of Member States of the European Union, in: Official Journal C 195/01, 25/06/1997.
EU Council 1991, Directive 91/308 on Prevention of the Use of the Financial System for the Purpose of Money Laundering, in: Official Journal L 166, 28/06/1991.
EU Council 1995, Regulation 95/2988 on the Protection of the Communities' Financial Interests, in: Official Journal L 312, 23/12/1995.
EU-Kommission 2003, Umfassender Monitoring-Bericht über die Vorbereitung Lettlands auf die Mitgliedschaft, Brüssel, <http://europa.eu.int/comm/enlargement/report_2003/pdf/cmr_lv_final_de.pdf>; 12.10.2004.
Europarat 1996, Programme of Action Against Corruption Multidisciplinary Group on Corruption, Committe of Ministers (96)133, 9.10.1996, Strasburg, <www.coe.int>.
Europarat 1999, Civil Law Convention on Corruption, 4.11.1999, Strasburg, <http://conventions.coe.int/treaty/en/Treaties/Html/174.htm>; 10.10.2004.
Europarat 1999a, Criminal Law Convention on Corruption, 21.1.1999, Strasburg, <http://conventions.coe.int/treaty/en/treaties/html/173.htm>; 10.10.2004.
ICC 1996, Verhaltensrichtlinien zur Bekämpfung der Korruption im Geschäftsverkehr, 11.10.2004 <http://www.icc-Deutschland.de/icc/frame/1.3.html>; 11.10.2004.
ICC 1999, Extortion and Bribery in International Business Transactions – 1999 revised version, <http://www.iccwbo.org/home/statements_rules/rules/1999/briberydoc99.asp>; 11.10.2004.
OECD-Konvention 1997, Übereinkommen über die Bekämpfung der Bestechung ausländischer Amtsträger im internationalen Geschäftsverkehr, Paris, 17.12.1997, <http://www1.oecd.org/deutschland/Dokumente/bestech.htm>; 12.10.2004.
Organisation of American States (OAS) 1996, B-58 Inter-American Convention Against Corruption, 29.3.1996, Caracas, <http://www.oas.org/juridico/english/Treaties/b-58.html>; 10.10.2004.
UNDP 1996, Aid Accountability Iniziative – Bi-Annual Report: 1 January-June 30, 1996, <http://magnet.undp.org/Docs/efa/Bian96.htm>; 10.10.2004.
UN 2003, United Nations Convention against Corruption, Merida, 11.10.2003, <http://www.unodc.org/pdf/crime/convention_corruption/signing/Convention-e.pdf>; 11.10.2004.
World Bank 1997, Helping Countries Combat Corruption: The Role of the World Bank, <http://www1.worldbank.org/publicsector/anticorrupt/corr uptn/corrptn.pdf>; 10.10.2004.

Anhang

Chronologie internationaler Anti-Korruptionsmaßnahmen	
1976	– OECD-Richtlinien für Multinationale Unternehmen
1977	– Sullivan-Prinzipien zur verantwortungsvollen globalen Unternehmensführung – US-Kongress verabschiedet den Foreign Corrupt Practices Act (FCPA) – Internationale Handelskammer, Verhaltensregeln zur Bekämpfung von Erpressung und Bestechung (überarbeitete Versionen 1996, 1999)
1991	– US-Kongress mildert FCPA ab, indem Firmen mit einem internen Anti-Korruptionsverhaltenskodex bei Verstößen gegen den FCPA milder bestraft werden
1994	– OECD Financial Action Task Force on Money Laundering (FATF), Vierzig FATF Empfehlungen zur Geldwäschebekämpfung (überarbeitet 2003) – WTO Plurilaterales Abkommen zum staatlichen Beschaffungswesen (ursprünglich in der Tokio-Runde des GATT ausgehandelt und 1981 in Kraft getreten)
1995	– Transparency International veröffentlicht erstmals den Korruptionswahrnehmungsindex
1996	– Organisation Amerikanischer Staaten, Interamerikanische Konvention gegen Korruption
1997	– EU-Konvention zur Bekämpfung der Korruption (betrifft Amtsträger der EU-Institutionen und ihrer Mitgliedstaaten) – OECD-Konvention gegen Bestechung im internationalen Geschäftsverkehr
1999	– Transparency International veröffentlicht erstmals den Wahrnehmungsindex zu Ländern deren Firmen Bestechungsgelder zahlen (Bribe Payers Index) – Europarat Strafrechts- und Zivilrechtskonvention gegen Korruption
2000	– Wolfsberg Prinzipien, Anti-Geldwäsche-Richtlinien für international tätige Privatbanken – OECD-Richtlinien für Multinationale Unternehmen
2001	– UNICORN (Trade Union Anti-Corruption Network), gewerkschaftliches Anti-Korruptions-Netzwerk
2002	– TRACE (Transparent Agents and Contracting Entities), entwickelt internationale Anti-Korruptionsstandards im Umgang mit Vermittlern und Intermediären und verleiht diesen Zertifikate – Konvention der Afrikanischen Union zur Vermeidung und Bekämpfung von Vergehen mit Korruptionsbezug – US-Kongress verabschiedet Sarbanes-Oxley-Gesetz, um Anleger durch strengere Transparenz- und Buchhaltungsvorschriften vor Betrug und Korruption zu schützen
2003	– Transparency International und Social Accountability International veröffentlichen Geschäftsprinzipien zur Bestechungsbekämpfung – Weltwirtschaftsforum und Transparency International initiieren ein Anti-Korruptionsprogramm für Energieunternehmen – UN-Konvention gegen Korruption

Zusammenfassungen

Christian K. Schmidt

Ulrich von Alemann: **Politische Korruption: Ein Wegweiser zum Stand der Forschung,** S. 13–49.

In seinem einleitenden Beitrag unternimmt es Ulrich von Alemann, orientierende Wegmarken zur Korruptionsforschung zu setzen, um der unüberschaubaren Vielfalt Herr zu werden. Er beschreibt die wesentlichen Aspekte der Korruptionsforschung in verschiedenen Perspektiven und Kontexten: Geschichte der Korruption, Definitionen, Forschungsdisziplinen und -methoden, Theorien, Typologien und Ursachen sowie Folgen und Bekämpfung der Korruption.

Durch die Darstellung von Korruption in historischer Perspektive, beginnend bei der Bibel und der Antike, verdeutlicht von Alemann, dass Korruption zu allen Zeiten und an allen Orten auftreten konnte und dass Korruption unterschiedlich bewertet werden muss. So ist Korruption Objekt vielfältiger, vielleicht notwendig vergeblicher Definitionsversuche. von Alemann skizziert die Konzeptionen der Korruptionsforschung, die er einem kurzen Abriss der Auffassungen verschiedener Wissenschaftsdisziplinen und deren Versuche, Korruption zu bestimmen, voranstellt. Sodann werden die Methoden der Korruptionsforschung, insbesondere die sozialwissenschaftlich orientierten diskutiert. Vor diesem Hintergrund thematisiert von Alemann die Theorien der Korruption, um anschließend das Konzept einer Austauschlogik politischer Korruption zu umreißen. Es folgen eine Besprechung von Typologien der Korruption, die Suche nach Ursachen, Überlegungen zu Art und Wirkung der Folgen und Bekämpfungsstrategien.

Schließlich resümiert von Alemann, dass es falsch wäre, Korruption zu dämonisieren, da sie zu allen Zeiten und Orten vorhanden oder möglich ist. Auch wenn Begriff, Ursachen und Phänomenologie der Korruption noch unklar sind und vielleicht bleiben müssen, ist es trotzdem erforderlich, sie rational und kreativ zu bekämpfen. Denn eines ist klar: Korruption schadet Politik, Wirtschaft und Gesellschaft.

Wolfgang Schuller: **Korruption in der Antike,** S. 50–58.

In der Antike war politische Korruption ein weit verbreitetes Phänomen. Auch wenn vermutlich nur die wichtigsten Fälle dokumentiert sind, so bilden diese ein weites Spektrum der politischen Korruption ab. Schuller berichtet zunächst deskriptiv von der politischen Korruption in verschiedenen Zeiträumen und Orten, um danach theoretische Schlüsse in Form einer Annäherung an eine Definition zu ziehen.

Er betrachtet die politische Korruption im archaischen Griechenland, im hellenistischen Ägypten und in der Römischen Republik und konturiert die berichteten Tatbestände bzw. Formen der Korruption wie Repetundendelikte, Ambitus und Richterbestechung. Er schließt mit theoretischen Überlegungen zu Definition und Grundlagen der Korruption. Das häufig vorkommende und oft bekämpfte Phänomen wird bestimmt durch eine an Handlungen orientierte definitorische Einordnung im unaufgelösten Spannungsfeld zwischen Personalismus und rationalem öffentlichen Verhalten.

Michael Johnston: **Keeping the Answers, Changing the Questions: Corruption Definitions Revisited, S. 61–76.**

Michael Johnston erweitert die Definitionsdebatte zu politischer Korruption um ein weiteres Konzept. Ausgangspunkt ist die These, dass die Debatte um politische Korruption notwendig zu keinem Ende gekommen ist. Dies liegt daran, dass allzu oft Erklärungen und Konsequenzen der politischen Korruption mit Definitionen verwechselt werden. Eine Perspektive, die das gesamte gesellschaftliche System betrachtet, erscheint seit langem nicht mehr angemessen. Aber auch eine moderne, rein am Verhalten orientierte Definition greift zu kurz, da durch sie keine Aussicht besteht, die Heterogenität politischer Systeme zu fassen.

Trotz der Vielfalt der Definitionen liegt vielen Konzepten der politischen Korruption eine einzige Idee zugrunde. Sie gründet auf dem Konzept: Missbrauch öffentlicher Macht zu privatem Nutzen. Diese Definition ist in so vielen Konzeptionen politischer Korruption vorhanden, weil sie tatsächlich der Kern der politischen Korruption ist.

Da eine weitere Diskussion auf Grundlage nur dieser Konstituierung des Begriffs der Korruption unergiebig erscheint, möchte Johnston den Fokus der Definition politischer Korruption verschieben. Statt zu ermitteln, was politische Korruption ist, soll systemisch gefragt werden, was uns das jeweilige Konzept von Korruption über das politische System und seine Bedingungen sagt.

Ruth Zimmerling: **Politische Korruption: begrifflich-theoretische Einordnung, S. 77–90.**

Zimmerling schlägt eine neue Definition politischer Korruption vor, die sich durch Knappheit und Einfachheit auszeichnet. In zwölf Schritten entwickelt sie mittels begrifflich-theoretischer Einordnungen ein Konzept, nach dem Korruption in politisch-staatlichen Kontexten dann vorliegt, wenn Amtsträger im weiten Sinne nicht autorisierte Amtshandlungen als Teil einer perzepierten Tauschbeziehung vornehmen.

Zunächst konstatiert Zimmerling, dass es sich bei Korruption um eine Klasse von Normverletzungen bestimmter Art handelt, nämlich solcher, die aus *falschen Gründen* stattfinden. Hierbei ergibt sich das Problem, dass falsche Gründe nicht notwendig mit persönlichen Vorteilen übereinstimmen. Um dies zu umgehen, postuliert Zimmerling, dass bei Korruption notwendig eine Tauschbeziehung zwar nicht vorliegen, diese aber doch zumindest als solche verstanden und wahrgenommen werden muss. Diese Definition impliziert, dass ein Gegenüber wahrgenommen oder vorhanden sein muss. Auf Grundlage dieser Thesen entwickelt sie vier Falltypen. Diese bilden das Universum möglicher korrupter Beziehungen und Konstellationen ab.

Mark Philp: **Modelling Political Corruption in Transition**, S. 91–108.

Anhand der immer relevanter werdenden Problematik der Korruptivität der zentral- und osteuropäischen Beitrittsländer zur EU entwickelt Philp eine Debatte zu Konzeptionen politischer Korruption. Hierbei vergleicht er zwei grundlegende Definitionsrichtungen der Korruption, nämlich zum einen die moderne Auffassung durch die Definition von Klitgaard und zum anderen die klassische Auffassung.

Einerseits hat die moderne Auffassung erhebliche Nachteile. Immer noch im Wesentlichen ökonomisch orientiert am Prinzipal-Agenten-Modell hat sie systemische Aspekte, verdeutlicht durch die politischen Prozesse, nicht im Blick. Deswegen führen auch Entwicklungen hin zu weniger Staat zu keinem Erfolg bei der Korruptionsbekämpfung. Auf der anderen Seite kann die klassische Auffassung helfen, den politischen Prozess zu beachten. Aus der Konvergenz der beiden Richtungen entwickelt er Handlungsmöglichkeiten für die Korruptionsbekämpfung in den MOE-Ländern.

Die – auch nicht durchweg vorteilhaften – klassischen Definitionen liefern jedenfalls ein klares Bild vom geschädigten System. Die Überlegungen Philps zielen darauf, mehr systemische Aspekte und den politischen Prozess in den Vordergrund zu stellen, wenn es um politische Korruption geht. Hierbei ist Korruption nicht so oft, wie man meint, das zentrale Problem, obwohl es oft dazu gemacht wird. Nützlich für die Beurteilung der Korruption erscheint Philp eine Einschätzung des politischen Systems hinsichtlich vertikaler Konsolidierung seiner Strukturen und Prozesse.

Donatella della Porta / Alberto Vannucci: **The Moral (and Immoral) Costs of Corruption**, S. 109–134.

Della Porta und Vannucci konfrontieren das Konzept moralischer Kosten mit verschiedenen Ansätzen politischer Korruption, zum einen der einer ökonomischen und zum anderen einer politikwissenschaftlich vergleichenden Auffassung. Während bei jener die *Kosten* fix erscheinen, so sind sie bei dieser schwer fassbar. Korruption ist hier verknüpft mit Merkmalen wie Klientelismus, Religion, öffentlicher Meinung usw.

Um dies zu verdeutlichen, wird zunächst das jeweilige *Berufsethos* von Amtsträgern wie von Unternehmern charakterisiert. In konstruktivistischer Perspektive werden moralische Kosten neutralisierende Faktoren identifiziert. Zudem werden durch eine neoinstitutionalistische Betrachtungsweise alternative Normen ermittelt. Ist die Schwelle zu Korruption niedrig, entwickeln sich politische Parteien wie ökonomische Unternehmen zu Institutionen zur Unterstützung der Korruption als Norm.

Martin Morlok: **Politische Korruption als Entdifferenzierungsphänomen**, S. 135–152.

Ausgehend von einem weiten Verständnis politischer Korruption auf Grundlage systemtheoretischer Überlegungen vor allem Niklas Luhmanns, konturiert Morlok einen Begriff der speziellen politischen Korruption in und um Parteiorganisationen und hier wiederum speziell bezüglich der Parteienfinanzierung. Er betrachtet politische Korruption als Phänomen der *Entdifferenzierung* – also einer Gegenbewegung der Ausdifferenzierung der Gesellschaft, insbesondere des Systems der Politik. Erst durch diese spezifische Ausdifferenzierung wird die Entdifferenzierung möglich. Hierbei definiert Morlok politische Korruption als Verstoß gegen ein *offizielles Normprogramm*.

Grundlage einer effizienten Entdifferenzierung eines demokratischen politischen Systems ist die Gewährleistung der Chancengleichheit. Hierzu werden politische Parteien benötigt. Bei der Betrachtung der Parteienfinanzierung als Arena politischer Korruption macht Morlok letztlich deutlich, dass nicht die Bereicherung einzelner Personen oder Gruppen die zentrale Auswirkung und Gefahr der Korruption ist, sondern vielmehr der Verlust der Unabhängigkeit des politischen Systems gegenüber seiner Umwelt. Es geht also um die Verteidigung der Chancengleichheit und Demokratie im politischen System, speziell durch die rechtliche Regulierung der Parteienfinanzierung. Bei der Beurteilung von Korruption müssen aber immer Faktoren der politischen Kultur einbezogen werden. Aufgabe der Wissenschaft, die sich auch als *politische* Wissenschaft begreift, ist die Verteidigung einer demokratieförderlichen politischen Kultur.

Ernesto Garzón Valdés: **Zur moralischen Bewertung von Korruption: ein Vorschlag,** S. 155–163.

Garzón Valdés versucht eine moralische Bewertung und Einordnung des Konzepts politischer Korruption, indem er diese durch verschiedene Perspektiven und Thesen diskutiert und typisiert. Er unterscheidet eine bedingungslose Unmoral der Korruption, in der Korruption immer moralisch verwerflich ist, eine relative Unmoral der Korruption, in der Korruption ein Ersatz für Gewalt sein kann, eine von moralischen Kontexten abhängige Korruption, die in bestimmten Zusammenhängen moralisch zu verteidigen ist und schließlich eine funktionale Moralität der Korruption in politischen Systemen, in denen Korruption die bessere von zwei Alternativen, z.B. im Vergleich zum Kolonialismus, ist.

Der Vorschlag einer Definition von Garzón Valdés führt zu einer Unterscheidung von „positiver" und „kritischer" Moral, wobei diese jene beurteilt. „Positiv" moralisch betrachtet ist Korruption immer verwerflich, „kritisch" moralisch und universell wird Korruption an der Moral des Konzepts der Demokratie ausgedrückt durch die Form eines sozialen Rechtsstaats gemessen. Der Autor warnt bei der aufgezeigten Vielfalt jedoch vor Generalisierungen.

Michael Baurmann: **Korruption, Recht und Moral,** S. 164–182.

Will man etablierte Korruption in einem politischen System bekämpfen, so muss man den Zustand der gesamten Gesellschaft verändern, postuliert Baurmann. Obwohl gegen starke konkurrierende Normensysteme von z.B. Subkulturen schwer durchsetzbar, haben staatliche Rechtsnormen wichtige unverzichtbare Funktionen. Es ist jedoch eine Untersuchung der Wirkung von staatlicher Strafe in sozialwissenschaftlicher Perspektive nötig, die Wirkungen analysiert und über eine bloße Abschreckungsprävention hinausgehen.

Hierzu legt Baurmann zunächst dar, dass Rechtsnormen mit Strafen als Mittel der moralischen Erziehung und Abschreckungsprävention schwer oder gar nicht gegen bestehende soziale Normen durchsetzbar sind. Wirksamer erscheinen hier Maßnahmen im Sinne der positiven Generalprävention, die aktives freiwilliges Befolgen von Normen befördert. Es ist allerdings zwingend nötig, dass Strafen und die ausführenden

Subjekte legitimiert und durch ihre Effizienz und Verlässlichkeit Vertrauen vermittelnd erscheinen.

Reinhard Zintl: **Soziale Normen und politische Korruption, S. 183–194.**

Die Beherrschung von Korruption kann niemals als stabil gelten. Bei der Diskussion von Normen und Korruption stützt Zintl diese These, indem er mehrere Ebenen unterscheidet, auf denen Normen verletzt werden können. Die Modelle zu diesen Ebenen gründen auf dem Prinzipal-Agenten-Konzept, das Zintl kurz skizziert und interpretiert. Vor der Diskussion der Ebenen konturiert er diese durch die Beschreibung von drei Typen der Korruptionsbekämpfung, die jene Ebenen kenntlich machen.

Konkreter fassbar und beurteilbar ist Korruption auf der Ebene der Vollzugsorgane von Verwaltung usw. Problematischer wird es bereits, wenn es um Agenten mit freiem Mandat geht. Wenn es um das Verhalten und das Zügeln der Wähler selbst geht, so in seiner abstrakten Funktion als Prinzipal in der Rolle des Volkes, hängt Korruption in starkem Maße vom vorhandenen „sozialen Kapital" ab.

Susan Rose-Ackerman: **Groß angelegte Korruption und Ethik in der globalen Wirtschaft, S. 195–229.**

Das Augenmerk von Rose-Ackerman liegt bei der Frage, welche ethischen Verpflichtungen die Akteure des Global Business bei der Bekämpfung groß angelegter Korruption, der *grand corruption*, haben. Mit ihrer These und Forderung, die Akteure müssen sich von Zahlungen fern halten, setzt sie sich deutlich ab von Auffassungen, die Korruption in bestimmter Weise und in bestimmten Kontexten als legitim erachten. Denn letztlich ist Korruption schädlich für das wirtschaftliche Wachstum der einbezogenen Länder, da sie zu Ungerechtigkeit, zur Schwächung der Legitimität und zur Ineffektivität des Marktes führt.

Rose-Ackerman macht Vorschläge, wie Firmen, die sie als „moralische Akteure" sieht, auf Korruption antworten können und welche Maßnahmen und Strategien sie verfolgen sollten. Firmen *müssen* sogar Korruption verurteilen und bekämpfen, da sie als durch das jeweilige Recht entstandene Körperschaften in politisch ökonomischen Systemen, Verpflichtungen haben, die über reine Profitmaximierung hinausgehen. Hierbei erscheint kollektives Handeln auf der Grundlage einer Firmenethik, ohne die Antikorruptions-Politik nicht auskommt, als der einzig sinnvolle Weg. Rose-Ackerman skizziert den derzeitigen Stand internationaler Bekämpfungsstrategien und schlägt weitere Schritte vor, nämlich die Schaffung und Verinnerlichung von Antikorruptionsnormen und institutionelle Schritte.

Johann Graf Lambsdorff: **Wieso schadet Korruption?, S. 233–248.**

Lambsdorff untersucht den Einfluss von Governance-Indikatoren – *Bureaucratic Quality, Civil Liberties, Government Stability, Law and Order* – auf die wirtschaftliche Entwicklung. Steigt die wahrgenommene Korruption eines Staates auf der Skala des Corruption Perceptions Index von 1 – 10 um nur einen Punkt, sinkt die Produktivität um 4 Prozent, die Nettokapitalzuflüsse um 0,5 %, so eine These.

Lambsdorff zeigt durch empirische Untersuchungen, dass niedrigere Nettokapitalimporte letztlich durch mit Korruption einhergehendem Fehlen rechtsstaatlicher Tradition und dass niedrigere Produktivität durch geringere Leistungsfähigkeit der Bürokratie verursacht werden. Als wirkungsvolle Korruptionsbekämpfung empfiehlt Lambsdorff daher einerseits administrative Reformen und andererseits den Aufbau bzw. die Stärkung rechtsstaatlicher Tradition.

Philip Manow: **Politische Korruption und politischer Wettbewerb: Probleme der quantitativen Analyse, S. 249–266.**

Zwar ist der Einfluss des politischen Wettbewerbs auf die Korruption eines betrachteten Systems ein zentrales und oft diskutiertes und gebrauchtes Konzept, das in seiner Vielfalt von Manow kurz vorgestellt wird. Jedoch ist die Erklärungskraft dieser Konzeptionen selten empirisch quantitativ überprüft worden.

Manow betrachtet durch eine Replikationsstudie insbesondere zwei Studien, die dies versuchten. Manow bezweifelt die Ergebnisse dieser Studien, insbesondere jene, die direkt einen Zusammenhang darstellen zwischen höherem politischen Wettbewerb und niedrigerem Korruptionslevel.

Er schließt, dass politischer Wettbewerb tatsächlich Korruption eindämmt und in besonderer Betrachtung der Parteien und Wahlregeln, dass nicht dort, wo Parteien stark sind, Korruption blüht, sondern vielmehr dort, wo Parteien wenig Kontrolle über ihre Kandidaten haben.

Florian Eckert: **Lobbyismus – zwischen legitimem politischem Einfluss und Korruption, S. 267–286.**

Problematische Nebeneinkünfte von Abgeordneten sind in letzter Zeit schlagartig in das Bewusstsein der deutschen Öffentlichkeit gedrungen. Aber kann und darf hier von Korruption gesprochen werden? Florian Eckert versucht, den Graubereich zwischen Lobbyismus und Korruption aufzuhellen und zu strukturieren. Er beschreibt das Wesen des Lobbyismus und diskutiert das Für und Wider des Phänomens unter Berücksichtigung demokratietheoretischer Gesichtspunkte – insbesondere der Pluralismusdebatte. Die Grenze zur Korruption ist nicht klar zu umreißen, sondern man kann sich ihr lediglich nähern, wobei Eckert das Polaritätenschema von Alemanns und dessen Konzept der Schattenpolitik zu Hilfe nimmt. Ein wichtiges Unterscheidungskriterium wird im Tauschmedium gesehen: Beim Lobbyismus ist es die Information, bei der Korruption der unrechtmäßige geldwerte Vorteil. Er kommt zu dem Ergebnis, dass es keine genaue Unterscheidung der wesensverwandten Phänomene gibt. Er schließt daraus, dass Legitimität vor Legalität bei der Beurteilung der Phänomene gehen muss.

Vor dem Hintergrund dieser theoretischen Überlegungen diskutiert Eckert, wie und in welchem Maße eine zuviel in die Korruption übergreifende Lobbytätigkeit bekämpft werden muss. Er hält die vorhandenen Selbstreinigungskräfte im politischen System für ausreichend. Weder eine Veröffentlichung sämtlicher Einkünfte von Abgeordneten noch die Schaffung zusätzlicher Transparenz werden als wirksam eingestuft. Ein Zuviel an Transparenz schafft Intransparenz, qualifizierte Abgeordnete sind nur schwer zu haben, wenn man all ihre Einkünfte veröffentlichen möchte, so seine Bedenken.

Frank Marcinkowski / Barbara Pfetsch: **Die Öffentlichkeit der Korruption – Zur Rolle der Massenmedien zwischen Wächteramt, Skandalisierung und Instrumentalisierbarkeit, S. 287–308.**

Marcinkowski und Pfetsch bestimmen in ihrem Text die gewandelte Rolle der Massenmedien bei der Bekämpfung der Korruption. Die Massenmedien befinden sich in einem tiefen Strukturwandel, der sie wegführt von der Perspektive anspruchsvoller demokratietheoretischer Normen wie Beförderung und Ermöglichung von Information und Artikulation, Bildung und Sozialisation sowie Kritik und Kontrolle. Gerade die bei der Korruptionsbekämpfung relevante Kritik- und Kontrollfunktion können die Massenmedien nicht bzw. nicht mehr erfüllen, da sie aus ihrer dienenden Rolle heraustreten und zunehmend zu einem eigenständigen Faktor des politischen Prozesses werden. Problematisch erscheint hier, dass Medien zwar durch die Interpretation politischer Sachverhalte Korruption bestimmen, diese Bestimmung aber diffus bleibt und weit über das strafrechtlich Relevante hinausgeht. Eine notwendige Normgenese und -stabilisierung unter den derzeitigen Bedingungen kann nicht geleistet werden. Denn die Konstruktion der Medienrealität von Korruption ist einer Aufmerksamkeitsökonomie mit hohem Verfallswert unterworfen.

Diese Überlegungen werden schließlich anhand der Thematisierung von Korruption in deutschen Massenmedien durch Ergebnisse einer Inhaltsanalyse empirisch überprüft bzw. spezifiziert. Die Lage in der Bundesrepublik Deutschland ist gekennzeichnet durch eine fehlende Tradition des investigativen Journalismus bei gleichzeitiger Nähe von Journalisten und Akteuren der Korruptionsarenen sowie einem Fokus auf überregionale Ereignisse. Ökonomisch geleitete mediale Selektionsregeln beschränken die Kommunikation über Korruption auf handlungsorientierte Sichtweisen, ohne die Strukturen zu diskutieren. Die Berichterstattung beschränkt sich in der Regel auf Anklagen und Verdachtsmomente, da diese medienwirksam sind und nicht belegt werden müssen. Insgesamt zeigen die Ergebnisse, dass die Konstruktion der Korruption durch die Massenmedien sich weitgehend in der beschriebenen Weise gewandelt hat.

Dirk Berg-Schlosser: **Korruption und Entwicklungsforschung, S. 311–327.**

Berg-Schlosser bearbeitet den Nexus zwischen Korruption und Entwicklungsforschung, indem er besonderes Augenmerk auf systemische und historisch-regionale Kontexte der jeweiligen Staaten legt. Er bestätigt, dass die Modernisierungs- und die Dependenztheorie bei weitem nicht genug Erklärkraft aufweisen, um die Phänomene der Korruption zu bewerten und zu bekämpfen. Vielmehr erscheint die Verlagerung auf Aspekte der Staatlichkeit, Good Governance und die Arbeit mit politischen Konditionalitäten sowie dem Konzept der Pfadabhängigkeit angemessener und wirkungsvoller.

Er belegt dies durch die dargelegte Typisierung der Staaten nach konkreten Kontexten politischer Systeme. Etablierte Entwicklungs- und Governance-Indikatoren weisen signifikante Unterschiede auf nach Region – Afrika, Asien, Lateinamerika, Naher Osten – und Systemtyp – traditionale Monarchie, neo-patrimonial, Polyarchie, prätorianisch, sozialistisch. Während traditionale Monarchien relativ geringe Korruptivität aufweisen, sind neo-patrimoniale bzw. prätorianische Systeme sehr von Korruption betroffen. Aber auch neue Demokratien bzw. Polyarchien sind nicht gefeit gegen Korruption.

Thomas Heberer: **Korruption in China, S. 328–349.**

Korruption in China ist ein systemisches Phänomen und muss als solches bekämpft werden. Heberer beschreibt Wurzeln, Entwicklung und Phänomene der Korruption in China. Korruption ist hier in besonderem Maße historisch gewachsen; nach der Öffnung für den Westen scheinen viele alte Erscheinungsformen der Korruption neu zu erwachen. Neben den üblichen Formen der Korruption, im Chinesischen *fubai*, also sittlicher und moralischer Verfall, beschreibt Heberer die Besonderheit des *guanxi*, als durch Netzwerk geprägtes Phänomen von *Proto-Korruption*. Guanxi ist ein gewachsenes starkes Netzwerk sozialer Beziehungen, das auf Gefallen und Gegengefallen, auf starker lokaler und bzw. oder verwandtschaftlicher Verbundenheit und Verpflichtung beruht.

Guanxi, die Stärke des Staates und seine stärkere Legitimitätsbasis in der Bevölkerung in China begründen wesentliche regionale Unterschiede zur Korruption beispielsweise in Afrika. Aber wenngleich die Korruption in China vielen als stabiler und somit berechenbarer erscheint, so postuliert Heberer, dass sie letztlich in gleichem Maße schädlich ist.

In China ist bei hoher Korruptionswahrnehmung der Diskurs über politische Korruption seit je hoch, wurde jedoch lange Zeit nur bekämpft, wenn die politische Elite gefährdet schien. Nunmehr ist sie jedoch verknüpft mit der Diskussion um politische Reformen und Demokratisierung, in der Korruption als systemisches Phänomen begriffen wird.

David Nelken: **Politische Korruption in der Europäischen Union und der Fall Italien, S. 350–364.**

Nelken nimmt den Rücktritt der EU-Kommission um Edith Cresson zum Anlass, um festzustellen, dass sich die Institutionen, deren Aufgabe es ist, Korruption und Betrug zu untersuchen und zu bekämpfen, beschränken auf eine Bestimmung von Art und Umfang des jeweiligen Vergehens. Zunehmend werden die Möglichkeiten der Institutionen selbst kritisch betrachtet, denn sie befinden sich in dem Dilemma, einerseits in ihren Berichten usw. Korruption zu benennen und andererseits die Aufgabe zu haben zu vermitteln, dass bezüglich Korruption alles unter Kontrolle ist.

Vor dem Hintergrund dieser Problemlage stellt Nelken verschiedene Formen des Betrugs und seinen Verbindungen zur Korruption vor; ein besonderer Schwerpunkt hierbei ist eine Fallstudie zu Italien. Er schließt mit einer Prognose zur Zukunft des Betrugs in Europa, dessen Stärke und Häufigkeit ein Symptom für mangelnde Loyalität zu einem Europa-Ideal ist.

Sabine Ruß: **Analytische Schattenspiele: Konturen der Korruption in Frankreich, S. 365–383.**

Ruß entwickelt für Frankreich ein Bild der Korruption und ihrer spezifischen Wachstumsbedingungen. Vor dem Hintergrund der Ansätze von u. a. von Alemanns Konzept der *Schattenpolitik* und dem *Schwarz-Grau-Weiß-Schema* Heidenheimers nimmt sie eine qualitative Analyse der Korruption in Frankreich anhand vieler Beispiele vor.

Im politischen System Frankreichs immanente sowie in der französischen politischen Kultur gewachsene Bedingungen, die zum einen *Korruptionsanreize* und zum anderen *Korruptionsgelegenheiten* bieten, haben zunächst die vorhandene Korruption ermöglicht und bis in die 1980er Jahre überdeckt und behindern immer noch die Korruptionsbekämpfung, trotz stückwerkartiger möglicher Reformen. Als Ursachen nennt Ruß die Verflechtungen von Justiz und Exekutive und mithin Kontrolldefizite, die Verflechtung der nationalen und lokalen Ebene, die Tabuisierung von Geld und Interessen in der katholisch geprägten französischen Gesellschaft und die nicht zur Aufklärung und Kritik geeignete Kultur des Journalismus. Obwohl allerlei Verflechtungen, in der Hauptsache diejenigen, die sich in den Elitennetzwerken überschneiden, jede Reform behindern, gibt es Lichtblicke, wie die des zunehmend kritischen Journalismus, der mit einigen Richtern einer neuen Generation zusammenarbeitet.

Andrea Römmele: **Partei- und Wahlkampfspenden – Erfahrungen aus der BRD und den USA, S. 384–394.**

Partei- und Wahlkampfspenden sind notwendig, bergen aber die Gefahr der Verzerrung der Partizipation auf der Grundlage des Prinzips „one man, one vote". Welche Maßnahmen und Regelungen sind geeignet, um Spenden von korrupten Einflüssen zu befreien bzw. zu bewahren, fragt Römmele in ihrem Beitrag.

Um dies zu beleuchten, untersucht Römmele zunächst vergleichend die historische Entwicklung der Spendenregulierung in der Bundesrepublik Deutschland. Hier diskutiert sie im Besonderen die Regelung über Anreize und über Veröffentlichung. Sie schließt, dass die derzeitige Regelung eine angemessene und wirkungsvolle Kombination aus Abschreckung und Anreiz ist. Sodann vergleicht sie die Regelungen der Bundesrepublik Deutschland durch die Beschreibung der Regelungen in den USA. Diese Regelungen unterscheiden sich sehr von den deutschen; die in den USA erscheinen jedoch trotz ihrer größeren Strenge weniger wirkungsvoll.

Michael Wiehen: **Nationale Strategien zur Bekämpfung der politischen Korruption, S. 397–423.**

Wiehen beschäftigt sich in seinem Beitrag mit den Bekämpfungsstrategien gegen politische Korruption auf nationaler Ebene, also im System der Bundesrepublik Deutschland, wobei vieles, so betont er, natürlich auf andere Systeme übertragbar ist. Hierbei geht er von einem engen Begriff der politischen Korruption als Einflussnahme auf Parteien und Politiker/-innen im Hinblick auf ihre Entscheidungen aus. Bekämpfungsstrategien müssen notwendig repressive und präventive Elemente enthalten. Diese diskutiert er in drei Kapiteln, nämlich zur Parteienfinanzierung, zur Rolle der gewählten Mandatsträger und politischen Beamten und zur Integrität bei der Auftragsvergabe.

Im Kapitel zur Parteienfinanzierung benennt Wiehen die Defizite der letzten Änderungen durch das 8. und 9. Änderungsgesetz zum Parteiengesetz aus Sicht von Transparency International. Er fordert angemessene Höchstgrenzen für Spenden, bessere Transparenz der Spendentätigkeit, zuverlässigere Kontrollen und adäquate Sanktionen. Im Kapitel zu Mandatsträgern und politischen Beamten betrachtet er u.a. die Problemfelder von Interessenkollisionen, Spenden, Ausschussarbeit, Ämterpatronage und Abgeordnetenbestechung. Einige Probleme werden durch die UN-Konvention gemildert. Er beschreibt noch weitere Präventionsinstrumente zur Wahrung der Integrität bei Auftragsvergabe, wie das Informationsfreiheitsgesetz, Schutz für Hinweisgeber, Zentralregister korrupter Unternehmen und Wesen und Wirkung des TI-Integritätspaktes.

Mark Deiters: **Die UN-Konvention gegen Korruption – Wegweiser für eine Revision der deutschen Strafvorschriften?, S. 424–443.**

Im deutschen Strafrecht wird zwischen *politischer* und *staatlicher* Korruption unterschieden. Während die politische Korruption von Abgeordneten „privilegiert" und sehr eingeschränkt bestraft wird, erscheint die staatliche Korruption von Amtsträgern gemäß der Konvention sogar als zu weit, da sie das verübte Unrecht unzureichend präzisiert.

Deiters beschreibt zunächst die Bevorzugung der politischen Korruption von Abgeordneten in den deutschen Strafvorschriften, um diese dann vor dem Hintergrund der Vorgaben der UN-Konvention und der historischen Entwicklung des deutschen Korruptionsstrafrechts kritisch zu betrachten. Das deutsche Strafrecht befindet sich in einem politischen Dilemma zwischen kriminalpolitischer Effizienz, also der Zielvorgabe, einen möglichst großen Anteil der Korruption zu erfassen und der anderen Zielvorgabe, nur das wirklich Strafwürdige zu bestrafen.

Deiters ist der Ansicht, dass die UN-Konvention dazu dienen kann, die Strafvorschriften zu revidieren und die Differenzierung zwischen politischer und staatlicher Korruption aufzuheben. Denn die UN-Konvention, die demokratische Institutionen allgemein schützen helfen soll, bezeichnet lediglich den *public official* und bezieht den Abgeordneten in den Begriff des Amtsträgers mit ein.

Holger Moroff: **Internationalisierung von Anti-Korruptionsregimen, S. 444–477.**

Erst in den 90er Jahren des vergangenen Jahrhunderts gab es einen regelrechten Schub der Korruptionswahrnehmung und -bekämpfung durch etablierte internationale Antikorruptionsregime. Holger Moroff fragt in seinem Beitrag, warum nicht schon in früheren Zeiten, in denen Korruption auch schon als wirtschaftlich wie politisch schädlich angesehen wurde und starke Interessen bestanden, Korruption zu bekämpfen, eine solche Entwicklung stattgefunden hat – vielleicht sogar gar nicht stattfinden konnte.

Um dies zu klären, nimmt er zunächst einen historischen Drei-Phasen-Vergleich vor. Zunächst unterscheidet er die Phase der Globalisierung (1870 – 1914) ohne Normbildung. In dieser bestehen zwar Einsichten zur Schädlichkeit der Korruption und starke Interessen an deren Bekämpfung, es herrscht jedoch zum einen keine Normenkonvergenz vor und zum anderen ist noch ein zu hohes Maß an Konkurrenz der politischen Systeme bei gleichzeitiger starker Verknüpfung politischer und wirtschaftlicher einzelstaatlicher Interessen wirksam.

In der zweiten Phase (1970 – 1990) schreitet die Normbildung durch u.a. Skandale in den USA voran, es wächst hierdurch das Maß an gemeinsamer Wertorientierung. Vor Ende des Ost-West-Konflikts ist die Normdurchsetzung bei weiterhin bestehender starker machtpolitischer Divergenz aber noch nicht möglich.

Erst in der dritten Phase ab 1990, in einer multipolaren weltpolitischen Situation mit einem Hegemon bei gleichzeitiger relativer wirtschaftlicher wie politischer Homogenität fast aller bedeutenden Staaten und steigendem Anteil von Direktinvestitionen bei sinkender Entwicklungshilfe, sind die Bedingungen in allen drei Perspektiven gegeben.

In diesen Perspektiven sowie hinsichtlich der Handlungslogiken bedeutender internationaler Anti-Korruptionsregime, ihrer Maßnahmen, deren Wirksamkeit und den Zielgruppen, an die sich die Maßnahmen richten, entfaltet Moroff ein umfassendes Kategorienschema.

Erst durch eine Perzeptionskonvergenz verschiedener Akteure in dreierlei Hinsicht, nämlich in Normen- und Wertorientierung, Ordnungs- bzw. Stabilitätsorientierung, sowie schließlich machtpolitischer und utilitaristischer Perspektive, konnten wirksame internationale Anti-Korruptionsregime entstehen. Die Wahrnehmung und Beurteilung und folglich die Bekämpfung und die Durchsetzung der hierzu erforderlichen Instrumente hängen jedoch weniger von einer als absolut verstandenen Realität ab, als vielmehr von den Denk- und Rollenmustern der Akteure, die Korruption definieren.

Abstracts

Christian K. Schmidt

Ulrich von Alemann: **Political Corruption: A Guide to the State of Research**, pp. 13–49.

In his introductory contribution, Ulrich von Alemann takes over the task of setting orientating landmarks of corruption research to cope with the inestimable variety. From different points of view and in different contexts he describes the crucial aspects of corruption research: history of corruption, definitions, branches and methods of research, theories, typologies, reasons as well as results of corruption, and fight against corruption.

By outlining corruption from the historic point of view, starting out from the bible and from antiquity, von Alemann makes clear that corruption could appear at all times and all places and that corruption must be judged in different ways. Thus, corruption is the subject of various, maybe necessarily futile attempts of definition. von Alemann gives a short sketch of the concepts of different disciplins and their attempts at defining corruption by at first outlining the concepts of corruption research. Following this, the methods of corruption research, particularly those being sociology-orientated, are explained. In this context von Alemann discusses the theories of corruption and then as a conclusion lines out the concept of an exchange logic of political corruption. After that, there is the discussion of typologies of corruption, the search for causes, thoughts on the kinds and the effects of its results, and strategies of fighting it.

Finally, von Alemann draws the conclusion that it would be wrong to demonize corruption because it is existent or possible at all times and places. Even if concept, causes, and phenomenology of corruption are still unclear and maybe must stay unclear it is still necessary to fight it in a rational and creative way. For one thing is clear: corruption harms politics, economy, and society.

Wolfgang Schuller: **Corruption in Antiquity**, pp. 50–58.

In the ancient world corruption was a widely spread phenomenon. Even if probably only the most important cases are documented they depict a broad spectre of political corruption. Schuller at first reports in a descriptive way on political corruption during various periods and in various places. After this, he draws theoretical conclusions by way of approaching a definition.

He looks at political corruption in archaic Greece, in Hellenistic Egypt, and in the Roman Republic, and lines out the reported facts or rather kinds of corruption, e. g. repetundis offences, ambitus, and bribing judges. He concludes with theoretical thoughts on definition and prerequisites of corruption. The often existing and often fought phenomenon is determined by action-orientated defining categorizing within the unsolved area of tension between personalism and rational public behaviour.

Michael Johnston: **Keeping the Answers, Changing the Questions: Corruption Definitions Revisited,** pp. 61–76.

Michael Johnston increases the debate on the definition of political corruption by one more concept. Starting point is the thesis that necessarily the debate on political corruption has not ended. This is due to the fact that all too often explanations for and consequences of political corruption are mixed up with definitions. Since a long time ago, a perspective which looks at the entire political system has not seemed to be appropriate. But also a modern definition, only orientated towards behaviour, is not wide enough as it does not offer any prospect of understanding the heterogoneity of political systems.

Despite the variety of definitions, many concepts of political corruption are based on only one idea. It comes from the concept: abuse of public power in favourite of private advantage. This definition appears in so many concepts of political corruption because indeed it is the nucleus of political corruption.

As any further debate on the basis of only this way of constituting the idea of corruption seems fruitless, Johnston wants to shift the focus of defining political corruption. Instead of investigating what political corruption is, he suggests to ask systematically what each concept of corruption tells us about the political system and its conditions.

Ruth Zimmerling: **Political Corruption: Terminological and Theoretical Classification,** pp. 77–90.

Zimmerling suggests a new definition of political corruption which distinguishes itself by shortness and simplicity. By twelve steps and by way of terminological and theoretical classification she develops a concept according to which corruption in political and state contexts exists if office bearers in the wider sense of the word carry out non-authorized official actions as part of a perceived swap relationship.

At first Zimmerling states that corruption is a class of norm violations of a certain kind, i. e. those happening for *the wrong reasons.* In this context there is the problem that wrong reasons do not necessarily match personal benefits. To avoid this, Zimmerling postulates that in the case of corruption a swap relationship is not necessarily existent but that at least it is considered and perceived to be one. This definition implies that a person opposite must be perceived or must be existent. On the basis of these thesis she develops four types of cases. They depict the universe of possible corrupt relationships and constellations.

Mark Philp: **Modelling Political Corruption in Transition,** pp. 91–108.

On the basis of the more and more relevant problem of corruptivity in the Central and Eastern European countries acceding to the EU Philp develops a debate on concepts of political corruption. In this context he compares two fundamental ways of defining corruption, i. e. on the one hand the modern idea according to Klitgaard's definition and on the other hand the classical approach.

On the one hand, the modern way of understanding corruption shows considerable disadvantages. Still economically orientated towards the principal-agent model, it does not perceive systematic aspects as made clear by political processes. Thus, also developments towards less state do not produce any results in the fight against corruption. On the other hand, the classical approach may help with keeping the political process in mind. From the convergence of both approaches he developes opportunities for action for the fight against corruption in the CEE countries.

The – also not always favourable – classical definitions at least offer a clear image of the affected system. Philp's thoughts aim for rather giving priority to systemic aspects and to the political process when talking of political corruption. In this context, corruption is not that much the central problem as often thought, although it is often treated that way. For Philp, evaluation of the political system regarding a vertical consolidation of its structures and processes seems to be useful for judging corruption.

Donnatella della Porta / Alberto Vannucci: **The Moral (and Immoral) Costs of Corruption**, pp. 109–134.

Della porta and Vannucci confront the concept of moral costs to different approaches of political corruption, on the one hand to that of an economic view and on the other hand to a comparing view of political science. While in the case of the former the costs appear to be fixed, in the case of the latter they are difficult to estimate. Here, corruption is connected to features like clientelism, religion, public opinion etc.

To explain this in more detail, at first the *professional ethos* of office bearers and entrepeneurs respectively are characterized. From a constructivist point of view the moral costs of neutralizing factors are identified. Furthermore, alternative norms are investigated by help of a neo-institutionalist view. If the step towards corruption is only small, political parties as well as economic enterprises develop into being institutions for supporting corruption as a norm.

Martin Morlok: **Political Corruption as a Phenomenon of De-Differentiation**, pp. 135–152.

Starting out from a broad understanding of political corruption – most of all on the basis of Niklas Luhmann's system-theoretical thoughts – Morlok lines out an idea of the special political corruption in and around the organizations of political parties, and here again particularly regarding the financing of political parties. He considers political corruption a phenomenon of *de-differentiation* – i. e. a counter movement against the differentiation of society, particularly the system of politics. De-differentiation is only possible by help of this specific differentiation. In this context Morlok defines political corruption as violating an *official programme of norms.*

The basis of the efficient de-differentiation of a democratic political system is the guarantee of the equality of chances. For this, political parties are necessary. When considering the financing of political parties an arena of political corruption, Morlok at last makes clear that the crucial effect and danger of corruption is not in unjust enrichment of single people or groups but much more in the political system losing its independence from the environment. Thus, what matters is defending democracy and the equality of chances within the political system, particularly by legal regulation of the financing of political parties. But for judging corruption, factors of the political cultures must always be included. The task of science, which also considers itself *political*, is in defending a democracy-supporting political culture.

Ernesto Garzón Valdés: **On the Moral Assessment of Corruption: a Suggestion,** pp. 155–163.

Garzón Valdés tries a moral assessment and classification of the concept of political corruption, while discussing and typing it by way of various perspectives and thesis. He distinguishes an unconditional immorality of corruption where corruption is always morally reprehensible, a relative immorality of corruption where corruption may be a substitute of violence, a kind of corruption dependent on moral contexts which in certain contexts must be morally defended, and finally a functional morality of corruption within political systems where corruption is the better of two alternatives, e. g. if compared to colonialism.

Garzón Valdés's suggestion of a definition leads to distinguishing a "positive" and a "critical" morality, the latter judging the former. From the "positive" moral perspective, corruption is always reprehensible, "critically"-morally and universally, corruption is expressed according to the concept of democracy and judged by the form which a social state under the rule of law has. In the face of the described variety the author warns about generalizing.

Michael Baurmann: **Corruption, Justice, and Morals,** pp. 164–182.

If one wants to fight established corruption within a political system, the state of the entire society must be changed, that is what Baurmann postulates. Although it is difficult for them to gain acceptance against strong, competing systems of norms, like e. g. subcultures, legal rules have important and indispensable functions. However, an investigation of the effect of legal punishment from the point of view of the social sciences is necessary to analyze effects which go beyond pure prevention by deterrent.

Regarding this, Baurmann at first explains that for legal rules threatening with punishment as a means of moral education and prevention by deterrent it is difficult or impossible to gain acceptance against existing social norms. Here, measures in the sense of positive crime prevention, supporting active and voluntary acceptance of norms, seem to be more effectful. However, punishment and the subjects carrying it out must definitely be legitimated and by their efficiency and reliability they must appear mediating.

Reinhard Zintl: **Social Norms and Political Corruption,** pp. 183–194.

The control of corruption can never be considered stable. While discussing norms and corruption, Zintl supports this thesis by distinguishing three levels where norms might be violated. The models of these three levels are based on the principal-agent concept which Zintl shortly sketches and interprets. Before discussing the three levels he lines them out by describing three types of fighting against corruption which identify these levels.

Recognizeable and assessable in a more concrete way is corruption on the level of the executional institutions of admininstration etc. The problems increase if we talk about agents with a free mandate. Regarding behaviour and curbing of the voters themselves, corruption is strongly dependent on the existent "social capital".

Susan Rose-Ackerman: **Grand Corruption and the Ethics of Global Business**, pp. 195–229.

Rose-Ackerman explores the ethical obligations of global business to refrain from corruption. Corruption is harmful for the growth prospects of host countries and can introduce inefficiencies and inequities. Rose-Ackerman argues that business corporations have an obligation to refrain from illegal payoffs as part of the quid pro quo implied by the laws that permit corporations to exist and to operate. The contribution goes on to consider how firms might respond, and identifies situations where anti-corruption policies can be profitable for firms. It concludes with an analysis of international efforts to deter transnational bribery and with suggestions for additional international initiatives.

Johann Graf Lambsdorff: **Why Is Corruption Harmful?**, pp. 233–248.

Lambsdorff investigates the influence of governance indicators – *bureaucratic quality, civil liberties, government stability, law and order* – on economic development. If the perceived corruption of a state rises by only one point on the scale of the Corruption Perceptions Index reaching from 1 to 10, productivity goes down by 4 per cent, the net capital influx goes down by 0.5%, according to his thesis.

By help of empirical investigations Lambsdorff shows that lower net capital imports are in the end created by a lack of traditions of the rule of law going along with corruption, and that lower productivity is created by a lower level of the bureaucracy's capacity. As an effective means of fighting against corruption Lambsdorff recommends adminstrative reforms on the one hand and building up or strengthening the tradition of the rule of law.

Philip Manow: **Political Corruption and Political Competition: Problems of Quantitative Analysis**, pp. 249–266.

The influence of political competition on the corruption of a given system is a central and an often discussed and applied concept which in its variety is shortly introduced by Manow. However, the explanatory power of these concepts has seldomly been empirically assessed.

By help of a replication study Manow looks particularly at two studies trying to do this. As a result, Manow doubts the results of these studies, particularly those which directly connect increased political competition and a lower level of corruption.

He concludes that indeed political competition checks the spread of corruption. Looking particularly at political parties and electoral rules, he states that corruption does not flourish where political parties are strong but where they have a low degree of control over their candidates.

Florian Eckert: **Lobbyism – Between Legitimate Political Influence and Corruption,** pp. 267–286.

Lately, doubtful additional incomes of representatives came apruptly to the attention of the German public. But can we speak of corruption in this context? Florian Eckert tries to throw light onto the grey area between lobbyism and corruption and to structure it. He describes the nature of lobbyism and discusses the pros and cons of the phenomenon, while putting democracy-theoretical aspects into consideration – particularly the debate on pluralism. The limits of corruption cannot be clearly outlined but one is only able to come close to it. In this context Eckert employs von Alemann's polarity scheme and the latter's concept of shadow politics. The swap medium is considered an important criterion of distinguishing: in the case of lobbyism it is information, in the case of corruption it is the unjust perk. He draws the conclusion that there is no strict difference between the two very similar phenomena. He concludes that for judging these phenomena legitimacy must be prior to legality.

In the context of these theoretical thoughts, Eckert discusses how and to what extent too much lobbyism – particularly if it changes into being corruption – must be fought. He is of the opinion that the existent self-purifying powers are sufficient. Neither publishing all the incomes of representatives nor producing additional transparency are considered effective. Too much transparency creates intransparency. His objection is that qualified representatives are difficult to find if one wants all their incomes to be published.

Frank Marcinkowski / Barbara Pfetsch: **The Public of Corruption – On the Role of Mass Media Between Guardian, Scandalizing, and Instrumentalizability,** pp. 287–308.

In their contribution Marcinkowski and Pfetsch define the changed role of mass media in the fight against corruption. The mass media are in a state of deep structural change which leads them away from the perspective of demanding democracy-theoretical norms like transport and enablement of information and articulation, education and socialization, as well as criticism and control. Particularly the function of criticism and control, which is relevant for the fight against corruption, cannot be fulfilled by the mass media, as they give up their serving function and increasingly become an individual factor of the political process. In this context the fact seems problematic that media on the one hand define corruption by interpreting political matters but on the other hand this definition stays vague and goes far beyond the question concerning criminal law. A necessary genesis and stabilization of norms cannot be done under current conditions. For, the construction of corruption as a media reality is subject to an economy of attention with very early best-before-date.

Finally, these thoughts are empirically verified or specified by discussing corruption in German mass media and presenting the results of a content analysis. The situation in the Federal Republic of Germany is characterized by a lack of tradition of investigative journalism – the journalists at the same time working close to actors in the corruption arena – and by focussing on national events. Economically guided selection rules for the media restrict communication on action-orientated views without discussing structures. Reporting is usually restricted to accusations and suspicious circumstances, as these can be well-covered by the media and need not be proven. Altogether, the results show that the construction of corruption by mass media has mostly changed in the described way.

Dirk Berg-Schlosser: **Corruption and Development Research**, pp. 311–327.

Berg-Schlosser works on the nexus of corruption and development research while looking particularly at the systemic and historical-regional contexts of each of the states. He confirms that modernization and dependency theories do by far not have enough explaining power for assessing and fighting the phenomena of corruption. Much more, shifting towards aspects of state, good governance, and working with political conditions, as well as the concept of path dependency seem to be more appropriate and effective.

He gives evidence to this by the explained typification of the states according to the concrete contexts of political systems. Established indicators for development and governance show significant differences for each region – Africa, Latin America, Middle East – and for each type of system – traditional monarchy, neo-patrimonial, polyarchy, praetorian, socialist. While traditional monarchies show a relatively low degree of corruptivity, neo-patrimonial or praetorian systems are heavily affected by corruption. But also new democracies or polyarchies are not immune to corruption.

Thomas Heberer: **Corruption in China**, pp. 328–349.

Corruption in China is a systemic phenomenon and must be fought as such. Heberer describes roots, development, and phenomena of corruption in China. Here, corruption is particularly historically grown; after opening up to the West many older forms of corruption seem to wake up again. Besides the common kinds of corruption, *fubai* in Chinese language i. e. moral decline, Heberer describes the speciality of *guanxi* as a network-characterized phenomenon of *proto-corruption*. Guanxi is a grown, strong network of social relationship, based on favour and counter-favour, on strong local and/or family ties and family obligations.

Among others, Guanxi and the power of the state and its stronger basis of legitimacy with China's population make crucial regional differences if compared to corruption e. g. in Africa. But although corruption in China for many people seems to be more stable and thus predictable, Heberer postulates that it is as harmful.

Corruption being strongly perceived in China, the discourse on political corruption has always been very intensive, but for a long time corruption was only fought if the political elite seemed to be threatened. Meanwhile, however, it is connected to the debate on political reform and democratization where corruption is understood to be a systemic phenomenon.

David Nelken: **Political Corruption within the European Union and the Italian Case,** pp. 350–364.

Nelken uses the resignation of the EU-Commission around Edith Cresson as an opportunity to state that the institutions whose task it is to investigate and fight corruption and fraud are restricted to defining the kind and extent of each offence. Increasingly the possibilities of the institutions themselves are critically observed, as they face the dilemma of on the one hand naming corruption in their reports etc. and on the other hand having the task of communicating that regarding corruption everything is under control.

In the context of this situation Nelken introduces various kinds of fraud and its connections with corruption; the main emphasis is on a case study on Italy. He concludes with a prediction on the future of fraud in Europe, its intensity being a symptom of a lack of loyalty to a European ideal.

Sabine Ruß: **Analytical Shadowplays: Outlines of Corruption in France,** pp. 365–383.

Ruß developes an image of corruption and its specific groth conditions in France. In the context of approaches like e. g. von Alemann's concept of *shadow politics* and Heidenheimer's *black-grey-white-scheme* she carries out a qualitative analysis of corruption in France by help of many examples. Conditions immanent in the political system of France as well as those having grown within the French political culture, which on the one hand offer *incentives for corruption* and on the other hand *opportunities for corruption*, at first made present corruption possible, have superimposed it until the 1980s, and still hinder the fight against corruption despite possible if incomplete reforms: as causes for this Ruß names the interconnections of justice and executive and thus deficits of control, the interconnection of the national and the local level, making money and interests a taboo subject in the French society which is marked by Catholicism, and the culture of journalism which is not suited to information and criticism. Although interconnections of various kinds, mainly those overlapping within the networks of the elite, hinder any reform, there are rays of hope like that of increasingly critical journalism working together with some judges coming from a new generation.

Andrea Römmele: **Donations to Political Parties and Election Campaigns – Impressions from Germany and the USA,** pp. 384–394.

Donations to political parties and election campaigns are necessary but hold the danger of distorting participation on the basis of the "one man, one vote"-principle. Which measures and regulations are suited to prevent or release donations from corrupt influence, that is what Römmele asks in her contribution.

To shed light on this, Römmele at first investigates by help of comparison the historic development of the rules of donating in the Federal Republic of Germany. Here, she particularly discusses the regulation regarding incentives and publishing. She concludes that the current regulation is an appropriate and effectful combination of deterrent and incentive. Following this, she compares the regulations for the Federal Republic of Germany by describing the regulations for the USA. These regulations differ significantly from those in Germany; those for the USA, however, seem to be less effectful despite them being more rigorous.

Michael Wiehen: **National Strategies of Fighting Against Political Corruption,** pp. 397–423.

In his contribution Wiehen deals with the strategies of fighting against political corruption on the national level i. e. within the system of the Federal Republic of Germany, while emphasizing that many aspects can be applied to other systems. In this context he bases his thoughts on a narrow concept of political corruption as influencing the decisions of political parties and politicians. Necessarily, strategies of fighting this must include elements of repression and prevention. They are discussed in three chapters, i. e. on the financing of political parties, on the role of elected mandate bearers and political civil servants, and on the integrity of placing orders.

In the chapter on the financing of political parties he names the deficites of the last changes by amendments 8 and 9 of Parteiengesetz (Parties' Act) from the point of view of Transparency International. He demands appropriate limitations for donations, more transparency of donation activities, more reliable control and adequate sanctions. In the chapter on mandate bearers and political civil servants he takes a look a. o. at the problem areas of clashes of interests, donations, committee activities, patronage, bribery of representatives. Some problems are moderated by the UN-Convention. He describes further instruments of prevention for maintaining integrity when placing orders, like the Informationsfreiheitsgesetz (Freedom of Information Act), protection for informers, central register of corrupt companies, and nature and effect of the TI-Integrity Pact.

Mark Deiters: **The UN Convention Against Corruption – a Guide for a Revision of German Criminal Law?,** pp. 424–443.

The German criminal law distinguishes *political* and *state* corruption. While the political corruption of representatives is "privileged" and only punished in a very limited way, state corruption of public officials according to the convention even seems to be too wide, as it insufficiently defines the committed injustice.

At first, Deiters describes the preferential treatment of political corruption in German criminal law, to then comment on it critically in the context of the guidelines of the UN convention and of the historical development of the German criminal law regarding corruption offences. German criminal law is in a political dilemma of criminal-political efficiency, i. e. the guideline of including the biggest possible share of corruption, and the other guideline of only punishing that what should really be punished.

Deiters is of the opinion that the UN convention might help with revising the criminal law and with giving up on the differentiation between political and state corruption. For the UN convention, which is supposed to generally protect democratic institutions, names only the *public official,* including the representative into the concept of the latter.

Holger Moroff: **Internationalizing of Anti-Corruption Regimes, pp. 444–477.**

As late as in the 90s of the past century there was a real push of perceiving and fighting corruption by established international anti-corruption regimes. In his contribution Holger Moroff asks why this did not happen in earlier times, when corruption was also considered economically and politically harmful, or why maybe it could not happen at all.

To answer this, at first he draws a comparison of three historical periods. He starts with distinguishing the period of globalization (1870–1914) without any development of norms. In this period there is acceptance of the harmfulness of corruption and there is strong interest in fighting it, but on the one hand there is no predominating convergence of norms and on the other hand the competition among political systems is too strong while at the same time there is a strong interconnection of political and economic interests in the single states.

During a second period (1970–1990) the development of norms increases, due to a. o. scandals in the USA, accordingly the extent of a common value-orientation increases. But before the end of the East-West-Conflict, due to the still existing strong power-political divergence, the implementation of norms is not yet possible.

Only during a third phase after 1990, in a multipolar situation of world politics with only one hegemon and at the same time relative economic and political homogeneity of almost all important states and an increasing share of direct investments and declining development aid, the conditions are given from all three perspectives.

Regarding these perspectives as well as the action logics of important international anti-corruption regimes, their measures and their effects, and the target groups towards which all measures are directed, Moroff develops an extensive scheme of categories.

Only by a convergence of perception of different actors, in three respects, i. e. norm and value orientation, order or stability orientation, as well as finally power political and utilitarian perspective, effective international anti-corruption regimes could be established. But perception and judging and thus fighting corruption as well as implementing the necessary instruments are less dependent on a reality considered absolute but much more on the thought and role patterns of those actors who define corruption.

Verzeichnis der Autorinnen und Autoren

Herausgeber:
von Alemann, Dr. Ulrich (geb. 1944), ist Professor für Politikwissenschaft an der Heinrich-Heine-Universität Düsseldorf und dort stellvertretender Direktor des Instituts für deutsches und europäisches Parteienrecht und Parteienforschung (PRuF) in Düsseldorf. Seine Forschungsschwerpunkte sind u. a. Parteien-, Verbände- und Korruptionsforschung. Zu seinen Veröffentlichungen zum Thema Korruption gehören: *Bureaucratic and Political Corruption Controls: Reassessing The German Record* (1989), *Party Finance, Party Donations and Corruption: The German Case,* (2002) und außerdem *Abgründe politischer Theorie: Gründe für eine mehrdimensionale Konzeption der Korruption* (2003).

Autorinnen und Autoren:
Baurmann, Dr. Michael (geb. 1952), ist Professor für Soziologie an der Heinrich-Heine-Universität Düsseldorf. Seine Arbeitsgebiete umfassen allgemeine soziologische Theoriebildung, Rechtssoziologie sowie Sozialwissenschaften und Ethik; aktuelle Forschungsschwerpunkte sind Existenzbedingungen liberaler und rechtsstaatlicher Gesellschaften, die Moral in modernen Marktgesellschaften sowie Weiterentwicklung sozialwissenschaftlicher Verhaltensmodelle. Er veröffentlichte unter anderem *Vertrauen, Kooperation und große Zahlen* (2002), *Der Markt der Tugend* (2000), *Zehn Thesen zum Verhältnis von Normanerkennung, Legitimität und Legalität* (1997) und *Kann homo oeconomicus tugendhaft sein?* (1996).
Berg-Schlosser, Dr. Dirk (geb. 1943), ist Professor für Politikwissenschaft an der Philipps-Universität Marburg. Er veröffentlichte unter anderem *Democratization – The State of the Art* (2004), *Vergleichende Politikwissenschaft* (2003), *Armut und Demokratie* (2000) und: *Indicators of Democracy and Good Governance as Measures of the Quality of Democracy in Africa* (2004).
Deiters, Dr. Mark (geb. 1970), ist Wissenschaftlicher Assistent am Lehrstuhl für Strafrecht und Strafprozessrecht von Prof. Frister an der Heinrich-Heine-Universität Düsseldorf. Publikationen sind u. a. die Monographie *Strafzumessung bei mehrfach begründeter Strafbarkeit* (1999) sowie die Aufsätze *Der Schutz der freiheitlichen demokratischen Grundordnung durch das Strafrecht* (2003) und *Gegenseitige Anerkennung von Strafgesetzen in Europa* (2003).
della Porta, Dr. Donatella (geb. 1956), ist Professorin für Soziologie am Institut für Politik- und Sozialwissenschaften der European University in Florenz. Ihre Forschungsschwerpunkte sind Korruptionsforschung, soziale Bewegungen, politische Gewalt und Terrorismus. Zu ihren Veröffentlichungen gehören unter anderen *The governance mechanisms of corrupt transactions* (2004), *Corrupt exchanges: Actors, Resources, and Mechanisms of Political Corruption* (1999) (zusammen mit Albert Vannucci) und *Corrupt Exchanges and the Implosion of the Italian Party System* (2002).

Eckert, Florian M.A. (geb. 1977), ist wissenschaftlicher Mitarbeiter am Institut für Deutsches und Europäisches Parteienrecht und Parteienforschung der Heinrich-Heine-Universität Düsseldorf. Seine Forschungsschwerpunkte sind insbesondere Transformationsprozesse in Osteuropa sowie osteuropäische Parteigruppierungen und Korruptionsforschung. Zu seinen Veröffentlichungen zählen: *Wie soll man osteuropäische Parteigruppierungen einteilen?* (2005) sowie *Comparative Study into the situation of financing of social partner entities and other interest groups and political corruption with EU-Member States* (2005).

Garzón Valdés, Dr. Dr. h.c. mult. Ernesto (geb. 1927), ist emeritierter Professor für Politikwissenschaft der Johannes-Gutenberg-Universität Mainz. Seine Forschungsschwerpunkte sind analytische Rechtsphilosophie, Ethik, Politische Philosophie und Politische Theorie. Zu seinen Publikationen zählen u. a. Aufsätze wie *La crisis argentina* (2002), *On the concept of legitimacy of a political system* (1998) und *Legal security and equity* (1997).

Heberer, Dr. Thomas (geb. 1947), ist Professor für Politikwissenschaft mit dem Schwerpunkt der Politik Ostasiens an der Universität Duisburg-Essen. Seine Forschungsschwerpunkte umfassen soziale Abweichung und Korruption, politischer und sozialer Wandel, Partizipation und Wahlen, Nationalitätenpolitik sowie Akteure des Wandels und strategische Gruppen. Zu seinen Veröffentlichungen zählen *Unternehmer als strategische Gruppen: zur sozialen und politischen Funktion von Unternehmern in China und Vietnam* (2001), *Das politische System der VR China im Prozess des Wandels* (2003) und *Private Entrepreneurs in China and Vietnam: Social and Political Functioning of Strategic Groups* (2003).

Johnston, Michael PhD (geb. 1949), ist Professor für Politikwissenschaft an der Colgate University in Hamilton, NY. Sein Forschungsschwerpunkt liegt insbesondere in der Korruptions- und Parteienforschung. Zu seinen Veröffentlichungen zählen *Measuring corruption: numbers versus knowledge versus understanding* (2001), *The search for definitions: the vitality of politics and the issue of corruption* (1996) und *Political corruption: historical conflict and the rise of standards* (1993).

Lambsdorff, Dr. Johann Graf (geb. 1965), ist Professor für Volkswirtschaftstheorie an der Universität Passau. Er ist der „Vater" des Korruptionsindex von Transparency International, der unter seiner Leitung jährlich erstellt wird. Er hat in renommierten Zeitschriften (Public Choice, Kyklos, Economics of Governance, Journal of Economic Behavior and Organization) veröffentlicht zu Korruption, Institutionenökonomik und offenen Volkswirtschaften.

Manow, Dr. Philip (geb. 1963), ist Wissenschafter am Max-Planck-Institut für Gesellschaftsforschung in Köln und leitet die Forschungsgruppe Politik und politische Ökonomie. Seine Forschungsschwerpunkte sind Korruption und Parteienpatronage, Religion und Politik, politische Ökonomie sowie Wohlfahrtsstaatforschung. Er veröffentlichte u. a. *Was erklärt politische Patronage in den Parteiensystemen Westeuropas? Defizite politischen Wettbewerbs oder formative Phasen demokratischer Massenmobilisierung* (2002) und *Politische Korruption als Gegenstand der Politikwissenschaft – Eine Kritik des Forschungsstandes* (2003).

Marcinkowski, Dr. Frank (geb. 1960), ist Professor am Institut für Publizistikwissenschaft und Medienforschung der Universität Zürich. Seine Arbeitsschwerpunkte sind Meinungsbildung und politisches Verhalten, Funktionen und Folgen politischer Öffentlichkeit im demokratischen Staat, Programmstrukturen und Inhalte der Medien sowie Gesellschafts- und Kommunikationstheorie. Er veröffentlichte u. a. *Die Politik der Massenmedien* (2001), *Massenmedien und die Integration der Gesellschaft aus Sicht der autopoietischen Systemtheorie: Steigern die Medien das Reflexionspotential sozialer Systeme?* (2002) und *Politische Öffentlichkeit. Systemtheoretische Grundlagen und politikwissenschaftliche Konsequenzen* (2002)

Morlok, Dr. Martin (geb. 1949), ist Professor für Öffentliches Recht, Rechtstheorie und Rechtssoziologie an der juristischen Fakultät der Heinrich-Heine-Universität Düsseldorf sowie Direktor des dortigen Instituts für Deutsches und Europäisches Parteienrecht und Parteienforschung. Er veröffentlichte u. a. *Informalisierung und Entparlamentarisierung politischer Entscheidungen als Gefährdungen der Verfassung?* (2003), Parteienrecht als Wettbewerbsrecht (2003), *Was kümmern den Staat die Parteifinanzen?* (2002), *Finanziamento della politica e corruzione: il caso tedesco* (1999).

Moroff, Holger (geb. 1972), M.A., M.E.S., ist wissenschaftlicher Mitarbeiter am Lehrstuhl für Außenpolitik und Internationale Beziehungen an der Friedrich-Schiller-Universität Jena. Er publizierte u. a. die Aufsätze *A Polychromatic Turn in Corruption Research?* (2004), *Corruption Terms in the World Press: How Languages Differ* (2001) (zusammen mit Verena Blechinger), 2001, *American and German Fundraising Fiascoes and their Aftermath* und *Controlling Business Payoffs to Foreign Officials: The 1999 OECD Anti-Bribery Convention* (2001) (zusammen mit Arnold J. Heidenheimer).

Nelken, Dr. David, ist Professor an der Cardiff Law School. Seine Arbeitsschwerpunke sind Rechtssoziologie und vergleichende Rechtskulturforschung. Er veröffentlichte u. a. *The Globalization of crime and criminal justice: prospects and problems* (1997), *Virtually there, Researching there, Living there* (2000) und *The Corruption of Politics and the Politics of Corruption* (1996).

Pfetsch, Dr. Barbara (geb. 1958), ist Professorin für Kommunikationswissenschaft, insbesondere Medienpolitik, an der Universität Hohenheim. Sie veröffentlichte u. a. *Die Stimme der Medien: Pressekommentare und politische Öffentlichkeit in der Bundesrepublik* (2004), *Politische Kommunikationskultur. Politische Sprecher und Journalisten in der Bundesrepublik und den USA im Vergleich* (2003) und *Politische Kommunikation im internationalen Vergleich. Grundlagen, Anwendungen, Perspektiven* (2003).

Philp, Dr. Mark (geb. 1952), ist Professor an der Abteilung für Politik und internationale Beziehungen an der Universität Oxford. Seine Forschungsschwerpunkte sind Korruptionsforschung, Politische Theorie, und die Geschichte der politischen Ideen. Er veröffentlichte u. a. *Corruption definition and measurement* (2005), *Korruption, Kontrolle und Konvergenz: Die Grenzen der Globalisierung* (2002) und *Defining political corruption* (1997).

Römmele, Dr. Andrea (geb. 1967), ist Privatdozentin am Mannheimer Zentrum für Europäische Sozialforschung im Arbeitsbereich „Die politischen Systeme Europas und ihre Integration". Sie veröffentlichte u. a. *Elitenrekrutierung und die Qualität* *politischer Führung* (2004), *Representative Democracy and the Internet* (2004) und *German Parties and the Internet Campaigning in the 2002 Federal Election* (2003).

Rose-Ackerman, Susan PhD (geb. 1942), ist Professorin der Henry R. Luce Professur für Rechts- und Politikwissenschaft der Universität Yale. Ihre Forschungsschwerpunkte sind Verwaltungsrecht, vergleichendes Verwaltungsrecht, Wirtschaftsrecht sowie Korruptionsforschung. Sie veröffentlichte u. a. *Corruption and government: Causes, Consequences and Reform* (1999), *Creating Social Trust in Post-Socialist Transition* (2004) und *The Challenge of Poor Governance and Corruption* (2004).

Ruß, Dr. Sabine (geb. 1962), ist Privatdozentin am Seminar für Wissenschaftliche Politik der Albert-Ludwigs-Universität Freiburg. Ihre Forschungsschwerpunkte sind das politische System Frankreichs und Probleme der Interessenvermittlung. Zu ihren Veröffentlichungen gehören *Der französische Senat: Die Schildkröte der Republik* (2000), *Herausforderungen von links und rechts: Wertewandel und Veränderungen in den Parteiensystemen in Deutschland und Frankreich* (1998) und *Pharao mit Gießkanne: Das Dilemma demokratischer Kulturpolitik in Frankreich* (1997).

Schmidt, Christian K. (geb. 1964), arbeitet am Lehrstuhl Politikwissenschaft von Prof. Ulrich von Alemann an der Heinrich-Heine-Universität Düsseldorf. Seine derzeitigen Forschungsschwerpunkte sind Politische Korruption und Empirische Wahlforschung. U. a. folgende Aufsätze hat er publiziert: *Zur Argumentationsanalyse in der Gentechnikberichterstattung* (1996) (zusammen mit Georg Ruhrmann) und *Soziale Identität durch tele-kommunizierte Werte-Texte* (1998).

Schuller, Dr. Wolfgang (geb. 1935), Professor (em.) für Alte Geschichte an der Universität Konstanz. Seine Arbeitsgebiete sind Griechische Geschichte, Geschichte der Spätantike, besonders Verwaltungsgeschichte, antike Frauengeschichte und Geschichte der späten Römischen Republik. Zu seinen Veröffentlichungen zählen u. a. *Ambitus: Einige neue Gesichtspunkte* (2000), *Zwischen Klientel und Korruption. Zum römischen Beamtenwesen* (1989) und *Ämterkauf in Griechenland und Rom* (1983).

Vannucci, Dr. Alberto (geb. 1963), ist wissenschaftlicher Mitarbeiter an der Universität Pisa, Fakultät Politikwissenschaft. Einige seiner Veröffentlichungen sind folgende: *Corrupt Exchanges and the Implosion of the Italian Party System* (2002) und *Corrupt Exchanges: Actors, Resources, and Mechanisms of Political Corruption* (1997) (jeweils zusammen mit Donatella della Porta) sowie *Politicians and Godfathers: Mafia and Political Corruption in Italy* (1997).

Zimmerling, Dr. Ruth (geb. 1953), ist Professorin für Politische Theorie an der Johannes-Gutenberg-Universität in Mainz. Ihre Forschungsschwerpunkte umfassen Politische Philosophie und Soziale Gerechtigkeit, Machttheorien, Spieltheorie sowie Demokratietheorie und Demokratievergleich. Sie veröffentlichte u. a. *Influence and Power – Variations on an Messy Theme* (2004), *Politische Korruption und demokratischer Einfluss: „separate spheres" oder „Spiel ohne Grenzen"?* (2002) und *Facetten der Wahrheit* (1995).

Zintl, Dr. Reinhard (geb. 1945), ist Professor für Politische Theorie in der Politikwissenschaft an der Otto-Friedrich-Universität Bamberg. Zu seinen Veröffentlichungen zählen u. a. *Rationalität und Moralität politischen Vertrauens* (2002), *Politisches Wissen und Wissen in der Politik* (1999) und *Institutionen und gesellschaftliche Integration* (1999).

Neu im Programm Politikwissenschaft

Ulrich von Alemann / Claudia Münch (Hrsg.)
Landespolitik im europäischen Haus
NRW und das dynamische Mehrebenensystem
2005. 358 S. Br. EUR 39,90
ISBN 3-531-14524-X

Karl Birkhölzer / Ansgar Klein / Eckhard Priller / Annette Zimmer (Hrsg.)
Dritter Sektor/Drittes System
Theorie, Funktionswandel und zivilgesellschaftliche Perspektiven
2005. 315 S. Bürgergesellschaft und Demokratie. Br. EUR 34,90
ISBN 3-8100-3994-2

Bernhard Blanke / Stephan von Bandemer / Frank Nullmeier / Göttrik Wewer (Hrsg.)
Handbuch zur Verwaltungsreform
3., völlig überarb. und erw. Aufl. 2005.
XIX, 526 S. Br. EUR 42,90
ISBN 3-8100-4082-7

Volker Kronenberg
Patriotismus in Deutschland
Perspektiven für eine weltoffene Nation
2005. 418 S. Geb. EUR 44,90
ISBN 3-531-14491-X

Achim Brunnengräber / Ansgar Klein / Heike Walk (Hrsg.)
NGOs im Prozess der Globalisierung
Mächtige Zwerge – umstrittene Riesen
2005. 448 S. Bürgergesellschaft und Demokratie. Br. EUR 29,90
ISBN 3-8100-4092-4

Anna Geis
Regieren mit Mediation
Das Beteiligungsverfahren zur zukünftigen Entwicklung des Frankfurter Flughafens
2005. 347 S. mit 1 Abb. und 8 Tab.
Studien zur politischen Gesellschaft.
Br. EUR 34,90
ISBN 3-8100-3988-8

Adolf Kimmel / Henrik Uterwedde (Hrsg.)
Länderbericht Frankreich
Geschichte, Politik, Wirtschaft, Gesellschaft
2., überarb. Aufl. 2005. 480 S.
Br. EUR 29,90
ISBN 3-531-14631-9

Niedersächsische Landeszentrale für politische Bildung, (Hrsg.)
Niedersachsen-Lexikon
2005. ca. 320 S. Br. EUR 24,90
ISBN 3-531-14403-0

Erhältlich im Buchhandel oder beim Verlag.
Änderungen vorbehalten. Stand: Juli 2005.

www.vs-verlag.de

VS VERLAG FÜR SOZIALWISSENSCHAFTEN

Abraham-Lincoln-Straße 46
65189 Wiesbaden
Tel. 0611.7878-722
Fax 0611.7878-400

Neu im Programm Politikwissenschaft

Alexander Bogner /
Helge Torgersen (Hrsg.)
Wozu Experten?
Ambivalenzen der Beziehung
von Wissenschaft und Politik
2005. 395 S. Br. EUR 36,90
ISBN 3-531-14515-0

Jan W. van Deth (Hrsg.)
Deutschland in Europa
Ergebnisse des European Social Survey
2002-2003
2005. 385 S. Br. EUR 34,90
ISBN 3-531-14345-X

Daniel Dettling (Hrsg.)
Parteien in der Bürgergesellschaft
Zum Verhältnis von Macht
und Beteiligung
2005. 158 S. Br. EUR 21,90
ISBN 3-531-14543-6

Nico Fickinger
Der verschenkte Konsens
Das Bündnis für Arbeit, Ausbildung und
Wettbewerbsfähigkeit 1998 - 2002: Motivation, Rahmenbedingungen und Erfolge
2005. 352 S. mit 38 Abb. und 61 Tab.
Br. EUR 34,90
ISBN 3-531-14517-7

Wolfgang Strengmann-Kuhn (Hrsg.)
Das Prinzip Bürgerversicherung
Die Zukunft im Sozialstaat
2005. 220 S. Perspektiven der Sozialpolitik. Br. EUR 24,90
ISBN 3-531-14509-6

Ralf Tils
Politische Strategieanalyse
Konzeptionelle Grundlagen und
Anwendung in der Umwelt- und
Nachhaltigkeitspolitik
2005. 328 S. mit 5 Abb. Br. EUR 32,90
ISBN 3-531-14461-8

Franz Walter
Abschied von der Toskana
Die SPD in der Ära Schröder
2., erw. Aufl. 2005. 206 S. Br. EUR 21,90
ISBN 3-531-34268-1

Hans Zehetmair (Hrsg.)
Das deutsche Parteiensystem
Perspektiven für das 21. Jahrhundert
2005. 232 S. Br. EUR 21,90
ISBN 3-531-14477-4

Erhältlich im Buchhandel oder beim Verlag.
Änderungen vorbehalten. Stand: Juli 2005.

www.vs-verlag.de

VS VERLAG FÜR SOZIALWISSENSCHAFTEN

Abraham-Lincoln-Straße 46
65189 Wiesbaden
Tel. 0611.7878-722
Fax 0611.7878-400

GPSR Compliance

The European Union's (EU) General Product Safety Regulation (GPSR) is a set of rules that requires consumer products to be safe and our obligations to ensure this.

If you have any concerns about our products, you can contact us on

ProductSafety@springernature.com

In case Publisher is established outside the EU, the EU authorized representative is:

Springer Nature Customer Service Center GmbH
Europaplatz 3
69115 Heidelberg, Germany